Neue Cities australischer Metropolen
Die Entstehung multifunktionaler Vorortzentren als Folge der Suburbanisierung

BONNER GEOGRAPHISCHE ABHANDLUNGEN

ISSN 0373-0468

Herausgegeben von: W. Lauer · P. Höllermann · K.A. Boesler
E. Ehlers · J. Grunert · M. Winiger · G. Aymans · R. Grotz

Schriftleitung: H.-J. Ruckert

Heft 94

Boris Braun

Neue Cities australischer Metropolen

Die Entstehung multifunktionaler Vorortzentren
als Folge der Suburbanisierung

1996

In Kommission bei
FERD. DÜMMLERS VERLAG · BONN
— Dümmlerbuch 7644—

Neue Cities australischer Metropolen

Die Entstehung multifunktionaler Vorortzentren als Folge der Suburbanisierung

von

Boris Braun

mit 59 Abbildungen und 72 Tabellen

In Kommission bei

FERD. DÜMMLERS VERLAG · BONN

Dümmlerbuch 7644

Die vorliegende Arbeit wurde mit dem
"Förderpreis der Deutschen Geographie"
des Verbandes der Geographen
an Deutschen Hochschulen (VGDH)
für die beste Dissertation der Jahre 1993/94
im Teilgebiet Anthropogeographie ausgezeichnet

alle Rechte vorbehalten

ISBN 3 - 427 - 76441 - 9

© 1996 Ferd. Dümmlers Verlag, 53113 Bonn

Herstellung: Druckerei Schwarzbold, Inh. Martin Roesberg, 53347 Witterschlick

Vorwort

Die vorliegende Arbeit entstand in den Jahren 1990 bis 1994 als Dissertation am Geographischen Institut der Universität Bonn. Ihr Ziel ist es nicht nur einen Beitrag zur Erforschung aktueller Stadtentwicklungsprozesse in australischen Metropolen zu leisten, sondern diese auch in einem interkulturellen Vergleich zu bewerten. Damit knüpft die Arbeit an eine fruchtbare Tradition der deutschsprachigen Stadtgeographie an, in der kulturgenetische Aspekte seit jeher eine besondere Rolle spielen. Die Konkretisierung dieses Konzepts erfolgte nicht zuletzt in zahlreichen Gesprächen mit meinem wissenschaftlichen Lehrer Prof. Dr. R. Grotz, der die Arbeit während ihres gesamten Fortgangs durch unzählige Anregungen und Ermutigungen förderte. Hierfür möchte ich ihm meinen Dank aussprechen. Ebenfalls gilt mein Dank Herrn Prof. Dr. E. Ehlers, der die Zweitbegutachtung übernahm.

Die Feldarbeiten wurden während zweier mehrmonatiger Australienaufenthalte 1990 und 1992 durchgeführt. Ohne die finanzielle Unterstützung des Deutschen Akademischen Austauschdienstes wären die Auslandsaufenthalte in dieser Form nicht möglich gewesen. Forschungen im Ausland wären aber auch ohne Hilfestellung und Unterstützung vor Ort kaum denkbar. So ist es nicht möglich, alle Ministerien, Gemeindeverwaltungen, Organisationen und Privatunternehmen aufzuzählen, deren Mitarbeiter mir dankenswerterweise Daten und anderes Material zugänglich gemacht haben. Besonders hervorheben möchte ich Herrn Prof. Dr. M.T. Daly, Herrn Prof. Dr. P. Newman und Herrn Prof. Dr. R. Stimson, die mir sehr gute Arbeitsmöglichkeiten an ihren Instituten schufen. Herrn Prof. Dr. J. Hajdu und Herrn Dr. G. Searle möchte ich für viele wertvolle Tips und die stets anregenden Diskussionen danken.

Danken möchte ich nicht zuletzt allen Freunden und Kollegen, die durch Gespräche und technische Hilfeleistungen die Arbeit wesentlich unterstützen, vor allem Frau S. Bau, Frau S. Halfen und Herrn K.-H. Kremer für die kritische Durchsicht des Manuskriptes.

Schließlich danke ich den Herausgebern der Bonner Geographischen Abhandlungen für die Aufnahme der Studie in diese Schriftenreihe.

Bonn, im September 1995   Boris Braun

Inhaltsverzeichnis VI

Tabellenverzeichnis IX

Abbildungsverzeichnis IX

Abkürzungsverzeichnis XIV

1. Einleitung 1
1.1 Einführung in die Untersuchungsthematik 1
1.2 Multifunktionale Außenstadtzentren und mehrkernige Verdichtungsräume als Gegenstände der Stadtforschung - ein kurzer Überblick über den Forschungsstand und seine Defizite 2
1.3 Zentrale Fragestellungen und die Auswahl der Untersuchungsräume 5
1.4 Methodische Ansätze, Datengrundlagen, Definitionen 6
1.5 Aufbau und Gliederung der Untersuchung 7

2. Die großen Metropolitan Areas im nationalen Kontext - struktureller Wandel und zunehmende Spezialisierung 9
2.1 Die 'demographische' Dominanz der Metropolen - weiteres Wachstum trotz abnehmender Zuwachsraten 9
2.2 Struktureller Wandel der ökonomischen Rahmenbedingungen - jüngere Veränderungen in der Erwerbs- und Wirtschaftsstruktur 12
2.3 Das System der hochrangigen Dienstleistungszentren - eine einfache Zentralitätsberechnung 15
2.4 Die Bedeutung der Metropolen als Hauptverwaltungsstandorte für Großunternehmen und Banken 18
2.5 Die Auswirkungen veränderter ökonomischer und demographischer Rahmenbedingungen auf die Stadtentwicklung 25

3. Die interne Struktur australischer Verdichtungsräume - Ergebnis anhaltender Suburbanisierungs- und Dekonzentrationsprozesse 28
3.1 Suburbanes Bevölkerungswachstum und allgemeine Raumstrukturen 28
3.2 Innerregionale Dekonzentration von Arbeitsplätzen 37
3.3 Fazit: Anhaltende Dekonzentrationsprozesse und die neue ökonomische Rolle Suburbias 44

4. Die Suburbanisierung des Einzelhandels und das Wachstum der suburbanen Einzelhandelszentren 46
4.1 Das Ausmaß der Einzelhandelssuburbanisierung seit den 50er Jahren 46
4.2 Shopping Centres und Warenhäuser - erfolgreiche Innovationen des suburbanen Einzelhandels 52
4.3 Der CBD und die suburbanen Einzelhandelszentren - das 'neue' metropolitane Zentrensystem 64
4.4 Fazit: Große Einzelhandelszentren in den Suburbs - das Ergebnis anhaltender Suburbanisierungsprozesse 74

5.	Büroentwicklung und Bürosuburbanisierung	77
5.1	CBD versus Suburbia - Vorüberlegungen zur intraregionalen Bürostandortwahl	77
5.2	Die Entwicklung der Bürobeschäftigung in den Metropolitan Areas	80
5.3	Die Bürobauentwicklung in den Metropolitan Areas	86
5.4	Der CBD und die größeren suburbanen Bürozentren - ein Überblick über das 'neue' metropolitane Bürostandortmuster	110
5.5	Das innerregionale Standortmuster großer Unternehmenshauptverwaltungen	120
5.6	Bürostandortverlagerungen des öffentlichen Sektors	133
5.7	Fazit: Innerregionale Dezentralisierung der Bürostandorte und weiteres Wachstum im CBD - zwei parallel verlaufende Prozesse	140
6.	Das System multifunktionaler Zentren in Planung und Realität - Erfolge und Mißerfolge regionaler Planungsansätze	142
6.1	Die Rolle suburbaner Zentren in der Regionalplanung der Nachkriegszeit	142
6.2	Die Bedeutung multifunktionaler suburbaner Zentren in der Realität	152
6.3	Fazit: Multifunktionale Zentren und Regionalplanung - grundsätzliche Probleme	169
7.	Entwicklung und Planung suburbaner Geschäftszentren - Fallbeispiele aus den Verdichtungsräumen Sydney, Melbourne, Brisbane und Perth	171
7.1	Die Fallbeispiele - Auswahlkriterien und kurze Charakterisierung	171
7.2	Parramatta - 'Sydney's second CBD'	173
7.3	Chatswood - dynamisches Wachstumszentrum auf Sydneys Lower North Shore	186
7.4	Bondi Junction - CBD-nahes Zentrum von Sydneys Eastern Suburbs	195
7.5	Box Hill - 'Aushängeschild' von Victorias District Centre Policy	200
7.6	Camberwell Junction - historisch gewachsenes 'strip shopping centre' mit begrenzten Entwicklungspotentialen	208
7.7	Frankston - aufstrebendes Einzelhandels- und Dienstleistungszentrum am Südrand der Melbourne Metropolitan Area	215
7.8	Upper Mount Gravatt - rasches Wachstum und bedingungslose Autoorientierung	218
7.9	Toowong - CBD-nahes Büro- und Einzelhandelszentrum in Brisbane	222
7.10	Fremantle - historisches Zentrum mit eigenständiger Entwicklung	225
8.	Suburbane Geschäftszentren im Strukturvergleich	235
8.1	Die äußere Abgrenzung der Zentren	235
8.2	Die innere Struktur und die Physiognomie der Zentren	237
8.3	Die Zentren als Einzelhandels- und Bürostandorte	242
8.4	Ein Klassifikationsschema für multifunktionale Außenstadtzentren: Typisierung und Grundzüge ihrer Entwicklung	251
8.5	Lokale Planungs- und Entwicklungsprobleme der suburbanen Cities in den 90er Jahren	259
9.	Multifunktionale suburbane Zentren und die Suburbanisierung von Cityfunktionen in Australien, Nordamerika und Europa: konvergente und divergenten Entwicklung	264
9.1	Suburbanisierung von Cityfunktionen und multifunktionale Außenstadtzentren - ein internationaler Überblick	264

9.2 Multifunktionale suburbane Zentren in Australien und den USA - ein Vergleich ihrer internen Strukturen 276
9.3 Das metropolitane Zentrensystem in Australien - Kopie des US-amerikanischen Entwicklungsmusters oder eigenständiger Entwicklungspfad? 280

10. **Zusammenfassung und Fazit: Australiens Metropolen - polyzentrische Stadtlandschaften?** 282

Summary 287

Literatur 290

Anhang 1 - Methodische Hinweise und Anmerkungen zu den Datenquellen 304

A.1 Anmerkungen zur amtlichen Statistik des Australian Bureau of Statistics 304
    I. Statistische Raumeinheiten 304
    II. Zuordnung der statistischen Raumeinheiten zu Ringzonen 304
    III. Wirtschaftsstatistik/Beschäftigtenstatistik 306
A.2 Anmerkungen zum Zentralitätsberechnungsverfahren (Kapitel 2) 306
A.3 Anmerkungen zur Analyse von Hauptverwaltungsstandorten (Kapitel 2 und 5) 307
A.4 Anmerkungen zu den Einzelhandelszensen des Australian Bureau of Statistics 307
A.5 Anmerkungen zur Bautätigkeitsstatistik des Australian Bureau of Statistics 308
A.6 Anmerkungen zu den Geschoßflächen- und Mietpreisangaben 309
    I. Daten aus den BOMA Shopping Centres Directories und anderen Quellen 309
    II. Büroflächenangaben von privaten Organisationen und öffentlichen Behörden ... 309
    III. Daten zur Miet- und Bodenpreisentwicklung 310
A.7 Anmerkungen zur Erfassung der Büroraumnutzer/Bürobetriebe - Systematik der Zuordnung nach Branchen und Markt- bzw. Zuständigkeitsbereich 310
A.8 Anmerkungen zu den Expertengesprächen 311

Anhang 2 - Abbildungen 312

Tabellenverzeichnis

2.1 Einwohnerzahlen der australischen Hauptstädte und ihr Anteil an der
Gesamtbevölkerung des jeweiligen Bundesstaates oder Territoriums 1991 10

2.2 Bevölkerungsentwicklung in den zehn größten australischen Verdichtungsräumen 1947-1991 (durchschnittliche jährliche Wachstumsraten in %) 11

2.3 Erwerbstätige in ausgewählten Metropolitan Areas: prozentualer Anteil verschiedener
Wirtschaftsbereiche 1991 und prozentuale Zu-/Abnahme 1981-1991 14

2.4 Hauptverwaltungsstandorte der 500 umsatzstärksten Unternehmen
Australiens nach Wirtschaftsbereichen 1990 20

2.5 Standorte der Hauptverwaltungen der 100 größten Unternehmen
in Australien 1953-1990 21

2.6 Hauptverwaltungsstandorte der 150 größten Unternehmen des
Finanzsektors in Australien 1992 23

3.1 Bevölkerung in den Metropolitan Areas von Sydney, Melbourne, Brisbane,
Perth und Adelaide nach Ringzonen 1961, 1971, 1981 und 1991 31

3.2 Bevölkerungsveränderungen in Ringzonen der Metropolitan Areas von Sydney,
Melbourne, Brisbane, Perth und Adelaide 1971-1991 32

3.3 S-Bahn-Netze in den Metropolitan Areas von Sydney, Melbourne,
Brisbane, Perth und Adelaide 1989 35

3.4 'Modal split' für Fahrten zum Arbeitsplatz in den Metropolitan Areas von
Sydney, Melbourne, Brisbane, Perth und Adelaide 1991 36

3.5 Sydney Metropolitan Area: Arbeitsplätze, Erwerbstätige und Bevölkerung
nach Ringzonen 1971-1991 39

3.6 Arbeitsplätze und Erwerbstätige in Ringzonen der Metropolitan
Areas von Sydney, Melbourne, Brisbane, Perth und Adelaide 1991 39

3.7 Arbeitsplatz/Erwerbstätigen-Quotienten in Ringzonen der Metropolitan
Areas von Sydney, Melbourne, Brisbane, Perth und Adelaide 1991 40

3.8 Prozentuale Verteilung von Arbeitsplätzen in ausgewählten Wirtschaftsbereichen
nach Ringzonen der Metropolitan Areas von Sydney, Melbourne, Brisbane, Perth
und Adelaide 1991 41

4.1 Umsatzanteile im Einzelhandel verschiedener Teilräume der Metropolitan
Areas von Sydney, Melbourne, Brisbane, Perth und Adelaide zwischen
1968/69 und 1991/92 48

4.2 Umsatzentwicklung im Einzelhandel der Metropolitan Areas von Sydney,
Melbourne, Brisbane, Perth und Adelaide zwischen 1968/69 und 1991/92 49

4.3 Ausgewählte Kennzahlen des Einzelhandels der Metropolitan Areas von Sydney,
Melbourne, Brisbane, Perth und Adelaide 1991/92 50

4.4 Umsatz/Einwohner-Quotienten in Teilräumen der Metropolitan Areas von Sydney,
Melbourne, Brisbane, Perth und Adelaide zwischen 1956/57 und 1991/92 52

4.5 Betriebseinheiten, Geschoßflächen und andere Kennzahlen ausgewählter
integrierter und nicht integrierter Einkaufszentren 1992 62

4.6 Shopping Centres mit mehr als 10.000 m^2 Einzelhandelsfläche in den
Metropolitan Areas von Sydney, Melbourne, Brisbane, Perth und Adelaide
nach Standorttypen 1991 63

4.7 Ausgewählte Kennzahlen der fünf umsatzstärksten Einzelhandelszentren in den
Metropolitan Areas von Sydney, Melbourne, Perth und Adelaide 1986 70

4.8 Einzelhandel in den CBDs und in planerisch ausgewiesenen suburbanen Zentren in den Metropolitan Areas von Sydney, Melbourne, Brisbane, Perth und Adelaide 1986 71
5.1 Bürobeschäftigte in den Metropolitan Areas von Sydney, Melbourne, Brisbane Perth und Adelaide 1991 82
5.2 Erwerbstätige in 'office type jobs' in den Metropolitan Areas von Sydney, Melbourne, Brisbane, Perth und Adelaide 1981 und 1991 83
5.3 Entwicklung der 'office type jobs' in Ringzonen der Sydney Metropolitan Area 1971-1991 83
5.4 Büroarbeitsplätze und sonstige Arbeitsplätze in Ringzonen der Metropolitan Areas von Sydney, Melbourne, Brisbane, Perth und Adelaide 1991 84
5.5 Büroarbeitsplätze nach Qualifikationsstufen in Ringzonen der Metropolitan Areas von Sydney, Melbourne, Brisbane, Perth und Adelaide 1991 84
5.6 CBD-Büroflächenangebot und CBD-Leerstandsquoten in australischen Metropolen ... 91
5.7 Büromieten in ausgewählten Zentren der Sydney Metropolitan Area 1979-1991 118
5.8 Bodenwert von Bürobauland pro Quadratmeter erreichbarer Bruttogeschoßfläche in ausgewählten Zentren der Sydney Metropolitan Area 1987-1991 118
5.9 Hauptverwaltungsstandorte der 'Top 500 Companies' im suburbanen Raum der Metropolitan Areas von Sydney, Melbourne, Perth, Brisbane und Adelaide nach Standorttypen 1990 126
5.10 Hauptverwaltungsstandorte der 'Top 500 Companies' in der Sydney Metropolitan Area nach Wirtschaftszweigen 1990 128
5.11 Hauptverwaltungsstandorte der 'Top 500 Companies' in der Melbourne Metropolitan Area nach Wirtschaftszweigen 1990 129
5.12 Hauptverwaltungsstandorte der 'Top 150' des Finanzsektors in den Metropolitan Areas von Sydney, Melbourne, Brisbane, Perth und Adelaide 1992 130
5.13 Hauptverwaltungsstandorte der größten Tochtergesellschaften ausländischer Unternehmen in der Sydney Metropolitan Area nach Stammland 1990 131
5.14 Hauptverwaltungsstandorte der größten Tochtergesellschaften ausländischer Unternehmen in der Melbourne Metropolitan Area nach Stammland 1990 132
5.15 Arbeitsplätze im öffentlichen Sektor im CBD und in District Centres der Melbourne Metropolitan Area 1991 134
6.1 Sydney Metropolitan Area: Ausstattung planerisch ausgewiesener Zentren mit ausgewählten öffentlichen und privaten Diensten 1992 160
6.2 Melbourne Metropolitan Area: Ausstattung planerisch ausgewiesener Zentren mit ausgewählten öffentlichen und privaten Diensten 1992 161
6.3 Brisbane Metropolitan Area: Ausstattung planerisch ausgewiesener Zentren mit ausgewählten öffentlichen und privaten Diensten 1992 162
6.4 Perth und Adelaide Metropolitan Areas: Ausstattung planerisch ausgewiesener Zentren mit ausgewählten öffentlichen und privaten Diensten 1992 163
6.5 Beschäftigungsentwicklung in Regional und Subregional Centres der Sydney Metropolitan Area 1971-1991 und planerische Zielwerte für 2006 165
7.1 Beschäftigte in Parramatta - Schätzungen für 1991 173
7.2 Einzelhandelswachstum in Parramatta 1969-1990 175
7.3 Bruttogeschoßfläche für Einzelhandels- und Büronutzungen in Parramatta 1971 bis 1991 178
7.4 Beschäftigte in Chatswood - Schätzungen für 1991 186

7.5	Bruttogeschoßfläche für Einzelhandels- und Büronutzungen in Chatswood 1971 und 1991	187
7.6	Beschäftigte in Bondi Junction - Schätzungen für 1991	195
7.7	Bruttogeschoßfläche für Einzelhandels- und Büronutzungen in Bondi Junction 1982 und 1991	197
7.8	Bruttogeschoßfläche für Einzelhandels- und Büronutzungen in Box Hill 1974, 1982 und 1992	203
7.9	Einzelhandelsfläche nach Branchengruppe und Lagetyp in m^2 - Box Hill 1990	204
7.10	Entwicklung der Anzahl der Betriebe in Camberwell Junction 1900 bis 1992	209
7.11	Bruttogeschoßfläche für Einzelhandels- und Büronutzungen in Camberwell Junction 1972, 1979 und 1991	212
7.12	Bruttogeschoßfläche und Beschäftigung in den größten suburbanen Geschäftszentren der Brisbane Metropolitan Area 1992	218
7.13	Bürofläche in Upper Mount Gravatt und Toowong 1983 bis 1992	218
7.14	Bruttogeschoßfläche für Einzelhandels- und Büronutzungen in Fremantle 1955 bis 1990	227
7.15	Fremantle - Geschoßflächen und Beschäftigte nach Funktionen 1990	230
8.1	Flächennutzung in ausgewählten suburbanen Zentren (Zonen vorherrschender Nutzung) 1992	239
8.2	Büro-/Einzelhandelsflächen-Verhältnis und City-Flächennutzungsintensität ausgewählter suburbaner Zentren 1992	240
8.3	Anzahl der Bürogebäude mit fünf oder mehr Stockwerken in ausgewählten suburbanen Zentren 1992	241
8.4	Anzahl der Betriebe in ausgewählten suburbanen Zentren 1990/92: Büro-, Einzelhandels- und konsumorientierte Dienstleistungsbetriebe	242
8.5	Einzelhandelsbetriebe nach Branchen in ausgewählten suburbanen Zentren 1990/92	244
8.6	Variationskoeffizienten der Anzahl der Betriebe nach Wirtschaftsbereichen in neun ausgewählten suburbanen Zentren 1990/92	247
8.7	Büroraumnutzer nach Wirtschaftsbereichen in ausgewählten suburbanen Zentren 1990/92	247
8.8	Marktbereiche der Büroraumnutzer in unterschiedlichen Gebäudetypen ausgewählter suburbaner Zentren 1990/92	249
8.9	Privatwirtschaftliche Bürobetriebe in Parramatta, Chatswood und Bondi Junction nach Marktbereichen 1975 und 1990	251
8.10	Grunddaten verschiedener Zentrentypen 1991/1992	259
9.1	Anteil der CBDs am Gesamteinzelhandelsumsatz der Metropolitan Areas in australischen, US-amerikanischen und deutschen Verdichtungsräumen 1985/86	265
9.2	CBD- und Nicht-CBD-Büroflächen in australischen, US-amerikanischen, kanadischen und europäischen Verdichtungsräumen 1991	269
9.3	Anzahl der Außenstadtzentren mit 'edge city'-Dimensionen in ausgewählten Verdichtungsräumen der USA, Kanadas und Australiens 1991	272
9.4	Dezentralisierung von Cityfunktionen innerhalb von Verdichtungsräumen - national unterschiedliche Ausprägung zentralisierend und dezentralisierend wirkender Einflußfaktoren	274
9.5	Ausgewählte Kennzahlen australischer und US-amerikanischer Sub-Cities	277

Abbildungsverzeichnis

2.1 Zentralitätswerte ausgewählter australischer Verdichtungsräume 1991: Erwerbstätige in höherrangigen Zentralfunktionen in absoluten Zahlen und als prozentualer Anteil an allen Erwerbstätigen 16

2.2 Zentralitätswerte ausgewählter australischer Verdichtungsräume 1991: höherrangig-zentral Erwerbstätige im Geldwesen und in der Wirtschaftsberatung in absoluten Zahlen und als prozentualer Anteil aller Erwerbstätigen des Wirtschaftsbereiches 16

4.1 Entwicklung von Einkaufszentren in verschiedenen Teilbereichen der Sydney Metropolitan Area bis 1991 (Zentren mit mehr als 5.000 m^2 Einzelhandelsfläche) ... 57

4.2 Entwicklung von Einkaufszentren in verschiedenen Teilbereichen der Melbourne Metropolitan Area bis 1991 (Zentren mit mehr als 5.000 m^2 Einzelhandelsfläche) ... 57

4.3 Entwicklung von Einkaufszentren in verschiedenen Teilbereichen der Brisbane Metropolitan Area bis 1991 (Zentren mit mehr als 5.000 m^2 Einzelhandelsfläche) ... 58

4.4 Entwicklung von Einkaufszentren in verschiedenen Teilbereichen der Perth Metropolitan Area bis 1991 (Zentren mit mehr als 5.000 m^2 Einzelhandelsfläche) ... 58

5.1 Wert fertiggestellter Bürogebäude in der Sydney Metropolitan Area 1967-1991 94

5.2 Wert fertiggestellter Bürogebäude in der Sydney Metropolitan Area 1967-1991: prozentuale Anteile nach Ringzonen 94

5.3 Wert fertiggestellter Bürogebäude in der Melbourne Metropolitan Area 1971-1991 ... 95

5.4 Wert fertiggestellter Bürogebäude in der Melbourne Metropolitan Area 1971-1991: prozentuale Anteile nach Ringzonen 95

5.5 Wert fertiggestellter Bürogebäude in der Brisbane Metropolitan Area 1970-1991 96

5.6 Wert fertiggestellter Bürogebäude in der Brisbane Metropolitan Area 1970-1991: prozentuale Anteile nach Ringzonen 96

5.7 Wert fertiggestellter Bürogebäude in der Perth Metropolitan Area 1971-1991 97

5.8 Wert fertiggestellter Bürogebäude in der Perth Metropolitan Area 1971-1991: prozentuale Anteile nach Ringzonen 97

5.9 Wert fertiggestellter Bürogebäude in der Adelaide Metropolitan Area 1971-1991 98

5.10 Wert fertiggestellter Bürogebäude in der Adelaide Metropolitan Area 1971-1991: prozentuale Anteile nach Ringzonen 98

5.11 Wert fertiggestellter Bürogebäude in Local Government Areas der Sydney Metropolitan Area 1972-1991 99

5.12 Wert fertiggestellter Bürogebäude in Local Government Areas der Melbourne Metropolitan Area 1972-1991 100

5.13 Anteil des CBD an den Büroflächenfertigstellungen und am Büroflächenbestand der Sydney Metropolitan Area 1958-1991 105

5.14 Anteil des CBD an den Büroflächenfertigstellungen und am Büroflächenbestand der Melbourne Metropolitan Area 1970-1991 105

5.15 Anteil des CBD an den Büroflächenfertigstellungen und am Büroflächenbestand der Brisbane Metropolitan Area 1970-1991 106

5.16 Büroflächenfertigstellungen in der Sydney Metropolitan Area nach Standorttypen 1971-1991 106

5.17 Entwicklung des Büroflächenbestandes in der Sydney Metropolitan Area nach Standorttypen 1971-1991 108

5.18 Entwicklung des Büroflächenbestandes in der Melbourne Metropolitan Area nach Standorttypen 1971-1991 108

5.19 Entwicklung des Büroflächenbestandes in der Brisbane Metropolitan Area
nach Standorttypen 1971-1991 109
5.20 Büroflächenkonzentrationen in der Sydney Metropolitan Area 1991 113
5.21 Büroflächenkonzentrationen in der Melbourne Metropolitan Area 1991 114
5.22 Mietspannen nach Bürostandorttyen in den Metropolitan Areas von Sydney,
Melbourne, Brisbane, Perth und Adelaide 1992 117
5.23 Standorte der Hauptverwaltungen der 500 größten australischen Unternehmen
in der Sydney Metropolitan Area 1990 124
5.24 Standorte der Hauptverwaltungen der 500 größten australischen Unternehmen
in der Melbourne Metropolitan Area 1990 125
5.25 Sydney Metropolitan Area: Aus dem CBD verlagerte Arbeitsplätze in Ministerien
und Behörden des Bundesstaates New South Wales 1983-1990 137
5.26 Sydney Metropolitan Area: Büroarbeitsplätze in Ministerien und Behörden
des Bundestaates New South Wales 1990 138
6.1 Einzelhandels- und Bürozentren in der Sydney Metropolitan Area 1991 154
6.2 Einzelhandels- und Bürozentren in der Melbourne Metropolitan Area 1991 155
6.3 Einzelhandels- und Bürozentren in der Brisbane Metropolitan Area 1991 156
6.4 Einzelhandels- und Bürozentren in der Perth Metropolitan Area 1991 157
6.5 Einzelhandels- und Bürozentren in der Adelaide Metropolitan Area 1991 158
6.6 Beschäftigung in Regional und Subregional Centres
der Sydney Metropolitan Area 1991 166
6.7 Beschäftigung im CBD und in District Centres
der Melbourne Metropolitan Area 1991 167
7.1 Parramatta: Neue Bürogebäude und Zonen vorherrschender Nutzung 1992 176
7.2 Büroflächenentwicklung in Parramatta 1971-1991 178
7.3 Büroflächenentwicklung in Chatswood 1971-1991 190
7.4 Bondi Junction und Chatswood: Neue Bürogebäude und Zonen
vorherrschender Nutzung 1992 191
7.5 Büroflächenentwicklung in Bondi Junction 1971-1991 197
7.6 Box Hill: Neue Bürogebäude und Zonen vorherrschender Nutzung 1992 202
7.7 Camberwell Junction: Neue Bürogebäude und Zonen
vorherrschender Nutzung 1992 210
7.8 Frankston: Neue Bürogebäude und Zonen vorherrschender Nutzung 1992 216
7.9 Upper Mount Gravatt: Neue Bürogebäude und Zonen
vorherrschender Nutzung 1992 219
7.10 Toowong: Neue Bürogebäude und Zonen vorherrschender Nutzung 1992 223
7.11 Fremantle: Neue Bürogebäude und Zonen vorherrschender Nutzung 1992 231
8.1 Anzahl konsumorientierter Dienstleistungsbetriebe in ausgewählten
suburbanen Zentren 1990/92 245
8.2 Standorte von Einzelhandelsgeschäften in zentrumsprägenden Branchengruppen
in ausgewählten suburbanen Zentren 1990/92 245
8.3 Anzahl der Büroraumnutzer nach der Größe des versorgten
Marktbereichs in ausgewählten suburbanen Zentren 1990/92 249
8.4 Klassifikation funktional-genetischer Zentrentypen 258

A.1 Statistical Local Areas in der Sydney Statistical Division 1991 312
A.2 Statistical Local Areas in der Melbourne Statistical Division 1991 313

A.3 Statistical Local Areas in der Brisbane Statistical Division 1991 314
A.4 Statistical Local Areas in der Perth Statistical Division 1991 315
A.5 Statistical Local Areas in der Adelaide Statistical Division 1991 316

Abkürzungsverzeichnis

ABS	Australian Bureau of Statistics
ACT	Australian Capital Territory
ASCO	Australian Standard Classification of Occupations
ASIC	Australian Standard Industrial Classification
ATO	Australian Taxation Office
A$	Australischer Dollar
BACS	Building Activity Survey
BBF	Bruttobürofläche
BOMA	Building Owners and Managers Association
CBD	Central Business District
CCLO	Classification and Classified List of Occupations
CES	Commonwealth Employment Service
CPI	Consumer Price Index
FIRB	Foreign Investment Review Board
FSR	Floor Space Ratio
LEP	Local Environmental Plan
LGA	Local Government Area
MIV	Motorisierter Individualverkehr
MMBW	Melbourne Metropolitan Board of Works
NBF	Nettobürofläche
NFBI	Non-Bank Financial Institutions
NSW	New South Wales
NT	Northern Territory
OECD	Organization for Economic Cooperation and Development
ÖPNV	Öffentlicher Personennahverkehr
ÖV	Öffentlicher Verkehr
QLD	Queensland
REP	Regional Environmental Plan
SA	South Australia
SD	Statistical Division
SEPP	State Environmental Planning Policies
SLA	Statistical Local Area
SORP	Suburban Office Relocation Program
SROP	Sydney Region Outline Plan
TAFE	Technical and Further Education College
TAS	Tasmania
WA	Western Australia
VIC	Victoria

1. Einleitung

1.1 Einführung in die Untersuchungsthematik

Traditionelle Vorstellungen der Stadt sehen diese im wesentlichen als ein monozentrisches Gebilde mit einem klar definierten Kern städtisch-zentraler Funktionen. Sowohl die klassischen Modelle der Stadtökonomie als auch die sozialökologischen Modelle der 'Chicagoer Schule' spiegeln dieses Vorstellungsbild wider. Sie gehen fast ausnahmslos von einem einzigen, durch die stärkste Konzentration an städtisch-zentraler Nutzungen und die höchsten Bodenwerte gekennzeichneten Kernbereich sowie einem generellen zentral-peripher verlaufenden Dichte- und Bodenwertgradienten innerhalb des Stadtraumes aus.

Vor allem seit den 60er Jahren führt jedoch eine in allen westlichen Industrienationen zu beobachtende Dezentralisierung des tertiären Sektors zu einem grundlegenden Reorganisationsprozeß der Raumstruktur größerer Verdichtungsräume. Insbesondere in US-amerikanischen Verdichtungsräumen, die hinsichtlich dieser Prozesse eine Vorreiterrolle einnehmen, haben sich im Laufe der 70er und 80er Jahre in der Außenstadt neben niederrangigeren Subzentren auch multifunktionale Standortkonzentrationen von Einzelhandels- und Bürofunktionen gebildet, die zunehmend in eine direkte Konkurrenz zum 'Central Business District' (CBD) treten. Dabei wird deutlich, daß die Vorstellung eines rein monozentrischen, das heißt auf ein einziges Zentrum ausgerichteten Stadtraumes der Realität immer weniger entspricht.

Auch in den größeren australischen Verdichtungsräumen sind räumliche Dekonzentrationsprozesse ökonomischer Aktivitäten zu beobachten. Nachdem die Suburbanisierung der Industrie bereits in der ersten Nachkriegszeit größere Ausmaße erreichte, wurden suburbane Standorte ab Anfang der 60er Jahre für den Einzelhandel und ab Mitte der 70er Jahre auch für Bürofunktionen zunehmend attraktiv. Anders als von vielen Raumwissenschaftlern anfänglich angenommen, führen diese Dezentralisierungsprozesse jedoch nicht zu einer gleichmäßigen Dispersion von Arbeitsstätten und Versorgungseinrichtungen über die gesamte Stadtregion, sondern lassen in der Außenstadt durch neue Agglomerationsprozesse multifunktionale Zentren entstehen. Diese 'neuen Cities' im suburbanen Raum nehmen vielfach Funktionen von regionaler Bedeutung wahr und führen zu einer zunehmenden Fragmentierung des Stadtraumes. Seit Mitte der 80er Jahre ziehen die multifunktionalen Zentren der Vororte neben konsumbezogenen Funktionen auch höherrangige Steuerungs- und Kontrollfunktionen an. Einige dieser Zentren besitzen durch eine dichte Hochhausbebauung bereits eine eigene Skyline und sind somit auch physiognomisch bedeutsame Merkmale der australischen Stadtlandschaften. Durch ihren nachhaltigen Einfluß auf die interne Raumstruktur von Verdichtungsräumen hat das Wachstum der suburbanen Geschäftszentren zudem weitreichende Konsequenzen für die Pendler- und Versorgungsverflechtungen, das städtische Verkehrssystem, den städtischen Immobilienmarkt usw.

Obwohl die der Suburbanisierung des tertiären Sektors zugrundeliegenden ökonomischen, sozialen und technologischen Kräfte unter marktwirtschaftlichen Bedingungen weltweit große Ähnlichkeit haben, führen sie dennoch national bzw. lokal zu sehr unterschiedlichen Ausprägungen. Wie bereits erste heuristische Herangehensweisen erkennen lassen, unterscheiden sich die Entwicklungen in australischen Metropolen trotz ähnlicher stadtstruktureller Voraussetzungen deutlich von denen US-amerikanischer Städte. Somit stellt sich die Frage, welche Faktoren diese unterschiedlichen nationalen bzw. lokalen Ausprägungen steuern. Die vorliegende Untersuchung soll sowohl die Entwicklungsprozesse und Rahmenbedingungen, die zur Entstehung multifunktionaler suburbaner Zentren führen, als auch deren stadtstrukturelle Folgen in australischen Metropolen in einem umfassenden Forschungsansatz näher beleuchten.

Aus mehreren Gründen bieten sich die australischen Metropolen zur Untersuchung innerregionaler Dekonzentrationsprozesse und deren stadtstrukturellen Folgen besonders an:
- In australischen Verdichtungsräumen war das Wachstum suburbaner Geschäftszentren eine der auffälligsten stadtstrukturellen Veränderungen der 80er Jahre. Dennoch fehlt es bislang an umfassenden Untersuchungen.
- Den australischen Metropolen fehlt weitgehend die historisch angelegte Mehrkernigkeit, wie sie etwa für zahlreiche Agglomerationen Europas kennzeichnend ist. Die Dekonzentrationsprozesse und ihre Folgen für das Zentrensystem lassen sich hierdurch sozusagen in 'Reinform' untersuchen. Die australische 'multinucleated metropolis' ist in ihrer heutigen Form ganz überwiegend das Resultat von Suburbanisierungsprozessen der Nachkriegszeit.
- Die Besonderheiten des australischen Städtesystems mit seiner extremen Dominanz weniger großer Metropolen läßt mit relativ begrenztem Aufwand umfassende Aussagen über Stadtentwicklungsprozesse auf dem ganzen Kontinent zu.
- Trotz einer überschaubaren Zahl größerer Verdichtungsräume weisen diese sowohl in bezug auf stadtplanerische und stadtstrukturelle Rahmenbedingungen als auch in bezug auf die relative Bedeutung von Massentransportsystemen deutliche Unterschiede auf. Somit lassen sich verschiedene Einflußfaktoren der Zentrenentwicklung am Beispiel australischer Verdichtungsräume gut herausarbeiten.
- Trotz stadtstruktureller Ähnlichkeiten mit US-amerikanischen Städten weisen australische Metropolen bezüglich der politischen und planungsrechtlichen Rahmenbedingungen sowie der internen Verkehrszirkulation eine bessere Vergleichbarkeit mit europäischen Stadträumen auf. Die Untersuchungen in Australien können daher wertvolle Hinweise für das auch für die europäische Stadtentwicklungsplanung drängender werdende Problem der kern- und randstädtischen Bürostandorte liefern.

1.2 Multifunktionale Außenstadtzentren und mehrkernige Verdichtungsräume als Gegenstände der Stadtforschung - Überblick über den Forschungsstand und seine Defizite

Bereits im Jahre 1945 stellten die amerikanischen Geographen *Harris* und *Ullman* in ihrer Grundsatzerörterung 'The Nature of Cities' erstmals ein mehrkerniges Stadtmodell von vorwiegend heuristischem Wert vor. Dieses geht davon aus, daß sich das Muster der Landnutzung großer Verdichtungsräume nicht um ein einziges Zentrum, sondern um eine Vielzahl diskreter Kerne entwickelt, die sich durch eine Kombination von Anziehungs- und Abstoßungsprozessen, unterschiedlichen Standortanforderungen und den Determinanten des städtischen Bodenmarktes ergeben. Die genauen Entstehungszusammenhänge und Wachstumsmuster der Außenstadtzentren wurden aber weder von *Harris* und *Ullman* selbst, noch in der Folgezeit näher betrachtet. Erst ab Ende der 70er

Jahre haben sich insbesondere amerikanische Stadtgeographen und Stadtökonomen verstärkt dem Phänomen der Außenstadtzentren und der 'multicentred metropolis' gewidmet (v.a. *Baerwald* 1978, *Erickson* 1983, *Erickson/Gentry* 1985, *Gad* 1985, *Hartshorn* 1980, *Hartshorn/Muller* 1989, *Holzner* 1985 und 1990, *Law* 1988, *Muller* 1981, *Odland* 1978, *Richardson* 1988, *Stanback* 1991). Ein Großteil dieser Forschungen richtete sich vor allem auf die innerregionale Dynamik hochrangiger Dienstleistungsfunktionen und deren suburbanen Standortkonzentrationen. Während die überwiegende Zahl der Arbeiten zur 'multinucleated metropolis' eine regionale Perspektive einnehmen, sind gerade in jüngerer Zeit auch Untersuchungen erschienen, welche die multifunktionalen Zentren selbst stärker in den Mittelpunkt der Betrachtung stellen. Besonders erwähnenswert sind in diesem Zusammenhang die richtungsweisenden Arbeiten von *Garreau* (1991) und *Cervero* (1989). Insbesondere letzterer hat suburbane Zentren in den USA vergleichend untersucht und ihre Entwicklung teilweise in 'case studies' skizziert. Weitere Impulse bezog die Untersuchung von multifunktionalen Außenstadtzentren aus der empirischen Bürostandortforschung, die seit den 70er Jahren insbesondere die Entstehungs- und Standortbedingungen zentralstädtischer und suburbaner Bürostandorte analysiert (z.B. *Alexander* 1979, *Daniels* 1975 und 1979, *Gad* 1968 und 1983, *Goddard* 1975, *Heineberg/Heinritz* 1983).[1]

In der Literatur besteht weitgehende Einigkeit darüber, daß der Suburbanisierungsprozeß seit den 70er Jahren zumindest im US-amerikanischen Kontext gegenüber den vorhergegangenen Jahrzehnten eine neue Qualität erreicht hat. Dabei hat der Dienstleistungssektor das verarbeitende Gewerbe als hauptsächlichen 'Arbeitsplatzbeschaffer' auch im suburbanen Raum abgelöst (*Schneider/Fernandez* 1989). Nach *Stanback* (1991) zeichnet sich die "new suburbanization" vor allem dadurch aus, daß 'agglomeration economies' auch im suburbanen Raum eine erhebliche Bedeutung erhalten haben und somit größere 'Business Districts' in der Außenstadt schaffen. Hierdurch entsteht ein völlig neues Bild von 'suburbia', das sich funktional immer stärker von der Kernstadt emanzipiert. Das damit verbundene neue Verhältnis zwischen dem Stadtkern und der Vorortzone ist neben komplexen symbiotischen Beziehungen zunehmend auch von einer Konkurrenz um Investitionen und Arbeitsplätze geprägt. *Erickson* (1983) und *Hartshorn/Muller* (1989) entwickelten auf empirischen Untersuchungen in US-amerikanischen Verdichtungsräumen basierende Phasenmodelle der Suburbanisierung ökonomischer Aktivitäten (v.a. Büroaktivitäten). Diese blieben in ihrer Anwendbarkeit allerdings auf die Verhältnisse in den USA beschränkt. *Matthew* (1993) unternahm dagegen einen Versuch, diese Modelle auf eine breitere empirische Basis zu stellen und in ihrer Anwendbarkeit zu erweitern. Durch die Integration von 'switches', die insbesondere politisch-planerische Entscheidungen und Bestimmungsfaktoren des städtischen Verkehrssystems erfassen ('switching model'), gelang es ihm, die deterministischen und kulturspezifischen Ausgangsmodelle zu erweitern. Allerdings bleibt die Frage nach der Spezifikation der 'switches' außerhalb des nordamerikanischen Kontextes offen.

Ohne Zweifel haben gerade die Arbeiten nordamerikanischer Geographen einen wesentlichen Beitrag zum Verständnis der 'neuen' Suburbanisierungs- und Agglomerationsprozesse sowie zu dem

---

[1] Die funktionale Stadtgeographie in Deutschland hat das Standortmuster des 'tertiären Sektors' innerhalb städtischer Systeme bislang fast ausschließlich im Rahmen der Cityforschung und einer auf den Einzelhandel und konsumbezogene zentrale Dienste orientierten innerstädtischen Zentralitätsforschung untersucht (vgl. *Heineberg* 1988, *Heinritz* 1990).

neuen Standortmuster von Cityfunktionen geliefert. Allerdings leidet der momentane Stand der Forschung gerade unter der Dominanz der US-amerikanischen Arbeiten und konvergenztheoretischer Ansätze, also letztlich der zumindest impliziten Annahme, daß alle Metropolen unter den marktwirtschaftlichen Bedingungen dem US-amerikanischen Entwicklungspfad folgen. Zentrale Argumente für die Annahme einer konvergenten Stadtentwicklung sind die vor allem weltweit parallel wirkenden technologischen Faktoren (technischer Fortschritt) und ökonomischen Parameter wie der globale wirtschaftliche Strukturwandel (Deindustrialisierung, Tertiärisierung, Internationalisierung usw.). Allerdings sprechen räumlich differenziert wirkende Einflußfaktoren wie persistente physische Raumstrukturen, tradierte Normen, Institutionen und Verhaltensweisen, stadtplanerische Einflüsse sowie unterschiedliche politisch-gesellschaftliche Wertvorstellungen gegen universal gültige Prinzipien der Stadtentwicklung (*Lichtenberger* 1992, S.25). So liegen empirische Hinweise vor, daß selbst in kanadischen Verdichtungsräumen die Suburbanisierungsprozesse anderen Gesetzmäßigkeiten gehorchen als in den USA (*Code* 1983, *Coffey* 1994, *Gad* 1985, *Pill* 1983). Trotz deutlicher nationaler Differenzen im Suburbanisierungsprozeß ökonomischer Aktivitäten in westlichen Industrienationen wurden diese bislang nur in wenigen Untersuchungen explizit thematisiert (*Matthew* 1993). Dabei haben Vertreter der kulturgenetisch bzw. kulturökologisch orientierten Stadtgeographie immer wieder zurecht darauf hingewiesen, daß nationale, regionale und lokale Eigenheiten für die Stadtstruktur eine erhebliche Rolle spielen und deshalb nicht negiert werden können (z.B. *Harris* 1992, *Hofmeister* 1980, *Holzner* 1981, *Lichtenberger* 1991). Bislang liegen aber noch zu wenige vergleichende Untersuchungen über eigenständige nationale Entwicklungspfade bei der Ausbildung von multifunktionalen Außenstadtzentren vor.

Auch in Australien finden die Suburbanisierung von Cityfunktionen und die hiermit verbundene Entwicklung von suburbanen Zentren seit Anfang der 80er Jahre ein breiteres wissenschaftliches Interesse. Die bisherigen Arbeiten zu diesen Problemfeldern seitens der geographischen bzw. planungsbezogenen Stadt- und Regionalforschung lassen sich in drei Hauptgruppen einteilen:

1. Arbeiten zur Dezentralisierung und suburbanen Standortbildung einzelner städtischer Funktionen (z.B. *Alexander* 1982, 1978 und 1976, *Alexander/Dawson* 1979, *Bingsworth/Fitzsimmons* 1986, *Bryan* 1989, *Cardew* 1989, *Cardew/Simmons* 1982, *Daniels* 1986, *Fothergill* 1987, *Hanley* 1979, *Luscombe* 1987b, *Marsden* 1971, *Marsh* 1979, *McLennan* 1987, *Newell/Kelly* 1985, *Poulsen* 1982, *Sommerville/Wilmoth* 1985, *Sorensen* 1977, *Walmsley/Weinand* 1991)
2. Arbeiten zur Entwicklung des Zentrensystems innerhalb der Verdichtungsräume (z.B. *Brisbane City Council* 1990f, *Brisbane City Council - Department of Development and Planning* 1990b und 1990c, *Bunker* 1976, *Dawson/Hunter* 1987, *Edgington* 1988, *Fraser* 1958, *Gilchrist* 1988a, *Meyer* 1986, *Morrison/Winter* 1976)
3. Untersuchungen und Gutachten zur Entwicklung einzelner suburbaner Geschäftszentren (z.B. *Willoughby Municipal Council - Town Planning Department* 1987, *Fernandes* 1990, *Knight* 1978, *Luscombe* 1987a, *Masterplan Consultants* 1988) und der CBDs (*Alexander* 1974, *Edgington* 1982a, *Grotz* 1987a, *Scott* 1959)

Während die Arbeiten der ersten Gruppe, die sich vorwiegend mit der Dezentralisierung des Einzelhandels und der Bürofunktionen befassen, recht zahlreich sind, ist das Literaturspektrum bezüglich der suburbanen Geschäftszentren bislang recht begrenzt. Insbesondere fehlen Studien, welche die verschiedenen Aspekte der Dezentralisierungsprozesse und die Entwicklung der Nebenzentren in einer umfassenderen, planungs- und stadtentwicklungsbezogenen Perspektive eingehender untersuchen. Zudem fehlen in der australischen Literatur umfassendere Einzelbetrachtungen suburbaner Zentren. Die meisten dieser Arbeiten entstanden im Rahmen gutachterlicher Tätigkeiten und liegen nur als 'graue Literatur' vor. Insgesamt leidet die australische Stadtgeographie traditionell daran, daß sich die meisten Untersuchungen nur einem einzelnen Verdichtungsraum zuwenden, was die vergleichende Interpretation der Ergebnisse oft erheblich erschwert (*Forster* 1988, S.71). Dieses Fehlen von Vergleichsstudien gilt sowohl im inneraustralischen als auch im internationalen Kontext. Die vorliegende Arbeit will zumindest einige der angesprochenen Forschungslücken schließen.

1.3 Zentrale Fragestellungen und die Auswahl der Untersuchungsräume

Die zentralen Fragestellungen der Untersuchung lassen sich aus dem oben gesagten ableiten. Von Interesse ist vor allem die Frage, ob in australischen Verdichtungsräumen die Suburbanisierung von Cityfunktionen und die suburbane Zentrenentwicklung nach US-amerikanischem Muster ablaufen oder ob diese Prozesse einem eigenständigen Entwicklungspfad folgen. Präziser formuliert verfolgt die Untersuchung ein zweifaches Ziel: Zum einen sollen mit Hilfe einer möglichst breiten, empirisch gewonnenen Informationsbasis grundlegende Stadtentwicklungsprozesse und deren Determinanten herausgearbeitet und analysiert werden, zum anderen sollen die Faktoren aufgezeigt werden, die zur konkreten lokal- bzw. regionalspezifischen Ausformung der Prozesse beigetragen haben. Hierbei stehen folgende Leitfragen im Vordergrund:
- In welchem Ausmaß finden Dezentralisierungsprozesse statt und durch welche Faktoren werden diese bestimmt?
- In welcher Weise wirken unterschiedliche stadt- und wirtschaftsstrukturelle Bedingungen auf den Dezentralisierungsprozeß?
- Wie verläuft die Entwicklung der suburbanen Geschäftszentren und welche Bedingungen sind entscheidend für ihr quantitatives und qualitatives Wachstum?
- Welche Rolle spielen Dezentralisierungsprozesse im Einzelhandel und bei den Büroaktivitäten und welche Standortalternativen bestehen für diese?
- Welche Konsequenzen hat das Entstehen von suburbanen Geschäftszentren hinsichtlich einer räumlichen Reorganisation der Verdichtungsräume?
- Welche Beziehungen bestehen zwischen den suburbanen Geschäftszentren und dem CBD?
- Welche Rolle spielen regionale und lokale Planungsziele und wie können diese effizient umgesetzt werden?

Einerseits haben spezifische lokale Bedingungen, andererseits aber auch Faktoren wie etwa die Größe eines Verdichtungsraumes, seine Wirtschaftsstruktur sowie stadt- bzw. regionalplanerische Konzepte einen erheblichen Einfluß auf die Intensität und die Ausgestaltung der regionalen Dekonzentrationsprozesse des tertiären Sektors. Deshalb gründet sich die Studie auf vergleichende Analysen in den fünf größten australischen Metropolen, die zumindest teilweise verschiedene stadt- und wirtschaftsstrukturelle Verdichtungsraumtypen repräsentieren. Dies sind im einzelnen:

- *Sydney, New South Wales* (ca. 3,5 Mio. Einwohner), größter australischer Verdichtungsraum sowie führendes nationales bzw. internationales Finanz- und Kontrollzentrum mit einem - zumindest theoretisch - erheblichen Dezentralisierungspotential,
- *Melbourne, Victoria* (ca. 3 Mio. Einwohner), bedeutendster industrieller Schwerpunkt Australiens und traditioneller Sitz großer Bergbau- und Industrieunternehmen,
- *Brisbane, Queensland* (ca. 1,3 Mio. Einwohner), in den letzten beiden Jahrzehnten besonders schnell wachsender und stark tertiärisierter Verdichtungsraum,
- *Perth, Western Australia* (ca. 1,1 Mio. Einwohner), vor allem durch den Bergbauboom seit Anfang der 60er Jahre wirtschaftlich prosperierende und rasch wachsende Stadt mit sehr geringer Bebauungsdichte,
- *Adelaide, South Australia* (ca. 1 Mio. Einwohner) verkörpert den Typ einer eher stagnierenden Metropole mit einem unterdurchschnittlichen Wachstum höherrangiger Tertiärfunktionen.

Innerhalb dieser Verdichtungsräume wurden neun suburbane Zentren als Fallbeispiele für Detailuntersuchungen auf der lokalen Ebene ausgewählt (Kapitel 7 und 8). Es wäre an dieser Stelle verfrüht, bereits auf genauere Strukturunterschiede einzugehen. Deshalb sollen hier zwei allgemeine Hinweis genügen: Die Stadt- und Regionalplanung ist im föderalen Staatsaufbau Australiens die Aufgabe der einzelnen Bundesstaaten, weshalb in allen Untersuchungsräumen unterschiedliche Planungsrechte und verschiedene Planungskonzeptionen gelten. Diese Tatsache bietet die Möglichkeit, diese Einflüsse in ihren praktischen Auswirkungen miteinander zu vergleichen. Auch stadt- und wirtschaftsstrukturell bieten die ausgewählten Untersuchungsstädte unterschiedliche Rahmenbedingungen für den Dezentralisierungsprozeß und die suburbane Zentrenentwicklung.

1.4 Methodische Ansätze, Datengrundlagen, Definitionen

Methodisch beruht die vorliegende Untersuchung sowohl auf qualitativen als auch auf quantitativen Verfahren, wobei sowohl auf selbst erhobene als auch auf sekundärstatistisch ausgewertete Datenquellen zurückgegriffen wurde. Da auf die verwendeten Datenquellen und methodische Fragen im Hauptteil sowie im Anhang detaillierter eingegangen wird, kann an dieser Stelle auf eine genauere Erörterung verzichtet werden. Drei Termini, die in der Arbeit immer wieder auftauchen, bedürfen allerdings vorab einer kurzen Erläuterung:
- Als *Suburbanisierung* soll hier die Gesamtheit aller innerregionalen Dekonzentrationsprozesse verstanden werden, die zu einer relativen und absoluten Zunahme der Bevölkerung und der unterschiedlichen städtischen Nutzungen des Umlandes (suburbaner Raum) im Vergleich zur Kernstadt führen. *Suburbanisierung* umfaßt nach diesem Verständnis sowohl Verlagerungen aus der Kernstadt in den suburbanen Raum als auch suburbane Neugründungen bzw. Zuwanderungen von außerhalb des Verdichtungsraumes.[2]
- Als *Cityfunktionen* soll im folgenden die Gesamtheit der Funktionen verstanden werden, welche traditionellerweise die City auszeichnen, vor allem mittel- und oberzentrale Versorgungseinrichtungen (Warenhäuser, spezialisierte Einzelhandelsgeschäfte und Dienstleistungsbetriebe), Behörden-, Verwaltungs- und Bürofunktionen sowie kulturelle Einrichtungen. Da der Einzel-

---

[2] Zum Begriff der *Suburbanisierung* und zum Problem der räumlichen Abgrenzung der 'Kernstadt', des 'Umlandes' und der 'Metropolitan Area' siehe *Gaebe* 1987, S.45ff.

handel und die Bürofunktionen die dominierenden Nutzungen der Geschäftscity bzw. des CBD darstellen und sie damit die gesammte City in besonderer Weise prägen, stehen sie im Mittelpunkt der Betrachtung.[3]

- Als *multifunktionale Vorort- oder Außenstadtzentren* werden hier suburbane, das heißt außerhalb der zentralen Cities gelegene Geschäftszentren verstanden, die mehr sind als reine Einzelhandelszentren und ein breites Spektrum von 'citytypischen' Nutzungen aufweisen. Da diese Zentren mit dem CBD durchaus vergleichbare Funktionen aufweisen und eine zum Teil beachtliche Größe erreichen, wurde der Begriff 'Subzentrum' bewußt vermieden. In der US-amerikanischen Literatur existiert eine Vielzahl von konkurrierenden Begriffen wie 'minicity', 'sub-city', 'suburban nucleation', 'multifunctional urban core', 'suburban downtown', 'urban subcenter' oder die sich in den letzten Jahren zunehmend durchsetzende Bezeichnung 'edge city'. Alle diese Begriffe haben spezifische Vor- und Nachteile. Dagegen erscheinen die vor allem in der australischen Planungsliteratur häufig verwendeten Begriffe 'regional centre', 'subregional centre' und 'district centre' zwar geeigneter, sind aber ebenso wie der deutsche Begriff 'Subzentrum' stark im zentralörtlich-hierarchischen Denken verhaftet.

1.5 Aufbau und Gliederung der Untersuchung

Die folgende Untersuchung läßt sich in verschiedene räumliche Betrachtungsebenen gliedern: (1) eine nationale bzw. internationale Betrachtungsebene, (2) eine regionale Betrachtungsebene und (3) eine lokale Betrachtungsebene. Dieser Gliederung liegt der Gedanke zugrunde, daß heute Stadtentwicklungsprozesse nicht mehr nur auf einer 'isolierten' Maßstabsebene betrachtet werden können, sondern auch lokale Entwicklungen sowohl von globalen als auch von regionalen Faktoren und Rahmenbedingungen beeinflußt werden. Eine Begrenzung der Untersuchung auf nur eine Maßstabsebene würde von vornherein Bestimmungsgrößen ausklammern, die ihren Ursprung in anderen Maßstabsebenen haben.

In Kapitel 2 wird zunächst auf Fragen des nationalen Städtesystems und dessen Verhältnis zu den nationalen und internationalen Rahmenbedingungen eingegangen. Diese funktionale und wirtschaftsstrukturelle Einordnung der Untersuchungsräume in den nationalen und internationalen Gesamtkontext ist deshalb notwendig, weil diese Faktoren auch für die interne Struktur aller großen Verdichtungsräume von immanenter und zukünftig sogar noch zunehmender Bedeutung sind.

Erst vor diesem Hintergrund kann die Analyse interner Strukturen und Entwicklungsprozesse vorgenommen werden. Kapitel 3 beschäftigt sich mit allgemeinen, den Suburbanisierungsprozessen der Cityfunktionen zugrundeliegenden Raumstrukturen, die im Hinblick auf die einzelnen Untersuchungsräume sowohl Konvergenzen als auch Divergenzen aufweisen. Für die australischen Verdichtungsräume zeigt sich, daß Dekonzentrationsprozesse außerordentlich raum- und strukturprägend sind. In diesen allgemeinen Entwicklungskontext eingebettet, verlaufen auch die Dekon-

---

[3] Der hier angesprochene wissenschaftliche Citybegriff darf nicht mit dem im englischen Sprachraum gebräuchlichen Begriff 'City' im Sinne von 'Stadt' verwechselt werden. Letztere Begriffsbedeutung wird auch in Australien für kommunale Gebietseinheiten mit bestimmten eigenen Verwaltungsfunktionen benutzt (gegenüber weniger privilegierten 'Shires' und 'Municipalities') und steht in diesem Sinne - wie in der vorliegenden Arbeit - zumeist in Verbindung mit Eigennamen (z.B. City of Sydney, City of Melbourne, City of Parramatta).

zentrationsprozesse der Cityfunktionen. Den mit Abstand bedeutendsten Cityfunktionen, den Einzelhandels- und den Bürofunktionen, sind die Kapitel 4 und 5 gewidmet. Trotz ihrer formalen Ähnlichkeit gehorchen die Verlagerungs- und suburbanen Standortbildungsprozesse - wie noch zu zeigen sein wird - recht unterschiedlichen Bestimmungsgrößen. Diese Tatsache läßt getrennte Betrachtungen sinnvoll erscheinen. In Kapitel 6 werden diese beiden Stränge im Hinblick auf die Standortgemeinschaften multifunktionaler Zentren wieder zusammengeführt und vor allem unter der Perspektive regionalplanerischer Zielsetzungen analysiert.

Da eine Analyse auf der regionalen Betrachtungsebene zwangsläufig unvollständig bleiben muß, wenden sich die beiden folgenden Kapitel der lokalen Ebene zu. Durch Einzelfallstudien lassen sich sowohl die Ursachen als auch die Folgen positiver bzw. negativer Entwicklungen herausarbeiten. Deshalb wird diesem, in der bisherigen Forschung häufig vernachlässigten Aspekt ein relativ breiter Raum gewidmet. In Kapitel 7 stehen zunächst Planungs- und Entwicklungsprobleme sowie die interne Struktur multifunktionaler suburbaner Zentren im Vordergrund. Die Fallstudien münden in Kapitel 8 in einen Strukturvergleich sowie in ein genetisch-funktionales Klassifikationsschema multifunktionaler Zentren. Zudem werden die wichtigsten planerischen Problemfelder in einer Gesamtschau diskutiert.

In Kapitel 9 werden die für australische Verdichtungsräume gewonnenen Ergebnisse in einem internationalen Kontext diskutiert. Arbeiten von *Burnley* (1980) und im deutschen Sprachraum vor allem von *Hofmeister* (1988, 1982) haben darauf hingewiesen, daß viele Gründe dafür sprechen, die australische Stadt als einen eigenständigen kultur-genetischen Stadttyp aufzufassen. Diese Frage wird auch im Hinblick auf die Neustrukturierung des Zentrensystems zu diskutieren sein. Im Sinne einer Zusammenführung der verschiedenen Betrachtungsebenen faßt das abschließende Kapitel 10 dann einige wesentliche Ergebnisse der Untersuchung zusammen.

2. Die großen Metropolitan Areas im nationalen Kontext - struktureller Wandel und zunehmende Spezialisierung

2.1 Die 'demographische' Dominanz der Metropolen - weiteres Wachstum trotz abnehmender Zuwachsraten

Das Gros der rund 17,5 Mio. Australier lebt in zwei räumlich durch nahezu unbewohnte Gebiete klar getrennten küstennahen Großregionen. Zum einen ist dies die große halbmondförmige Siedlungszone, die sich von Adelaide in Südaustralien bis in das nördliche Queensland erstreckt, und zum anderen der sehr viel kleinere Siedlungsbereich im Südwesten von Western Australia (*Lamping* 1986). Mit einem Urbanisierungsgrad von rund 85 % ist Australien eines der am stärksten verstädterten Länder der Erde. Besonders bemerkenswert ist dabei die enorme Konzentration der Bevölkerung auf wenige küstennahe Großstädte. So lebten 1992 in den Metropolitan Areas der fünf Millionenstädte Sydney, Melbourne, Brisbane, Perth und Adelaide zusammen etwa 60 % der australischen Gesamtbevölkerung. Man kann daher im australischen Kontext wohl zu Recht von einer ausgesprochenen 'Metropolisierung' der Bevölkerung sprechen. Alle sechs australischen Bundesstaaten sind von einer markanten Primatstellung ihrer jeweiligen Hauptstadt geprägt. In den Staaten New South Wales, Victoria, Western Australia und South Australia lebt jeweils deutlich mehr als die Hälfte der Bevölkerung in den Hauptstädten (Tab. 2.1). Etwas ausgeglichenere Größenverteilungen bestehen lediglich in Queensland und Tasmanien, wo es den Hauptstädten aufgrund ihrer exzentrischen Lage bereits in kolonialer Zeit nur in einem geringeren Maße gelang, die Entwicklungspotentiale auf sich zu konzentrieren (*Hofmeister* 1988, S.65).

In der Städtehierarchie spiegelt sich die Geschichte des Landes mit der Vereinigung von sechs quasi unabhängigen Kolonien zu einem einheitlichen Nationalstaat wider. Der Prozeß der Ausbildung eines gesamtnationalen Städtesystems ist bis heute nicht völlig abgeschlossen. Über die Ursachen und Entstehungsgründe des einzigartigen Siedlungsmusters ist viel diskutiert und geschrieben worden (*Burnley* 1980, *Daly* 1987, *Geisler* 1925, *Grotz* 1982 und 1991, *Hofmeister* 1986b und 1988, *Holmes* 1987, *Logan/Whitelaw/McKay* 1981, *Maher* 1987 und 1993, *Stilwell* 1974). Die meisten Autoren interpretieren die überragende Vorrangstellung der zwischen 1788 (Sydney) und 1836 (Adelaide) gegründeten Hauptstädte als zwangsläufiges Resultat der Integration des fünften Kontinents in den kapitalistischen Weltmarkt.[1] Das Fehlen von permanenten vorindustriellen Siedlungen ließ dabei ein Muster entstehen, das die direkte Widerspiegelung der Erfordernisse der kolonialen Erschließung des Kontinents und der sich entwickelnden industriellen Weltwirtschaft ist. Die in den Hauptstädten der ehemals sechs getrennten Kolonien erfolgte Vereinigung von Handels- und Hafenfunktionen sowie die straff zentralistisch organisierte Kolonialverwaltung sicherten den durch weite Entfernungen voneinander separierten und in ihren Austauschbeziehungen vorwiegend auf das Mutterland orientierten Koloniehauptstädten von Anfang an einen deutlichen Entwicklungsvorsprung vor ihren binnenländischen Konkurrentinnen. Zudem kam es aufgrund der ökologischen Ungunst des Landesinneren nie zu der Ausbildung einer echten 'Frontier' nach nordamerikanischem Muster.

---

[1] Gegenüber den Hauptstädten der heutigen Bundesstaaten Sydney (gegr. 1788), Hobart (gegr. 1804), Brisbane (gegr. 1825), Perth (gegr. 1829), Melbourne (gegr. 1835) und Adelaide (gegr. 1836) ist das erst 1911 als Hauptstadt des Commonwealth of Australia gegründete und sich anfangs nur zögernd entwickelnde Canberra ein 'newcomer' im australischen Städtesystem.

Trotz der 1901 erfolgten Vereinigung der Kolonien zum Commonwealth of Australia blieb das koloniale Grundmuster mit den ihre jeweiligen Bundesstaaten dominierenden Hauptstädten in seinen Grundzügen erhalten. Vielmehr wurde das Übergewicht der Metropolen durch den nun verstärkt einsetzenden Aufbau einer eigenen industriellen Produktion noch verstärkt. Jetzt boten die Hauptstädte mit ihrer überlegenen infrastrukturellen Ausstattung, der schon vorhandenen Bevölkerungs- und Arbeitskräftekonzentration und den bestehenden Kontrollmöglichkeiten die besten Ansatzpunkte für die Entwicklung der Industrie. Außerdem waren die großen Bevölkerungsagglomerationen selbst die wichtigsten Absatzmärkte für Industrieprodukte. Wie *Grotz* (1982, S.64) ausführt, entwickelte sich "im Zeitalter der Massenprodukte und des Massenkonsums der Marktfaktor als stabilisierendes Element der Hauptstadtdominanz." In der langanhaltenden wirtschaftlichen Boomphase nach dem Zweiten Weltkrieg erreichte die metropolitane Dominanz ihren vorläufigen Höhepunkt. So wuchs Sydney im Zeitraum zwischen 1947 und 1976 um 1,3 Mio. auf 3,0 Mio. Einwohner, Melbourne um 1,3 Mio. auf gut 2,6 Mio., Brisbane um 560.000 auf 960.000, Adelaide um 520.000 auf 900.000 und Perth um 530.000 auf 805.000 Einwohner an. Für dieses rasche Wachstum waren sowohl die Einwanderung überseeischer Immigranten, eine relativ hohe Geburtenrate sowie insbesondere in den Fällen von Perth, Brisbane und Adelaide deutliche Binnenwanderungsgewinne verantwortlich.

Tab.2.1: Einwohnerzahlen der australischen Hauptstädte[a] und ihr Anteil an der Gesamtbevölkerung des jeweiligen Bundesstaates oder Territoriums 1991
Population of Australian Capital Cities and their share of total state or territory population 1991

	Einwohner	Anteil an Gesamt- bevölkerung des Staates/ Territoriums in %		Einwohner	Anteil an Gesamt- bevölkerung des Staates/ Territoriums in %
Sydney/NSW	3.538.749	61,7	Adelaide/SA	1.023.597	73,1
Melbourne/Vic	3.022.439	71,2	Hobart/Tas	181.832	40,2
Brisbane/Qld	1.334.017	44,8	Darwin/NT	78.139	44,6
Perth/WA	1.143.249	72,1			

[a] Einwohnerzahlen der zum Juni 1991 gültigen Statistical Divisions

Quelle: *Australian Bureau of Statistics* - Census of Population and Housing 1991

Erst in jüngerer Zeit zeichnet sich eine Wende des Trends zur immer übermächtiger werdenden Stellung der großen Metropolen ab. Während bis Anfang der 70er Jahre die Bevölkerungszuwachsraten der großen Verdichtungsräume ein weiter zunehmendes Übergewicht sicherstellten, haben sich diese seither nicht nur halbiert, sondern fielen in Sydney, Melbourne und Adelaide unter den nationalen Durchschnitt (Tab. 2.2). Die das australische Städtesystem dominierenden Metropolen Sydney und Melbourne sind zwar weiterhin für die ganz überwiegende Zahl der überseeischen Immigranten attraktiv, andererseits verlieren sie Bevölkerung an andere Regionen des Landes, insbesondere an Queensland und Western Australia (*Bell* 1992, *Flood* 1992, *Maher* 1991). Insgesamt resultierte dies seit Ende der 70er Jahre in einem leichten relativen Bedeutungsverlust des industriellen Kernraums im Südosten des Kontinents, während sich Brisbane und Perth zu den am schnellsten wachsenden Metropolen entwickelten (*Maher* 1993). Neben den ebenfalls rasch wachsenden kleineren und stark monofunktionalen Verdichtungsräumen Canberra und Gold Coast haben sich auch neue, allerdings bislang deutlich kleinere Wachstumspole im Norden Australiens entwickelt (z.b. Townsville, Cairns, Darwin). In vielen Fällen liegen die Gebiete mit besonders hoher Bevölkerungszunahme jedoch in klimatisch und landschaftlich attraktiven Küstenabschnitten im weiteren Umfeld der bestehenden Metropolitan Areas. Beispiele für solche, von *Paris* (1990) als 'coastal sprawlabations' bezeichnete Gebiete sind die Sunshine Coast in Queensland und die Central Coast in New South Wales. Die Ergebnisse der bereits Anfang der 70er Jahre von der Whitlam-Regierung initiierten Politik zur Förderung binnenländischer Regionalzentren blieb, vom Sonderfall Canberra abgesehen, bis heute im Grunde unbefriedigend (*Grotz* 1982, *Hofmeister* 1988, S.28ff., *Lloyd/ Aderton* 1990).

Tab.2.2: Bevölkerungsentwicklung in den zehn größten australischen Verdichtungsräumen 1947-1991 (durchschnittliche jährliche Wachstumsraten in %)
Population growth in ten major Australian Metropolitan Areas 1947-1991 (average annual growth rate in %)

	1947-54	1954-61	1961-66	1966-71	1971-76	1976-81	1981-86	1986-91	Einwohner 1991
Sydney	3,3	2,4	2,2	2,2	0,8	1,2	1,0	1,0	3.538.749[a]
Melbourne	3,2	2,9	2,6	2,6	1,1	0,9	0,8	1,1	3.022.439[a]
Brisbane	3,2	2,3	4,0	2,7	2,3	1,4	2,2	2,5	1.334.017[a]
Perth	3,6	2,8	3,4	5,1	3,0	2,2	2,0	2,8	1.143.249[a]
Adelaide	3,4	2,7	4,7	2,2	1,4	0,7	1,0	0,9	1.023.597[a]
Newcastle	5,2	2,8	1,3	1,4	0,9	1,4	0,8	1,1	427.824[b]
Canberra	9,3	10,2	10,6	8,8	7,1	2,4	2,4	2,5	303.836[c]
Gold Coast	-	-	-	-	7,3	7,9	3,8	6,6	256.245[d]
Wollongong	5,4	5,1	4,8	2,8	1,5	1,4	0,2	0,9	235.966[b]
Hobart	3,2	2,1	1,6	1,7	1,2	0,8	0,8	0,8	181.832[a]
Australien	2,5	2,3	2,0	1,9	1,5	1,2	1,4	1,5	17.292.044[e]

[a] Bevölkerung der Statistical Division 6.8.1991
[b] Bevölkerung der Statistical Subdivision am 6.8.1991
[c] Bevölkerung der Canberra Statistical Division am 6.8.1991 (einschließlich Queanbeyan, NSW)
[d] Bevölkerung des Gold Coast Urban Centres am 6.8.1991 (einschließlich Tweed Heads, NSW)
[e] Estimated Resident Population am 30.6.1991

Quellen: *Grotz* (1982), eigene Berechnungen nach ABS-Volkszählungen 1971, 1976, 1981, 1986 und 1991

Insgesamt ist der Verlust an Wachstumsdynamik in Sydney und Melbourne in absoluten Zahlen weit weniger dramatisch als die Betrachtung der Wachstumsraten dies nahelegt. So konnte die Sydney Statistical Division zwischen 1976 und 1991 mit über 515.000 Menschen den weitaus größten absoluten Bevölkerungszuwachs aller australischen Verdichtungsräume verzeichnen. Im selben Zeitraum nahm die Bevölkerungszahl der Statistical Divisions[2] von Melbourne, Brisbane, Perth und Adelaide um 418.000, 376.000, 337.000 bzw. 123.000 Einwohner zu. Bei leichten Binnenwanderungsverlusten werden sowohl Sydney als auch Melbourne durch den Zufluß überseeischer Einwanderer und den eigenen Geburtenüberschuß mit Sicherheit auch in Zukunft weiter wachsen. So geht z.B. das *New South Wales Department of Planning* davon aus, daß die Sydney Metropolitan Area um das Jahr 2006 bereits 4,5 Mio. Einwohner aufweisen wird. Die Bevölkerungszahl der noch dynamischeren Brisbane Metropolitan Area wird für das Jahr 2011 auf etwa 1,75 Mio. geschätzt (*Stimson* 1991a). Träfe die Prognose der Planungsbehörde zu, würde auch der Großraum Perth im selben Jahr etwa 1,7 Mio. Einwohner aufweisen (*Western Australia - Department of Planning and Urban Development* 1991a, 1990a). Für Melbourne und Adelaide sind die Projektionen zwar etwas zurückhaltender, aber auch hier wird mit einem weiter anhaltenden Wachstum gerechnet (*Victoria - Ministry for Planning and Environment* 1987b, *South Australia - Department of Environment and Planning* 1987a). Der Wachstumsdruck wird in den großen Metropolitan Areas trotz insgesamt sinkender Zuwachsraten also weiter anhalten und die Stadt- und Regionalplanung auch in Zukunft vor erhebliche Probleme stellen. Zwangsläufig wird auch das zukünftige Wachstum der Metropolitan Areas im suburbanen Raum erfolgen. Bei der zurückgehenden Bedeutung der natürlichen Bevölkerungsentwicklung wird die Stadtentwicklung zukünftig aber noch stärker von den schwankenden und langfristig nur schwer prognostizierbaren Immigrationsraten abhängen. Dies wird eine vorausschauende Regionalplanung noch schwieriger machen.

2.2 Struktureller Wandel der ökonomischen Rahmenbedingungen - jüngere Veränderungen in der Erwerbs- und Wirtschaftsstruktur

Australien befindet sich wie auch andere westliche Industrienationen in einer Phase eines ebenso raschen wie grundlegenden ökonomischen Umstrukturierungsprozesses. Neben Veränderungen durch die Neuformierung der Unternehmensorganisationen, eine erhöhte Mobilität von Kapital und dem technologischen Wandel sind auch die einschneidenden Veränderungen auf dem Arbeitsmarkt eine wichtige Dimension dieses Wandels. Mit Schlagworten wie 'Teritärisierung' und 'Deindustrialisierung' lassen sich die durch ein ganzes Bündel von Ursachen bedingten Vorgänge kurz umreißen. Die Mehrzahl der Erklärungsansätze für diese weltweit zu beobachtenden Prozesse gehen davon aus, daß die gegenwärtige Neustrukturierung der Weltwirtschaft und die neue globale Arbeitsteilung die diesen Veränderungen zugrunde liegenden Kräfte darstellen (*Daniels* 1991, *Price/Blair* 1989, *Kellermann* 1985a). Andere, hiermit eng verknüpfte Ursachen sind branchenstrukturelle Entwicklungen sowie technische und organisatorische Veränderungen in den Unternehmen.

Die Beschäftigungsstruktur Australiens ist heute durch einen im internationalen Vergleich niedrigen Anteil der Beschäftigten im produzierenden Gewerbe gekennzeichnet. Insbesondere die geringe

---

[2] Die vom *Australian Bureau of Statistics* abgegrenzten Statistical Divisions werden im folgenden auch als Metropolitan Areas bezeichnet. Sofern nicht anders gekennzeichnet, beziehen sich auch die Begriffe 'Verdichtungsraum' oder 'Agglomeration' auf diese Gebiete. Die Statistical Divisions übertreffen die in der Regel sehr kleinen Kernstädte größenmäßig um ein Vielfaches und umfassen auch den suburbanen Raum. Die in der australischen Literatur veröffentlichten Daten zu australischen Großstädten beziehen sich ganz überwiegend nicht auf die administrativ abgegrenzten Kernstädte sondern auf die Statistical Divisions. Sofern nicht anders vermerkt, wird auch in dieser Arbeit entsprechend verfahren. Beziehen sich die Angaben lediglich auf die Kernstädte, werden diese als City of Sydney, City of Melbourne, City of Brisbane, City of Perth oder City of Adelaide bezeichnet.

Größe des fragmentierten Binnenmarktes, technologische Entwicklungsrückstände, hohe Lohnkosten, eine relativ niedrige Produktivität und die seit den 70er Jahren stark zunehmende Konkurrenz der 'vier kleinen Tiger' (Taiwan, Süd-Korea, Hongkong und Singapur) sowie anderer jungindustrialisierter Staaten des ost- und südostasiatischen Raumes erweisen sich als beeinträchtigende Faktoren der australischen Industrieentwicklung. Seit Anfang der 60er Jahre ging die Industriebeschäftigung relativ und seit Mitte der 70er Jahre auch absolut deutlich zurück. 1992 arbeiteten landesweit nur noch 14,5 % der Beschäftigten im engeren verarbeitenden Gewerbe. Dagegen liegt Australien beim Beschäftigtenanteil des Dienstleistungssektors auch im internationalen Vergleich in der Spitzengruppe der entwickelten Volkswirtschaften. Vor allem seit den 60er Jahren nahm die Zahl der im Dienstleistungsbereich Beschäftigten in Australien enorm zu. Während in den ersten Nachkriegsjahren kaum mehr als die Hälfte der Erwerbstätigen im Dienstleistungssektor arbeitete, stieg dieser Anteil bis 1966 auf 60 % und bis 1992 auf knapp 71 % an.

Regionale Konsequenzen der makroökonomischen Veränderungen

Durch die Konzentration der wirtschaftlichen Tätigkeiten und der Beschäftigung sind die großen Verdichtungsräume von wirtschaftsstrukturellen Veränderungen natürlich in ganz besonderem Maße betroffen. Vor allem die Restrukturierung der Produktion, die fortschreitende Unternehmenskonzentration und die zunehmende Integration der australischen Wirtschaft in ein immer dichter werdendes Netz von globalen Kapital- und Warenströmen brachten weitreichende Veränderungen für die australischen Großstädte mit sich (*Murphy/Watson* 1992, *Stilwell* 1980). Gerade ausländische Investitionen spielen seit jeher eine erhebliche Rolle für die regionalwirtschaftliche Entwicklung Australiens. War der ausländische Kapitalzufluß zunächst vor allem auf die Industrie und deren traditionelle Standorte in New South Wales, Victoria und South Australia ausgerichtet, setzte in den 60er Jahren eine verstärkte Hinwendung in- und ausländischer Investoren in Richtung der ressourcenreichen Staaten Queensland und Western Australia ein, die durch den Rohstoffboom bessere wirtschaftliche Aussichten versprachen (*Berry* 1986, *Daly* 1987, *Maher* 1987). In den späten 80er Jahren konzentrierten sich die ausländischen Investitionen dann zunehmend auf das Immobilienwesen und das Fremdenverkehrsgewerbe, wovon insbesondere die großstädtischen CBDs und die Ferienregionen Queenslands profitierten (*Berry/Huxley* 1992, *Hajdu* 1993).

Insgesamt konzentrierte sich das Beschäftigungswachstum auch in den 80er Jahren auf die großen Metropolitan Areas. Zwischen den Volkszählungen 1981 und 1991 entfielen über drei Viertel der Beschäftigungszunahme Australiens auf die fünf Mainland Capital Cities zuzüglich Canberra. Allerdings konnten die einzelnen Verdichtungsräume hiervon in ganz unterschiedlichem Maße profitieren: während Canberra mit 38 % die höchste Zuwachsrate aufwies und auch Brisbane und Perth mit 28 % bzw. 24 % Beschäftigungszunahme weit über dem nationalen Durchschnitt lagen, waren in Adelaide (12 %), Sydney (8 %) und Melbourne (7 %) deutlich geringere Werte zu verzeichnen. Diese Daten scheinen den sich schon in den 70er Jahren abzeichnenden Trend des relativ langsamen Wachstums in den südöstlichen Kapitalen und einer erheblich günstigeren Beschäftigungsentwicklung in den ressourcenreichen Staaten zu bestätigen (*Langdale/Rich* 1989). Da in Sydney und Melbourne jedoch zeitgleich auch die Bevölkerungsentwicklung diesen relativen Abschwung mitvollzog, blieben die Arbeitslosenzahlen in beiden Städten zumindest bis Ende der 80er Jahre vergleichsweise niedrig.

Tab.2.3: Erwerbstätige in ausgewählten Metropolitan Areas: prozentualer Anteil verschiedener Wirtschaftsbereiche 1991 (1) und prozentuale Zu-/Abnahme 1981-1991 (2)
Employed persons in selected Metropolitan Areas: percentage by industry 1991 (1) and percentage rates of growth/decline 1981-1991 (2)

Wirtschaftsbereich	Sydney (1)	(2)	Melbourne (1)	(2)	Brisbane (1)	(2)	Perth (1)	(2)	Adelaide (1)	(2)
Land-, Forstwirtschaft, Fischerei	0,6	-8,2	0,8	-0,1	1,0	23,5	1,3	-10,6	0,8	-13,3
Bergbau	0,3	-30,0	0,2	10,0	0,4	-21,3	1,4	43,5	0,4	-8,6
Verarbeitendes Gewerbe	14,0	-25,7	17,8	-23,9	12,8	0,9	11,1	-7,4	15,3	-16,7
Energiewirtschaft, Wasserversorgung	1,2	-33,4	1,0	-40,0	1,0	-29,3	1,2	1,2	1,1	-31,2
Baugewerbe	6,1	11,4	5,3	7,4	6,5	18,8	6,2	-9,9	5,1	1,7
Einzel- und Großhandel	19,4	14,4	19,8	19,9	20,9	31,4	20,4	-1,7	19,1	9,4
Verkehrsgewerbe	5,4	-0,8	4,4	-4,8	5,3	10,9	4,7	26,0	3,7	-3,9
Nachrichtenübermittlung	1,9	-7,7	2,0	4,4	1,8	-9,6	1,5	2,4	1,5	-15,4
Banken, Versicherungen, Immobilien, unternehmensnahe Dienstleistungen	15,4	42,0	12,7	45,2	12,2	55,7	12,4	46,1	11,2	49,8
Öffentliche Verwaltung, Streitkräfte	4,9	1,5	5,1	2,9	6,2	23,0	5,2	32,6	5,3	6,5
Bildung, Kunst, Gesundheitswesen, Kirchen, soziale Einrichtungen	16,8	26,6	17,5	25,6	18,6	46,8	19,9	36,3	21,0	22,4
Gastgewerbe, Unterhaltung, persönliche Dienstleistungen	7,0	37,8	6,1	44,3	6,4	62,2	7,2	60,8	86,8	45,8
Sonstige, keine Angaben	6,9	-3,0	7,4	-0,7	6,9	34,8	7,6	61,6	8,6	68,9
Gesamt	100,0	7,6	100,0	7,2	100,0	27,9	100,0	24,2	100,0	12,5
Erwerbstätige absolut 1991	1.563.101		1.323.665		575.006		480.426		442.301	

Quelle: *Australian Bureau of Statistics* - Census of Population and Housing 1991

Andererseits schlugen die makroökonomischen Umwälzungen auch deshalb nicht in größerem Maße durch, weil es den 'traditionellen' Wirtschaftszentren trotz des spürbaren Verlustes an industriellen Arbeitsplätzen gelang, ihre Steuerungs- und Kontrollfunktionen auch unter den veränderten Rahmenbedingungen zu erhalten oder sogar noch auszubauen. Zum einen wurden die bereits etablierten Finanzzentren Melbourne und Sydney zu den Knotenpunkten, über die der größte Teil der für den Ausbau des Bergbau- und des Fremdenverkehrssektors sowie für die Rationalisierungsinvestitionen in der Industrie benötigten Kapitalmengen organisiert wurde, zum anderen verblieben auch viele hochrangige Verwaltungs- und Kontrollfunktionen in den traditionellen Metropolen, während z.B. die Förderung und Verarbeitung der Bodenschätze, eher kapitalintensiv, vor Ort nur wenige dauerhafte Arbeitsplätze schuf. Die Nachhaltigkeit der bergbaulichen Wachstumseffekte für Perth und Brisbane ist umstritten, man kann allerdings wohl davon ausgehen, daß diese Verdichtungsräume zumindest teilweise von den positiven 'spill over'-Effekten des 'resource developments' profitierten (*Harman* 1983). Dagegen erlebte Sydney in den 80er Jahren einen Aufschwung durch das starke Wachstum des Finanz- und Kreditwesens, der Immobilienwirtschaft und der unternehmensnahen Dienstleistungen. Zudem entwickelte sich die Stadt zu einem bedeutenden Zentrum des internationalen Fremdenverkehrs. Dagegen haben sich die ökonomischen Rahmenbedingungen für die stärker industrialisierten Metropolen Melbourne und Adelaide im Laufe der 80er und frühen 90er Jahre in Relation zu den anderen Verdichtungsräumen eher verschlechtert. Dies zeigte sich in der Rezession der Jahre 1991/92 sehr deutlich, die in Melbourne und Adelaide besonders stark durchschlug. Allerdings erwies sich auch die wirtschaftliche Basis von Perth als erheblich fragiler als zunächst angenommen. Zwar mußten auch Sydney und Brisbane in den Jahren 1991 und 1992 Beschäftigungsrückgänge hinnehmen, insgesamt verlief die Entwicklung hier aber günstiger als in den anderen Metropolen.[3]

Für die Stadt- und Regionalentwicklung noch entscheidender sind allerdings die längerfristigen Veränderungen der sektoralen Beschäftigungsstrukturen. So vollzog sich in allen großen Verdichtungsräumen ein starker Bedeutungsverlust des verarbeitenden Gewerbes, das aber in Melbourne, Sydney und Adelaide mit 18 %, 14 % bzw. 15 % der Erwerbstätigen immer noch erkennbare Schwerpunkte hat. Demgegenüber konnten die erst in der Nachkriegszeit schneller wachsenden Verdichtungen Brisbane und Perth nie eine starke industrielle Basis entwickeln. Die Wirtschaftsbereiche 'Banken, Versicherungen, Immobilien und unternehmensnahe Dienstleistungen', 'Bildung, Kunst, Gesundheitswesen, Kirchen und soziale Einrichtungen' sowie der weite Bereich der persönlichen Dienstleistungen weisen in allen großen Metropolen sowohl absolut als auch relativ die höchsten Zuwächse auf (Tab. 2.3). Alleine in dem für die Büro- und Zentrenentwicklung besonders wichtigen Wirtschaftsbereich des Finanzwesens und der unternehmensnahen Dienstleistungen stieg die Zahl der Arbeitsplätze zwischen den Zensen 1981 und 1991 im Verdichtungsraum Sydney um 71.000 und im Verdichtungsraum Melbourne um 54.000 an.[4] Deutlich geringer fielen die Zuwächse in den Verdichtungsräumen Brisbane (26.000), Perth (19.000) und Adelaide (16.500) aus. Insgesamt haben somit vor allem Sydney aber auch Melbourne ihre Position als führende Dienstleistungszentren Australiens in den 80er Jahren noch weiter ausbauen können.

2.3 Das System der hochrangigen Dienstleistungszentren - eine einfache Zentralitätsberechnung

Die starken Veränderungen in der Wirtschaftsstruktur blieben nicht ohne Einfluß auf die Stellung der großen Metropolen innerhalb der Volkswirtschaft und des australischen Städtesystems. Ein relativ einfaches Verfahren zur genaueren Bestimmung der Stellung von 'Zentralen Orten' im Städtesystem bietet die in ihren Grundzügen auf *Otto Schlier* zurückgehende Ermittlung der 'Zentralen Schicht' mit Hilfe der amtlichen Statistik. Dieses Verfahren wurde seither weiterentwickelt und besonders in der deutschen Geographie in jeweils modifizierter Form angewendet, um die höherzentrale Bedeutung von Städten zu ermitteln, so z.B. von *Laux* (1990) mit den Ergebnissen der bundesdeutschen Arbeitsstättenzählung von 1987. Für die Adaption auf den australischen Kontext mußte das bekannte Verfahren leicht abgewandelt werden.[5]

---

[3] Als Indikator für die Krisenanfälligkeit der regionalen Wirtschaftsstruktur mag die Arbeitslosenquote gelten. Sie lag im Frühjahr 1992 in Canberra bei 8,0 %, in Sydney bei 9,6 %, in Brisbane bei 10,0 %, in Melbourne bei 11,9 %, in Adelaide bei 12,2 % und in Perth bei 12,8 %. Mitte des Jahres 1989 lagen die entsprechenden Werte noch bei 5,3 %, 5,4 %, 6,1 %, 4,2 %, 7,3 % und 5,6 % (Angaben aus der Labour Force Survey des *Australian Bureau of Statistics*).

[4] Berechnungen von *Alexander* (1979, S.4) mit den Daten der Volkszählung 1971 ergaben, daß im Wirtschaftsbereich 'Banken, Versicherungen, Immobilien und unternehmensnahe Dienstleistungen' 86 % aller Arbeitsplätze Büroarbeitsplätze waren. Für alle anderen Wirtschaftsbereiche lag dieser Anteil deutlich niedriger.

[5] Eine Erläuterung des Berechnungsverfahrens und eine kurze Diskussion seiner Probleme befindet sich im Anhang A.2.

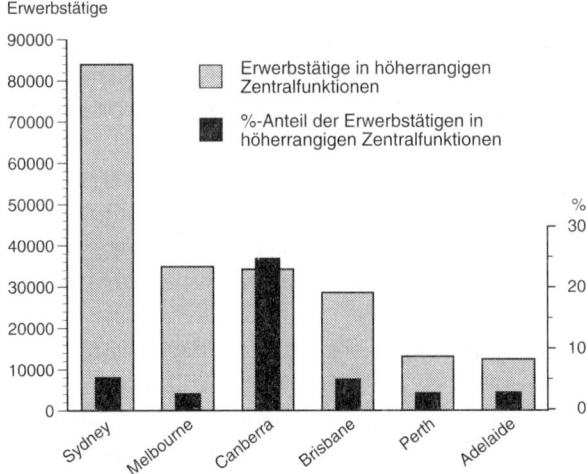

Abb. 2.1: Zentralitätswerte ausgewählter australischer Verdichtungsräume 1991:
Erwerbstätige in höherrangigen Zentralfunktionen in absoluten Zahlen
und als prozentualer Anteil an allen Erwerbstätigen

*Centrality values of selected Australian metropolitan areas 1991:
employment in high-ranking tertiary functions in total numbers and in percent
of total employment*

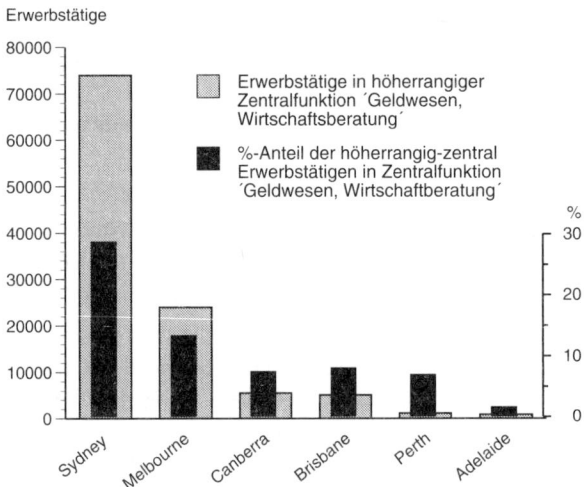

Abb. 2.2: Zentralitätswerte ausgewählter australischer Verdichtungsräume 1991:
höherrangig-zentral Erwerbstätige im Geldwesen und in der Wirtschaftsberatung
in absoluten Zahlen und als prozentualer Anteil aller Erwerbstätigen
des Wirtschaftsbereiches

*Centrality values of selected Australian metropolitan areas 1991:
employment in high-ranking finance and business services in total numbers
and in percent of total employment*

Für die sechs wichtigsten Verdichtungsräume Australiens wurden die Erwerbstätigenzahlen in den zentralörtlich wirksamen Wirtschaftsbereichen des tertiären Sektors herangezogen. Durch die Berechnung des Bedeutungsüberschusses bzw. der Zentralität für ganze Verdichtungsräume gehen niederrangigere zentrale Funktionen von lediglich regionaler Bedeutung, also im wesentlichen die direkte Umlandbedeutung der Verdichtungskerne, nicht in die Berechnung ein und erlauben gleichsam die Extraktion des höher- und höchstzentralen Bedeutungsüberschusses. Die errechneten Zentralitätsziffern liefern somit ein Maß für den Bedeutungsüberschuß der Städte auf zumindest bundesstaatlichem wenn nicht sogar auf nationalem oder internationalem Niveau.

Trotz einigen mit dem Verfahren verbundenen Unsicherheiten - Vereinigung verschiedener tertiärer Wirtschaftbereiche mit unterschiedlicher Zentralitätsqualität, leichte Verzerrungen durch Arbeitspendeln, idealisierende Grundannahme eines einheitlichen Versorgungs- und Nachfrageniveaus sowie mögliche Verfälschungen durch die Abgrenzungen der statistischen Raumeinheiten - ergibt sich für die höherrangige zentralörtliche Bedeutung der sechs Verdichtungsräume ein klares Bild (Abb. 2.1). Der Sydney Metropolitan Area kommt danach eindeutig die Führungsrolle im australischen Städtesystem zu. Sie erreicht den weitaus höchsten Zentralitätswert und übertrifft hierin die nachfolgenden Verdichtungen Melbourne, Canberra und Brisbane um mehr als das Doppelte. Mit nochmaligem deutlichem Abstand folgen dann Perth und Adelaide. Die Position Canberras ist auf den ersten Blick überraschend. Die zentralörtliche Bedeutung des relativ kleinen Verdichtungsraumes Canberra beruht aber in ganz überwiegendem Maße auf seiner Ausstattung mit Bundesinstitutionen und anderen höherzentralen Einrichtungen des öffentlichen Sektors.

Einen anderen Aspekt liefern die ebenfalls in Abb. 2.1 dargestellten prozentualen Anteile der Erwerbstätigen in höherrangigen Zentralfunktionen an der Gesamtheit der Erwerbstätigen. Unabhängig von der absoluten Bedeutung der Zentren ergibt sich so ein Eindruck vom relativen Gewicht der höherrangigen Zentralfunktionen für die jeweilige regionale Wirtschaft und deren Arbeitsmarkt. Während hier die Bundeshauptstadt Canberra den höchsten Anteil höherzentral Erwerbstätiger an der Gesamtbevölkerung aufweist, treten die großen Verdichtungsräume, in denen ein Großteil der in den zentralörtlich wirksamen Wirtschaftsbereichen Tätigen zur Eigenversorgung benötigt wird, bei dieser Betrachtung in den Hintergrund. Auffallend ist auch die nachrangige Stellung Melbournes, die im wesentlichen auf die hohe Einwohnerzahl, das relativ große Gewicht des produzierenden Gewerbes und die - im Vergleich zu Sydney - geringere höherzentrale Bedeutung zurückzuführen ist.

Neben der zentralörtlichen Gesamtbedeutung der Verdichtungsräume ist auch deren funktionale Spezialisierung interessant. Aus zwei Gründen kommt bei der Frage nach der ökonomischen Machtverteilung unter den Verdichtungsräumen dem Finanz-, Versicherungs- und Immobiliengewerbe sowie den unternehmensorientierten Dienstleistungen eine besondere Rolle zu. Zum einen sind dies zentrale Steuerungsinstitutionen der Volkswirtschaft, sie begründen nicht unerheblich die herausragende Stellung der Metropolen als Kontrollzentren, zum anderen war gerade dieser Wirtschaftsbereich in den 80er Jahren von einer starken Expansion gekennzeichnet und wurde somit einer der Hauptträger der steigenden Nachfrage nach Büroflächen. In Abb. 2.2 sind die absoluten Teilzentralitätswerte der sechs Verdichtungsräume für den Bereich 'Banken, Versicherungen, Immobilien und unternehmensnahe Dienstleistungen' sowie der prozentuale Anteil der Erwerbstätigen in höherrangigen Zentralfunktionen in diesem Wirtschaftsbereich dargestellt. Es wird deutlich, daß die dominierende Position Sydneys hierbei noch ausgeprägter ist als bei der Gesamtzentralität. Sowohl in absoluten Zahlen als auch nach dem relativen Gewicht der höherrangigen Zentralfunktionen besetzt die Stadt unangefochten die Spitzenposition. Melbourne belegt mit deutlichem Abstand Rang zwei und mit einem nochmaligen deutlichen Abstand folgen dann die lediglich als regionale Finanzzentren fungierenden Verdichtungsräume Brisbane und Perth. Dagegen weisen Canberra und Adelaide kaum höherrangige Finanzfunktionen auf.

Zusammenfassend betrachtet belegen auch die Zentralitätsberechnungen eindeutig Sydneys herausragende Stellung im australischen Städtesystem, die noch weit ausgeprägter ist als die Einwohnerzahl zunächst vermuten läßt. Der Abstand zum zweitgrößten australischen Verdichtungsraum Melbourne mag erstaunen, war Australien doch lange Zeit von der ausgesprochenen Rivalität der beiden Metropolen um die Führungsposition geprägt. In der Gruppe der kleineren Capital Cities konnte sich Brisbane in den letzten Jahren einen gewissen Vorsprung sichern, ohne jedoch Melbournes Position bislang ernsthaft gefährden zu können. Bei einem Vergleich der beiden Abbildungen wird noch etwas Weiteres deutlich: Die herausragende Stellung Sydneys im australischen Städtesystem beruht in ganz erheblichem Maße auf seiner Funktion als führendes Banken- und Finanzzentrum.

Abschließend sei nochmals auf zwei grundlegende Probleme der hier angewandten Zentralitätsmessung hingewiesen. Zum einen wird die Beschränkung der Analyse auf das australische Städtesystem der Realität nicht voll gerecht, da die implizite Grundannahme eines geschlossenen nationalen Systems offensichtlich unrealistisch ist - dies wird gerade am Beispiel von Sydney als Bankenplatz von internationalem Rang besonders deutlich -, zum anderen, und dies wiegt noch schwerer, bleiben durch das Grundkonzept der hier als 'relativ' verstandenen Zentralität sowie aufgrund der durch die Datenlage notwendige Beschränkung der Analyse auf den institutionalisierten tertiären Sektor, Kontroll- und Headquarterfunktionen im primären und sekundären Sektor ebenso unberücksichtigt wie ganz generell alle innerhalb dieser Wirtschaftssektoren erbrachten Dienstleistungen. Gerade die für hochrangige 'Zentrale Orte' besonders kennzeichnenden übergeordneten Funktionen ('quartäre' zentrale Dienste), die nicht direkt zur Versorgung der Bevölkerung beitragen, lassen sich auf diese Weise nur ansatzweise erschließen.[6] Deshalb sollen in einem weiteren Analyseschritt die Standortmuster der hochrangigen volkswirtschaftlichen Kontroll- und Steuerungsfunktionen direkt erfaßt werden.

2.4 Die Bedeutung der Metropolen als Hauptverwaltungsstandorte für Großunternehmen und Banken

Sydney und Melbourne als führende Standorte von Unternehmenshauptverwaltungen

Für die nationale und internationale Steuerung der Wirtschaft kommt den Hauptverwaltungen großer Unternehmen eine besondere Rolle zu. Die Analyse ihrer Standorte bietet somit eine gute und in der Geographie häufig angewandte Möglichkeit, die Bedeutung von Städten als Wirtschafts- und

---

[6] Zur Diskussion des Begriffes 'Zentralität' siehe v.a. *Heinritz* (1979), zur Problematik zentralörtlicher Systeme des quartären Sektors und der Zentrale-Orte-Forschung für hochrangige Zentren v.a. *Stiglbauer* (1989).

Kontrollzentren zu erfassen. Gegenüber den Daten der amtlichen Beschäftigtenstatistik haben direkte Unternehmensinformationen den Vorteil, daß auch die innerhalb der primären und sekundären Wirtschaftssektoren erbrachten Verwaltungs- und Kontrollfunktionen berücksichtigt werden können. Aus der Analyse der Standortmuster können sowohl Informationen über das Standortverhalten der Unternehmen als auch über das Maß der an einem Orte ausgeübten wirtschaftlichen Kontrollfunktionen gewonnen werden.[7]

Aus der Tab. 2.4 ist die Struktur des Standortmusters und die Hierarchie der australischen Wirtschaftszentren deutlich erkennbar. Die "bipolare Hegemonie" (*Taylor/Thrift* 1981, S.139) der beiden großen Kontrollzentren Sydney und Melbourne mit 230 bzw. 143 Hauptsitzen der 500 größten australischen Unternehmen (Stand 1990) wird dabei auf erheblich niedrigerem Niveau durch die drei relativ gleichbedeutenden Wirtschaftszentren Brisbane, Perth und Adelaide ergänzt. Andere Hauptverwaltungsstandorte bleiben demgegenüber zumeist von besonderen lokalen Faktoren beeinflußte Einzelfälle. *Johnston* (1966) stellte bei seiner Untersuchung von knapp 900 großen australischen Unternehmenshauptsitzen Mitte der 60er Jahre fest, daß die beiden führenden Standorte Sydney und Melbourne eine deutliche Spezialisierung auf jeweils unterschiedliche Wirtschaftszweige aufwiesen und sich daher weitestgehend funktional ergänzten, wobei in Melbourne mehr der Produktionssektor, in Sydney dagegen mehr der Dienstleistungssektor dominierte.

Heute stellt sich das Bild etwas differenzierter dar, vor allem weil Sydney in einigen wachstumsintensiven Branchen des verarbeitenden Gewerbes deutliche Zugewinne verzeichnen konnte. Allerdings ist bis heute die Dominanz der beiden Metropolen als Standort großer Unternehmenszentralen je nach Wirtschaftsbereich unterschiedlich stark ausgeprägt. So ist die Vorrangstellung von Sydney bei den Handelsvermittlungen, im Finanzsektor sowie bei den unternehmensnahen Dienstleistungen besonders augenfällig. Aber auch die Hauptverwaltungen der großen, forschungs- und wachstumsintensiven Computerfirmen konzentrieren sich fast ausschließlich auf diesen Standort (IBM, Unisys, Digital Equipment, Apple usw.). Melbourne dagegen beherbergt bis heute vor allem die großen Unternehmenshauptsitze im Bergbau, in der Landwirtschaft und im Einzelhandel sowie viele etablierte Tochterunternehmen europäischer Industriekonzerne. Auch die Zentralen der traditionsreichen australischen Großkonzerne befinden sich überwiegend in der Hauptstadt Victorias (z.B. Elders IXL, Coles Myer, BHP). Im Vergleich hierzu spielen die kleineren australischen Verdichtungsräume als Hauptverwaltungsstandorte durchweg eine untergeordnetere Rolle. Relative Stärken haben lediglich Brisbane im Freizeitsektor und im Immobiliendevelopment, Perth im Bergbau und im Medienbereich sowie Adelaide im verarbeitenden Gewerbe.

---

[7] Eine Liste der 'Top 500 Companies' mit den 500 umsatzstärksten Unternehmen Australiens wird jährlich vom Wirtschaftsmagazin *Australian Business* veröffentlicht (siehe hierzu auch die Erläuterungen in Anhang A.3). Allerdings haben diese Daten für die geographische Analyse auch Limitationen. Insbesondere läßt sich die tatsächliche Bedeutung der Hauptverwaltungsstandorte in einer oft multilokalen Unternehmensorganisation und das Maß der von ihr tatsächlich ausgeübten Kontrolle nur schwer definieren. Generell kann man aber wohl davon ausgehen, daß auch bei Unternehmen mit einer dezentralen Standortstruktur das Gros der strategischen Unternehmensentscheidungen und nicht standardisierbaren Kontrollfunktionen weitgehend zentral in den Hauptverwaltungen ausgeübt wird.

Tab.2.4 Hauptverwaltungsstandorte der 500 umsatzstärksten Unternehmen Australiens nach Wirtschaftsbereichen 1990[a]

Headquarter location of Australia's 'Top 500 Companies' by industry 1990

Wirtschaftsbereich	Anzahl der Hauptverwaltungen					
	Sydney	Melbourne	Perth	Brisbane	Adelaide	Sonstige
Bergbau/Land- und Forstwirtschaft	17	15	5	2	2	5
Computer- und Büromaschinenhersteller	12	6	0	0	0	0
Sonstiges verarbeitendes Gewerbe	63	41	5	7	9	7
Banken und Kreditinstitute	27	16	3	3	3	1
Versicherungen und Rentenkassen	23	12	4	2	2	2
Unternehmensnahe Dienstleistungen	15	5	0	0	0	1
Groß- und Einzelhandel	12	10	4	3	1	0
Handelsvermittler und -agenten	14	5	1	2	2	0
Transport und Verkehr	9	8	1	1	0	1
Kommunikation und Medien	6	2	1	0	0	1
Freizeit und Unterhaltung	5	3	3	2	2	1
Öffentliche Versorgung und Verwaltung	6	3	2	3	3	6
Immobiliendevelopment/Baugewerbe	11	6	3	5	3	1
Mischkonzerne und Konglomerate ohne eindeutigen Unternehmensschwerpunkt	10	11	4	4	2	2
Gesamt	230	143	36	34	29	28
	Anteil am kumulierten Jahresumsatz in %					
Bergbau/Land- und Forstwirtschaft	27,0	51,4	11,1	5,0	1,5	4,0
Computer- und Büromaschinenhersteller	72,8	27,2	0,0	0,0	0,0	0,0
Sonstiges verarbeitendes Gewerbe	57,2	30,1	1,9	1,7	4,8	4,3
Banken und Kreditinstitute	50,1	40,9	2,3	0,8	3,1	2,8
Versicherungen und Rentenkassen	62,8	25,0	3,0	3,4	2,5	3,4
Unternehmensnahe Dienstleistungen	69,3	27,9	0,0	0,0	0,0	2,8
Groß- und Einzelhandel	31,2	58,8	4,9	3,1	2,1	0,0
Handelsvermittler und -agenten	71,7	17,5	0,8	7,9	2,1	0,0
Transport und Verkehr	67,2	25,4	1,3	5,5	0,0	0,6
Kommunikation und Medien	54,2	42,0	2,2	0,0	0,0	1,5
Freizeit und Unterhaltung	40,4	33,9	7,5	10,7	5,5	2,0
Öffentliche Versorgung	38,2	20,2	9,4	16,5	7,5	7,9
Immobiliendevelopment/Baugewerbe	42,4	30,7	7,9	10,6	7,1	1,3
Mischkonzerne und Konglomerate ohne eindeutigen Unternehmensschwerpunkt	22,4	48,2	11,3	1,8	2,6	13,7
Gesamt	44,8	38,2	5,5	3,5	2,9	5,1

[a] nach Bilanzergebnissen des Vorjahres

Quelle: Liste der 'Top 500 Companies' in *Australian Business*, eigene Berechnungen

Nach der Anzahl der größten 100 Unternehmenshauptverwaltungen kehrte sich das Verhältnis zwischen Melbourne und Sydney seit den 50er und 60er Jahren praktisch um (Tab. 2.5). Berücksichtigt man allerdings Indikatoren für die Größe und den wirtschaftlichen Erfolg der Unternehmen, erscheinen diese Veränderungen weniger dramatisch, wenn auch die Entwicklung in Sydney insgesamt dynamischer verlief. So weisen die in Melbourne ansässigen Unternehmen unter den 'Top 100' im Bilanzjahr 1989 rund 47 % des Gesamtumsatzes und 55 % des Gesamtgewinnes auf. Die Bedeutung der anderen Standorte blieb über den gesamten Zeitraum insgesamt nahezu konstant. Allerdings büßte Adelaide parallel zum Bedeutungsverlust der Industrie seine traditionelle Rolle als drittwichtigster australischer Hauptverwaltungsstandort in den 80er Jahren zugunsten von Perth ein. Die westaustralische Hauptstadt konnte als Hauptverwaltungsstandort vorübergehend einen bemerkenswerten Bedeutungsgewinn verzeichnen, der allerdings mit dem Zusammenbruch des Bond-Imperiums und der Rezession Anfang der 90er Jahre wieder in sich zusammenfiel (*Birell/Tonkin* 1992). Auf der anderen Seite konnte Brisbane seinen relativen Abschwung während der 80er Jahre in der Rezessionsphase wieder stabilisieren.

Tab.2.5: Standorte der Hauptverwaltungen der 100 größten Unternehmen in Australien 1953-1990[a]
Headquarter location of Australia's 'Top 100 Companies' 1953-1990

	Anzahl der Hauptverwaltungen					Anteil am kumulierten Jahresumsatz 1990[b] (in %)
	1953	1963	1973	1978	1990	
Sydney	37	44	50	52	55	47
Melbourne	50	47	39	38	35	45
Perth	1	2	1	1	5	5
Adelaide	6	3	6	5	3	1
Brisbane	4	2	3	4	1	1
Sonstige	2	2	1	0	1	1
Gesamt	100	100	100	100	100	100
davon ausländisch[c]	13	21	18	16	23	18

[a] für 1953 und 1963 Höhe des Eigenkapitals, für 1973 und 1978 aktueller Kurswert und für 1990 Umsatzhöhe des Unternehmens als Maß für die Unternehmensgröße, alle Werte ohne Staatsunternehmen
[b] nach Bilanzergebnissen des Vorjahres
[c] australische Töchter ausländischer Unternehmen

Quelle: 1953-1978 aus *Taylor/Thrift* (1981), 1990 berechnet nach der Liste der 'Top 500 Companies' in *Australian Business*

Trotz der vielfältigen Beispiele für Verschiebungen nationaler Standortmuster ist das Standortverhalten der Unternehmenszentralen selbst eher konservativ. Spektakuläre und sehr kostenintensive großräumige Standortverlagerungen von Unternehmenszentralen sind daher die Ausnahme. Die Umwälzungen sind vielmehr räumlicher Ausdruck wirtschaftsstruktureller Veränderungen, die zu einem ständigen Wandel der Größenrangfolge der Unternehmen und zur Verlagerung der Schwerpunkte wirtschaftlicher Aktivitäten führen können. Folgende räumlich wirksame Faktoren tragen hierzu bei:

- das Entstehen von neuen Wachstumsbranchen und das Schrumpfen traditioneller Branchen,
- Unternehmenszusammenschlüsse, die dazu führen, daß die übernommenen Unternehmen einen Teil ihrer Hauptverwaltungsfunktionen an die Muttergesellschaft abgeben; hierdurch werden bestimmte Standorte aufgewertet, andere abgewertet,
- die zunehmende Internationalisierung der Wirtschaft und die ausgeprägte räumliche Konzentration bei den Neugründungen ausländischer Unternehmen auf wenige zumeist international bedeutende Zentren.

Alle diese Faktoren haben seit den 60er Jahren in ganz überwiegendem Maße den Standort Sydney begünstigt. Die Hauptstadt von New South Wales weist nicht nur die größere Anzahl der jüngeren und schneller wachsenden Firmen auf, sondern konnte seit Anfang der 60er Jahre auch von der Internationalisierung der australischen Wirtschaft überproportional profitieren. Vor allem die zunehmende ökonomische Integration Australiens in den pazifischen Wirtschaftsraum hat ebenso zu einer markanten Verschiebung der Standortpräferenzen für Unternehmensneugründungen mit mehrheitlich ausländischer Kapitalbeteiligung von Melbourne nach Sydney beigetragen. *Edgington* (1989, 1990) untersuchte das Standortverhalten ausländischer Multinationals und konnte nachweisen, daß sowohl US-amerikanische Industriekonzerne als auch die seit den 50er Jahren in Australien verstärkt in Erscheinung tretenden japanischen Großunternehmen eine ausgesprochene Präferenz für Sydney zeigen.

Der Aufstieg Sydneys zum führenden australischen Finanzzentrum

Sydneys Bedeutungsgewinn als Hauptverwaltungsstandort von Unternehmen vollzog sich parallel zum Rollenwechsel zwischen Melbourne und Sydney als führende Finanzzentren des Kontinents. Der maßgebliche Faktor, der Sydney zu seinem raschen Aufstieg zur australischen Finanzhauptstadt verhalf, war sicher das Auftreten von ausländischen Kreditinstitutionen sowie parallel hierzu das Wachstum von Nicht-Bank-Finanzinstitutionen (non-bank financial institutions, NFBI). Im Jahre 1992 stellte sich die Standortverteilung der Hauptverwaltungen der Großbanken und NBFIs sowie der großen Versicherungen und Rentenkassen wie folgt dar: Sydney und Melbourne sind nach wie vor die herausragenden australischen Finanzzentren, wobei Sydney aber sowohl bei den Kreditinstituten als auch bei den Versicherungen und Rentenkassen der deutlich bevorzugte Hauptverwaltungsstandort ist (Tab. 2.6). Während Melbourne aus seiner traditionellen Rolle als australisches Finanzzentrum heraus auch weiterhin Standort großer australischer Banken wie etwa der ANZ-Bank, der National Australian Bank und der State Bank of Victoria bleibt, konnte Sydney neben den schon lange ansässigen Großbanken wie Westpac und der Commonwealth Bank eine erheblich größere Anzahl von NBFIs und ausländischen Banken anziehen. Stellt sich das Bild bei den großen australischen Geldinstituten, Versicherungen oder Rentenkassen also noch relativ ausgeglichen dar, so ist Sydneys Vorrangstellung bei den kleineren und - noch deutlicher - bei den ausländischen Wettbewerbern sehr ausgeprägt. Somit konnte sich Sydney im Laufe der 80er Jahre zu einem Finanzzentrum von globalem Rang entwickeln (*Central Sydney Planning Committee* 1991, *Daly* 1991). Demgegenüber blieb Melbournes internationale Bedeutung relativ begrenzt. Die kleineren australischen Finanzzentren Brisbane, Perth und Adelaide blieben bis heute im wesentlichen von Zweigfilialen der großen Banken geprägte Regionalzentren.

Tab.2.6: Hauptverwaltungsstandorte der 150 größten Unternehmen des Finanzsektors in Australien 1992[a]
Headquarter location of Australia's 'Top 150 Financial Institutions' 1992

	Sydney	Melbourne	Brisbane	Adelaide	Perth	Sonstige
Große Geschäftsbanken	3	2	0	1	1	0
Andere Banken	44	7	3	1	1	1
Building und Friendly Societies	3	4	3	2	3	7
Versicherungen und Rentenkassen	19	10	1	1	3	3
Finanzierungsgesellschaften	8	3	0	1	0	0
Sonstige	10	1	2	2	0	0
Gesamt	87	27	9	8	8	11
davon ausländisch[b]	46	7	1	1	0	0
Anteil am kumulierten Gesamtvermögen in %	58,3	31,6	3,6	3,3	1,9	1,3

[a] nach Gesamtvermögen
[b] australische Töchter ausländischer Unternehmen

Quelle: Liste der 'Top 150 Financial Institutions' in *Australian Business Monthly*, July 1992, eigene Berechnungen

Die Gründe, warum der Standort Sydney von ausländischen Banken so deutlich bevorzugt wurde, sind recht vielfältig und in ihrer jeweiligen Wirkung nur schwer abzuschätzen. Über die grundlegenden Bestimmungsfaktoren besteht in der Literatur jedoch weitgehende Einigkeit (*Daly* 1982b und 1987, *New South Wales - Department of Industrial Development and Decentralisation* 1983, *Langdale/Rich* 1989, *Walmsley/Sorensen* 1988, S.105ff.):
- Sydney war und ist Australiens 'Tor zur Welt'. Es hat den international bedeutendsten Flughafen und es ist nicht nur die größte, sondern auch kosmopolitischste und für ausländische Besucher attraktivste Stadt des fünften Kontinents.
- Sydney mit seiner zentralen Lage im 'eastern seaboard' bietet den besten Zugang zur Bundeshauptstadt Canberra und zu den Bevölkerungs- und Wirtschaftsschwerpunkten des Landes.
- Sydney war bereits Sitz der 'Reserve Bank of Australia', mehrerer australischer Großbanken, der 'Overseas Telecommunications Commission' und später der nationalen Börse.
- Es besaß die größere Zahl an Finanzierungsinstituten, einer der Wege, über den ausländische Banken in den australischen Finanzmarkt eindringen konnten.
- Nachdem sich die ersten Repräsentanzen amerikanischer Großbanken in Sydney niederließen, entwickelte der Prozeß eine Eigendynamik, einen 'bandwagon'-Effekt, in dem viele der später hinzukommenden Unternehmen des Finanzwesens die Standortwahl ihrer Vorgänger adaptierten. Parallel hierzu entfaltete sich ein immer dichteres Netz von speziellen Dienstleistungsanbietern für den Finanzsektor.

Sydneys rascher Aufstieg wäre ohne die zunehmende Internationalisierung der australischen Wirtschaft und deren Finanzsystem nicht denkbar gewesen. Dabei war dies nur Teil einer grundlegenden globalen Neustrukturierung und zunehmenden Liberalisierung der Finanzmärkte. In Australien stieg als Folge der Deregulierungspolitik der Anteil der Auslandsbanken an den gesamten nationalen Bankaktiva zwischen 1985 und 1988 von 1,4 % auf knapp 12 % (*OECD* 1990, S.121). Welche Konsequenzen die Internationalisierung des Finanzsektors auch auf die bauliche Entwicklung der großstädtischen CBDs hat, wird schlaglichtartig am Beispiel der 1985 ausgegebenen 16 Lizenzen für Auslandsbanken in Australien deutlich: Die Immobilienagentur Richard Stanton schätzt den hierdurch entstandenen zusätzlichen Büroraumbedarf auf 167.000 m^2; hiervon entfielen 90 % alleine auf die CBDs von Sydney und Melbourne.

Die Metropolen als internationale Kommunikations- und Verkehrszentren

Eng verbunden mit der starken Konzentration der Unternehmenszentralen und Großbanken in Sydney ist dessen Rolle als australischer Knotenpunkt der nationalen und internationalen Telekommunikations- und Verkehrsbeziehungen. Die Infrastrukturausstattung im Verkehrs- und Kommunikationsbereich entwickelte sich gerade in den 80er Jahren zu einem entscheidenden Aspekt der Inter-City-Konkurrenz. Da der Ausbau von Sydney zur 'global city' sowohl von der Staats- als auch von der Bundesregierung aktiv vorangetrieben wurde, hat die Stadt auch auf diesem Gebiet einen deutlichen Vorsprung gewonnen. So besitzt Sydney den mit Abstand wichtigsten Flughafen Australiens und ist damit der bedeutendste Knotenpunkt des internationalen Flugverkehrs: 1988 erreichten 51 % aller Flugpassagiere aus dem Ausland Australien über Sydneys Kingford-Smith-Airport. Auf Melbourne entfiel dagegen nur ein Anteil von 20 % und auf die beiden nächstwichtigsten Flughäfen Brisbane und Perth 12 % bzw. 10 % (nach Angaben des *Department of Aviation*). Im inneraustralischen Flugverkehr sind diese Unterschiede zwar geringer, aber auch hier liegt Sydney mit 9,9 Mio. Passagierabfertigungen im Jahr 1991/92 vor Melbourne (8,1 Mio.), Brisbane (5,0 Mio.), Adelaide (2,6 Mio.) und Perth (2,1 Mio.). Die Vorrangstellung Sydneys als Zentrum des Geschäftsreiseverkehrs und des Tourismus schlägt sich auch in der Ausstattung mit internationalen Großhotels nieder. Wie *Moss* (1987, 1991) darlegt, haben die Zunahme der Telekommunikationsmöglichkeiten und das Wachstum der elektronischen Informationsdienste die Position der führenden Zentren noch gestärkt. Die Dominanz Sydneys auf dem Gebiet der Telekommunikation ist in mehreren Arbeiten von *Langdale* (z.B. 1982 und 1987) gut dokumentiert. Dieser überlegenen Infrastrukturausstattung steht eine entsprechende Nachfrage gegenüber. Eine jüngere, von *Newton* (1992) durchgeführte Auswertung von Standorten informationsintensiver Industrien ergab, daß Sydney mit 35,6 % aller Firmen der fünf großen Metropolen auch auf diesem Gebiet vor Melbourne (28,9 %), Brisbane (13,8 %), Perth (11,9 %) und Adelaide (9,8 %) liegt. Wie *Newton* außerdem belegt, sind die Glasfaser-Hochleistungsdatenverbindungen stark auf die CBDs von Sydney und Melbourne konzentriert.

Trotz der Bemühungen der kleineren australischen Verdichtungsräume, sich als international attraktive Wirtschaftsstandorte zu empfehlen (z.B. Expo 1988 in Brisbane, Multifunction Polis in Adelaide, niedrigere Steuersätze), werden Sydney und Melbourne durch ihre großen Märkte und nicht zuletzt wegen ihrer infrastrukturellen Ausstattung auch in Zukunft die bevorzugten und aus internationaler Perspektive kostengünstigsten Standorte bleiben. Nachdem in den 80er Jahren insbesondere Perth vorübergehend als Unternehmenshauptsitz an Bedeutung gewann, läßt sich in jüngster Zeit wieder eine 'Re-Konzentration' von Kontrollfunktionen und Kapitalströmen auf den

Südosten des Kontinents feststellen.[8] Deshalb hält *O'Connor* (1992) das derzeitige Standortmuster mit Sydney als führender 'global city' und Melbourne als einziger anderer international wirklich bedeutender Metropole Australiens auch zukünftig für stabil. Ein weiterer Aufstieg von Sydney und Melbourne in der globalen Städtehierarchie ist dagegen wohl eher unwahrscheinlich, solange Australien aus der Perspektive der Weltwirtschaft immer noch einen Teil der "Semi-Peripherie" darstellt (*Grotz* 1991). Im nationalen Rahmen hat aus derzeitiger Sicht wohl lediglich Brisbane das Potential, langfristig zu den beiden führenden Zentren aufzuschließen. Gegen die Entfaltung von Perth zu einem führenden Wirtschaftszentrum spricht vor allem seine im nationalen Rahmen isolierte Lage, während Adelaide aufgrund seiner ungünstigeren Wirtschaftsstruktur nur begrenzte Entwicklungsmöglichkeiten haben dürfte.

2.5 Die Auswirkungen veränderter ökonomischer und demographischer Rahmenbedingungen auf die Stadtentwicklung

Wie gezeigt wurde, haben sich die Rahmenbedingungen für die Metropolenentwicklung in Australien seit den 70er Jahren merklich gewandelt. Zusammenfassend lassen sich folgende, auch für die innere Stadtstruktur bedeutende Veränderungen festhalten.

- Das für europäische Verhältnisse schnelle Wachstum der großen Verdichtungsräume wird, wenn auch mit zum Teil verminderten Wachstumsraten, auch in Zukunft weitergehen. Dies wird sich im wesentlichen in einem weiteren Wachstum der Außenstädte niederschlagen.
- Australien befindet sich in einer Phase rascher wirtschaftsstruktureller Umwälzungen, die für die Wirtschafts- und Erwerbsstruktur der großen Verdichtungen weitreichende Folgen haben und zu einem raschen Wachstum der höherwertigen Dienstleistungen und Büroarbeitsplätze führen.
- Die weitreichenden, von der Labor-Regierung seit Anfang der 80er Jahre durchgeführten Deregulierungen sowie die zunehmende Integration Australiens in die Weltwirtschaft haben die Instabilität des Systems hochrangiger Zentren erhöht. Dies führte zu einer verstärkten Konkurrenz der australischen Metropolen als Wirtschaftsstandorte.
- Die wirtschaftliche, kulturelle und zum Teil auch politische Hinwendung Australiens zum asiatisch-pazifischen Raum (*Chalkley/Winchester* 1991), vor allem aber der Bedeutungsgewinn asiatischer Investoren, haben neue Investitionsmuster geschaffen, die von jenen der traditionellen Kapitalgeber deutlich abweichen und deshalb eine erhebliche Raumwirksamkeit entfalten.
- Dies alles führte zu einer weiteren Ausdifferenzierung des Städtesystems. Trotz der aus globaler Sicht eher peripheren wirtschaftlichen Bedeutung Australiens nehmen Sydney aber auch Melbourne heute wichtige Funktionen als Bindeglieder zwischen Weltwirtschaft und nationaler Ökonomie ein. Dagegen sind die kleineren Verdichtungsräume Brisbane, Perth und Adelaide im wesentlichen 'Regionalzentren' von höchstens nationaler Bedeutung geblieben.
- Auch wenn die Auswirkungen makroökonomischer Veränderungen in Sydney am deutlichsten werden, lassen die anderen australischen Metropolitan Areas ebenso eine zunehmende Spezialisierung auf bestimmte höherrangige Funktionen erkennen. Dies betrifft insbesondere die Kernräume der Verdichtungen.

---

[8] Typische Beispiele hierfür sind die Gesellschaften AMP und National Mutual, die eine 'Regionalisierung' ihrer Niederlassungen durchführten und ihre Operationen Anfang der 90er Jahre wieder stärker an den traditionellen Hauptstandorten Sydney und Melbourne bündelten.

In der Gesamtheit haben diese internationalen und nationalen Umwälzungen erhebliche Auswirkungen auf die interne Struktur und die Entwicklungsmöglichkeiten der Verdichtungsräume. Ohne Zweifel wird auch die Entwicklung der internen Struktur der Verdichtungsräume neben den später noch zu thematisierenden regionalen und lokalen Bedingungen von den Veränderungen auf der Makroebene stark beeinflußt. Am deutlichsten wird dies am Beispiel Sydney. Diese auf die Region wirkenden Veränderungen haben in ihrer Gesamtheit zu einer merklichen Spezialisierung des Wirtschaftsraumes auf oberste volks- und weltwirtschaftliche Steuerungsfunktionen geführt. Die hieraus resultierende Zunahme der Büroaktivitäten seit Mitte der 60er Jahre blieb nicht ohne Konsequenzen für die Stadtstruktur, das heißt der Spezialisierungsprozeß verlief stadträumlich nicht neutral. Vielmehr führte er zu einer grundlegenden Transformation des CBD von Sydney von einem multifunktionalen Zentrum der Region zu einem hochspezialisierten Standort für Finanz- und Unternehmenszentralen. Dies bedeutet aber, daß die Entwicklung des CBD, gleichsam abgekoppelt von regionalen bzw. lokalen Entscheidungen und Entwicklungsprozessen, vor allem von externen Faktoren abhängt.

Im einzelnen lassen sich die Entwicklungsbedingungen für das suburbane Zentrensystem in den fünf größten australischen Verdichtungsräumen wie folgt zusammenfassen:
- Die *Sydney Metropolitan Area* besitzt als größter australischer Verdichtungsraum sowie führendes nationales bzw. internationales Finanz- und Kontrollzentrum ein erhebliches Dezentralisierungspotential, das durch die zunehmende Spezialisierung des Verdichtungskernes noch verstärkt wird. Bei mittleren quantitativen Wachstumsraten wird sich die Entwicklung des Verdichtungsraumes auch in Zukunft vor allem in qualitativer Hinsicht vollziehen.
- Die *Melbourne Metropolitan Area* unterliegt als bedeutendster industrieller Schwerpunkt Australiens und traditioneller Sitz der großen Bergbau- und Industrieunternehmen ebenfalls einer erheblichen innerregionalen Dezentralisierung. Die Stadt erleidet aber gegenüber Sydney spürbare Imagenachteile und erhielt in den letzten Jahren geringere Wachstumsimpulse als seine nördliche Konkurrentin. Andererseits lassen Melbournes Stellung als zweitgrößter australischer Verdichtungsraum und seine gute Infrastrukturausstattung auch in Zukunft eine positive Entwicklung hochrangiger Funktionen erwarten.
- Die *Brisbane Metropolitan Area* gehört zur Gruppe der 'sunrise'-Städte und kann von der Fremdenverkehrs- und Bergbauentwicklung in Queensland in erheblichem Maße profitieren. Der Verdichtungsraum besitzt eine weit überdurchschnittliche und vergleichsweise stabile Wachstumsdynamik. Andererseits wird seine Entwicklung über die Funktion eines 'Regionalzentrums' hinaus bislang noch von Infrastrukturdefiziten und seiner bisher schwachen Stellung als wirtschaftliches Kontrollzentrum behindert.
- Ähnliches gilt für die ebenfalls rasch wachsende *Perth Metropolitan Area*, die nach einem einzigartigen Boom in den 70er und 80er Jahren von der letzten Rezession besonders hart getroffen wurde. Ihre stark auf dem Bergbauboom basierende, von *Harman* (1983) als 'dependent urbanisation' bezeichnete Entwicklung, und ihre eher ungünstige geographische Lage innerhalb Australiens werden die Impulse für ein nachhaltiges, qualitatives Wachstum trotz der raschen Bevölkerungszunahme eher begrenzen. Wie im Falle von Brisbane ergeben sich Dezentralisierungspotentiale deshalb vorwiegend aus nachrangigeren, vorwiegend regional bezogenen Tertiärfunktionen.

- Die *Adelaide Metropolitan Area* kann im australischen Kontext als eher stagnierender Verdichtungsraum mit einem unterdurchschnittlichen Wachstum höherrangiger Tertiärfunktionen und wirtschaftsstrukturellen Schwächen angesehen werden. Aufgrund der geringeren Entwicklungsdynamik werden die Dezentralisierungspotentiale auch in Zukunft eher begrenzt bleiben.

3. Die interne Struktur australischer Verdichtungsräume - Ergebnis anhaltender Suburbanisierungs- und Dekonzentrationsprozesse

3.1 Suburbanes Bevölkerungswachstum und allgemeine Raumstrukturen

Auf den europäischen Betrachter wirkt die australische Suburbia häufig als profillose, sich endlos dahinziehende 'landscape without focus'. Tatsächlich ist die enorme Suburbanisierung der Bevölkerung das prägendste Merkmal der bis heute rasch wachsenden australischen Stadtlandschaften.[1]

'Urban sprawl' und anhaltende Bevölkerungssuburbanisierung als bestimmende Charakteristika australischer Stadtentwicklung

Seit den späten 1830er und frühen 1840er Jahren, als die Siedlungsentwicklung erstmals über die Grenzen der 'City of Sydney' hinausgriff, war das Stadtwachstum in Australien stets ein mit geringen Dichten verbundenes suburbanes Wachstum (*Braun* 1995). Allen australischen Großstädten gemein ist heute ein außerhalb des CBD steil abnehmender Dichtegradient und eine im internationalen Vergleich außerordentlich geringe Bebauungsdichte, die wohl nur noch in den ausufernden Metropolen des US-amerikanischen Südens und Südwestens ihresgleichen findet. Die rasante Ausweitung der suburbanen Wohngebiete erfolgt bei geringer Dichte fast ausschließlich mit großzügig erschlossenen Einfamilienhäusern in Bungalowform. Infolgedessen dehnte sich die zusammenhängende Siedlungsfläche der Verdichtungsräume stark aus: Im Verdichtungsraum Sydney betrug die Siedlungsfläche 1881 noch rund 150 km^2; sie stieg bis Ende der 40er Jahre auf rund 720 km^2 und bis Ende der 60er Jahre auf 1.200 km^2 an (*Horvath/Harrison/Dowling* 1989). Heute erstreckt sich die bebaute Fläche Sydneys mit rund 1.500 km^2 über etwa 60 km an der Pazifikküste entlang und reicht nach Westen ebenso weit landeinwärts. Eine ähnliche Fläche nimmt heute der Siedlungsbereich Melbournes ein, der sich in West-Ost-Richtung ebenfalls etwa 60 km und entlang der Mornington-Halbinsel im Süden fast geschlossen bis in eine Entfernung von 70 km vom CBD erstreckt. Aufgrund der niedrigeren Bevölkerungszahl sind die bebauten Flächen von Brisbane, Perth und Adelaide zwar noch deutlich kleiner, andererseits ist die Bebauungs- und Bevölkerungsdichte aber noch geringer als in den beiden größeren Metropolen. Ende der 80er Jahre standen den 12 bis 13 Einwohnern pro Hektar Siedlungsfläche in Brisbane, Adelaide und Perth etwa 16 Einwohner pro Hektar in Sydney und Melbourne gegenüber (*Brisbane City Council* 1990d).

---

[1] Anders als in den meisten Städten Europas und Nordamerikas erfolgte in den australischen Verdichtungsräumen, mit Ausnahme von Brisbane, keine Anpassung der administrativen Stadtgrenzen an die sich ausbreitende Bebauung. Trotz einer begrenzten Kommunalreform im Jahre 1948 besteht z.B. im Verdichtungsraum Sydney bis heute eine starke administrative Zersplitterung in 44 selbständige Gebietskörperschaften (Local Government Areas, LGAs). Ähnlich zersplittert sind auch die Metropolitan Areas von Melbourne (57 LGAs), Adelaide (30 LGAs) und Perth (26 LGAs). Die eigentlichen Kernstädte machen heute nur noch einen kleinen Anteil an der Gesamtbevölkerung der Metropolitan Areas aus. Nach den Ergebnissen der Volkszählung von 1991 lag die Bevölkerungszahl in der fast nur den CBD und seine direkten Randgebiete umfassenden City of Sydney gerade bei 13.501. Dies entspricht lediglich 0,4 % der Gesamtbevölkerung der Metropolitan Area. Nur wenig größere Anteile an der Gesamtbevölkerungszahl ihrer Verdichtungsräume erreichten 1991 die City of Adelaide (1,5 %, 14.843 Einwohner), die City of Melbourne (2,0 %, 60.473 Einwohner) oder die City of Perth (7,0 %, 80.517 Einwohner). Lediglich in Brisbane wurde 1925 eine umfassende Neuabgrenzung des Stadtgebietes durchgeführt, so daß die City of Brisbane mit 751.115 Einwohnern (1991) die mit Anstand größte Gemeinde des insgesamt aus zehn LGAs bestehenden Verdichtungsraumes darstellt.

Obwohl der Löwenanteil der Flächenausdehnung in allen Verdichtungsräumen nach dem Zweiten Weltkrieg erfolgte, bestimmt auch das historische Siedlungswachstum die Raumstruktur der australischen Verdichtungsräume bis heute. Deshalb sollen die wesentlichen Phasen des suburbanen Siedlungswachstums in ihrer Bedeutung für die heutige Stadtstruktur kurz nachvollzogen werden: Anders als in Europa wurde der Traum vom suburbanen Wohnen in Australien bereits gegen Ende des 19. Jahrhunderts auch für breitere Bevölkerungsschichten erreichbar. Die Erweiterung der Städte erfolgte schon früh durch eine recht lockere, suburbane Bebauung. Wie der australische Wirtschafts- und Sozialhistoriker *Lionel Frost* (1990 und 1991) aufzeigen konnte, galt dies insbesondere für die später gegründeten "New Frontier Cities" Melbourne, Adelaide und Perth. Als Folge ist vor allem in Melbourne der vor dem Ersten Weltkrieg bebaute Bereich erheblich ausgedehnt, während z.B. im Kernbereich von Sydney vergleichsweise dicht und häufig zweistöckig bebaute Stadtviertel dominieren. Andererseits bestimmte vor allem der Ausbau des öffentlichen Nahverkehrs das Wachstumsmuster der frühen Suburbanisierung (*Selwood* 1979, *Young* 1991). Da die Erschließung neuer 'suburbs' sich entlang der Bahnlinien und einiger Ausfallstraßen entwickelte, weist die ältere Bebauung häufig lineare Strukturen auf. Entlang der Hauptstraßen und um die Bahnhöfe entwickelten sich kleine Ladenzentren, die den täglichen Bedarf sicherstellten und ein erstes, noch gering entwickeltes Zentrennetz bildeten. Da außerhalb der CBDs und anderer größerer Zentren ein Umbau der alten Bausubstanz bislang nur in Ausnahmefällen erfolgte, konnten weite Bereiche im Inneren der Verdichungsräume Sydney, Melbourne und Adelaide ihre traditionelle, bis zum Ersten Weltkrieg angelegte Struktur bis heute erhalten. Diese heute sehr attraktiven Wohnviertel sind häufig die Ansatzpunkte der mit einer teilweisen Rückbesinnung auf innerstädtisches Wohnen verbundenen und von zumeist jüngeren und gutsituierten Bevölkerungsschichten getragenen 'gentrification' (*Kendig* 1979). Die erst nach der Jahrhundertwende zu Großstädten herangewachsenen Metropolen Brisbane und Perth weisen außerhalb des CBD dagegen nur kleine Inseln älterer Bausubstanz auf. Ausnahmen sind aber auch hier die schon früh als eigenständige Siedlungsknoten entstandenen, aber später in den suburbanen Raum integrierten Orte wie Ipswich oder Fremantle.

Eine nächste Phase der suburbanen Siedlungsentwicklung setzte dann in der Zwischenkriegszeit ein, als sich der Bungalow als Hauptform der suburbanen Wohnbebauung immer stärker durchsetzte. Insbesondere in den 50er und 60er Jahren führte die wirtschaftliche Prosperität und die beispiellose Bevölkerungszunahme der Nachkriegszeit zu der für australische Städte so typischen Ausdehnung der Besiedlung in die Fläche. Einzelne, bis dahin relativ unabhängige Siedlungskerne im Umland der Großstädte wurden nach und nach zu einem Teil der ausufernden Suburbia. Die excessive und im Gegensatz zu der früheren Phase weitgehend unstrukturierte Ausdehnung der suburbanen Zone war eng verknüpft mit dem Siegeszug des Automobils als dominierendes Transportmittel. Auch wenn australische Städte schon zuvor eine vergleichsweise geringe Dichte besaßen, wurde dieser Trend durch die Massenmotorisierung noch verstärkt. In Australien setzte diese früher als in Mitteleuropa ein, und bereits im Laufe der 50er und 60er Jahre stand für die Mehrzahl der Familien ein eigener Pkw zur Verfügung. So stieg der Anteil des Individualverkehrs an den gesamten Personenfahrten in der Sydney Metropolitan Area von 13 % in der unmittelbaren Nachkriegszeit bis auf 86 % Ende der 80er Jahre. Mit dem Bedeutungsverlust des öffentlichen Nahverkehrs verlor dieser auch sukzessive seine Funktion als strukturierendes und ordnendes Element in der Stadtlandschaft.

Die Folgen des ungehemmten Siedlungswachstums waren umso einschneidender, da diese Phase des schnellen Wirtschafts- und Bevölkerungswachstums ohne wirksame Steuerung der städtebaulichen Entwicklung verlief und die Bereitstellung von sozialer und technischer Infrastruktur mit dem zügigen Ausbau immer neuer Wohngebiete oft nicht Schritt halten konnte. Trotz der zwischen 1948 und 1962 eingeführten ersten Generation von Regionalplänen ließ sich das suburbane Wachstum kaum planerisch steuern. Wie *Alexander* (1981) nachweist, ließen sich auch ausgleichs- und sozialpolitische Ziele der Regionalplanung nur in Ansätzen durchsetzen. So bestand in vielen Bereichen der Außenstadt ein starkes Defizit an lokalen Beschäftigungsmöglichkeiten, das einerseits lange Arbeitspendelwege notwendig machte und andererseits Teilen der Bevölkerung trotz allgemeiner Vollbeschäftigung eine Erwerbsbeteiligung stark erschwerte.

Bis in die 60er Jahre hinein erfolgte die Ausweitung der Siedlungsfläche vorwiegend in Form einer sich in konzentrischen Ringen immer weiter in das Umland der Städte vorschiebenden Einfamilienhausbebauung. Typische, während dieser Phase aufgesiedelte Vorortbereiche sind z.b. die LGAs Bankstown, Parramatta und Hurstville im Verdichtungsraum Sydney, die LGAs Marion und Woodville im Verdichtungsraum Adelaide oder die Suburbs Mount Gravatt und Carindale im Verdichtungsraum Brisbane. Erst mit den zurückgehenden Wachstumsraten und der zweiten, vorwiegend strategisch ausgerichteten Generation der Regionalpläne ab Ende der 60 Jahre setzte eine stärkere Bündelung des suburbanen Wachstums entlang von Entwicklungskorridoren ein, ohne jedoch von den traditionellen, flächenbeanspruchenden Bebauungsformen abzuweichen. Das Prinzip der Entwicklungsachsen entlang von Hauptverkehrsadern und anderen Arten der linearen Infrastruktur fand seinen deutlichsten Ausdruck im 1970 veröffentlichten Perth Corridor Plan. Die Achsenstruktur läßt sich heute am deutlichsten in den Verdichtungsräumen Perth und Sydney erkennen. Selbst im Verdichtungsraum Brisbane, der im Gegensatz zu den anderen großen Metropolitan Areas bislang keine wirkliche Regionalplanung kennt, vollzieht sich die Siedlungsentwicklung heute im wesentlichen entlang von drei Hauptachsen. Dagegen haben sich im Verdichtungsraum Melbourne insbesondere die für den Norden und Osten vorgesehenen Entwicklungskorridore bislang nicht in dem geplanten Maße entwickelt.

Unter dem Eindruck des stetigen Bevölkerungswachstums wurden vor allem im Umland von Perth, Adelaide und Sydney der Ausbau von Entlastungsstädten vorangetrieben. Während die bereits in den 50er Jahren gegründeten New Towns Kwinana (32 km südlich des Stadtzentrums von Perth) und Elizabeth (27 km nördlich des Stadtzentrums von Adelaide) vorwiegend an schwerindustrielle Großprojekte gebundene Siedlungsprojekte darstellten, waren für die späteren Projekte fast ausschließlich Dezentralisierungs- bzw. Entlastungsmotive entscheidend. Beispiele für solche ab Ende der 60er Jahre vorangetriebene Entlastungsstädte sind die in einer Entfernung von 45 bis 70 km vom CBD an bereits bestehende Umlandsiedlungen angelehnten und bis heute funktional mit dem Kern des Verdichtungsraumes verbundenen Siedlungen Campbelltown und Camden im Südwesten sowie Gosford und Wyong im Norden von Sydney. Als jüngere Planungen der 80er und 90er Jahre wären das 25 km südlich des Zentrums von Adelaide gelegene Noarlunga sowie das zur Zeit wohl ambitionierteste Projekt Joondalup, 25 km nördlich des CBD von Perth, zu nennen. Insgesamt blieben die Resultate der Politik zugunsten stadtnaher Entlastungszentren allerdings zweischneidig: einerseits erfuhren die meisten dieser Zentren ein starkes Bevölkerungswachstum und besitzen zudem ein ausreichendes Angebot an Versorgungseinrichtungen, andererseits blieb die Arbeitsplatzentwicklung sowohl in quantitativer als auch in qualitativer Hinsicht hinter den ursprünglichen Erwartungen zurück (*Forster* 1990, *Meyer* 1990). Außerdem lagen die meisten der neuen Städte so dicht an der Kernstadt, daß sie bereits nach kurzer Zeit selbst zu einem Teil der suburbanen Zone wurden.

Tab.3.1: Bevölkerung in den Metropolitan Areas von Sydney, Melbourne, Brisbane, Perth und Adelaide nach Ringzonen 1961, 1971, 1981 und 1991
Population by zone 1961, 1971, 1981 and 1991: Metropolitan Areas of Sydney, Melbourne, Brisbane, Perth, and Adelaide

	1961 abs.	in %	1971 abs.	in %	1981 abs.	in %	1991 abs.	in %
Sydney Metropolitan Area								
Verdichtungskern[a]	613.219	25,7	610.552	20,9	535.959	16,7	537.055	15,2
Mittlere Vororte	1.214.753	50,8	1.398.746	48,0	1.402.701	43,8	1.400.140	39,6
Äußere Vororte	562.283	23,5	907.406	31,1	1.266.036	39,5	1.601.554	45,2
Metropolitan Area gesamt	2.390.255	100,0	2.916.704	100,0	3.204.696	100,0	3.538.749	100,0
Melbourne Metropolitan Area								
Verdichtungskern[a]	315.142	15,9	307.570	12,3	245.019	9,0	227.420	7,5
Mittlere Vororte	1.110.206	55,9	1.205.294	48,1	1.106.488	40,6	1.047.989	34,7
Äußere Vororte	559.407	28,2	990.158	39,6	1.371.310	50,4	1.747.030	57,8
Metropolitan Area gesamt	1.984.755	100,0	2.503.022	100,0	2.722.817	100,0	3.022.439	100,0
Brisbane Metropolitan Area								
Verdichtungskern[a]	262.489	37,9	275.271	31,7	235.808	22,9	231.966	17,4
Mittlere Vororte	331.179	47,8	425.400	48,9	453.570	44,1	519.149	38,9
Äußere Vororte	98.966	14,3	168.908	19,4	339.149	33,0	582.902	43,7
Metropolitan Area gesamt	692.634	100,0	869.579	100,0	1.028.527	100,0	1.334.017	100,0
Perth Metropolitan Area								
Verdichtungskern[a]	163.700	33,4	169.245	24,1	145.318	16,2	150.312	13,1
Mittlere Vororte	243.691	51,3	380.984	54,2	408.227	45,4	462.762	40,5
Äußere Vororte	67.997	14,3	152.970	21,7	344.857	38,4	530.185	46,4
Metropolitan Area gesamt	475.388	100,0	703.199	100,0	898.402	100,0	1.143.249	100,0
Adelaide Metropolitan Area								
Verdichtungskern[a]	140.980	21,4	128.276	15,2	108.140	11,6	108.653	10,6
Mittlere Vororte	446.977	67,8	513.396	60,9	497.294	53,4	498.362	48,7
Äußere Vororte	71.078	10,8	201.021	23,9	326.452	35,0	416.582	40,7
Metropolitan Area gesamt	659.035	100,0	842.693	100,0	931.886	100,0	1.023.597	100,0

[a] City und innere Vororte

Quelle: *Australian Bureau of Statistics* - Censuses of Population and Housing 1961, 1971, 1981 und 1991

Bis heute hält die zentrifugal ausgerichtete Wanderungsbewegung der Bevölkerung innerhalb der Metropolitan Areas an. So verlieren in Sydney, Melbourne und Adelaide seit Anfang der 70er Jahre weite Bereiche der mittleren Vorortzone bereits wieder Bevölkerung an die Außenbereiche der Verdichtungsräume. Auch wenn sich die Einwohnerzahlen in den Kernbereichen der Verdichtungen durch den Zuzug jüngerer Bevölkerungsschichten im Laufe der 80er Jahre wieder etwas stabilisieren konnten (*Bell* 1992), verlagerte sich die Zone größten Bevölkerungswachstums seit den 70er Jahren immer weiter ins Umland der großen Metropolen (Tab. 3.1 und 3.2). Im Jahre 1991 lebte bereits fast die Hälfte der Einwohner australischer Metropolitan Areas in den vorwiegend ab den 60er Jahren erschlossenen Außenbereichen. In den beiden größten Verdichtungsräumen Sydney und Melbourne liegen die Gebiete mit der stärksten Bevölkerungszunahme heute in einer Luftlinienentfernung von mindestens 35 bis 40 km vom Stadtzentrum.

Tab.3.2: Bevölkerungsveränderung in Ringzonen der Metropolitan Areas von Sydney, Melbourne, Brisbane, Perth und Adelaide 1971-1991

Population change by zone: Metropolitan Areas of Sydney, Melbourne, Brisbane, Perth, and Adelaide 1971-1991

	Sydney abs.	in %	Melbourne abs.	in %	Brisbane abs.	in %	Perth abs.	in %	Adelaide abs.	in %
Verdichtungskern[a]	-73.947	-12,0	-80.150	-26,1	-43.305	-15,7	-18.933	-11,2	-19.623	15,3
Mittlere Vororte	1.394	0,1	-157.305	-13,1	93.749	22,0	81.768	21,5	-15.034	-2,9
Äußere Vororte	694.148	76,5	756.872	76,4	413.994	245,1	377.215	246,6	215.561	107,2
Metropolitan Area	622.045	21,3	519.417	20,8	464.438	53,4	440.050	62,6	180.904	21,5

[a] City und innere Vororte

Quelle: *Australian Bureau of Statistics* - Censuses of Population and Housing 1971 und 1991

Es würde zu kurz greifen, das extreme 'low density urban sprawl', das für die australische Stadtentwicklung so charakteristisch ist, lediglich monokausal, wie etwa durch die Verbreitung des Automobils erklären zu wollen (*The Parliament of the Commonwealth of Australia* 1992, S.10f.). Einige wichtige Faktoren für das exzessive 'urban sprawl' in australischen Metropolen sind:
- die bis in die jüngste Zeit vergleichsweise großen Baulandreserven und geringe Umweltrestriktionen im Umland der großen Städte,
- die im Vergleich zu West- und Mitteleuropa schwächeren Planungskontrollen, die in vielen Fällen durch vorgeschriebene Nutzungstrennungen die großflächige Zersiedelung sogar begünstigten,
- der langanhaltende ökonomische Boom und das damit verbundene starke Bevölkerungswachstum mit hohen Einwanderungsquoten (v.a. zwischen 1950 und 1975),
- die traditionell starke kulturelle Affinität der zunächst ganz überwiegend von den britischen Inseln stammenden Bevölkerung gegenüber dem Eigenheim und geringen Bebauungsdichten, welche durch die Immigranten der Nachkriegszeit teilweise sogar noch verstärkt wurde,
- das starke spekulative Element bei der Erschließung und Entwicklung von Baugrundstücken,
- die bis in die 80er Jahre äußerst konservative Kreditvergabe- und Hypothekenpraxis der Geldinstitute, die den Eigenheimbau stark begünstigte,
- die kleinteilige, traditionelle Struktur der privaten Bauwirtschaft und die vor allem in den ersten Nachkriegsjahrzehnten große Bedeutung des Hausbaus in Eigenleistung,

- die politische Eigenständigkeit der suburbanen Gemeinden,
- das vorherrschende Muster der Infrastrukturbereitstellung, das nach 1950 der Bauentwicklung zumeist hinterherhinkte anstatt diese zu strukturieren,
- die Suburbanisierung begünstigende steuerliche Regelungen und Anreize,
- das sich verändernde Standortmuster der Wirtschaft innerhalb der Metropolen und die sich verbessernden Beschäftigungsmöglichkeiten im suburbanen Raum.

Die anhaltende Suburbanisierung führte nicht zuletzt zu einer großräumigen sozialen Segregation innerhalb der australischen Verdichtungsräume (*Horvath/Harrison/Dowling* 1989, *Forster* 1991). Besonders deutlich wird dies am Beispiel der stark von der besonderen Topographie geprägten räumlichen und sozialen Grundstruktur Sydneys (*Stretton* 1970, S.256f.). So ist Sydney eine in sich 'gespaltene' Stadt. Die bevorzugten Wohngebiete liegen um den Hafen, entlang der Pazifikküste und auf der landschaftlich schönen North Shore. Dem steht ein Gemisch aus schnell erschlossenen, einfacheren Wohngebieten und großen Industrieflächen in den sich bis zur Kette der Blue Mountains erstreckenden Western Plains gegenüber. Gerade der rasch wachsende Bereich von Western Sydney weist gegenüber dem Rest der Metropolitan Area bis heute erhebliche Infrastrukturdefizite und in zunehmendem Maße auch Umweltprobleme auf (*Gardiner* 1987, *Johnson* 1992, *Latham* 1992a, *Perlgut* 1986). Ein ähnliches Gefälle des Sozialgradienten läßt sich in Melbourne zwischen den wohlhabenden und landschaftlich schöneren östlichen und südöstlichen Vororten und den benachteiligten und stark industrialisierten 'suburbs' im Westen und Norden feststellen.

Die naturräumliche Lage der australischen Metropolen hatte von Anfang an einen starken Einfluß auf deren Wachstumsmuster. Im Falle von Sydney haben die küstennahe Lage des Stadtkerns, die trennende Wirkung des Port Jackson, die stark zergliederten Sandsteinplateaus im Norden und Süden sowie die flache Cumberland Plain im Westen die Siedlungsentwicklung in einem erheblichen Maße determiniert (*Daly* 1987, S.81). Weniger problematisch für die Stadtentwicklung waren die landschaftlichen Bedingungen in Melbourne, das sich in einer flachen bis leicht hügeligen Küstenebene relativ unbeeinflußt ausdehnen konnte. Auch in Brisbane, mit seiner Lage in dem leicht bewegten Relief der 'ridges and valleys' am Unterlauf des stark mäandrierenden Brisbane River sowie in Perth mit seiner Lage in der Küstenebene des unteren, teilweise seeartig verbreiterten Swan River bestehen nur geringe Hindernisse für die Siedlungsausdehnung. Etwas anders liegen die Verhältnisse in Adelaide. Die Stadt wurde beinahe in der Mitte der knapp 20 km breiten Küstenebene zwischen dem St. Vincent Golf im Westen und der Gebirgskette der Mt. Lofty Ranges im Osten gegründet. Dies ermöglichte zunächst eine recht gleichmäßige Ausdehnung der Siedlungsfläche, behinderte aber die Umsetzung eines Achsenkonzepts und läßt seit den 70er Jahren eine nennenswerte Expansion nur in nördliche und südliche Richtung zu.

Insgesamt konnte das Stadtzentrum in den Verdichtungsräumen Adelaide, Brisbane und Perth seine zentrale Position und damit seine verhältnismäßig gute Erreichbarkeit aus allen Teilen des Verdichtungsraumes bis heute erhalten. Dagegen gerieten die CBDs von Sydney und Melbourne aufgrund der asymmetrischen Siedlungsentwicklung in eine zunehmend exzentrische Lage innerhalb der Verdichtungsräume. Während im Falle von Melbourne für die Anlage neuer Wohngebiete bereits früh das landschaftlich schönere und klimatisch angenehmere Hügelland im Osten und die Bereiche entlang der Port Phillip Bay bevorzugt wurden, spielten im Falle von Sydney vorwiegend die physischen Barrieren eine entscheidende Rolle für die Siedlungsentwicklung der Nachkriegszeit. Da die Ausdehnung der Siedlungsfläche in Sydney aufgrund der Küstenlinie im Osten und den Nationalparks in Norden und Süden vorrangig in westlicher Richtung erfolgen mußte, geriet der CBD immer weiter aus deren geographischem Zentrum. Seit Ende des 19. Jahrhunderts verschob sich der Bevölkerungsschwerpunkt kontinuierlich nach Westen. Befand er sich im Jahre 1880 noch am Südrand des heutigen CBD, so liegt er heute rund 12 km (Luftliniendistanz) weiter westlich in Homebush Bay (LGA Auburn). Zweifellos wird sich die Westverschiebung des Bevölkerungsschwerpunktes auch in Zukunft fortsetzen. Zum einen weisen insbesondere die neuerschlossenen Vororte im Westen der Verdichtung eine durchschnittlich noch recht junge Bevölkerung und vergleichsweise hohe Geburtenraten auf (*New South Wales Population Projections Group* 1989, S.3ff.), zum anderen wird sich die Ausweisung neuer Siedlungsflächen auch zukünftig vornehmlich auf die westlichen Randbereiche des Verdichtungsraumes Sydney konzentrieren (*New South Wales - Department of Planning* 1989b).

Das Verkehrssystem innerhalb der australischen Metropolen

Als ein zentrales Element der internen Struktur muß vor allem das Verkehrssystem innerhalb der Metropolitan Areas angesehen werden. Das Verkehrssystem ist in allen australischen Metropolen bis heute ganz überwiegend radial auf den CBD hin ausgerichtet. Dies gilt sowohl für das Schienennetz der 'suburban trains' (S-Bahnen) als auch für das System überörtlicher Straßen. Im Gegensatz zu den großen US-amerikanischen und westeuropäischen Verdichtungsräumen fehlen gut ausgebaute Tangentialen oder gar Autobahnringe fast völlig. Ganz allgemein muß auf das im Vergleich zu US-amerikanischen Verdichtungsräumen sehr begrenzt ausgebaute System von 'urban freeways' (mehrspurige, kreuzungsfreie Hauptverbindungsstraßen) hingewiesen werden. Trotz groß angelegter 'freeway'-Planungen in den 60er und frühen 70er Jahren (v.a. in Melbourne und Sydney) wurden in allen großen australischen Verdichtungsräumen zusammen bis 1981 gerade 177 Straßenkilometer gebaut (*Hofmeister* 1988, S.200). Die Mehrzahl der Straßenplanungen wurden bereits kurze Zeit nach ihrem Bekanntwerden wieder eingestellt (*Maher* 1982, S.101ff.). Hierfür waren insbesondere zwei Gründe entscheidend: Zum einen fehlte es an einer ausreichenden politischen und finanziellen Unterstützung des Autobahnausbaus durch die Bundesregierung und Staatsregierungen,[2] zum anderen wirkten die Anti-Expressway-Kampagnen und die seit Mitte der 70er Jahre stark ausgeprägte Protesthaltung der Bevölkerung und der Gewerkschaften gegenüber dem Schnellstraßenbau, die vor allem dort aufflammte, wo mit dem Straßenbau stärkere Eingriffe in die bestehende Bausubstanz verbunden gewesen wären (*Hofmeister* 1982, *Rundell* 1985). Obwohl im Laufe der 80er und frühen 90er Jahre noch einige 'freeway'-Abschnitte fertiggestellt wurden,[3] besteht in den großen australischen Verdichtungsräumen bis heute lediglich ein wenig zusammenhängendes System

---

[2] Politischer Widerstand gegenüber dem Stadtautobahnbau kam aus verschiedenen parteipolitischen Lagern. Im Falle von Sydney blockierte z.B. die stark mit den Interessen der Landbevölkerung verbundene konservative Country Party von New South Wales in der Koalitionsregierung von 1965 bis 1976 den Bau von 'urban freeways', weil damit erhebliche Budgetkürzungen für den Ausbau von Straßen im ländlichen Raum verbunden gewesen wären.

[3] So entstanden in den letzten Jahren z.B. der 'Gore Hill Expressway' und der Ausbau des 'Western Freeway' im Verdichtungsraum Sydney, erste Abschnitte der 'Western Ringroad' im Verdichtungsraum Melbourne, die Verlängerung des 'South-East Freeway' in Brisbane und der Ausbau des 'Mitchell Freeway' sowie des 'Kwinana Freeway' im Verdichtungsraum Perth.

von ausschließlich radial verlaufenden kreuzungsfreien Stadtautobahnen. Dies bedeutet, daß die Masse des regionalen und intraurbanen Verkehrs über das normale Straßennetz abgewickelt wird.

Vor allem Sydney und Melbourne verfügen über gut ausgebaute, auf den CBD ausgerichtete S-Bahn-Systeme (Tab. 3.4). Allerdings sind sie mit ihrer ausgeprägt radialen Grundstruktur den sich verändernden und zunehmend komplexeren Pendlerströmen in den Außenbereichen der Verdichtung immer weniger gewachsen. Nach dem starken Ausbau der in der Regel elektrifizierten Eisenbahnstrecken in der Zwischenkriegszeit wurden in den letzten Jahrzehnten kaum neue Streckenabschnitte im suburbanen Raum in Betrieb genommen. So wurden etwa in Sydney nach 1950 mit Ausnahme der 'Eastern Suburbs Railway' nach Bondi Junction keine größeren Investitionen zum Ausbau des Netzes mehr vorgenommen (*Riordan* 1983). Lediglich im Verdichtungsraum Perth kam es in den letzten Jahren durch die Wiedereröffnung und Elektrifizierung der 'Fremantle Line' und der Inbetriebnahme der 'Northern Line' nach Joondalup in den letzten Jahren zu einem stärkeren Ausbau des S-Bahn-Netzes (*Mortimer* 1991, *Newman* 1991). In allen größeren australischen Städten wird das System der S-Bahnen durch ein Netz von Buslinien ergänzt, das vor allem in Brisbane (21 Expressbus-Routen) und Adelaide (eigenständig geführte O-Bahn-Trasse des 'Northeast-Busway') durch komfortable Schnellverbindungen teilweise die Funktion schienengebundener Verkehrssysteme übernimmt. Bis auf Melbourne, wo im Kernbereich der Verdichtung noch immer ein engmaschiges Netz besteht und einer Linie in Adelaide wurden die früher bedeutenden Straßenbahnen durch Busse ersetzt.

Tab.3.3: S-Bahn-Netze in den Metropolitan Areas von Sydney, Melbourne, Brisbane, Perth und Adelaide 1989
Suburban rail systems in the Metropolitan Areas of Sydney, Melbourne, Brisbane, Perth, and Adelaide 1989

Metropolitan Area	(1)	(2)	(3)	(4)	(5)	(6)	(7)	(8)
Sydney	560	165	200	58,8	3.243	9	174	3,2
Melbourne[a]	330	114	91	31,7	1.418	15	200	1,7
Brisbane	196	131	43	28,7	858	7	120	1,6
Perth[b]	63	57	10	9,1	111	4	49	1,3
Adelaide	149	149	12	12,0	193	6	105	1,4

(1) Netzlänge in km
(2) Netzlänge pro eine Million Einwohner in km
(3) jährliche Personentransporte in Mio.
(4) jährliche Personentransporte pro Einwohner
(5) jährliche Personenkilometer in Mio.
(6) Anzahl der S-Bahn-Linien
(7) Anzahl der Haltestellen
(8) durchschnittliche Distanz zwischen den Haltestellen in km

[a] ohne Fernpendler
[b] vor Eröffnung der Northern Line nach Joondalup im Dezember 1992

Quelle: *Australian Industry Commission* (1991)

Trotz einer großzügigen Subventionierung erwies sich die Erschließung der ausgedehnten australischen Suburbia durch den öffentlichen Nahverkehr als sehr problematisch. So haben die öffentlichen Verkehrsgesellschaften seit Anfang der 50er Jahre gegen ständig sinkende Einnahmen und Passagierzahlen zu kämpfen (*Neutze* 1977, *Spearritt* 1978). Erst seit Mitte der 80er Jahren hat sich die Situation wieder etwas stabilisiert. So nahm die Zahl der Personenfahrten zwischen 1984/85 bis 1989/90 in der Sydney Metropolitan Area bei der S-Bahn um 26 % und bei den Bussen um 11 % zu. Ein ähnlicher Trend zeigte sich auch in Melbourne. Dennoch lag der Kostendeckungsgrad der öffentlichen Nahverkehrssysteme Australiens auch Ende der 80er fast durchweg unter 50 % (*Australian Industry Commission* 1991, S.190). Die Probleme des ÖPNV, die durch zahlreiche Arbeiten von *Manning* (1978, 1983, 1984 und 1991) gut dokumentiert sind, zeigen sich auch im 'modal split'. So werden Fahrten innerhalb des suburbanen Raumes heute fast ausschließlich mit dem Pkw zurückgelegt. Lediglich für die Einpendler in die Innenstädte und im Verdichtungsraum Sydney spielt der öffentliche Personennahverkehr (ÖPNV) heute noch eine quantitativ bedeutsame Rolle (Tab. 3.4).

Tab.3.4: 'Modal split' für Fahrten zum Arbeitsplatz in den Metropolitan Areas von Sydney, Melbourne, Brisbane, Perth und Adelaide 1991

Modal split for work trips within the Metropolitan Areas of Sydney, Melbourne, Brisbane, Perth, and Adelaide 1991

	Sydney		Melbourne		Brisbane		Perth		Adelaide	
	(1)	(2)	(1)	(2)	(1)	(2)	(1)	(2)	(1)	(2)
S-Bahn	42,0	14,8	37,2	9,3	26,9	7,9	6,8	1,9	7,0	2,6
Bus	21,1	9,4	5,8	3,2	21,7	6,2	33,3	7,6	22,5	8,4
Straßenbahn, Personenfähre	2,9	0,5	10,1	3,3	0,6	0,2	0,2	0,1	1,0	0,3
privates Kraftfahrzeug	30,1	67,3	43,5	77,7	46,5	77,4	56,2	83,8	63,4	81,0
Zu Fuß, Fahrrad u.ä.	3,9	8,0	3,4	6,5	4,3	8,3	3,5	6,6	6,1	7,7
Gesamt	100	100	100	100	100	100	100	100	100	100

(1) Beschäftigte mit Arbeitsplatz im CBD
(2) Beschäftigte in der gesamten Metropolitan Area

Quelle: 'Journey to work'-Daten des *Australian Bureau of Statistics* 1991

In den letzten Jahren rückte der Zusammenhang zwischen der geringen Bebauungsdichte, der starken Zersiedelung und der Automobilabhängigkeit stärker in das öffentliche Bewußtsein. Die Politik der Bündelung von Entwicklungspotentialen zugunsten einer begrenzten Zahl von ausgewiesenen suburbanen Zentren hat hier ebenso ihren Ausgangspunkt wie die in jüngster Zeit heftig diskutierte Hinwendung zu verdichteten, flächensparenden Bauweisen (*Newman* 1988a, *Newman/ Kenworthy* 1992, *Newman/Kenworthy/Robinson* 1992, *Newman/Kenworthy/Vintila* 1992a und 1992b). In dieser Hinsicht hatten vor allem die Studien von *Peter Newman* und *Jeff Kenworthy*, in denen ein enger negativer Zusammenhang zwischen Dichtevariablen und dem Ressourcenverbrauch durch Verkehr nachgewiesen werden konnte, eine erhebliche Breitenwirkung in der australischen

Öffentlichkeit (u.a. *Kenworthy/Newman* 1987, *Newman/Kenworthy* 1987, *Newman/Kenworthy/ Lyons* 1990). Hinzu kommen planungspraktische Motive und die mit höheren Dichten verbundenen Einsparungen von Infrastrukturaufwendungen (*Mills* 1990). Trotz kritischer Stimmen, die vor Umsetzungsschwierigkeiten und einem erhöhten Druck auf Boden- und Hauspreise warnen, erfreut sich das Konzept der 'urban consolidation' einer breiten Unterstützung bei Politikern und Planern (*Alexander* 1991, *Kirwan* 1992a, *Maher* 1993, *Troy* 1992). In allen Bundesstaaten außer Queensland wurden Maßnahmen zur Nachverdichtung der bestehenden Siedlungsbereiche eingeführt und die sogenannte 'urban consolidation' in den Zielkanon der Regionalplanung aufgenommen. Im Rahmen des 'Better Cities Program' werden auch von der Bundesregierung seit 1991 Gelder für Demonstrationsprojekte verdichteten Bauens zur Verfügung gestellt. Bislang zeigen diese Bemühungen jedoch erst kleinräumig spürbare Resultate und konnten den generellen Trend des flächenextensiven Bauens in den Randbereichen noch nicht entscheidend bremsen (*Searle* 1991).

3.2 Innerregionale Dekonzentration von Arbeitsplätzen

Ein weiteres Problemfeld in großen Verdichtungsräumen ist die räumliche Verteilung und damit die Erreichbarkeit von Arbeitsplätzen. Lange Zeit blieben ökonomische Aktivitäten trotz der raschen Bevölkerungssuburbanisierung auf die zentralen Bereiche der Agglomerationen beschränkt. So befanden sich die Industriebetriebe in den australischen Verdichtungsräumen vor allem in den Kernstädten und in den angrenzenden LGAs, während sich Einzelhandel und Büroaktivitäten weitestgehend auf den CBD konzentrierten. Bis in die erste Nachkriegszeit blieb diese Grundstruktur nahezu unverändert bestehen. Das bereits angesprochene, radial angelegte System von Eisenbahnen, Straßenbahnen und Hauptverbindungsstraßen sicherte die Vorrangstellung der City und der sie umgebenden zentralen Vororte.

Während vor dem Zweiten Weltkrieg nur ganz vereinzelte Verlagerungen ökonomischer Aktivitäten aus den Verdichtungskernen in die Vororte stattgefunden hatten, machten sich ab Anfang der 50er Jahre vor allem in Sydney und Melbourne erste relative Bedeutungsverluste der Verdichtungskerne bemerkbar. Immer mehr Betriebe des produzierenden Gewerbes verließen die Enge der innerstädtischen Industriegebiete. So erlebte die City of Sydney ab Mitte der 50er Jahre einen ausgesprochenen Exodus des verarbeitenden Gewerbes: von den 136.000 Industriearbeitsplätzen im Jahre 1953/54 waren 1963 noch 115.000 und 1988 gerade noch 44.000 übrig. Neue Industriezonen entstanden vor allem im zentralen Westen des Verdichtungsraumes Sydney, in den LGAs Concord, Auburn, Parramatta, Bankstown und Holroyd und seit den 70er Jahren verstärkt in den westlichen Außenbereichen der Verdichtung, wo besonders in Blacktown, Liverpool und Fairfield heute große zusammenhängende Industrieareale vorzufinden sind. Ähnliche Bereiche mit einem großen Angebot industrieller Arbeitsplätze entstanden im Verdichtungsraum Melbourne um Altona, Broadmeadows und Dandenong sowie im Verdichtungsraum Adelaide um Elizabeth, Woodville und Lonsdale. Selbst im geringer industrialisierten Perth entstanden große industriell geprägte Bereiche im Nordosten und im Süden des Verdichtungsraums (*Scott* 1979). Ohne Zweifel war Dezentralisierung des verarbeitenden Gewerbes neben der Einzelhandelssuburbanisierung besonders in den 60er und 70er Jahren die wichtigste Quelle des Arbeitsplatzwachstums in den Außenbereichen der Metropolitan Areas. Deshalb wurde die Industrie von *Spearritt* (1978, S.123) nicht zu unrecht als 'moving frontier' des Suburbanisierungsprozesses bezeichnet. *Rich* (1987, S.165ff.) führt für die Suburbanisierung der Industrie folgende Ursachen an: (1) die Verfügbarkeit von baureifem Land in der Außenstadt und mangelnde Expansionsmöglichkeiten in den industriellen Kerngebieten, (2) das zentral-periphere Miet- und Bodenpreisgefälle für Industrieimmobilien und Industriebauland innerhalb der Verdichtungsräume, (3) die schlechte Bausubstanz und mangelnde Umweltqualität vieler innerstädtischer Industriegebiete und die besseren Möglichkeiten zum Bau moderner, ebenerdiger Produktionsanlagen in den Außenbereichen der Verdichtungen, (4) die Verhältnisse auf dem Immobilienmarkt, die insbesondere in den 60er und 70er Jahren zu einer starken Bautätigkeit im suburbanen Raum führten und dort vielen kleinen und mittelgroßen Industrieunternehmen Mietunterkünfte zu akzeptablen Preisen boten, (5) die steigende Unabhängigkeit vieler Industrieunternehmen von den 'alten' Transportmöglichkeiten der Kernzone (z.B. Hafen, Eisenbahn) und die Zunahme des Gütertransports auf der Straße, (6) das in der Nachkriegszeit zunehmende Bevölkerungs- und Arbeitskräftepotential der Außenstadt und deren ständig steigende Bedeutung als Absatzmarkt.

Etwas zeitverzögert gegenüber der Randverlagerung der Industrie begann sich auch die Rolle der CBDs als bis dahin einzige Zentren des Groß- und Einzelhandels zu verändern. Spätestens seit den 70er Jahren gewinnen die Vororte auch reine Bürofunktionen. In den letzten Jahrzehnten standen somit in allen australischen Verdichtungsräumen Arbeitsplatzverlusten in den Verdichtungskernen Arbeitsplatzgewinne in den mittleren und äußeren Vororten gegenüber. In den mittleren Vororten mit ihrer seit Anfang der 70er Jahre häufig bereits wieder stagnierenden Einwohnerentwicklung hat sich die Relation zwischen Erwerbstätigen und Arbeitsplätzen deshalb spürbar verbessert.[4] In den mittleren Bereichen der Verdichtungsräume Sydney, Melbourne und Perth ist das Verhältnis von Arbeitsplätzen und Erwerbstätigen bereits annähernd ausgeglichen (Tab. 3.5 und 3.6). Demgegenüber bleibt die Zunahme von Arbeitsplätzen in der Außenzone der Verdichtungsräume trotz eines kräftigen Wachstums der Beschäftigung vielfach hinter der Randwanderung der Erwerbstätigen und der Bevölkerung zurück. Während sich der Arbeitsplatz/Erwerbstätigen-Quotient z.B. in der Sydney Metropolitan Area in den mittleren Vororten zwischen 1971 und 1991 von 0,74 deutlich auf 0,93 verbesserte, stieg er in den äußeren Vororten lediglich von 0,57 auf 0,65.[5] Trotz dieser generellen Verbesserung aufgrund der fortschreitenden Dezentralisierung der Beschäftigungsmöglichkeiten haben sich die lokalen Arbeitsplatzdefizite in einigen Teilbereichen der äußeren Agglomerationen aber noch weiter verschärft (*Brotchie* 1992, *Hutchinson* 1986, *Maher* 1982, *Searle* 1992b). Besonders deutliche Arbeitsplatzdefizite weisen die Außenbereiche von Perth und Adelaide auf (Tab. 3.7).

---

[4] Die Begriffe 'Beschäftigte' und 'Arbeitsplätze' werden im folgenden meist synonym verwendet. Da es in Australien keine statistische Erfassung der 'Arbeitsplätze' gibt, läßt sich ihre Zahl nur indirekt über die 'Beschäftigten' messen. Von den 'Beschäftigten' (erfaßt am Arbeitsort) sind die 'Erwerbstätigen' zu unterscheiden, die an ihrem Wohnort erfaßt werden. Für weitere Erläuterungen zur Berechnung von Beschäftigungs- bzw Arbeitsplatzzahlen siehe Anhang A.1.

[5] Der Arbeitsplatz/Erwerbstätigen-Quotient ist eine einfache Maßzahl für die Relation von Arbeitsplätzen zu Arbeitskräften in einer bestimmten Raumeinheit. Liegt dessen Wert bei 1, entspricht der Anteil der Arbeitsplätze genau dem Anteil der Erwerbstätigen des Teilraumes an der gesamten Metropolitan Area. Ist sein Wert größer als 1, besteht ein rechnerisches Überangebot an Arbeitsplätzen. Werte unter 1 weisen hingegen auf Arbeitsplatzdefizite innerhalb eines Teilraumes hin. Aus datentechnischen Gründen wurde der Quotient mit relativen Zahlen errechnet. Da Einpendler von außerhalb der Metropolitan Areas nur eine recht geringe Rolle spielen, sind die Abweichungen gegenüber den absoluten Verhältnissen zu vernachlässigen.

Tab.3.5: Sydney Metropolitan Area: Arbeitsplätze, Erwerbstätige und Bevölkerung nach Ringzonen 1971-1991
Sydney Metropolitan Area: jobs, employed persons and population by zone 1971-1991

	Arbeitsplätze in %			Erwerbstätige in %			Bevölkerung in %		
	1971	1981	1991	1971	1981	1991	1971	1981	1991
City of Sydney und innere Vororte	47,4	39,6	34,6	22,4	17,5	16,7	20,9	16,7	15,2
Mittlere Vororte	37,0	37,8	37,4	50,2	45,7	40,2	48,0	43,8	39,6
Äußere Vororte	15,6	22,6	28,0	27,3	36,8	43,1	31,1	39,5	45,2
Metropolitan Area gesamt	100	100	100	100	100	100	100	100	100

Quellen: 'Journey to work'-Daten des *Australian Bureau of Statistics* 1991 und *NSW State Transport Study Group* 'Journey to work'- Statistics 1971 und 1981

Tab.3.6: Arbeitsplätze und Erwerbstätige in Ringzonen der Metropolitan Areas von Sydney, Melbourne, Brisbane, Perth und Adelaide 1991
Jobs and employed persons by zone 1991: Metropolitan Areas of Sydney, Melbourne, Brisbane, Perth, and Adelaide

	Sydney		Melbourne		Brisbane		Perth		Adelaide	
	(1)	(2)	(1)	(2)	(1)	(2)	(1)	(2)	(1)	(2)
City[a]	20,4	2,7	19,0	2,0	15,1	0,3	21,1	1,5	23,8	1,6
Innere Vororte	14,2	14,0	12,3	6,0	27,2	18,6	16,7	11,9	12,6	9,7
Mittlere Vororte	37,4	40,2	31,5	34,4	47,1	64,0	38,9	41,1	42,1	47,4
Äußere Vororte	28,0	43,1	37,2	57,6	10,6	17,1	23,4	45,5	21,5	41,3
Metropolitan Area	100	100	100	100	100	100	100	100	100	100

(1) Arbeitsplätze - Anteil der Raumeinheit an der gesamten Metropolitan Area in %
(2) Erwerbstätige - Anteil der Raumeinheit an der gesamten Metropolitan Area in %

[a] City of Sydney, City of Melbourne, City of Adelaide, Innere City von Brisbane bzw. Innere City von Perth

Quelle: 'Journey to work'-Daten des *Australian Bureau of Statistics* 1991

An der Suburbanisierung der Beschäftigung seit den 50er Jahren waren nicht alle Wirtschaftsbereiche in gleichem Maße beteiligt. Als besonders gleichmäßig verteilt fallen die Arbeitsplätze des verarbeitenden Gewerbes auf. Allerdings hatte die Industriesuburbanisierung auch nachhaltige Konsequenzen für die innere Organisation der Unternehmensfunktionen. Gerade bei Teilverlagerungen größerer Produktionsbetriebe kam es nicht selten zu einer Trennung von hochrangigen, dispositiven Headquarter-Funktionen, die in der Kernzone der Verdichtung verblieben, und einer Ansammlung von weitestgehend standardisierten Fertigungsfunktionen im suburbanen Raum. Diese Entwicklung unterstützte in der Vergangenheit das ohnehin bestehende Ungleichgewicht zwischen der Konzentration von hochqualifizierten Tätigkeiten im Verdichtungskern und dem Übergewicht einfacher Fertigungstätigkeiten in den Außenbereichen der Metropolitan Areas (*Fagan* 1986a und 1986b). Die Umstrukturierung innerstädtischer Gewerbegebiete und das Vorhandensein großer Flächenreserven in den Außenbereichen der Verdichtungsräume (*New South Wales - Department of Planning* 1992a) werden auch zukünftig für eine anhaltende Dezentralisierung der Industriebeschäftigung innerhalb der Metropolitan Areas sorgen. Die maßgebliche Rolle der Industrie als Arbeitsplatzbeschaffer im suburbanen Raum wird infolge der allgemeinen Deindustrialisierung aber zurückgehen.

Auch die Arbeitsplätze im Baugewerbe und im Handel sind heute relativ gleichmäßig über die verschiedenen Teilbereiche der Verdichtungsräume verteilt. Noch vor dem verarbeitenden Gewerbe ist der Groß- und Einzelhandel heute der größte Arbeitgeber in der Außenstadt. So entfallen sowohl in Sydney als auch in Melbourne ein Viertel aller Arbeitsplätze der mittleren und äußeren Vororte alleine auf diesen Wirtschaftsbereich. Dagegen sind die Beschäftigungsmöglichkeiten in der öffentlichen Verwaltung, im Finanzwesen und in den unternehmensnahen Dienstleistungen noch immer auf den Kernbereich der Metropolitan Areas konzentriert. Dies gilt insbesondere für die kleineren Verdichtungsräume Brisbane, Perth und Adelaide (Tab. 3.8). Wie im verarbeitenden Gewerbe gilt auch in den anderen Wirtschaftsbereichen, daß gerade die höherwertigen Arbeitsplätze eine stärkere Tendenz zur Zentralisierung aufweisen, während gegen die Randbereiche der Verdichtungsräume der Anteil der weniger qualifizierten Tätigkeiten zunimmt.

Tab.3.7: Arbeitsplatz/Erwerbstätigen-Quotienten[a] in Ringzonen der Metropolitan Areas von Sydney, Melbourne, Brisbane, Perth und Adelaide 1991
Ratio of jobs to employed persons by zone 1991: Metropolitan Areas of Sydney, Melbourne, Brisbane, Perth, and Adelaide

	Sydney	Melbourne	Brisbane	Perth	Adelaide
Verdichtungskern[b]	2,07	3,91	2,24	2,82	3,22
Mittlere Vororte	0,93	0,92	0,74	0,95	0,89
Äußere Vororte	0,65	0,65	0,62	0,51	0,52
Metropolitan Area	1,00	1,00	1,00	1,00	1,00

[a] prozentualer Anteil der Arbeitsplätze / prozentualer Anteil der Erwerbstätigen
[b] City und innere Vororte

Quelle: 'Journey to work'-Daten des *Australian Bureau of Statistics* 1991

Tab.3.8: Prozentuale Verteilung von Arbeitsplätzen in ausgewählten Wirtschaftsbereichen nach Ringzonen der Metropolitan Areas von Sydney, Melbourne, Brisbane, Perth und Adelaide 1991
Percentages of jobs in selected industries by zone 1991: Metropolitan Areas of Sydney, Melbourne, Brisbane, Perth, and Adelaide 1991

	(1)	(2)	(3)	(4)	(5)	(6)	(7)	(8)
Sydney Metropolitan Area:								
City of Sydney	12,8	8,7	11,8	37,7	37,0	16,2	21,8	20,4
Innere Vororte	11,0	11,4	11,6	16,3	11,5	14,5	17,5	14,2
Mittlere Vororte	45,4	40,3	44,4	29,9	25,4	38,3	34,1	37,4
Äußere Vororte	30,8	39,6	32,2	16,1	26,1	31,0	26,6	18,0
Melbourne Metropolitan Area:								
City of Melbourne	5,4	8,1	10,5	37,6	40,2	18,9	20,1	19,0
Innere Vororte	11,8	8,2	11,5	16,9	13,0	10,8	17,2	12,3
Mittlere Vororte	37,6	32,3	34,5	24,4	17,8	36,3	29,0	31,5
Äußere Vororte	45,2	51,4	43,5	21,1	29,0	34,0	33,7	37,2
Brisbane Metropolitan Area:								
Brisbane - Innere City	1,3	3,2	5,8	33,7	51,3	10,1	16,1	15,0
Innere Vororte	21,2	21,2	23,7	28,3	22,6	39,1	32,8	27,3
Mittlere Vororte	65,7	60,6	59,8	31,7	15,2	40,2	40,5	47,1
Äußere Vororte	11,8	15,0	10,7	6,3	10,9	10,6	10,6	10,6
Perth Metropolitan Area:								
Perth - Innere City	8,3	11,6	10,2	42,9	49,5	19,3	21,8	21,1
Innere Vororte	8,6	12,7	12,4	18,2	14,6	27,3	22,4	16,6
Mittlere Vororte	53,3	41,7	51,9	25,6	17,6	32,7	35,6	38,9
Äußere Vororte	29,8	34,0	25,5	13,3	18,3	20,7	20,2	23,4
Adelaide Metropolitan Area:								
City of Adelaide	7,7	8,5	15,9	44,6	47,3	26,2	32,5	23,8
Innere Vororte	11,0	13,5	14,6	14,6	10,2	11,9	13,5	12,6
Mittlere Vororte	52,7	46,7	46,3	29,4	19,8	42,9	36,4	42,1
Äußere Vororte	28,6	31,3	23,2	11,4	22,7	19,0	17,6	21,5

(1) Verarbeitendes Gewerbe
(2) Baugewerbe
(3) Einzel- und Großhandel
(4) Banken, Versicherungen, Immobilien und unternehmensnahe Dienstleistungen
(5) Öffentliche Verwaltung und Streitkräfte
(6) Bildung, Kunst, Gesundheitswesen, Kirchen und soziale Einrichtungen
(7) Gastgewerbe, Unterhaltung und persönliche Dienstleistungen
(8) Arbeitsplätze gesamt

Quelle: 'Journey to work'-Daten des *Australian Bureau of Statistics* 1991

Der CBD als regionaler Beschäftigungsschwerpunkt

Trotz des Entstehens neuer Beschäftigungsmöglichkeiten in den Vororten ist der CBD nach wie vor die bedeutendste Arbeitsplatzkonzentration in den australischen Metropolitan Areas. Jüngere Erhebungen gehen davon aus, daß Ende der 80er Jahre der CBD von Sydney etwa 191.000, der CBD von Melbourne etwa 150.000, der CBD von Perth etwa 83.000, der CBD von Brisbane etwa 75.000 und der CBD von Adelaide etwa 72.000 Arbeitsplätze boten (*Brisbane City Council* 1989,

City of Adelaide 1989, *City of Melbourne* 1988, *New South Wales - Department of Planning* 1991b, *Western Australia - Department of Planning and Urban Development* 1992). Dies entspricht einem Anteil des CBD an der Gesamtzahl der Arbeitsplätze in den Metropolitan Areas von 18 % für Perth, 17 % für Adelaide, 15 % für Brisbane, 12 % für Sydney und 11 % für Melbourne. Auch wenn diese Zahlen aufgrund der ihnen zugrunde liegenden unterschiedlichen Erhebungsmethoden mit einiger Vorsicht zu behandeln sind, geben sie dennoch einen recht guten Anhaltspunkt über die Bedeutung des CBD innerhalb der Metropolitan Areas. Die Zahlen zeigen, daß (1) die CBDs noch immer wichtige Beschäftigungsschwerpunkte innerhalb der Verdichtungsräume darstellen und (2) diese relative Bedeutung des CBD mit zunehmender Stadtgröße abnimmt.

Eine längerfristige Betrachtung der Beschäftigungsentwicklung der CBDs zeigt, daß deren relative Bedeutung in den letzten Jahrzehnten deutlich zurückgegangen ist. So befanden sich in Sydneys CBD im Jahre 1961 mit 195.000 noch 20 % aller Arbeitsplätze der Metropolitan Area. Bis 1971 stieg die absolute Zahl der Arbeitsplätze zwar bis auf den historischen Höchststand von 206.000 an, der relative Anteil ging aber weiter bis auf 17 % zurück. Nach 1971 ging auch die absolute Beschäftigungszahl zurück und stabilisierte sich in den 80er Jahren bei etwa 190.000. In dem kleineren, aber schneller wachsenden Verdichtungsraum Perth stieg die Zahl der Arbeitsplätze im CBD dagegen stetig an (1961: 62.000, 1971: 78.000, 1981: 78.000, 1986: 83.000). Dennoch ging auch hier der CBD-Anteil an der Metropolitan Area deutlich zurück (1961: 37 %, 1971: 28 %, 22 %, 1986: 20 %). Diese generellen Trends verschleiern allerdings die massiven Veränderungen der Beschäftigtenstruktur, welche die australischen CBDs in den letzten Jahrzehnten erlebten. So ging etwa die Anzahl der Beschäftigten im verarbeitenden Gewerbe, im Großhandel sowie im Transport- und Lagergewerbe erheblich zurück, während die öffentliche Verwaltung, das weitere Finanz- und Kreditwesen und die unternehmensnahen Dienstleistungen zumindest bis zum Rezessionsjahr 1991 deutliche Zuwachsraten aufwiesen. So stieg z.B. die Anzahl der Beschäftigten im Wirtschaftsbereich 'Banken, Versicherungen, Immobilienwesen und unternehmensnahe Dienstleistungen' im CBD von Perth von etwa 7.000 im Jahre 1961 auf etwa 24.000 im Jahre 1991 (*Western Australia - Department of Planning and Urban Development* 1992). Somit hat sich die Spezialisierung der CBDs auf ganz bestimmte Wirtschaftsbereiche erheblich erhöht. Dies gilt insbesondere für die großen CBDs von Sydney und Melbourne, in denen 1991 47 % bzw. 37 % aller Arbeitsplätze alleine auf das Finanz- und Immobilienwesen sowie die unternehmensnahen Dienstleistungen entfielen.

Trotz des rezessionsbedingten Beschäftigungseinbruchs Anfang der 90er Jahre, der insbesondere das Finanz- und Immobilienwesen traf, kann man wohl davon ausgehen, daß sich die Beschäftigtenzahlen langfristig auf dem Ende der 80er Jahre erreichten Niveau stabilisieren bzw. in Perth und Brisbane noch leicht zunehmen werden. Auch wenn die wesentliche Entwicklungsdynamik zukünftig im suburbanen Raum liegen wird, werden die CBDs in den australischen Verdichtungsräumen in absehbarer Zeit ihre Stellung als führende Beschäftigungsschwerpunkte beibehalten können und damit wichtige Zielgebiete der Arbeitspendler bleiben. Andererseits wird aber auch die Spezialisierung der CBDs auf hochrangige Steuerungsfunktionen und damit die Verengung der Arbeitskräftenachfrage auf ganz bestimmte Qualifikationen weitergehen.

Auswirkungen der Dezentralisierungsprozesse auf die innerregionalen Pendlerströme

Die sich verändernde Relation zwischen Arbeitskräften und Arbeitsplätzen in den verschiedenen Teilbereichen der Verdichtungsräume bleiben nicht ohne Einfluß auf die regionalen Pendlerströme. Trotz des anhaltenden Arbeitsplatzdefizits in den Randbereichen der Metropolitan Areas findet auch hier die Mehrheit der Erwerbstätigen inzwischen einen Arbeitsplatz im näheren Umfeld des Wohnortes. Das heißt, die Gemeinden am Außenrand des Verdichtungsraums werden zunehmend unabhängiger vom Arbeitsplatzangebot des Kernbereichs. So haben etwa im Verdichtungsraum Perth nur noch knapp 13 % aller Erwerbstätigen der mittleren Vorortzone und 9 % der äußeren Vorortzone ihren Arbeitsplatz im CBD. Die früher fast ausschließlich auf den Verdichtungskern zielenden Pendelverflechtungen werden vor allem in den mittleren und äußeren Teilen des Verdichtungsraums zunehmend durch kleinräumigere Pendelverflechtungen ergänzt. Innerhalb der Sydney Metropolitan Area nahm etwa der Anteil der peripher-zentral ausgerichteten Pendlerströme bereits im Laufe der 70er aus nahezu allen Bereichen der inneren und mittleren Verdichtung deutlich ab. Lediglich aus den schnell wachsenden LGAs am Rande der Verdichtung stieg die Zahl der Pendler in die 'City of Sydney' absolut noch geringfügig an, obwohl der prozentuale Anteil der Citypendler auch hier deutlich zurückging. Besonders auffällig war der Rückgang der Citypendler in den statushohen Wohngebieten der North Shore, wo in den sich schnell entwickelnden Beschäftigungszentren North Sydney, St. Leonards/Crows Nest und Chatswood neue Beschäftigungsalternativen entstanden (*Hutchinson* 1986). Ganz ähnlich verlief die Entwicklung in der Melbourne Metropolitan Area. Hatten hier 1961 noch 55 % aller Fahrten zum Arbeitsplatz den Kernbereich der Verdichtung zum Ziel, ging dieser Anteil bis 1991 auf 30 % zurück. Andererseits stieg der Anteil der Pendelfahrten innerhalb des mittleren und äußeren Vorortbereichs von 44 % auf 70 % (*O'Connor* 1992). Die anhaltende Dezentralisierung der Arbeitsplätze hatte aber auch zur Folge, daß die durchschnittlich zurückgelegte Entfernung zwischen Wohn- und Arbeitsort sich trotz der sich ausdehnenden Siedlungsfläche seit den 70er Jahren nur noch unwesentlich verändert hat. Sie liegt z.B. im Falle von Melbourne bei 15 km bzw. 32 Minuten Fahrtzeit (*Brotchie* 1992). Allerdings bestehen erhebliche innerregionale Unterschiede. Während die durchschnittliche Länge der Fahrten zum Arbeitsplatz für die Bewohner der inneren Bereiche der Metropolitan Area bei etwa 8 km liegt, beträgt sie in einigen Außenbereichen fast 30 km (*Horridge* 1992).

Zusammenfassend läßt sich festhalten, daß die Pendelmuster nur noch im Kernbereich der Verdichtungsräume vom Arbeitsplatzangebot der Innenstadt bzw. des CBD bestimmt werden. Dagegen wird für immer breitere Teile der Bevölkerung Suburbias das Arbeitsplatzangebot der Innenstadt zunehmend irrelevant. Die auf die 'City' ausgerichteten Pendlerströme sind vor allem in den mittleren und äußeren Vorortzonen von kleinräumigen Verflechtungsmustern ergänzt worden. Gerade die mittleren Vorortbereiche bieten heute viele Arbeitsplätze für die Arbeitskräfte aus den Randbereichen der Verdichtungsräume. Im Vergleich ist der Zwang zum Arbeitspendeln in das Verdichtungszentrum in den kleineren Metropolitan Areas Brisbane, Perth und Adelaide allerdings noch immer etwas ausgeprägter als in den größeren Verdichtungsräumen Sydney und Melbourne, wo die Dezentralisierung von Arbeitsplätzen bereits weiter fortgeschritten ist.

3.3 Fazit: Anhaltende Dekonzentrationsprozesse und die neue ökonomische Rolle Suburbias

Wie gezeigt werden konnte, befinden sich die australischen Metropolen - abgesehen von lokal begrenzten Reurbanisierungsvorgängen - in einer von vielschichtigen, großräumigen Dekonzentrationsprozessen gekennzeichneten Phase der Stadtentwicklung. Ohne Zweifel sind die 'suburbs' heute weit mehr als reine Schlafstädte. Vielmehr stellt die Suburbanisierung von Bevölkerung und Arbeitsplätzen zunehmend einen eng verzahnten Komplex von gegenseitiger, kumulativer Selbstverstärkung dar. Einerseits stehen für eine zunehmende Zahl der weiter vom Zentrum entfernt wohnenden Bevölkerungsteile vermehrt Beschäftigungs- und Versorgungsmöglichkeiten in vertretbarer Entfernung bereit, andererseits induziert gerade das Entstehen von neuen Beschäftigungsmöglichkeiten im suburbanen Raum wieder neues Bevölkerungswachstum. Zudem sind auch die Dezentralisierungsprozesse verschiedener ökonomischer Aktivitäten zunehmend enger miteinander verknüpft. Während die ökonomische Entwicklung der Vororte noch in den 60er Jahren vorwiegend von Verlagerungen aus dem Verdichtungskern bestimmt wurde, übernehmen die 'suburbs' vor allem seit den frühen 80er Jahren die Funktion einer von der Kernstadt weitgehend unabhängig funktionierenden 'Wachstumsmaschine'. So ist etwa das suburbane Bürowachstum der letzten Jahre nicht nur die Folge der Verlagerung von Bürobetrieben aus dem CBD, sondern auch das Ergebnis einer erhöhten Büroraumnachfrage von bereits im suburbanen Raum ansässigen Unternehmen. Gerade die jüngere wirtschaftliche Entwicklung der Vororte läßt sich immer weniger lediglich als Ergebnis voneinander unabhängiger 'overspills' aus dem Verdichtungskern interpretieren. Vielmehr ist sie zumindest teilweise das Resultat einer sich immer stärker entfaltenden Emanzipation der suburbanen Ökonomie von der Kernstadt. Nach *O'Connor* (1988) stellt der suburbane Raum in seiner Gesamtheit bereits heute die wichtigste wirtschaftliche Einheit der metropolitanen Ökonomie dar und übernimmt zunehmend eine eigenständige 'neue ökonomische Rolle' innerhalb der Verdichtungsräume (*Batten/O'Connor* 1987, *O'Connor* 1981 und *O'Connor/Blakely* 1989).

Somit stellt sich die Frage, ob die großen Verdichtungsräume heute überhaupt noch als einheitliche Systeme funktionieren, oder vielmehr eine Ansammlung voneinander weitgehend unabhängiger Sub-Systeme darstellen. Eine Betrachtung der räumlichen Verteilung von Arbeitsplätzen und Wohnstandorten von der ersten Nachkriegszeit bis heute läßt tatsächlich vermuten, daß die traditionellen Vorstellungen von der monozentrischen Stadt auch in den australischen Verdichtungsräumen nicht mehr greifen. Die Bewohner der Vororte sind heute nicht mehr allein auf das Arbeitsplatzangebot der City angewiesen. Die von *Logan* (1968b) bereits in den 60er Jahren beobachteten Ansätze von räumlichen Segmentierungsprozessen innerhalb der Metropolitan Areas haben sich seither fortgesetzt. Zudem haben weite Teile Suburbias, vor allem durch das starke Arbeitsplatzwachstum in einigen LGAs der mittleren Vorortzone, tatsächlich ein größeres Maß an 'self-containment' erreicht. Wie die bisherigen Analysen gezeigt haben, ist das Ausmaß, mit dem dies erreicht wurde, zumindest teilweise eine Funktion der Verdichtungsraumgröße. Als ein weiteres Zwischenergebnis kann festgehalten werden, daß das Ausmaß des 'self-containments' zwischen verschiedenen Wirtschaftsbereichen und Berufsgruppen erheblich differiert. Inwieweit als Folge des suburbanen Arbeitsplatzwachstums klar definierte und räumlich abgrenzbare Teilarbeitsmärkte und Arbeitsplatzzentren entstehen, ist in der Literatur noch umstritten (*Edgington* 1988, *Houghton* 1981, *Sams/Beed* 1984). Dies gilt auch für die Frage, ob die wirtschaftliche Entwicklung der 'suburbs' tatsächlich zu einer fragmentierten 'polynucleated metropolis' führt. Vielfach schien die suburbane

Arbeitsplatz- und Wirtschaftsentwicklung einem eher diffusen Muster zu folgen, ohne daß mit der City vergleichbare kleinräumige Agglomerationskräfte wirksam wurden. Durch die lange Zeit dominierende Suburbanisierung gewerblicher Arbeitsplätze entstanden kaum mit der City vergleichbare Konzentrationen von ökonomischen Aktivitäten. Von der Suburbanisierung typischer Cityfunktionen ist die Ausbildung sekundärer Konzentrationen dagegen eher zu erwarten. Insofern ist es überraschend, daß über die Entwicklung von suburbanen Geschäftszentren und die ihr zugrundeliegenden Suburbanisierungsprozesse in diesem Zusammenhang bislang kaum gearbeitet wurde (*Houghton* 1981).

Im folgenden sollen die Suburbanisierungsmuster von wichtigen Cityfunktionen und die Entwicklung von suburbanen Zentren auf einem detaillierteren Niveau untersucht werden, als dies mit aggregierten Beschäftigungsdaten möglich ist. Ohne Zweifel stellen der Einzelhandel (einschließlich der hiermit eng verbundene Bereich der konsumorientierten Dienstleistungen) und der Bürosektor die mit Abstand wichtigsten und in ihren räumlichen Verteilungsmustern interessantesten 'citykonstituierenden' Wirtschaftsbereiche dar. Sie sollen deshalb in den beiden folgenden Kapitel eingehender untersucht werden. Aufgrund ihrer geringeren Bedeutung und zum Teil sehr spezifischen Standortdeterminanten werden andere citybezogene Funktionen dagegen nur nachrangig betrachtet. So unterliegen einige citybezogene Funktionen, wie hochrangige kulturelle Einrichtungen, bezüglich ihrer Standorte ausschließlich politisch-administrativen Entscheidungsprozessen und sind bis heute fast ausschließlich in den Kernstädten zu finden.[6] Andere hochrangige Einrichtungen, wie internationale Großhotels, sind zwar typische Elemente der großen CBDs, orientieren sich aber auch an anderen, cityunabhängigen Standortkriterien (z.B. landschaftliche und touristische Attraktionen). Bislang sind die großen Hotels mit Ausnahme von Sydney in den australischen Verdichtungsräumen noch sehr stark auf den CBD konzentriert und wie die kulturellen Einrichtungen bislang kaum in Außenstadtzentren zu finden.

---

[6] Klassische Beispiele für höchstrangige kulturelle Einrichtungen in der City of Sydney sind etwa das weltbekannte Opernhaus, die NSW State Library sowie zahlreiche Museen. Als hochrangige Einrichtungen im Zentrum von Melbourne wären hier vor allem die National Gallery of Victoria, die Melbourne Concert Hall und das National Museum of Victoria zu nennen.

4. Die Suburbanisierung des Einzelhandels und das Wachstum der suburbanen Einzelhandelszentren

Bis weit in die 50er Jahre hinein war das räumliche Gefüge des Einzelhandels innerhalb der großen Metropolitan Areas Australiens relativ einfach strukturiert. Trotz einiger früher Ansätze suburbanen Einzelhandels entlang von Ausfallstraßen oder in kleineren Geschäftszentren in der Außenstadt besaß der CBD eine nahezu konkurrenzlose Stellung für das Warenangebot des aperiodischen Bedarfs. So war die regelmäßige Einkaufsfahrt in die 'City' für das Gros der 'Sydneysider' oder 'Melbournians' lange Zeit eine Selbstverständlichkeit. Hier befanden sich alle großen Kaufhäuser, und nur hier reichte die Zahl der Kunden aus, um auch kleineren, spezialisierten Geschäften die Existenz zu sichern. Seit Mitte der 50er Jahre unterliegt das Standortmuster des Einzelhandels einem fundamentalen Wandel. Der auf direkten Kundenkontakt angewiesene Einzelhandel reagierte erheblich schneller als andere Wirtschaftsbereiche des tertiären Sektors auf die zunehmende Verlagerung der Kaufkraft- und Kundenpotentiale innerhalb der Verdichtungsräume. Insbesondere mit der Verbreitung des Automobils und der Eröffnung des ersten 'Shopping Centres' in den Vororten beschleunigte sich der Suburbanisierungsprozeß des Einzelhandels gegen Ende der 50er Jahre und führte in relativ kurzer Zeit zu einer gleichmäßigeren Verteilung von größeren und kleineren Einzelhandelszentren über die gesamte Metropolitan Area. Gerade in der Außenstadt bietet der Einzelhandel sowohl Versorgungs- als auch Beschäftigungsmöglichkeiten und übernimmt so eine wichtige Doppelfunktion. Die Suburbanisierung des Einzelhandels soll im folgenden in mehreren Stufen analysiert werden. Dabei stehen fünf Hauptfragen im Vordergrund:
- In welchem Ausmaß fand die Dezentralisierung des Einzelhandels statt?
- Welche Rolle spielten hierbei die Einkaufszentren und Kaufhausketten?
- Wo und in welcher Form entstanden suburbane Einzelhandelszentren?
- Wie hat sich das Verhältnis zwischen dem CBD und den 'suburbs' verändert?
- Welche Unterschiede bestehen zwischen den einzelnen Verdichtungsräumen?

4.1 Das Ausmaß der Einzelhandelssuburbanisierung seit den 50er Jahren

Schon für den Zeitraum zwischen 1956/57 und 1961/62 stellte *Johnston* (1965) in allen großen australischen Verdichtungsräumen einen merklichen Bedeutungsverlust des CBD-Einzelhandels fest. Besonders deutlich war dies in den beiden größten Verdichtungsräumen Sydney und Melbourne, wo der Anteil der CBDs von jeweils knapp einem Drittel auf rund ein Viertel des jeweiligen Jahresumsatzes der Metropolitan Area zurückging. In den folgenden Jahren beschleunigte sich diese Entwicklung noch. Ein Vergleich der Ergebnisse der verschiedenen Einzelhandelszensen zwischen 1968/69 und 1991/92 vermittelt einen recht guten Eindruck von den Dezentralisierungstendenzen des Einzelhandels in den Metropolitan Areas der fünf australischen 'Mainland Capital Cities' (Tab. 4.1 und 4.2).[1] Gemessen am Umsatz, unterlag der CBD-Einzelhandel in diesem Zeitraum einem raschen und stetigen Bedeutungsverlust innerhalb der Verdichtungsräume. Während die Anteile der CBD-Einzelhandelskerne am Gesamtumsatz der Metropolitan Areas Ende der 60er Jahre noch zwischen 16 % und 40 % lagen, ging dieser bis Anfang der 90er Jahre auf Werte zwischen 8 % und

---

[1] Erläuterungen zu den Einzelhandelszensen und der Abgrenzung der CBD-Einzelhandelskerne siehe im Anhang A.4.

knapp 20 % zurück. Auch bei anderen Maßzahlen wie der Anzahl der Betriebe, der Gesamtgeschäftsfläche sowie der Einzelhandelsarbeitsplätze ist die relative Bedeutung des Stadtkernes in den letzten Jahrzehnten stark zurückgegangen. Allerdings haben die CBDs noch immer eine erheblich höhere Flächenproduktivität als die Vororte, das heißt auf gleicher Geschäftsfläche werden höhere Umsätze realisiert (Tab. 4.3).

Seit Anfang der 80er Jahre scheint sich die Umsatzentwicklung in den CBDs in absoluten Zahlen wieder etwas zu stabilisieren. Nachdem der im CBD-Kern erzielte Umsatz seit Mitte der 60er Jahre real rückläufig war, stieg er z.b. in Sydney zwischen den Zensen 1979/80 und 1985/86 erstmals wieder an. Die zunehmende Spezialisierung des CBD-Einzelhandels auf ein qualitativ hochwertiges, klar auf die gehobenen Ansprüche eines internationalen Publikums zugeschnittenes Angebot schlägt sich hier ebenso nieder wie die durch das Büroarbeitsplatzwachstum und die Gentrification citynaher Wohngebiete induzierte Nachfragesteigerung. Diese Trends lassen sich in ähnlicher Weise auch in Melbourne nachvollziehen. Allerdings wurden in Melbourne einige der neuen großen Einzelhandelsprojekte erst 1991/92 eröffnet und schlugen deshalb zum Stichtag des Einzelhandelszensuses noch nicht voll auf die Umsatzentwicklung durch. In den kleineren CBDs von Brisbane, Perth und Adelaide wurde die Umsatzentwicklung sehr stark von einzelnen Großprojekten beeinflußt, die in den letzten Jahren eröffnet wurden und zu einer erheblichen Revitalisierung des Cityeinzelhandels beitrugen.

Das mit Abstand dynamischste Einzelhandelswachstum während des gesamten Betrachtungszeitraumes zeigten jedoch in allen Verdichtungsräumen die äußeren Vororte. Hier vervier- bis verachtfachten sich die realen Einzelhandelsumsätze zwischen 1968/69 und 1991/92 (Tab. 4.2), was zu einer deutlichen Erhöhung des Anteils an den gesamten Einzelhandelsumsätzen der Metropolitan Areas führte. Demgegenüber gingen vor allem in Sydney und Melbourne die Anteile der inneren und mittleren Vorortbereiche insgesamt zurück. Erst gegen Ende der 80er Jahre setzte parallel zum Wiedererstarken des CBD wieder eine Stabilisierung des Einzelhandels in den inneren Vororten ein. In den kleineren Verdichtungsräumen nahm die Einzelhandelsentwicklung in der mittleren Vorortzone dagegen einen etwas anderen Verlauf. So konnten die mittleren Vororte ihren Anteil am Gesamtumsatz bis in die 80er Jahre hinein noch vergrößern, erst danach verlagerte sich die Entwicklungsdynamik gänzlich in die äußere Vorortzone.

Durch die Verlagerung von Einzelhandelsaktivitäten in den Außenbereich der Verdichtungsräume ist auch die Einzelhandelsbeschäftigung heute relativ dispers über die gesamte Metropolitan Area gestreut. Besonders am Außenrand der Verdichtungsräume sind die Einzelhandelsarbeitsplätze ein nicht zu unterschätzender Faktor für den lokalen Arbeitsmarkt und haben dort die Beschäftigungsmöglichkeiten vor allem für Frauen merklich verbessert (*Alexander/Dawson* 1979). Insbesondere einige der peripheren LGAs mit wachsenden Einzelhandelszentren wiesen in den letzten Jahren eine kräftige Zunahme von Arbeitsplätzen auf.

Tab.4.1: Umsatzanteile im Einzelhandel verschiedener Teilräume der Metropolitan Areas von Sydney, Melbourne, Brisbane, Perth und Adelaide zwischen 1968/69 und 1991/92[a]

Retail turnover 1968/69 to 1991/92 by zone: Metropolitan Areas of Sydney, Melbourne, Brisbane, Perth, and Adelaide

	Anteil am Jahresumsatz der Metropolitan Area in %					Jahresumsatz (in A$ Mio.)
	1968/69	1973/74	1979/80	1985/86	1991/92	1991/92
Sydney Metropolitan Area						
Innere Stadt[b]	24,1	17,7	13,8	12,5	12,1	2.617,9
davon CBD-Kern	15,7	12,4	9,3	8,5	8,2	1.769,5
Innere Vororte	15,3	14,3	14,4	13,4	14,6	3.176,8
Mittlere Vororte	42,0	43,4	41,6	40,2	37,9	8.224,0
Äußere Vororte	18,6	24,6	30,2	34,0	35,4	7.679,1
Metropolitan Area gesamt	100	100	100	100	100	21.697,8
Melbourne Metropolitan Area						
Innere Stadt[b]	23,3	18,9	13,5	11,5	10,4	1.834,9
davon CBD-Kern	20,5	16,2	11,3	9,4	8,2	1.447,0
Innere Vororte	11,0	8,7	8,5	7,9	8,0	1.415,2
Mittlere Vororte	43,7	42,2	37,9	36,9	34,4	6.059,9
Äußere Vororte	22,0	30,2	40,1	43,7	47,2	8.322,1
Metropolitan Area gesamt	100	100	100	100	100	17.632,1
Brisbane Metropolitan Area[c]						
Innere Stadt[b]	42,3	31,0	12,6	10,2	9,6	728,1
davon CBD-Kern	38,2	26,6	11,9	9,7	9,0	681,0
Innere Vororte	19,2	16,0	22,1	16,5	16,0	1.207,9
Mittlere Vororte	26,9	35,3	43,1	43,4	40,1	3.028,5
Äußere Vororte	11,7	17,6	22,2	29,9	34,3	2.595,0
Metropolitan Area gesamt	100	100	100	100	100	7.559,5
Perth Metropolitan Area						
Innere Stadt[b]	36,7	27,0	18,7	15,2	12,2	857,7
davon CBD-Kern	32,0	23,4	14,9	11,7	10,8	757,7
Innere Vororte	20,4	17,5	14,0	11,7	10,8	757,7
Mittlere Vororte	33,3	40,6	44,7	47,4	46,5	3.270,9
Äußere Vororte	9,6	14,9	22,6	25,7	30,6	2.149,9
Metropolitan Area gesamt	100	100	100	100	100	7.036,2
Adelaide Metropolitan Area						
CBD (incl. Randbereiche)[d]	40,5	33,9	26,0	23,1	19,3	1.120,6
Innere Vororte	9,0	8,0	8,9	9,3	9,7	565,3
Mittlere Vororte	37,2	40,3	42,2	42,1	41,3	2.399,3
Äußere Vororte	13,3	17,8	22,9	25,6	29,6	1.719,6
Metropolitan Area gesamt	100	100	100	100	100	5.804,7

[a] ohne Kfz-bezogenen Einzelhandel (Automobilhandel, Kfz-Zubehör-Handel, Tankstellen usw.)
[b] entspricht City of Sydney, City of Melbourne, Brisbane - Innere City bzw. Perth - Innere City
[c] wegen stark veränderter Abgrenzungen der statistischen Raumeinheiten sind die Daten vor 1976 und nach 1976 nicht direkt vergleichbar
[d] entspricht City of Adelaide

Quelle: *Australian Bureau of Statistics* - Retail Censuses 1968/69, 1973/74, 1979/80, 1985/86 und 1991/92

Tab.4.2: Umsatzentwicklung im Einzelhandel der Metropolitan Areas von Sydney, Melbourne, Brisbane, Perth und Adelaide zwischen 1968/69 und 1991/92 (Index 1969 = 100, zu Preisen von 1991/92)[a]
Changes of retail turnover 1968/69 to 1991/92: Metropolitan Areas of Sydney, Melbourne, Brisbane, Perth, and Adelaide (index = 100, to constant prices)

	1968/69	1973/74	1979/80	1985/86	1991/92
Sydney Metropolitan Area					
Innere Stadt[b]	100	83	84	86	97
davon CBD-Kern	100	89	87	90	101
Innere Vororte	100	105	138	144	185
Mittlere Vororte	100	116	146	158	175
Äußere Vororte	100	149	238	301	368
Metropolitan Area gesamt	100	112	147	165	194
Melbourne Metropolitan Area					
Innere Stadt[b]	100	100	88	84	84
davon CBD-Kern	100	98	83	79	75
Innere Vororte	100	98	117	123	138
Mittlere Vororte	100	120	131	144	148
Äußere Vororte	100	170	276	339	404
Metropolitan Area gesamt	100	124	151	171	188
Brisbane Metropolitan Area[c]					
Innere Stadt[b]	-	-	100	103	132
davon CBD-Kern	-	-	100	104	131
Innere Vororte	-	-	100	95	125
Mittlere Vororte	-	-	100	128	160
Äußere Vororte	-	-	100	171	267
Metropolitan Area gesamt	-	-	100	127	173
Perth Metropolitan Area					
Innere Stadt[b]	100	94	82	85	86
davon CBD-Kern	100	93	75	75	87
Innere Vororte	100	110	110	117	137
Mittlere Vororte	100	156	216	292	362
Äußere Vororte	100	198	378	547	823
Metropolitan Area gesamt	100	128	161	205	259
Adelaide Metropolitan Area					
CBD (incl. Randbereiche)[d]	100	115	103	106	96
Innere Vororte	100	122	159	191	220
Mittlere Vororte	100	149	183	209	225
Äußere Vororte	100	184	276	354	450
Metropolitan Area gesamt	100	138	161	185	202

[a] ohne Kfz-bezogenen Einzelhandel (Automobilhandel, Kfz-Zubehör-Handel, Tankstellen usw.)
[b] entspricht City of Sydney, City of Melbourne, Brisbane - Innere City bzw. Perth - Innere City
[c] wegen stark veränderter Abgrenzungen der statistischen Raumeinheiten im Jahre 1976: Index 1979/80 = 100
[d] entspricht City of Adelaide

Quelle: *Australian Bureau of Statistics* - Retail Censuses 1968/69, 1973/74, 1979/80, 1985/86 und 1991/92

Tab.4.3: Ausgewählte Kennzahlen des Einzelhandels der Metropolitan Areas von Sydney, Melbourne, Brisbane, Perth und Adelaide 1991/92[a]

Selected indices of retail trade 1991/92: Metropolitan Areas of Sydney, Melbourne, Brisbane, Perth, and Adelaide

	Betriebe abs.	in %	Beschäftigte abs.	in %	Einzelhandelsfläche '000 m^2	in %	(1)	(2)
Sydney Metropolitan Area								
Innere Stadt[b]	4.028	11,2	27.366	12,1	643	9,4	95.663	4.071
davon CBD-Kern	2.071	5,8	16.138	5,3	364	8,2	109.651	4.861
Innere Vororte	6.209	17,3	33.973	15,0	1.127	16,4	93.524	2.818
Mittlere Vororte	13.522	37,7	84.259	37,3	2.483	36,2	97.609	3.314
Äußere Vororte	12.095	33,7	80.593	35,6	2.602	38,0	95.287	2.952
Metropolitan Area gesamt	35.854	100	226.193	100	6.855	100	95.933	3.165
Melbourne Metropolitan Area								
Innere Stadt[b]	2.724	8,6	21.060	10,7	602	9,3	87.125	3.048
davon CBD-Kern	1.759	5,5	16.160	8,2	440	6,8	89.541	3.289
Innere Vororte	3.573	11,3	17.199	8,8	552	8,5	82.286	2.559
Mittlere Vororte	12.309	38,8	67.598	34,4	2.272	35,0	89.646	2.666
Äußere Vororte	13.091	41,3	90.642	46,1	3.072	47,3	91.813	2.709
Metropolitan Area gesamt	31.697	100	196.499	100	6.498	100	89.791	2.713
Brisbane Metropolitan Area[c]								
Innere Stadt[b]	966	8,0	8.426	9,7	200	7,8	86.413	3.641
davon CBD-Kern	866	7,2	7.692	8,9	182	7,1	88.534	3.742
Innere Vororte	2.763	23,0	15.897	18,4	483	18,7	75.981	2.501
Mittlere Vororte	4.219	35,1	33.232	38,4	981	38,0	91.132	3.087
Äußere Vororte	4.086	34,0	29.041	33,5	915	35,5	89.356	2.836
Metropolitan Area gesamt	12.034	100	86.596	100	2.579	100	87.296	2.931
Perth Metropolitan Area								
Innere Stadt[b]	1.444	12,6	10.113	13,2	276	10,8	84.809	3.108
davon CBD-Kern	1.183	10,3	8.734	11,4	236	9,2	86.754	3.211
Innere Vororte	1.857	16,2	9.554	12,4	293	11,4	79.308	2.586
Mittlere Vororte	4.771	41,7	34.120	44,4	1.169	45,5	95.864	2.800
Äußere Vororte	3.382	29,5	23.068	30,0	831	32,3	93.200	2.590
Metropolitan Area gesamt	11.454	100	76.855	100	2.569	100	82.137	2.839
Adelaide Metropolitan Area								
CBD (incl. Randbereiche)[c]	1.770	17,5	12.292	19,3	375	17,7	91.161	2.988
Innere Vororte	1.334	13,2	6.702	10,5	237	11,2	84.351	2.835
Innere Vororte	4.439	43,9	26.461	41,5	914	43,0	90.671	2.625
Äußere Vororte	2.564	25,4	18.263	28,7	598	28,2	94.155	2.876
Metropolitan Area gesamt	10.107	100	63.717	100	2.123	100	91.100	2.733

(1) Jahresumsatz pro Beschäftigtem in A$
(2) Jahresumsatz pro m^2 Geschäftsfläche in A$

[a] ohne Kfz-bezogenen Einzelhandel (Automobilhandel, Kfz-Zubehör-Handel, Tankstellen usw.)
[b] entspricht City of Sydney, City of Melbourne, Brisbane - Innere City bzw. Perth - Innere City
[c] entspricht City of Adelaide

Quelle: *Australian Bureau of Statistics* - Retail Census 1991/92

Die Beziehung zwischen Bevölkerungs- und Einzelhandelssuburbanisierung

Der Einzelhandel ist stärker als andere Wirtschaftszweige von einer guten Erreichbarkeit für potentielle Kunden abhängig. Da die Standortentscheidungen im Einzelhandel stark von den lokalen Nachfrage- und Kaufkraftpotentialen bestimmt werden, ist zu vermuten, daß Bevölkerungs- und Einzelhandelssuburbanisierung in einer engen Beziehung zueinander stehen. Um das Verhältnis zwischen der Dezentralisierung der Bevölkerung und der Dezentralisierung der Einzelhandelsumsätze in einer Maßzahl darstellen zu können, wurde für verschiedene Teilbereiche der Metropolitan Areas der jeweilige Umsatz/Einwohner-Quotient berechnet (vgl. auch *Cardew/Simons* 1982). Dieser Quotient errechnet sich für jede Raumeinheit aus deren prozentualem Anteil am Einzelhandelsumsatz und dem hierdurch dividierten prozentualen Anteil der Bevölkerung (jeweils bezogen auf die gesamte Metropolitan Area). Hat der Quotient den Wert 1, entspricht das Verhältnis zwischen Einzelhandelsumsatz und Bevölkerung genau dem Gesamtverhältnis der gesamten Metropolitan Area, das Verhältnis ist also ausgeglichen. Ist der Wert größer als 1, werden in der Raumeinheit überproportionale Einzelhandelsumsätze erzielt, ist der Wert dagegen kleiner, liegt der Umsatzanteil unter dem Bevölkerungsanteil. Tab. 4.4 zeigt die Entwicklung der Umsatz/Einwohner-Quotienten für die drei suburbanen Ringzonen zwischen 1956/57 und 1991/92. Dabei wird folgendes deutlich:
- Die Einzelhandelsaktivitäten sind heute erheblich gleichmäßiger über die Metropolitan Areas verteilt als noch Ende der 50er Jahre.
- Die Suburbanisierung des Einzelhandels setzte zwar verzögert ein, schreitet seit Mitte der 50er Jahre aber deutlich schneller voran als die Bevölkerungssuburbanisierung.
- Trotz dieses 'Aufholprozesses' hat der Einzelhandel bis heute nicht ganz den Dezentralisierungsgrad der Bevölkerung erreicht, das heißt die Bevölkerung der äußeren Vorortzone ist zumindest teilweise noch auf die Einkaufsmöglichkeiten in den zentralen Bereichen des Verdichtungsraumes angewiesen.
- In vielen Teilräumen der mittleren Vorortzone hat das starke Einzelhandelswachstum bei nur noch leicht steigenden bzw. stagnierenden Einwohnerzahlen bereits eine überproportionale Ausstattung an Einkaufsmöglichkeiten geschaffen.

Nicht alle suburbanen Gemeinden konnten von der Dezentralisierung des Einzelhandels profitieren. Vielmehr konzentriert sich insbesondere das Angebot von Gütern des aperiodischen Bedarfs auch im suburbanen Raum auf einige größere Zentren. Somit stehen in allen Teilbereichen der Verdichtungsräume LGAs mit einer überproportionalen Einzelhandelsausstattung solchen mit einer stark defizitären Ausstattung gegenüber. Entsprechend dem Bedeutungsgewinn des suburbanen Raumes erlitten die Kernzonen der Metropolitan Areas einen relativen Rückgang ihres Bedeutungsüberschusses im Einzelhandel. Dieser Prozeß setzte in den beiden größeren Verdichtungsräumen Sydney und Melbourne bereits um das Jahr 1960 ein, in den kleineren Verdichtungsräumen dagegen erst Anfang der 70er Jahre. In den letzten Jahren scheint sich dieser Prozeß zu verlangsamen. So sinkt in den Kernräumen der Metropolitan Areas von Melbourne und Brisbane der Anteil an den Einzelhandelsumsätzen seit 1986 wieder langsamer als der Anteil an der Wohnbevölkerung. Im Verdichtungsraum Sydney hat der Umsatzanteil der Kernzone sogar wieder leicht zugenommen. Dies zeigt zum einen, daß die Einzelhandelssuburbanisierung mit der Annäherung an ein räumliches Gleichgewicht offensichtlich wieder an Dynamik verliert, zum anderen belegt es die wiedergewonnene Attraktivität der traditionellen Stadtzentren und einiger Teilbereiche der inneren Vorortzone.

Tab.4.4: Umsatz/Einwohner-Quotienten in Teilräumen der Metropolitan Areas von Sydney, Melbourne, Brisbane, Perth und Adelaide zwischen 1956/57 und 1991/92[a]

Ratio of retail turnover to population by zone 1956/57 to 1991/92: Metropolitan Areas of Sydney, Melbourne, Brisbane, Perth, and Adelaide

	1956/57	1961/62	1968/69	1973/74	1979/80	1985/86	1991/92
Sydney Metropolitan Area							
Innere Vororte	0,75	0,81	0,89	0,87	1,00	1,00	1,17
Mittlere Vororte	0,62	0,75	0,87	0,92	0,94	0,97	0,96
Äußere Vororte	0,48	0,57	0,62	0,74	0,78	0,80	0,78
Melbourne Metropolitan Area							
Innere Vororte	0,87	0,93	1,12	1,06	1,26	1,33	1,48
Mittlere Vororte	0,66	0,79	0,88	0,93	0,93	0,98	0,98
Äußere Vororte	0,46	0,49	0,59	0,69	0,80	0,80	0,82
Brisbane Metropolitan Area							
Innere Vororte	0,37	0,45	0,61	0,68	0,95	0,87	0,93
Mittlere Vororte	0,38	0,50	0,54	0,74	0,97	1,07	1,03
Äußere Vororte	0,52	0,65	0,65	0,69	0,70	0,74	0,79
Perth Metropolitan Area							
Innere Vororte	0,37	0,46	0,89	0,95	0,95	0,90	0,92
Mittlere Vororte	0,45	0,51	0,61	0,80	0,97	1,11	1,15
Äußere Vororte	0,45	0,46	0,49	0,53	0,61	0,60	0,66
Adelaide Metropolitan Area							
Innere Vororte	0,47	0,55	0,66	0,65	0,86	0,95	1,06
Mittlere Vororte	0,44	0,49	0,59	0,69	0,78	0,82	0,85
Äußere Vororte	0,57	0,57	0,62	0,64	0,67	0,68	0,73

[a] ohne Kfz-bezogenen Einzelhandel (Automobilhandel, Kfz-Zubehör-Handel, Tankstellen usw.)

Quelle: *Australian Bureau of Statistics* - Retail Censuses und Estimated Resident Population 1956/57, 1962/62, 1968/69, 1973/74, 1979/80, 1985/86 und 1991/1992

Zusammenfassend läßt sich sagen, daß die Dezentralisierung des Einzelhandels seit Mitte der 50er Jahre weit mehr ist als lediglich ein durch die Bevölkerungssuburbanisierung ausgelöstes 'Mitziehen' in die Vororte. Vielmehr handelt es sich um einen lange Zeit 'aufgestauten' und sich dann in relativ kurzer Zeit vollziehenden Umstrukturierungsprozeß. Dieser führte zu einem fundamentalen Wandel der Standortmuster innerhalb der Metropolitan Areas. Neben der durch die zunehmende Automobilisierung der Konsumenten nachlassenden Standortbindung waren strukturelle Veränderungen innerhalb der Einzelhandelsbranche und neue Vermarktungsstrategien die entscheidendsten Faktoren für diesen Wandel.

4.2 Shopping Centres und Warenhäuser - erfolgreiche Innovationen des suburbanen Einzelhandels

Die bemerkenswerteste Innovation im suburbanen Einzelhandel der australischen Verdichtungsräume war zweifellos das Entstehen von geplanten 'Shopping Centres' seit Ende der 50er Jahre. Deren

Aufkommen vollzog sich, analog zur ebenfalls später einsetzenden Massenmotorisierung mit einer deutlichen Zeitverzögerung gegenüber den USA. 'Einkaufszentren' oder 'Shopping Centres' - diese beiden Begriffe sollen auch im folgenden verwendet werden[2] - sind einheitlich geplante und gestaltete Einzelhandels- und Dienstleistungskomplexe, die von einem zentralen Management verwaltet werden. Die Projektplanung und -betreuung erfolgt zumeist durch ein größeres Einzelhandelsunternehmen, durch einen Developer oder durch ein rein auf Zentrenmanagement spezialisiertes Unternehmen. Seit dem Boom für Einzelhandelsimmobilien in den 60er und 70er Jahren und dem Entstehen einer zunehmend professionalisierten 'shopping centre industry' sind die Grenzen zwischen Einzelhandelsunternehmen, Developern und Investoren allerdings fließender geworden (*Cardew/ Simons* 1982, *Dawson* 1983). Im australischen Kontext spielen neben Großinvestoren wie Rentenkassen, Versicherungskonzernen und Immobilien-Trusts (National Mutual, AMP-Society, GIO Investments, General Property Trust u.a.) vor allem Unternehmen wie Westfield, Lend Lease und Coles Myer eine entscheidende Rolle für die 'shopping centre industry'. Diese Unternehmen dehnten ihre Geschäftsbereiche über die Jahre zum Teil erheblich aus und sind heute sowohl als Investoren und Developer als auch im Zentrumsmanagement aktiv.

Die Verbreitung von Shopping Centres seit 1957

Das erste australische Shopping Centre wurde 1957 im Sydneyer Vorort Top Ryde eröffnet. Es bot neben ausreichendem Parkraum auf etwa 15.000 m^2 Gesamtgeschoßfläche Platz für 69 Einzelhandelsgeschäfte (*Logan* 1968a, S. 262). Der Erfolg dieses von den USA auf Australien übertragenen Konzepts des 'one stop'-Einkaufszentrums führte während der 60er und 70er Jahre in allen größeren australischen Verdichtungsräumen zu einer regelrechten Gründungswelle von Shopping Centres. Bereits Ende der 60er Jahre war die gesamte Sydney Metropolitan Area mit einem feinmaschigen Netz von rund 40 kleineren und größeren Einkaufszentren überzogen. Die größten waren die 1963 eröffnete Warringah Mall in Brookvale, die Miranda Shoppingtown (1964), das Roselands Shopping Centre in Wiley Park (1965) und der Bankstown Square (1966). Auch im suburbanen Raum der anderen Metropolen entstanden im Laufe der 60er Jahre große Einkaufszentren mit mehr als 30.000 m^2 Einzelhandelsfläche in einer Entfernung von 10 bis 20 km vom CBD, z.B. das Chadstone Shopping Centre (1960), das Northland Shopping Centre (1966) und die Southland Shoppingtown (1968) in Melbourne sowie das Chermside Shopping Centre (bereits 1958) und die Toombul Shoppingtown (1967) in Brisbane. Ab Mitte der 60er Jahre richtete sich der Blick der Großinvestoren auch auf die kleineren Verdichtungsräume Adelaide und Perth und führte auch hier zur Anlage großer 'regional shopping centres'. In den 70er Jahren setzte sich der Bau neuer Einkaufszentren unvermindert fort und schob sich immer weiter in das Umland der Metropolen vor. In diesen Zeitraum fallen Neueröffnungen mit Einzelhandelsflächen zwischen 40.000 und 80.000 m^2 wie die der Parramatta Shoppingtown und des Macarthur Squares Campbelltown im Verdich-

---

[2] In der australischen Literatur existiert für *Einkaufszentren* eine breite Palette von z.T. konkurrierenden Begriffen. So werden diese etwa als *'integrated shopping complexes'*, *'planned shopping centres'*, *'suburban shopping centres'*, *'regional shopping centres'* (für größere Typen) oder in Anlehnung an US-amerikanische Formen als *'shopping malls'* bezeichnet. Im Deutschen hat sich neben der Übernahme des amerikanischen Begriffs *'Shopping Center'* die Bezeichnung *Einkaufszentrum* durchgesetzt. Um auch begrifflich den Unterschied zwischen geplanten Einkaufszentren und traditionellen bzw. etablierten Geschäftszentren deutlich zu machen, werden letztere im Text als *Einzelhandelszentren* angesprochen. Wie zahlreiche Beispiele in Australien zeigen, können solche *Einzelhandelszentren* neben den traditionellen Einzelhandelsformen durchaus auch ein oder mehrere (zentrumsintegrierte) *Einkaufszentren* enthalten.

tungsraum Sydney, des Highpoint City Shopping Centres und des Knox City Shopping Centres im Verdichtungsraum Melbourne sowie der Garden City (Upper Mount Gravatt) und der Indooroopilly Shoppingtown im Verdichtungsraum Brisbane. Zumeist etwas kleiner blieben die Einkaufszentren in den Verdichtungsräumen Perth und Adelaide. Aber auch hier entstanden im Laufe der 70er Jahre einige Shopping Centres mit über 30.000 m^2 Einzelhandelsfläche, z.B. die Booragoon Garden City, das Carousel Shopping Centre in Canning, das Karrinyup Shopping Centre (alle drei im Verdichtungsraum Perth), die Westlakes Mall und die Tea Tree Plaza Shoppingtown (beide im Verdichtungsraum Adelaide).

Für die schnelle Ausbreitung der suburbanen Einkaufszentren in den 60er und 70er Jahren war ein ganzes Bündel von miteinander verknüpften Ursachen verantwortlich. Diese wirkten sowohl auf der Nachfrage- als auch auf der Angebotsseite:

- Das für den Konsum zur Verfügung stehende Einkommen der Haushalte erhöhte sich merklich infolge des langanhaltenden Konjunkturhochs der 50er und 60er Jahre. Zudem befanden sich die australischen Verdichtungsräume in einer Phase des besonders schnellen (suburbanen) Bevölkerungswachstums.
- Durch die Motorisierung wurden Kundschaft und Einzelhändler zunehmend unabhängiger von der durch die zentrale Lage im öffentlichen Verkehrsnetz bedingten Lagegunst des CBD.
- Geringere Overheads (v.a. geringere Mietkosten) als im CBD ermöglichten es den Einzelhändlern, ihre Waren preiswerter anzubieten und ihre Konkurrenzfähigkeit zu verbessern.
- Die zunehmende Konkurrenz der großen Einzelhandelsunternehmen um Marktanteile führte zu einem verschärften Kampf um die Abschöpfung lokaler suburbaner Kaufkraftpotentiale. Durch günstigere Standorte, neue Planungs-und Marketingkonzeptionen, die Übernahme aktueller Entwicklungen auf dem Gebiet der Architektur oder einfach durch ein immer größeres und vielfältigeres Waren- und Dienstleistungsangebot versuchten die Unternehmen, ihren Marktanteil stetig zu vergrößern.
- Neue Formen des großflächigen Einzelhandels wie 'discount department stores' und andere 'chain stores' heizten die Nachfrage nach Flächen zusätzlich an. So stieg z.B. die Standardgröße von Filialen der großen Supermarktketten von ursprünglich 700 bis 1.000 m^2 auf heute etwa 4.000 m^2 an. Zudem konnten die großen Einzelhandelsketten ihre Marktanteile auf Kosten traditioneller Einzelhändler und kleiner Filialisten erheblich erhöhen.
- Der Zusammenbruch des australischen Büromarktes Anfang der 70er Jahre führte zu einer Umorientierung der Großinvestoren und zu einem starken Kapitalzufluß in die Entwicklung von Einzelhandelsimmobilien, insbesondere in den Bau von suburbanen Einkaufszentren.
- Die Entwicklung vieler suburbaner Einkaufszentren deckte sich sowohl mit den Dezentralisierungsbestrebungen der staatlichen Regionalplanung als auch mit den Eigeninteressen der suburbanen Gemeinden. Zumindest bis Anfang der 70er Jahre wurden die Genehmigungsverfahren äußerst großzügig gehandhabt, so daß für die Anlage neuer Einkaufszentren zunächst kaum planerische Restriktionen bestanden. In 'neuen Städten' wie Campbelltown, Mount Druitt oder Elizabeth geschah der Ausbau großer Einkaufskomplexe sogar mit einem starken Engagement der öffentlichen Hand.
- Im Falle von Sydney und Melbourne gerieten die CBDs mit dem asymmetrischen Wachstum der Verdichtungsräume immer weiter aus deren geographischem Zentrum. Die relative Lage der CBDs zum Schwerpunkt der Kunden- und Nachfragepotentiale wurde deshalb immer ungünstiger.

Erst Anfang der 80er Jahre trat der Bau von neuen Shopping Centres in eine Konsolidierungsphase ein. Bedingt durch einen Mangel an geeigneten Grundstücken sowie dem sich in einigen Bereichen der Metropolitan Areas abzeichnenden Überbesatz an Einzelhandelsflächen, wandten sich die Investoren und Developer nun stärker Projekten in bereits etablierten Einzelhandelszentren zu (z.B. in Chatswood, Bondi Junction, Box Hill oder Frankston). Außerdem floß ein immer größerer Teil der Investitionen in die Modernisierung und Erweiterung bereits bestehender Shopping Centres. Dieses 'Recycling' der älteren Einkaufszentren bietet den Investoren eine relativ risikolose und schon nach kurzer Zeit eine Rendite abwerfende Anlagemöglichkeit (*Jones/Ecclestone* 1988). Gerade in den letzten Jahren wurden viele der älteren Einkaufszentren grundlegend modernisiert und erweitert. Aufgrund des neuerlichen Zusammenbruchs des Marktes für Büroimmobilien Anfang der 90er Jahre versuchten Großinvestoren ihr Portfolio mit großen Einzelhandelsobjekten zu ergänzen. Das dem Einzelhandelssektor zur Verfügung stehende Kapital wurde ganz überwiegend zur Erweiterung und Modernisierung bestehender Zentren genutzt. Insbesondere in Melbourne, wo der Neubau freistehender Zentren durch restriktive Planungsbestimmungen in den 80er Jahren stark erschwert wurde, fanden erhebliche Erweiterungen der bestehenden Zentren statt. Zwischen 1985 und 1992 wurde alleine die Fläche der 14 größten Einkaufszentren der Melbourne Metropolitan Area um 150.000 m^2, das heißt um 30 % erweitert. Zusätzliche Erweiterungen um insgesamt über 100.000 m^2 in den Zentren Chadstone, Northland und Southland sind geplant und wurden vom zuständigen Minister Mitte 1993 bereits genehmigt.

Dagegen wurden in den 80er und 90er Jahren nur noch wenige große Shopping Centres neu eröffnet. Die größten und bekanntesten sind das 1981 eröffnete Macquarie Centre in North Ryde mit 63.000 m^2 Einzelhandelsfläche und das 1987 eröffnete Eastgardens Shopping Centre in Pagewood mit 59.000 m^2 Einzelhandelsfläche im Verdichtungsraum Sydney sowie der 1989 eröffnete Logan Hyperdome mit 54.000 m^2 Einzelhandelsfläche im Verdichtungsraum Brisbane. Kleinere Einkaufszentren entstanden ab Anfang der 80er Jahre verstärkt wieder in den inneren Vororten sowie in zentrumsintegrierten Lagen. Im Vergleich zu den älteren Shopping Centres aus den 60er und 70er Jahren weisen die neueren Projekte eine zumeist erheblich aufwendigere Innen- und Außengestaltung auf. Diese soll den Zentren ein markanteres und von der Konkurrenz deutlich zu unterscheidendes Profil geben. Zudem werden über die 'reine' Einkaufsfunktion hinaus verstärkt auch Freizeit-, Kultur- und Gemeinschaftseinrichtungen angeboten. Ein weiterer Trend ist eine deutliche thematische Spezialisierung von kleinen und mittelgroßen Einkaufszentren. Ein bemerkenswertes Beispiel hierfür ist das Birkenhead Shopping Centre in der Sydneyer LGA Drummoyne (26.600 m^2 Gesamtfläche). Hier wurde eine direkt am Wasser gelegene ehemalige Gummifabrik zu einem Einkaufskomplex mit angeschlossenem Yachthafen umgewandelt. Dieser enthält eine Vielzahl von gastronomischen Einrichtungen und Einzelhandelsgeschäften, deren Warenangebot vor allem auf Wassersportler und Besucher der in direkter Nähe gelegenen Schiffahrtsmuseen zugeschnitten ist.

Eine weitere Form der Spezialisierung sind sogenannte 'Retail Parks', 'Retail Warehouse Parks' bzw. 'Retail Showroom Centres', die aus mehreren großflächigen Fachmärkten mit verhältnismäßig geringer Flächenproduktivität (v.a. Möbel, Heimtextilien, Haushaltswaren, Haushaltsgeräte, Sportgeräte, Heimwerkerbedarf, Gartenartikel) in einem gemeinsamen Komplex bestehen und entweder im Anschluß an normale Einkaufszentren oder an freistehenden Standorten errichtet wurden. Dieses aus Großbritannien stammende, in bezug auf Management- und Vermarktungsstrategien an normalen

Shopping Centres orientierte Konzept setzte sich ab Mitte der 80er Jahre auch in Australien rasch durch (*Abnett* 1990). Im Jahre 1991 existierten im Verdichtungsraum Brisbane, wo das Konzept aufgrund geringer planungsrechtlicher Probleme am erfolgreichsten war, bereits sieben größere Retail Parks mit zusammen rund 88.000 m² Einzelhandelsfläche. Im selben Jahr wies Perth bereits sechs (insg. 59.500 m²), Melbourne fünf (insg. 102.500 m²), Sydney vier (insg. 57.700 m²) und Adelaide drei (insg. 40.800 m²) größere Retail Parks auf (*Jones Lang Wootton* 1991, *Dickinson/ Hirst* 1986).

Die Abbildungen 4.1 bis 4.4 geben nochmals einen Überblick über den raum-zeitlichen Verlauf der Shopping Centre-Entwicklung. Dargestellt ist die Bauentwicklung von Shopping Centres mit mehr als 5.000 m² Einzelhandelsfläche in den Metropolitan Areas von Sydney, Melbourne, Brisbane und Perth bis um Jahre 1991. Welche Trends zeigen sich hierbei im einzelnen?

1. In allen Verdichtungsräumen war der Flächenzuwachs in den letzten 30 Jahren enorm. Auf Einkaufszentren der unterschiedlichsten Größenordnungen entfällt damit der Löwenanteil der suburbanen Einzelhandelsflächenentwicklung.
2. In Sydney und Melbourne verlief der Aufbau des flächendeckenden Netzes von Shopping Centres am raschesten. In Brisbane und Perth setzte die ganz große Gründungswelle erst Ende der 60er bzw. Anfang der 70er Jahre ein.
3. Bis Anfang der 70er Jahre wurden Shopping Centres vor allem in den mittleren Vororten errichtet. Erst nach einer gewissen Marktsättigung dieser bereits konsolidierten suburbanen Bereiche griff dieser Prozeß auch auf die besonders wachstumsstarke, randlichere Zone der Verdichtungsräume über. Seit den frühen 80er Jahren findet wieder eine Hinwendung zu den Kernbereichen der Verdichtungen statt.
4. In der zweiten Hälfte der 80er Jahre und Anfang der 90er Jahre wendeten sich die Developer wieder stärker den Investitionsmöglichkeiten in den CBDs zu. Während im CBD von Sydney und seinem näheren Umfeld kleinere bis mittelgroße Projekte verwirklicht wurden, kam es in Melbourne, Brisbane und Perth ab 1988 zur Errichtung großer city-integrierter Einkaufszentren.

Die meisten der heute in Australien existierenden größeren Einkaufszentren sind voll überdachte und klimatisierte Gebäudekomplexe. Abgesehen von einigen neueren, spezialisierten Zentren weisen die größeren suburbanen Einkaufszentren in ihrer Branchenzusammensetzung nur geringe Abweichungen voneinander auf und bieten ein breites Warenangebot auf allen Bedarfsstufen. Neben einem oder mehreren Kaufhäusern und 'discount department stores' als 'anchor stores' machen die Bekleidungsgeschäfte sowie verschiedene Arten von Lebensmittelgeschäften und 'take away foods' (Imbißstände) das Gros der Geschäfte aus. In größeren Einkaufszentren befinden sich in den oberen Geschossen häufig auch Büroflächen. Vor allem die nicht integrierten Zentren weisen ein großes Parkplatzangebot auf, das nicht selten 3.000 Stellplätze übersteigt. Neben den großen 'regional shopping centres', die in der Regel über 30.000 m² Einzelhandelsfläche und mindestens ein Warenhaus aufweisen, entstand auch eine fast unüberschaubare Anzahl kleiner 'community' und 'neighbourhood centres'. Ihre Gesamtzahl dürfte heute in den Verdichtungsräumen Sydney und Melbourne die 100 deutlich übersteigen. Für das südöstliche Queensland (weiterer Großraum Brisbane) gab die *Building Owners and Managers Association* 1992 eine Gesamtzahl von 193 größeren und kleineren Einkaufszentren an, wobei die vermietbare Gesamtfläche von 500 m² bei kleineren 'neighbourhood centres' bis über 60.000 m² im Falle der Garden City reicht.

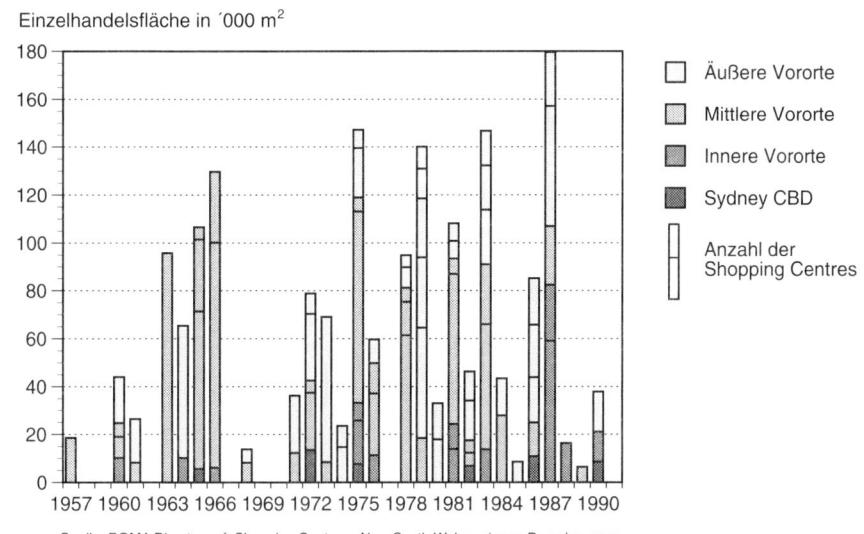

Abb. 4.1: Entwicklung von Einkaufszentren in verschiedenen Teilbereichen der Sydney Metropolitan Area bis 1991 (Zentren mit mehr als 5000 m² Einzelhandelsfläche)

Development of shopping centres in the Sydney Metropolitan Area until 1991 (shopping centres with more than 5000 m² of retail floorspace)

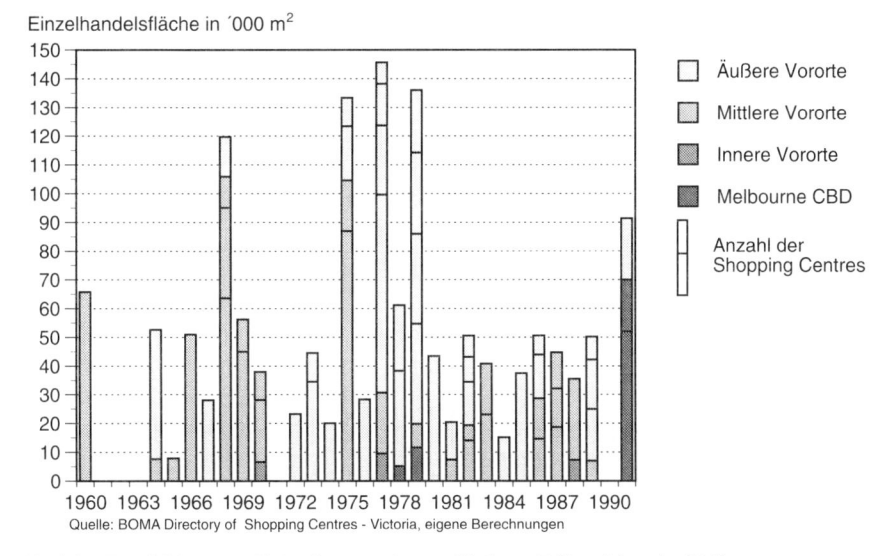

Abb. 4.2: Entwicklung von Einkaufszentren in verschiedenen Teilbereichen der Melbourne Metropolitan Area bis 1991 (Zentren mit mehr als 5000 m² Einzelhandelsfläche)

Development of shopping centres in the Melbourne Metropolitan Area until 1991 (shopping centres with more than 5000 m² of retail floorspace)

Einzelhandelsfläche in ′000 m²

[Bar chart with legend: Äußere Vororte, Mittlere Vororte, Innere Vororte, Brisbane CBD, Anzahl der Shopping Centres; x-axis years 1958–1991]

Quelle: BOMA Directory of Shopping Centres - Queensland, eigene Berechnungen

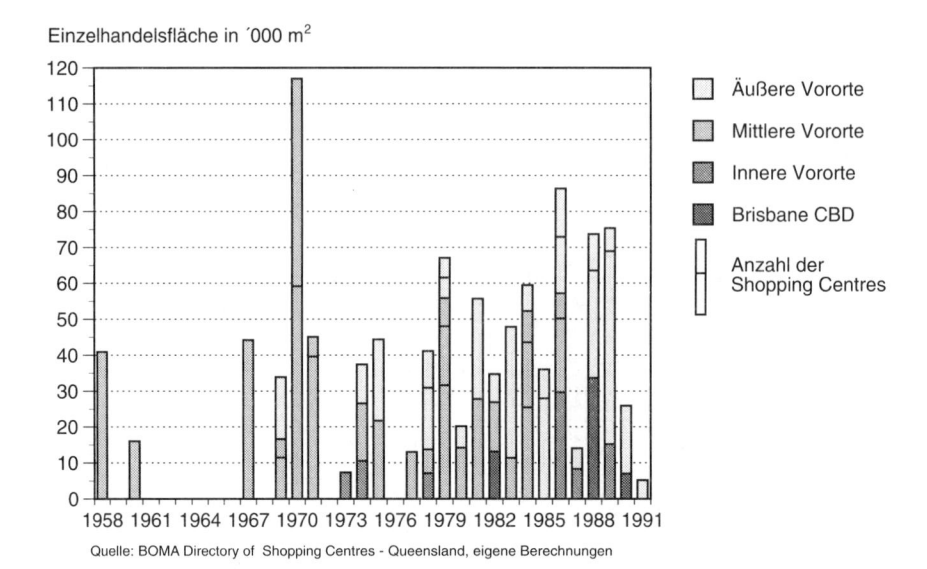

Abb. 4.3: Entwicklung von Einkaufszentren in verschiedenen Teilbereichen der Brisbane Metropolitan Area bis 1991 (Zentren mit mehr als 5000 m² Einzelhandelsfläche)

Development of shopping centres in the Brisbane Metropolitan Area until 1991 (shopping centres with more than 5000 m² of retail floorspace)

Einzelhandelsfläche in ′000 m²

[Bar chart with legend: Äußere Vororte, Mittlere Vororte, Innere Vororte, Perth CBD, Anzahl der Shopping Centres; x-axis years 1964–1991]

Quelle: BOMA Directory of Shopping Centres - Western Australia, eigene Berechnungen

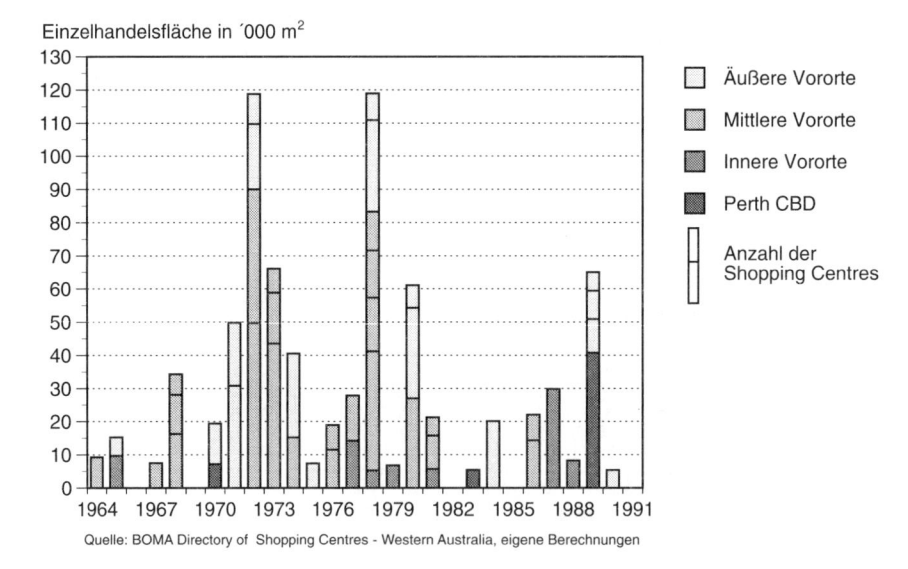

Abb. 4.4: Entwicklung von Einkaufszentren in verschiedenen Teilbereichen der Perth Metropolitan Area bis 1991 (Zentren mit mehr als 5000 m² Einzelhandelsfläche)

Development of shopping centres in the Perth Metropolitan Area until 1991 (shopping centres with more than 5000 m² of retail floorspace)

Planerische Rahmenbedingungen und ihr Einfluß auf das Standortmuster der Shopping Centres

Während die Makro- und Mesostandorte von Einkaufszentren vor allem von Angebots- und Nachfragefaktoren bestimmt sind, werden die Mikrostandorte zumeist von den planungs- und genehmigungsrechtlichen Rahmenbedingungen determiniert. Die Entwicklung eines wirksamen planungsrechtlichen Steuerungsinstrumentariums für Einkaufszentren hinkte jedoch bis Anfang der 70er Jahre der Bauentwicklung deutlich hinterher. Zudem war die Opposition sowohl der Politik als auch der Planung gegenüber neuen Einkaufszentren 'auf der grünen Wiese' äußerst gering, in vielen Fällen wurde ihre Anlage von den Behörden sogar aktiv unterstützt. Das faktische Resultat war eine weitgehende Standortfreiheit der Developer, die in allen australischen Verdichtungsräumen zu einem von freistehenden Einkaufszentren bestimmten, stark verkehrsinduzierendem Muster der suburbanen Einzelhandelsentwicklung führte. Anfang der 70er Jahre verursachten die Nachteile dieser Entwicklung jedoch ein zunehmendes Unbehagen bei Planern, Politikern und Teilen der Bevölkerung. So wurden im Laufe der 70er Jahre die Restriktionen für die Anlage neuer Shopping Centres in allen Bundesstaaten verschärft (*March* 1981). Gründe für diese Verschärfung der Planungs- und Genehmigungspraxis waren insbesondere:
- die zurückgehende Einzelhandelsbedeutung der CBDs,
- die zunehmenden Leerstandsprobleme in älteren suburbanen Einkaufsstraßen,
- Befürchtungen bezüglich eines Überangebots an Einzelhandelsflächen in den Metropolitan Areas,
- nachteilige Wirkungen der Shopping Centres in verkehrstechnischer und ästhetischer Hinsicht,
- das zunehmende Eindringen der Einzelhandelsnutzung in für andere Funktionen vorgesehene Gebiete (v.a. in Gewerbe- und Industriegebiete),
- der sich verschärfende Konkurrenzkampf der Investoren und Developer um einzelne Grundstücke und Entwicklungsvorhaben,
- der wachsende politische Druck von Interessengruppen zum Schutze kleinerer Einzelhändler.

Insgesamt verlief die suburbane Einzelhandelsentwicklung in den 70er Jahren regulierter als in den 60er Jahren. Im Verdichtungsraum Perth, wo ein eigens einberufenes 'Retail Shopping Consultative Committee' die Einzelhandelsentwicklung überwachte, wurden z.B. von 365.000 m^2 in Baugesuchen vorgesehener Einkaufszentrums-Geschoßfläche nur 215.000 m^2 genehmigt (*Marsh* 1979, S.462). Ähnlich stellte sich die Situation auch in den anderen Metropolen dar. Allerdings variierte die tatsächliche Genehmigungspraxis letztlich doch deutlich zwischen einer recht strengen Kontrolle im Falle von Sydney und einer in der Realität eher von 'laissez-faire' geprägten Vorgehensweise in Brisbane. Insgesamt kam es im Laufe der 70er Jahre in Melbourne, Brisbane und Perth trotz Planungskontrolle zu einer großen Zahl neuer Einkaufszentren an nicht integrierten Standorten, wozu nicht selten auch die erheblichen Interessenkonflikte zwischen einer an gesamtregionalen Interessen orientierten, staatlichen Regionalplanung und den Eigeninteressen der suburbanen Kommunen eine Rolle spielten. Aus diesen Erfahrungen heraus entstanden gegen Ende der 70er Jahre in den meisten Bundesstaaten Verbesserungen des Kontrollinstrumentariums (*South Australia - Department of Environment and Planning* 1985 und 1987b, *Western Australia - Metropolitan Region Planning Authority* 1977).

Für die Developer und Investoren wurde es dadurch in den 80er Jahren zunehmend schwieriger, ihre Standortwünsche durchzusetzen. So führte etwa in Melbourne die Begrenzung der Genehmigungsfähigkeit von größeren Einzelhandelsprojekten zu einem starken Rückgang der Bauentwicklung nach 1981. Eine Analyse der Mikrostandorte von Shopping Centres zeigt, daß sich das heutige Muster zwischen den verschiedenen australischen Verdichtungsräumen deutlich unterscheidet (Tab. 4.6). Während etwa die Sydney Metropolitan Area nur wenige Shopping Centres an nicht integrierten Standorten aufweist, wurde vor allem in Melbourne, Perth und Brisbane eine große Zahl von Einkaufszentren auf der 'grünen Wiese' und ohne Anbindung an öffentliche Massentransportmittel errichtet.

Warenhäuser und Filialgeschäfte in Suburbia

Mit dem Erfolg der Einkaufszentren eng verknüpft ist die Ausbreitung von suburbanen Waren- bzw. Kaufhäusern. Auf der Suche nach Möglichkeiten zur Vergrößerung des Marktanteils kam es schon vor dem zweiten Weltkrieg zu ersten Versuchen der größeren Kaufhausunternehmen, durch Filialen im suburbanen Raum die lokale Kaufkraft abzuschöpfen. So eröffnete das Sydneyer Warenhausunternehmen Grace Brothers, nachdem ihr Stammhaus am südlichen Ende des CBD in zunehmende wirtschaftliche Schwierigkeiten geriet, bereits in den 30er Jahren seine beiden ersten suburbanen Filialen in Parramatta und Bondi Junction. Einen neuen Schub erhielt die Suburbanisierung in den 50er Jahren, als dasselbe Unternehmen durch Neubauten die Verkaufsfläche seiner Warenhäuser in Parramatta, Burwood und Bondi Junction erheblich vergrößerte. Nun zogen auch die anderen großen Einzelhandelsunternehmen wie David Jones, Myer und Coles nach und eröffneten ihrerseits Filialen in den größeren suburbanen Geschäftszentren (*Spearritt* 1978, S.225f.). Somit begann ab Mitte der 50er Jahre die traditionelle Monopolstellung des CBD als Standort der großen Kaufhäuser spürbar abzubröckeln, und ein Prozeß war eingeleitet, der sich in den darauf folgenden Jahrzehnten noch außerordentlich beschleunigte. Mitte der 80er Jahre befanden sich von den 89 Kaufhäusern und 'discount department stores' der Sydney Metropolitan Area gerade noch sechs im CBD. Demgegenüber wiesen die inneren Vororte acht, die mittleren Vororte 34 und die äußeren Vororte sogar 41 Kaufhäuser und 'discount department stores' auf. Seither schlossen in Sydneys CBD vier weitere Kaufhäuser ihre Pforten, so daß Anfang 1990 noch zwei große Warenhäuser übrig waren (*Jones Lang Wootton* 1989, S.4). Die Gründe hierfür waren entweder organisatorische Veränderungen in der Unternehmensstruktur wie im Falle von Waltons oder Rationalisierungsschließungen wie in den Fällen David Jones, Coles und Woolworths.

Der CBD von Melbourne verlor zwischen 1960 und 1990 zwölf seiner Warenhäuser (*Baillieu Knight Frank* 1991). Vergleichbar dramatisch verlief dieser Verlagerungsprozeß in den anderen Verdichtungsräumen. In Brisbane befanden sich im Jahre 1950 noch alle acht Warenhäuser des Verdichtungsraumes im CBD und dem angrenzenden Fortitude Valley. Bis 1990 änderte sich dieses Bild grundlegend. Die Zahl der Warenhäuser im CBD ging bis auf drei zurück, während ihre Zahl im suburbanen Raum bis auf zwölf große Warenhäuser und 30 'discount department stores' anstieg. Auch im CBD von Perth, wo sich Ende der 50er Jahre noch sieben große Warenhäuser befanden, ging deren Zahl bis Anfang der 90er Jahre bis auf zwei zurück.

Im Wirtschaftsjahr 1985/86 wurden in der Sydney Metropolitan Area bereits 85 % des gesamten Warenhausumsatzes außerhalb des CBD erwirtschaftet, und in den Verdichtungsräumen Brisbane (82 %), Perth (77 %) und Melbourne (72 %) lag dieser Anteil kaum niedriger. Lediglich in der

Adelaide Metropolitan Area entfiel noch etwa die Hälfte des Warenhausumsatzes auf den CBD. Für den Handel mit Waren des mittel- und langfristigen Bedarfs nehmen die 'department stores' heute im suburbanen Raum eine zentrale Stellung ein. Allerdings erhalten sie zunehmend Konkurrenz durch stärker rationalisierte Discount-Warenhaus-Ketten ('discount department stores') wie 'Big W', 'K mart', 'Target' und 'Venture'. Diese Ketten wurden im Laufe der 70er und 80er Jahre von großen Einzelhandelsunternehmen wie Woolworths, Coles Myer und David Jones gegründet und nehmen in ihrer Vermarktungsstrategie eine Zwischenstellung zwischen Supermärkten und Warenhäusern ein. Der ökonomische Erfolg dieser neuen Angebotsformen, die von Anfang an auf ein suburbanes Publikum zielten, wirkte zudem als wesentlicher Impetus zur Anlage immer neuer Einkaufszentren. Ähnliches gilt auch für angebotsspezialisiertere Einzelhandelsketten, deren Zahl von Filialen in allen australischen Verdichtungsräumen nach 1960 enorm zunahm und die sich einen wahren Wettlauf um immer neue suburbane Standorte lieferten. Eine der treibenden Kräfte hinter der Flächenzunahme im suburbanen Raum waren insbesondere die großen Supermarktketten. Im Jahre 1992 befanden sich in der Melbourne Metropolitan Area 980.000 m^2 und in der Sydney Metropolitan Area 860.000 m^2 Einzelhandelsfläche alleine in Lebensmittel-Supermärkten (Angaben von *Richard Ellis*). Dies entspricht etwa einem Siebtel bzw. einem Achtel der jeweiligen Gesamteinzelhandelsfläche. Die Zunahme suburbaner Einzelhandelsflächen wäre in diesem Ausmaß ohne die in den 50er und 60er Jahren entwickelten neuen Massenangebotsformen auf der Basis verbesserter Kassensysteme, Lagerhaltungsmethoden usw. sowie den damit verbundenen Flächenansprüchen nicht denkbar gewesen.

Die Einzelhandelslandschaft der australischen Metropolen wird heute zunehmend von Großunternehmen bestimmt, die in ihren Warenhaus- oder Supermarktketten an zahlreichen Standorten innerhalb der Metropolitan Area ein breites Warenspektrum anbieten, das sich von Filiale zu Filiale kaum unterscheidet. Dies führte zu einer weitgehenden Auflösung der traditionellen Aufgabenteilung zwischen CBD und suburbanen Einkaufszentren und zu einer fortschreitenden Angleichung der Einzelhandelsstruktur in den verschiedenen Teilräumen der Metropolitan Area (*Allard* 1987). Insbesondere der Erfolg der Einkaufszentren veränderte den suburbanen Einzelhandel seit Ende der 50er Jahre dramatisch und führte zu einem nachhaltigen Einfluß auf die Einkaufs- und Versorgungsbeziehungen innerhalb der großen australischen Verdichtungsräume. Durch das Auftreten neuer und in den letzten Jahren zunehmend spezialisierter Angebotsformen sowie sich verändernder ökonomischer und politisch-planerischer Rahmenbedingungen unterliegt das Standortmuster des suburbanen Einzelhandels einem beständigen Wandel. Seit Anfang der 80er Jahre ist allerdings eine gewisse Konsolidierungstendenz in der Branche zu beobachten. Anhaltende Rationalisierungs- und Konzentrationsprozesse innerhalb der Einzelhandelsbranche lassen jedoch vermuten, daß der strukturelle Wandel des Einzelhandels in den australischen Verdichtungsräumen auch zukünftig weitergehen wird. Dabei ist der Einzelhandel in Australien bereits heute von einer außerordentlichen Unternehmenskonzentration gekennzeichnet. Alleine die beiden größten Unternehmensgruppen Coles Myer und Woolworths/David Jones beherrschen zusammen etwa ein Drittel des gesamten nationalen Einzelhandelsumsatz (*Jones Lang Wootton* 1991). Das räumliche Standortmuster des Einzelhandels wird deshalb auch in Zukunft stark von den Geschäftsstrategien einiger weniger Großunternehmen abhängen.

Tab. 4.5: Betriebseinheiten, Geschoßflächen[a] und andere Kennzahlen ausgewählter integrierter und nicht integrierter Einkaufszentren 1992
Retail and service establishments, floorspace, and other indices of selected integrated and free-standing shopping centres 1992

Warenhäuser	Chatswood Chase	Westfield Shoppingtown Chatswood	Westfield Shoppingtown Parramatta	Bankstown Square	Westfield Shoppingtown Eastgardens	Roselands	Chadstone	Garden City	Westfield Shoppingtown Indooroopilly
Discount Department Stores	2	-	1	1	1	1	1	1	1
Textil/Bekleidung	44	2	3	4	3	2	2	2	3
Möbel/Einrichtungsgegenstände	-	53	76	68	55	46	94	45	58
Haushalts- und Metallwaren/Haushaltsgeräte	-	1	1	-	1	-	3	3	1
Unterhaltungselektronik/Musik/Computer	4	6	5	4	4	5	7	3	5
Uhren/Schmuck	6	8	8	7	10	9	14	6	7
Sportartikel/Spielwaren	2	1	4	3	10	11	9	9
Schreib- und Papierwaren/Druckerzeugnisse	5	3	3	3	3	2	9	1	4
Optik/Fotoartikel	2	4	4	10	5	7	7	5	10
Gesundheit/Hygiene	1	3	5	9	6	5	6	6	8
Nahrungs- und Genußmittel[b]	19	35	37	48	39	41	59	32	36
Sonstige	7	4	16	7	6	7	15	6	12
Einzelhandel gesamt	93	120	179	179	148	130	233	123	158
Gastgewerbe/Vergnügungsstätten	3	-	9	5	3	1	6	5	5
Dienstleistungshandwerk	8	5	16	12	7	5	10	8	11
Sonstige konsumorientierte Dienstleistungen[c]	3	5	20	14	12	12	14	12	16
Büroraumnutzer[d]	10	-	14	2	7	-	8	22	20
Einzelhandelsfläche[e]	52.232	24.612	76.946	94.075	59.093	65.750	65.776	59.141	57.842
Bürofläche	3.084	-	3.050	-	6.627	-	33.143	3.774	2.156
Gesamtfläche	55.316	24.612	79.996	94.075	65.720	65.750	98.919	62.915	59.998
Metropolitan Area	Sydney	Sydney	Sydney	Sydney	Sydney	Sydney	Melbourne	Brisbane	Brisbane
Local Government Area	Willoughby	Willoughby	Parramatta	Bankstown	Botany	Canterbury	Malvern	Brisbane	Brisbane
integriert(i)/nicht integriert(ni)	i	i	i	i	ni	ni	ni	i/ni	i
Eröffnungsjahr	1983	1987	1975	1966	1987	1965	1960	1970	1970
Erweiterungsjahr(e)	-	-	1988	1980/86/89	-	1980/86	1984/89/90	1986	1990
Pkw-Stellplätze	2.300	1.100	2.900	3.400	3.000	3.551	5.200	3.998	2.550
Stellplätze/100 m² Einzelhandelsfläche	4,40	4,47	3,77	3,61	5,08	5,40	7,91	6,76	4,41

[a] Flächenangaben als vermietbare Bruttogeschoßfläche in m²
[b] einschließlich Lebensmittelsupermärkten und 'take away foods'
[c] Reisebüros, lokale Bankfilialen, Fahr- und Sportschulen u.ä.
[d] reine Bürofunktion, z. B. Rechtsanwaltskanzleien, Makler, Büros sonstiger freier Berufe
[e] einschließlich Flächen für konsumorientierte Dienstleistungen, Gastgewerbe usw.

Quelle: eigene Erhebungen 1992 und BOMA Shopping Centre Directories

Tab.4.6: Shopping Centres mit mehr als 10.000 m² Einzelhandelsfläche in den Metropolitan Areas von Sydney, Melbourne, Brisbane, Perth und Adelaide nach Standorttypen 1991

Shopping centres with more than 10.000 m² of retail floorspace by type of location 1991: Metropolitan Areas of Sydney, Melbourne, Brisbane, Perth, and Adelaide

	vermietbare Brutto-Einzelhandelsfläche in m²		
	10.000 - 24.999	25.000 - 49.999	≥ 50.000
Sydney Metropolitan Area			
CBD[a]	2	-	-
hochrangige suburbane Zentren[b]			
mit S-Bahn-Anschluß	14	5	6
ohne S-Bahn-Anschluß	-	-	1
nachrangige Zentren/Bahnanschluß[c]	6	2	1
freistehender/nicht integrierter Standort[d]	18	-	4
Melbourne Metropolitan Area			
CBD[a]	2	-	1
hochrangige suburbane Zentren[b]			
mit S-Bahn-Anschluß	10	6	1
ohne S-Bahn-Anschluß	-	-	-
nachrangige Zentren/Bahnanschluß[c]	6	-	-
freistehender/nicht integrierter Standort[d]	12	9	3
Brisbane Metropolitan Area			
CBD[a]	1	1	-
hochrangige suburbane Zentren[b]			
mit S-Bahn-Anschluß	-	1	1
ohne S-Bahn-Anschluß	-	1	1
nachrangige Zentren/Bahnanschluß[c]	4	5	-
freistehender/nicht integrierter Standort[d]	20	3	1
Perth Metropolitan Area			
CBD[a]	-	1	-
hochrangige suburbane Zentren[b]			
mit S-Bahn-Anschluß	1	2	-
ohne S-Bahn-Anschluß	1	2	-
nachrangige Zentren/Bahnanschluß[c]	2	2	-
freistehender/nicht integrierter Standort[d]	15	6	-
Adelaide Metropolitan Area			
CBD[a]	-	-	1
hochrangige suburbane Zentren[b]			
mit S-Bahn-Anschluß	-	1	2
ohne S-Bahn-Anschluß	-	-	1
nachrangige Zentren/Bahnanschluß[c]	2	1	-
freistehend/nicht integrierter Standort[d]	13	2	-

[a] Standort im Einzelhandelskern des CBD
[b] Standort in einem planerisch ausgewiesenen suburbanen Zentren höchster Ordnung (in der Brisbane Metropolitan Area einschließlich Ipswich Town Centre)
[c] Standort in einem nachrangigen suburbanen Zentrum oder nicht weiter als 500 m vom nächsten S-Bahn-Haltepunkt entfernt (in der Adelaide Metropolitan Area einschließlich O-Bahn-Haltepunkten)
[d] nicht zentrumsintegrierte Standorte ohne S-Bahn-Anschluß

Quelle: *BOMA Shopping Centre Directories* - New South Wales, Victoria, Queensland, Western Australia, South Australia

4.3 Der CBD und die suburbanen Einzelhandelszentren - das 'neue' metropolitane Zentrensystem

Die starke Suburbanisierung des Einzelhandels hatte auch nachhaltige Konsequenzen für das Zentrengefüge innerhalb der australischen Metropolitan Areas. Das Einzelhandelswachstum in den Vororten erfolgte nicht nur in einem strukturlosen, sich gleichsam in der Fläche ausbreitenden Prozeß, sondern schuf auch neue oder vergrößerte bereits bestehende suburbane Einzelhandelszentren. So kann das heutige System der Einzelhandelszentren als eine Mischung aus historisch entstandenen Strukturen und der seit den 50er Jahren stattfindenden Überprägung durch neue Einzelhandelsformen interpretiert werden.

Verschiedene Typen suburbaner Einzelhandelskonzentrationen und ihre historische Entwicklung

Die Entwicklung kleinerer Konzentrationen des Einzelhandels im suburbanen Raum und im ländlichen Umland geht vor allem in Sydney und Melbourne bis ins letzte Jahrhundert zurück. Einige dieser Zentren wurden in der Nachkriegszeit funktional und physiognomisch stark umgestaltet und erweitert, andere haben ihre historisch angelegte Struktur bis heute erhalten. In Form von freistehenden Shopping Centres kamen neue Zentren hinzu. Hierdurch entstand im suburbanen Raum ein breites Spektrum von Zentrentypen verschiedener Hierarchiestufen. Seit *Berry*s (1963) richtungsweisender Arbeit über das System der Einzelhandelszentren von Chicago hat sich eine Einteilung von Einzelhandelsbereichen in drei unterschiedliche Strukturformen durchgesetzt: (1) Bänder von Einzelgeschäfte entlang von größeren Straßen (ribbons, strips), (2) Zentren (centres, nucleations) und (3) spezialisierte Einzelhandelsbereiche (*Hartshorn* 1980). Als Einzelhandelszentren lassen sich sowohl gewachsene Stadt- und Ortszentren als auch geplante Shopping Centres bezeichnen. Bei kleineren Einzelhandelsbereichen ist der Übergang zwischen gewachsenen Einzelhandelszentren und 'strip shopping centres' jedoch häufig fließend. Obwohl zahlreiche Übergangsformen existieren, lassen sich die physiognomischen Grundtypen auch in australischen Verdichtungsräumen finden:

Typ 1 - 'strip shopping centres'

Die in Australien als 'strip shopping centres' bezeichneten und sich zum Teil über mehrere Kilometer erstreckenden Geschäftsstraßen entwickelten sich meist schon vor dem ersten Weltkrieg. Sie entstanden bevorzugt entlang von Ausfallstraßen aus der City oder entlang von Straßenbahnlinien in den citynahen Vororten.[3] In ihrer Anlage waren die 'strip shopping centres' zunächst vorwiegend der kleinräumigen, täglichen Versorgung der lokalen Bevölkerung in den sie umgebenden Wohnquartieren vorbehalten und boten überweigend ein begrenztes Warenangebot des kurzfristigen Bedarfs. Mit der Verbreitung des Automobils und der Bevölkerungsveränderung in den sie umgebenden Wohnvierteln verloren viele dieser Geschäftsstraßen Bedeutung, andere veränderten ihre Funktion und erlebten eine zunehmende Spezialisierung. Im Verdichtungsraum Sydney weist z.B.

---

[3] So z.B. im Verdichtungsraum Sydney von der Stadtmitte in westlicher Richtung entlang der Parramatta Road durch Leichhardt, nach Süden entlang der King Street durch Newtown und nach Osten entlang der Oxford Street durch Paddington. Ähnliche, auf beiden Seiten mit Ladengeschäften bestandene Straßenzüge entwickelten sich im Verdichtungsraum Melbourne in der Bridge Street in Richmond, in der Chapel Street in Prahran oder über viele Kilometer Länge in der Sydney Road durch Brunswick.

die stark befahrene Parramatta Road heute neben einfachen Geschäften für den täglichen Bedarf vorwiegend Geschäfte für Autozubehör, Möbel und andere großvolumige Artikel auf. Einige citynahe Geschäftsstraßen in von baulichen und sozialen Aufwertungsprozessen der Gentrification geprägten Bereichen entwickelten sich zu schicken Einkaufsstraßen mit zahlreichen hochwertigen Spezialgeschäften und Restaurants. Beispiele hierfür sind die Oxford Street durch Paddington und die Military Road von Spit Junction nach Neutral Bay im Verdichtungsraum Sydney oder die Chapel Street durch Prahran im Verdichtungsraum Melbourne. Andere 'strip shopping centres' wie die King Street im Bereich von Newtown im Verdichtungsraum Sydney oder die Lygon Street durch Carlton im Verdichtungsraum Melbourne verwandelten sich nicht zuletzt durch ihre Nähe zu Universitäten zu einem Treffpunkt der 'alternativen Szene'. Insgesamt sind klassische 'strip shopping centres' heute ganz überwiegend auf die dichter besiedelten inneren Vororte der größeren Metropolitan Areas beschränkt. Für das Entstehen von hochrangigen Einzelhandelskonzentrationen im suburbanen Raum boten die bandförmigen 'strip shopping centres' zumeist nur wenige Ansatzpunkte. Hierfür sind mehrere Gründe verantwortlich: (1) ihre mehrheitliche Lage im stagnierenden Kernraum der Verdichtung, (2) ihre für die Aufnahme großer Baukörper zumeist ungeeignete, kleinteilige Parzellenstruktur in einem dicht bebauten Umfeld, (3) die durch den starken Durchgangsverkehr oft auftretenden Überlastungserscheinungen und damit eng verbunden (4) die vielfach mangelhaften Umwelt- und Aufenthaltsqualitäten. Lediglich im Verdichtungsraum Melbourne steigen die günstig an Kreuzungspunkten des öffentlichen Nahverkehrs gelegenen Einzelhandelsbereiche Prahran (Chapel Street) und Camberwell Junction (Burke Road) in den Rang von District Centres auf.

Typ 2a - **traditionelle Einzelhandelszentren**

Vor allem seit Mitte des letzten Jahrhunderts entstanden auch im ländlichen Umland der größeren australischen Städte kleinere Geschäftszentren mit Gütern des periodischen Bedarfs für die lokale Bevölkerung. Solche Einzelhandelskerne entwickelten sich in traditionellen Landstädten oder entstanden in der Frühphase des Suburbanisierungsprozesses entlang von Verkehrsleitlinien.[4] In beiden Fällen bezog die Einzelhandelsentwicklung im heutigen suburbanen Raum ihre Dynamik aus der Erschließung des stadtnahen Umlandes durch die Eisenbahn. In den Jahren 1854 und 1855 wurden die beiden ersten Eisenbahnlinien Australiens zwischen Melbourne und Port Melbourne sowie Sydney und Parramatta dem Verkehr übergeben, und bis zur Jahrhundertwende waren die heute existierenden S-Bahn-Netze der australischen Metropolen in großen Teilen bereits fertiggestellt. Viele der heute bestehenden suburbanen Geschäftszentren entstanden Ende des letzten Jahrhunderts als suburbane Transportknotenpunkte an Schnittstellen zwischen der Eisenbahn und anderer Verkehrsträger (z.B. Chatswood, Camberwell Junction oder Box Hill), andere waren damals noch isolierte Siedlungskerne im ländlichen Umland der sich ausbreitenden städtischen Besiedlung. So entstanden etwa Siedlungen wie Campbelltown, Parramatta und Penrith im Umland von Sydney, Dandenong im Umland von Melbourne oder Ipswich im Umland von Brisbane als Versorgungsorte für ihr agrar genutztes Hinterland. Andere sich später zu wichtigen Einzelhandelszentren entwickelnde Siedlungskerne entstanden im Zusammenhang mit Sonderfunktionen, z.B. Fremantle und

---

[4] Viele dieser Zentren besaßen am Anfang ihrer Entwicklung zunächst allerdings auch eine überwiegend lineare Form entlang einer Hauptstraße. Mit dem Wachstum ging diese Form aber später verloren und wurde durch ein überwiegend flächiges Wachstumsmuster abgelöst.

Port Adelaide als Hafenorte oder Frankston als Ferienort. In der zweiten Hälfte dieses Jahrhunderts wurden vor allem in den großen Metropolitan Areas Sydney und Melbourne viele dieser Siedlungskerne von dem sich ausbreitenden Siedlungsraum absorbiert. Auch wenn die Suburbanisierung mit der Verbreitung des Automobils von einer vorwiegend linearen in eine mehr flächenhafte Ausdehnung überging, konnten sich viele der traditionellen Siedlungskerne als Geschäftszentren und städtische Mittelpunkte der Vororte behaupten. Obwohl einige Zentren in ihrer Entwicklung stagnierten, erlebten andere, die eine günstige Lage im Straßen- und öffentlichen Verkehrsnetz und ein starkes Bevölkerungswachstum in den umliegenden Wohnbereichen aufweisen konnten, durch die gestiegene Nachfrage nach Dienstleistungen und Konsumgütern einen merklichen Wachstumsschub (*Sinclair Knight & Partners* 1980). Die meisten Zentren behielten außerdem ihre Rolle als Sitz der lokalen Verwaltung, auch nachdem sie von der sich ausbreitenden städtischen Siedlungszone 'verschluckt' wurden. Ein erheblicher Einfluß auf die Entwicklung der traditionellen suburbanen Geschäftszentren ging in den letzten drei Jahrzehnten durch den Bau von Shopping Centres aus. Vielfach wurde die Einzelhandelsfläche der traditionellen Zentren durch den Bau von integrierten Einkaufszentren erheblich vergrößert.

Typ 2b - **freistehende Einkaufszentren**

Auch die seit den 60er Jahren an vielen Stellen entstandenen freistehenden Shopping Centres können als eine spezielle Form punktförmiger Einzelhandelsstrukturen angesehen werden. Gerade die großen Regional Shopping Centres gehören heute zu den bedeutendsten Einzelhandelszentren der Metropolitan Areas überhaupt und spielen deshalb eine bedeutende Rolle in deren Zentrensystem. Vor allem in den kleineren Verdichtungsräumen wie Perth, Brisbane und Adelaide konnten freistehende Einkaufszentren bis in die höchste Stufen der Zentrenhierarchie vorstoßen.

Typ 3 - **spezialisierte Einzelhandelsbereiche und Mischformen**

Neben 'centres' und 'strips' existieren in den australischen Verdichtungsräumen heute auch spezialisierte Einzelhandelsbereiche, die sich aufgrund ihres eingeschränkten Angebotsspektrums nicht in die allgemeine Einzelhandelshierarchie einpassen lassen. Diese spezialisierten Bereiche umfassen z.B. die bereits erwähnten Retail Parks sowie andere, vor allem in den letzten Jahren bevorzugt in Gewerbe- und Leichtindustriegebieten oder entlang von Hauptverkehrsstraßen entstandenen Standortkonzentrationen des großflächigen Einzelhandels.[5] Eine spezielle Form meist bandförmig angeordneter Einzelhandelsbereiche sind die weit verbreiteten 'automobile rows' bzw. 'auto alleys'. Derartige, auf den Automobilbedarf spezialisierte Einzelhandelsbänder befinden sich z.B.

---

[5] Die Errichtung von Retail Parks und größeren Fachmarktkonzentrationen war in der Regel erst nach planungsrechtlichen Änderungen möglich. So erfolgte z.B. im Jahre 1985 durch das NSW Department of Environment and Planning eine Flexibilisierung der bis dahin restriktiv gehandhabten Genehmigungsmöglichkeiten von Einzelhandelsbetrieben auf für Gewerbe- und Industrienutzungen ausgewiesenen Flächen (DEP Circular No.82 vom 12. August 1985 'Commercial Activities in Industrial Zones'). Diese flexiblere Genehmigungspolitik wurde 1990 und 1991 nochmals bestätigt (DOP Circular C11 vom 8.8.1991 'Flexible Industrial Lands Policy'); sie gilt jedoch nicht für den Bekleidungs- und Lebensmitteleinzelhandel, der weiterhin nur auf speziell dafür ausgewiesenen Flächen genehmigungsfähig ist. Auch in Victoria, South Australia und Western Australia gab es im Laufe der 80er Jahre eine vergleichbare Anpassung der Planungs- und Genehmigungspraxis an die neuen Einzelhandelsformen. Am großzügigsten wird die Genehmigung von 'Retail Parks' in Brisbane gehandhabt (*Jones Lang Wootton* 1991).

entlang einiger Abschnitte der Parramatta Road oder in der südlichen Church Street im Anschluß an das 'Parramatta City Centre' im Verdichtungsraum Sydney. Trotz dieser Ansätze gibt es für die aus den Außenbereichen US-amerikanischer Städten bekannten, vorwiegend auf die autofahrende Kundschaft ausgerichteten Ansammlungen von Tankstellen, Fast-Food-Restaurants, Autohändlern, Motels und großflächigen Einzelhandelsgeschäften in Form von sogenannten 'commercial strips' in den australischen Großstädten bislang jedoch kaum eine Entsprechung. *Hofmeister* (1988, S.204) vermutet, daß das Fehlen echter suburbaner 'commercial strips' in australischen Städten im wesentlichen auf die im Vergleich zu den USA etwas verspätet einsetzende Massenmotorisierung zurückzuführen ist, die erst zu einer Zeit ihren Höhepunkt erreichte, als die suburbanen Einkaufszentren schon den dominierenden Angebotstyp des Einzelhandels darstellten. In einigen Fällen wurde die Entwicklungen von 'commercial strips' aber auch durch gemeindliche Bebauungspläne verhindert. Andererseits können durch das 'Zusammenwachsen' zweier oder mehrerer Einzelhandelszentren auch sekundär größere bandförmige Strukturen entstehen. In Ansätzen zeigt sich dies im Verdichtungsraum Sydney etwa entlang der Achse Brookvale-Dee Why oder entlang einiger Abschnitte des Pacific Highway.

Der Einfluß von Shopping Centres auf das traditionelle Zentrensystem

Die Verbreitung der Shopping Centres hat das Standortmuster des Einzelhandels auf den verschiedensten Hierarchiestufen ganz erheblich verändert. Je nach Standortlösung können Shopping Centres ganz verschiedene Wirkungen auf das metropolitane Zentrensystem haben. Während etwa freistehende Einkaufszentren in der Regel eine Schwächung für das traditionelle Zentrensystem bedeuten, können in traditionellen Einzelhandelszentren integrierte Standorte die Stellung des jeweiligen Zentrums sogar beträchtlich stärken. Wie bereits unter Punkt 4.2 ausgeführt wurde, bestehen hinsichtlich des Standortmusters von Shopping Centres zwischen den großen australischen Verdichtungsräumen erhebliche Unterschiede. Etwas verallgemeinernd lassen sich drei unterschiedliche Typen bzw. Entwicklungspfade der metropolitanen Einkaufszentrenentwicklung unterscheiden: der Sydneyer Typ, der Melbourner Typ und der von Brisbane, Perth und Adelaide gebildete Typ der kleineren Metropolitan Areas.

Im Gegensatz zu den anderen Metropolitan Areas spielen in Sydney freistehende, daß heißt nicht in bestehenden Geschäftszentren integrierte Shopping Centres eine sehr viel geringere Rolle. Von den 19 größeren Einkaufszentren (mit mindestens einem Kaufhaus und mehr als 25.000 m^2 Einzelhandelsfläche), die Anfang 90er Jahre in der Metropolitan Area existierten, waren lediglich vier nicht in bestehende oder planerisch ausgewiesene Zentren integriert. Die überwiegende Zahl der Einkaufszentren befindet sich in oder in direktem Anschluß an bestehende suburbane Einzelhandelszentren und trug somit zu einer Stärkung der traditionellen Zentrenstruktur bei. Dies ist zumindest teilweise als ein Erfolg der staatlichen Planungsbehörden zu werten, die versuchten, Projekte auf der 'grünen Wiese' zu verhindern, wenn alternative, besser an die Verkehrsinfrastruktur angebundene Standorte zur Verfügung standen. Andere Gründe für die relative Stärke der etablierten Einzelhandelszentren sind das spezifische Wachstumsmuster des Verdichtungsraums mit der Einbeziehung von ländlichen Siedlungsknoten entlang von Eisenbahnlinien sowie der Mangel an geeigneten Baugrundstücken für freistehende Einkaufszentren.

Problematischer entwickelte sich das Standortmuster trotz der mit Sydney durchaus vergleichbaren räumlichen und verkehrstechnischen Grundvoraussetzungen in Melbourne. Die bis Anfang der 80er Jahre weniger wirksame Planungskontrolle führte dazu, daß zahlreiche freistehende Einkaufszentren an vom öffentlichen Nahverkehr schlecht erschlossenen Standorten gebaut wurden. Diese traten in vielen Fällen in eine direkte Konkurrenz mit bestehenden und planerisch ausgewiesenen Einzelhandelszentren entlang des suburbanen S-Bahn-Netzes und führten somit vor allem im mittleren Vorortbereich zu einer erheblichen Schwächung des traditionellen Zentrensystems. Beispiele für eine direkte Konkurrenz zwischen gewachsenen, meist um die Jahrhundertwende entstandenen Zentren und neuen, freistehenden Shopping Centres im Verdichtungsraum Melbourne sind u.a. (in Klammern Eröffnungsjahr bzw. Einzelhandelsfläche): das District Centre Oakleigh (34.000 m^2 Einzelhandelsfläche) und das knapp zwei km nordwestlich gelegene Chadstone Shopping Centre (1960, 66.000 m^2), das District Centre Preston (39.000 m^2 Einzelhandelsfläche) und das etwa zwei km östlich gelegenen Northland Shopping Centre (1966, 51.000 m^2) mit dem anschließendem Retail Park Northland Home Centre (1988, 28.000 m^2) sowie das District Centre Moonee Ponds (38.000 m^2) und das knapp drei km südwestlich gelegene Highpoint City Shopping Centre (1975, 87.000 m^2). Allerdings wurden auch im Verdichtungsraum Melbourne einige größere Shopping Centres in gewachsene Zentren integriert, so daß in den mittleren und äußeren Vorortbereichen heute ein Nebeneinander von größeren gewachsenen Einkaufszentren und freistehenden Shopping Centres existiert.

Anders als die größeren Verdichtungsräume besaßen die kleineren und jüngeren Metropolitan Areas Brisbane, Adelaide und Perth Ende der 50er Jahre nur ein in Ansätzen ausgebildetes suburbanes Zentrensystem. Aufgrund des später einsetzenden suburbanen Wachstums sind die für das Besiedlungsmuster bis Mitte dieses Jahrhunderts typischen Geschäftszentren entlang der S-Bahn-Linien in Brisbane und Perth kaum entwickelt. Zudem machte die lange Zeit relativ kleine Siedlungsfläche kaum suburbane Zentren notwendig, weil der CBD noch gut erreichbar war. In der mittleren und äußeren Vorortzone war ein System von größeren Einzelhandelszentren deshalb Ende der 50er Jahre kaum existent.[6] Das suburbane Zentrensystem entstand also erst zu einer Zeit, in der das Automobil bereits das dominierende Fortbewegungsmittel und das Shopping Centre die dominierende Form der Einzelhandelsansiedlung war. Folglich wird das Zentrensystem der Außenstadt heute überwiegend von freistehenden Shopping Centres bestimmt. In einigen Fällen haben sich um die größeren Einkaufszentren herum später kleinere Einzelhandelsgeschäfte und Bürogebäude angesiedelt, so daß diese Cluster teilweise im nachhinein von der Regionalplanung als suburbane Entwicklungspole ausgewiesen wurden (z.B. Upper Mount Gravatt und Chermside im Verdichtungsraum Brisbane oder Canning im Verdichtungsraum Perth).

Die derzeitige Struktur hochrangiger Einzelhandelszentren

Durch das Wachstum der suburbanen Einzelhandelszentren hat sich das ehemals stark vom CBD dominierte Gefüge innerhalb von etwa drei Jahrzehnten in ein System von mehreren fast gleichrangigen Zentren verwandelt. Dieses System hochrangiger Zentren, das in den Metropolitan Areas von Sydney und Melbourne etwa zehn bis fünfzehn und in den kleineren Verdichtungsräumen etwa fünf bis acht Einzelstandorte umfaßt, wird auf den unteren Hierarchiestufen durch eine Vielzahl von

---

[6] Ausnahmen sind lediglich einige alte Siedlungskerne wie Ipswich, Port Adelaide oder Fremantle.

kleineren Einzelhandelszentren und 'strip shopping centres' ergänzt. Infolgedessen hat sich in den großen australischen Metropolitan Areas eine komplexe, mehrstufige Hierarchie von Einzelhandelszentren mit verschieden großen Einzugsbereichen herausgebildet. Für den suburbanen Raum der Sydney Metropolitan Area beschreibt *Burnley* (1980, S.150) ein vier- bis fünfstufiges, hierarchisches Zentrensystem.

Wie auch die Abbildungen 6.1 bis 6.5 zeigen, verteilen sich die größeren Einzelhandels- und Einkaufszentren heute relativ gleichmäßig über alle Teilbereiche der Verdichtungsräume. Trotz des Wachstums der suburbanen Geschäftszentren und der freistehenden Shopping Centres ist der CBD in allen australischen Verdichtungsräumen noch immer das größte und umsatzstärkste Einzelhandelszentrum (Tab. 4.7).[7] Andererseits besaß etwa Parramatta Mitte der 80er Jahre bereits mehr Verkaufsfläche als der CBD von Perth. Zudem hat sich das Angebotsspektrum der großen suburbanen Zentren dem der CBDs in den letzten Jahren stark angeglichen. An beiden Standorttypen findet man heute ein 'citytypisches' Warenangebot des mittel- bis langfristigen Bedarfs (v.a. Bekleidungsgeschäfte, Uhren- und Schmuckgeschäfte, Warenhäuser usw.).

Die Flächenproduktivität des CBD wird zunehmend auch von einzelnen suburbanen Zentren erreicht. Sowohl im CBD als auch in größeren suburbanen Einzelhandelszentren machen die Miet- und Grundstückspreise insbesondere in zentralen CBD-Lagen flächensparende Angebotsformen notwendig und lassen nur Branchen mit einer relativ hohen Flächenproduktivität zu. Bislang werden die höchsten Einzelhandelsmieten aber noch immer in den Spitzenlagen der CBDs erreicht. So betrug die durchschnittliche wöchentliche m^2-Miete für Einzelhandelsflächen in guter Lage im Jahre 1991 im CBD von Sydney rund A$ 49 und in Chatswood etwa A$ 22. In den anderen größeren Einzelhandelszentren der Sydney Metropolitan Area wie Bondi Junction, Penrith oder Parramatta lag diese zwischen A$ 10 - A$ 13 (Angaben des *Valuer General's Department of New South Wales*). Zwischen den verschiedenen Verdichtungsräumen ergeben sich in bezug auf das Mietgefälle zwischen dem CBD und suburbanen Zentren allerdings erhebliche Unterschiede. Mitte 1992 lagen die Top-Mieten für die führenden suburbanen Einzelhandelszentren in Sydney, Brisbane und Adelaide bei knapp 40 %, in Melbourne bei rund 55 % und in Perth bei gut 70 % des CBD-Niveaus (Angaben von *Jones Lang Wootton*). Allerdings unterliegen diese Verhältnisse vor allem vom Flächenangebot abhängigen zeitlichen Schwankungen.

Insgesamt zeigt sich, daß der CBD seine einstmals dominierende Stellung an der Spitze der metropolitanen Einzelhandelshierarchie weitgehend verloren hat. Anstelle der Hegemonie des CBD ist insbesondere in den größeren Verdichtungsräumen Sydney und Melbourne eine Struktur mehrerer gleichrangiger Einzelhandelszentren mit jeweils relativ klar abgegrenzten Einzugsbereichen getreten. Mit zwischen 9 % (Melbourne, Sydney) und 19 % (Adelaide) des gesamten metropolitanen Einzelhandelsumsatzes ist der CBD nur noch eines unter mehreren Einzelhandelszentren des Verdichtungsraumes, wobei ein allgemein gültiger Zusammenhang zwischen der Verdichtungsraumgröße und dem Grad der Dezentralisierung erkennbar ist. Ein beträchtlicher Anteil der Einzelhandelsaktivitäten verteilt sich also auf verschiedene Standorte des suburbanen Raumes. Im Verdichtungsraum Sydney

---

[7] Detaillierte Daten für alle Einzelhandelszentren der Verdichtungsräume liegen nur für den Retail Census 1985/86 vor.

entfällt ein weiteres Viertel der gesamten Einzelhandelsumsätze auf die größeren suburbanen Zentren (Tab. 4.8). Diese Angaben relativieren jedoch auch die häufig überschätzte Bedeutung der hochrangigen Zentren für die Standortstruktur des gesamten metropolitanen Einzelhandels überhaupt. Immerhin werden in der Sydney Metropolitan Area knapp zwei Drittel der gesamten Einzelhandelsumsätze außerhalb des Systems der hochrangigen Zentren erwirtschaftet. Selbst die größeren suburbanen Einzelhandelszentren wie Parramatta und Chatswood haben gerade einen Anteil von knapp 3 % an den Gesamtumsätzen im Verdichtungsraum. Noch deutlich größer ist die Bedeutung kleinerer und dispers verteilter Einzelhandelsstandorte in den anderen australischen Verdichtungsräumen. So entfallen in Melbourne, Brisbane und Perth rund 72 % und in Adelaide etwa 68 % der Einzelhandelsumsätze auf Standorte außerhalb der planerisch ausgewiesenen Zentren.

Tab.4.7: Ausgewählte Kennzahlen der fünf umsatzstärksten Einzelhandelszentren in den Metropolitan Areas von Sydney, Melbourne, Perth und Adelaide 1986[a]
Selected indices of the five largest retail centres 1986: Metropolitan Areas of Sydney, Melbourne, Perth, and Adelaide

	Jahresumsatz[b] in Mio.A$	EZH-Fläche in '000 m^2	Betriebe	Beschäftigte	(1)	(2)
Sydney CBD	1.195,5	372,9	1.822	12.769	204,7	3.206
Parramatta	357,1	134,5	483	4.038	278,5	2.665
Chatswood	340,3	109,8	371	3.558	296,0	3.099
Brookvale/Dee Why	294,9	110,8	308	3.200	359,7	2.662
Bondi Junction	286,8	84,1	278	3.019	302,5	3.410
Melbourne CBD	1.024,7	348,2	1.262	15.243	275,9	2.943
Dandenong	237,9	101,0	703	3.121	143,7	2.355
Frankston	226,4	83,9	338	2.634	248,2	2.638
Ringwood	192,1	65,7	179	1.976	367,0	2.921
Prahran	186,0	87,5	505	2,318	173,3	2.126
Perth CBD	443,7	126,3	680	5.309	185,7	3.513
Midland	125,7	55,3	167	1.477	331,1	2.274
Fremantle	122,6	73,9	236	1.609	313,1	1.658
Garden City	120,7	43,8	76	1.342	576,3	2.756
Morley	115,5	49,9	125	1.335	399,2	2.315
Adelaide CBD	694,1	287,9	873	8.624	329,8	2.410
Marion	152,8	53,6	127	1.741	422,1	2.852
Tea Tree Plaza	116,9	41,8	97	1.333	430,9	2.797
Elizabeth	100,1	47,9	98	1.304	488,8	2.090
West Lakes Mall	99,8	39,5	83	1.258	475,9	2.524

(1) durchschnittliche Geschäftsfläche pro Betrieb in m^2
(2) Jahresumsatz pro m^2 Geschäftsfläche in A$

[a] ohne Kfz-bezogenen Einzelhandel (Automobilhandel, Kfz-Zubehör-Handel, Tankstellen usw.)
[b] Wirtschaftsjahr 1985/86

Quelle: *Australian Bureau of Statistics* - Retail Census 1985/86

Auch wenn genaue Daten fehlen, kann man davon ausgehen, daß das Flächen- und Umsatzwachstum in den letzten Jahren außerhalb der ausgewiesenen Zentren schneller verlief als innerhalb. In der Brisbane Metropolitan Area, für die kleinräumige Daten aus dem letzten Einzelhandelszensus vorliegen, ging der Umsatzanteil des CBD zwischen 1985/86 und 1991/92 von 9,7 % auf 9,0 % und der Umsatzanteil der Regional Business Centres von 18,4 % auf 12,7 % zurück. Die Tendenz zur Dispersion des Einzelhandels durch nicht integrierte Standorttypen (Retail Parks, Fachmärkte, freistehende Shopping Centres) hält also an. Die planerischen Bemühungen konnten den relativen Bedeutungsverlust der großen Einzelhandelszentren also nicht aufhalten, sondern allenfalls verlangsamen.

Tab.4.8: Einzelhandel in den CBDs und in planerisch ausgewiesenen suburbanen Zentren in den Metropolitan Areas von Sydney, Melbourne, Brisbane, Perth und Adelaide 1986[a]
Retailing in CBDs and major suburban centres 1986: Metropolitan Areas of Sydney, Melbourne, Brisbane, Perth, and Adelaide

	Jahresumsatz[b] (Mio.A$)	(in %)	EZH-Fläche ('000 m^2)	(in %)	Betriebe Anzahl	(in %)	Beschäftigte Anzahl	(in %)
Sydney CBD	1.195,5	9,5	372,9	7,5	1.822	7,0	12.769	8,1
Regional und Subregional Centres[c]	3.319,4	26,3	1.212,4	24,5	4.490	17,4	36.838	23,2
Sydney Metropolitan Area	12.596,2	100,0	4.947,9	100,0	25.903	100,0	158.303	100,0
Melbourne CBD	1.024,7	9,4	348,2	7,4	1.262	5,4	15.243	10,3
District Centres[d]	2.074,0	19,1	804,2	17,1	3.865	16,6	24.946	16,9
Melbourne Metropolitan Area	10.878,1	100,0	4.707,8	100,0	23.174	100,0	147.559	100,0
Brisbane CBD	377,9	9,7	131,2	7,6	600	7,6	5.634	10,0
Regional Business Centres[e]	714,7	18,4	179,4	10,4	569	7,2	7.655	13,7
Brisbane Metropolitan Area	3.880,7	100,0	1.723,4	100,0	7.892	100,0	56.068	100,0
Perth CBD	443,7	11,6	126,3	7,5	680	9,2	5.309	10,8
Strategic Regional Centres[f]	646,4	16,9	281,2	16,6	829	11,2	8.024	16,3
Perth Metropolitan Area	3.835,3	100,0	1.692,7	100,0	7.410	100,0	49.355	100,0
Adelaide CBD	694,1	19,2	287,9	16,9	873	11,3	8.624	17,5
Regional Centres[g]	483,0	13,3	197,9	11,6	481	6,2	5.721	11,6
Adelaide Metropolitan Area	3.618,3	100,0	1.703,5	100,0	7.741	100,0	49.331	100,0

[a] ohne Kfz-bezogenen Einzelhandel (Automobilhandel, Kfz-Zubehör-Handel, Tankstellen usw.)
[b] im Wirtschaftsjahr 1985/86
[c] 2 Regional Centres (North Sydney, Parramatta), 16 Subregional Centres (ohne Fairfield)
[d] 16 District Centres (ohne Broadmeadows)
[e] 4 Regional Business Centres und Toowong
[f] 8 Strategic Business Centres
[g] 5 Regional Centres

Quelle: *Australian Bureau of Statistics* - Retail Census 1985/86

Die jahrzehntelange Suburbanisierung des Einzelhandels hat in der Außenstadt sowohl das Entstehen großer Einzelhandelszentren als auch eine Dispersion in die Fläche gefördert. Die metropolitane Hierarchie der Einzelhandelszentren ist hierdurch nicht nur erheblich komplexer geworden, sondern gerade in den letzten Jahren auch diffuser. *Walmsley/Weinand* (1991) konnten dies am Beispiel des südlichen Vorortbereichs von Sydney empirisch nachweisen. In mancher Hinsicht sind die CBDs heute nur noch 'regional centres' für die inneren Teile der Metropolitan Area und in ihrer gesamtregionalen Bedeutung in etwa suburbanen Geschäftszentren wie Parramatta, Chatswood, Dandenong oder Frankston gleichzusetzen. Folglich spielt der CBD als Einkaufs- und Versorgungsort für die Bevölkerung der Außenstadt keine entscheidende Rolle mehr. Dieser Wandel führte in den CBDs der australischen Metropolen auch zu erheblichen strukturellen und baulichen Veränderungen.

Struktureller und baulicher Wandel im CBD

Bis heute konnten sich die CBDs zwar als die größten Einzelhandelszentren der Metropolitan Areas behaupten, doch ihre Rolle hat sich in den letzten Jahrzehnten zunehmend verändert. Hierfür waren zwei gegenläufige Trends verantwortlich: der seit den 50er Jahren rasche Rückgang der Umlandbedeutung einerseits sowie die seit Mitte der 70er Jahre stark steigenden Ausgaben eines besonders mode- und qualitätsbewußten nationalen und teilweise internationalen Publikums andererseits. Dies schlägt sich nicht zuletzt in einer zunehmenden Spezialisierung der Einzelhandelsstruktur nieder. So wurden etwa Möbel-, Einrichtungs- und Autohäuser, die noch in den 50er Jahren typische Elemente des CBD-Einzelhandels waren (*Scott* 1959, S.305), inzwischen fast vollständig aus den teuren CBD-Lagen verdrängt. Dagegen ist insbesondere in den letzten Jahren eine Zunahme kleiner und hochspezialisierter Geschäfte zu erkennen. Der seit den 50er Jahren anhaltende Spezialisierungsprozeß im CBD-Einzelhandel führte auch dazu, daß die relative Bedeutung der CBDs für verschiedene Einzelhandelsbranchen heute sehr unterschiedlich ist. Während etwa bei Schmuckwaren und optischen Geräten immer noch über ein Drittel des Umsatzes der Metropolitan Areas im CBD erwirtschaftet werden, spielt dieser für Waren wie Lebensmittel, Möbel oder Autos praktisch keine Rolle mehr. Insgesamt ist das Angebot des CBD in fast allen Einzelhandelsbranchen von einer zunehmenden Spezialisierung auf höherwertige Waren des oberen Preissegments gekennzeichnet.

Die Umstrukturierung des Einzelhandels in Richtung Angebotspezialisierung und Angebotsaufwertung ist im CBD von Sydney bereits am weitesten vorangeschritten. Der CBD hat zwar an relativer Bedeutung in den letzten Jahren erheblich eingebüßt, er ist aber noch immer das spezialisierteste Einzelhandelszentrum des Verdichtungsraumes und nimmt als Hauptanziehungspunkt des nationalen und internationalen Touristen- und Geschäftsverkehrs auch besondere, über das Angebot eines normalen Geschäftszentrums hinausgehende Funktionen wahr (*Devine* 1985). Einerseits verlor der CBD erheblich an Kundschaft aus der Metropolitan Area selbst, andererseits leisten die Ausgaben der Besucher aus dem Inland oder aus Übersee einen wachsenden Beitrag am Einzelhandelsumsatz. Dieser spiegelt sich auch in der starken Zunahme von verschiedensten gastronomischen Einrichtungen sowie Kunst- und Geschenkartikelgeschäften wider. Allein der Anteil überseeischer Besucher an den Umsätzen wird gegenwärtig auf etwa 8 % geschätzt und wird in Zukunft mit Sicherheit noch zunehmen (*Cardew* 1989, S.42). Mit dem historischen Bezirk 'The Rocks' und dem 1988 eröffneten 'Darling Harbour-Komplex' bestehen am Rande des CBD zwei fast vollständig auf ein touristisches Angebot zugeschnittene Einzelhandelsbereiche. Eine weitere wichtige Klientel für den Einzelhandel ist das in der City arbeitende Büropersonal, dessen Anteil am Gesamtumsatz des CBD auf etwa 40 - 50 % geschätzt wird (*Grotz* 1987, S.117). Demgegenüber weist Adelaides CBD noch weitgehend traditionelle, vorwiegend auf den eigenen Verdichtungsraum ausgerichtete Einzelhandelsstrukturen auf. Die CBDs von Melbourne, Brisbane und Perth dagegen nehmen eine Position zwischen dem stark internationalisierten Stadtkern von Sydney und dem noch weitgehend traditionell strukturierten CBD von Adelaide ein. So hat der CBD von Melbourne nach wie vor eine größere regionale Bedeutung als derjenige Sydneys (*Mees* 1993).

Die Gründe, warum der Stadtkern von Adelaide, dem kleinsten und wachstumsschwächsten der fünf großen australischen Metropolen, seine regionale Bedeutung bislang am besten behaupten konnte sind vielfältig. Als wichtigste Faktoren können seine noch immer zentrale Lage und gute Erreichbarkeit im Stadtraum, die aufgrund der geringeren wirtschaftlichen Dynamik langsamer ablaufenden räumlichen Umstrukturierungsprozesse und die bereits frühzeitig einsetzenden Investitionen in die Attraktivität des Einzelhandelskerns angesehen werden. Letzteres betrifft insbesondere die Anlage der ersten großen CBD-Fußgängerzone Australiens in Form der vorbildlich gestalteten Rundle Mall im Jahre 1976 (*Mooney* 1985).

Der zunehmende Konsum von Touristen und Arbeitskräften sowie die Ausweitung der Geschäftsöffnungszeiten an Wochenenden und Feiertagen sorgten seit Anfang der 80er Jahre vor allem in den CBDs von Sydney, Brisbane und Perth für real leicht zunehmende Einzelhandelsumsätze. Dennoch zeigte die Flächenentwicklung des Einzelhandels in der ersten Hälfte der 80er Jahre zunächst nur eine geringe Dynamik. Diese Situation änderte sich schlagartig gegen Ende der 80er Jahre. Nach vielen Jahren des Stillstandes setzte eine von Imagefaktoren, überzogenen Konjunkturerwartungen, steil ansteigenden Einzelhandelsmieten und der Umorientierung einiger bis dahin im Büromarkt engagierter Großinvestoren angeheizte Welle von Großinvestitionen in CBD-Einzelhandelsimmobilien ein. Neben Privatinvestoren zeigte auch der öffentliche Sektor ein starkes Engagement und trieb viele Projekte aktiv voran. So wurden zwischen 1986 und 1992 in den australischen CBDs eine ganze Reihe von einzelhandelsbezogenen Großprojekten verwirklicht:
- im CBD von Sydney vor allem die Wiedereröffnung des Queen Victoria Buildings (1986), die Eröffnung der Fußgängerzone in der Pitt Street (1987) und die Eröffnung des Harbourside Centres in Darling Harbour (1988),
- im CBD von Melbourne vor allem der 52.000 m² Einzelhandelsfläche umfassende Melbourne Central-Komplex einschließlich des 35.000 m² großen japanischen Kaufhauses Daimaru (1991), das Sportsgirl Centre (1991), das Australia on Collins (1992) und die Eröffnung des Swanston Street Walk (1992),
- im CBD von Brisbane z.B. das etwa 59.000 m² Einzelhandelsfläche umfassende Myer Centre in der Queen Street Mall (1988),
- im CBD von Perth z.B. das 40.700 m² Einzelhandelsfläche umfassende Forrest Chase Shopping Centre (1989),
- im CBD von Adelaide z.B. das über 50.000 m² Einzelhandelsfläche umfassende Myer Centre in der Rundle Mall (1991).

Zwischen 1988 und 1991 wurden in allen großen australischen CBDs außer in Sydney große integrierte Shopping Centres eröffnet. Dies ist schon allein deshalb ein interessanter Vorgang, weil hiermit eine Umkehrung der allgemein erwarteten Diffusionsrichtung von Innovationen stattfindet und eine Einzelhandelsinnovation des suburbanen Raumes erst mit zeitlicher Verzögerung den CBD erreicht. Bereits im Wirtschaftsjahr 1990/92 zeigte sich aber deutlich, daß die Erwartungen der Investoren und Einzelhändler an die Wachstumsmöglichkeiten des CBD-Einzelhandels überzogen waren. Als ein allgemeines Maß für die Attraktivität und Dynamik von CBD-Standorten für den Einzelhandel kann das Mietniveau gelten. Unterschiede im Mietniveau reflektieren zum einen die langfristigen Standortqualitäten, zum anderen aber auch kurzfristige Marktschwankungen. In allen CBDs erreichten die Einzelhandelsmieten im Jahre 1990 einen Höchststand und gingen danach infolge rezessionsbedingter Nachfrageeinbrüche und ein durch erhöhte Baufertigstellungen ausgelöstes Flächenüberangebot mehr oder weniger deutlich zurück. Nach Angaben von *Jones Lang Wootton* für Mitte 1990 und Mitte 1992 lagen die Netto-Jahresmieten pro m^2 CBD-Einzelhandelsflächen in Toplagen in Sydney bei A$ 2.900 bzw. A$ 2.500, in Melbourne bei A$ 3.700 bzw. A$ 2.020, in Brisbane bei A$ 2.750 bzw. A$ 2.350, in Perth bei A$ 2.000 bzw. A$ 1.650 sowie in Adelaide in beiden Fällen bei A$ 2.040.[8]

Bei einer längerfristigen Betrachtung können die CBDs von Melbourne und Sydney als Spitzenstandorte für den Einzelhandel angesehen werden, während Brisbane vor Adelaide und Perth eine Zwischenposition einnimmt. Andererseits wird deutlich, daß der Markt für Einzelhandelsimmobilien in den CBDs von Melbourne und Perth besonders starke Einbrüche zu verkraften hatte, obwohl auch die CBDs von Sydney, Adelaide und Brisbane Anfang der 90er Jahre ernste Leerstandsprobleme im Einzelhandelsbereich aufwiesen. Diese Einbrüche waren zum Teil eine Folge des allgemeinen Umsatzrückgangs, andererseits zeigte sich aber auch, daß die CBDs gegenüber Nachfrageeinbrüchen erheblich empfindlicher waren als die suburbanen Zentren. Am deutlichsten zeigte sich dieser Effekt im Verdichtungsraum Perth, wo Mitte 1992 etwa 7 % aller CBD-Einzelhandelsflächen aber nur etwas über 2 % der Flächen in den randstädtischen Einkaufszentren leerstanden (*Australian Financial Review* vom 14.9.1992). Infolgedessen wendet sich das Investitionsgeschehen im Einzelhandelssektor in allerjüngster Zeit wieder stärker den suburbanen Standorten zu.

Ob die 80er Jahre nur eine vorübergehende Verlangsamung des Dezentralisierungsprozesses des Einzelhandels darstellten oder ob der CBD-Einzelhandel eine nachhaltige Renaissance erlebte, muß die Zukunft zeigen. Vieles spricht jedoch dafür, daß der Prozeß der Einzelhandelssuburbanisierung seine Grenzen noch lange nicht erreicht hat und zumindest der relative Bedeutungsverlust des CBD auch zukünftig weitergehen wird. Andererseits wird der CBD seine Stellung als spezialisierter 'primus inter pares' im Zentrensystem der australischen Metropolitan Areas wohl noch längere Zeit erhalten können.

4.4 Fazit: Große Einzelhandelszentren in den Suburbs - das Ergebnis anhaltender Suburbanisierungsprozesse

Die enorme Bevölkerungssuburbanisierung seit dem zweiten Weltkrieg, die Verbreitung des Privat-Pkw als dominierendes Transportmittel und die zügige Übernahme neuer suburbaner Vermarktungsstrategien führten ab Mitte der 50er Jahre zu einer raschen Suburbanisierung des Einzelhandels. Dieser Prozeß erreichte in den 60er und 70er Jahren zwar seinen Höhepunkt, setzte sich aber nur unwesentlich vermindert in den 80er Jahren fort. Ein stadtstrukturell entscheidendes Ergebnis dieser Suburbanisierung war vor allem das Entstehen großer Einzelhandelszentren in der Außenstadt. Dem-

---

[8] Die Werte gelten für gute, zentrale Lagen bei Neuvermietung, schließen aber absolute Spitzenmieten nicht mit ein.

gegenüber verlor der CBD im Laufe dieses Prozesses erheblich an zentralörtlicher Bedeutung für seine Standortregion. Allerdings durchliefen die CBDs in ihrer Einzelhandelsstruktur Anfang der 80er Jahre einem starken Spezialisierungs- und Aufwertungsprozeß, der mit einer zunehmenden Ausrichtung auf ganz bestimmte Kundenkreise verbunden war. Besonders augenscheinlich ist dies in Sydney, der größten und am stärksten internationalisierten Metropole Australiens. Aber auch in Melbourne, Brisbane und Perth lassen sich ähnliche Tendenzen beobachten.

Die zweifellos wichtigste Innovation für den suburbanen Einzelhandel in Australien war das geplante Shopping Centre. Anders als in den meisten US-amerikanischen Städten wurden vor allem in Sydney, in geringerem Maße aber auch in den anderen australischen Verdichtungsräumen viele Shopping Centres in bereits bestehende suburbane Geschäftszentren integriert. Dies führte in vielen Fällen sogar zu einer Stärkung der traditionellen suburbanen Geschäftszentren. Wenn auch nicht alle etablierten Zentren von dieser Entwicklung in gleichem Maße profitieren konnten, entwickelten sich doch einige durch den Bau von zentrumsintegrierten Shopping Centres zu auf regionalem Niveau bedeutsamen Einzelhandelszentren. Vor allem in Sydney, aber auch in Melbourne haben viele der bereits im letzten Jahrhundert entstandenen Zentren ihre Vorrangstellung bis heute erhalten können (z.B. Parramatta, Chatswood, Dandenong, Frankston). Lediglich in den kleineren, jedoch seit den 60er Jahren besonders schnell wachsenden Verdichtungsräumen wie Perth und Brisbane wurden große freistehende Einkaufszentren zu den Hauptträgern des Suburbanisierungsprozesses. Bis auf wenige Ausnahmen fehlen hier gewachsene Geschäftszentren, so daß einige freistehende Einkaufszentren bis in die höchste Hierarchiestufe der suburbanen Zentren vordringen konnten.

Insgesamt blieb die Bedeutung freistehender Einzelhandelszentren in den australischen Metropolen deutlich geringer als in vergleichbaren US-amerikanischen Verdichtungsräumen. Die Gründe, warum sich die suburbane Einzelhandelsentwicklung im Verdichtungsraum Sydney, aber mit Einschränkungen auch im Verdichtungsraum Melbourne vorrangig in bereits etablierten Zentren vollzog, sind vielfältig. Die wichtigsten Ursachen sollen hier nochmals im Zusammenhang dargestellt werden:
- Die Erschließung des Umlandes durch ein dichtes Netz von Eisenbahnlinien hatte schon Ende des letzten Jahrhunderts ein an den Bahnhöfen orientiertes Muster von Geschäftszentren entstehen lassen. Durch das spezifische Wachstumsmuster der Verdichtungsräume mit dem 'Überwuchern' von ländlichen Siedlungsknoten entlang der Bahnlinien hat sich dieses Muster bis heute erhalten. Für Sydney kommt hinzu, daß aufgrund der naturräumlichen Segmentierung großer Bereiche des Verdichtungsraums durch unzählige Täler und Wasserwege relativ unabhängige Lokalzentren bereits früh entstanden und diese ihre Position relativ lange erhalten konnten.
- Anders als etwa in US-amerikanischen Städten ergab sich durch den weitaus geringeren Ausbau von 'urban freeways' in der Nachkriegszeit keine wirkliche verkehrstechnische Neustrukturierung des städtischen Raumes, der neue Punkte der Verkehrsgunst hätte entstehen lassen können. Vielmehr blieb das alte, durch die schienengebundene Verkehrsinfrastruktur geschaffene Grundskelett auch nach der Verbreitung des Automobils teilweise wirksam.
- Seit den 50er Jahren versucht die staatliche Regionalplanung die etablierten Zentren zu stärken und die Entwicklungen des suburbanen Einzelhandels auf ausgewiesene Schwerpunkte zu konzentrieren. Vor allem im Großraum Sydney übten sowohl die staatliche als auch viele lokale Genehmigungsbehörden eine vergleichsweise restriktive Genehmigungspolitik gegenüber Einzelhandelsentwicklungen auf der 'grünen Wiese' aus.

- Innerhalb der besiedelten Bereiche standen nach 1970 nur noch wenige geeignete Flächen für den Bau von freistehende Shopping Centres zur Verfügung.

In jüngerer Zeit ist der suburbane Einzelhandel der australischen Verdichtungsräume neben der weiterhin ablaufenden Suburbanisierung auch durch eine zunehmende Spezialisierung und Diversifizierung von Einzelhandelsstandorten (z.B. spezialisierte Shopping Centres) sowie durch das Entstehen neuer Einzelhandelsstandortgemeinschaften (z.B. Retail Parks) jenseits der etablierten Zentrenstruktur geprägt. Dies führt nicht nur zu einer zunehmenden Dispersion der Standorte, sondern auch zu einer tendenziellen Auflösung fester Einzelhandelshierarchien (*Abnett* 1992). Auch wenn hierdurch das Standortmuster im Einzelhandel in Zukunft diffuser werden wird, ist dennoch zu erwarten, daß die großen suburbanen Einzelhandelszentren wie Parramatta, Chatswood, Dandenong, Frankston oder Upper Mount Gravatt ihre herausragende Position in absehbarer Zeit erhalten können. Ein weiteres Wachstum der großen suburbanen Außenstadtzentren ist schon alleine deshalb wahrscheinlich, weil einige dieser Zentren im Laufe der 80er Jahre bevorzugte Standorte für die suburbane Büroentwicklung geworden sind.

5. Büroentwicklung und Bürosuburbanisierung

Lange Zeit waren die Büroarbeitsplätze in den australischen Metropolen fast ausschließlich an das Stadtzentrum gebunden. Bis in die 70er Jahre hinein war etwa der Verdichtungsraum Sydney ein bemerkenswertes Beispiel für eine hochgradige Konzentration der Büroentwicklung auf den CBD (*Alexander* 1982, S.59). Nachdem es auch in den 60er Jahren nur zu vereinzelten Verlagerungen von Bürofunktionen in die Vororte gekommen war, beschleunigte sich der Prozeß der Bürosuburbanisierung in den 70er und 80er Jahren merklich. Der Anteil des CBD an den Büroarbeitsplätzen der Metropolitan Area ging zwischen 1971 und 1981 von 35 % auf 25 % und bis 1991 weiter auf etwa 15 % zurück. Auch in absoluten Zahlen hatte die Bürobeschäftigung im CBD ihren Höhepunkt Anfang der 70er Jahre bereits erreicht. Seither ist die Zahl der Büroarbeitsplätze trotz der weiterhin starken Bautätigkeit im CBD rückläufig (*Spearritt/DeMarco* 1988, S.60). Demgegenüber nahmen sowohl die Zahl der Büroarbeitsplätze als auch die Büroflächen in den Vororten deutlich zu. Obwohl die Anfänge der Bürosuburbanisierung bis in die 60er Jahre zurückgehen, entwickelten sich erst seit Mitte der 70er Jahre an einigen suburbanen Standorten größere Büroflächenkonzentrationen. Das Wachstum dieser suburbanen Bürozentren war in den letzten Jahren sicher eine der wichtigsten strukturellen Veränderungen innerhalb des Verdichtungsraumes Sydney. Aber auch in Melbourne und den kleineren Capital Cities vollzog sich ein ähnlicher Dezentralisierungsprozeß. Folgende für die Stadt- und Regionalentwicklung entscheidenden Fragen stehen bei der Betrachtung der Büroentwicklung in den australischen Metropolen im Vordergrund:
- Welche Rolle spielt die Bürobeschäftigung innerhalb der Metropolitan Areas, und wie entwickelt sie sich in den verschiedenen Teilräumen des Verdichtungsraumes?
- Wie vollzieht sich die Büroflächenentwicklung in den verschiedenen Teilräumen der Verdichtungsräume und welche Standorttypen haben sich entwickelt?
- Welche Bestimmungsgrößen steuern den Prozeß der Bürosuburbanisierung?
- Wie wirkt das Büroflächenwachstum im suburbanen Raum auf das historisch gewachsene Zentrensystem?
- Wer sind die Nutzer des Büroraumes im CBD und an suburbanen Standorten?
- Welche Rolle spielen die Verwaltungen von Großunternehmen für den Dezentralisierungsprozeß?
- Welchen Einfluß hat die Flächennachfrage des öffentlichen Sektors auf die Entwicklung der suburbanen Büromärkte?

5.1 CBD versus Suburbia - Vorüberlegungen zur intraregionalen Bürostandortwahl

Historisch gesehen zeigen die Büroaktivitäten - definiert als Tätigkeiten, die vornehmlich mit der Gewinnung, Speicherung, Verwaltung, Verteilung und dem Austausch von Informationen oder Wissen zu tun haben (*Goddard* 1975, S.3) - unter den Bedingungen marktwirtschaftlich organisierter Wirtschaftssysteme eine starke Präferenz für großstädtische Stadtzentren. Dies gilt insbesondere für bestimmte Branchen wie Banken, Versicherungen oder verschiedene kleinere Dienstleistungsunternehmen, aber auch für die Hauptverwaltungen der großen Bergbau- und Industrieunternehmen. Daneben gibt es aber auch Büros, die traditionell vorwiegend dezentral über den gesamten Verdichtungsraum verteilt sind, da für sie entweder die Nähe zu ihrem meist lokal begrenzten Kundenkreis (z.B. Rechtsanwälte, kleinere Architekten usw.) oder der Anschluß an dazugehörige Produktionsanlagen (z.B. Haupt- oder Zweigniederlassungsverwaltungen kleiner und mittlerer Industrieunternehmen) ausschlaggebende Standortfaktoren sind. Obgleich sich auch in den australischen Metropolitan Areas Dezentralisierungstendenzen zunehmend bemerkbar machen, weisen die Bürofunktionen unter allen ökonomischen Aktivitäten die nach wie vor stärkste Konzentration auf das Stadtzentrum auf. Die Gründe für die historisch gewachsene Agglomerationen hochrangiger Bürofunktionen in den Stadtzentren westlicher Großstädte sind im Rahmen der vorwiegend empirisch ausgerichteten Bürostandortforschung ausführlich analysiert und beschrieben worden (*Alexander* 1979, *Bateman* 1985, *Daniels* 1975 und 1979, *Gad* 1969 und 1985, *Goddard* 1975, *Hanley* 1979, *Ihlanfeldt/Raper* 1990).[1] Deshalb sollen an dieser Stelle die wesentlichsten Faktoren, die den CBD traditionell als Bürostandort begünstigen, nur kurz aufgeführt werden:

- Ein Standort im CBD bietet Fühlungsvorteile zu komplementären oder gleichartigen Dienstleistungsanbietern und die beste Möglichkeit zum direkten Informationsaustausch im 'face-to-face'-Kontakt. Dieser Faktor wird zumeist als Hauptgrund für die Agglomeration der Büros im Stadtzentrum angeführt.
- Der CBD bietet nach wie vor das höchste Prestige und den höchsten Identifikationswert für die dort ansässigen Unternehmen. Dies gilt insbesondere dann, wenn ein Unternehmen ein ganzes Gebäude komplett belegen und/oder sogenannte 'naming rights' erwerben kann.
- Die städtischen und regionalen Verkehrswege sind traditionell auf den Stadtkern hin ausgerichtet. Dieser ist somit von allen Punkten des Verdichtungsraumes gut erreichbar und garantiert eine optimale Marktbedienung der ganzen Wirtschaftsregion.
- Das regionale Arbeitsmarktpotential kann vom CBD aus am besten erschlossen werden. Dies ist für Unternehmen mit einem großen Anteil hochqualifizierter und stark spezialisierter Arbeitskräfte von großer Bedeutung.
- Der CBD bietet als der in der Regel am besten entwickelte Büromarkt des Verdichtungsraumes die höchste Verfügbarkeit von qualitativ hochwertigem Büroraum.
- Der CBD besitzt den besten Anschluß an das überregionale Telekommunikationsnetz und bietet somit den besten Zugang zum nationalen oder internationalen Informationsaustausch.
- Die Attraktivität des CBD wird in einigen Fällen zusätzlich durch eine städtebaulich oder landschaftlich ansprechende Lage gefördert (z.B. in Sydney und Perth).

Den vielfältigen Standortvorteilen des CBD (localisation economies, urbanisation economies) stehen aber in fast allen großstädtischen Agglomerationen zunehmend auch schwerwiegende Nachteile gegenüber (diseconomies). So führt die Überkonzentration von den verschiedensten Funktionen im Stadtzentrum häufig dazu, daß der CBD mit seinen stadträumlich/stadtfunktional relativ starren Strukturen nicht mehr in der Lage ist, die Ansprüche der Bürobetriebe und Büroraumnutzer in dem erwünschten Maße zu erfüllen. Nach *Einem/Tonndorf* (1991, S.81) hängt die Attraktivität des CBD als Bürostandort heute vor allem von zwei Voraussetzungen ab: (1) Büroflächen müssen in ausreichender Größe und zu vertretbaren Kosten angeboten werden und (2) der CBD muß für Kunden/Klienten und Mitarbeiter gut erreichbar sein. Beide Voraussetzungen können aber unter den

---

[1] Standorttheoretische Ansätze haben in der Bürostandortforschung bis heute Seltenheitswert. Trotz einzelner Versuche mit theoretisch-mathematischen Modellen, z.B. von *Clapp* (1980) und *Kutay* (1986), ist es bis heute nicht zu ausgereiften Bürostandorttheorien gekommen. Einen kurzen Literaturüberblick über standorttheoretische Ansätze für den Dienstleistungssektor liefern *Einem/Tonndorf* (1991, S.73 ff.).

heutigen Bedingungen überlasteter Stadtzentren vielfach nicht mehr erfüllt werden. Die 'diseconomies' des CBD sind gerade in großen Verdichtungen erheblich angestiegen: Probleme des fließenden und ruhenden Verkehrs (Staus, Parkplatzmangel), die begrenzte Flächenverfügbarkeit und die geringen Erweiterungsmöglichkeiten, das hohe Miet- und Bodenpreisniveau, schlechte Umwelt- und Arbeitsbedingungen (Luftqualität, Lärm) und allgemeine Überlastungserscheinungen der städtischen Infrastruktur schränken die Attraktivität des CBD erheblich ein und wirken damit als push-Faktoren bei der Standortwahl.

Ferner hat das Stadtzentrum auch seine ehemals 'exklusive' Stellung als Ort des Informationsaustausches sukzessive verloren, weil sowohl für persönliche Kontakte als auch für den reinen Informationsaustausch eine räumliche Nachbarschaft vielfach nicht mehr zwingend notwendig sind. Die Einführung neuer Technologien und Innovationen (technische und organisatorische Innovationen) wie des Automobils, des Telefons, des erhöhten Informationsangebotes durch Medien und Datenbanken sowie moderner Informations- und Kommunikationstechniken haben die Bindung an das Stadtzentrum in den letzten Jahrzehnten erheblich gelockert. Die CBDs vieler US-amerikanischer Verdichtungsräume haben ihre herausgehobene Position bereits eingebüßt, und auch in Australien und Europa läßt sich ein nachlassendes Standortprestige einiger Stadtzentren beobachten. Das für mittlere und große Unternehmen wichtige, markante Profil einer individuellen 'corporate identity' läßt sich an einem CBD-Standort durch die räumliche Enge und die starke Konkurrenz anderer Unternehmen oft nicht mehr in dem gewünschten Maße verwirklichen.

Den push-Faktoren im CBD stehen die pull-Faktoren der suburbanen Standorte gegenüber. Obwohl diese stark von den lokalen Gegebenheiten abhängig sind und in ihrer jeweiligen Bedeutung für verschiedene Branchen und Unternehmen variieren, weisen suburbane Standorte ein ganzes Bündel von Vorteilen auf:[2]
- geringere Mietbelastung bzw. Grundstückskosten als im CBD (geringere 'overheads')
- bessere Expansionsmöglichkeit bzw. Flächenverfügbarkeit (größere Flexibilität)
- bessere Möglichkeiten zur Vereinigung verschiedener Unternehmensfunktionen (Verwaltung, Lager, Produktion, Service) an einem Standort
- räumliche Nähe zu den Wohnstandorten der Führungskräfte und bessere Erschließbarkeit der suburbanen Arbeitsmärkte (kürzere Pendelwege)
- gesünderes und landschaftlich wie städtebaulich häufig attraktiveres Arbeitsumfeld
- günstigere Lage zu potentiellen Kunden und Klienten
- geringere Verkehrs- und Parkplatzprobleme
- zunehmende Ausrichtung der regionalen Verkehrssysteme auf suburbane Standorte

Empirische Untersuchungen in Sydney und Melbourne (*Plant Location International* 1986, *Alexander* 1978, *McLennan Magasanik Associates* 1985) konnten zeigen, daß die Nähe zu potentiellen Kunden und Klienten, das niedrigere Mietniveau, das Vorhandensein von lokalen Arbeitskräften und die Verfügbarkeit von Erweiterungsflächen die für die Bürobetriebe entscheidenden

---

[2] Besonders die Frage nach den Gründen für Verlagerungen aus dem CBD an suburbane Standorte ist recht gut erforscht. Siehe hierzu etwa *Alexander* 1979, *Bingsworth/Fitzsimmons* 1986, *Daniels* 1975, *Gaebe* 1987, *Goddard* 1975, *Newell/Kelly* 1985.

Faktoren zur Ansiedlung an einem suburbanen Standort sind. Die empirische Bürostandortforschung hat allerdings darauf hingewiesen, daß die Standortentscheidungen oft erheblich stärker von verschiedensten firmeninternen Faktoren und persönlichen Präferenzen der Entscheidungsträger beeinflußt werden als von einer rationalen Bewertung vorhandener Standortalternativen (*Alexander* 1978). So sind etwa die Firmentradition und die Standortbindung gerade für lang ansässige Unternehmen wichtige Faktoren für die Standortpersistenz im CBD. Auch die Wahl eines suburbanen Standortes scheint nicht unwesentlich von der spezifisch wirkenden 'Reputationsdynamik' (*Appold/Kasarda* 1988, S.141ff.) und den Wohnstandortpräferenzen der Entscheidungsträger abhängig zu sein. Ohne Zweifel hängt die Frage des Standorts aber auch von den funktionsspezifischen Charakteristika der Unternehmen bzw. Unternehmensteile ab. Sowohl in der Bürostandortforschung als auch in der Immobilienbranche besteht weitestgehende Einigkeit darüber, daß heute zwei recht unterschiedliche Nachfragergruppen für Büroraum bestehen: 'front offices' mit einer Vielzahl von externen Kontakten und einem hohen Prestigebedürfnis sowie 'back offices', die vorwiegend Routinefunktionen mit einer begrenzten Notwendigkeit externer Kontakte umfassen. Aufgrund unterschiedlicher Charakteristika ist die Flächennachfrage von 'front offices' bezüglich der Miethöhe und anderer 'diseconomies' des CBD weniger elastisch (*Dowall* 1987).

5.2 Die Entwicklung der Bürobeschäftigung in den Metropolitan Areas

Die allgemeine Zunahme der Bürobeschäftigung und der damit korrespondierende Rückgang der Fertigungstätigkeiten ('blue collar jobs') ist ein in allen westlichen Industriestaaten zu beobachtender Prozeß. Der sich seit den 60er Jahren vollziehende strukturelle Wandel und die zunehmende Tertiärisierung der australischen Volkswirtschaft haben neben einer sektoralen auch eine funktionale Verschiebung der Beschäftigtenstruktur zu Folge. Durch das kräftige Wachstum einiger Wirtschaftsbereiche des Dienstleistungssektors stieg die Zahl der 'white collar jobs' (Nicht-Fertigungstätigkeiten bzw. Dienstleistungstätigkeiten) ebenso wie die Zahl der Bürobeschäftigten seit den 60er Jahren steil an. Die großen Verdichtungsräume sind von diesen wirtschaftsstrukturellen Veränderungen als Kernräume der Volkswirtschaft besonders stark betroffen. So weisen gerade die auf die großstädtischen Zentren konzentrierten und schnell wachsenden Wirtschaftszweige wie das Finanzwesen, das Sozialwesen und die unternehmensnahen Dienstleistungen weit überdurchschnittliche Anteile an Bürobeschäftigten auf. Zudem führt auch die 'Tertiärisierung der Produktion' - also der Bedeutungsgewinn der dispositiven Funktionen in den Bereichen Forschung, Entwicklung, Planung und Organisation im produzierenden Gewerbe - zu einer Zunahme der nicht direkt mit der Fertigung verbundenen Arbeitsplätze. So waren 1991 in den größeren australischen Verdichtungsräumen nur noch 57 % aller Arbeitsplätze im verarbeitenden Gewerbe tatsächlich fertigungsnahe Tätigkeiten, 35 % aller Arbeitsplätze entfielen selbst in der Industrie bereits auf Bürotätigkeiten.

Probleme der definitorischen und statistischen Abgrenzung der Bürotätigkeiten

Obwohl die Bürobeschäftigten im Zuge des wirtschaftlichen Strukturwandels eine der am schnellsten wachsenden Beschäftigtengruppen sind, stößt eine exakte Quantifizierung ihrer Zahl auf einige definitorische und methodische Schwierigkeiten. Die genaue Erfassung der Bürotätigkeiten, das heißt der Tätigkeiten, die vollständig oder überwiegend an einem Büroarbeitsplatz ausgeführt werden, ist vor allem deshalb so problematisch, weil sie in der australischen Statistik nicht gesondert erfaßt

werden. Die Zahl der Bürobeschäftigten ist nicht identisch mit der leichter zu erfassenden Zahl der Dienstleistungsbeschäftigten oder 'white collar workers'. Sie ist vielmehr eine - wenn auch bedeutende - Teilmenge hiervon, da nicht alle Dienstleistungstätigkeiten an einem Büroarbeitsplatz ausgeführt werden.[3] Die Bürobeschäftigung verläuft damit 'quer' zu der in der amtlichen Statistik gebräuchlichen Berufs- bzw. Tätigkeitsklassifikation und kann nur über detaillierte Untergruppen der Beschäftigtenstatistik in einer Annäherung hochgerechnet werden. Hierbei entsteht allerdings ein weiteres Problem dadurch, daß das *Australian Bureau of Statistics* seine Klassifikation im Mai 1986 verändert hat. Die Daten der Beschäftigtenstatistik nach diesem Stichdatum lassen sich deshalb auf einer höheren Disaggregationsstufe nicht direkt mit den Ergebnissen früherer Erhebungen vergleichen. Um die hieraus entstehenden methodischen Probleme bei Zeitvergleichen zu umgehen, wird teilweise auf die einfachere Abgrenzung der 'office type jobs' (büroähnliche Tätigkeiten) zurückgegriffen. Somit werden zwei unterschiedliche Definitionen der Bürotätigkeiten verwendet:[4]
1. Die für das Jahr 1991 aus den Berufsuntergruppen berechneten 'Bürobeschäftigten' bzw. 'Büroarbeitsplätze', welche mehr oder weniger die klassischen Bürotätigkeiten umfassen.
2. Die zahlenmäßig größere Gruppe der 'office type jobs', die einen besseren Vergleich zwischen verschiedenen Zeitpunkten zuläßt und auch diejenigen Tätigkeiten umfaßt, die nur zum Teil in Büros bzw. an Schreibtischen ausgeübt werden.

Die Entwicklung der Bürobeschäftigung - interregionale und intraregionale Aspekte

Mit zwischen 44 % und 39 % aller Arbeitsplätze spielen Bürotätigkeiten für die Wirtschafts- und Beschäftigungsstruktur der großen australischen Metropolitan Areas quantitativ eine erhebliche Rolle (Tab. 5.1).[5] Sydneys Stellung als führende Dienstleistungsmetropole Australiens schlägt sich

---

[3] Dies trifft allerdings nicht nur auf die australische Beschäftigtenstatistik zu. Auch in anderen Staaten erweist sich die exakte Bestimmung der Bürobeschäftigung als problematisch. Ausführlicher diskutiert sind die definitorischen und statistischen Probleme bei der Erfassung der Bürobeschäftigung in *Alexander* (1979), *Goddard* (1975) und *Einem/Tonndorf* (1991).

[4] Die Daten der Tätigkeits- bzw. Berufsgruppen der 1991er Volkszählung liegen in stark disaggregierter Form vor und lassen eine relativ exakte Bestimmung der Bürobeschäftigung auch für kleinere Raumeinheiten zu. Die seit Mai 1986 benutzte Klassifikation der Berufs- bzw. Tätigkeitsgruppen (ASCO = Australian Standard Classification of Occupations) orientiert sich stärker als die früher gebräuchliche Klassifikation (CCLO) am für die jeweiligen Tätigkeiten notwendigen Qualifikationsniveau. Die unterschiedliche Zuordnung der Tätigkeitsgruppen in CCLO und ASCO erschwert den Vergleich der Daten ab 1986 mit den davor erhobenen auf einem disaggregierten Datenniveau. Um die sich hieraus ergebenden Ungenauigkeiten möglichst gering zu halten, erscheint für die Betrachtung der Entwicklung eine großzügigere Definition der Bürobeschäftigung brauchbarer. Für diese Fälle schlägt *Alexander* (1979, S.4ff.), einer Anregung von *Armstrong* folgend, den Begriff 'office type job' vor, der in Annäherung an die 'echte' Bürobeschäftigung alle 'white collar jobs' abzüglich der im Verkauf und für persönliche Dienstleistungen Tätigen umfaßt. Diese Definition umfaßt also einerseits auch Beschäftigte, die im strengen Sinne nicht als echte Bürobeschäftigte betrachtet werden können (z.B. Lehrer, Polizisten, Krankenschwestern und Geistliche), schließt dafür aber einige echte Bürotätigkeiten aus (z.B. Immobilienmakler). Die Zahl der 'büroähnlichen Tätigkeiten' lag 1991 in der Gesamtheit der untersuchten Verdichtungsräume um 18 % über der Zahl der aus Berufsuntergruppen hochgerechneten 'Bürotätigkeiten'. Insgesamt ist zu vermuten, daß die tatsächliche Zahl der ständig oder überwiegend in einem Büro arbeitenden Beschäftigten im ersten Berechnungsverfahren um etwa 10-15 % überschätzt, beim zweiten Berechnungsverfahren dagegen leicht unterschätzt wird. Die Angaben in Tabelle 5.2 beziehen sich im Gegensatz zu allen anderen Angaben zur Bürobeschäftigung auf die Erwerbstätigen (gezählt am Wohnort), da diese Datenbasis für gesamte Verdichtungsräume etwas genauere absolute Angaben liefert als die aus den 'Journey to work'-Daten gewonnene Beschäftigtenstatistik (vgl. Anhang A.1).

[5] Diese Zahlen entsprechen in etwa denen für bundesdeutsche Verdichtungsräume. Bezogen auf das Jahr 1986 errechneten *Einem/Tonndorf* (1991) für die Region München (Stadt München und Umlandkreise) einen Bürobeschäftigtenanteil von 44,4 % und für die Region Köln (Stadt Köln und Umlandkreise) einen Bürobeschäftigtenanteil von 37,1 %.

erwartungsgemäß auch in der Zahl der Büroarbeitsplätze nieder. Dies gilt sowohl für eher ausführende Bürotätigkeiten als auch für die Gruppe der hochqualifizierten bzw. mit Führungsaufgaben betrauten Bürobeschäftigten. Lediglich der Anteil der Höherqualifizierten an den Bürobeschäftigten ist in Melbourne geringfügig höher. In Vergleich zu den beiden größeren Metropolen sind Brisbane, Perth und Adelaide sowohl durch einen geringeren Anteil der Büroarbeitsplätze insgesamt als auch durch einen geringeren Anteil der höherqualifizierten Arbeitsplätze geprägt.

Betrachtet man die Entwicklung der Bürobeschäftigung, wird das enorme Wachstum dieses Beschäftigungsbereichs deutlich. So verlief das Wachstum der Büroarbeitsplätze in den vergangenen Jahrzehnten sehr viel dynamischer als das der Arbeitsplätze insgesamt. Als Folge hat sich sowohl die absolute Zahl der 'büroähnlichen Tätigkeiten' als auch deren Anteil an der Gesamtzahl der Arbeitsplätze in allen größeren Verdichtungsräumen kräftig erhöht (Tab. 5.2). Für die Sydney Metropolitan Area bedeutete dies, daß sich der Anteil der 'office type jobs' an allen Arbeitsplätzen von etwa 20 % Mitte der 50er Jahre (*Spearritt/DeMarco* 1988, S.56) bis 1971 auf 39 % und bis 1991 auf knapp 50 % erhöhte. In den fünf größten australischen Verdichtungsräumen zusammen wuchs die Zahl der Bürobeschäftigten alleine zwischen 1981 und 1991 um rund ein Drittel, während die Zahl der Nicht-Bürobeschäftigten im selben Zeitraum sogar leicht rückläufig war. Aus diesen Zahlen wird deutlich, welche enorme Nachfrage nach Büroflächen allein von beschäftigungsstrukturellen Veränderungen ausgeht. Bis heute führte die sich auch im Bürobereich rasch vollziehende Automatisierung zu keiner Umkehrung des allgemeinen Wachstumstrends. Zumindest bis 1991 schlug das Rationalisierungspotential moderner Bürotechnologien auf die Beschäftigungsentwicklung im Bürobereich noch nicht spürbar durch.

Tab.5.1: Bürobeschäftigte in den Metropolitan Areas von Sydney, Melbourne, Brisbane, Perth und Adelaide 1991

Office workers 1991: Metropolitan Areas of Sydney, Melbourne, Brisbane, Perth, and Adelaide

Metropolitan Area	hochqualifizierte Bürotätigkeiten[a] abs.	in %	sonstige Bürotätigkeiten[b] abs.	in %	Bürotätigkeiten gesamt abs.	in % aller Arbeitsplätze
Sydney	174.056	28,3	441.507	71,7	615.563	44,3
Melbourne	141.479	28,9	348.294	71,1	489.773	41,2
Brisbane	51.888	25,3	153.202	74,7	205.090	40,7
Perth	44.726	26,4	124.893	73,6	169.619	40,3
Adelaide	40.412	26,5	111.801	73,5	152.213	38,6

[a] ASCO-Berufsuntergruppen 'managers & administrators', 'legislators & government appointed officials', 'general managers', 'professionals' (general, building, social, business, miscellaneous), 'health diagnosis & treatment practioners'
[b] ASCO-Berufsuntergruppen 'clerks (alle minor groups)', 'supervisors', 'specialist managers', 'engineering & building associates', 'investment, insurance & real estate salespersons', 'sales representatives'

Quelle: 'Journey to work'-Daten des *Australian Bureau of Statistics* 1991

Tab.5.2: Erwerbstätige in 'office type jobs'[a] in den Metropolitan Areas von Sydney, Melbourne, Brisbane, Perth und Adelaide 1981 und 1991

Employed persons in 'office type jobs' 1981 and 1991: Metropolitan Areas of Sydney, Melbourne, Brisbane, Perth, and Adelaide

Metropolitan Area	'office type jobs' 1981	'office type jobs' 1991	'office type jobs' in % aller Tätigkeiten 1981	'office type jobs' in % aller Tätigkeiten 1991	Zunahme der 'office type jobs' 1981-1991 abs.	Zunahme der 'office type jobs' 1981-1991 in %
Sydney	603.927	776.099	41,6	49,7	172.172	28,5
Melbourne[b]	490.957	630.189	39,8	47,6	139.232	28,4
Brisbane[b]	177.702	267.817	39,5	46,6	90.115	50,7
Perth	164.211	228.188	42,5	47,5	63.977	39,0
Adelaide	160.777	200.847	40,9	45,5	40.070	24,9

[a] für 1991: ASCO-Berufsgruppen 'managers & administrators', 'professionals', 'para-professionals' und 'clerks'
 für 1981: CCLO-Berufsgruppen 'professional, technical', 'administrative, executive and managerial', 'clerical workers'
[b] für 1981 Korrektur für die Vergrößerung der Statistical Division am 1.1.1991

Quellen: *Australian Bureau of Statistics* - Censuses of Population and Housing 1981 und 1991

Im Zusammenhang mit dem starken Wachstum erfuhr auch die innerregionale Verteilung der Büroarbeitsplätze in den Metropolitan Areas deutliche Veränderungen. So sind die Büroarbeitsplätze zwar noch immer verhältnismäßig ungleich über die verschiedenen Teilbereiche innerhalb der Verdichtungsräume verteilt, aber insgesamt konnten die mittleren und äußeren Vorortbereiche erhebliche Zugewinne verzeichnen. Vor allem in der Sydney Metropolitan Area sind die Büroarbeitsplätze heute sehr viel gleichmäßiger verteilt als noch Anfang der 70er Jahre (Tab. 5.3). Andererseits hinkt die Suburbanisierung des Bürosektors derjenigen der anderen Wirtschaftsbereiche noch immer hinterher.

Tab.5.3: Entwicklung der 'office type jobs' in Ringzonen der Sydney Metropolitan Area 1971-1991

Growth of 'office type jobs' by zone 1771-1991: Sydney Metropolitan Area

	'office type jobs' in % 1971	'office type jobs' in % 1981	'office type jobs' in % 1991	Zunahme in % 1971-1991	Bürobesatz[a] 1971	Bürobesatz[a] 1981	Bürobesatz[a] 1991
City of Sydney und innere Vororte	57,2	48,6	40,9	15,6	424,7	502,7	558,1
Mittlere Vororte	31,0	33,7	35,5	85,5	100,5	133,1	186,2
Äußere Vororte	11,8	17,7	23,6	223,5	59,0	77,5	108,2
Metropolitan Area	100	100	100	61,8	155,5	172,9	207,3

[a] Bürobesatz = 'office type jobs' pro 1.000 Einwohner

Quellen: *NSW State Transport Study Group* 'Journey to Work Statistics' 1971 und 1981, 'Journey to work'-Daten des *Australian Bureau of Statistics* 1991

Wie Tabelle 5.4 zeigt, sind die Büroarbeitsplätze noch immer erheblich stärker zentralisiert als andere Arbeitsplatztypen. Dies gilt insbesondere für hochrangige Büroarbeitsplätze (Tab. 5.5).

Tab.5.4: Büroarbeitsplätze und sonstige Arbeitsplätze in Ringzonen der Metropolitan Areas von Sydney, Melbourne, Brisbane, Perth und Adelaide 1991

Office jobs and other jobs by zone 1991: Metropolitan Areas of Sydney, Melbourne, Brisbane, Perth, and Adelaide

	Sydney		Melbourne		Brisbane		Perth		Adelaide	
	(1)	(2)	(1)	(2)	(1)	(2)	(1)	(2)	(1)	(2)
City[a]	27,8	14,5	26,8	13,6	24,2	8,7	31,0	14,3	33,0	18,1
Innere Vororte	14,6	13,9	15,1	10,3	29,1	26,0	17,5	16,0	13,6	11,9
Mittlere Vororte	36,0	38,5	28,7	33,4	39,1	52,6	35,1	41,6	37,0	45,3
Äußere Vororte	21,6	33,1	29,4	42,7	7,6	12,7	16,4	28,1	16,4	24,7
Metropolitan Area	100	100	100	100	100	100	100	100	100	100

(1) Bürobeschäftigte - Anteil an der gesamten Metropolitan Area in %
(2) sonstige Arbeitsplätze - Anteil an der gesamten Metropolitan Area in %

[a] City of Sydney, City of Melbourne, City of Adelaide, Innere City von Brisbane bzw. Innere City von Perth

Quelle: 'Journey to work'-Daten des *Australian Bureau of Statistics* 1991

Tab.5.5: Büroarbeitsplätze nach Qualifikationsstufen in Ringzonen der Metropolitan Areas von Sydney, Melbourne, Brisbane, Perth und Adelaide 1991

Qualification levels of office jobs by zone 1991: Metropolitan Areas of Sydney, Melbourne, Brisbane, Perth, and Adelaide

	Sydney		Melbourne		Brisbane		Perth		Adelaide	
	(1)	(2)	(1)	(2)	(1)	(2)	(1)	(2)	(1)	(2)
City[a]	31,6	26,3	31,5	24,9	29,2	22,4	37,0	28,8	36,9	31,5
Innere Vororte	16,2	13,9	16,3	14,6	33,5	27,7	21,3	16,1	13,4	13,7
Mittlere Vororte	34,1	36,8	27,8	29,1	31,2	41,8	28,1	37,3	34,1	38,0
Äußere Vororte	18,1	23,0	24,4	31,4	6,1	8,1	13,6	17,8	15,6	16,8
Metropolitan Area	100	100	100	100	100	100	100	100	100	100

(1) hochqualifizierte Bürobeschäftigte - Anteil an der gesamten Metropolitan Area in % (Definition vgl. Tab.5.1)
(2) sonstige Bürobeschäftigte - Anteil an der gesamten Metropolitan Area in % (Definition vgl. Tab.5.1)

[a] City of Sydney, City of Melbourne, City of Adelaide, Innere City von Brisbane bzw. Innere City von Perth

Quelle: 'Journey to work'-Daten des *Australian Bureau of Statistics* 1991

Auch wenn die Kernbereiche der CBDs hinsichtlich ihrer Wachstumsdynamik deutlich hinter die Außenbereiche der Metropolitan Areas zurückfielen und etwa in den Verdichtungsräumen Sydney und Melbourne heute weniger als 15 % der 'office type jobs' auf sich konzentrieren, sorgen CBD-Erweiterungen und CBD-nahe Entlastungszentren (z.B. North Sydney, St. Kilda Road, West Perth, Coronation Drive Korridor in Brisbane und Greenhill Road in Adelaide) dafür, daß die Bürobeschäftigung in den Verdichtungskernen weiterhin zunimmt. Zumindest ein Teil des Dezentralisierungspotentials konnte somit vom direkten Umfeld der CBDs aufgefangen werden. Gleichzeitig erlebte der Bürosektor in den CBDs aber auch eine deutliche Umstrukturierung und Spezialisierung auf hochrangige dispositive Funktionen. Während etwa die Berufsgruppe der 'clerks'[6] und die Zahl anderer lediglich mit ausführenden Tätigkeiten befaßten Arbeitskräfte zurückgeht, steigt die Zahl der höherqualifizierten Arbeitskräfte in den Stadtzentren weiter an. Diese Tatsache und das kräftige Wachstum der geringer qualifizierten Büroarbeitskräfte in den Außenbereichen der Verdichtungsräume, spiegelt deutlich den Trend zur Verlagerung von Routinefunktionen aus dem CBD wider. Vor allem in der Metropolitan Area von Sydney gibt die Auslagerung von Routine-Bürofunktionen und eine weiter zunehmende Zahl von Hochqualifizierten im Kernbereich Anlaß zu der Befürchtung, daß dieser Trend zu einer fortschreitenden räumlich-funktionalen Spaltung des Verdichtungsraumes in eine 'executive city' im Inneren und einen den 'blue collar belt' ergänzenden 'pink collar belt' in der Außenstadt führen könnte. Außer Zweifel steht jedoch, daß die Wirtschafts- und Beschäftigungsentwicklung von großen CBDs zunehmend von nicht lokalen Einflüssen determiniert wird (*The Parliament of the Commonwealth of Australia* 1992, S.36). Infolge der zunehmenden Weltmarktintegration werden vor allem die großen CBDs von Sydney und Melbourne ihre herausgehobene Position innerhalb des Stadtraumes weiter beibehalten oder sogar noch ausbauen können. Andererseits werden sie traditionelle und überwiegend zuarbeitende Bürofunktionen an den suburbanen Raum verlieren.

Die Frage nach der genauen Lokalisation des Wachstums der Büroarbeitsplätze im suburbanen Raum ist aufgrund der Datenlage etwas schwieriger zu beantworten. Allerdings ist klar, daß sich das suburbane Bürobeschäftigtenwachstum überwiegend außerhalb der größeren suburbanen Zentren vorwiegend dezentral in 'freistehenden' Bürogebäuden, in 'Business Parks' oder als untergeordnete Funktion im Anschluß an Produktions- oder Einzelhandelsbetriebe vollzog. Moderne Gewerbegebiete sind heute durch einen erheblichen Anteil an Bürobeschäftigten gekennzeichnet. Obwohl in den 70er und 80er Jahren einige suburbane Geschäftszentren ein beeindruckendes Bürowachstum aufwiesen, haben diese insgesamt gesehen nur einen relativ geringen Teil des suburbanen Bürobeschäftigungswachstums an sich binden können. Da für die suburbanen Zentren der Metropolitan Areas von Sydney und von Brisbane relativ verläßliche und detaillierte Arbeitsplatzzählungen vorliegen, läßt sich für diese beiden Verdichtungsräume der in den größeren suburbanen Zentren konzentrierte Anteil an den regionalen Büroarbeitsplätzen für 1991 abschätzen.[7] So bieten die zwölf größten

---

[6] Die Berufsgruppe der 'clerks' umfaßt vor allem Beschäftigte mit rein ausführenden Bürotätigkeiten wie Sachbearbeiter, Schreibkräfte, Bürohilfspersonal usw.

[7] Die Arbeitsplatzzahlen für die suburbanen Zentren in Sydney entstammen einem im Auftrag des Department of Planning durchgeführten 'employment monitoring' (*NSW Department of Planning* 1991a). In Brisbane führte das Department of Development and Planning der City of Brisbane selbst eine Arbeitsplatzzählung in suburbanen Zentren durch (vgl. *Brisbane City Council - Department of Development and Planning* 1990b).

suburbanen Geschäftszentren der Sydney Metropolitan Area zusammen rund 93.000 Büroarbeitsplätze. Dies entspricht einem Anteil von rund 15 % aller Büroarbeitsplätze des Verdichtungsraumes. In Brisbane entfielen auf die fünf größten suburbanen Geschäftszentren dagegen nur etwa 3.800 Büroarbeitsplätze, was einem Anteil an der Gesamtzahl der Büroarbeitsplätze im Verdichtungsraum von unter 2 % bedeutet. Es ist zu vermuten, daß die Verhältnisse in Perth und Adelaide jenen von Brisbane recht ähnlich sind, während Melbourne eher eine Zwischenstellung zwischen Sydney und Brisbane einnehmen dürfte. Lediglich im Verdichtungsraum Sydney läßt sich eine auch aus regionaler Sicht spürbare Konzentration von Büroarbeitsplätzen in suburbanen Geschäftszentren feststellen. In den kleineren Verdichtungsräumen entstanden die neuen Büroarbeitsplätze im suburbanen Raum ganz überwiegend an dispersen Standorten.

Die Wohnstandorte der Bürobeschäftigten

In vielen Großstädten der Welt läßt sich feststellen, daß die Wohnstandorte der Besserverdienenden und Führungskräfte einen erheblichen Einfluß auf die räumliche Entwicklung der Bürobeschäftigung ausüben. Dies resultiert in der Regel in einer verstärkten Büroentwicklung in Richtung der bevorzugten Wohnstandorte der Entscheidungsträger. Andererseits spielen gerade bei Standortentscheidungen für 'back office'-Funktionen auch die Wohnstandorte für geringer qualifizierte Bürokräfte eine Rolle. Wie eine Analyse der Wohnstandorte der Bürobeschäftigten mit den Volkszählungsdaten von 1991 zeigt, sind diese erheblich gleichmäßiger über die gesamte Metropolitan Area gestreut als deren Arbeitsplätze. Dies gilt insbesondere für Büroarbeitskräfte mit niedrigerem Qualifikationsniveau, die in allen LGAs der Metropolitan Areas mit etwa gleichen Anteilen vertreten sind. Im Gegensatz hierzu konzentrieren sich die Wohnstandorte der höherqualifizierten Bürobeschäftigten sehr deutlich auf attraktive innerstädtische bzw. auf statushohe suburbane Wohngebiete. Typische Wohngebiete dieser Gruppe sind die Bereiche um den Hafen und die North Shore im Verdichtungsraum Sydney, die inneren und mittleren östlichen Vororte im Verdichtungsraum Melbourne, die nördlich an den unteren Swan River angrenzenden LGAs im Verdichtungsraum Perth, die westlichen Stadtteile von Brisbane und die inneren und mittleren östlichen Vororte im Verdichtungsraum Adelaide. Vergleicht man dieses Muster mit dem der suburbanen Bürobauaktivitäten, so zeigt sich, daß auch in australischen Verdichtungsräumen ein deutlicher Zusammenhang zwischen den bevorzugten Wohngebieten der Führungskräfte und den Leitlinien der Büroentwicklung besteht. So entfielen z.B. in der Sydney Metropolitan Area etwas über 50 % der gesamten suburbanen Bürobauinvestitionen der 80er Jahre auf die zentrale North Shore und die an den äußeren Port Jackson angrenzenden Vororte, obwohl in diesem Bereich nur etwa ein Fünftel der Erwerbstätigen der Verdichtung lebt. Durch diese räumlichen Ungleichgewichte der suburbanen Büroentwicklung besteht in den westlichen Außenbereichen der Metropolitan Area bei den 'einfacheren Bürotätigkeiten' ein deutliches Mißverhältnis zwischen Arbeitskräften und den lokal vorhandenen Arbeitsplätzen. Gerade viele weibliche Bürobeschäftigte mit geringer Qualifikation sind deshalb noch immer zum Fernpendeln in die Verdichtungskerne gezwungen.

5.3 Die Bürobauentwicklung in den Metropolitan Areas

Die kontinuierliche Zunahme der Bürobeschäftigung in den großen australischen Verdichtungsräumen korrespondiert mit einer erheblichen Vergrößerung des Büroflächenbestandes. Eine Schätzung des Gesamtbüroflächenbestandes in den Metropolitan Areas kann letztlich nur über die Anzahl der Bürobeschäftigten erfolgen.[8] Wie oben errechnet, gab es in den fünf größten australischen Metropolitan Areas zwischen 615.500 (Sydney) und 152.200 Bürobeschäftigte (Adelaide). Nimmt man an, daß jeder dieser Beschäftigten tatsächlich seinen Arbeitsplatz in einem Büro hat, bestünde in der Metropolitan Area die jeweils entsprechende Zahl an Büroarbeitsplätzen. Das Immobilienforschungsinstitut *BIS Shrapnel* (1988, 1992) schätzt die durchschnittliche Bürofläche pro Büroarbeitsplatz für 1991 in den Metropolitan Areas von Sydney und Melbourne auf 29,7 m^2 Nettobürofläche.[9] Unterstellt man dasselbe Verhältnis auch in den anderen Verdichtungsräumen, ergibt eine einfache Multiplikation mit der Anzahl der Bürobeschäftigten eine Gesamtbürofläche der Metropolitan Areas für 1991 von 18,28 Mio. m^2 in Sydney, 14,55 Mio. m^2 in Melbourne, 6,09 Mio. m^2 in Brisbane, 5,04 Mio. m^2 in Perth und 4,52 Mio. m^2 in Adelaide. Die verfügbaren Daten lassen eine recht genaue Abschätzung der in wirklichen Bürogebäuden verfügbaren Flächen für die Verdichtungsräume Sydney (9,23 Mio. m^2), Melbourne (6,80 Mio. m^2) und Brisbane (2,56 Mio. m^2) zu. Man kann also davon ausgehen, daß sich je nach Verdichtungsraum nur 40 % bis 50 % der Büroarbeitsplätze bzw. Büroflächen in eigens für diesem Zweck erstellten Bürogebäuden befinden.

Obwohl keine exakten Daten verfügbar sind, kann man davon ausgehen, daß sich der Gesamtbestand an Büroflächen seit den 50er Jahren vervielfacht hat. So hat sich die Bürofläche in Bürogebäuden im Verdichtungsraum Sydney zwischen 1960 und 1991 von 1,42 Mio. m^2 auf 9,23 Mio. m^2 mehr als versechsfacht, und auch in den Metropolitan Areas von Melbourne und Brisbane stieg die Bürofläche zwischen 1971 und 1991 um mehr als das Vierfache an.[10] Neben der stetigen Zunahme der Bürobeschäftigung spielt die Vergrößerung der Pro-Kopf-Bürofläche eine entscheidende Rolle für die langfristige Nachfrageentwicklung nach Büroraum. Nicht zuletzt durch den verstärkten Einsatz von EDV und modernen Büromaschinen vergrößerte sich die Bürofläche pro Bürobeschäftigtem erheblich. Nach Schätzungen von *BIS Shrapnel* (1988, 1992) lag dieser Wert Anfang der 70er Jahre noch bei etwa 14 m^2 und stieg bis heute auf etwa 30 m^2 an. Mit rund 5 % lag die durchschnittliche jährliche Wachstumsrate der Pro-Kopf-Bürofläche in den großen australischen Verdichtungsräumen zwischen 1981 und 1991 über der Wachstumsrate der Bürobeschäftigung (2,5 % - 4,2 %), trug also insgesamt noch stärker als diese zur Büroflächennachfrage bei. Aufgrund der höheren Mietpreise verlief diese Flächenausweitung in den CBDs zwar etwas langsamer, trug aber auch hier dazu bei, daß die Bürofläche trotz nur noch leicht steigender bzw. stagnierender Arbeits-

---

[8] Die Erfassung des Gesamtbüroflächenbestandes gestaltet sich relativ schwierig. Sowohl die Daten der amtlichen Statistik als auch die Angaben der *Building Owners and Managers Association* und der verschiedenen Immobilienmakler beziehen sich nur auf Bürogebäude, das heißt auf Gebäude, deren überwiegende Flächennutzung Büros sind. Sie klammern also Büros in anderen Gebäudetypen wie etwa Fabrik- oder Wohngebäuden aus. Auch eine Berechnung der Flächen über die Bürobeschäftigung ist mit erheblichen Unsicherheiten behaftet. Deshalb beziehen sich die in der Literatur angeführten Angaben über Büroflächen zumeist lediglich auf die über Baugenehmigungen sowie Flächenregister der Immobilienmakler besser erfaßbaren Büroflächen in Bürogebäuden. Dies ist in der Regel auch in der vorliegenden Arbeit so. Erläuterungen zu Datenquellen und Flächendefinitionen befinden sich in den Anhängen A.5 und A.6.

[9] Dieser Wert umfaßt außer den eigentlichen Arbeitsräumen auch zusätzliche Flächen von Besprechungsräumen, Schalterräumen, Gemeinschaftsräumen, Sanitärräumen, Fluren usw.

[10] Die Angaben beziehen sich auf die um die durch Flächenabgänge verminderten Nettozuwächse. Der vor allem durch Gebäudeabrisse bedingte Abgang von Büroflächen ist insbesondere in den CBDs erheblich und machte z.B. in Sydney zwischen 1971 und 1987 etwa 14 % des Neubauvolumens aus. Demgegenüber bewegt sich der Wegfall von Flächen durch Abriß an suburbanen Standorten in zu vernachlässigenden Größenordnungen (*BIS Shrapnel* 1988, S.51).

platzzahlen erheblich zunahm. Außer der Büroautomatisierung tragen jedoch auch andere Faktoren zu dem sich ständig vergrößernden Büroraumbedarf bei:
- die Umschichtung der Tätigkeitsmerkmale in Richtung auf höhere Qualifikation und die damit in der Regel verbundene bessere Raumausstattung,
- die Repräsentationsbestrebungen mancher Unternehmen, die sich auch in großzügigeren und imageträchtigeren Räumlichkeiten niederschlagen,
- die Forderungen von Belegschaften und Gewerkschaften nach besseren Arbeitsbedingungen und die Möglichkeit für die Unternehmen, durch verbesserte Arbeitsbedingungen hochkarätige Arbeitskräfte anzuziehen,
- die rasche Zunahme des Büroflächenanteils des suburbanen Raumes, wo aufgrund geringerer Kosten eine großzügige Flächenausstattung besser verwirklicht werden kann,
- das Bestreben der Unternehmen, in Phasen eines Überangebots von Büroflächen und dementsprechend niedrigen Mietpreisen ihren Büroraum zu vergrößern.

Zyklische Entwicklungen auf den Büromärkten

Neben den langfristig wirksamen Nachfragetrends spielen für die Büroflächennachfrage auch kurzfristigere Faktoren eine Rolle. Hierzu zählen vor allem konjunkturell bedingte Einflußgrößen wie die Auftragslage und die Gewinnerwartungen der Unternehmen. Neben allgemeinen konjunkturellen Schwankungen kann die lokale Büroflächennachfrage auch durch kleinräumig wirksame Faktoren erheblich beeinflußt werden. Hierbei spielen Veränderungen des Standortimages eine entscheidende Rolle, die etwa in den 80er Jahren die CBD-Standorte in Perth oder Sydney, aber auch einige suburbane Büromärkte (Parramatta, Chatswood) begünstigt haben. Aber auch planerische und politische Einflußgrößen können einen erheblichen Einfluß auf die kleinräumige Nachfrageentwicklung ausüben.

Während die Nachfragegrößen des Büromarktes eng mit den allgemeinen Konjunkturzyklen korrelieren, unterliegen die Angebotsfaktoren einer hiervon zumindest teilweise losgelösten Dynamik. Sowohl das Investitionsgeschehen als auch die Bürobauentwicklung sind in den australischen Verdichtungsräumen starken zyklischen Bewegungen unterworfen. Diese als 'property cycles' bezeichneten Marktschwankungen sind vor allem für Büromärkte mit einem starken spekulativen Element charakteristisch und führen aufgrund ihrer eigenen inneren Dynamik zu starken Auf- und Abwärtsbewegungen der Baufertigstellung (*Barras* 1983, *Bateman* 1985).[11] Die 'property cycles' ergeben sich zum einen aus dem bei Bürogebäuden besonders langfristigen Produktionsprozeß. Zwischen der Projektplanung, der Beschaffung der Finanzmittel, der Erteilung der Baugenehmigung und der Fertigstellung größerer Büroprojekte vergehen oft so viele Jahre, daß sich die Aufnahmebereitschaft des Marktes zwischen dem Zeitpunkt der Investitionsentscheidung und dem Zeitpunkt, an dem das Objekt tatsächlich zur Vermietung bereitsteht, erheblich verändert haben kann. Ein weiterer entschei-

---

[11] Als spekulativer Bürobau werden Bürogebäude bezeichnet, die für einen anonymen Markt mit einem unbestimmten Nachfragerkreis gebaut werden. Spekulative Büromärkten sind demzufolge durch eine starke personelle, institutionelle und funktionale Trennung von Investoren, Developern und Büroraumnachfragern gekennzeichnet. Die Hauptgründe dafür, daß die Büromärkte sehr viel stärkeren Schwankungen unterliegen als anderen Immobilienmärkte (Einzelhandelsimmobilien, Wohnimmobilien usw.), sind neben ihrem spekulativen Charakter vor allem ihre ausgesprochene Internationalisierung und die besondere Beliebtheit von Büroimmobilien bei renditeorientierten institutionellen Kapitalanlegern.

dender Faktor ist der auf dem Markt für spekulativ errichtete Bürogebäude annähernd bestehende Zustand der vollkommenen Konkurrenz mit einer durch sogenannte 'property consultants' sichergestellten Markttransparenz. Diese Kombination aus langen Produktionszeiten und atomisierten Angebotsstrukturen mit sehr vielen Marktteilnehmern bewirkt, daß zu Zeiten des Nachfrageüberhangs und entsprechend hohen Mieten sehr viele neue Bauvorhaben gestartet werden, die teilweise aber erst auf den Markt kommen, wenn die Marktsättigung bereits überschritten ist, der Bestand an nicht vermietbarer Bürofläche wieder zunimmt und das Mietniveau fällt. Erst wenn das bestehende Überangebot absorbiert ist und das Mietniveau aufgrund der Angebotsverknappung wieder steigt, nimmt die Investitionsbereitschaft der Anleger und mit ihr die Büroflächenproduktion wieder zu - der Zyklus beginnt von neuem. Die Möglichkeiten zu einem antizyklischen Verhalten, obwohl aus theoretischer Sicht sinnvoll, scheitern nicht selten an den Bedingungen des Kapitalmarktes (Kapitalkosten), über den die Finanzierung von Großprojekten in der Regel organisiert werden muß.

Ausgesprochene Spekulations- und Investitionswellen sind durchaus typische und immer wiederkehrende Ereignisse in der australischen Stadtentwicklungsgeschichte (*Daly* 1982a, *Sandercock* 1975 und 1990). Allerdings sind die modernen, vorwiegend von spekulativen Investitionsinteressen gesteuerten 'office development cycles' ein verhältnismäßig junges Phänomen. Bis in die 50er Jahre waren die Bürogebäude in den australischen Innenstädten für heutige Verhältnisse relativ klein und der Gebäudebesitzer in der Regel mit dem Gebäudenutzer identisch (*Kemp* 1977, *Alexander* 1974). Diese Situation änderte sich in den 60er Jahren allerdings grundlegend. Unter dem Einfluß britischer Investoren setzte sich zunächst in den CBDs von Sydney und Melbourne ein renditeorientierter und zunehmend professionalisierter Miet-Büromarkt durch. Insgesamt lassen sich seit Ende der 60er Jahre sieben Hauptphasen des australischen 'property cycles' hervorheben (*Jones Lang Wootton* 1990b): (1) der Boom der späten 60er und frühen 70er Jahre, (2) die zunehmende Instabilität auf hohem Niveau zwischen 1971 und 1974, (3) der Zusammenbruch des Marktes zwischen 1974 und 1977, (4) die Wiedererholung des Marktes zwischen 1977 und 1982, (5) der durch die Rezession verzögerte Aufschwung 1982 und 1983, (6) der Boom zwischen 1984 und 1989 und (7) der erneute Zusammenbruch des Marktes nach 1990.

Die Baufertigstellung folgte dem Investitionsgeschehen mit einem gewissen zeitlichen Nachlauf. So erlebten die australischen Metropolen ab Mitte der 60er Jahre aber vor allem zwischen 1970 und 1976 einen Bürobauboom in bis dahin ungekanntem Ausmaß. Die Ursachen für diesen ersten großen Nachkriegsboom waren vielfältig und wirkten sowohl auf der Angebot- als auch auf der Nachfrageseite. Die Ausgangsbasis wurde durch eine Kulmination von verschiedensten miteinander verbundenen Faktoren gelegt, die sich seit dem Zweiten Weltkrieg aufbauten. So etwa die nachhaltige Hochkonjunkturphase der australischen Volkswirtschaft seit Anfang der 60er Jahre und der hiermit eng verbundene Bergbauboom, der einerseits ausländisches Kapital in das Land lockte und andererseits eine erhebliche Nachfragewirkung auf den Büromarkt ausübte. Zugleich wirkten sich Wachstum und Effizienzsteigerungen des Finanzsektors sowohl auf der Nachfrageseite als auch über die Verbesserungen der Finanzierungsbedingungen für Büroprojekte auf der Angebotsseite aus. So kam es bis 1973 zu einem starken Zufluß ausländischen Kapitals und einem Überfluß an Geldmitteln. Die Nachfrageseite wurde zudem durch eine erhebliche Ausweitung der Beschäftigung im öffentlichen Dienst zusätzlich angeheizt.

Die Nachfrageerwartungen der Investoren erwiesen sich jedoch als weit überzogen. Zudem wurden die Wachstumsaussichten und das Vertrauen in die australische Volkswirtschaft durch einige einschneidende Ereignisse in den Jahren 1973 und 1974 erheblich gedämpft: die Ölkrise 1973/74 mit ihren Folgen für eine weltweite Rezession, der Rückgang der australischen Wachstumsraten 1974/75, das Anziehen der Inflationsrate bis auf über 15 % im Jahre 1973 sowie die restriktive Geldpolitik der Labor-Regierung, welche die Kreditfinanzierung für Bauherren bei gleichzeitig sinkenden Renditeerwartungen verteuerte. Dies alles führte zu einem Zusammenbruch des Marktes, so daß im CBD von Sydney bereits Mitte der 70er Jahre ein Fünftel der Bürofläche ohne Mieter blieb. Die Schwierigkeiten mit der Flächenvermietung trieben einige große Bauentwicklungsgesellschaften und mit ihnen viele Finanzierungsgesellschaften in die Zahlungsunfähigkeit, und der bis dahin größte Bauboom in der australischen Geschichte endete mit einer Reihe spektakulärer Firmenzusammenbrüche.

Der Bürobauboom nach 1984 und seine Folgen

Nachdem als Folge sinkender Renditeerwartungen und dem Crash einiger größerer Bauunternehmen die Baufertigstellungen zwischen 1978 und 1983 stark zurückgingen, zogen sie 1984 mit verbesserten konjunkturellen Aussichten und einer weitestgehenden Absorption des Büroflächenüberhanges wieder deutlich an. Der Aufschwung des Investitions- und Baugeschehens läßt sich an den erteilten Baugenehmigungen für Bürogebäude ablesen. Während die geschätzten Gesamtbaukosten der genehmigten Projekte in der Sydney Metropolitan Area Anfang der 80er Jahre noch auf einem sehr niedrigen Niveau lagen, stiegen sie bis zum Wirtschaftsjahr 1983/84 leicht auf A$ 496 Mio. an. Danach schnellte der Gesamtwert der erteilten Baugenehmigungen in die Höhe und lag im Wirtschaftsjahr 1984/85 bereits bei A$ 874 Mio. und zwei Jahre später bei A$ 1.238 Mio. Im Wirtschaftsjahr 1988/89 wurde mit einem Gesamtumfang von A$ 2.500 Mio. ein Rekordwert erreicht. Obwohl nicht alle Baugenehmigungen von den Bauherren auch tatsächlich genutzt wurden, zog der Gesamtwert der fertiggestellten Bürogebäude mit dem Wirtschaftsjahr 1986/87 kräftig an: er lag 1985/86 bei A$ 381 Mio., 1986/87 bei A$ 713 Mio., 1987/88 bei A$ 1.153 Mio., 1988/89 bei A$ 1.629 Mio., 1989/90 bei A$ 1.739 Mio. und 1990/91 sogar bei A$ 2.421 Mio. (Angaben zu Preisen von 1988/89). Eine ähnliche Entwicklung vollzog sich auch in den anderen Metropolitan Areas. So wurde auch in Melbourne der Höhepunkt der Bürofertigstellung mit A$ 1.596 Mio. im Wirtschaftsjahr 1990/91 erreicht. Da sich den Bauboom zwischen 1989 und 1991 stark auf die beiden größten Büromärkte des Landes, die CBDs von Sydney und Melbourne, konzentrierte, wurden die Spitzenjahre in den kleineren Verdichtungsräumen schon früher erreicht: in Perth mit A$ 345 Mio. im Jahre 1989/90, in Adelaide mit A$ 405 Mio. im Jahre 1988/89 und in Brisbane mit A$ 473 Mio. sogar schon 1986/87. Diese großen Mengen investierten Kapitals führten zu einem raschen Anstieg der verfügbaren Büroflächen. Alleine in den fünf Jahren bis 1991 wurden in den Metropolitan Areas von Sydney und Melbourne 2,74 bzw. 2,36 Mio. m^2 Bürofläche erstellt. Fast noch dramatischer verlief die Entwicklung in den CBDs, besonders in Melbourne, Sydney, Perth und Adelaide (Tab. 5.6).[12]

---

[12] Als Phasen starker Bauentwicklung können in den Verdichtungsräumen Sydney, Melbourne und Adelaide die Jahre zwischen 1970 und 1976 sowie zwischen 1987 und 1991 gelten. In Brisbane sind die Phasen 1970 bis 1978 und 1985 bis 1990 durch hohe Bauaktivität geprägt. Eine hiervon abweichende Entwicklung zeigt die Perth Metropolitan Area mit ihrem zusätzlichen, durch die Gewinnerwartungen infolge des zweiten Bergbaubooms angeheizten 'peak' Anfang der 80er Jahre. Zudem verlief die Entwicklung in der sich während der 70er und 80er Jahre besonders dynamisch entwickelnden westaustralischen Metropole instabiler als in den anderen Verdichtungsräumen und weist z.T. extreme Schwankungen auf.

Tab.5.6: CBD-Büroflächenangebot und CBD-Leerstandsquoten in australischen Metropolen[a]
CBD office space and vacancy rates in Australian Capital Cities

	Nettobürofläche 1992 in m^2	Neubaufläche 1987-1992 in m^2	in %	Leerstandsquote in % 1992	1994
Sydney	4.024.200	715.200	17,8	20,3	10,4
Melbourne	3.320.000	1.270.000	38,3	26,7	12,0
Brisbane	1.416.800	164.800	11,6	13,8	20,0
Perth	1.329.000	355.000	26,7	28,0	20,8
Adelaide	1.281.700	339.000	26,5	16,4	14,4

[a] Nettobürofläche in Bürogebäuden, jeweils bezogen auf Mitte des entsprechenden Jahres

Quellen: *Building Owners and Managers Association, Jones Lang Wootton*

Die maßgeblichen Ursachen dieses Immobilienbooms in der zweiten Hälfte der 80er Jahre waren der Situation zwischen 1968 und 1971 nicht unähnlich. Allerdings spielten der Zufluß von Kapital aus dem Ausland und die Konkurrenz verschiedener Investitionsstandorte untereinander in den 80er Jahren noch eine ungleich größere Rolle. Zudem kamen die Hauptimpulse teilweise aus verschiedenen Richtungen. Während in den 60er Jahren der 'mineral boom' eine wichtige Voraussetzung für den Immobilienboom war, ging die treibende Kraft in den 80er Jahren ganz überwiegend vom expandierenden Finanzsektor aus. Insgesamt waren für die Boomphase von 1985 bis 1989 drei in enger Beziehung zueinander stehende Faktorenbündel entscheidend:

- Ab 1983/84 machte sich mit der sich verbessernden konjunkturellen Situation eine steigende Büroflächennachfrage in den großen australischen Verdichtungsräumen bemerkbar. Diese ging zum einen von der Privatwirtschaft aus, insbesondere von der Expansion des deregulierten und zunehmend internationalisierten Finanzwesens, der unternehmensorientierten Dienstleistungen und des Immobiliensektors selbst. Zum anderen trat auch der öffentliche Sektor nach mehreren Jahren Stillstand wieder als ein wichtiger Büroflächennachfrager auf. Zudem beschleunigten sich in den 80er Jahren auch die langfristigen Entwicklungstrends wie die funktionale Umstrukturierung der Beschäftigungsstruktur zugunsten von Büroarbeitsplätzen und die Vergrößerung der Pro-Kopf-Bürofläche. Trotz der enormen Bauproduktion fanden sich für die neuen Büroflächen aufgrund der bis 1988 fortbestehenden Flächenknappheit problemlos Mieter. Lag die jährliche Netto-Absorptionsrate, also die Neuaufnahme von Büroraum am Markt, z.B. in der Melbourne Metropolitan Area 1982 noch bei 117.000 m^2, stieg sie danach kontinuierlich an und erreichte im Jahre 1989 ihren historischen Höchststand von über 480.000 m^2 (*BIS Shrapnel* 1992). Aufgrund dieses Nachfragesogs stiegen das Mietniveau und damit die von den Investoren und Developern erzielbaren Renditen auf allen größeren Büromärkten Australiens kräftig an.

- Ab Mitte der 80er Jahre standen für die Entwicklung von Büroprojekten große Mengen flüssigen Kapitals zur Verfügung. Die hohen Rendite- und Gewinnerwartungen auf dem Immobilienmarkt resultierten in einem zunehmenden Umlenken der Kapital- bzw. Investitionsströme aus anderen Wirtschaftsbereichen in den profitabler erscheinenden Immobiliensektor. Neben großen inländischen Anlegern wie Versicherungen oder Rentenkassen, die auf der Suche nach einer möglichst günstigen Kapitalverzinsung wieder verstärkt in Büroimmobilien investierten, lenkten zunehmend auch ausländische Investoren mit dem Ziel, kurzfristig hohe Gewinne zu erzielen, große Geldmengen in den Bau von spekulativ errichteten Bürogebäuden. So stiegen die ausländischen Direktinvestitionen in den australischen Immobiliensektor seit 1986/87 eindrucksvoll an. Mit einem vom 'Foreign Investment Review Board' genehmigten Direktinvestitionsvolumen von insgesamt A$ 12,5 Mrd. wurde im Spitzenjahr 1988/89 ein Wert erreicht, der 28mal so hoch lag wie noch 1984/85. An dieser Zunahme waren japanische Investoren überproportional beteiligt. Aber auch Investoren aus Neuseeland, Großbritannien, Hongkong und Malaysia engagierten sich Ende der 80er Jahre überdurchschnittlich stark auf dem australischen Immobilienmarkt. Der Zufluß ausländischen Kapitals erfolgte jedoch nicht nur über Direktinvestitionen. Noch bedeutsamer waren die großen ausländischen Geldmengen, die dem Immobiliensektor über das zunehmend deregulierte Bankensystem zur Verfügung standen. Sowohl bei Banken als auch bei Finanzierungsgesellschaften führte diese Steigerung des Kapitalvolumens zu einer aggressiven Vermarktung. Zudem sorgten die starke Konkurrenz der Anbieter und das sinkende Zinsniveau ab 1987 für eine faktische Verbilligung der flüssigen Geldmengen. Hinzu kam, daß viele Großanleger nach dem Börsenkrach von 1987 ihre Portfolios zugunsten von vermeintlich sicheren Immobilienwerten umschichteten. In dieser Situation wurden spekulativ erstellte Büroprojekte aus der Sicht der Developer nicht nur ein profitables, sondern auch vergleichsweise sicheres Geschäft (*Low/Moser* 1991).

- Sowohl die Bundesregierung als auch die Bundesstaaten bemühten sich in einer Atmosphäre zunehmender internationaler und regionaler Konkurrenz um die Schaffung möglichst günstiger Rahmenbedingungen für den Einsatz des ausländischen und inländischen Kapitals. Angesichts einer verschärften Ansiedlungskonkurrenz wurde die Entwicklung zahlreicher Mega- und Prestigeprojekte von den Staatsregierungen aktiv vorangetrieben. Die Formen staatlicher Förderung reichten dabei über die Lockerung planungsrechtlicher Bestimmungen, die Beschleunigung von Genehmigungsverfahren und gezielte Landverkäufe bis hin zu der Übernahme von Bürgschaften und Mietgarantien, direkter Subventionierung, der Gewährung zinsfreier Darlehen und staatlichen Kapitalbeteiligungen (*Berry/Huxley* 1992, *Rimmer* 1988).

Im Laufe des Jahres 1990 zeigten sich bei weiterhin hohen Baufertigstellungsziffern zunehmend Anzeichen eines Endes des Mietwachstums und einer nachlassenden Investitionsbereitschaft, nachdem die Leerstandsquote auf einigen großen Büromärkten des Landes erstmals seit Ende der 70er Jahre wieder die 10 %-Marke erreichte. Zudem geriet die gesamte australische Volkswirtschaft Ende 1990 in eine spürbare Rezession. Die Beschäftigung im Finanzwesen und den unternehmensnahen Dienstleistungen ging bereits im ersten Halbjahr 1990 zurück. Trotz des Zusammenbruchs der Flächennachfrage kamen in den Jahren 1991 und 1992 weiterhin große Büroprojekte auf den Markt und vergrößerten den Flächenüberhang weiter. Hatten viele Experten noch 1990 auf eine 'sanften Landung' des Immobilienbooms gehofft, zeigte sich spätestens ab 1991, daß sich diese Hoffnungen nicht erfüllen sollten. Trotz fallender Mieten und der Gewährung von unterschiedlichsten 'incentives' an Neumieter ließen sich die neu auf den Markt kommenden Flächen nicht mehr vermieten. Im Verlauf des Jahres 1992 erreichten die Leerstände in den CBDs von Sydney, Melbourne und Perth historische Höchstmarken (Tab. 5.6).

Der Zusammenbruch des Büromarktes, der noch dramatischer verlief als jener Mitte der 70er Jahre, führte nicht nur zu Firmenzusammenbrüchen in der Bau- und Development-Branche, sondern brachte auch Geldgeber und Banken in ernsthafte Schwierigkeiten. Dabei sind die eigentlichen Probleme nach dem Zusammenbruch des Büroimmobilienmarktes aus volkswirtschaftlicher Sicht nicht so sehr die leerstehenden Bürotürme an sich, sondern vielmehr die in ihnen blockierten Kapitalmengen, die für Investitionen in 'produktive' Wirtschaftssektoren nicht mehr zur Verfügung stehen, für die aber dennoch der Preis einer hohen Auslandsverschuldung zu zahlen ist (*Grotz/Braun* 1993). Allerdings zeigten sich 1994 erste Erholungssignale. Mit der wieder anspringenden Konjunktur gingen die Leerstandsquoten zumindest in den CBDs von Sydney und Melbourne auf Werte zwischen zehn bis zwölf Prozent zurück. Dennoch rechnen Immobilienexperten nicht mit einer völligen Erholung des Büroimmobilienmarktes vor Ende der 90er Jahre.

Man kann deshalb wohl davon ausgehen, daß die Entwicklungsdynamik auf den regionalen Büromärkten bis Ende des Jahrtausends eher begrenzt sein wird. Folglich wird auch die derzeitige innerregionale Standortstruktur in den nächsten Jahren relativ stabil sein. Welche Konsequenzen hatten der Büroimmobilienboom und sein Zusammenbruch nun auf kleinräumiger Ebene? Neben dem stärkeren Engagement der asiatischen Investoren war das Entstehen von eigenständigen Büromärkten in den Vororten wohl das markanteste Kennzeichen des Bürobaubooms der späten 80er Jahre. Im folgenden soll deshalb die mit dem Bürobauboom verbundene Standortdynamik eingehender beleuchtet werden.

Intraregionale Verschiebungen in der Bürobautätigkeit - drei unterschiedliche Entwicklungstypen

Von der Mitte des 19. Jahrhunderts bis in die 60er Jahre dieses Jahrhunderts besaßen die CBDs der großen Metropolitan Areas fast eine Monopolstellung als Standorte von Bürogebäuden. Erst danach begann sich dieses monozentrische Muster langsam zu verändern, ohne jedoch alle großen Verdichtungsräume in gleicher Weise zu betreffen. Die vom *Australian Bureau of Statistics* geführte 'Building Activity Survey' läßt eine genauere Analyse der innerregionalen Verteilung der Bürobauinvestitionen auch über längere Zeiträume zu.[13] Gegenüber anderen Datenquellen weist die 'Building Activity Survey' (BACS) den Vorteil auf, daß sie alle Baumaßnahmen, also sowohl den Neubau als auch Gebäudemodernisierungen, umfaßt. Damit liefert sie ein umfassendes Bild über die Gesamtheit der Bauaktivitäten. Für alle großen Verdichtungsräume Australiens liegen vergleichbare und bis in das Jahr 1970/71 zurückgreifende Datenreihen auf SLA/LGA-Basis vor (in der Sydney Metropolitan Area sogar bis 1966/67). Die Zeitreihen beginnen damit kurz vor dem ersten Bürobauboom und enden 1991 kurz nach dem Höhepunkt des zweiten großen Bürobaubooms (Abb. 5.1 bis 5.10).

---

[13] Erläuterungen zur 'Building Activity Survey' siehe im Anhang A.6.

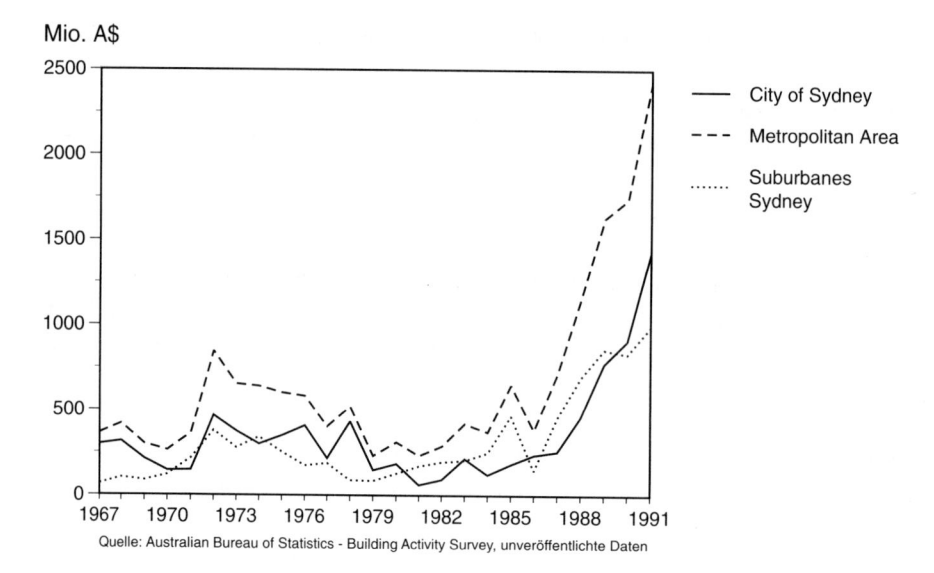

Abb. 5.1: Wert fertiggestellter Bürogebäude in der Sydney Metropolitan Area 1967-1991 (zu Preisen von 1991)

Value of completed office buildings in the Sydney Metropolitan Area 1967-1991 (constant 1991 prices)

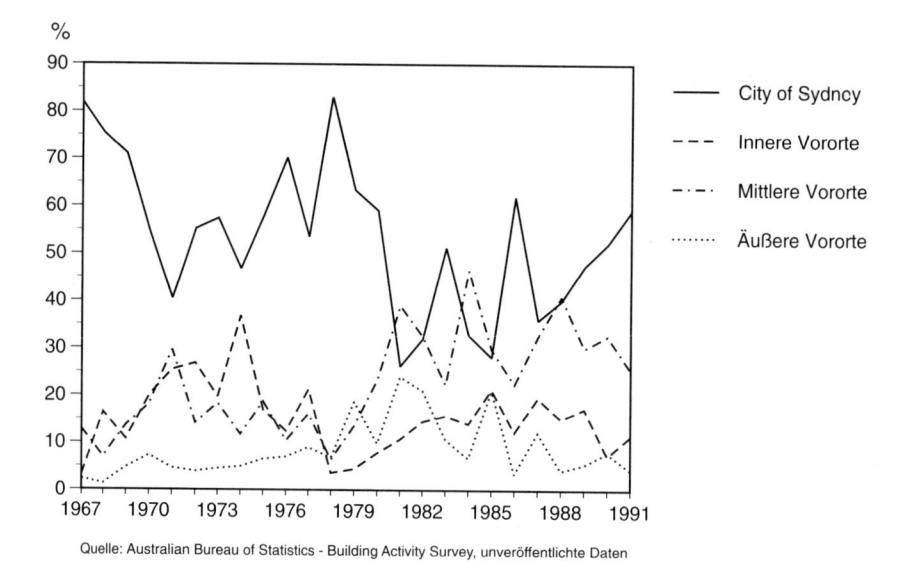

Abb. 5.2: Wert fertiggestellter Bürogebäude in der Sydney Metropolitan Area 1967-1991: prozentuale Anteile nach Ringzonen

Value of completed office buildings in the Sydney Metropolitan Area 1967-1991: percentage distribution by zone

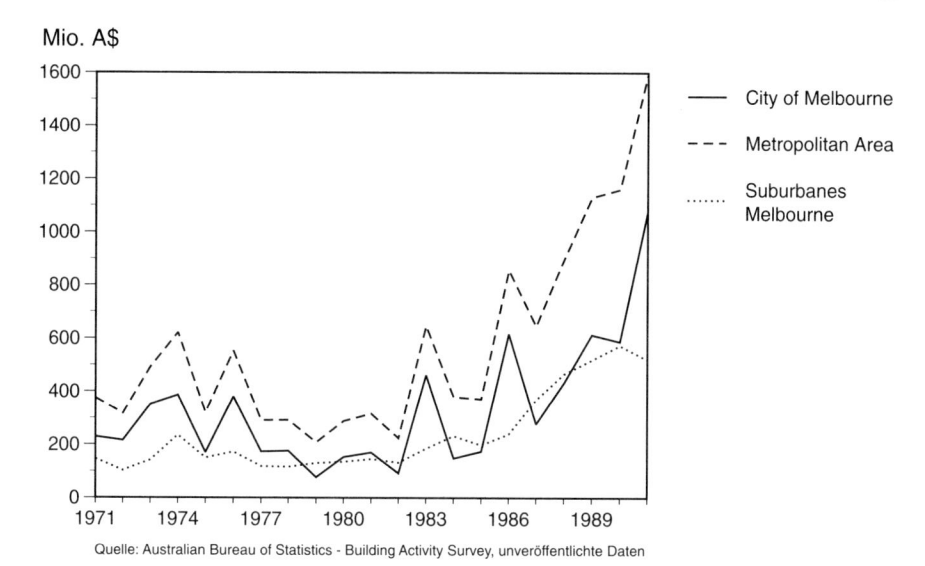

Abb. 5.3: Wert fertiggestellter Bürogebäude in der Melbourne Metropolitan Area 1971-1991 (zu Preisen von 1991)

Value of completed office buildings in the Melbourne Metropolitan Area 1971-1991 (constant 1991 prices)

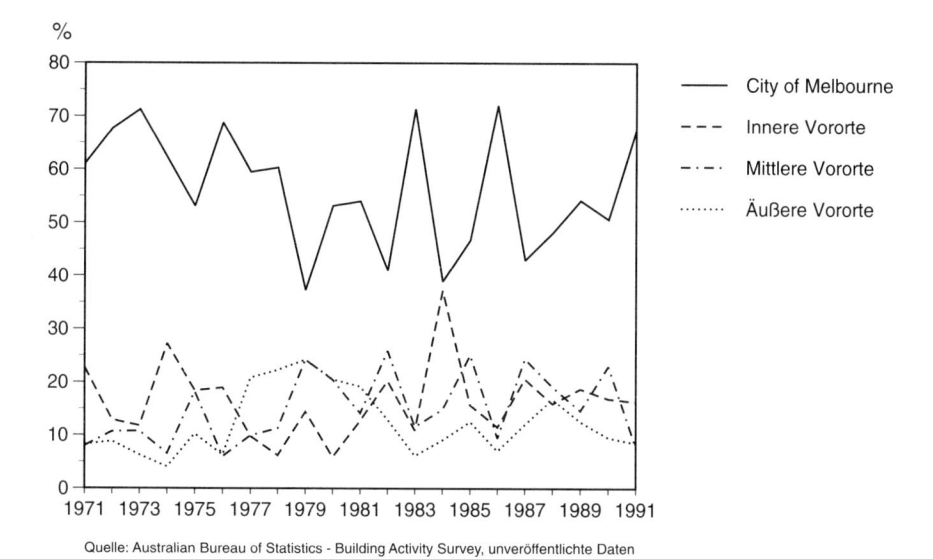

Abb. 5.4: Wert fertiggestellter Bürogebäude in der Melbourne Metropolitan Area 1971-1991: prozentuale Anteile nach Ringzonen

Value of completed office buildings in the Melbourne Metropolitan Area 1971-1991: percentage distribution by zone

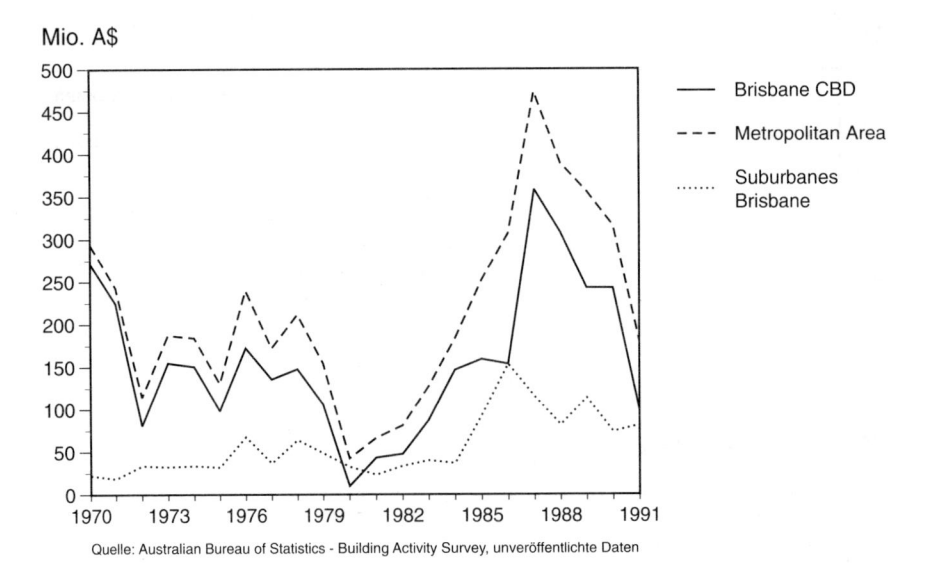

Abb. 5.5: Wert fertiggestellter Bürogebäude in der Brisbane Metropolitan Area 1970-1991 (zu Preisen von 1991)

Value of completed office buildings in the Brisbane Metropolitan Area 1970-1991 (constant 1991 prices)

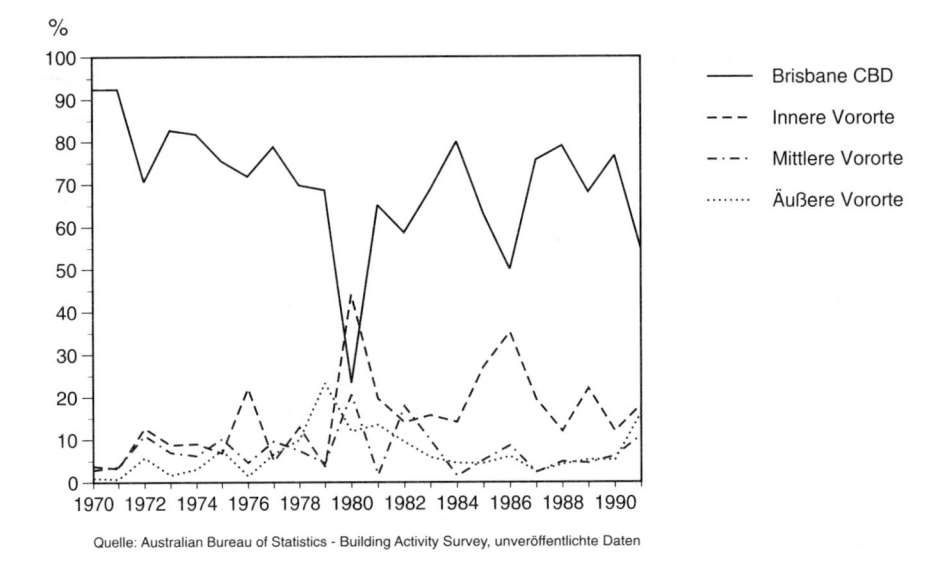

Abb. 5.6: Wert fertiggestellter Bürogebäude in der Brisbane Metropolitan Area 1970-1991: prozentuale Anteile nach Ringzonen

Value of completed office buildings in the Brisbane Metropolitan Area 1970-1991: percentage distribution by zone

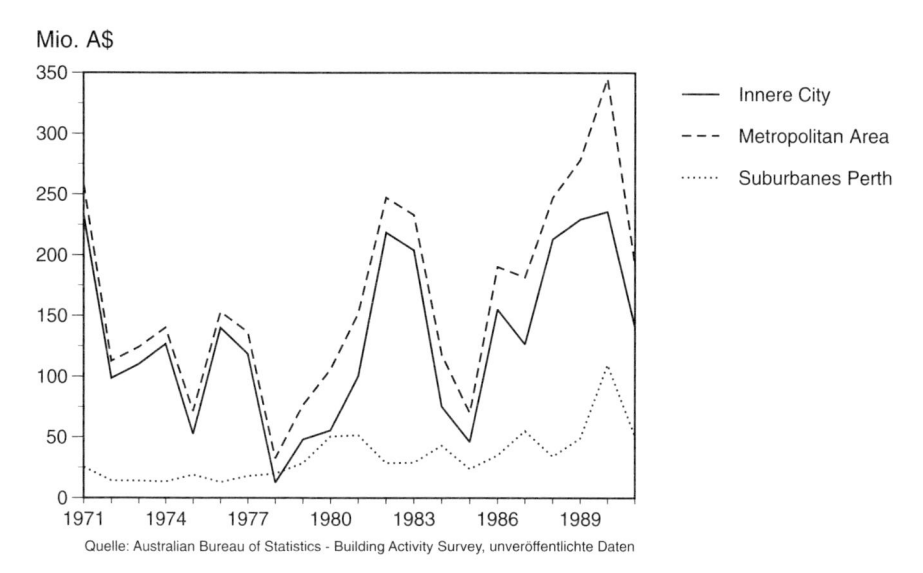

Abb. 5.7: Wert fertiggestellter Bürogebäude in der Perth Metropolitan Area 1971-1991 (zu Preisen von 1991)

Value of completed office buildings in the Perth Metropolitan Area 1971-1991: percentage distribution by zone

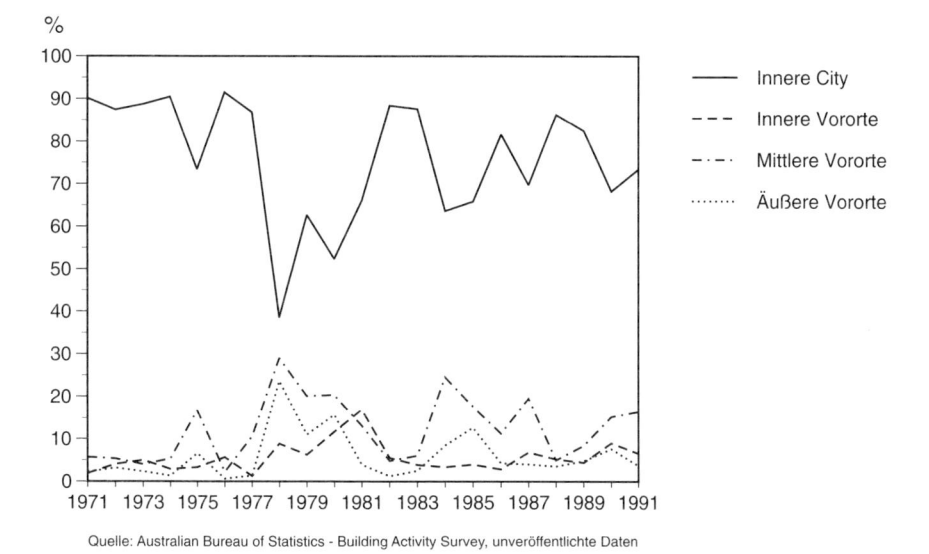

Abb. 5.8: Wert fertiggestellter Bürogebäude in der Perth Metropolitan Area 1971-1991: prozentuale Anteile nach Ringzonen

Value of completed office buildings in the Perth Metropolitan Area 1971-1991: percentage distribution by zone

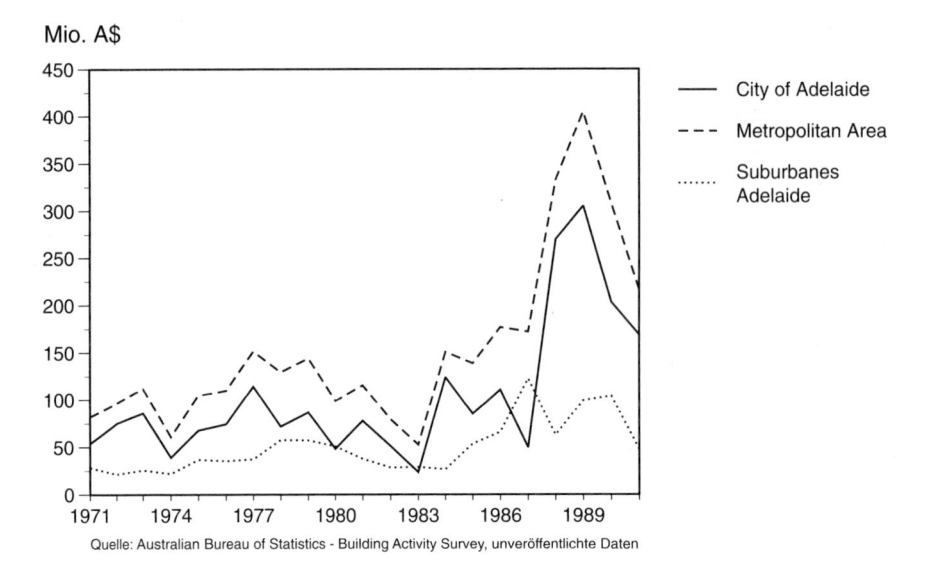

Abb. 5.9: Wert fertiggestellter Bürogebäude in der Adelaide Metropolitan Area 1971-1991 (zu Preisen von 1991)

Value of completed office buildings in the Adelaide Metropolitan Area 1971-1991: percentage distribution by zone

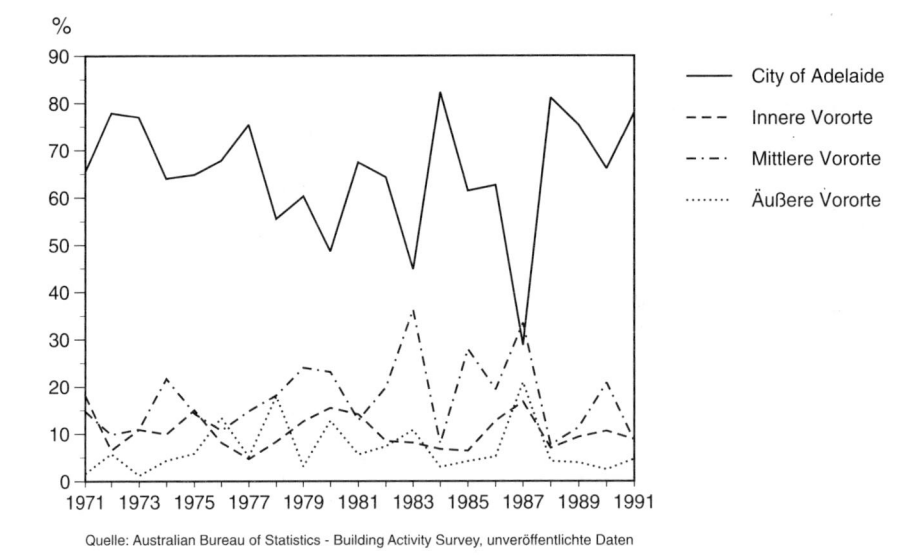

Abb. 5.10: Wert fertiggestellter Bürogebäude in der Adelaide Metropolitan Area 1971-1991: prozentuale Anteile nach Ringzonen

Value of completed office buildings in the Adelaide Metropolitan Area 1971-1991: percentage distribution by zone

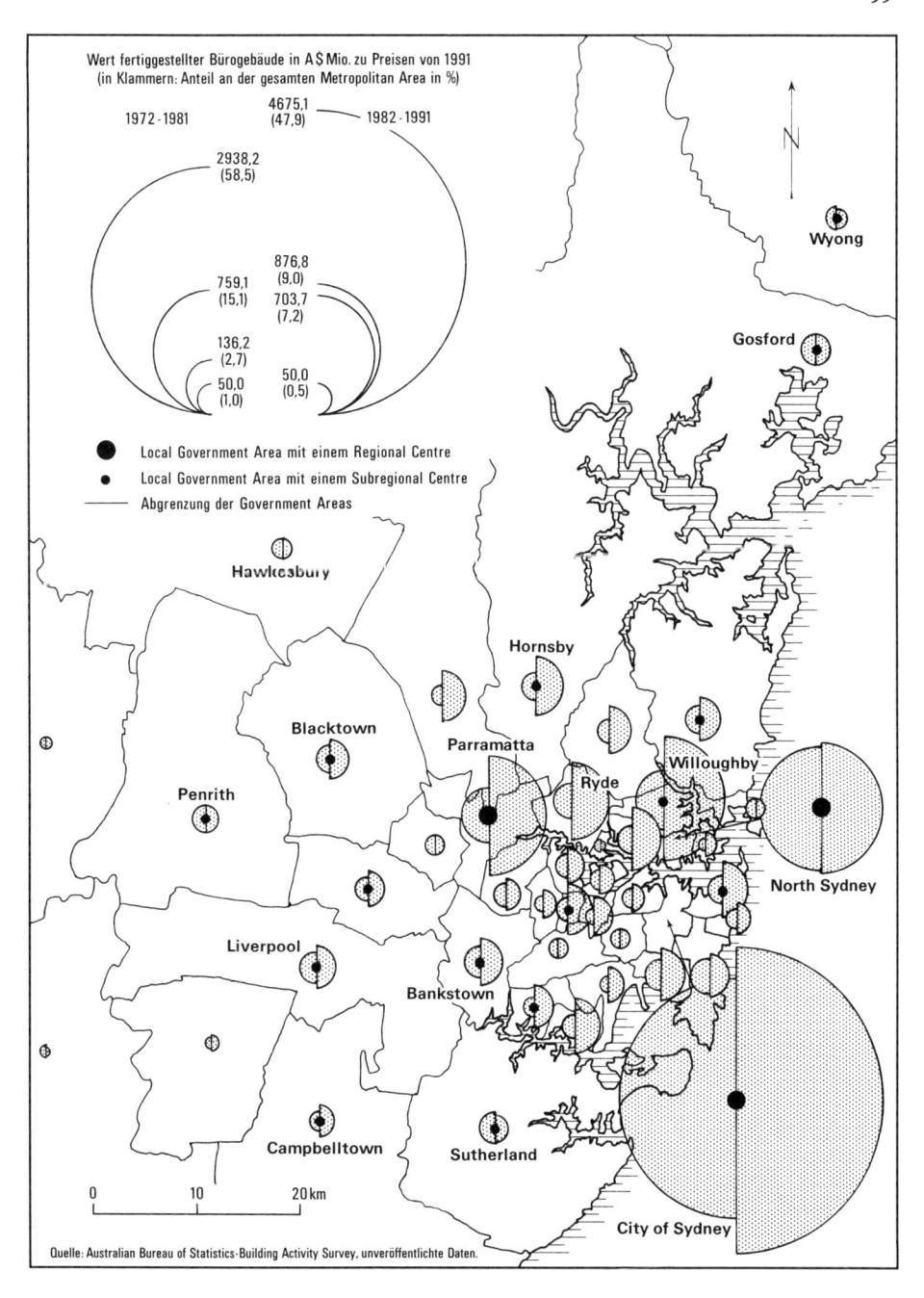

Abb. 5.11: Wert fertiggestellter Bürogebäude in Local Government Areas der Sydney Metropolitan Area 1972-1991
Value of completed office buildings in Local Government Areas of the Sydney Metropolitan Area 1972-1991

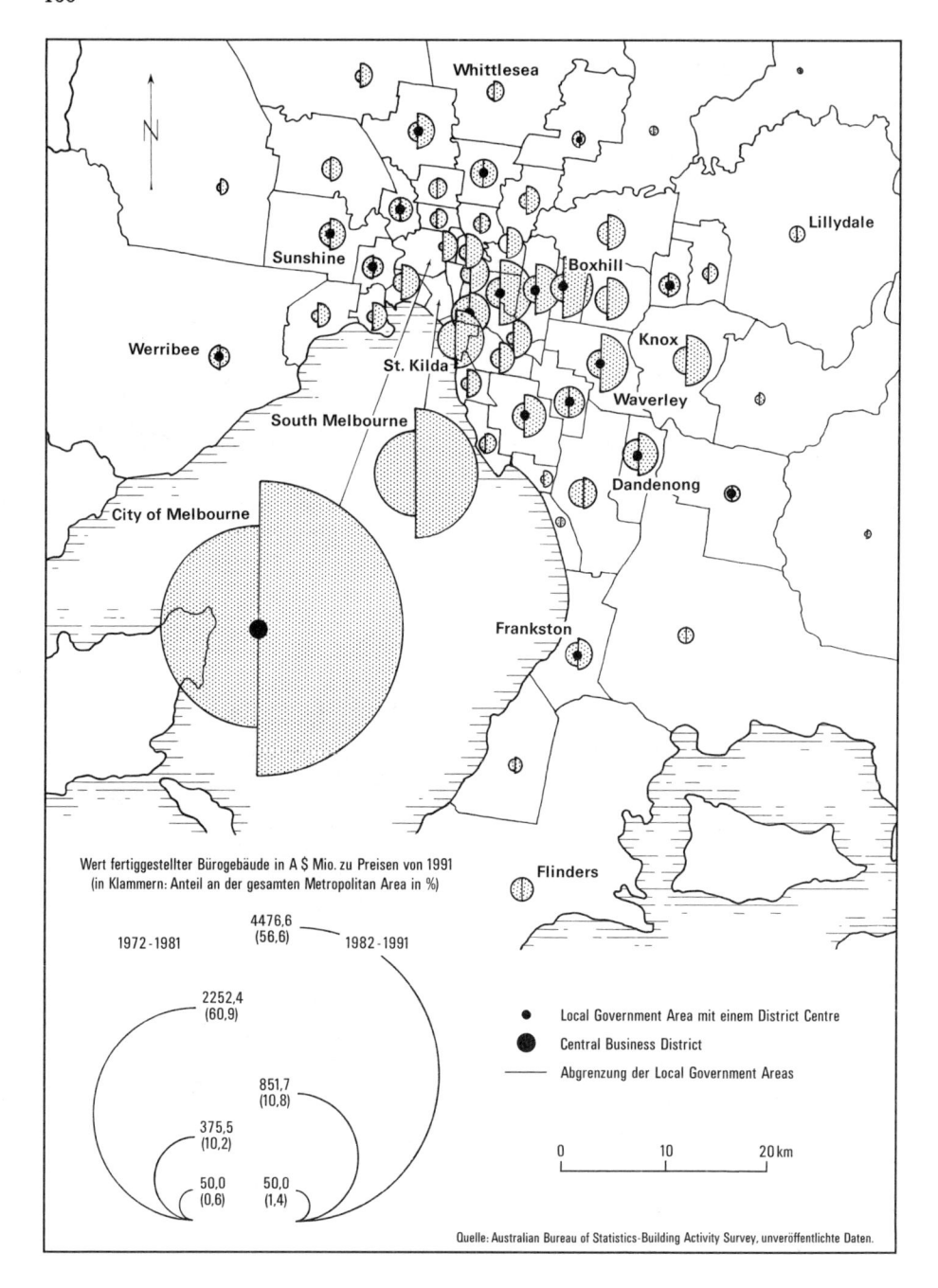

Abb. 5.12: Wert fertiggestellter Bürogebäude in Local Government Areas der Melbourne Metropolitan Area 1972-1991

Value of completed office buildings in Local Government Areas of the Melbourne Metropolitan Area 1972-1991

Die Auswertung der Bürobaufertigstellungsdaten zeigt deutlich, daß Sydney und Melbourne nach wie vor die dominierenden regionalen Büromärkte Australiens sind. So wurden im 20-Jahres-Zeitraum zwischen 1971/72 und 1990/91 im Verdichtungsraum Sydney rund A$ 14,8 Mrd. und im Verdichtungsraum Melbourne rund A$ 11,6 Mrd. in Bürobauprojekte investiert (zu Preisen von 1991). In den drei kleineren 'Millionenstädten' ist diese Summe deutlich geringer: in Brisbane rund A$ 4,2 Mrd. sowie in Perth und Adelaide rund A$ 3,2 Mrd. Erwartungsgemäß zeigen die Bürobauzyklen in verschiedenen Verdichtungsräumen einen weitestgehend parallelen Verlauf. Dies kann als ein Beleg dafür gewertet werden, daß lokal- bzw. regionalspezifische Besonderheiten gegenüber dem Einfluß gesamtwirtschaftlicher Bedingungen und dem allgemeinen Investitionsklima in den Hintergrund treten. Auch innerhalb der Verdichtungsräume verliefen die Bürobauzyklen in einzelnen Teilräumen während der 70er und 80er Jahre im großen und ganzen parallel.

Der Anteil der Verdichtungskerne an den in Geldwerten gemessenen Bürobaufertigstellungen ist höher als ihr Anteil an den erstellten Büroflächen. Dies ist ein Indiz dafür, daß an diesen Standorten noch immer qualitativ hochwertigere Gebäude gebaut werden. Tatsächlich erreichen außerhalb der größeren suburbanen Bürozentren wie Parramatta und Chatswood nur wenige Gebäude den im CBD üblichen Ausstattungsstandard. Zudem spielte in den letzten Jahren gerade in den CBDs die Modernisierung des Gebäudebestandes der 60er und 70er Jahre eine entscheidende Rolle. Hierdurch flossen dem Bürobau erhebliche Geldmengen zu, die nicht direkt zu einer Ausweitung der Bürogeschoßfläche führten.

In dem hier behandelten Zusammenhang von noch größerem Interesse als der zeitliche Verlauf der Investitionszyklen ist die intraregionale Büroflächenentwicklung in ihrer mittel- bis langfristigen Perspektive. Ganz offensichtlich sind die Verdichtungskerne in allen fünf Metropolitan Areas nach wie vor die eindeutigen Zentren der Bürobauentwicklung. In absoluten Zahlen haben die Investitionen in den Verdichtungskernen seit Mitte der 80er Jahre erheblich zugenommen. Ganz generell ist feststellbar, daß die CBDs während der Hochphase eines spekulativen Baubooms sowohl in relativen als auch in absoluten Zahlen als Investitionsstandorte an Bedeutung gewinnen (z.B. in Sydney und Melbourne nach 1988). Hierfür ist neben der überproportional auf den CBD ausgerichteten Flächennachfrage des vor allem in den Boomphasen rasch wachsenden Finanzwesens vor allem die Tatsache verantwortlich, daß in der fortgeschrittenen Phase eines spekulativen Baubooms immer mehr an kurzfristigen Renditen orientierte Großinvestoren auf den Markt treten, die mit den örtlichen bzw. regionalen Gegebenheiten nicht oder nur wenig vertraut sind und schon deshalb zu den größten (und aus ihrer Sicht wohl auch sichersten) Anlagestandorten tendieren. Dieser Effekt wird noch verstärkt durch die zunehmende Professionalisierung des Immobilienmarktes und die Rolle der großen, häufig global operierenden Immobilienagenturen. Durch ihr international verfügbares Informationsangebot werden Investitionen auf den für Außenstehende unsicheren und unübersichtlichen lokalen Immobilienmärkten erst möglich. Sie stellen für die besonders bedeutenden Büromärkte weltweit verfügbare Informationen bereit und kanalisieren somit tendenziell das spekulative Investitionsgeschehen auf wenige Standorte, über die eine hohe Informationsdichte vorliegt. In aller Regel sind dies die großen CBD-Büromärkte, in Australien also insbesondere die CBDs von Sydney und Melbourne. So konnten die Kernräume der großen Metropolitan Areas ihre deutliche Vorrangstellung als Bürostandorte in der Regel auch während der 80er Jahre behaupten. Lediglich in der Sydney Metropolitan Area ist der Anteil der Kernstadt an den Bürobauaktivitäten während der 80er Jahre insgesamt spürbar zurückgegangen. In allen anderen Verdichtungsräumen war der Bedeutungsverlust, falls überhaupt feststellbar, relativ gering. Zudem fand er von einem sehr hohen Ausgangsniveau statt. Aufgrund dieser Unterschiede zwischen den einzelnen Verdichtungsräumen erscheint es sinnvoll, die innerregionale Entwicklung der Bürobauaktivitäten zunächst getrennt zu betrachten. Dabei zeigen vor allem Sydney und Melbourne ausgeprägte eigenständige Entwicklungslinien, während sich Brisbane, Perth und Adelaide trotz einiger regionaler Besonderheiten zu einem gemeinsamen Entwicklungstyp zusammenfassen lassen:

In der *Sydney Metropolitan Area* (Abb. 5.11) unterscheidet sich die intraregionale Verteilung der Bürofertigstellungen zwischen den 70er und 80er Jahren sehr viel deutlicher als in den anderen Verdichtungsräumen. So ging der Anteil der City of Sydney an den Baufertigstellungen der Metropolitan Area Anfang der 80er Jahre deutlich zurück und pendelte sich in den Folgejahren trotz starker jährlicher Fluktuationen auf einem Niveau von rund 40 % ein. Erst ab 1990 resultierte der Bauboom im CBD in einer Wieder-Überschreitung der 50 %-Marke. Ein langfristig abnehmender Anteil an den Büroinvestitionen kennzeichnet die innere Vorortzone einschließlich des 'CBD-Auslegers' North Sydney. Auffälliger ist der Verlauf der Investitionskurve in den mittleren Vororten. Der Anteil dieser Zone an der Bürobautätigkeit stieg zwischen 1979 und 1981 sprunghaft an (Abb. 5.2). Damit war die mittlere Vorortzone der eigentliche 'Gewinner' der Bürodezentralisierung. Innerhalb dieses Bereichs zeigen besonders die LGAs Parramatta, Willoughby und Ryde ein hohes Niveau an Bürofertigstellungen. Anfang der 80er Jahre ließ sich zwar ebenfalls ein, wenn auch schwächerer Anstieg des Anteils an den Bauaktivitäten in der äußeren Vorortzone verzeichnen. Schon ab Mitte des Jahrzehnts fiel dieser Anteil aber wieder auf unter 10 %. Die ländlich geprägte Peripherie des Verdichtungsraumes erfährt bislang nur eine sehr geringe Bürobautätigkeit. Lediglich einige LGAs mit größeren suburbanen Geschäftszentren (Liverpool, Blacktown, Hornsby) sowie Baulkham Hills weichen von diesem allgemeinen Muster der äußeren Vororte ab. Insgesamt zeigt sich, daß sich, nachdem die Bürobautätigkeit in den 70er Jahren nur auf zwei LGAs im Kernraum der Verdichtung konzentriert war (City of Sydney, North Sydney), im Laufe der 80er Jahren mit Parramatta und Willoughby mindestens zwei weitere Schwerpunkte der Bürobautätigkeit entwickelt haben.

Anders als in Sydney verlief die Bürobauentwicklung der letzten 20 Jahre in der *Melbourne Metropolitan Area* (Abb. 5.12). Auch hier erlebte der CBD im Laufe der 80er Jahre zwar einen relativen Bedeutungsverlust, dieser wurde aber durch größere Büroprojekte in seinen Randbereichen wieder kompensiert. Damit konnte die City of Melbourne ihre Stellung im wesentlichen behaupten. Nur in einzelnen Jahren fiel ihr Anteil an den gesamten Bürobauinvestitionen der Metropolitan Area unter die 50 %-Marke. Insgesamt entwickelte sich der suburbane Raum in Melbourne weniger dynamisch als in Sydney. Im Unterschied zu Sydney fiel der Bedeutungsgewinn der mittleren Vorortzone nach 1980 erheblich geringer aus. So konnten im Laufe der 80er Jahre nur wenige LGAs der östlichen mittleren Vorortzone deutliche Zuwächse verzeichnen (Hawthorn, Camberwell, Box Hill, Waverley). Insgesamt konnte der traditionelle Kernraum der Büroentwicklung (City of Melbourne, South Melbourne), auch in den 80er Jahren gut zwei Drittel aller Bürobauinvestitionen auf sich ziehen. Der spekulative Bürobau greift im Verdichtungsraum Melbourne bis heute kaum über einige wenige Teilbereiche der inneren Vorortzone hinaus. Trotz einer allgemeinen Dezentralisierungstendenz konnten sich kaum größeren suburbanen Schwerpunkte der Büroentwicklung ausbilden. Das vorhandene Dezentralisierungspotential tritt im suburbanen Raum relativ zerstreut auf, unterstreicht aber die ausgeprägte Ost-West-Asymmetrie der Entwicklungsdynamik innerhalb des Verdichtungsraumes.

In den kleineren *Metropolitan Areas von Brisbane, Perth und Adelaide* konnten die Verdichtungskerne ihre Vorrangstellung noch sehr viel deutlicher behaupten als in Sydney und Melbourne. Trotz starker jährlicher Schwankungen lag der Anteil des Verdichtungskernes an den gesamten Bürobauinvestitionen in den Metropolitan Areas von Brisbane und Perth in der Regel zwischen 60 % und 90 %. Etwas geringer war dieser Anteil in der Adelaide Metropolitan Area. Hier führte die etwas andere Wirtschaftsstruktur - vor allem die stärkere Industrialisierung und der schwächer entwickelte höherrangige Dienstleistungssektor - zu einem dezentraleren Muster der Investitionstätigkeit, da der Anteil der produktionsstättennah erstellten Verwaltungs- und Bürogebäuden höher ist. Andererseits erklärt sich die im extremen Maße auf den CBD konzentrierte Bürobautätigkeit in Brisbane und Perth zumindest teilweise aus deren ausgeprägt tertiärer Wirtschaftsstruktur. In allen drei Verdichtungsräumen hat sich die relative Bedeutung der Verdichtungskerne seit Anfang der 70er Jahre nur geringfügig verändert. Nur wenige suburbane Teilbereiche weisen etwas höhere Bürobauaktivitäten auf. Hierbei handelt es sich zumeist um innenstadtnahe Bereiche, früher eigenständige Siedlungskerne oder vorwiegend industriell-gewerblich strukturierte Bereiche. Insgesamt zeigt sich, daß die Bürodezentralisierung in den Verdichtungsräumen dieser Größenklasse noch relativ gering ist und bislang kaum über die an den CBD angrenzenden Stadtteile hinausgreift.

Durch die Analyse der Bürobauinvestitionen auf der Ebene der LGAs/SLAs lassen sich allgemeine Trends der räumlichen Büroentwicklung flächendeckend untersuchen. Um aber ein genaueres Bild von der Entwicklung bestimmter Bürostandorttypen und einzelner Standortgemeinschaften zu gewinnen, ist eine kleinräumigere Betrachtungsweise der Standortdynamik notwendig. Hierzu bietet sich insbesondere die Analyse von Büroflächendaten an, die für ausgewählte Bürostandorte bzw. lokale Büromärkte von Immobilienagenturen, der *Building Owners and Managers Association of Australia* oder staatlichen Planungsministerien erhoben werden.

Veränderungen im Bürostandortmuster und das Entstehen suburbaner Bürozentren

Ein deutlich sichtbarer Ausdruck dafür, daß die Bürobauentwicklung lange Zeit fast ausschließlich an den CBD gebunden war, sind die eindrucksvollen Skylines der CBDs von Sydney und Melbourne. Vor allem seit Anfang der 60er Jahre entwickelten sich hier Bürohochhausbebauungen, die bezüglich der Dichte und Höhe ihrer Baumassen mit nordamerikanischen Verhältnissen durchaus vergleichbar sind. Viele der nach 1970 gebauten Bürotürme in den CBDs von Sydney und Melbourne besitzen zwischen 40 und 50 Stockwerke und erreichen Höhen von 150 bis 200 Metern.[14] Der als

---

[14] Das erste Gebäude im CBD von Sydney, das die 100 Meter-Marke überschritt, wurde schon 1939 gebaut (AWA Tower, 110 m Höhe), die eigentliche Phase der Hochhausbebauung begann aber erst mit dem AMP Building im Jahre 1962 (26 Stockwerke, 112 m). Das derzeit höchste Bürogebäude ist der 1978 erbaute, 68-stöckige und 244 m hohe MLC-Tower am Martin Place (67.350 m^2 Nettobürofläche), der allerdings noch vom 1981 erbauten, 305 m hohen Centrepoint Tower (Funk- und Aussichtsturm) überragt wird. Auch der letzte Bürobauboom führte zu ausgesprochenen Hochhausriesen, so z.B. dem 1992 eröffneten Chifley Tower (50 Stockwerke, mit Dachspitze 240 m) oder dem 1993 eröffneten Governor Phillip Tower (54 Stockwerke, 227 m). Die höchsten Gebäude im CBD von Melbourne sind das 1986 fertiggestellte, 66-stöckige Rialto (83.700 m^2 Nettobürofläche) und der 1991 eröffnete, 56-stöckige Büroturm '101 Collins Street' (78.000 m^2 Nettobürofläche).

'Manhattanisation' bezeichnete Prozeß der exzessiven Hochhausbebauung vollzog sich zeitverzögert und in abgeschwächter Form auch in den kleineren 'Millionenstädten' Brisbane, Perth und Adelaide.

Das erste größere Bürogebäude, das in Australien außerhalb eines CBD gebaut wurde, war 1957 die 13-stöckige Hauptverwaltung der Versicherungsgesellschaft MLC in North Sydney. Das Gebäude bildete den Ansatzpunkt für die Entwicklung der ersten 'Nebencity' Sydneys auf der dem CBD gegenüberliegenden Hafenseite. Ab Anfang der 60er Jahren entstand auch in Melbourne eine ähnliche Erweiterung des CBD entlang der St. Kilda Road. Sowohl North Sydney als auch die St. Kilda Road entwickelten sich in der ersten Hälfte der 70er Jahre zwar zu bedeutenden Standortalternativen, als 'Ausleger' der CBDs blieben sie aber räumlich-funktional stark mit diesen verbunden. Bis 1975 war North Sydney auf 438.000 m² und die St. Kilda Road auf 369.000 m² Nettobürofläche herangewachsen. Trotz dieses beeindruckenden Wachstums von Büroflächen außerhalb der eigentlichen CBDs können weder North Sydney noch die St. Kilda Road als das Ergebnis einer wirklichen Büroflächendezentralisierung angesehen werden. Beide befinden sich in einer Entfernung von weniger als 2,5 km von den CBDs und fungieren heute eher als spezialisierte Ergänzungszentren für diese. Ähnliche, allerdings wesentlich kleinere CBD-nahe Bürobereiche entwickelten sich seit Ende der 70er Jahre auch in West Perth, in Spring Hill und entlang des Coronation Drives in Brisbane oder entlang der südlich des Parklands verlaufenden Greenhill Road in Adelaide.

Seit den 50er Jahren geht die relative Bedeutung der CBDs innerhalb der Metropolitan Areas kontinuierlich zurück. Als Resultat der Verlagerung der Bürobauaktivitäten in die 'suburbs' unterschritt der Anteil des CBD am gesamten Büroflächenbestand in Bürogebäuden in den Metropolitan Areas von Sydney und Melbourne Mitte der 80er Jahre erstmals die 50 %-Marke (Abb. 5.13 und 5.14). In den kleineren Verdichtungsräumen verläuft diese Entwicklung zwar mit einer deutlichen Zeitverzögerung, aber auch hier geht der Büroflächenanteil des CBD seit Anfang der 70er Jahre, wie hier exemplarisch am Beispiel Brisbane dargestellt, zurück (Abb. 5.15). Im Jahre 1991 entfielen auf die CBDs von Brisbane und Adelaide noch jeweils 56 % der metropolitanen Gesamtbürofläche.

Spiegelbildlich zum Bedeutungsverlust des CBD nahmen die Büroflächenanteile suburbaner Standorte während der letzten Jahrzehnte in allen Metropolitan Areas Australiens deutlich zu. Am Beispiel Sydney läßt sich die Verteilung der neu erstellten Büroflächen auf verschiedene Standorttypen gut nachvollziehen (Abb. 5.16). So setzte eine echte Standortdezentralisierung von Bürogebäuden im Verdichtungsraum Sydney bereits in den 60er Jahren ein. Da die erste Welle der Bürodezentralisierung in einem engen Zusammenhang mit der Industriesuburbanisierung stand, befanden sich die bis Anfang der 70er Jahre im suburbanen Raum erstellten Büroflächen zum größten Teil in Verwaltungsgebäuden von Industrieunternehmen. Erst ab Mitte der 70er Jahre begannen sich dagegen eigenständige Bürostandorte in den Vororten zu entwickeln. Bis 1980 war North Sydney auf 505.000 m², St.Leonards/Crows Nest auf 168.000 m², Parramatta auf 139.000 m² und Chatswood auf 103.000 m² Nettobürofläche angewachsen. Die meisten Büroflächen an Standorten wie Parramatta oder Chatswood waren jedoch im Vergleich zum CBD von minderer Qualität und wurden vorwiegend für den Eigenbedarf oder als preiswerter Mietraum für einen vorher feststehenden Mieterkreis gebaut. Ab Anfang der 80er Jahre wurde der spekulative Bürobau auch in den größeren suburbanen Bürozentren die treibende Kraft der Büroflächenentwicklung.

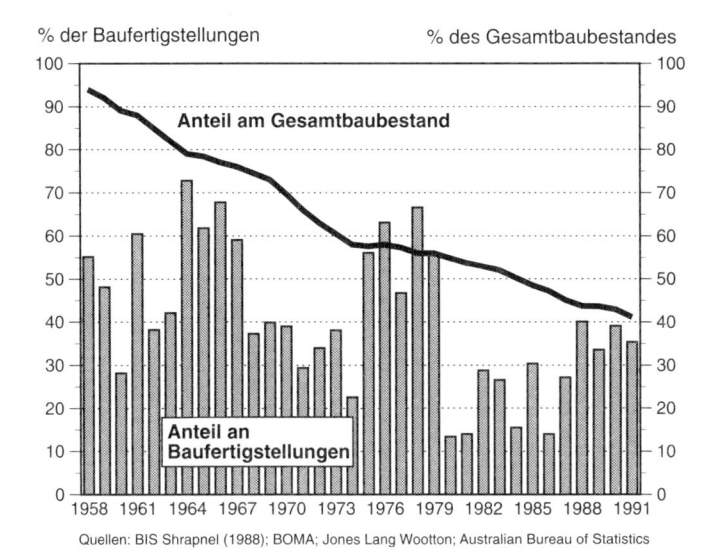

Abb. 5.13: Anteil des CBD an den Büroflächenfertigstellungen und am Büroflächenbestand der Sydney Metropolitan Area 1958-1991 (bezogen auf die Nettobürofläche in Bürogebäuden)

CBD share of office space completions and office space stock in the Sydney Metropolitan Area 1958-1991 (net office floorspace in office buildings)

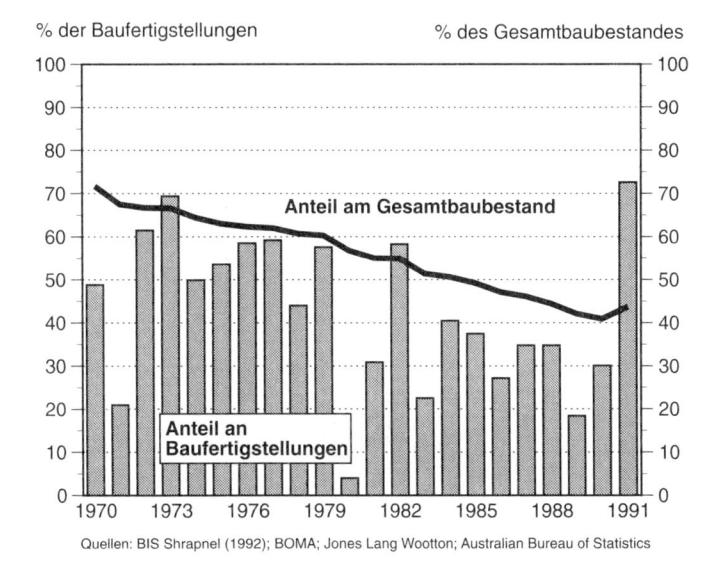

Abb. 5.14: Anteil des CBD an den Büroflächenfertigstellungen und am Büroflächenbestand der Melbourne Metropolitan Area 1970-1991 (bezogen auf die Nettobürofläche in Bürogebäuden)

CBD share of office space completions and office space stock in the Melbourne Metropolitan Area 1970-1991 (net office floorspace in office buildings)

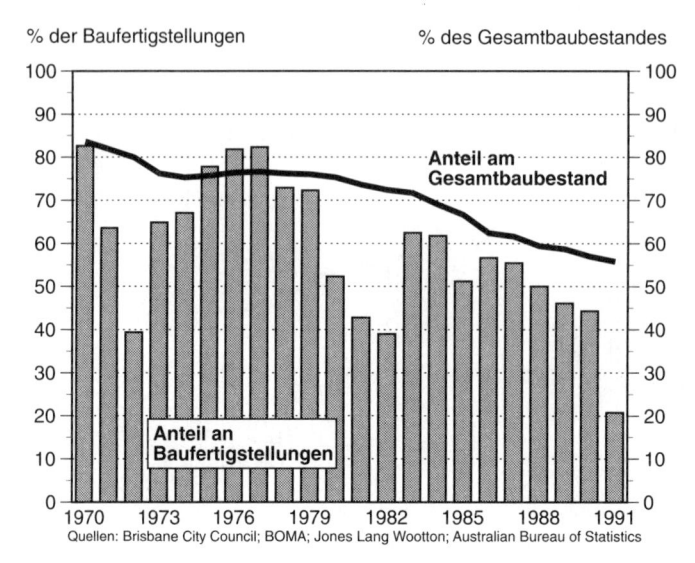

Abb. 5.15: Anteil des CBD an den Büroflächenfertigstellungen und am Büroflächenbestand der Brisbane Metropolitan Area 1970-1991 (bezogen auf die Nettobürofläche in Bürogebäuden)

CBD share of office space completions and office space stock in the Brisbane Metropolitan Area 1970-1991 (net office floorspace in office buildings)

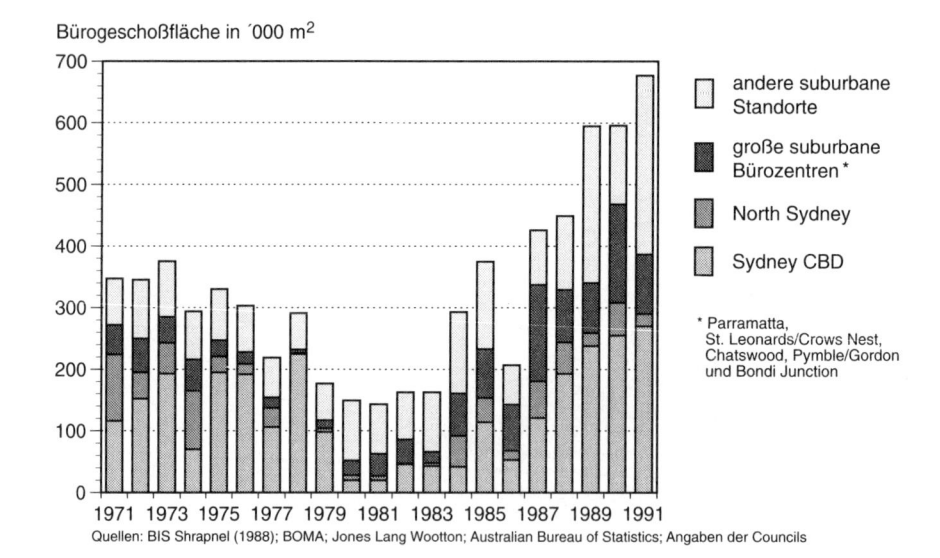

Abb. 5.16: Büroflächenfertigstellungen in der Sydney Metropolitan Area nach Standorttypen 1971-1991 (bezogen auf die Nettobürofläche in Bürogebäuden)

Completions of office space in the Sydney Metropolitan Area by type of location 1971-1991 (net office floorspace in office buildings)

Mit dem Mitte der 80er Jahre einsetzenden Büroboom erlebten vor allem die bereits seit längerem als Einzelhandelszentren etablierten Vorortzentren Chatswood und Parramatta innerhalb weniger Jahre eine Vervielfachung ihres Büroflächenbestandes und wuchsen zu beachtlichen Bürokonzentrationen heran. Folglich stieg der Anteil der neu erstellten Büroflächen, der auf die größeren suburbanen Zentren entfiel, in den 80er Jahren an und erreichte, nachdem er sich in den 70er Jahren meistens zwischen 4 % und 10 % bewegte, in Spitzenjahren wie 1987 und 1990 Werte von deutlich über 25 %. Hierdurch nahm der Anteil der größeren suburbanen Bürozentren (Standorte mit 1991 jeweils mehr als 90.000 m^2 Nettobürofläche) am Gesamtflächenbestand der Metropolitan Area, der Anfang der 70er Jahre noch bei 6 % lag, bis 1981 auf 8 % und bis 1991 auf knapp 15 % zu (Abb. 5.17).

Neben einer allgemeinen Dezentralisierung der Büroflächen war die Konzentration von Büroflächen an bestimmten suburbanen Standorten einer der entscheidendsten Entwicklungstrends der 80er Jahre. Einige suburbane Geschäftszentren des Verdichtungsraumes Sydney wurden auf diese Weise im Laufe der 80er Jahre zu auch im nationalen Rahmen bedeutsamen Büromärkten. Parallel zum Wachstum größerer suburbaner Bürozentren setzte sich in der Sydney Metropolitan Area aber auch die Büroflächendezentralisierung zugunsten kleinerer, dispers über den suburbanen Raum verteilter Bürostandorte weiter fort. So stieg der Anteil der Büroflächen in Gewerbegebieten, an 'freistehenden' Standorten oder in kleineren suburbanen Geschäftszentren zwischen 1971 und 1991 von 20 % auf 32 % an.

Im Gegensatz zur Sydney Metropolitan Area entwickelten sich im Verdichtungsraum Melbourne trotz einer ebenfalls rasch verlaufenden Dezentralisierung von Büroflächen bislang keine suburbanen Bürozentren vergleichbarer Größe. Zwar kam es auch in Melbourne im Laufe er 80er Jahre zunehmend zum Bau von Bürogebäuden im suburbanen Raum, vor allem entlang der Achse Hawthorn-Camberwell-Box Hill, aber insgesamt blieb das Standortmuster zersplitterter und weniger auf einzelne Kerne konzentriert. Außerdem wurden, anders als etwa in den größeren Bürozentren Sydneys, nur wenige große Büroprojekte im suburbanen Raum realisiert.[15] Von den 62 Bürogebäuden mit über 1.000 m^2 Nettobürofläche, die zwischen 1980 und 1986 außerhalb des Kernraumes der Verdichtung gebaut wurden, entfielen 44 alleine auf die mittleren östlichen LGAs Hawthorn, Camberwell und Box Hill (*Fothergill* 1987, *Jones Lang Wootton* 1986). Die Mehrzahl dieser Gebäude entstand in einem unzusammenhängenden Muster entlang größerer Hauptverbindungsstraßen (Burwood Highway, Camberwell Road, Toorak Road, Whitehorse Road). Erst nachdem die Genehmigungsfähigkeit für den Bau von 'freistehenden' Bürogebäuden im Jahre 1984 stark begrenzt wurde, gelang es größere Anteile des Entwicklungspotentials auf planerisch ausgewiesene District Centres zu konzentrieren. Außerhalb des zentralen Bereichs des Verdichtungsraumes und der 'östlichen Büroachse' entstanden kleinteilige Büroflächen in Gewerbegebieten und 'Business Parks' sowie in geringerem Maße in suburbanen Geschäftszentren der Außenstadt (Abb. 5.18).

---

[15] In der Regel blieben die suburbanen Bürogebäude in Melbourne deutlich unter 10.000 m^2 Nettobürofläche. Zu den wenigen Ausnahmen gehören insbesondere der 1987 bezogene Hauptverwaltungskomplex von Coles Myer in Tooronga, der 1988 fertiggestellte Como-Komplex im Prahran (u.a. Fernsehstation 'Channel Ten') und die Gebäude des 'Australian Taxation Office' in Box Hill und Dandenong.

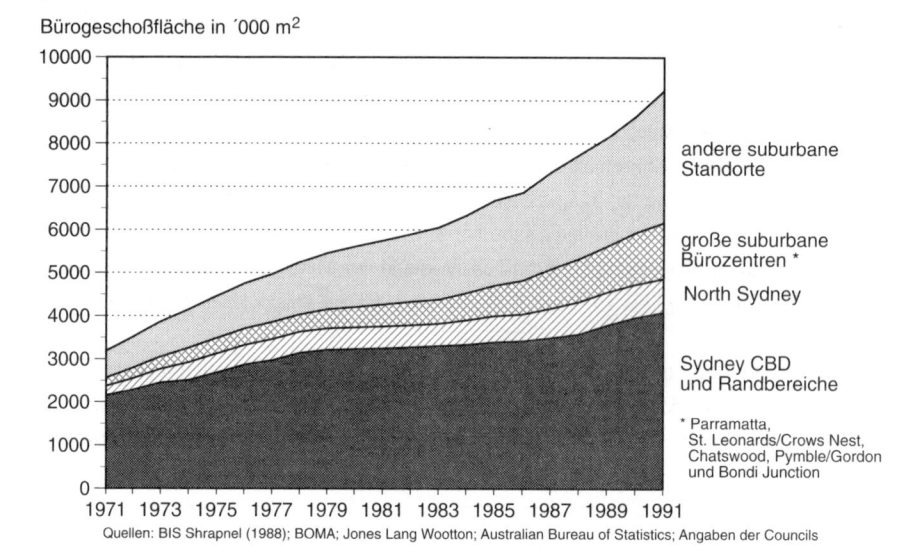

Abb. 5.17: Entwicklung des Büroflächenbestandes in der Sydney Metropolitan Area
nach Standorttypen 1971-1991 (bezogen auf die Nettobürofläche in Bürogebäuden)
Growth of office space in the Sydney Metropolitan Area by type of location 1971-1991 (net office floorspace in office buildings)

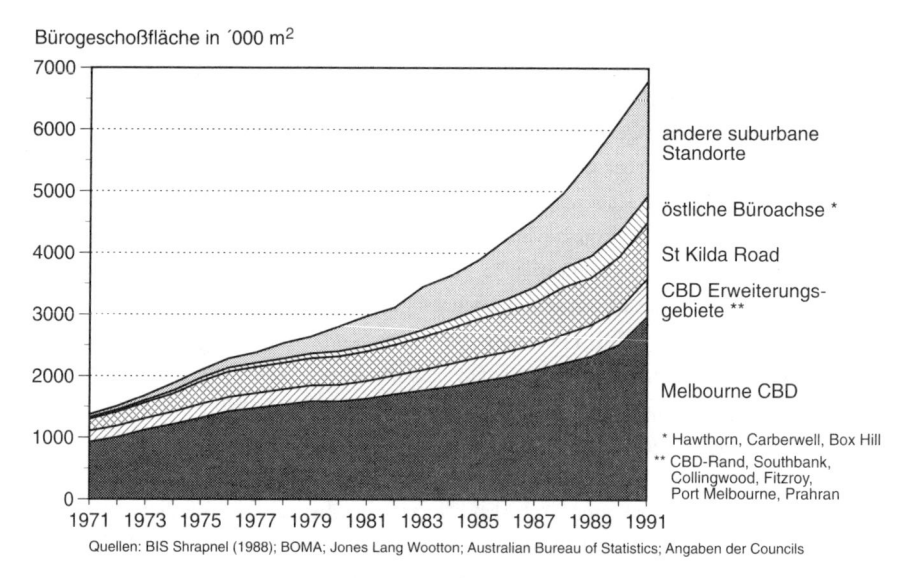

Abb. 5.18: Entwicklung des Büroflächenbestandes in der Melbourne Metropolitan Area
nach Standorttypen 1971-1991 (bezogen auf die Nettobürofläche in Bürogebäuden)
Growth of office space in the Melbourne Metropolitan Area by type of location 1971-1991 (net office floorspace in office buildings)

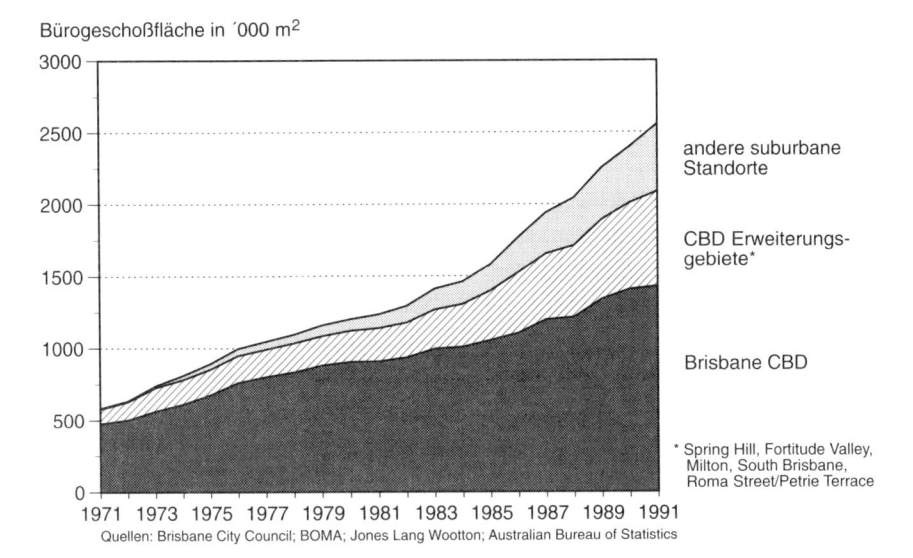

Abb. 5,19: Entwicklung des Büroflächenbestandes in der Brisbane Metropolitan Area nach Standorttypen 1971-1991 (bezogen auf die Nettobürofläche in Bürogebäuden)
Growth of office space in the Brisbane Metropolitan Area by type of location 1971-1991 (net office floorspace in office buildings)

Sehr viel stärker als in den beiden größeren Verdichtungsräumen blieben die Büroflächen in Brisbane, Perth und Adelaide auf den CBD und die sich seit den 70er Jahren ausbildenden CBD-Erweiterungsgebiete konzentriert (Abb. 5.19). Das heißt, die Dezentralisierung von Büroflächen aus dem CBD wird zu einem großen Teil von dessen Randbereichen wieder aufgefangen. Bis heute liegt der größte Teil der außerhalb des eigentlichen CBD gebauten Bürogebäude in den Verdichtungsräumen Brisbane, Perth und Adelaide nicht weiter als ein bis zwei Kilometer von diesem entfernt. So nahm die Nettobürofläche in den CBD-nahen Erweiterungsgebieten Brisbanes zwischen 1983 und 1992 von 255.000 m² auf rund 660.000 m² zu. Damit entfällt alleine auf die Cityrandbereiche deutlich mehr Bürofläche als auf alle anderen suburbanen Standorte zusammen (*Brisbane City Council* 1990h). Im Verdichtungsraum Perth erlebte das nur einen Kilometer westlich des CBD gelegene West Perth ein ähnlich dynamisches Wachstum und wies 1992 bereits etwas mehr als 300.000 m² Nettobürofläche auf. Wo es dennoch zu einer echten Suburbanisierung von Büroflächen kam, zeigt die Büroflächenverteilung im suburbanen Raum der kleineren australischen Metropolen ein eher disperses Muster.

Vergleichend bleibt festzuhalten, daß alle australischen CBDs ihre führende Stellung als hochrangige Bürostandorte trotz der fortschreitenden Suburbanisierung von Bürofunktionen bislang uneingeschränkt halten konnten. Dennoch stieg der Anteil der 'suburbs' an den insgesamt in den Metropolitan Areas vorhandenen Büroflächen vor allem in Sydney und Melbourne, aber auch in den kleineren Verdichtungsräumen seit den 60er Jahren stetig an. Während ein erheblicher Anteil der suburbanen Büroflächen an dispersen Standorten in Industrie- und Gewerbegebieten oder entlang größerer Ausfallstraßen entstanden ist, läßt sich insbesondere seit Mitte der 80er Jahre eine Tendenz zur

dezentralen Konzentration von Bürogebäuden im suburbanen Raum feststellen. Gerade in den letzten Jahren verändert die Bürosuburbanisierung in den australischen Metropolitan Areas ihren Charakter von einer relativ unstrukturierten Dispersion in Richtung eines mehr strukturierten Entwicklungs- und Standortmusters. Dieser Prozeß führt zum Entstehen größerer suburbaner Bürozentren und hat im wesentlichen zwei Ursachen:
- Mit der zunehmenden Büroentwicklung und der damit verbundenen Diversifizierung der Bürofunktionen werden Agglomerationsvorteile auch in der Außenstadt bedeutsamer. Dies gilt sowohl für die Investoren, denen größere suburbane Büromärkte bessere und sicherere Anlagemöglichkeiten bieten, als auch für ein breites Spektrum von Büroraumnutzern, die auf die räumliche Nähe von Kunden, Dienstleistungsanbietern oder Kooperationspartnern angewiesen sind. In diesem Sinne kann die dezentrale Konzentration von Büroaktivitäten im suburbanen Raum als Konsequenz fortgeschrittener Suburbanisierung begriffen werden.
- Nachdem die suburbane Büroflächenentwicklung zunächst weitestgehend ohne planerische Steuerung verlief, hat sich der Einfluß der Planung auf das Standortmuster seit Anfang der 80er Jahre deutlich verstärkt. In allen Verdichtungsräumen wurden Schritte zu einer stärkeren Kontrolle des suburbanen Büroflächenwachstums unternommen. Trotz einer unterschiedlichen Ausgestaltung im einzelnen verfolgen alle zuständigen Planungsbehörden das Ziel, einen möglichst großen Anteil der Büroflächen auf planerisch ausgewiesene Vorortzentren zu konzentrieren und gleichzeitig die zentrale 'City' als führendes Zentrum des Verdichtungsraumes zu erhalten (*Daniels* 1986). Im Sinne einer 'integrierten Zentrenplanung' sollen hierdurch verschiedene Entwicklungspotentiale (v.a. Büro- und Einzelhandelsfunktionen) an einer begrenzten Zahl geeigneter und verkehrstechnisch gut erschlossener Standorte gebündelt werden (vgl. Kapitel 6). Um diese Ziele zu erreichen, wurden schärfere Restriktionen für die Genehmigungsfähigkeit von größeren Bürogebäuden an freistehenden Standorten sowie in Gewerbe- und Industriegebieten eingeführt. Seit 1984 besitzt Melbourne die in dieser Hinsicht weitreichendsten Regelungen. Durch das Amendment 150 zum Melbourne Metropolitan Planning Scheme wurde die Genehmigungsfähigkeit von Bürogebäuden mit mehr als 500 m^2 Geschoßfläche in Industriegebieten stark erschwert, falls diese nicht direkt mit gewerblich-industriellen Funktionen verknüpft sind.

5.4 Der CBD und die größeren suburbanen Bürozentren - ein Überblick über das 'neue' metropolitane Bürostandortmuster

Das 'neue' Bürostandortmuster der australischen Metropolitan Areas ist ganz generell von einem trotz seines relativen Bedeutungsverlusts auch weiterhin dominierenden CBD, zentrumsnahen 'Nebencities' (z.B. North Sydney, St. Kilda Road) sowie einer wachsenden Zahl von Bürozentren in der Außenstadt gekennzeichnet. Waren die australischen Metropolen noch Anfang der 70er Jahre ausgesprochen monozentrische Verdichtungsräume mit einigen vereinzelten, kleinen und über den gesamten suburbanen Raum verteilten Bürostandorten, so wird dieses Muster heute von größeren suburbanen Bürozentren ergänzt. Ohne Zweifel ist dieser Prozeß in Sydney bereits am weitesten fortgeschritten. Nachdem North Sydney bereits im Laufe der 70er Jahre zu einem bedeutenden Bürostandort heranwuchs, entwickelten sich Zentren wie Parramatta, Chatswood und St. Leonards/Crows Nest trotz einiger früherer Wachstumsansätze erst im Laufe der 80er Jahre zu eigenständigen 'Bürocities'. Damit weist die Sydney Metropolitan Area heute einschließlich des CBD drei Bürozentren mit mehr als 500.000 m^2 Nettobürofläche und zwei weitere Bürozentren mit 250.000 bis

500.000 m² Nettobürofläche auf. Hinzu kommen kleinere suburbane Bürozentren wie Bondi Junction, Pymble/Gordon, Hurstville oder Bankstown, deren Hauptwachstum sich ebenfalls erst im Laufe der 80er Jahre vollzog (Abb. 5.20). Suburbane Bürozentren haben sich nach 1985 zwar auch in den anderen australischen Metropolen entwickelt, doch bleiben diese in der Größe deutlich hinter Sydneys Zentren zurück. Außer den CBD-nahen Nebenzentren St. Kilda Road und South Melbourne sind im Verdichtungsraum Melbourne lediglich Box Hill und Prahran auf mehr als 100.000 m² Nettobürofläche herangewachsen. Ansonsten zeigt der Verdichtungsraum Melbourne eher ein zersplittertes Muster kleinerer Büroflächenkonzentrationen, das zudem stark auf den inneren Osten des Verdichtungsraumes konzentriert ist (Abb. 5.21). Im Außenbereich der Metropolitan Area konnte sich lediglich Dandenong als eigenständiges Bürozentrum profilieren. In einem nur vergleichsweise geringen Ausmaß konnten sich suburbane Bürozentren außerhalb des direkten CBD-Umfeldes in den kleineren australischen Metropolen entwickeln. Selbst wenn man die Untergrenze für ein eigenständiges Bürozentrum mit 50.000 m² Nettobürofläche eher niedrig ansetzt, konnten im Verdichtungsraum Brisbane lediglich Upper Mount Gravatt (65), Toowong (61) und Ipswich (56) diesen Rang erreichen. In den Verdichtungsräumen Perth und Adelaide konnten nur die beiden alten Siedlungskerne Fremantle (93) und Port Adelaide (64) die 50.000 m²-Schwelle überspringen (in Klammern: Nettobürofläche in Tsd. m² 1992).

Wie bereits angesprochen, versuchte die staatliche Regionalplanung, die suburbane Büroflächenentwicklung auf einige planerisch ausgewiesene Zentren zu lenken. Der Anteil der Büroflächen, der tatsächlich auf die von Seiten der Regionalplanung bevorzugt für die Büroentwicklung ausgewiesenen Zentren entfällt, läßt sich nur für die Metropolitan Areas Sydney, Melbourne, Brisbane und Adelaide einigermaßen verläßlich bestimmen. Berechnungen auf der Grundlage von Daten der Planungsministerien und Immobilienagenturen ergeben, daß Anfang der 90er Jahre in Sydney rund 17 %, in Melbourne rund 5 %, in Brisbane rund 6 % und in Adelaide ebenfalls rund 6 % der Flächen in Bürogebäuden auf planerisch ausgewiesene suburbane Zentren entfallen.[16] Betrachtet man lediglich die suburbane Bürofläche, das heißt die Bürofläche außerhalb der CBDs sowie North Sydney und St. Kilda Road, liegen die Anteile bei 36 %, 12 %, 15 % bzw. 14 %. Hieraus wird deutlich, daß im Vergleich der Verdichtungsräume in Sydney der mit Abstand höchste Anteil der suburbanen Büroflächen in planerisch ausgewiesenen Bürozentren konzentriert ist bzw. der Anteil der freistehenden Standorte in den Verdichtungsräumen Melbourne, Adelaide und Brisbane wesentlich höher ist. Dies ist sicher ein Hinweis darauf, daß es in Sydney recht gut gelungen ist, den Bau größerer freistehender Büroprojekte zu unterbinden. Allerdings sind auch noch andere Gründe hierfür verantwortlich:
- Sydney bot in einem stärkeren Ausmaß als die anderen australischen Verdichtungsräume ein Netz großer Einzelhandelszentren entlang gut ausgebauter und leistungsfähiger S-Bahn-Linien. Diese Zentren waren bereits Anfang der 70er Jahre wichtige Sammelpunkte der lokalen und subregionalen Nachfrage nach Dienstleistungen und boten damit ideale Ansatzpunkte für den Bau größerer Bürogebäude.

---

[16] 17 Subregional Centres und Parramatta in Sydney, 17 District Centres in Melbourne, vier Regional Business Centres und Toowong in Brisbane sowie fünf Regional Centres in Adelaide.

- Sowohl seitens der lokalen Councils als auch seitens des staatlichen Department of Planning wurden die Bebauungsvorschriften für einige suburbane Zentren erheblich gelockert. Eine neue Generation von Bebauungsplänen machte z.b. in Parramatta und Chatswood sehr hohe Bebauungsdichten möglich. Zudem verfolgten die in New South Wales mit relativ großen Kompetenzen ausgestatteten Councils eine aktive und investorenfreundliche Ansiedlungspolitik.
- In den 80er Jahren wurde die Dezentralisierung öffentlicher Dienststellen durch die Staatsregierung von New South Wales energisch vorangetrieben. Sowohl die direkten Nachfrageeffekte als auch die Anstoßwirkung auf die Flächennachfrage des privatwirtschaftlichen Bürosektors kam ganz überwiegend den Regional und Subregional Centres zugute.
- Aufgrund ihres schnellen Wachstums profitierten die größeren Zentren gegen Ende der 80er Jahre zunehmend von Agglomerations- und Selbstverstärkungseffekten im Sinne eines positiven Regelkreises. Nicht zuletzt wurden vor allem Parramatta und Chatswood erkennbare Punkte auf den 'mental maps' der Investoren und Developer.
- Aufgrund des asymmetrischen Wachstumsmusters des Verdichtungsraumes geriet der CBD immer stärker aus dessen geographischem Zentrum. Hiervon profitiert insbesondere Parramatta, das zunehmend Zentralfunktionen für den schnell wachsenden westlichen Teil des Verdichtungsraumes übernimmt.

Sicher ist die Tatsache, daß sich die suburbane Bürozentrenentwicklung auf der Basis des historisch gewachsenen Systems der Einzelhandelszentren vollzogen hat, das bemerkenswerteste Kennzeichen der Bürostandortdezentralisierung im Verdichtungsraum Sydney. Obwohl sich dennoch ein großer Anteil der Büroarbeitsplätze außerhalb größerer Bürozentren befindet, haben sich im Falle Sydneys nur wenige größere suburbane Bürostandorte außerhalb des S-Bahn-Netzes und des gewachsenen Zentrensystems entwickelt (z.B. Mascot, North Ryde). In Melbourne ist die Tendenz zur Konzentration suburbaner Büroflächen auf traditionelle suburbane Geschäftszentren deutlich schwächer. Vor allem in Tooronga, Burwood und Clayton/Mulgrave haben sich große Büroflächenkonzentrationen jenseits des traditionellen Zentrensystems entwickelt. Trotz dieser Unterschiede lassen sich folgende Gemeinsamkeiten im Bürostandortmuster der australischen Metropolen festhalten:
- Trotz eines stetigen relativen Bedeutungsverlusts sind die CBDs immer noch die mit Abstand bedeutendsten Bürozentren der Metropolitan Areas. Auch während des Bürobaubooms in der zweiten Hälfte der 80er Jahre entstanden in den CBDs sehr viel mehr neue Büroflächen als an jedem anderen Standort innerhalb der sie umgebenden Verdichtungsräume.
- Nahezu alle größeren suburbanen Bürostandorte haben sich innerhalb des inneren und mittleren Vorortgürtels gebildet. Die Entwicklung der suburbanen Bürostandorte vollzog sich außerdem fast ausschließlich innerhalb des bereits bebauten Bereichs. Wie die Daten der 'Building Activity Survey' belegen, konnten die Randbereiche der Verdichtungsräume bisher kaum von der Bürodezentralisierung profitieren.
- Die Entwicklung der größeren suburbanen Bürozentren hat sich zumindest teilweise innerhalb der historisch gewachsenen Zentrenstruktur vollzogen. So haben sich die größeren suburbanen Büroflächenkonzentrationen bevorzugt in bereits etablierten Einzelhandelszentren entwickelt.

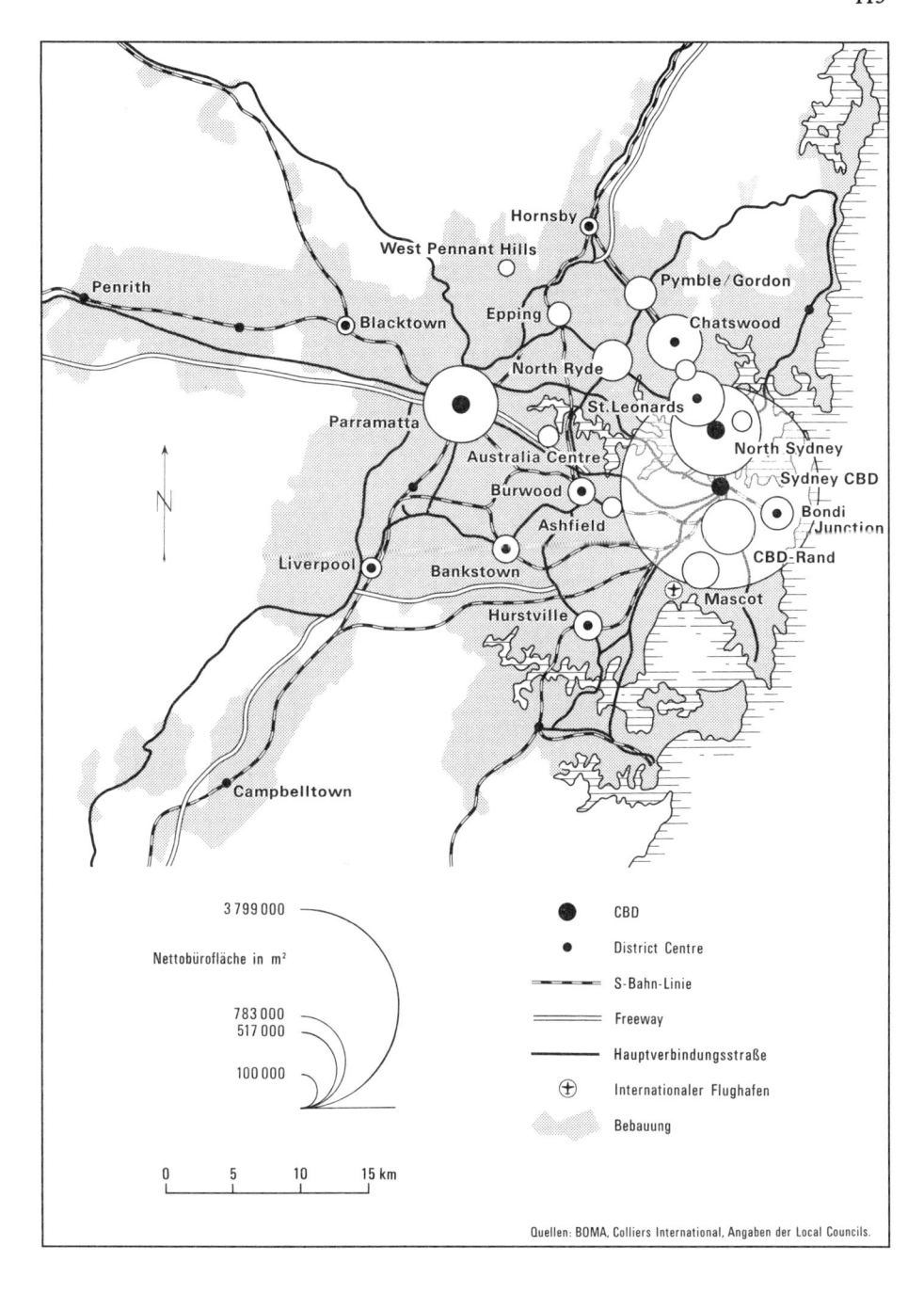

Abb. 5.20: Büroflächenkonzentrationen in der Sydney Metropolitan Area 1991
Concentrations of office space in the Sydney Metropolitan Area 1991

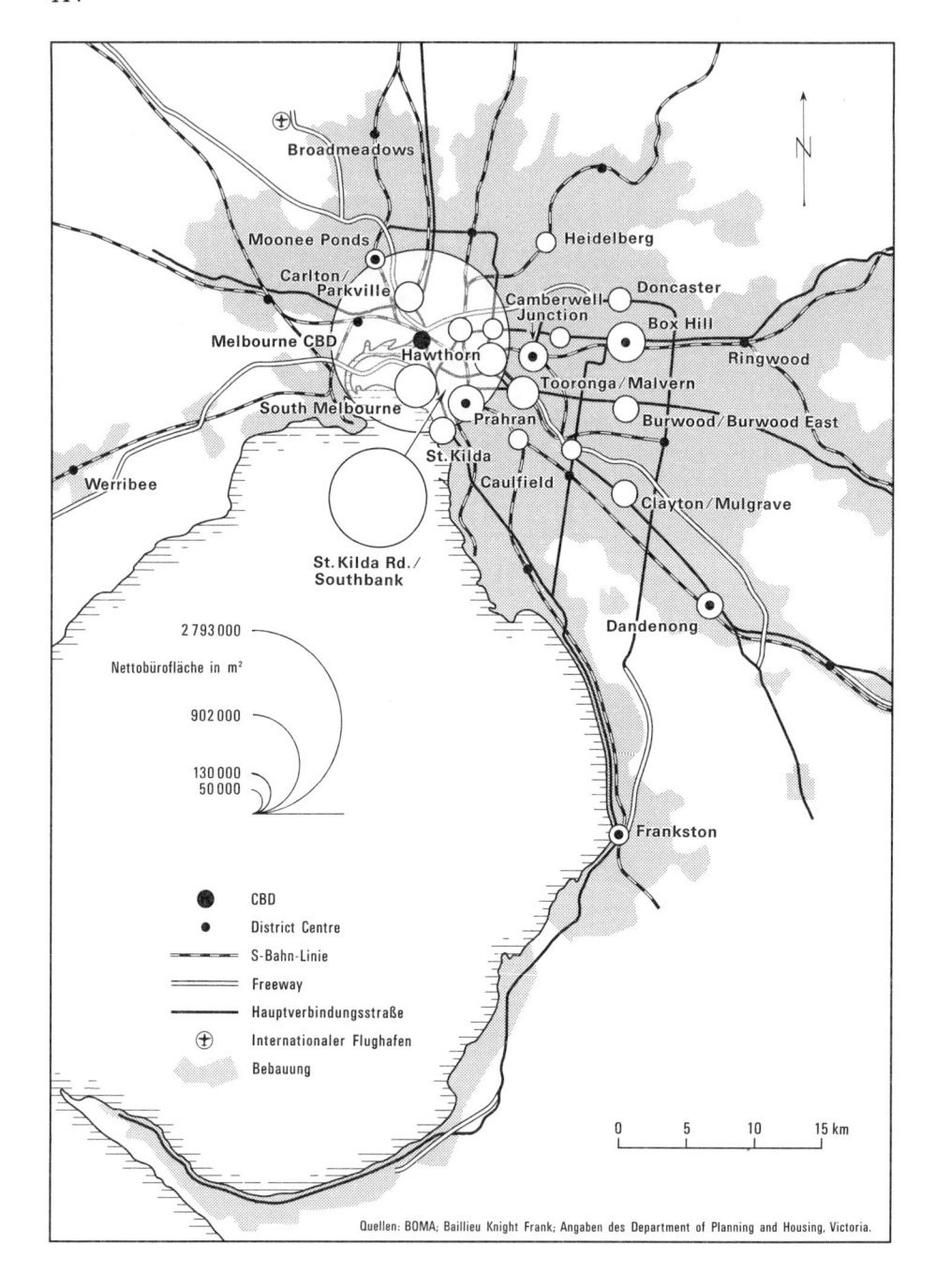

Abb. 5.21: Büroflächenkonzentrationen in der Melbourne Metropolitan Area 1991
Concentrations of office space in the Melbourne Metropolitan Area 1991

Business Parks und Office Parks als Standortalternativen

Im Vergleich zu den USA spielen große unstrukturierte 'Bürokorridore' oder 'Bürocluster' in der Standortstruktur der australischen Metropolen bislang nur eine begrenzte Rolle. Neben multifunktionalen Zentren wie Parramatta, Chatswood oder Box Hill müssen aber 'Business Parks' bzw. 'Office Parks' als zweiter wichtiger Standorttyp der suburbanen Büroentwicklung angesehen werden. Durch den seit Mitte der 80er Jahre auch in Australien zu beobachtenden Trend einer von den Unternehmen in Wachstumsbranchen getragenen Nachfrage nach flexibleren Standortlösungen (*Jones Lang Wootton* 1990a) werden moderne Formen von Gewerbegebieten mit weitestgehender Vermischung von Produktion, Verwaltung und Forschung in einem ansprechenden und gestalterisch hochwertigen landschaftlichen und architektonischen Rahmen künftig eine noch größere Bedeutung erlangen. Unter 'Business Parks' werden verhältnismäßig große Projekte verstanden, die auf einer einheitlichen Planungskonzeption beruhen und neben einem meist relativ hohen Büroflächenanteil auch Produktions-, Service- und Lagerflächen umfassen.[17]

Mit einem hohen Büroflächenanteil ausgestattete Business bzw. Technology Parks sind besonders seit Mitte der 80er Jahre in allen größeren Verdichtungsräumen Australiens entstanden: z.B. der 'Tally-Ho Technology Park' und der 'Monash Science and Technology Park' im östlichen Vorortbereich von Melbourne sowie in den kleineren Verdichtungsräumen der 'Brisbane Technology Park', der 'Technology Park Adelaide' oder der 'Western Australia Technology Park' in Perth. Eine Vorreiterrolle hat auch in der Anlage von großen Business Parks der Verdichtungsraum Sydney. Hier entstanden vor allem in North Ryde und Mascot größere Büroflächenkonzentrationen. In beiden Fällen haben allerdings eher Sonderfaktoren zu dieser Entwicklung beigetragen. So war North Ryde ursprünglich als technologieorientiertes Leichtindustriegebiet mit Anschluß an die Maquarie University konzipiert, hat sich in der Folgezeit aber zunehmend zu einem 'De-facto-Business Park' entwickelt (*Joseph* 1989). Obwohl der Bebauungsplan im Prinzip keine reinen Bürogebäude zuläßt, konnten die Bauherren in der Regel hohe Büroflächenanteile von bis zu 90 % verwirklichen, so daß sich mehr als die Hälfte aller Arbeitsplätze North Rydes in Büros befinden (*Cardew* 1989; S.47). Dagegen ist die Büroflächenentwicklung in Mascot, einer früher vorwiegend industriell genutzten Zone, vorwiegend auf dessen unmittelbare Nähe zum Flughafen zurückzuführen.

Neben diesen spontan entstandenen 'De-facto-Business Parks' befinden sich in Sydney derzeit weitere Großprojekte im Aufbau. Bei den Business Parks in Terry Hills (Austlink Corporate Centre), Baulkham Hills (Norwest Business Park) und Homebush Bay (Australia Centre) waren staatliche Stellen besonders in der konzeptionellen Phase aktiv beteiligt (*NSW Department of Planning* 1988b und 1989c). Im Gegensatz zur ursprünglichen Intention in North Ryde spielen Erwägungen zur Förderung der Forschungs- und Entwicklungsfunktionen in keinem der drei Projekte eine besondere Rolle. Die Absicht bestand vielmehr in der Schaffung von modernen und ansprechend gestalteten Anlagen für eine gemischte gewerbliche Nutzung mit hohem Büroanteil.

---

[17] Insgesamt herrscht in dieser Hinsicht sowohl in der englischsprachigen als auch in der deutschsprachigen Literatur eine beachtliche 'Begriffsverwirrung'. So werden Begriffe wie Technologiepark (technology park, high technology park), Wissenschaftspark (science park), Industriepark (industrial estate), Büropark (office park, executive park) meist aus Marketing-Gründen ohne exakte inhaltliche und definitorische Abgrenzung benutzt. Genauere Definitionen und begriffliche Abgrenzungen der unterschiedlichen Park-Typen finden sich in *Jones Lang Wootton* (1990a).

Echte Office Parks, die einem einheitlichen Planungskonzept unterliegen und ausschließlich der Büronutzung vorbehalten sind, haben sich in Australien bisher vorwiegend in relativ kleinen Formen entwickelt. Als größere Office Parks können allerdings die neuen Hauptverwaltungskomplexe von Coles Myer im Melbourner Vorort Tooronga oder von IBM im Sydneyer Vorort West Pennant Hills als Anlagen mit Büropark-Charakter gelten. Daneben besteht eine ganze Reihe kleinerer Projekte mit weniger als 15.000 m^2 Bürofläche, z.B. im Verdichtungsraum Sydney der 'City View Office Park' in Pennant Hills und der 'Cambridge Office Park' in Epping, im Verdichtungsraum Melbourne der 'Greenwood Office Park' in Burwood oder im Verdichtungsraum Brisbane der 'Garden Square Office Park' in Upper Mount Gravatt.

Wie der Erfolg der bestehenden Business Parks und Office Parks vermuten läßt, werden diese Standortalternativen in Zukunft eine größere Rolle als Bürostandorte spielen. Im Gegensatz zu einem Bürostandort im CBD oder einem suburbanen Geschäftszentrum fehlen den meisten Business und Office Parks zwar ein leistungsfähiger Anschluß an das öffentliche Verkehrsnetz und die Nähe zu verschiedenen Versorgungseinrichtungen, aber sie weisen für die Unternehmen auch klare Vorteile auf. Diese sind vor allem das relativ niedrige Mietniveau, das großzügigere Flächenangebot, die größere Flexibilität der Flächennutzung, der ausreichend zur Verfügung stehende Parkraum, eine angenehme und anspruchsvoll gestaltete Arbeitsumgebung und eine meist gute Erreichbarkeit für den Lkw- und Pkw-Verkehr.

Strukturelle Unterschiede zwischen dem CBD und den suburbanen Bürozentren

Obwohl sich einige der größeren suburbanen Bürozentren den CBDs sowohl in ihrer baulichen Struktur als auch in ihrer Funktion teilweise stark angeglichen und 'neue' Standorttypen wie Business oder Office Parks in den letzten Jahren erheblich an Attraktivität gewonnen haben, stellt der CBD für viele Bürofunktionen noch immer die mit Abstand beste Standortalternative dar. Dies gilt insbesondere für Unternehmen, die auf einen ständigen externen Informationsaustausch angewiesen sind (*Langdale/Rich* 1989, S.24ff). Die CBDs besitzen nicht nur die noch immer mit Abstand größte Informationsdichte, sie verfügen auch noch immer über die beste Ausstattung an technischer Infrastruktur. So sind sowohl das Verkehrs- als auch das Telekommunikationsnetz in einem hohen Maße auf die CBDs ausgerichtet (*Baillieu Knight Frank* 1991, *Newton* 1992, vgl. auch Tab.2.10).

Die Miet- und Bodenpreise sind trotz kurzfristiger zyklischer Schwankungen ein guter Indikator für die Standortattraktivität verschiedener Bürostandorte. Differenzen im Miet- und Bodenpreisniveau spiegeln recht gut die generelle Wertigkeit verschiedener Standorttypen wider. Wie aus Abb. 5.22 hervorgeht, weisen die Büromieten auf allen Teil-Büromärkten erhebliche, von Lage und Ausstattungsstandard der Einzelimmobilien abhängige Spannbreiten auf. Allerdings liegen die Büromieten für CBD-Standorte in allen größeren australischen Verdichtungsräumen deutlich über dem Niveau der entsprechenden suburbanen Standortalternativen. Andererseits werden in einigen suburbanen Zentren Sydneys durchaus mit den CBDs von Perth und Adelaide vergleichbare Büromieten erzielt.

Einen genaueren Eindruck von der Mietentwicklung an verschiedenen Bürostandorten im Verdichtungsraum Sydney liefert die vom *Valuer General's Department of New South Wales* kontinuierlich durchgeführte Analyse des Immobilienmarktes.[18] Tab. 5.7 zeigt die Entwicklung der Marktmiete für standorttypische Büroräume im CBD und einigen ausgewählten suburbanen Zentren zwischen 1979 und 1991. Seit ihrem Tiefpunkt Ende der 70er Jahre, als der Angebotsüberhang das Mietniveau auf allen größeren Büromärkten deutlich unter den Wert von Anfang der 70er Jahre fallen ließ, zeigten die Büromieten bis 1990 einen kontinuierlichen Aufwärtstrend. Seit Anfang der 80er Jahre, als sich der Büroflächenüberhang im CBD bereits weitestgehend aufgelöst hatte, zogen die Mieten wieder kräftig an. Während der 80er Jahre lagen die Mietpreissteigerungen für Büroräume in der Regel damit deutlich über der allgemeinen Teuerungsrate. Am deutlichsten stiegen die Büromieten im CBD und dessen Randgebieten an, so daß sich die Mietpreisschere zwischen dem CBD und den suburbanen Bürozentren im Laufe der 80er Jahre weiter öffnete. Auch wenn es sich hierbei zumindest teilweise um kurzzeitige Anpassungsbewegungen der sich verändernden Angebot/Nachfrage-Relationen handelt, zeigt dies, daß der CBD seine Position als Spitzenbürostandort in den 80er Jahren sogar noch weiter ausbauen konnte. Andererseits wurde das Mietpreisgefälle für viele standortunabhängigere Büroflächennutzer zu einem wichtigen Argument zugunsten eines suburbanen Bürostandortes.

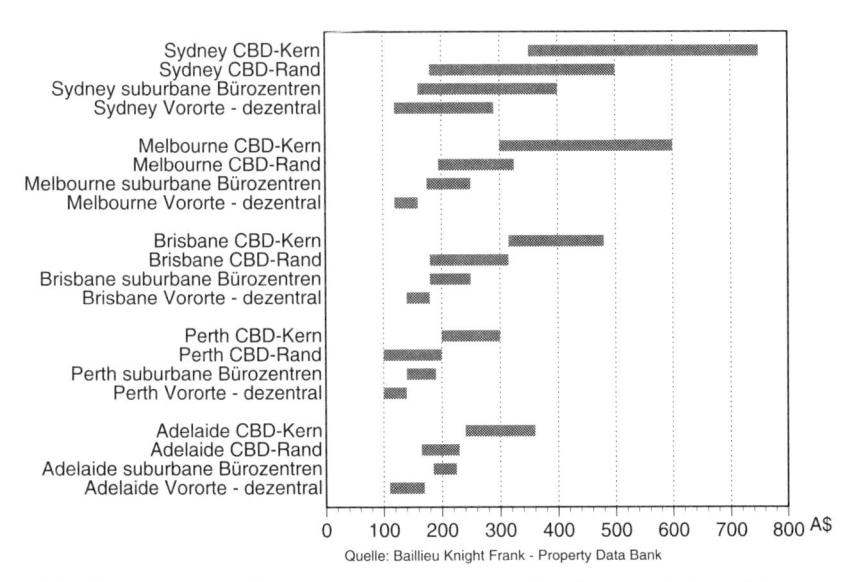

Abb. 5.22: Mietspannen nach Bürostandorttypen in den Metropolitan Areas von Sydney, Melbourne, Brisbane, Perth und Adelaide 1992 (jährliche Bruttomieten für standortüblichen Büroraum in $A pro m²)

Range of office rents in the Metropolitan Areas of Sydney, Melbourne, Brisbane, Perth, and Adelaide by type of location 1992 (gross annual rents for typical office space in A$ / m²)

---

[18] Zu den Mietpreisangaben siehe auch die Erläuterungen im Anhang A.6.

Auch im suburbanen Raum differenzierte sich das Mietniveau weiter aus und führte zur Abkopplung von besonders wachstumsstarken und attraktiven Zentren wie Chatswood, Parramatta und Bondi Junction von dem in kleineren suburbanen Zentren üblichen Mietniveau. Nach dem Bürobauboom der zweiten Hälfte der 80er Jahre zeigten sich ab 1990 allerdings sowohl im CBD als auch in den größeren suburbanen Bürozentren zunehmend Sättigungserscheinungen, und die Mieten gaben bei steigenden Leerstandsquoten gerade auf den stark spekulativ beeinflußten Büromärkten wieder deutlich nach. Allerdings zeigte gerade das in den 80er Jahren relativ am schnellsten wachsende Bürozentrum Australiens, Parramatta, eine ausgesprochen stabile Nachfrageentwicklung.

Tab.5.7: Büromieten in ausgewählten Zentren der Sydney Metropolitan Area 1979-1991[a]

Office rents in selected centres 1979-1991: Sydney Metropolitan Area

	1979	1981	Jahresmiete in A$ pro m^2 1983	1985	1987	1989	1991	Verhältnis 1991:1979
CBD Spitzenlage	90	170	235	270	575	850	800	8,9
CBD Randlage	50	120	140	200	225	350	330	6,6
North Sydney	70	100	170	180	240	350	320	4,6
Chatswood	70	100	150	165	215	320	300	4,3
Parramatta	67	105	134	172	188	265	300	4,5
Bondi Junction	60	70	160	215	250	300	280	4,7
Hurstville	75	85	120	170	180	225	240	3,2
Bankstown	70	85	110	110	125	200	220	3,1
Liverpool	70	81	100	120	140	190	190	2,7
Penrith	54	70	70	85	135	145	170	3,2

[a] Bruttomieten, bezogen auf gut ausgestattete, moderne und voll klimatisierten Büroflächen in günstiger Lage

Quelle: *Valuer General's Department of New South Wales*

Tab.5.8: Bodenwert von Bürobauland pro Quadratmeter erreichbarer Bruttogeschoßfläche in ausgewählten Zentren der Sydney Metropolitan Area 1987-1991

Office building site value per square meter related to gross floor space in selected centres 1987-1991: Sydney Metropolitan Area

	1987	1988	A$ pro m^2 1989	1990	1991	Veränderung in % 1987-89	1989-91
Sydney CBD-Kern	1.500	4.000	5.500	4.000	2.500	267	- 55
Sydney CBD-Rand	625	1.500	2.000	1.500	750	220	- 63
North Sydney	1.000	1.200	1.700	1.600	1.400	70	- 18
Chatswood	1.000	1.300	1.600	1.300	1.050	60	- 34
Parramatta	325	430	850	700	525	162	- 38

Quelle: *Valuer General's Department of New South Wales*

Eine ähnliche Entwicklung wie bei den Büromieten zeigte sich auch auf dem Bodenmarkt. Selbst in großen suburbanen Zentren wie Parramatta oder Chatswood liegen die Bodenpreise deutlich unter den Werten für den CBD. Dies gilt auch dann, wenn man die im CBD erlaubte höhere Grundstücksausnutzung einkalkuliert und den Bodenwert für Bürobauland auf den Quadratmeter maximal erreichbarer Bruttogeschoßfläche umrechnet. Insgesamt bilden die Schwankungen der Bodenwerte die 'boom and bust'-Zyklen der lokalen Büromärkte noch akzentuierter ab als die Schwankungen der Mietwerte. Allerdings werden die Bodenpreise in den suburbanen Zentren bislang offenbar weniger stark von spekulationsbedingten Bodenwertschwankungen erfaßt als im CBD (Tab. 5.8).

Die unterschiedliche Entwicklung der Bodenwerte spiegelt sich auch in der Eigentümerstruktur wider. So spielen sowohl große institutionelle Eigentümer wie Versicherungen, Rentenkassen oder Banken als auch die Bundes- und Staatsregierung in der Eigentümerstruktur der CBD-Büromärkte eine deutlich größere Rolle als an suburbanen Standorten, wo Gebäudeeigentum und Gebäudenutzung häufiger in einer Hand liegen. Allerdings hat sich die Eigentümerstruktur in den großen suburbanen Bürozentren aufgrund der zunehmend spekulativen Ausrichtung ihrer Immobilienmärkte gerade in den letzten Jahren den Verhältnissen in den CBDs schrittweise angeglichen. Die auf den Immobilienmärkten realisierbaren Spekulationsgewinne und Kapitalverzinsungen lockten Ende 80er Jahre auch ausländische Kapitalinteressen an. Diese waren überwiegend auf die größeren lokalen Büromärkte, das heißt vor allem auf die CBDs von Sydney und Melbourne, ausgerichtet. Der wachsende Einfluß ausländischer, insbesondere japanischer Immobilieneigentümer weckte in der australischen Öffentlichkeit heftige Kritik (*Goot* 1990). Aus einer Reihe von Gründen läßt sich der tatsächliche Gesamtanteil ausländischer Kapitalinteressen am Immobilienbestand der Bürozentren jedoch nur schwer abschätzen. Verläßliche, auf Marktbeobachtung und Stichprobenuntersuchungen beruhende Schätzungen der 'real estate industry' gehen jedoch davon aus, daß der direkte ausländische Anteil an den Büroimmobilienwerten der CBDs von Sydney und Melbourne auch Ende der 80er Jahre nicht mehr als 15 % bzw. 13 % betrug. Noch sehr viel geringer ist dieser Anteil mit zwischen 7 % und 5 % in den CBDs von Adelaide, Perth und Brisbane sowie in den größeren suburbanen Bürozentren, wo er nach Meinung der befragten Experten kaum mehr als 3 % betragen dürfte.

Das Boden- und Mietpreisniveau steht zudem in einem engen Zusammenhang mit der Büroflächennutzung. So lassen niedrigere Bodenpreise an den suburbanen Bürostandorten einen geringeren Ausnutzungsgrad der Grundstücksfläche und damit eine lockerere Bebauung zu. Das niedrigere Mietniveau ermöglicht auch das Anmieten von Büroraum für weniger flächenintensive Büronutzungen. Aufgrund der unzureichenden Datenlage ist es schwierig, ein präzises Bild von den jeweiligen Nutzungen der Büroflächen im CBD und den suburbanen Bürozentren zu bekommen. In ihren Grundzügen ist die Aufgabenteilung zwischen dem CBD und den suburbanen Bürozentren allerdings relativ eindeutig. Sowohl im CBD als auch in den größeren suburbanen Bürozentren machen öffentliche Institutionen in der Regel einen Großteil der Büroraumnutzer aus. Nach *Seek* (1986) waren im CBD von Sydney 1985 knapp 28 % der Büroflächen durch Regierungsstellen und die öffentliche Verwaltung belegt, während in North Sydney nur 3 % und in den größeren suburbanen Bürozentren etwa 17 % der Büroflächen auf öffentliche Nutzer entfielen. Durch die fortschreitende Dezentralisierung der öffentlichen Verwaltung hat sich deren Anteil an der Büroflächennutzung in einigen suburbanen Zentren des Verdichtungsraumes Sydney inzwischen jedoch erheblich vergrößert. Anfang der 90er Jahre betrug er in Zentren wie Liverpool oder Blacktown bis zu 60 %.

Colliers International führte 1989 eine Erhebung der Büroflächennutzung privatwirtschaftlicher Unternehmen im CBD und einigen suburbanen Bürozentren[19] des Verdichtungsraumes Sydney durch. Deren Ergebnis zeigt, daß Banken, Versicherungen und Finanzdienstleistungen mit zusammen etwa 37 % der Flächeninanspruchnahme die dominierende Nutzergruppe im CBD sind. Rechnet man das Immobilienwesen mit weiteren 5 % hinzu, entfallen über zwei Fünftel der gesamten privatwirtschaftlichen Büroflächennutzung des CBD auf den weiteren Finanzsektor. Die auch für die CBDs der anderen australischen Großstädte gültige Dominanz dieses Sektors schlägt sich unter anderem auch in der Beschäftigungsstruktur der CBDs deutlich nieder (*McLennan* 1986). In den suburbanen Zentren lag der Flächenanteil des Finanzsektors mit gut einem Drittel dagegen deutlich unter dem Niveau des CBD. Im Gegensatz dazu treten in den suburbanen Bürozentren Computerunternehmen und Softwareentwickler deutlicher in den Vordergrund (v.a. in North Sydney, St.Leonards/Crows Nest, Chatswood und North Ryde), während sie im CBD praktisch keine Rolle spielen (10 % bzw. 2 %). Freie Berufe und andere unternehmensnahe Dienstleistungen sind im CBD und in den suburbanen Bürozentren mit je rund einem Fünftel der von privatwirtschaftlichen Unternehmen genutzten Bürofläche in etwa gleichstark vertreten.

Diese einfache Gliederung der Flächennutzung nach Wirtschaftszweigen darf jedoch nicht darüber hinwegtäuschen, daß sowohl der Anteil der national bzw. international operierenden Unternehmen als auch der Anteil von Unternehmensteilen mit hochrangigen Steuerungsfunktionen in den CBDs noch immer erheblich höher ist als in den suburbanen Bürozentren. Die Frage, inwieweit suburbane Zentren tatsächlich schon hochrangige Steuerungs- und Kontrollfunktionen übernehmen, läßt sich anhand von einfachen, sektoral gegliederten Flächen- oder Beschäftigtendaten jedoch nicht beantworten. Hierzu sind vielmehr genauere Standortanalysen von hochrangigen, administrativen Funktionen notwendig, wie sie etwa von großen Unternehmenshauptverwaltungen ausgeübt werden.

5.5 Das innerregionale Standortmuster großer Unternehmenshauptverwaltungen

Aus Sicht der Stadtentwicklung liegt ein besonderes Augenmerk auf den oft spektakulären Umzügen von Unternehmenshauptverwaltungen großer national oder international operierender Unternehmen in den suburbanen Raum. Zum einen zählen gerade die Großverwaltungen zu den traditionell typischen Büroraumnutzern im CBD und machen einen großen Teil von dessen Prestige aus. Zum anderen geht die lokale und regionale Bedeutung der Hauptverwaltungen von Großunternehmen in der Regel weit über ihr direktes Gewicht - etwa als Büroarbeitsplatzanbieter oder Büroraumnachfrager - hinaus. So kann etwa den dispositiven Funktionen der Industrieunternehmen auch eine standortbildende Kraft bezüglich arbeitsteilig verflochtener, wirtschaftsnaher Dienstleistungsunternehmen zugewiesen werden (*Olbrich* 1984, S.225). Ähnliche Effekte gehen auch von den Firmenzentralen großer Dienstleistungsunternehmen aus. Die Verlagerungen von großen Unternehmenshauptverwaltungen können außerdem eine beachtliche Signalwirkung für kleinere Bürobetriebe haben.

Sowohl in Nordamerika als auch in Europa wurden büroparkartige Anlagen am Stadtrand für Großverwaltungen seit Ende der 60er Jahre zunehmend beliebter. So kam es im Laufe der 70er Jahre

---

[19] Im einzelnen sind dies die Zentren Ashfield, Bankstown, Blacktown, Bondi Junction, Burwood, Chatswood, Epping, Hurstville, Liverpool, Mascot, North Ryde, North Sydney, Parramatta, Pymble/Gordon und St.Leonards/Crows Nest.

zu einem regelrechten Exodus von 'corporate headquarters' aus den US-amerikanischen Kernstädten. Auch in westeuropäischen Städten, wo die restriktiven Baurechtsausweisungen in den Stadtkernen Flächenerweiterungen kaum zulassen, erfreuen sich randstädtische Standorte für Großverwaltungen seit den 60er Jahren zunehmender Beliebtheit. Untersuchungen über die Dezentralisierung von Bürostandorten in den US-amerikanischen Städten weisen immer wieder darauf hin, daß Großunternehmen zunehmend büroparkartige Anlagen als Standorte für ihre Hauptverwaltungen bevorzugen und damit zu den Hauptträgern des Suburbanisierungsprozesses gehören.

Grundsätzliche Bürostandortstrategien größerer Unternehmen

Für die meist sehr flächenbeanspruchenden Hauptverwaltungen von Großunternehmen machen sich die Raummenge und die fehlenden Expansionsmöglichkeiten im CBD besonders negativ bemerkbar. Aber auch andere Gründe wie die verschlechterte Erreichbarkeit für den Individualverkehr oder das hohe Mietniveau können als push-Faktoren wirken und den Ausschlag zugunsten einer Standortverlagerung im suburbanen Raum geben. Vier grundsätzliche Strategien sind für Verwaltungen von Großunternehmen bei der Standortwahl denkbar:

Strategie 1: **Verbleib bzw. Ansiedlung im CBD/Stadtzentrum**
Für viele Unternehmen hat ein Standort im CBD trotz der vielfältigen push-Faktoren immer noch die erste Präferenz. Hierzu gehören Haupt- und Regionalverwaltungen von Banken und Versicherungsgesellschaften, sonstige Finanzdienstleister (z.B. Investmentfonds, Leasinggesellschaften, Immobilien- und Finanzmakler), Wirtschaftsverbände sowie Teile der öffentlichen Verwaltung. Städte mit einem hohen Anteil administrativer und hochrangiger Finanz- und Dienstleistungsfunktionen weisen deshalb trotz Suburbanisierungs- und Verlagerungstendenzen ein relativ starkes Stadtzentrum auf, das aber durch den vom 'big business' ausgelösten Verdrängungsprozeß langfristig an Vielseitigkeit verliert.

Strategie 2: **Auslagerung von Routinefunktionen (Standortspaltung)**
Moderne I&K-Techniken machen es möglich, zentrale Steuerungs- und Kontrollaufgaben von anderen Unternehmensfunktionen räumlich zu trennen. Eine Standortspaltung zwischen hochrangigen, dispositiven Funktionen im Stadtzentrum und der Auslagerung von standardisierten Routinefunktionen ('back office'-Funktionen) ist durch moderne I&K-Technologien auch für Bürobetriebe und Hauptverwaltungen möglich geworden. Im Extremfall verbleibt bei dieser Strategie im CBD nur ein kleiner Stab von Führungskräften, während alle nachgeordneten Bürotätigkeiten an einem oder mehreren sub- bzw. exurbanen Standorten ausgeführt werden.

Strategie 3: **Stärkere Regionalisierung und Dezentralisierung des Betriebsablaufes**
Eine weitere, vor allem von Dienstleistungsunternehmen angewandte Strategie ist die Verkleinerung der Unternehmenszentrale im CBD und der Aufbau von Regionalbüros in größeren Vorortzentren. Diese Art der Standortaufspaltung entspricht einer Dezentralisierung der Entscheidungsstrukturen und betrieblichen Operationen. Während früher der gesamte Verdichtungsraum von einem einzigen Standort im CBD aus bedient wurde, bestehen heute mehrere eigenständige Regionalbüros, die nur noch relativ lose mit einer Zentrale verbunden sind. Dieser Weg wurde in Australien von einigen größeren Beratungsunternehmen im Bereich der unter-

nehmensnahen Dienstleistungen (z.b. größere Rechts-, Unternehmens- und Steuerberatungsunternehmen oder Immobilienmakler) oder Teilen der öffentlichen Verwaltung beschritten.

Strategie 4: **Komplettverlagerung bzw. Ansiedlung im suburbanen Raum**
Suburbane Hauptverwaltungsstandorte in einer landschaftlich reizvollen Umgebung sind heute vielfach attraktiver, zumal sie auch für Unternehmen mit größeren Flächenansprüchen die Möglichkeit bieten, die Hauptverwaltung wieder mit anderen Betriebsteilen zu verbinden (z.b. Lager, Kundendienst und Produktion). Insbesondere in den USA kam es in den letzten Jahren verstärkt zu Komplettverlagerungen größerer Unternehmenszentralen in das städtische Umland.

Dezentralisierung großer Unternehmenshauptverwaltungen in australischen Metropolitan Areas

Auch in australischen Verdichtungsräumen ist es seit Anfang der 80er Jahre zu einigen beachtenswerten Standortverlagerungen großer Unternehmensverwaltungen gekommen. Im folgenden soll nun untersucht werden, wie weit die Dezentralisierung großer Hauptverwaltungen in den Metropolitan Areas Australiens vorangeschritten ist und welches die bevorzugten Standorte sind. Die hierzu notwendigen Informationen lassen sich aus Auflistungen von Großunternehmen gewinnen, wie sie wohl in allen bedeutenden Industriestaaten regelmäßig publiziert werden. In Australien wird eine solche Liste der 500 umsatzstärksten Unternehmen ('Top 500 Companies') jährlich vom Wirtschaftsmagazin *Australian Business/Australian Business Monthly* veröffentlicht. Eine Auswertung dieser Aufstellung von Großunternehmen ist auch für eine kleinräumige Standortanalyse wertvoll.[20] Allerdings gibt es hierbei zwei Datenlimitationen zu beachten: (1) läßt sich aus der Angabe des Hauptverwaltungsstandortes nicht erkennen, ob sich dort nur ein kleines Büro für die Verwaltungsspitze (z.b. bei Auslagerungen von 'back office'- Funktionen, Standortspaltungen), die gesamte Hauptverwaltung oder das ganze Unternehmen (z.b. bei Dienstleistungsunternehmen) befindet, und (2) ist meist unklar, ob sich die Hauptverwaltung in einem reinen Bürogebäude oder in einem an andere Unternehmensteile (z.b. Produktionsstätten oder Serviceeinrichtungen) angehängten Bürotrakt befindet. Gerade im zweiten Fall ist die Standortwahl für die Hauptverwaltung nicht frei von anderen betrieblichen Erfordernissen. Insbesondere bei 'kleineren' Industrieunternehmen ist die Hauptverwaltung häufig an die Produktionsstätten angeschlossen und unterliegt somit ganz anderen Gesetzmäßigkeiten als etwa die räumlich von anderen Betriebsteilen getrennten Hauptverwaltungen im CBD. Dies bedeutet, daß die Entscheidung für den Standort der Unternehmenshauptverwaltung zumindest in manchen Fällen den für die anderen Betriebsteile maßgeblichen Standortfaktoren untergeordnet ist.

Die Auswertung der 'Top 500' erfolgte im Hinblick auf folgende Fragestellungen:
- Welche Rolle spielen der CBD und der suburbane Raum als Standorte von Hauptverwaltungen von Großunternehmen?
- Welcher Zusammenhang besteht zwischen Merkmalen wie der Branchenzugehörigkeit, der Größe oder der Herkunft der Unternehmen und ihrer Standortwahl?
- Welche Rolle spielen die von der Regionalplanung ausgewiesenen suburbanen Büro- und Geschäftszentren als Standort für Großverwaltungen?

---

[20] Erläuterungen zur Auswertung der 'Top 500'-Liste siehe im Anhang A.3.

Wie bereits in Kapitel 2 ausgeführt wurde, sind die Metropolitan Areas von Sydney und Melbourne die bedeutendsten Standorträume für große Unternehmenshauptsitze in Australien. Von den 'Top 500' haben 230 ihren Hauptsitz im Verdichtungsraum Sydney und 143 im Verdichtungsraum Melbourne. Weitere wichtige Standorträume sind Perth, Brisbane und Adelaide. Innerhalb der Metropolitan Areas sind die CBDs nach wie vor die mit Abstand wichtigsten Standortkonzentrationen: vor allem Sydneys CBD mit insgesamt 111 und Melbournes CBD mit insgesamt 57 Unternehmenshauptverwaltungen. Geringere Zahlen erreichen die CBDs der kleineren Metropolen Perth (21), Brisbane (19) und Adelaide (14), obwohl sie in diesen Städten das Standortmuster besonders deutlich dominieren. Noch deutlicher fällt die Vorrangstellung der Stadtzentren aus, wenn man die Unternehmenshauptverwaltungen in den direkten Randbereichen der CBDs hinzuzählt: je elf in den Randbereichen der CBDs von Sydney und Melbourne sowie fünf im Randbereich des CBD von Brisbane.

Außer den CBDs der fünf 'Mainland Capital Cities' sind nur noch North Sydney (31 Hauptverwaltungen) und die St. Kilda Road in Melbourne (25 Hauptverwaltungen) national bedeutende Standortkonzentrationen von großen Unternehmenshauptverwaltungen. Alle anderen Unternehmenshauptsitze sind eher dispers über die Fläche der Metropolitan Areas verstreut. Überraschenderweise besteht im suburbanen Raum nirgendwo eine ausgeprägte Konzentration von Unternehmenszentralen. Lediglich St.Leonards/Crows Nest mit sechs Hauptverwaltungen, Pymble/Gordon und der Technologie bzw. Business Park North Ryde mit je fünf Hauptverwaltungen, Chatswood und Parramatta mit je vier (Verdichtungsraum Sydney) sowie die Gewerbezone um die Monash University (Clayton/Mulgrave) mit sieben Hauptverwaltungen (Verdichtungsraum Melbourne) sind suburbane Standortgemeinschaften von mittlerer Bedeutung. Auffällig ist, daß die peripheren Bereiche der Metropolitan Areas als Verwaltungsstandorte von Großunternehmen keine Rolle spielen und die Dezentralisierung der Unternehmensverwaltungen bislang kaum über die mittlere Vorortzone hinausgreift. Bis auf wenige Ausnahmen befinden sich alle Hauptverwaltungen der 'Top 500' in einem Umkreis von maximal 20 km um die großstädtischen CBDs.

Die auf Abb. 5.23 und 5.24 ebenfalls dargestellten kumulierten Umsätze pro Standort zeigen ein noch deutlicheres Übergewicht der CBDs.[21] Hier wurden in Sydney 68 %, in Melbourne 66 %, in Perth 71 %, in Brisbane 72 % und in Adelaide 54 % aller kumulierten Jahresumsätze der jeweiligen Metropolitan Area erzielt. Während im CBD und in dessen Randgebieten vor allem die Umsatzriesen ihren Standort haben, sind die Unternehmen an suburbanen Standorten im Durchschnitt deutlich kleiner. Für die großen Metropolitan Areas Australiens läßt sich damit die These, daß gerade größere Unternehmen suburbane Hauptverwaltungsstandorte bevorzugen, eindeutig widerlegen. Gerade die Hauptverwaltungen von großen Konzernen und Mehrbetriebsunternehmen befinden sich ganz überwiegend in den CBDs. Von den 25 umsatzstärksten Unternehmen Sydneys haben 21 ihren Hauptsitz im CBD, zwei weitere befinden sich in dessen Randbereichen Surry Hills und Redfern. In Melbourne ist diese Konzentration etwas schwächer ausgeprägt, im Prinzip sind die Verhältnisse aber ähnlich.

---

[21] In den Abbildungen wurden aus Gründen der Übersichtlichkeit alle Standorte innerhalb eines 'suburbs' (postcode area), eines Gewerbegebietes oder eines Geschäftszentrums zusammengefaßt. Da die 'postcode areas' relativ kleine Raumeinheiten sind, in der Sydney Metropolitan Area gibt es etwa 900 und in der Melbourne Metropolitan Area etwa 600 'postcode areas', bleiben die hiermit verbundenen Ungenauigkeiten sehr gering.

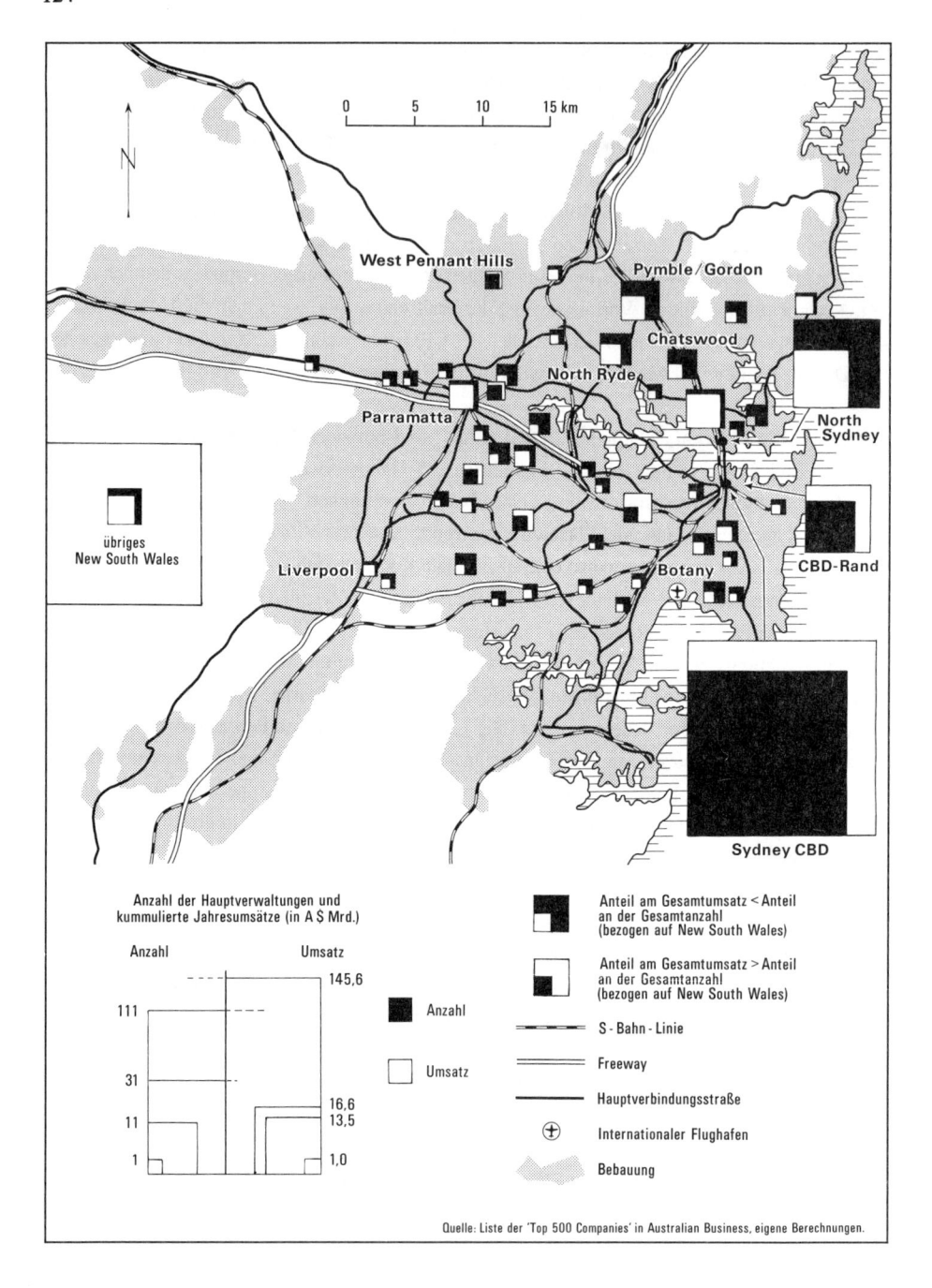

Abb. 5.23: Standorte der Hauptverwaltungen der 500 größten australischen Unternehmen in der Sydney Metropolitan Area 1990
Headquarter locations of Australia's 'Top 500 Companies' within the Sydney Metropolitan Area 1990

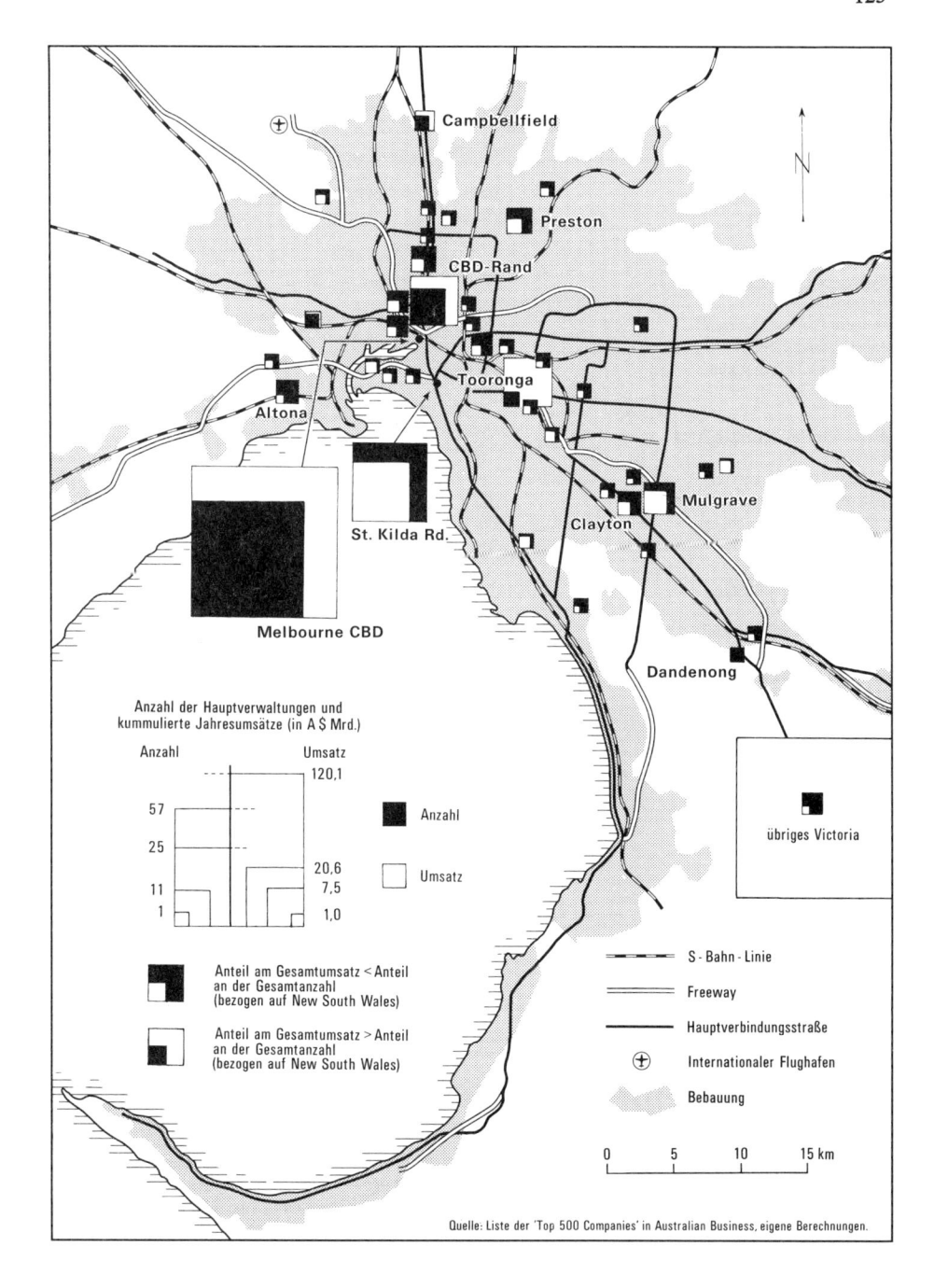

Abb. 5.24: Standorte der Hauptverwaltungen der 500 größten australischen Unternehmen in der Melbourne Metropolitan Area 1990
Headquarter locations of Australia's 'Top 500 Companies' within the Melbourne Metropolitan Area 1990

Tab.5.9: Hauptverwaltungsstandorte der 'Top 500 Companies' im suburbanen Raum der Metropolitan Areas von Sydney, Melbourne, Perth, Brisbane und Adelaide nach Standorttypen 1990[a]

Suburban headquarter locations of 'Top 500 Companies' by type of location 1990: Metropolitan Areas of Sydney, Melbourne, Brisbane, Perth, and Adelaide

	Innere Vororte	Mittlere Vororte	Äußere Vororte	Gesamt
Sydney Metropolitan Area				
Regionalzentren[b]	7	9	1	17
kleinere Geschäftszentren[c]	0	9	0	9
andere Standortypen[d]	12	33	6	51
davon mit Bahnanschluß[e]	1	11	2	14
Gesamt	19	51	7	77
Melbourne Metropolitan Area				
Regionalzentren[b]	0	1	0	1
kleinere Geschäftszentren[c]	2	2	1	5
andere Standortypen[d]	13	24	7	44
davon mit Bahnanschluß[e]	8	17	0	25
Gesamt	15	27	8	50
Perth Metropolitan Area				
Regionalzentren[b]	0	1	0	1
kleinere Geschäftszentren[c]	0	1	0	1
andere Standortypen[d]	5	7	0	12
davon mit Bahnanschluß[e]	3	1	0	4
Gesamt	5	9	0	14
Brisbane Metropolitan Area				
Regionalzentren[b]	0	0	0	0
kleinere Geschäftszentren[c]	0	0	0	0
andere Standortypen[d]	3	7	0	10
davon mit Bahnanschluß[e]	3	3	0	6
Gesamt	3	7	0	10
Adelaide Metropolitan Area				
Regionalzentren[b]	0	0	0	0
kleinere Geschäftszentren[c]	1	0	0	1
andere Standortypen[d]	6	6	2	14
davon mit Bahnanschluß[e]	2	3	0	5
Gesamt	7	6	2	15

[a] nach den Bilanzergebnissen des Vorjahres
[b] regionalplanerisch ausgewiesene suburbane Zentren erster Ordnung (Parramatta und 'Subregional Centres' in Sydney, 'District Centres' in Melbourne, 'Strategic Regional Centres' in Perth, 'Regional Business Centres' in Brisbane, 'Regional Centres' in Adelaide)
[c] nicht regionalplanerisch ausgewiesene suburbane Geschäftszentren bzw. suburbane Zentren zweiter Ordnung
[d] Gewerbe- und Industriegebiete oder 'freistehende' Standorte (meist mit Anschluß an andere Betriebsteile)
[e] außerhalb eines Geschäftszentrums, aber nicht weiter als 500 m von der nächsten S-Bahn oder Straßenbahnhaltestelle entfernt

Quelle: Liste der 'Top 500 Companies' in *Australian Business*, eigene Berechnungen

Eine genauere Betrachtung des suburbanen Standortmusters zeigt, daß Industrie- und Gewerbegebiete sowie 'freistehende' Einzelstandorte bevorzugt werden. Nur wenige dieser Standorte weisen einen Anschluß an das S-Bahn- bzw. Straßenbahnnetz auf (Tab. 5.9). Den Regionalplanern gelang es also in der Regel nicht, die großen Unternehmensverwaltungen auf ausgewiesene Zentren oder zumindest ÖPNV-begünstigende Standorte zu lenken. Allerdings muß hierbei berücksichtigt werden, daß die Mehrzahl der Standortentscheidungen bereits vor der planerischen Etablierung der Regionalzentren gefallen ist. Am erfolgreichsten war die Zentrenpolitik noch in Sydney. In allen anderen Verdichtungsräumen spielen die ausgewiesenen Zentren als Hauptverwaltungsstandorte so gut wie keine Rolle.

Offensichtlich sind die seitens der Regionalplanung für eine bevorzugte Büroentwicklung vorgesehenen Zentren als Hauptverwaltungsstandorte relativ unattraktiv. Sie bilden für die Mehrzahl der Unternehmen keine wirkliche Standortalternative zum CBD. Dies hängt vor allem damit zusammen, daß die Unternehmen in den meisten suburbanen Geschäftszentren, wenn auch in abgeschwächter Form, ähnlichen Problemen begegnen wie im CBD: mangelnde Expansionsflächen, Parkplatz- und Verkehrsprobleme, keine Möglichkeiten zum Zusammenfassen mehrerer Betriebsteile, zum Teil mangelhafte Umfeldqualitäten und ein verhältnismäßig hohes Miet- und Bodenpreisniveau. Andere Standorttypen wie Büroparks oder Business Parks haben dagegen erheblich bessere Chancen, von der Verlagerung von Großverwaltungen zu profitieren, insbesondere wenn sie einen guten Verkehrsanschluß und ein ansprechendes Umfeld besitzen. Erfolgreiche Beispiele hierfür wären etwa die hochwertigen Gewerbegebiete von North Ryde und Frenchs Forest im Verdichtungsraum Sydney sowie die modernen Gewerbegebiete von Clayton/Mulgrave und der Tally Ho Technology Park im Verdichtungsraum Melbourne. Auch der Erfolg des 1987 als erster echter 'Business Park' Sydneys eröffneten Australia Centre (australische Hauptverwaltungen von Akai, Sanyo und Alfa Laval) zeigt, daß dieser Standorttyp für Unternehmen, die Büros, Service, Lager und Produktion an einem Ort verbinden wollen, eine echte Alternative darstellt.

Das Standortmuster verschiedener Wirtschaftszweige

Nicht alle Wirtschaftszweige weisen im Hinblick auf Hauptverwaltungen vergleichbare Standortansprüche auf (Tab. 5.10 und 5.11). Zu den Unternehmen, die eine eindeutige Präferenz für einen CBD-Standort haben, gehören vor allem die Banken und die großen Versicherungen. Besonders deutlich wird das am führenden australischen Finanzplatz Sydney. Fast alle hier ansässigen Großbanken befinden sich in einem räumlich relativ begrenzten Viertel um die Sydneyer Börse und die Reserve Bank of Australia im nördlichen Teil des CBD. Die außerordentlich starken Konzentrationstendenzen des Finanzsektors sind aber auch in den anderen Metropolitan Areas überdeutlich (Tab. 5.12). Vergleiche der heutigen Standortverteilung mit der von *Scott* (1959) in den 50er Jahren kartierten zeigen, daß sich das Standortmuster der Banken in den letzten 30 Jahren kaum verändert hat. Die Großbanken gehören damit zu den standorttreuesten Nutzungen innerhalb der CBDs. Es kam jedoch vereinzelt zu Auslagerungen von flächenintensiven 'back office'-Funktionen. So haben etwa die Commonwealth Bank of Australia und die State Bank of New South Wales ihre Datenverarbeitungszentren in die Sydneyer Vororte Burwood bzw. Ashfield verlegt, während sich die Hauptverwaltungen weiterhin im CBD befinden. Ähnlich verfuhr auch American Express, als es seine Datenverarbeitung und Teile seiner Routine-Bürofunktionen 1986 aus dem CBD von Sydney nach North Ryde verlagerte (insgesamt 900 Arbeitsplätze).

Etwas flexibler ist die Standortwahl der großen Versicherungsgesellschaften, für die neben dem CBD auch citynahe Bürozentren wie North Sydney oder St. Kilda Road bevorzugte Standorte sind. Trotz einzelner Verlagerungsfälle, die noch dazu nur über relativ kurze Distanzen erfolgten, können die Hauptverwaltungen der großen Versicherungsgesellschaften dennoch als typische CBD-Nutzer gelten. Ähnlich wie den Banken geht es ihnen sowohl um das hohe 'Prestige' des CBD als auch um die Möglichkeit zum persönlichen, informellen Informationsaustausch. Andererseits sind diese Unternehmen auch finanziell in der Lage, die hohe Kostenbelastung im CBD auch für größere Flächen zu tragen. Das Vorhandensein von Banken und Versicherungen ist ein wiederum wichtiger Standortfaktor für zahlreiche mittlere und kleine Dienstleistungsunternehmen (v.a. Finanzdienstleister), für die es in der Tat häufig kaum eine Standortalternative zum CBD gibt.

Tab.5.10: Hauptverwaltungsstandorte der 'Top 500 Companies' in der Sydney Metropolitan Area nach Wirtschaftszweigen 1990[a]

Headquarter locations of 'Top 500 Companies' by industry 1990: Sydney Metropolitan Area

Wirtschaftszweig	CBD[b]	North Sydney	Innere Vororte	Mittlere Vororte	Äußere Vororte	Gesamt
Bergbau/Land- und Forstwirtschaft	12	3	0	1	1	17
Computer- und Büromaschinenhersteller	0	4	2	5	1	12
Sonstiges verarbeitendes Gewerbe	16	5	9	29	4	63
Banken und Kreditinstitute	26	0	0	1	0	27
Versicherungen und Rentenkassen	18	4	1	0	0	23
Unternehmensorientierte Dienstleistungen	6	5	1	3	0	15
Groß- und Einzelhandel	1	2	1	8	0	12
Handelsvermittler und -agenten	11	1	0	2	0	14
Transport und Verkehr	7	1	0	1	0	9
Kommunikation und Medien	5	0	1	0	0	6
Freizeit und Unterhaltung	5	0	0	0	0	5
Öffentliche Versorgung und Verwaltung	5	1	0	0	0	6
Immobiliendevelopment/Baugewerbe	3	2	4	1	1	11
Mischkonzerne und Konglomerate ohne eindeutigen Unternehmensschwerpunkt	7	3	0	0	0	10
Gesamt	122	31	19	51	7	230

[a] nach Bilanzergebnissen des Vorjahres
[b] einschließlich CBD-Rand (William Street, Surry Hills, Ultimo, Redfern)

Quelle: Liste der 'Top 500 Companies' in *Australian Business*, eigene Berechnungen

Eine ebenfalls starke Orientierung auf das Stadtzentrum weisen Handelsvermittlungen und andere größere Dienstleistungsunternehmen, aber auch die staatlichen Versorgungsunternehmen auf. Insgesamt zeigen die Großunternehmen des Dienstleistungssektors also eine deutliche Präferenz für den CBD. Eine Ausnahme sind allerdings die Hauptverwaltungen des Groß- und Einzelhandels, die sich vorwiegend in den mittleren westlichen Vororten in direktem Anschluß oder räumlicher Nähe zu ihren Zentrallagern befinden. Beispiele hierfür sind die Hauptverwaltungen von Franklins in Chullora, Davids in Lidcombe oder Mitre 10 in Parramatta (alle Verdichtungsraum Sydney).

Tab.5.11: Hauptverwaltungsstandorte der 'Top 500 Companies' in der Melbourne Metropolitan Area nach Wirtschaftszweigen 1990[a]

Headquarter locations of 'Top 500 Companies' by industry 1990: Melbourne Metropolitan Area

Wirtschaftszweig	CBD[b]	St. Kilda Road	Innere Vororte	Mittlere Vororte	Äußere Vororte	Gesamt
Bergbau/Land- und Forstwirtschaft	7	4	2	1	1	15
Computer- und Büromaschinenhersteller	0	1	1	4	0	6
Sonstiges verarbeitendes Gewerbe	13	4	8	12	4	41
Banken und Kreditinstitute	14	2	0	0	0	16
Versicherungen und Rentenkassen	9	2	1	0	0	12
Unternehmensorientierte Dienstleistungen	3	2	0	0	0	5
Groß- und Einzelhandel	2	0	1	5	2	10
Handelsvermittler und -agenten	2	2	1	0	0	5
Transport und Verkehr	4	3	0	1	0	8
Kommunikation und Medien	2	0	0	0	0	2
Freizeit und Unterhaltung	1	1	0	1	0	3
Öffentliche Versorgung und Verwaltung	3	0	0	0	0	3
Immobiliendevelopment/Baugewerbe	2	1	0	2	1	6
Mischkonzerne und Konglomerate ohne eindeutigen Unternehmensschwerpunkt	6	3	1	1	0	11
Gesamt	68	25	15	27	8	143

[a] nach Bilanzergebnissen des Vorjahres
[b] einschließlich CBD-Rand (South Melbourne, Carlton, West Melbourne, East Melbourne)

Quelle: Liste der 'Top 500 Companies' in *Australian Business*, eigene Berechnungen

Eine recht disperse Verteilung innerhalb der Metropolitan Areas zeigen die Hauptverwaltungen der Industrieunternehmen. Von den insgesamt 143 erfaßten Unternehmen des verarbeitenden Gewerbes haben nur 34 einen CBD-Hauptsitz (v.a die Verwaltungen größerer Mehrbetriebsunternehmen), während sich beim Gros der Unternehmen die Hauptverwaltung in der Nähe ihrer Produktionsstätten im inneren und mittleren Vorortbereich befindet. Im allgemeinen zeigen Verdichtungsräume mit einem starken sekundären Sektor ein verhältnismäßig dezentrales Standortmuster der Hauptverwaltungen. So wird auch das vergleichsweise disperse Standortmuster im Verdichtungsraum Adelaide im wesentlichen durch den überdurchschnittlichen Anteil des stark suburbanisierten verarbeitenden Gewerbes bestimmt. Dagegen ist in den 'Dienstleistungsmetropolen' Perth und Brisbane die Dominanz des CBD sehr viel stärker ausgeprägt.

Insgesamt fällt auf, daß sich selbst Industrieverwaltungen kaum in der Außenzone der Verdichtungsräume befinden. So sind im Verdichtungsraum Sydney die Standorte der Hauptverwaltungen von IBM in West Pennant Hills, von Sharp in Blacktown, von JRA in Moorebank und von CIBA-Geigy in Pendle Hill bislang wohl eher vielbeachtete Ausnahmen. In allen vier Fällen handelt es sich allerdings um renommierte Multinationals, von denen durchaus eine Signalwirkung für andere Unternehmen ausgehen könnte. Besonders interessant ist die Standortverteilung der Computerbranche. In der Sydney Metropolitan Area, dem mit Abstand bedeutendsten Standortraum für die Großunternehmen dieser Branche, befinden sich bis auf zwei Ausnahmen alle Hauptverwaltungen der großen Computerunternehmen auf der North Shore, wobei North Sydney mit drei Firmenzentralen (Unisys, NCR, Wang) der wichtigste Einzelstandort ist. Andere Standorte sind Chatswood (Digital Equipment, Fujitsu), Frenchs Forest (Apple), North Ryde (Canon, Panasonic), Pymble (Rank Xerox) und West Pennant Hills (IBM). Eine ganz ähnliches räumliches Ungleichgewicht in der Verteilung der internationalen High-Tech-Unternehmen zeigt sich in Melbourne zugunsten der östlichen Vororte. Ganz offensichtlich bevorzugen diese Unternehmen Standorte in wohlhabenden und prestigeträchtigen Vorortbereichen der beiden größten australischen Metropolen.

Tab.5.12: Hauptverwaltungsstandorte der 'Top 150' des Finanzsektors in den Metropolitan Areas von Sydney, Melbourne, Brisbane, Perth und Adelaide 1992[a]

Headquarter locations of 'Top 150 Financial Institutions' 1992: Metropolitan Areas of Sydney, Melbourne, Brisbane, Perth, and Adelaide

	CBD	CBD-Rand	NS/SKR[b]	Innere Vororte	Mittlere Vororte	Äußere Vororte	Gesamt
Sydney Metropolitan Area							
Banken, Finanzierungsgesellschaften	51	0	1	2	1	0	55
Versicherungen und Rentenkassen	14	0	4	0	1	0	19
Sonstige	11	0	0	0	2	0	13
Finanzsektor gesamt	76	0	5	2	4	0	87
Melbourne Metropolitan Area							
Banken, Finanzierungsgesellschaften	11	1	0	0	0	0	12
Versicherungen und Rentenkassen	8	0	2	1	0	0	11
Sonstige	3	0	1	0	0	0	4
Finanzsektor gesamt	22	1	3	1	0	0	27
Brisbane Metropolitan Area							
Finanzsektor gesamt	7	2	-	0	0	0	9
Perth Metropolitan Area							
Finanzsektor gesamt	7	1	-	0	0	0	8
Adelaide Metropolitan Area							
Finanzsektor gesamt	8	0	-	0	0	0	8

[a] nach Gesamtvermögen
[b] NS = North Sydney, SKR = St. Kilda Road

Quelle: Liste der 'Top 150 Financial Institutions' in *Australian Business Monthly* July 1992, eigene Berechnungen

Das Standortmuster von Tochterunternehmen ausländischer Multinationals

Von den 500 umsatzstärksten Unternehmen in Australien sind etwa ein Fünftel 100-prozentige Töchter internationaler Konzerne und überwiegend US-amerikanischer, japanischer oder britischer Herkunft. Hiervon haben zwei Drittel (67 Unternehmen) ihren Sitz in der Sydney Metropolitan Area und knapp ein Drittel in der Melbourne Metropolitan Area (31 Unternehmen). Auf alle anderen Standorte zusammen entfallen gerade fünf Hauptverwaltungen ausländischer Unternehmen (zwei auf Adelaide und je eine auf Perth und Gladstone, Queensland). Der Anteil der Hauptverwaltungen im suburbanen Raum ist bei den ausländischen Tochterunternehmen merklich höher als bei den australischen Unternehmen (43 % bzw. 29 % im Verdichtungsraum Sydney und 45 % bzw. 30 % im Verdichtungsraum Melbourne). Noch akzentuierter wird das Bild, wenn man lediglich die US-amerikanischen Multinationals betrachtet (Tab. 5.13 und 5.14). Insgesamt ist das Standortmuster der US-amerikanischen Töchter deutlich dezentraler als das der australischen Unternehmen. Hier scheinen sich die Ergebnisse mit denen aus anderen Ländern zu decken. So konnte *Gad* (1985) für Toronto nachweisen, daß auch in kanadischen Verdichtungsräumen die Töchter US-amerikanischer Unternehmen im Suburbanisierungsprozeß führend sind. Ähnliches ist auch in Deutschland festzustellen, wo die Töchter amerikanischer Unternehmen auffallend oft von vornherein das Umland wichtiger Wirtschaftszentren als Standort ihrer Zentrale wählen (*Olbrich* 1984, S.232). Es ist zu vermuten, daß die in den USA gemachten Erfahrungen auch auf die Standortwahl in anderen Ländern übertragen werden. Die US-amerikanische Präferenz für die Außenstadt spielte offensichtlich auch bei den Standortentscheidungen für Tochterunternehmen im Ausland eine wichtige Rolle.

Tab. 5.13: Hauptverwaltungsstandorte der größten Tochtergesellschaften ausländischer Unternehmen in der Sydney Metropolitan Area nach Stammland 1990[a] (n=67)
Headquarter locations of the largest foreign-owned companies by home country 1990 (n=67): Sydney Metropolitan Area

Stammland	CBD[b]	North Sydney	Innere Vororte	Mittlere Vororte	Äußere Vororte	Gesamt
USA	6	6	5	7	2	26
Großbritannien	7	1	3	3	1	15
Japan	10	1	0	4	1	16
Andere	5	1	2	1	1	10
Tochterunternehmen gesamt	28	9	10	15	5	67
Australische Unternehmen	94	22	9	36	2	163

[a] nach Bilanzergebnissen aus dem Vorjahr
[b] einschließlich CBD-Rand

Quelle: Liste der 'Top 500 Companies' in *Australian Business*, eigene Berechnungen

Tab. 5.14: Hauptverwaltungsstandorte der größten Tochtergesellschaften ausländischer Unternehmen in der Melbourne Metropolitan Area nach Stammland 1990[a] (n=31)
Headquarter locations of the largest foreign-owned companies by home country 1990 (n=31): Melbourne Metropolitan Area

Stammland	CBD[b]	St.Kilda Road	Innere Vororte	Mittlere Vororte	Äußere Vororte	Gesamt
USA	2	3	3	2	1	11
Großbritannien	2	4	0	0	0	6
Japan	1	0	0	2	2	5
Andere	2	3	0	4	0	9
Tochterunternehmen gesamt	7	10	3	8	3	31
Australische Unternehmen	61	15	12	19	5	112

[a] nach Bilanzergebnissen aus dem Vorjahr
[b] einschließlich CBD-Rand

Quelle: Liste der 'Top 500 Companies' in *Australian Business*, eigene Berechnungen

Zusammenfassend läßt sich festhalten, daß die großen Unternehmenshauptverwaltungen in den australischen Verdichtungsräumen nach wie vor stark auf den CBD und seine Randbereiche konzentriert sind. Dies gilt in besonderem Maße für die beiden kleineren 'Dienstleistungsmetropolen' Perth und Brisbane. Aber auch in Sydney, Melbourne und Adelaide haben suburbane Standortkonzentrationen nur eine relativ geringe Bedeutung. Lediglich die Nebencities North Sydney und St. Kilda Road weisen eine größere Anzahl an großen Firmensitzen auf. Einen mit US-amerikanischen Verdichtungsräumen vergleichbaren Exodus der 'corporate headquarters' aus dem CBD hat es bislang weder in Sydney und Melbourne noch in den kleineren Metropolen gegeben. Vor allem der CBD von Sydney hat seine dominierende Stellung als australischer Headquarter-Standort bis heute ungebrochen erhalten. Auch für die Zukunft ist kaum zu erwarten, daß die suburbanen Geschäftszentren eine größere Rolle als Standort für große Unternehmensverwaltungen spielen werden. Als Headquarter-Standorte sind 'Business Parks' die für viele Unternehmen erheblich attraktivere Lösung. Dies gilt insbesondere für Unternehmen des produzierenden Sektors.

IBM Australia und Coles Myer - zwei Beispiele für die Verlagerung großer Unternehmensverwaltungen

Einer der bislang spektakulärsten Verlagerungsfälle in der Metropolitan Area von Sydney war der Umzug der Hauptverwaltung von IBM Australia aus dem CBD in einen büroparkartigen Gebäudekomplex im ca. 20 km entfernten West Pennant Hills. Mit dieser Verlagerung im September 1984 erfolgte eine Zusammenfassung aller Unternehmensteile von einstmals sechs Einzelstandorten - u.a. im CBD, North Sydney und Rosebery - in einer einzigen Anlage. Lediglich die Marketingabteilung des Unternehmens verblieb im CBD. Die Anlage in West Pennant Hills besteht aus insgesamt vier zwei- bis dreigeschossigen Gebäuden und bietet auf 32.000 m² nutzbarer Geschoßfläche Platz für über 1.000 Arbeitsplätze. Außerdem konnten auf dem 28 ha großen, parkartigen Gelände rund 800 Pkw-Stellplätze untergebracht werden. Mit dem Umzug an den Verdichtungsrand folgte IBM Australien einer 'Unternehmensphilosophie', die mit Verlagerungen der US-amerikanischen Zentrale aus New York in den 60er Jahren begann und später auch von den Töchtern in Kanada und verschiedenen europäischen Ländern nachvollzogen wurde (*Grotz* 1987, S.126). Aber auch andere Gründe spielten eine entscheidende Rolle für die Verlagerung, z.B. die fehlenden Erweiterungsflächen und hohen Mietpreise an den alten Standorten sowie der Wunsch nach ausreichenden Parkplatzflächen und einer landschaftlich reizvollen Umgebung. Ein großer Teil der Belegschaft wohnte bereits vor der Verlagerung auf der North Shore. Für etwa 20 % der Beschäftigten, die mehr als 40 km vom neuen Standort entfernt wohnten, übernahm das Unternehmen einen großen Teil der anfallenden Umzugskosten (*Newell/Kelly* 1985, S.603).

Eine etwas andere Strategie als IBM verfolgte das große Melbourner Einzelhandelsunternehmen Coles Myer mit seiner Hauptverwaltungsverlagerung aus dem CBD in einen etwa 8,5 km vom Zentrum entfernt liegenden Neubaukomplex in Tooronga. So wurde anders als bei IBM keine Bauflächen am Stadtrand neu erschlossen, sondern das ehemalige Gelände eines Autokinos im besiedelten Bereich der mittleren östlichen Vororte umgenutzt. Auf einem etwas über drei Hektar großen Gelände, von dem etwa die Hälfte der Fläche gartenbaulich gestaltet wurde, bietet der 1987 bezogene Gebäudekomplex mit einer Gesamtgeschoßfläche von rund 45.000 m^2 Raum für etwa 1.700 Arbeitsplätze. Die Hauptgründe für die Verlagerung waren die organisatorischen Vorteile einer zusammengefaßten und flexibler zu gestaltenden suburbanen Hauptverwaltung (vorher war die Hauptverwaltung auf fünf verschiedene Standorte innerhalb des CBD verteilt) und die Parkplatz- und Verkehrsprobleme an den alten Standorten (*Kilmartin* 1986). Hinzu kam, daß 70 % der Belegschaft bereits vor dem Umzug im Bereich der östlichen Vororte wohnte. Planungspolitische Brisanz erhielt der Fall 'Coles Myer-Hauptverwaltung' nicht nur durch die große Zahl der von der Verlagerung betroffenen Arbeitsplätze und die Größe des Unternehmens - 1992 war Coles Myer das mit A$ 8 Mrd. Gesamtumsatz umsatzstärkste Unternehmen Australiens -, sondern dadurch, daß die Verlagerung den Grundsätzen der staatlichen Zentrenpolitik völlig widersprach (vgl. Kapitel 6).

5.6 Bürostandortverlagerungen des öffentlichen Sektors

Eine der treibenden Kräfte für den Ausbau der suburbanen Bürozentren war ohne Zweifel die öffentliche Hand. Die Bürostandorte des öffentlichen Sektors werden im einzelnen von den Standortpräferenzen der drei Regierungs- und Verwaltungsebenen bestimmt. Diese umfassen das Local, das State und das Commonwealth Government. Durch die administrative Zersplitterung auf Gemeindeebene sind die lokalen Verwaltungen innerhalb der großen Metropolitan Areas relativ gleichmäßig verteilt. Da die lokalen Verwaltungsbehörden ihre Standorte traditionell in den jeweiligen Zentren ihres Gemeindegebietes haben, sorgt dies für eine gewisse Streuung der öffentlichen Büroarbeitsplätze auf eine Vielzahl städtischer und suburbaner Zentren. Als Beispiel kann die Adelaide Metropolitan Area dienen: hier entfallen von den insgesamt 58.400 m^2 von den Gemeindeverwaltungen genutzten Büroflächen 10.600 m^2 auf den CBD, während sich die restlichen 47.800 m^2 auf weitere

27 Einzelstandorte im gesamten Verdichtungsraum verteilen.[22] Eine ähnliche Verteilung ergibt sich auch in den anderen großen Stadtregionen. Die in dieser Hinsicht einzige Ausnahme ist Brisbane, wo durch die Gemeindereform der 20er Jahre große Teile des Verdichtungsraumes auch administrativ zur City of Brisbane gehören. Folglich sind hier auch die Büroarbeitsplätze des Local Government stärker auf den CBD konzentriert.

Tab.5.15: Arbeitsplätze im öffentlichen Sektor im CBD und in District Centres[a] der Melbourne Metropolitan Area 1991

Public sector employment in the CBD and in District Centres 1991: Melbourne Metropolitan Area

	Bund	Staat	Gemeinde	Gesamt	in % der Gesamt-beschäftigung[b]
Melbourne CBD (Stand 1987)	20.650	22.570	1.470	44.690	28
Box Hill	742	2.732	219	3.693	26
Broadmeadows	42	956	230	1.228	49
Camberwell Junction	129	305	385	819	14
Cheltenham	204	221	8	433	7
Dandenong	1.423	1.802	265	3.490	27
Footscray	481	2.015	339	2.835	32
Fountain Gate/Narre Warren	0	56	274	330	17
Frankston	355	878	223	1.456	15
Glen Waverley	40	155	165	360	16
Greensborough	113	189	24	326	13
Moonee Ponds	172	194	201	567	14
Oakleigh	108	189	104	401	13
Prahran	234	804	524	1.562	12
Preston	201	2.513	640	3.354	45
Ringwood	194	841	21	1.056	18
Sunshine	198	260	701	1.159	33
Werribee	108	341	238	687	23

[a] District Centres einschließlich ihrem direkten Umfeld
[b] Beschäftigte im öffentlichen Dienst in % der Gesamtbeschäftigten (incl. Nicht-Büroarbeitsplätze)

Quelle: City of Melbourne C.A.D. Floorspace and Employment Survey 1987, *Moodie* (1991)

Insgesamt spielt die Ebene des Local Government aber nur eine vergleichsweise untergeordnete Rolle bei der Büroflächeninanspruchnahme des öffentlichen Sektors. Nimmt man wiederum den Verdichtungsraum Adelaide als Beispiel, stehen den 58.400 m² Bürogeschoßfläche der Lokalverwaltungen 412.000 m² auf Staats- und 274.100 m² auf Bundesebene gegenüber. Sowohl die bundesstaatlichen Ministerien und Behörden als auch die Bundesbehörden sind trotz einzelner Dezentralisierungsmaßnahmen noch immer recht stark auf den CBD konzentriert. Ein straffer Zentralismus hatte bereits während der Kolonialzeit dazu geführt, daß sich die Zentren der Hauptstädte zu den alleinigen Standorten höherer Regierungsfunktionen und dem dazugehörigen Behördenapparat entwickelten. Diese extreme Dominanz bei den Regierungs- und Verwaltungsfunktionen schwächte sich zwar seit

---

[22] Daten der 'Office Data Base' des *South Australian Department of Environment and Planning*, Stand 1992.

der Gründung des Commonwealth of Australia etwas ab, weil die ehemaligen Kolonialhauptstädte wichtige oberste Regierungsfunktionen sukzessive nach Canberra abgeben mußten, aber die vergleichsweise dezentrale Organisation der Bundesverwaltung führte doch zu einer starken Repräsentanz der Bundesbehörden in den Hauptstädten der Einzelstaaten. Durch die Konzentration aller drei Verwaltungsebenen auf den CBD belegten öffentliche Stellen 1985 insgesamt etwa 28 % des gesamten CBD-Büroraumes in Sydney (*Seek* 1986). Für die CBDs von Melbourne, Adelaide und Brisbane lag dieser Wert Anfang der 90er Jahre sogar bei 37 %, 51 % bzw. 55 %.

Sowohl die hohen Kosten in den CBDs als auch regionalpolitische Zielsetzungen wie die Schaffung von Arbeitsplätzen oder die Verbesserung des öffentlichen Serviceangebotes im suburbanen Raum veranlaßten die öffentliche Hand seit Mitte der 70er Jahre, Behörden und Dienststellen aus dem CBD auszulagern und deren Organisation insgesamt stärker zu dezentralisieren. Welches Übergewicht der CBD im Vergleich mit suburbanen Zentren in bezug auf Arbeitsplätze im öffentlichen Sektor dennoch hat, macht das Beispiel der Melbourne Metropolitan Area deutlich (Tab. 5.15).

Dezentralisierung von Bundesbehörden

Die ersten Überlegungen zu einer stärkeren Dezentralisierung von Bundesbehörden innerhalb der großen Metropolitan Areas gehen bereits auf die frühen 70er Jahre zurück. Die von Gough Whitlam geführte Labor-Regierung (1972-75) verfolgte während ihrer Regierungszeit eine weitreichende Dezentralisierungspolitik, deren hochgestecktes Ziel es war, die als nachteilig empfundene Dominanz der Hauptstädte zu verringern. Auch innerhalb der Metropolitan Areas wurde eine gleichmäßigere Verteilung von staatlichen Büroarbeitsplätzen angestrebt, wobei das hohe Mietpreisniveau in den CBDs de facto jedoch wohl eine wichtigere Rolle spielte als raumplanerische Zielsetzungen. Obwohl bereits 1975 erste Schritte für eine regionale Bürodezentralisierung eingeleitet wurden, ließen sich diese Vorhaben nur in Ansätzen durchsetzen (*Morison* 1977). So wurde die geplante Verlagerung von etwa 5.000 Büroarbeitsplätzen nach Parramatta von der liberal-konservativen Fraser-Regierung nach deren Amtsübernahme 1976 aus Kostengründen wieder gestoppt. Bis 1976 wurden im Zusammenhang mit einer Umstrukturierung des Australian Taxation Office (ATO) gerade 750 Büroarbeitsplätze nach Parramatta verlegt. Im Verdichtungsraum Melbourne waren die Erfolge der Dezentralisierungspolitik sogar noch bescheidener. So waren von der Verlagerung einer ATO-Dienststelle vom Melbourner CBD nach Dandenong gerade 150 Arbeitsplätze betroffen (*Lanigan* 1976). Neben politischen Differenzen spielten für den Stopp der geplanten Großprojekte bzw. des 'Commonwealth Office Construction Program' insbesondere die Ende der 70er Jahre zunehmenden Leerstände in den CBDs eine Rolle. Die Büroflächenüberhänge in den CBDs erschienen damals hoch genug, um die Flächennachfrage des Bundes auf Jahre hin zu relativ günstigen Mietkonditionen zu decken.

Obwohl es seit 1976 kein offizielles Programm zur Verlagerung von Bundeseinrichtungen mehr gibt, wurden nach der Rückkehr der Labor Party ins Regierungsamt zwischen 1985 und 1992 doch sukzessive Büroarbeitsplätze aus den CBDs in die Vororte verlagert. Der eindeutige Schwerpunkt dieser Verlagerungsbemühungen war Parramatta im Vorortbereich von Sydney. Als Höhepunkt der Dezentralisierung von Bundesbehörden wurde Mitte 1990 das neue Commonwealth Office Centre in Parramatta für insgesamt 2.800 Arbeitsplätze eröffnet (vgl. Kapitel 7.2). Neben Parramatta profitierten aber auch andere suburbane Zentren von der Ansiedlung von Bundesbehörden, z.B.

Dandenong und Box Hill im Verdichtungsraum Melbourne. Von allen Bundeseinrichtungen trug das ATO am stärksten zur Dezentralisierung bei. So wurden z.b. in Bankstown (Verdichtungsraum Sydney), Box Hill (Verdichtungsraum Melbourne), Canning (Verdichtungsraum Perth) sowie in Chermside und Upper Mount Gravatt (Verdichtungsraum Brisbane) in den letzten Jahren große ATO-Zweigstellen mit jeweils mehreren hundert Arbeitsplätzen errichtet.

Trotz der Wirkung der Dezentralisierung auf einige suburbane Zentren darf deren Effekt für das suburbane Arbeitsplatz- und Büroflächenwachstum insgesamt nicht überschätzt werden. Noch immer befindet sich das Gros der Büroarbeitsplätze des Bundes in Canberra und den CBDs der fünf großen Metropolen. Nach *Kanaley* (1986) lag 1985 der Anteil der CBDs an den vom Bund genutzten metropolitanen Büroflächen in Sydney bei 55 %, in Melbourne bei 60 %, in Brisbane bei 71 %, in Perth bei 63 % und in Adelaide bei 58 %. Leider sind keine aktuellen Zahlen verfügbar, es kann allerdings davon ausgegangen werden, daß sich das Verhältnis zwischen CBDs und Vororten seit 1985 nicht wesentlich verschoben hat.

Dezentralisierung von bundesstaatlichen Ministerien und Behörden

Noch stärker ausgeprägt als bei den Bundesbehörden ist die traditionelle CBD-Bindung bei bundesstaatlichen Ministerien und Behörden. Deren Dezentralisierung ist in den verschiedenen Bundesstaaten allerdings unterschiedlich weit fortgeschritten. Während sich etwa in der Sydney Metropolitan Area nur noch 54 % der von der Staatsregierung genutzten Bürogeschoßflächen im CBD befinden, liegt dieser Anteil in der Adelaide Metropolitan Area bei über 70 %. Obwohl es in den letzten Jahren in allen Staaten zu einzelnen Dezentralisierungsmaßnahmen kam, besitzt nur New South Wales ein spezielles Programm zur Verlagerung staatlicher Einrichtungen. Wegen seines Vorbildcharakters soll dieses im folgenden etwas genauer betrachtet werden.

Verlagerung von bundesstaatlichen Behörden und Ministerien innerhalb des Verdichtungsraumes Sydney: das 'Suburban Office Relocation Program'

Seit Anfang der 80er Jahre treibt die Staatsregierung von New South Wales die Dezentralisierung von öffentlichen Dienststellen aktiv voran. So besitzt New South Wales seit 1983 ein spezielles Programm zur Bürodezentralisierung, das 'Suburban Office Relocation Program' (SORP). Für die auf die Anregung des *Department of Environment and Planning* zurückgehende Etablierung des SORP spielten mehrere Gründe eine maßgebliche Rolle:
- die erheblichen Kostensenkungen durch niedrigere Mieten in suburbanen Geschäftszentren, welche die Umzugskosten bzw. die finanziellen Abfindungen für nicht verlagerungsbereites Personal bereits innerhalb einer relativ kurzen Zeit kompensieren,
- die Verlagerung der Arbeitsplätze in die Nähe der Wohngebiete der Beschäftigten und die Schaffung von höherqualifizierten Arbeitsplätzen in Western Sydney,
- die verbesserte Erreichbarkeit der staatlichen Behörden und Dienststellen für die Bevölkerung in den Außenbereichen der Metropolitan Area,
- die erhoffte Anstoßwirkung für die Büroentwicklung in den von der Regionalplanung zur bevorzugten Förderung ausgewiesenen suburbanen Geschäftszentren.

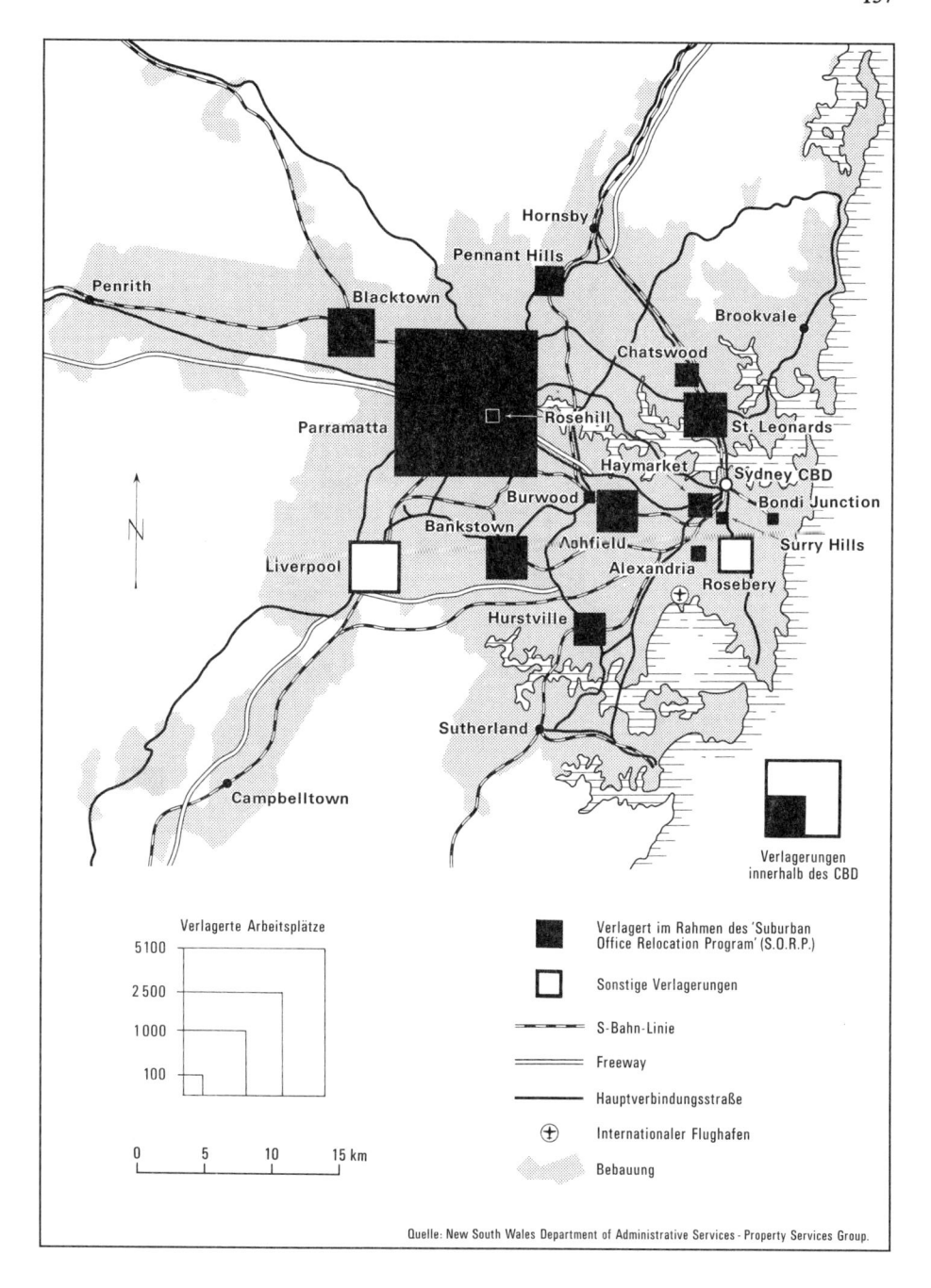

Abb. 5.25: Sydney Metropolitan Area: Aus dem CBD verlagerte Arbeitsplätze in Ministerien und Behörden des Bundesstaates New South Wales 1983-1990
Sydney Metropolitan Area: Relocated jobs from the CBD in New South Wales state government departments and authorities 1983-1990

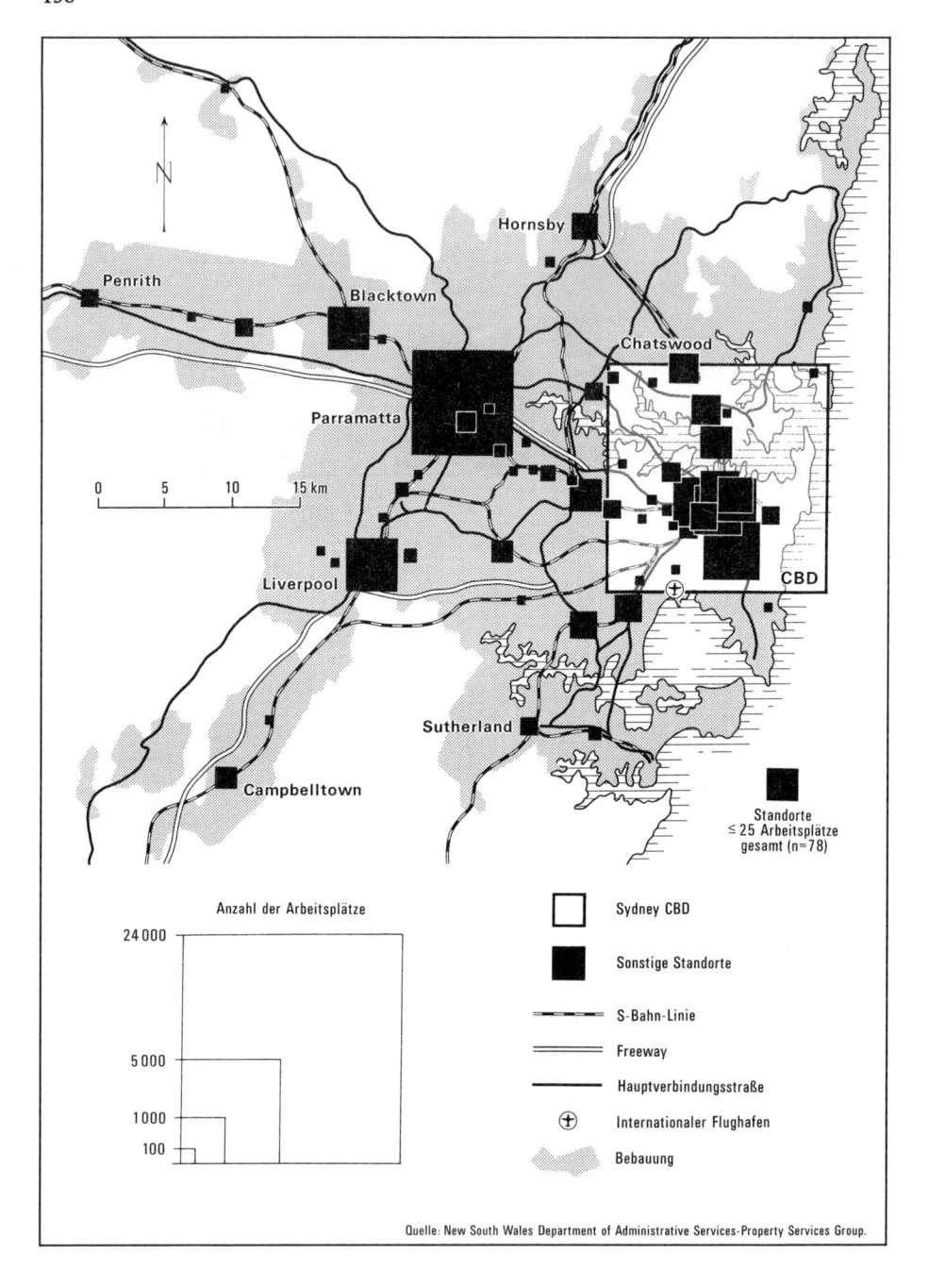

Abb. 5.26: Sydney Metropolitan Area: Büroarbeitsplätze in Ministerien und Behörden des Bundestaates New South Wales 1990 (Standorte > 25 Arbeitsplätze)
Sydney Metropolitan Area: Office employment in New South Wales state government departments and authorities 1990 (locations > 25 jobs)

Nach den Vorgaben des SORP wurden von der 'New South Wales Property Services Group'[23] zwischen 1983 und 1990 schrittweise insgesamt 7.700 Arbeitsplätze in staatlichen Ministerien und Behörden aus dem CBD in die Vororte verlegt. Zusammen mit den Verlagerungen außerhalb des SORP waren es bis Ende 1990 sogar rund 10.000 Arbeitsplätze. Mit insgesamt 5.100 verlagerten Arbeitsplätzen, drei umgesiedelten Ministerien und mehreren Behördenzweigstellen stellt Parramatta das Kernstück des SORP dar. 1990 belegten 28 staatliche Einrichtungen im Parramatta City Centre insgesamt rund 88.500 m^2 Bürofläche. Auch andere Geschäftszentren wie Liverpool (1.350 Arbeitsplätze) oder Blacktown (890 Arbeitsplätze) erlebten durch die Ansiedlung staatlicher Behörden einen merklichen Aufschwung (Abb. 5.25). Obwohl die Arbeitsplatzverlagerung die Zahl der Staatsbediensteten im CBD von rund 34.500 im Jahre 1983 auf 24.500 im April 1990 reduzierte, ist der CBD auch Mitte der 90er Jahre noch der eindeutige Schwerpunkt der staatlichen Bürobeschäftigung (Abb. 5.26). In insgesamt 82 Einzelobjekten nutzen die Behörden von New South Wales hier insgesamt 436.600 m^2 Netto-Bürofläche. Inkonsequenterweise wurden im Rahmen des SORP auch Verlagerungen innerhalb des CBD oder in dessen unmittelbare Umgebung gefördert. Trotzdem hat das SORP dazu geführt, daß die Arbeitsplätze in der Verwaltung heute erheblich ausgeglichener über die Metropolitan Area verteilt sind als noch Anfang der 80er Jahre.

Da die 'New South Wales Property Services Group' die Büroräume in den suburbanen Geschäftszentren fast ausschließlich mietet, hat die von den verlagerten Behörden ausgehende Nachfrage nach Büroflächen die Investitionstätigkeit im Immobiliensektor in einigen suburbanen Geschäftszentren merklich belebt. Wie die Entwicklung Parramattas gezeigt hat, kann die Verlagerung von öffentlichen Stellen über deren direkten Einfluß als Büroraumnachfrager hinaus tatsächlich auch Anstoßwirkungen für den privaten Sektor haben. Für die auf gute Erreichbarkeit für jedermann angewiesenen staatlichen Stellen sind die größeren suburbanen Geschäftszentren die günstigsten Standorte, da sie fast immer über einen Anschluß an das S-Bahn-Netz verfügen. In vielen suburbanen Geschäftszentren wurde die Büroentwicklung in den 80er Jahren ganz überwiegend durch die Nachfrage des öffentlichen Sektors getragen. In einigen kleineren suburbanen Zentren wie Liverpool, Blacktown oder Hornsby belegen allein staatliche Stellen heute mehr als ein Drittel aller bestehenden Büroflächen, und auch in Zentren wie Parramatta, Burwood und Bankstown wird mehr als 15 % der Gesamtbürofläche von Behörden und Ministerien des Staates New South Wales genutzt.

Da die ursprünglich angesetzten Zielwerte des SORP heute bis auf wenige Ausnahmen erfüllt sind, ist für die nähere Zukunft nicht mehr mit größeren Verlagerungen öffentlicher Einrichtungen in die Vororte zu rechnen. Seit 1991/92 ist sogar wieder eine Tendenz zur Rückverlagerung von Arbeitsplätzen in den CBD festzustellen, denn durch die großen Leerstände kam es im CBD einerseits zu Vermietungsproblemen staatseigener Büroflächen und andererseits zu einer erheblichen Nivellierung des Mietpreisgefälles zwischen zentralen und peripheren Standorten. Allerdings führte

---

[23] Die 'NSW Property Services Group' stellte dankenswerterweise ihr gesamtes Büroflächenregister für die Sydney Metropolitan Area (ohne Randbereiche wie Gosford, Wyong und Blue Mountains) für eine Analyse zur Verfügung. Dieses auf EDV gespeicherte Register enthält alle vom Staat New South Wales genutzten Büroflächen mit folgenden Angaben: Name der Behörde, Adresse, Gebäudename, genutzte Bürofläche in m^2, Anzahl der Beschäftigten. Daneben wurde ein ähnliches Register für die vom SORP betroffenen Ministerien und Behörden zur Auswertung überlassen. Auf den Abbildungen 5.25 und 5.26 wurden aus Gründen der Übersichtlichkeit alle Standorte innerhalb eines 'suburbs' oder eines Geschäftszentrums zusammengefaßt.

die Regierung von New South Wales 1991 die erste Verlagerung eines Ministeriums an einen Standort außerhalb der Metropolitan Area durch. Die Verlagerung von 450 Staatsbediensteten des 'Department of Agriculture and Fisheries' in die 213 km westlich von Sydney liegende 30.000-Einwohner-Stadt Orange soll der erste Schritt eines umfassenderen Programms zur Dezentralisierung administrativer Funktionen in den ländlichen Raum sein (*Directions in Government* 1989).

5.7 Fazit: Innerregionale Dezentralisierung der Bürostandorte und weiteres Wachstum im CBD - zwei parallel verlaufende Prozesse

Seit einigen Jahrzehnten führt die Suburbanisierung der Bürobeschäftigung zu einer deutlichen Zunahme der Büroarbeitsplätze der Außenstadt. Demgegenüber steht eine deutlich langsamere Bürobeschäftigungsentwicklung in den Verdichtungskernen einschließlich der CBDs. Das starke Wachstum der Bürobeschäftigung und der Büroflächen im suburbanen Raum hat die Bautätigkeit in den CBDs bislang aber kaum gedämpft. Die vor allem in den 80er Jahren starke Nachfrage nach Büroflächen hat dazu geführt, daß sich sowohl im CBD als auch in den suburbanen Bürozentren seit Mitte der 80er Jahre eine gleichermaßen beeindruckende bauliche Entwicklung vollzogen hat. Die Geschwindigkeit der Dezentralisierungsprozesse unterliegt kurzfristigen zyklischen Einflüssen. Dies gilt nicht nur in bezug auf das absolute Bauvolumen, auch die relativen Anteile verschiedener Standorte an der Gesamtflächenproduktion verschieben sich während des Ablaufs eines 'property cycles'. Erfahrungen aus dem letzten australischen 'boom and bust'-Zyklus haben gezeigt, daß die Suburbanisierung von Büroflächen am Anfang der zunächst überwiegend nachfragebestimmten konjunkturellen Aufschwungphasen sehr stark ist, während sie in der Hochphase, wenn die Angebotsfaktoren an Bedeutung gewinnen und zunehmend spekulative Kapitalinteressen den Markt bestimmen, relativ wieder zurückgeht. Insbesondere für ausländische und große institutionelle Anleger ohne intime lokale Marktkenntnis ist der CBD unter Boombedingungen der mit Abstand interessanteste Immobilienmarkt. In jüngster Zeit gab es zudem vermehrt Hinweise darauf, daß die hohen Leerstände in den CBDs nach dem Zusammenbrechen des Immobilienmarktes die Dezentralisierungsprozesse deutlich bremsen, da die zurückgehenden Mieten einen wichtigen Anreiz der suburbanen Flächennachfrage zumindest teilweise obsolet machen (*Coombes* 1991).

Während die Anfänge der Bürosuburbanisierung in den großen australischen Verdichtungsräumen bis in die 60er Jahre zurückgehen, haben sich erst seit Anfang der 80er Jahre größere suburbane Bürozentren gebildet. Der CBD als das weiterhin dominierende Bürozentrum im Verdichtungsraum wird heute vor allem in der Sydney Metropolitan Area durch mehrere größere suburbane Bürozentren in der inneren und mittleren Vorortzone ergänzt. Stärker als in den anderen australischen Verdichtungsräumen hat sich hier eine zunehmend komplexe Hierarchie von Bürozentren entwickelt. Ohne Zweifel steht der CBD noch immer an der Spitze dieses Systems. Aber anders als in den 70er Jahren, wo dem alles überragenden Zentrum des CBD und seiner Randbereiche nur ein zersplittertes Bürostandortmuster im suburbanen Raum gegenüberstand, nehmen nun große suburbane Geschäftszentren eine Zwischenstellung zwischen dem auf nationale und internationale Funktionen ausgerichteten CBD und rein lokal orientierten Zentren ein. In dem Maße, in dem der CBD einer zunehmenden Spezialisierung auf höchstrangige dispositive, national und international ausgerichtete Aufgaben erfuhr, mußte er typische städtisch-regionale Zentralfunktionen an die Vorortzentren abgeben.

Die Ausdifferenzierung der Bürozentrenhierarchie ist im Verdichtungsraum Sydney bereits am weitesten vorangeschritten. Hierzu haben sowohl wirtschafts- als auch siedlungsstrukturelle Faktoren beigetragen. Die Entwicklung Sydneys zur internationalen Drehscheibe von Waren-, Finanz- und Informationsströmen führte dazu, daß der Spezialisierungsdruck des CBD in Richtung auf hochrangige Steuerungs- und Kontrollaufgaben hier stets am größten war. Es besteht Grund zu der Annahme, daß gerade dieser Spezialisierungsdruck im CBD der Entwicklung der mehr auf regionale und lokale Aufgaben ausgerichteten suburbanen Bürozentren Vorschub geleistet hat. Zudem hat auch die Verlagerung von einzelnen großen Hauptverwaltungen in die Vororte die Suburbanisierungsdynamik verstärkt. Das gleichzeitige Büroflächenwachstum im CBD und in den Vororten sind also keine sich widersprechenden Vorgänge, sondern vielmehr die räumliche Konsequenz eines auf breiter Front wirksamen Spezialisierungsprozesses. Aufgrund seiner Größe und den auch in Melbourne recht stark vertretenen hochrangigen Kontrollfunktionen kommt die Hauptstadt von Victoria in dieser Entwicklung Sydney am nächsten. Auch in Melbourne übernimmt der CBD zunehmend spezialisierte anstatt allgemeine ökonomische Funktionen (*Edgington* 1982a). In den weniger auf nationale bzw. internationale Funktionen ausgerichteten Verdichtungsräumen Brisbane, Perth und Adelaide sind diese Entwicklungsfaktoren bislang nicht in einem vergleichbaren Ausmaß gegeben. Zudem sind die Stadtkörper der kleineren Verdichtungsräume wohl noch zu kompakt, um die nötigen Voraussetzungen für das Entstehen großer suburbaner Bürozentren zu bieten. Folglich befindet sich deren Entwicklung in den Metropolitan Areas von Brisbane, Perth und Adelaide erst in einem Anfangsstadium.

Eines der auffälligsten Kennzeichen des sich seit Anfang der 80er Jahre ausbildenden Bürostandortmusters ist, daß es sich vergleichsweise stark innerhalb des historisch gewachsenen Zentrensystems entfaltet hat. Durch eine in den letzten Jahren erheblich zunehmende Zahl von Bürohochhäusern sind einige der suburbanen Geschäftszentren des Verdichtungsraumes Sydney inzwischen auch baulich fast kleine 'Abbilder' des CBD. Zudem haben sich einige größere suburbane Geschäftszentren im Laufe der 80er Jahre zunehmend zu autonomen Büromärkten entwickelt, deren Dynamik und Attraktivität nur noch in geringem Maße von den Verhältnissen im CBD bestimmt wird. Allerdings wurde das Büroflächenwachstum in einigen suburbanen Geschäftszentren in einem erheblichen Maße von der Flächennachfrage des öffentlichen Sektors ausgelöst. Während die Büroentwicklung in den suburbanen Geschäftszentren den Vorstellungen der Regionalplanung entspricht, haben in den letzten Jahren auch 'neue' Standorttypen wie Business Parks, Office Parks und 'freistehende Bürostandorte' vor allem in Sydney und Melbourne an Bedeutung gewonnen. Ein Großteil der suburbanen Büroarbeitsplatzzunahme vollzieht sich außerhalb der regionalplanerisch ausgewiesenen Geschäfts- bzw. Bürozentren als zusätzliche Nutzung in Gewerbe- und Industriegebieten oder in 'freistehenden' Bürogebäuden.

6. Das System multifunktionaler Zentren in Planung und Realität - Erfolge und Mißerfolge regionaler Planungsansätze

Zu den charakteristischen Zügen der australischen Metropolenentwicklung der letzten Jahrzehnte gehört nicht nur die Suburbanisierung einzelner Cityfunktionen, sondern auch das damit verbundene Entstehen größerer multifunktionaler Standortgemeinschaften in der Außenstadt. Nachdem sich bereits in den 60er Jahren große suburbane Einzelhandelszentren gebildet hatten, wuchsen einige dieser Zentren durch die suburbane Büroentwicklung der 80er Jahre zu echten multifunktionalen Cities heran. Hierfür waren neben den Marktkräften auch planerische Initiativen verantwortlich. Im folgenden sollen deshalb die auf multifunktionale suburbane Zentren gerichteten Planungsstrategien genauer untersucht werden. In einem zweiten Schritt soll der Frage nachgegangen werden, wie sich das System hochrangiger suburbaner Zentren heute darstellt und inwieweit grundlegende regionalplanerische Zielsetzungen tatsächlich umgesetzt werden konnten. Das vorliegende Kapitel widmet sich dabei vorwiegend den Planungs- und Implementationsproblemen auf regionaler Ebene, während lokale Planungsprobleme in den Kapiteln 7 und 8 eingehender thematisiert werden.

6.1 Die Rolle suburbaner Zentren in der Regionalplanung der Nachkriegszeit

Die mit der Überkonzentration der Arbeitsplätze und Versorgungseinrichtungen in den CBDs und dem gleichzeitigen schnellen Wachstum der Verdichtungsräume verbundenen Probleme wurde von Planern und Politikern bereits Ende der 40er Jahre erkannt. So verfolgt die australische Regionalplanung bereits seit den späten 40er Jahren das Ziel, den Ausbau von suburbanen Geschäftszentren voranzutreiben und suburbanisierte Cityfunktionen in ihnen zu bündeln. Inzwischen wurde in den meisten Bundesstaaten bereits die dritte Generation von Regionalplänen veröffentlicht. In der Regel wurde der Dezentralisierung der wirtschaftlichen Aktivitäten und der Ausbau von suburbanen Geschäftszentren in allen bislang erschienen Planungsdokumenten eine vorrangige Bedeutung beigemessen. Jede Generation der Regionalpläne spiegelt aber auch die Planungskonzeptionen ihrer Zeit wider.

Rechtliche und verwaltungstechnische Grundlagen der Stadt- und Regionalplanung in Australien

Kennzeichnend für das australische Planungssystem ist der dreistufige Regierungs- und Verwaltungsaufbau von Local, State und Commonwealth Government. Da die australischen Metropolen in der Regel durch das Zusammenwachsen einer Vielzahl von politisch eigenständigen Gemeinden entstanden sind, sind sie heute durch eine starke administrative Zersplitterung geprägt. Da mit Ausnahme von Brisbane in den großen australischen Verdichtungsräumen bis heute keine grundlegende Gemeindereform durchgeführt wurde, kommt der Regionalplanung bzw. dem 'Metropolitan Planning' die Funktion einer gesamtstädtischen Entwicklungssteuerung zu. Abgesehen von einer kurzen Phase Anfang der 70er Jahre, als sich die Bundesregierung stärker in der Stadtentwicklung engagierte, spielt der Bund für die Stadt- und Regionalplanung nur eine untergeordnete Rolle.[1] Die gesetzliche

---

[1] Allerdings greift die Bundesregierung über Sektoralpolitiken, auf deren Ausgestaltung die Bundesstaaten häufig nur einem begrenzten Einfluß haben, immer wieder entscheidend in die räumliche Entwicklung der Metropolitan Areas ein, u.a. durch die Anlage überörtlicher Straßen, die freie Nutzung von bundeseigenem Land oder städtebauliche Demonstrationsprojekte.

Regelung der städtebaulichen und räumlichen Planung ist in Australien verfassungsgemäß die Aufgabe der Einzelstaaten. Obwohl die kommunale Planungshoheit durch Reformen der Planungsgesetze in den meisten Bundesstaaten seit Ende der 70er Jahre gestärkt wurde, besitzen die Bundesstaaten noch immer eine vergleichsweise starke Stellung im System der räumlichen Planung und können ihre Vorgaben vielfach auch gegen den Widerstand der betroffenen Local Councils durchsetzen.[2]

Seit den 50er bzw. frühen 60er Jahren besteht für die Großstadtregionen Sydney, Melbourne, Perth und Adelaide eine gemeideübergreifende Regionalplanung unter vorwiegend bundesstaatlicher Kontrolle. Lediglich in Queensland existiert bis heute keine eigene Regionalplanung für den Großraum Brisbane. Andererseits deckt die City of Brisbane als die seit der umfassenden Gemeindereform 1925 mit Abstand größte kommunale Gebietskörperschaft Australiens durch ihre seit den 60er Jahren aufgestellten 'Town Plans' einen großen Teil der Metropolitan Area planerisch selbst ab (*Cole* 1984, *Laverty* 1978). Seit 1990 bestehen auch in Queensland Bemühungen zum Aufbau einer echten Regionalplanung für den weiteren Großraum Brisbane (SEQ 2001-Projekt für die Planungsregion South East Queensland). Ob diese Initiativen tatsächlich in ein 'Metropolitan Planning' nach dem Muster der anderen Bundesstaaten münden, kann noch nicht abschließend beurteilt werden (*Caulfield* 1991, *Stimson* 1992a, 1992b und 1991a).

Regionalpläne und regionale Planungsstrategien der ersten und zweiten Generation

Während bereits in der Zwischenkriegszeit die ersten gesetzlichen Grundlagen der Stadt- und Regionalplanung durch die Bundesstaaten geschaffen wurden, traten ab Anfang der 50er Jahre die ersten Regionalpläne in Kraft. Das 1948 vorgelegte und 1951 in Kraft getretene 'County of Cumberland Planning Scheme' für den Großraum Sydney war der erste umfassende Regionalentwicklungsplan für eine australische Metropole. In den Jahren darauf folgten ähnliche Pläne für die Verdichtungsräume Melbourne (Melbourne Metropolitan Planning Scheme, 1954), Perth (Plan for the Metropolitan Region Perth and Fremantle, 1955) und Adelaide (Adelaide Development Plan, 1962). Entsprechend der Planungseuphorie der damaligen Zeit und der engen Orientierung an britischen Vorbildern hatten diese Regionalpläne die Form von 'master plans' und stellten im Kern rechtsverbindliche Flächennutzungspläne dar. Zur Organisation und Administration der Planung wurden entweder neue Behörden wie der County of Cumberland Council in Sydney (1945), die

---

[2] Als Beispiel für den Aufbau des Planungssystems kann New South Wales dienen. Die räumlichen Planung ist hier durch den 'Environmental Planning and Assessment Act' von 1979 geregelt. Dieses Gesetz bildet das Rahmenwerk für die Landnutzungs- und Bebauungsplanung und regelt sowohl die Kompetenzen der Local Governments als auch der staatlichen Planungsbehörden. Danach können die Gemeinden nach dem Prinzip einer einstufigen Bauleitplanung Bebauungspläne (Local Environmental Plans, LEP) aufstellen, die entweder das gesamte Gemeindegebiet oder lediglich Teile hiervon umfassen. Diese Pläne müssen vom zuständigen staatlichen Planungsminister genehmigt werden und stellen die Grundlage für die Erteilung von Baugenehmigungen dar. Trotz dieser prinzipiellen 'Planungshoheit' der Local Councils sind die Möglichkeiten der Gemeinden zu einer umfassenden Entwicklungssteuerung jedoch begrenzt (*Costley/Melser* 1986). Die Zuständigkeit für die Planung auf gesamtstaatlicher und regionaler Ebene liegt seit 1963 direkt beim Bundesstaat. Das Department of Planning und der Planungsminister sind dabei sowohl für die Planung der gesamten Sydney Metropolitan Area als auch für lokale Planungsvorhaben zuständig, sofern letztere von einem gesamtregionalen Interesse sind. Während die 'Metropolitan Strategy' von 1988 keine eigene Rechtswirkung besitzt, kann der Planungsminister zur Durchsetzung regionalplanerischer Ziele rechtsverbindliche 'State Environmental Planning Policies' (SEPP) und räumlich begrenzt wirksame 'Regional Environmental Plans' (REP) erlassen. Im Grundaufbau ist das Planungssystem in Victoria und Western Australia ähnlich (*Eccles/Bryant* 1991, *Logan* 1987, *Logan/Ogilvy* 1981). Allerdings bestehen in diesen beiden Bundesstaaten und South Australia noch immer rechts- bzw. behördenverbindliche regionale Flächennutzungspläne, aus denen die gemeindliche Bauleitplanung abgeleitet werden muß.

Metropolitan Region Planning Authority in Perth (1960) und die State Planning Authority in Adelaide (1967) eingerichtet oder sie wurden wie im Falle des Melbourne and Metropolitan Board of Works (MMBW) an bereits bestehende Behörden angegliedert (1949).

Ohne Zweifel stellte der Cumberland Plan für Sydney das bislang ehrgeizigste Experiment staatlicher Entwicklungssteuerung dar (*Stretton* 1970, S.237ff.). Der stark an sozialen und räumlichen Ausgleichszielen orientierte Plan sah neben dem Erhalt eines 'green belts' vor allem die Dezentralisierung von Arbeitsplätzen und Versorgungsmöglichkeiten als eine der vordringlichsten Aufgaben an (*Fraser* 1958, *Winston* 1957). Insgesamt wurden neben dem CBD als 'County Centre' 16 Vorortzentren zu 'District Centres' erklärt.[3] Diese sollten wichtige zentrale Funktionen übernehmen und damit einerseits den CBD entlasten und andererseits als suburbane Knotenpunkte für Arbeitsstätten und Versorgungseinrichtungen dienen. Die Regionalpläne für Melbourne und Adelaide waren in sozialer Hinsicht weniger ambitioniert, wiesen aber hinsichtlich der Dezentralisierungsbestrebungen und der Förderung suburbaner District Centres vergleichbare Ziele auf. So wurden in der Planungsregion Melbourne fünf und in der Planungsregion Adelaide acht District Centres ausgewiesen.[4] Demgegenüber ist das Prinzip der mehrkernigen Regionalentwicklung im ersten Regionalplan für Perth noch nicht zu finden. So wurden zwar auch durch den sogenannten Stephenson-Hepburn-Plan 44 suburbane Nachbarschaftszentren festgelegt, doch waren diese von ihrer Dimension her nicht als multifunktionale Vorortzentren konzipiert.

Trotz anfänglich hoher Erwartungen war der Einfluß der Regionalplanung auf die Dezentralisierung eher begrenzt. Zum einen fehlte den Plänen zumeist die notwendige finanzielle und politische Unterstützung durch die Regierungen und zum anderen verhinderten die immer wieder aufbrechenden Eigeninteressen der lokalen Councils eine konsequente Umsetzung der Planungsziele (*Ashton* 1984). Folglich blieb die Arbeitsplatzentwicklung der District Centres in allen Verdichtungsräumen hinter den Erwartungen zurück. Insgesamt war die Planung in Sydney und Adelaide bezüglich der Förderung planerisch ausgewiesener Zentren jedoch erfolgreicher als in Melbourne, wo das MMBW nur einen geringen Einfluß auf das Standortverhalten des Einzelhandels ausübte und es mit Ausnahme von Dandenong nicht gelang, die Entwicklungspotentiale auf die ausgewiesenen District Centres zu lenken (*Alexander* 1981, S.160ff.; *Logan/Oglivy* 1981, S.180). Ähnlich unkoordiniert wie in Melbourne verlief die Entwicklung im Verdichtungsraum Perth, wo über den Regionalplan zunächst keine Instrumente zur Verfügung standen, die in den 60er Jahren einsetzende Welle der Einkaufszentren-Gründungen planerisch zu steuern. Gleichermaßen wirkungslos blieb in dieser Hinsicht auch der 1965 erlassene 'Town Plan' der City of Brisbane.

Im Laufe der 60er Jahre wurden die Schwächen der existierenden Regionalpläne immer deutlicher. Zum einen erwies sich das Konzept der rechtsverbindlichen Flächennutzungspläne als zu starr, um flexibel auf die Dynamik der Suburbanisierungsprozesse reagieren zu können, zum anderen machte sich das Fehlen langfristiger, strategisch orientierter Planungsansätze zunehmend negativ bemerkbar.

---

[3] Diese umfaßten die Zentren Ashfield, Bankstown, Bondi Junction, Burwood, Campsie, Chatswood, Crows Nest, Fairfield, Hornsby, Hurstville, Liverpool, Manly, Parramatta, Randwick, Ryde und Sutherland.

[4] Im einzelnen waren dies Box Hill, Dandenong, Footscray, Preston und Moorabbin in Melbourne sowie Aldinga, Christies Beach, Elizabeth, Marion, Modbury, Parafield, Port Adelaide und Stirling in Adelaide.

Letztlich scheiterte die erste Generation der australischen Regionalpläne jedoch an der Schwierigkeit, mit einem rein negativen Instrumentarium der Flächennutzungszonierung die gewünschte Raumentwicklung tatsächlich umzusetzen. So wurde der Regionalplanung des 'Cumberland County Council' trotz ihrer auf einigen Gebieten unbestreitbaren Erfolge seitens der Staatsregierung ab Ende der 50er Jahre sukzessive die Arbeitsgrundlage entzogen. Im Jahre 1963 wurde der Cumberland County Council als eigenständige Regionalbehörde abgeschafft, und kurze Zeit später trat auch das 'Planning Scheme' in seiner bis dahin bestehenden, rechtsverbindlichen Form außer Kraft. Dies hatte zwei ganz entscheidende Konsequenzen: zum einen wurde damit die regionale Flächennutzungsplanung im Prinzip wieder aufgegeben, zum anderen unterliegt die Regionalplanung seit Gründung der State Planning Authority 1963 direkt der Kontrolle eines Staatsministers. Der 1968 veröffentlichte 'Sydney Region Outline Plan' (SROP) besaß als reines Strategiepapier somit einen völlig anderen Charakter als sein Vorgänger und erlangte keine direkte Rechtswirkung. War der 'Cumberland County Plan' noch ein wirkliches Planungsinstrument, so war der SROP eine sehr flexibles Strategiepapier, das nur die Grundzüge der Planung für den Verdichtungsraum darstellen sollte (*Bunker* 1971, S. 629). Weniger radikal war die Abkehr von den bestehenen Regionalplanungskonzepten in Melbourne, Perth und Adelaide. Hier blieben die 'Metropolitan Planning Schemes' als zumindest behördenverbindliche Flächennutzungspläne, wenn auch mit starken Veränderungen, bis heute in Kraft. Aber auch in Melbourne, Perth und Adelaide veröffentlichten die zuständigen Planungsbehörden zwischen 1967 und 1971 als Ergänzung zu den 'Metropolitan Planning Schemes' strategisch ausgerichtete Regionalentwicklungspläne.

Diese zweite Generation der Regionalpläne hatte außer ihrer fehlenden Gesetzeskraft einige weitere Gemeinsamkeiten. So traten soziale und ausgleichsorientierte Ziele gegenüber Wachstums- und Effizienzzielen noch deutlicher in den Hintergrund. Zudem erlangte die Verkehrs- und Infrastrukturplanung ein wesentlich stärkeres Gewicht. Aber auch hinsichtlich der räumlichen Entwicklungskonzepte stimmten die Regionalpläne in grundlegenden Punkten überein: (1) sollte die zu erwartende Bevölkerungszunahme durch Expansion an den Siedlungsrändern aufgefangen werden, (2) wurde eine axiale Siedlungsentwicklung in Entwicklungskorridoren entlang bestehender Verkehrsachsen angestrebt und (3) sollte die Dezentralisierung von traditionell im CBD ansässigen Arbeitsplätzen durch den weiteren Ausbau von suburbanen Zentren vorangetrieben werden. Anders als ihre Vorgänger legten die Regionalpläne der zweiten Generation ein stärkeres Augenmerk auf die Dezentralisierung der Büroarbeitsplätze. Allerdings war die Politik in Melbourne und Adelaide in dieser Hinsicht defensiver und stärker auf die Sicherung der Vorrangstellung der CBDs ausgerichtet als in Sydney oder Perth.

Durch das neue Konzept der Entwicklungsachsen, welche die Siedlungsentwicklung zum Teil weit in das Umland hinaustrugen, bekam auch das Prinzip der 'dezentralen Konzentration' der Entwicklungspotentiale in suburbanen Zentren ein zumindest verbal größeres Gewicht. Besonders deutlich wird dies im Sydney Region Outline Plan (1968) und im Perth Corridor Plan (1970). So war die Schaffung von starken Geschäftszentren in den Vororten und die Begrenzung der wachsenden Konzentration von Arbeitsplätzen im CBD eines der zentralen Planungsprinzipien des SROP. Der Plan sah hierzu neben dem CBD als Regionszentrum besonders zu fördernde 'Sub-Regional Centres' (Parramatta, Campbelltown) und eine kleinere Zahl von 'Town Centres' (Blacktown, Camden, Chatswood, Mt. Druitt, Penrith) entlang der Hauptentwicklungsachsen vor. Ganz ähnlich legte auch der Perth Corridor Plan für jeden der vier geplanten Siedlungskorridore ein oder zwei 'Subregional Centres' fest (*Carr* 1979, *Georgiou* 1979). Joondalup, das von der Regionalplanung als Hauptzentrum des Nordwest-Korridors vorgesehen wurde, sollte dabei von Grund auf neu geplant und entwickelt werden. Damit griff die Regionalplanung in Perth über die 1976 gegründete Joondalup Development Corporation (seit 1992 LandCorp) erstmals auch aktiv in die Anlage eines Subregional Centres ein (*Kerry* 1989, *LandCorp* 1992). Ähnliche Schritte zur aktiven staatlichen Entwicklung neuer in Entwicklungsachsen liegender Zentren erfolgten auch in den Verdichtungsräumen Adelaide (Elizabeth, Noarlunga) und Sydney (Mt. Druitt, Campbelltown).

Obwohl die strategischen Entwicklungspläne in einigen Teilbereichen recht erfolgreich waren, verlief die innerregionale 'dezentrale Konzentration' von Arbeitsplätzen für die Regionalplanungsbehörden auch in den 70er Jahren eher enttäuschend. Zum einen blieb die Suburbanisierung von Büroarbeitsplätzen weit hinter den Erwartungen zurück, zum anderen verlief die Planung und Entwicklung der Vorortzentren letztlich eher unkoordiniert. Da die regionalen Planungsstrategien nur einen empfehlenden Charakter besaßen, waren sie für die Umsetzung auf die Akzeptanz bei den Gemeinden angewiesen. Diese zeigten allerdings zumeist das Bestreben, möglichst viele Büroarbeitsplätze auf ihre eigene Gemarkung zu ziehen, so daß sich eine Konzentration des Entwicklungspotentials auf ausgewählte Standorte in der Praxis nur schwer durchsetzen ließ. Bis Anfang der 80er Jahre hatten in der Planungsregion Sydney weder Parramatta noch Campbelltown auch nur annähernd die angestrebte Zahl von Büroarbeitsplätzen erreicht (*Daniels* 1986). Noch deutlicher blieb die Entwicklung der planerisch ausgewiesenen Zentren in den Planungsregionen Melbourne, Perth und Adelaide hinter den Erwartungen zurück. Während sich die suburbanen Entwicklungspotentiale in Melbourne infolge der schwachen planerischen Kontrolle stark zersplitterten, blieb die Dezentralisierung von höherwertigen Büroarbeitsplätzen in den Verdichtungsräumen Perth und Adelaide insgesamt äußerst bescheiden.

Regionale Planungsstrategien der 80er und 90er Jahre

Anfang der 80er Jahre wurde zunehmend deutlich, daß die im Laufe der 60er und 70er Jahre veröffentlichten 'Metropolitan Strategies' nicht dazu geeignet waren, die Stadt- und Regionalentwicklung unter den sich verändernden ökonomischen und ökologischen Rahmenbedingungen bis zur Jahrtausendwende sinnvoll zu steuern. Ein Mangel an randstädtischen Expansionsflächen, demographische Veränderungen, sich verändernde Lebens- und Konsumstile, eingeengtere finanzielle Spielräume der öffentlichen Kassen, ein tiefgreifender ökonomischer Strukturwandel sowie zunehmende Umwelt- und Verkehrsprobleme sind nur einige wichtige Aspekte der grundlegenden Veränderungen, die neue regionalplanerische Konzepte notwendig machten. Vor allem in der zweiten Hälfte der 80er Jahre hatten diese Veränderungen auch erhebliche institutionelle Konsequenzen für das gesamte Planungssystem. So wurde die Regionalplanung zunehmend politisiert und dichter an die Kernfunktionen der Regierungstätigkeit herangerückt (*Glasson* 1992, S.520). Bereits 1980 wurde in New South Wales die Regionalplanung direkt einem neu geschaffenen Ministerium übertragen (1980-1987 Department of Environment and Planning, ab 1987 Department of Planning), und bis Anfang der 90er Jahre folgten auch die Staatsregierungen von Victoria, South Australia und Western Australia diesem Schritt. Zwischen 1987 und 1992 wurden für die Großräume Melbourne (Shaping Melbourne's Future), Sydney (Metropolitan Strategy for the Sydney Region), Perth (Metroplan) und

Adelaide (Long Term Development Strategy und 2020 Vision) in rascher Folge eine neue Generation von 'Metropolitan Strategies' veröffentlicht.[5] Diese Pläne führten zum Teil alte Planungsvorstellungen weiter, andererseits traten jedoch auch neue Planungsziele hinzu. Dabei weisen die derzeitig gültigen Planungsstrategien bezüglich ihrer Grundziele deutliche Parallelen auf:
- eine starke Betonung der 'urban consolidation' einschließlich damit verbundener Einzelkonzepte wie 'Verdichtung', 'Innenentwicklung', 'Stadterneuerung' und 'Begrenzung der äußeren Siedlungsexpansion',
- ein weiterer Ausbau der 'Mehrkernigkeit' durch verstärkte Förderung und Bündelung der Entwicklungspotentiale in multifunktionalen Zentren,
- der Erhalt und die Stärkung des Verdichtungskernes,
- die Vermeidung von zusätzlichem Individualverkehr und Stärkung öffentlicher Verkehrsmittel,
- die Beibehaltung des Entwicklungsachsenkonzepts an den Siedlungsrändern.

In den australischen Planungsbehörden bzw. -ministerien bestand bereits Anfang der 80er Jahre ein weitgehender Konsens darüber, daß die Entwicklung multifunktionaler suburbaner Zentren, obwohl formal seit den 50er Jahren in der Regionalplanung verankert, auch nach drei Jahrzehnten kaum vorangekommen war. Die meisten der planerisch ausgewiesenen Zentren waren reine Einzelhandelszentren geblieben, die vielfach sogar in einer starken Konkurrenz zu freistehenden Shopping Centres standen. Hinzu kamen die mangelnden Erfolge in der Durchsetzung einer stärkeren Konzentration der Büroentwicklung auf die planerisch ausgewiesenen Zentren und die steigende Anzahl von Büroarbeitsplätzen außerhalb des gewachsenen Zentrensystems. Durch die neuen Planungsleitbilder erlebte das Prinzip der mehrkernigen Metropole nicht nur eine Wiederbelebung, sondern auch eine inhaltliche Erweiterung. Die Funktionen, welche den Regional, Subregional bzw. District Centres beigemessen werden, sind in allen aktuellen Regionalplanungsstrategien recht ähnlich:
- Standorte für Arbeitsplätze aller Qualifikationsstufen
- Standorte höherrangiger Einzelhandels- und Versorgungseinrichtungen
- Standorte privater und öffentlicher Service- und Dienstleistungseinrichtungen
- Standorte vielfältiger Gemeinschaftseinrichtungen in den Bereichen Verwaltung, Kultur, Freizeit und Bildung
- Ansatzpunkte für verdichtete Wohnformen

Zudem soll die Förderung suburbaner Zentren zu einer Stärkung des Öffentlichen Personennahverkehrs beitragen. Insgesamt wird den größeren suburbanen Zentren damit ein erheblich breiteres Aufgabenspektrum zugewiesen als noch in den 60er und 70er Jahren. In den meisten regionalen Planungsstrategien wurde eine verhältnismäßig große Zahl von Zentren als vorrangig zu entwickelnde Regional, Subregional oder District Centres ausgewiesen: insgesamt drei Regional Centres (Sydney CBD, North Sydney und Parramatta) und 17 Subregional Centres in der Planungsregion Sydney, 17 District Centres in der Planungsregion Melbourne, acht Strategic Regional Centres in der Planungsregion Perth und fünf Regional Centres in der Planungsregion Adelaide. Der 'Town Plan' der City of Brisbane von 1987 weist mit Carindale, Chermside, Indooroopilly und Upper

---

[5] Vergleiche im einzelnen *Victoria - Ministry for Planning and Environment* (1987b), *New South Wales - Department of Planning* (1988a), *Western Australia - Department of Planning and Urban Development* (1990a) und *South Australia - Department of Environment and Planning* (1992a, 1992b, 1987a).

Mount Gravatt auf dem Stadtgebiet vier Regional Business Centres aus, die von weiteren größeren Zentren außerhalb des Stadtgebietes ergänzt werden (Ipswich, Strathpine, Capalaba).

Das Konzept der 'integrierten Zentrenplanung' und die Zentrenpolitik in Sydney und Melbourne

Im Unterschied zu den vorhergegangenen Jahrzehnten bemühten sich die Regionalplaner in den 80er Jahren verstärkt um eine Verbesserung der Implementationsinstrumentarien und eine entschlossenere Umsetzung der Zentrenpolitik. Die Bündelung unterschiedlicher Einzelplanungen in Richtung einer 'integrierten Zentrenplanung' war hierbei ein richtungsweisender Schritt. Vor allem in den großen Metropolen Melbourne und Sydney führten die unbefriedigenden Erfahrungen aus der Vergangenheit zu einer verstärkten Diskussion über eine Verbesserung des Instrumentariums zur Verwirklichung der Planvorstellungen. Kernziel war dabei die Konzentration der Einzelhandels- und Büroentwicklung auf bestehende Zentren und Knotenpunkte des S-Bahn-Netzes. Trotz der Übereinstimmung in den grundlegenden Zielvorstellungen ging die Regionalplanung in der Umsetzung der Zentrenpolitik in den beiden größten australischen Metropolen aber recht unterschiedliche Wege.

Ein vom New South Wales Department of Environment and Planning 1986 vorgelegter Entwurf einer 'Centre Policy' sah für Sydney eine restriktive Genehmigungspolitik für Büroprojekte außerhalb der planerisch festgelegten Zentren vor (*New South Wales - Department of Environment and Planning* 1986, *Meyer* 1986). Starke Widerstände aus der Immobilien- und Baubranche (*Winter* 1986) sowie mangelnde staatliche Finanzmittel verhinderten jedoch die Fortführung des Entwurfs zu einem Regional Environmental Plan. Die Zentrenpolitik blieb damit eine flexible, behördeninterne Planungsstrategie ohne direkte rechtlich bindende Wirkung und ging lediglich als generelle Zielvorstellung in die 'Metropolitan Strategy' von 1988 ein. Als wesentliches Kernstück der Planungspolitik blieb jedoch der Ausbau von Parramatta zum zweiten regionalen Zentrum der Region erhalten. Zudem gelang es dem Department of Planning, auf zahlreiche Einzelentscheidungen anderer Ministerien und Behörden einzuwirken und somit Standortentscheidungen zugunsten der ausgewiesenen Zentren zu beeinflussen. Eine besondere Bedeutung erlangte hierbei das bereits angesprochene 'Suburban Office Relocation Program', das nach Einschätzung der befragten Experten die effektivste staatliche Maßnahme zur Förderung der Arbeitsplatz- und Büroentwicklung in suburbanen Zentren darstellt. Insbesondere Parramatta aber auch einige kleinere Zentren wie Liverpool oder Blacktown genossen in den 80er Jahren eine starke staatliche Förderung. In Einzelfällen übernahm das staatliche Planungsministerium zur Unterstützung seiner Zentrenpolitik - wie im Falle von Chatswood - sogar direkt die verbindliche Bauleitplanung auf der lokalen Ebene.

Insgesamt läßt sich die 'Centre Policy' in Sydney als der Versuch einer flexiblen, integrierten und aktiven Entwicklungssteuerung mit einer eher zurückhaltenden Nutzung restriktiver Planungsinstrumente charakterisieren. Trotz einiger vorzeigbarer Erfolge bleiben dennoch Zweifel an der Umsetzbarkeit der Zentrenpolitik. Da die Vorgaben keine Rechtsverbindlichkeit besitzen, verbleibt den lokalen Planungsbehörden ein großer Spielraum für die Planung und Genehmigung von Bauvorhaben. Da die Local Councils zumeist bestrebt sind, möglichst viele Arbeitsplätze auf ihre Gemarkung zu ziehen, wird dies wohl auch weiterhin zu einer Standortzersplitterung im suburbanen Raum führen. Die für das Jahr 2006 erwarteten Zielwerte der Beschäftigtenzahl in den Zentren erscheinen vor allem für Campbelltown und Parramatta als viel zu optimistisch. Die bislang mit der

Dezentralisierung von Bürostandorten gemachten Erfahrungen sprechen eher dagegen, daß die Zentren im Randbereich des Verdichtungsraumes in naher Zukunft mit einer substanziellen Büroentwicklung rechnen können.

Im Gegensatz zur flexiblen Zentrenpolitik im Großraum Sydney ist die Melbourner 'District Centre Policy' erheblich restriktiver. Bereits 1980/81 sahen die vom MMBW vorgestellte 'Metropolitan Strategy' und der dazugehörige Implementationsplan die Anlage von 14 suburbanen District Centres vor (*Melbourne and Metropolitan Board of Works* 1980). Im Jahre 1983/84 wurde als umstrittenster Bestandteil der District Centre Policy das 'Amendment 150' zum Melbourne Metropolitan Planning Scheme erlassen.[6] Dieser Zusatzartikel zum regionalen Flächennutzungsplan beinhaltete neben der neu eingeführten Zonierungskategorie 'District Centre Zone' erhebliche Restriktionen für Einzelhandels- und Büroprojekte außerhalb der ausgewiesenen District Centres und dem Bereich von Central Melbourne (v.a. CBD und St. Kilda Road). Die mit dem Amendment 150 verbundenen Veränderungen umfaßten eine generelle Begrenzung der Genehmigungsfähigkeit von Büroprojekten mit einer Geschoßfläche von mehr als 2.500 m^2 an allen Standorten außerhalb von Central Melbourne oder der 14 District Centres. Für Büroprojekte in Industrie- und Gewerbegebieten wurde diese Grenze sogar auf 500 m^2 heruntergesetzt, sofern sie nicht direkt mit anderen gewerblich-industriell genutzten Gebäudeteilen verbunden waren (*Melbourne and Metropolitan Board of Works* 1981). Bereits vor seinem Inkrafttreten zog das für australische Verhältnisse sehr rigide Instrument der District Centre Policy erhebliche Kritik auf sich. Von wissenschaftlicher Seite bezog sich diese zum einen auf die Zufälligkeit des Auswahlprozesses der Zentren, die zumindest teilweise aufgrund ihrer stadtstrukturellen Voraussetzungen gar nicht dazu geeignet waren, größere Baukomplexe aufzunehmen (z.B. Camberwell Junction), zum anderen auf die Grundannahmen, die der Politik zugrunde lagen (*Carter* 1982, *Logan* 1986, *Moodie* 1991, *Urban Spatial and Economic Consultants* 1986). Im einzelnen wurden kritisiert:
- die falsche Einschätzung von Standortpräferenzen von Developern, Investoren und Großunternehmen sowie einer völligen Unterschätzung von deren Verhandlungsmacht,
- die Überschätzung der Möglichkeiten, das Verkehrs- und 'modal split'-Verhalten der Bevölkerung durch die räumliche Planung zu verändern,
- die Überschätzung der Synergieeffekte durch die räumliche Ballung verschiedener Funktionen,
- die Nichtbeachtung der beschränkten finanziellen und personellen Ressourcen, um ein solches Programm auch effektiv umsetzen zu können.

In der Tat zeigte sich bald, daß die Kritiker in einigen zentralen Punkten Recht behalten sollten. So wurde die District Centre Policy zwar ab 1984/85 mit einem 'Area Improvement Fund' durch die Staatsregierung auch finanziell unterstützt, aber die A$ 5,9 Mio., die bis zum Finanzjahr 1990/91 bereitgestellt wurden, verloren durch die Aufteilung auf insgesamt 17 zu fördernde Zentren erheblich

---

[6] Das Amendment 150 zum Melbourne Metropolitan Planning Scheme beinhaltete zwar auch noch andere Änderungen, allerdings traten diese gegenüber dem auf die District Centre Policy ausgerichteten Teil in der öffentlichen Diskussion in den Hintergrund.

an Wirkung.[7] Aber auch die Bedenken gegenüber der politischen Durchsetzbarkeit der Planungsrestriktionen an freistehenden Standorten sollten sich schnell als berechtigt erweisen. Insbesondere zeigten die Geschehnisse um die Hauptverwaltungsverlagerungen von Coles Myer im Jahre 1984 sehr drastisch, wie machtlos die Regionalplaner letztlich großen Kapitalinteressen gegenüberstehen. Die ab 1983 geplante Verlagerung aus dem CBD nach Tooronga verstieß klar gegen die Ziele der staatlichen District Centre Policy. Dennoch genehmigte der zuständige Hawthorn City Council, der dem Vorhaben aufgrund der zu erwartenden Steuereinnahmen von Anfang an positiv gegenüberstand, das Neubauprojekt im Frühjahr 1984. Auch die von den Developern beantragte Umzonierung des Geländes im Metropolitan Planning Scheme wurde trotz öffentlicher Proteste und den Versuchen der Regionalplaner, das Unternehmen von einem neuen Standort im CBD oder in einem District Centre zu überzeugen, Ende 1985 vom Planungsminister Victorias genehmigt. Die Verhandlungsmacht des Großunternehmens - zwischenzeitlich drohte Coles Myer sogar mit der Komplettverlagerung nach Sydney - reichte letztlich aus, um im Ministerium ein Abrücken von der Zentrenpolitik zu bewirken (*Kilmartin* 1986, *The Age* vom 14.12.1984). Während das Ministerium die Einmaligkeit des Falles betonte, sahen viele außenstehende Betrachter in der Verlagerung einen Präzedenzfall für die weitere Aushöhlung der District Centre Policy.[8] Tatsächlich aber führte die Politik in vielen Fällen zu einer Art Zweiklassenrecht: strikte Ansiedlungskontrollen für Kleinunternehmen auf der einen Seite und eine relative Ohnmacht des Planungssystems gegenüber den Forderungen von Großunternehmen auf der anderen Seite.

Ab 1987 wurde der ursprüngliche Inhalt der District Centre Policy sukzessive 'verwässert'. Die Planungsstrategie 'Shaping Melbourne's Future' führte nicht nur eine - ohne Zweifel sinnvolle - Differenzierung der District Centres in 'Inner Urban District Centres' mit begrenzten Entwicklungsmöglichkeiten (Camberwell Junction, Footscray, Prahran), 'Regional District Centres' mit größeren Entwicklungsmöglichkeiten aber städtebaulichen Defiziten (Box Hill, Cheltenham, Glen Waverley, Moonee Ponds, Oakleigh, Preston) und besonders zu fördernde 'Outer Strategic District Centres' (Broadmeadows, Dandenong, Frankston, Greensborough, Ringwood, Sunshine) ein, sondern eröffnete auch Möglichkeiten zu einer flexibleren Genehmigungspraxis von Büro- und Einzelhandelsprojekten. Diese Liberalisierung wurde 1989 durch eine Erweiterung des Planungskonzeptes um sogenannte 'Activity Centres' weitergeführt (*Victoria - Ministry for Planning and Environment* 1989a, 1989b). Hierdurch wurde die Genehmigungsmöglichkeit für größere Büro- und Einzelhandelsprojekte auf ein wesentlich breiteres Spektrum von Standorttypen ausgedehnt.

Seit Anfang der 90er Jahre wird die District Centre Policy einer umfassenden Reform unterzogen, deren Ergebnisse noch nicht abschließend beurteilt werden können (*Victoria - Department of*

---

[7] Zwischen 1985 und 1990 wurden Broadmeadows, Werribee und Fountain Gate/Narre Warren zusätzlich zu den bereits bestehenden 14 District Centres ausgewiesen. An der spärlichen finanziellen Ausstattung des 'Area Improvement Funds' änderte auch die Tatsache wenig, daß bis 1990/91 sich auch die Councils mit insgesamt A$ 12,9 Mio. an den städtebaulichen Projekten beteiligten. Lediglich in Dandenong (A$ 1,29 Mio. bzw. A$ 7,10 Mio.) und Frankston (A$ 1,03 Mio. bzw. A$ 1,35 Mio.) konnten mit den zur Verfügung stehenden Mittel größere städtebauliche Projekte durchgeführt werden (Zahlen in Klammern: staatliche Mittel bzw. Gemeindemittel; *Moodie* 1991, S.170ff.).

[8] Tatsächlich entstanden seit der Ansiedlung von Coles Myer im Umfeld des Gebäudekomplexes weitere Bürogebäude (*Grimaux* 1989). Somit entwickelte sich der Bereich Tooronga ab Mitte der 80er Jahre zu einer wichtigen Bürokonzentration außerhalb des Systems der District Centres.

Planning and Housing 1992a, 1992b). Die deutliche Kursänderung in der Planungspolitik nach dem Regierungswechsel von der Labor Party zu einer von der Liberal Party geführten Regierung Ende 1992 sind allerdings nicht zu übersehen. Noch Mitte 1992 hatte die viktorianische Staatsregierung eine geplante Hauptverwaltungsverlagerung der Versicherungsgesellschaft 'National Mutual' aus dem CBD nach Waverley im Südosten des Verdichtungsraum Melbournes untersagt (*Financial Review* vom 31. August 1992). Dagegen hat der neue Planungsminister bereits ein knappes Jahr später ohne Rücksicht auf die zumindest formal weiterbestehende District Centre Policy erhebliche Erweiterungen der freistehenden Shopping Centres genehmigt (*The Age* vom 2. Juni 1992). Zu der fortschreitenden Aushöhlung der District Centre Policy hat mit Sicherheit auch die in den letzten Jahren recht angespannte ökonomische Lage Victorias nicht unwesentlich beigetragen.

Aus heutiger Sicht muß man die durch eine restriktive Genehmigungspolitk gestützte District Centre Policy wohl zumindest teilweise als gescheitert ansehen. Die meisten District Centres haben sich bislang kaum im angestrebten Maße entwickelt, und viele der bereits Anfang der 80er Jahre von Experten geäußerten Kritikpunkte erwiesen sich als berechtigt. Durch die starke Betonung 'negativer Instrumente' bei der Durchsetzung der Politik, vor allem Genehmigungsrestriktionen außerhalb der District Centres, wurden kaum positive 'incentives' für Developer und Investoren entwickelt. Fördermöglichkeiten wie Steuer- und Abgabeentlastungen, Lockerung der Gebäudenutzungsbestimmungen, 'public private partnerships' usw. wurden zwar bereits Anfang der 80er Jahre diskutiert, aber nur in wenigen Fällen praktisch umgesetzt. Zudem gelang es in der Regel nicht, den District Centres ein in der breiten Öffentlichkeit erkennbares Profil zu geben. Planerisch ausgewiesene Zentren wie Oakleigh, Preston oder Werribee stehen in der Wahrnehmung der Bevölkerung nach wie vor völlig im Schatten von nahegelegenen Shopping Centres. Andererseits haben sich Zentren wie Dandenong, Prahran, Box Hill und Frankston im Laufe der 80er Jahre gut entwickelt und weisen heute ein breites Spektrum verschiedener Funktionen auf. Auch wenn diese positive Entwicklung nicht allein planerischen Interventionen zu verdanken ist, geht sie wohl zumindest teilweise auf die District Centre Policy zurück.

Eine mit Melbourne oder Sydney vergleichbare Zentrenpolitik steckt in Brisbane, Perth und Adelaide noch in den Anfängen. Obwohl die Regionalpläne auch für die kleineren australischen Verdichtungsräume bereits seit längerer Zeit suburbanen Zentren ausweisen, wurden entsprechenden Implementationsmaßnahmen erst gegen Ende der 80er Jahre verstärkte Aufmerksamkeit geschenkt. Diese schlug sich in der Verbesserung der institutionellen Voraussetzungen, der Veröffentlichung spezieller Strategiepapiere und der Erarbeitung von Struktur- und Entwicklungsplänen für einzelne Zentren nieder (*Western Australia - Department of Planning and Urban Development* 1991c; *Brisbane City Council - Department of Development and Planning* 1991a, 1991b, 1990b, 1990c). Konkrete Einzelerfolge wurden Anfang der 90er Jahre in Brisbane mit der Ansiedlung von ATO-Niederlassungen und anderer öffentlicher Einrichtungen in Chermside und Upper Mount Gravatt erzielt. Auch im Verdichtungsraum Perth konnten mit der ATO-Niederlassung in Canning, der Verlagerung des 'Department of Land Administration' nach Midland und der Ansiedlung verschiedener Funktionen in Joondalup im Laufe der letzten Jahre erkennbare Erfolge erzielt werden.

Betrachtet man im Überblick die auf die Suburbanisierung von Cityfunktionen gerichteten Planungsstrategien in den australischen Metropolen, so wird deutlich, daß sektorale Planungsansätze gegenüber einer integrierten Zentrenplanung zunehmend in den Hintergrund treten. Insgesamt brachte die auf multifunktionale suburbane Zentren gezielte Planungspolitik bislang sowohl erfolgversprechende als auch weniger erfolgversprechende Ansätze zutage. Ohne Zweifel kam die vorwiegend von Marktkräften gesteuerte Suburbanisierung von Cityfunktionen der letzten drei Jahrzehnten dem regionalplanerischen Leitbild der 'multicentred metropolis' entgegen. Allerdings zeigt sich auch, daß die dabei entstehenden Standortmuster nicht immer den Vorstellungen der Planer entsprechen.

6.2 Die Bedeutung multifunktionaler suburbaner Zentren in der Realität

Das Ausmaß, in dem die suburbane Einzelhandels- und Büroentwicklung den planerisch ausgewiesenen Zentren tatsächlich zugute kam, unterscheidet sich deutlich von Verdichtungsraum zu Verdichtungsraum:

- In der *Sydney Metropolitan Area* haben sich die großen suburbanen Einzelhandels- und Bürokonzentrationen weitgehend innerhalb des Systems der planerisch ausgewiesenen Zentren entwickelt (Abb. 6.1). Gewachsene Zentren wie Parramatta und Chatswood konnten sich in den letzten Jahren zu vielseitigen, multifunktionalen Cities entwickeln. Auf einem niedrigerem Niveau gelang dies auch Zentren wie Bondi Junction, Liverpool oder Bankstown. Andererseits weisen einige Subregional Centres vor allem der äußeren Vorortzone noch immer einen stark unterentwickelten Bürosektor auf (z.B. Fairfield, Mt. Druitt, Penrith), und Zentren wie Sutherland oder Wyong-Tuggerah haben noch in allen Bereichen unübersehbare Funktionsdefizite. Im Gegensatz zu den recht gleichmäßig über den gesamten Verdichtungsraum verteilten Einzelhandelszentren weisen die Büroflächen eine recht starke Konzentration auf die große zentrale Achse von Chatswood über North Sydney und den CBD zum Flughafen auf. Allerdings hat die geographisch exzentrische Lage dieser Achse und des CBD gerade in den letzten Jahren auch die Entstehung großer Zentren im weiten Bereich von Western Sydney begünstigt. Dies gilt insbesondere für Parramatta, daß zunehmend die Rolle eines zweiten CBD für den Westen des Verdichtungsraumes übernimmt.

- In der *Melbourne Metropolitan Area* hat sich trotz der zeitweise recht restriktiven Zentrenpolitik ein großer Teil der suburbanen Büro- und Einzelhandelsflächen außerhalb der District Centres entwickelt (Abb. 6.2). Zum einen kam die Zentrenpolitik Anfang der 80er Jahre zu spät, um das Standortmuster der großen Shopping Centres noch effektiv zu beeinflussen, zum anderen ließen Inkonsequenzen bei der Umsetzung der Politik auch in den 80er Jahren noch zahlreiche Bauprojekte außerhalb des planerisch ausgewiesenen Zentrensystems zu. Dies macht sich vor allem in der großen Zahl der freistehenden Shopping Centres und dem vergleichsweise zersplitterten Bürostandortmuster in den inneren östlichen Bereichen des Verdichtungsraumes bemerkbar. Folglich konnten sich die meisten District Centres kaum den Erwartungen entsprechend entwickeln (Broadmeadows, Glen Waverley, Oakleigh, Preston, Sunshine). Lediglich Box Hill, Dandenong, Prahran, Camberwell Junction und Frankston weisen heute ein vielseitigeres Profil auf, ohne jedoch eine ähnliche Bedeutung zu gewinnen, wie sie etwa Parramatta in Western Sydney besitzt. Das im Verdichtungsraum Melbourne seit jeher bestehende Ungleichgewicht zwischen dem gut entwickelten Südosten und dem benachteiligten Nordwesten konnte auch durch die District Centre Policy nicht beseitigt werden.

- In der *Brisbane Metropolitan Area* sind die Büroflächen noch sehr viel stärker auf den Kernbereich der Verdichtung konzentriert als in Sydney oder Melbourne (Abb. 6.3). Außerhalb der CBD-Randbereiche weisen lediglich Upper Mount Gravatt, Toowong und Ipswich eine bemerkenswerte Bürokomponente auf. Demgegenüber sind alle anderen suburbanen Zentren bislang reine Einzelhandelsstandorte geblieben. Insgesamt wird das Muster der Einzelhandelszentren stark von nicht integrierten Standorten bestimmt. Berücksichtigt man, daß mit Ausnahme von Indooroopilly auch die planerisch ausgewiesenen Regional Business Centres letztlich auf freistehende Shopping Centres zurückgehen, wird der geringe Zusammenhang zwischen dem traditionellen, S-Bahn-orientierten Zentrensystem und dem heutigen suburbanen Standortmuster deutlich.

- In den Grundzügen ist das Zentrenmuster der *Perth Metropolitan Area* jenem von Brisbane recht ähnlich. Vor allem im mittleren Vorortbereich existieren heute zahlreiche freistehende Shopping Centres (Abb. 6.4). Demgegenüber sind die Büroflächen noch immer stark auf den CBD und sein direktes Umfeld konzentriert. Außer dem alten Hafenort Fremantle konnte bislang kein suburbanes Zentrum einen wirklich multifunktionalen Charakter entwickeln. Midland, Canning und Joondalup könnten langfristig zwar ein breiteres Spektrum an Funktionen anziehen, bislang stellen sie aber ähnlich wie Armadale, Rockingham, Stirling und Morley nur relativ schwach entwickelte Einzelhandelszentren dar. Wie auch im Verdichtungsraum Brisbane wurde bislang noch zu wenig dafür getan, die Entwicklung der planerisch ausgewiesenen Zentren entsprechend der Zielvorstellungen aktiv zu unterstützen.

- In der *Adelaide Metropolitan Area* haben sich alle fünf planerisch ausgewiesenen Regional Centres zu wichtigen Einzelhandelsstandorten entwickelt, vor allem aber Elizabeth, Marion und Tea Tree Gully (Abb. 6.5). Insgesamt war die Bündelung der suburbanen Entwicklungspotentiale auf die planerisch ausgewiesenen Zentren im Verdichtungsraum Adelaide vergleichsweise erfolgreich. Dies gilt allerdings nur für den Einzelhandel. Die Dezentralisierungsprozesse des Bürosektors sind noch zu schwach, um starke suburbane Beschäftigungszentren bzw. echte multifunktionale Außenstadtzentren bilden zu können. Bislang weist lediglich Port Adelaide eine bedeutendere Bürokomponente auf.

Multifunktionale Vorortszentren sollen nach dem Willen der Regionalplaner zwei maßgebliche Funktionen erfüllen: Zum einen sollen sie gut erreichbare Versorgungsmöglichkeiten und Dienstleistungen bereitstellen, zum anderen sollen sie eine vorrangige Rolle als suburbane Arbeitsplatzzentren spielen. Außerdem soll die dezentrale Konzentration der Versorgungs- und Beschäftigungsmöglichkeiten in planerisch ausgewiesenen Zentren den 'modal split' zugunsten des ÖPNV verbessern. Inwieweit die suburbanen Geschäftszentren diese drei grundlegenden Ziele erfüllen können, soll im folgenden etwas genauer betrachtet werden.

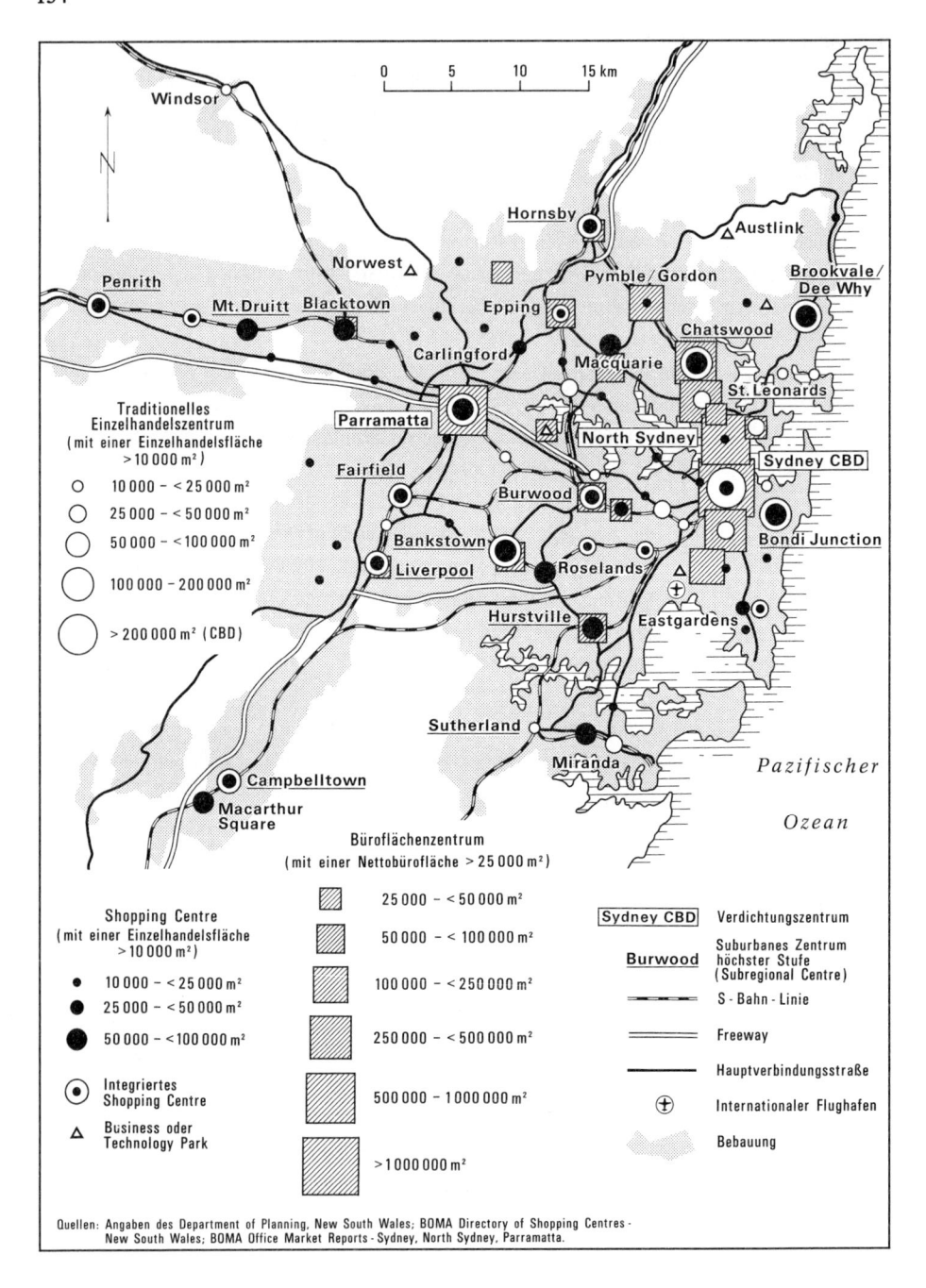

Abb. 6.1: Einzelhandels- und Bürozentren in der Sydney Metropolitan Area 1991
Retail and office centres in the Sydney Metropolitan Area 1991

155

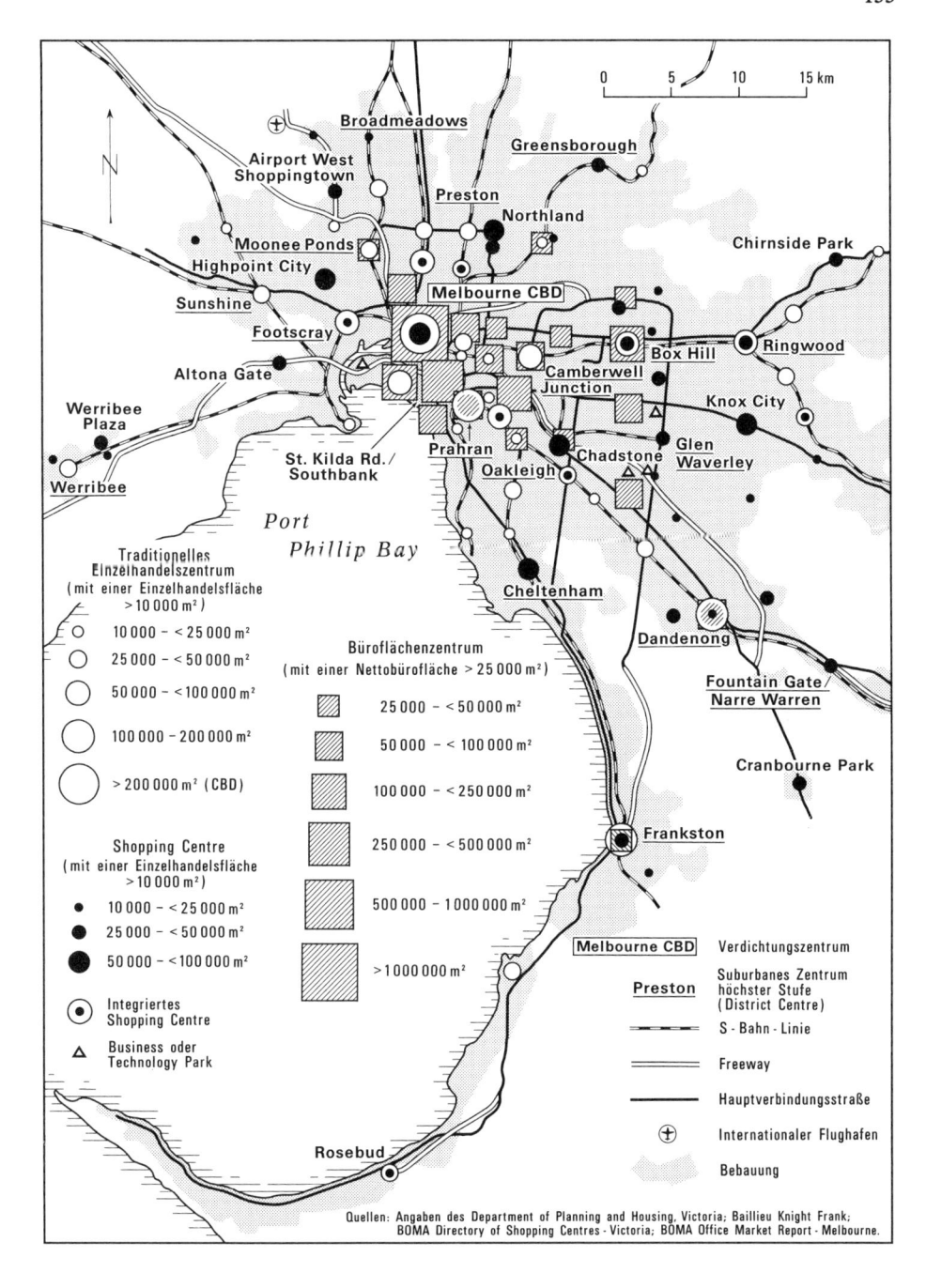

Abb. 6.2: Einzelhandels- und Bürozentren in der Melbourne Metropolitan Area 1991
Retail and office centres in the Melbourne Metropolitan Area 1991

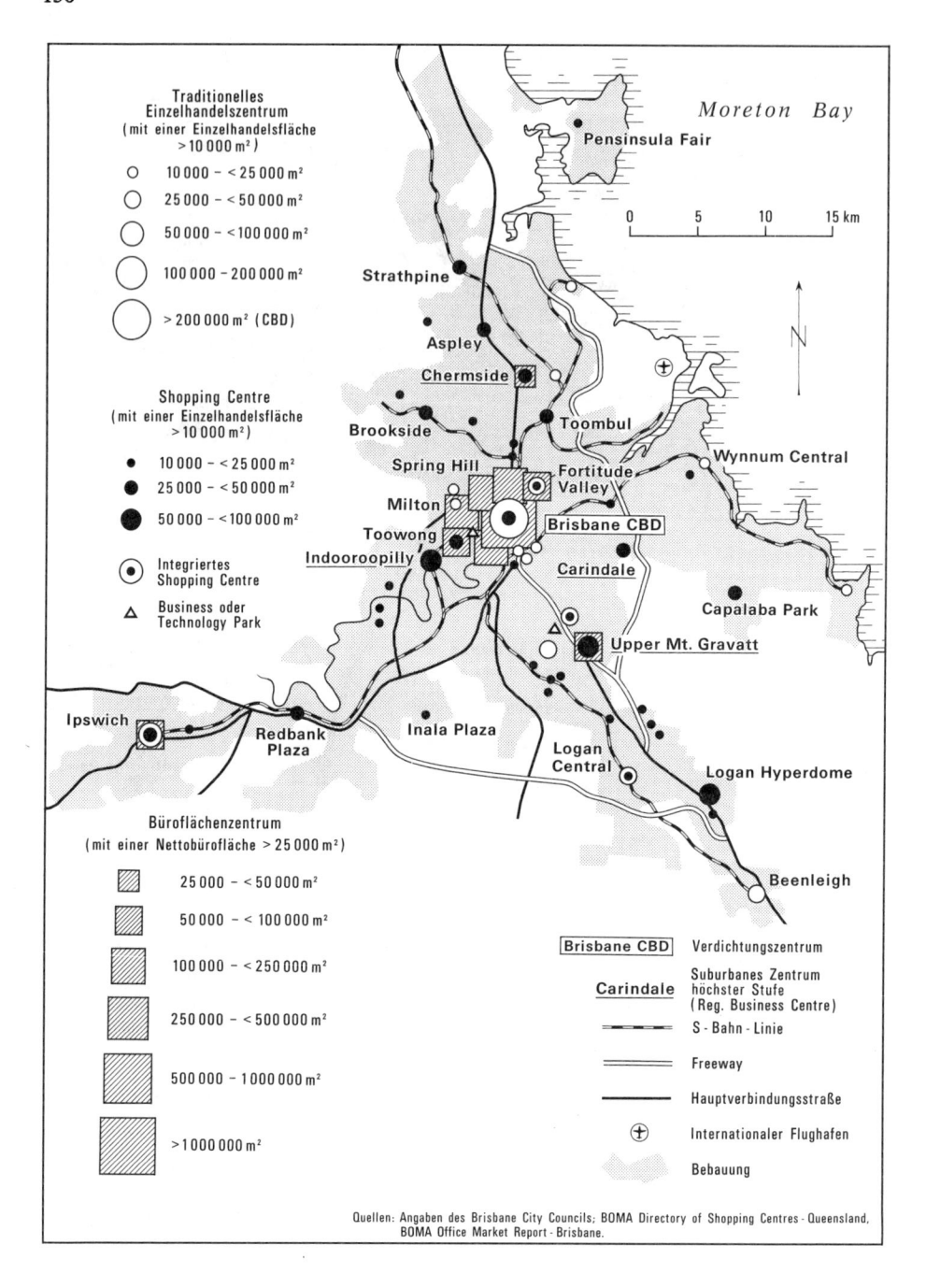

Abb. 6.3: Einzelhandels- und Bürozentren in der Brisbane Metropolitan Area 1991
Retail and office centres in the Brisbane Metropolitan Area 1991

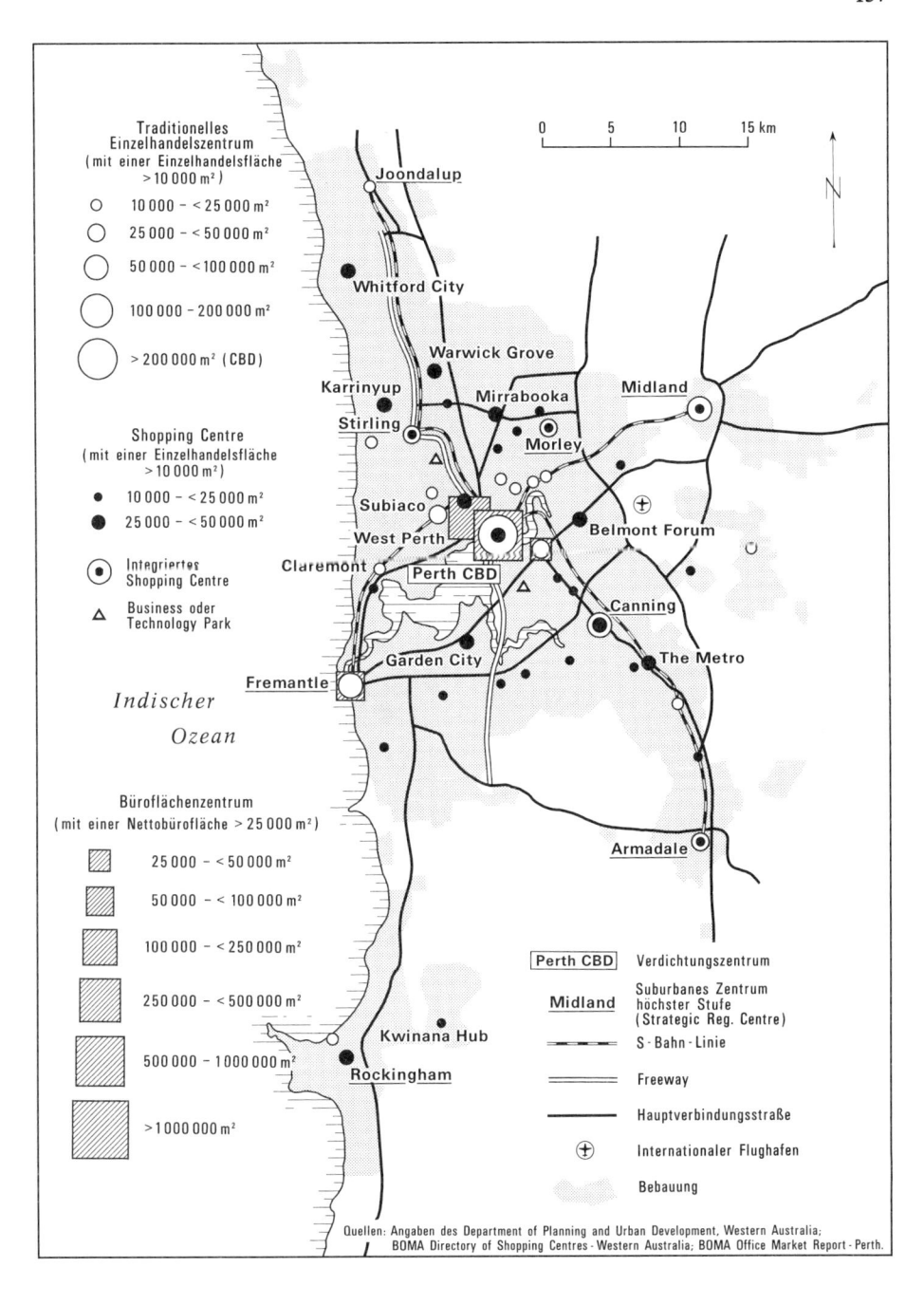

Abb. 6.4: Einzelhandels- und Bürozentren in der Perth Metropolitan Area 1991
Retail and office centres in the Perth Metropolitan Area 1991

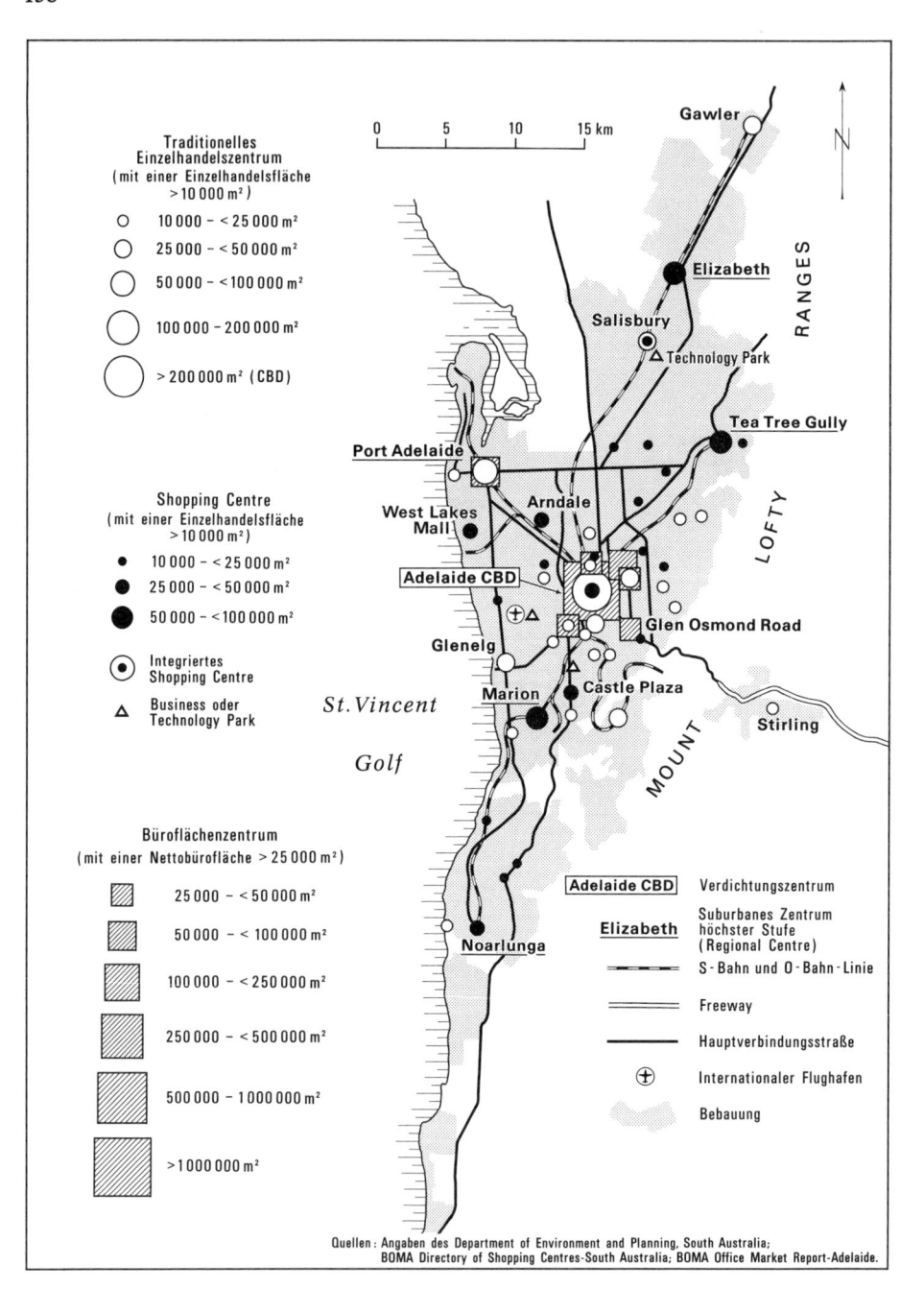

Abb. 6.5: Einzelhandels- und Bürozentren in der Adelaide Metropolitan Area 1991
Retail and office centres in the Adelaide Metropolitan Area 1991

Die Ausstattung mit zentralen öffentlichen und privaten Diensten

In der Planung auf regionaler Ebene wird den großen suburbanen Zentren eine erhebliche Bedeutung als Standort klassischer zentralörtlicher Funktionen beigemessen. Sowohl öffentliche als auch privatwirtschaftliche Dienstleistungseinrichtungen sind nicht zuletzt auch entscheidend für die Wahrnehmung 'zentraler Orte' durch die Bevölkerung. Die Förderung bevölkerungs- und haushaltsbezogener Dienstleistungen ('community services') gehört in allen Verdichtungsräumen zu den Kernelementen der Zentrenpolitik. Deshalb soll überprüft werden, wie erfolgreich die 'Schaffung' zentraler Orte im suburbanen Raum tatsächlich gewesen ist. Dabei gilt es zu berücksichtigen, daß gerade das Angebot an öffentlichen Dienstleistungen zu den wichtigsten Steuerungsinstrumenten der öffentlichen Hand gehört.

Um die Ausstattung der planerisch ausgewiesenen Zentren an bevölkerungs- bzw. haushaltsbezogenen Diensten zu erfassen und diese über verschiedene Verdichtungsräume vergleichbar zu machen, wurden insgesamt 23 zentralitätsbestimmende Merkmale ausgewählt (18 öffentliche, fünf vorwiegend privatwirtschaftliche). Wie die Tabellen 6.1 bis 6.4 zeigen, ist eine flächendeckende Grundversorgung noch nicht überall erfüllt. Während einige suburbane Zentren wie Parramatta, Bankstown und Penrith im Verdichtungsraum Sydney, Dandenong und Frankston im Verdichtungsraum Melbourne, Fremantle im Verdichtungsraum Perth, Ipswich im Verdichtungsraum Brisbane sowie Elizabeth im Verdichtungsraum Adelaide bereits eine recht gute Ausstattung aufweisen und den CBD für weite Teile der Verdichtungsräume fast vollständig ersetzen, werden andere suburbane Zentren ihrer Rolle bislang kaum gerecht. In allen Metropolitan Areas gibt es noch Zentren mit erheblichen Angebotslücken. Die meisten dieser Zentren liegen entweder verhältnismäßig innenstadtnah (St. Leonards/Crows Nest, Toowong) oder in den randlichen Wachstumssektoren der Verdichtungsräume (Wyong-Tuggerah, Fountain Gate/Narre Warren). Während erstere zumeist aufgrund ihrer Nähe zum gut ausgestatteten CBD keine besondere Förderung erhalten, sind letztere vielfach erst im Auf- bzw. Ausbau. Die relativ beste Ausstattung an 'community services' und zentrenprägenden Einzel- und Dienstleistungsfunktionen bieten in allen untersuchten Verdichtungsräumen die etablierten Geschäftszentren des mittleren und äußeren Vorortbereichs.

Auch zwischen den Metropolitan Areas bestehen deutliche Unterschiede im Dezentralisierungsgrad der öffentlichen Einrichtungen. So war gerade New South Wales verhältnismäßig erfolgreich in der Ansiedlung öffentlicher Dienste in suburbanen Zentren. In Melbourne ist der Grad der Dezentralisierung insgesamt etwas geringer, und vor allem im Westen und Norden des Verdichtungsraumes fehlt noch eine leistungsfähige zentralörtliche Infrastruktur. Im Vergleich zu Sydney und Melbourne wurde in den drei kleineren Verdichtungsräumen Brisbane, Perth und Adelaide auf die Dezentralisierung öffentlicher Einrichtung bislang weniger Gewicht gelegt. Folglich weisen hier nur wenige etablierte Dienstleistungszentren eine überdurchschnittliche Ausstattung auf, während die Mehrzahl der ausgewiesenen Zentren ihrer Rolle bislang nur ansatzweise gerecht werden können. Am deutlichsten ist dies im Verdichtungsraum Brisbane, wo eine funktionsfähige Zentrenplanung bislang weitgehend fehlte und erst in jüngster Zeit stärkere Dezentralisierungsbemühungen zu beobachten sind. Eine vergleichsweise gute Ausstattung an öffentlichen Diensten weisen die Regional Centres in Adelaide auf. Hier wirkt sich die Konzentration auf nur fünf vorrangig geförderte Zentren vorteilhaft aus.

Tab. 6.1: Sydney Metropolitan Area: Ausstattung planerisch ausgewiesener Zentren[a] mit ausgewählten öffentlichen und privaten Diensten 1992
Sydney Metropolitan Area: provision of selected public and private services in designated centres 1992

	CBD	Regional Centres		Subregional Centres															
		(1)	(2)	(3)	(4)	(5)	(6)	(7)	(8)	(9)	(10)	(11)	(12)	(13)	(14)	(15)	(16)	(17)	(18)
Arbeitsvermittlung/-beratung (CES)	x	x	x	x	x	x	x	x	x	x	x	x	x	x	x	x	x	x	x
Finanz- und Steuerbehörde (ATO)	x	.	x	x	.	x	.	.	x	x	x	x	x	x	x	x	x	.	.
Sozialbehörde (Social Security)	x	.	x	x	x	x	x	.	x	x	x	x	x	x	x	x	x	x	x
Lokalgericht (Local Court)	x	x	x	x	x	x	.	x	x	x	x	x	x	x	.	x	.	x	x
Rechtsberatung/Rechtshilfe (Legal Aid)	x	.	x	x	x	x	x	x	x	x	x	x	x	x	x	.	x	.	.
Medicare (staatliche Krankenkasse)	x	x	x	x	x	x	x	.	x	x	x	x	x	x	x	x	.	.	.
Private Krankenversicherung[b]	x	x	x	x	x	x	x	.	x	x	x	x	x	x	x	x	x	.	x
TAFE College[c]	x	.	.	x	x	.	x	.	x	.	x	.	x	x	x	x	.	.	.
Polizeiwache	x	x	x	x	x	x	x	x	x	x	x	x	x	x	x	x	x	x	x
Wohnungsamt (Dept. of Housing u.ä.)	x	.	x	x	x	x	x	.	x	x	x	x	x	x	x	x	x	x	x
Kfz-Anmelde- und Führerscheinstelle	x	x	x	x	x	x	x	x	x	x	x	x	.	x	x	x	x	.	x
Konsumentenberatung (Consumer Affairs)	x	.	.	x	.	.	.	.	.	x	x	.	x	x	x	x	.	.	.
Telecom Service Centre	x	.	x	x	x	x	x	x	.	x	x	x	x	x	x	.	x	.	.
Elektrizitäts- und/oder Gasversorgung	x	x	x	x	x	x	x	x	x	x	x	x	x	x	x	.	.	.	.
Wasserversorgung (Water Board)	x	.	x	.	x	.	.	.	.	x	x	x	x	x	x	.	x	.	.
Town Hall/Council Chamber	.	x	x	x	x	.	x	.	x	x	x	x	x	x	x	.	x	x	x
Öffentliche Bibliothek	x	x	x	x	x	x	x	x	x	x	x	x	x	x	x	.	x	x	x
Automobilclub (NRMA)	x	x	x	x	x	x	x	x	x	.	x	x	x	.	x	.	.	x	x
vollwertiges Kaufhaus	x	.	x	x	x	x	x	x	x	x	x	x	x	.	x	.	x	x	x
mind. drei Discount Department Stores	.	.	x	x	x	.	x	x	.	x	.	x	.	x	x	.	x	.	.
Kino und/oder Theater	x	x	x	x	x	x	.	.	x	.	x	x	.	.	x	.	x	.	.
Hotel/Motel mit 4 oder 5 Sternen	x	x	.	x	x	.	x	.	.	x	.	x	.	x	.	.	x	.	.
Bahnhof/Bahnanschluß	x	x	x	x	x	x	x	x	x	x	x	x	x	x	x	.	x	.	x
Anzahl der Ausstattungsmerkmale (max. 23)	22	12	22	20	19	15	17	13	19	15	17	17	15	18	13	22	4	7	10

(1) North Sydney, (2) Parramatta, (3) Bankstown, (4) Blacktown, (5) Bondi Junction, (6) Brookvale/Dee Why, (7) Burwood, (8) Campbelltown, (9) Chatswood, (10) Gosford, (11) Hornsby, (12) Hurstville, (13) Liverpool, (14) Mount Druitt, (15) Penrith, (16) St. Leonards, (17) Sutherland, (18) Wyong-Tuggerah

Symbole: x = Ausstattungsmerkmal vorhanden (Dienststelle, Filiale, Einrichtung u.ä.), . = Ausstattungsmerkmal nicht vorhanden

Anmerkungen: [a] Zentren und ihr direktes Umfeld (ohne Fairfield), [b] ohne Medicare Privat (arbeitet in Verbindung mit Medicare), [c] Technical and Further Education College

Quellen: Telecom White und Yellow Pages, UBD Sydney City & Suburbs Street Directory, Expertengespräche

Tab. 6.2: Melbourne Metropolitan Area: Ausstattung planerisch ausgewiesener Zentren[a] mit ausgewählten öffentlichen und privaten Diensten 1992
Melbourne Metropolitan Area: provision of selected public and private services in designated centres 1992

	CBD	(1)	(2)	(3)	(4)	(5)	(6)	(7)	(8)	(9)	(10)	(11)	(12)	(13)	(14)	(15)	(16)	(17)
Arbeitsvermittlung/-beratung (CES)	x	x	.	x	x	x	.	x	x	.	x	x	x	x	x	x	x	x
Finanz- und Steuerbehörde (ATO)	x	x	.	.	.	x	.	.	x	.	.	x	.	.	.	.	.	.
Sozialbehörde (Social Security)	.	x	x	x	x	x	x	.	.	.	x	.	x	x	x	x	x	x
Lokalgericht (Local Court)	x	x	x	x	.	x	.	x	x	.	.	.	x	.	x	x	x	x
Rechtsberatung/Rechtshilfe (Legal Aid)	x	.	.	.	.	x	.	x	x	.	.	.	.	.	.	.	x	.
Medicare (staatliche Krankenkasse)	x	x	x	x	x	x	x	x	x	x	x	x	x	x	x	.	x	x
Private Krankenversicherung[b]	x	x	x	x	.	x	x	x	x	x	x	x	.	x	x	x	x	x
TAFE College[c]	x	.	x	.	.	.	.	.	x	.	.	.	.	.	x	.	x	.
Polizeiwache	x	x	x	x	x	x	x	x	x	x	x	x	x	x	x	x	.	.
Wohnungsamt (Dept. of Housing u. ä.)	.	.	x	.	x	.	.	.	x	.	.	.	x	x	.	.	.	.
Kfz-Anmelde- und Führerscheinstelle	x	.	.	.	.	.	.	.	.	x	.	.	.	.	x	.	.	.
Konsumentenberatung (Consumer Affairs)	x	.	.	x	.	x	.	x	.	.	.	.	.	.	.	.	.	.
Telecom Service Centre	x	x	x	x	.	x	x	x	x	.	x	.	x	x	x	x	x	x
Elektrizitäts- und/oder Gasversorgung	x	x	.	x	.	x	.	x	.	.	.	.	.	.	.	.	x	.
Wasserversorgung	x	.	.	.	.	.	.	.	.	.	.	.	.	.	.	x	.	.
Town Hall/Council Chamber	x	x	x	x	x	x	x	x	x	x	.	x	x	x	x	x	x	x
Öffentliche Bibliothek	x	x	.	x	.	x	x	x	x	x	x	x	x	x	x	.	x	x
Automobilclub (RACV)	x	.	x	.	x	.	.	.	x	.	.	.	.	x	x	x	x	.
vollwertiges Kaufhaus	x	.	x	x	x	x	x	.	x	x	.	.	.	x	x	.	.	.
mind. drei Discount Department Stores	.	x	x	.	x	x	x	.	x	x	x	.	x	x	x	x	x	x
Kino und/oder Theater	x	x	.	.	.	x	x	.	x	x	.	.	.	x	.	.	x	.
Hotel/Motel mit 4 oder 5 Sternen	x	.	.	.	.	.	.	.	.	.	.	.	.	.	.	.	.	.
Bahnhof/Bahnanschluß	x	x	x	x	x	x	x	x	x	x	x	x	x	x	x	x	x	x
Anzahl der Ausstattungsmerkmale (max. 23)	20	15	11	15	13	20	5	13	19	8	8	9	10	16	15	13	13	10

(1) Box Hill, (2) Broadmeadows, (3) Camberwell Junction, (4) Cheltenham, (5) Dandenong, (6) Fountain Gate/Narre Warren, (7) Footscray, (8) Frankston, (9) Glen Waverley, (10) Greensborough, (11) Moonee Ponds, (12) Oakleigh, (13) Prahran, (14) Preston, (15) Ringwood, (16) Sunshine, (17) Werribee

Symbole: x = Ausstattungsmerkmal vorhanden (Dienststelle, Filiale, Einrichtung u. ä.), . = Ausstattungsmerkmal nicht vorhanden

Anmerkungen: [a] Zentren und ihr direktes Umfeld, [b] ohne Medicare Privat (arbeitet in Verbindung mit Medicare), [c] Technical and Further Education College,

Quellen: Telecom White und Yellow Pages, Melway Greater Melbourne Street Directory, Expertengespräche

Tab. 6.3: Brisbane Metropolitan Area: Ausstattung planerisch ausgewiesener Zentren[a] mit ausgewählten öffentlichen und privaten Diensten 1992
Brisbane Metropolitan Area: provision of selected public and private services in designated centres 1992

	City of Brisbane					außerhalb der City of Brisbane				
	CBD	(1)	(2)	(3)	(4)	(5)	(6)	(7)	(8)	(9)	(10)
Arbeitsvermittlung/-beratung (CES)	x	.	x	x	.	x	.	x	x	x	x
Finanz- und Steuerbehörde (ATO)	x	.	x	.	.	x	.	.	.	.	.
Sozialbehörde (Social Security)	x	.	x	.	x	x	.	x	.	.	x
Lokalgericht (in Brisbane nur District Court)	x	.	.	.	.	.	.	.	.	.	.
Rechtsberatung/Rechtshilfe (Legal Aid)	x	.	.	x	.	.	.	x	.	x	x
Medicare (staatliche Krankenkasse)	x	x	x	x	x	x	x	x	.	x	x
Private Krankenversicherung[b]	x	.	x	x	x	x	x	x	.	x	x
TAFE College[c]	x	.	.	.	.	x	x	.	.	.	.
Polizeiwache	x	.	x	x	x	x	.	x	.	.	x
Wohnungsamt (Dept. of Housing u.ä.)	x	.	.	.	.	.	.	.	x	.	.
Kfz-Anmelde- und Führerscheinstelle	x	.	.	.	.	.	.	x	.	x	.
Konsumentenberatung (Consumer Affairs)	x	.	.	.	.	.	.	.	.	.	.
Telecom Service Centre	x	.	.	x	.	.	.	x	.	.	.
Elektrizitäts- und/oder Gasversorgung	x	.	.	.	.	x	.	x	.	x	x
Wasserversorgung	x	.	.	.	.	.	.	.	.	.	.
Town Hall/Council Chamber	.	.	a	a	a	a	.	.	.	.	.
Öffentliche Bibliothek	x	x	x	x	x	.	.	x	x	x	x
Automobilclub (RACQ)	x	x	.	x	x	x	x	x	.	x	x
vollwertiges Kaufhaus	x	x	x	x	x	x	.	x	.	x	.
mind. drei Discount Department Stores	.	x	x	x	x	x	.	x	.	x	x
Kino und/oder Theater	x	x	.	x	.	.	x	x	x	x	.
Hotel/Motel mit 4 oder 5 Sternen	x	.	.	.	.	.	.	.	.	.	.
Bahnhof/Bahnanschluß	x	.	.	x	x	.	.	x	.	x	x
Anzahl der Ausstattungsmerkmale (max. 23)	22	6	10	13	8	13	5	17	2	12	11

(1) Carindale, (2) Chermside, (3) Indooroopilly, (4) Toowong, (5) Upper Mount Gravatt, (6) Capalaba, (7) Ipswich, (8) Springwood, (9) Strathpine, (10) Woodridge
Symbole: x = Ausstattungsmerkmal vorhanden (Dienststelle, Filiale, Einrichtung u.ä.), . = Ausstattungsmerkmal nicht vorhanden, a = Außenstelle
Anmerkungen: [a] Zentren und ihr direktes Umfeld (einschließlich Toowong und ausgewählten Umlandzentren), [b] ohne Medicare Privat (arbeitet in Verbindung mit Medicare), [c] Technical and Further Education College

Quellen: Telecom White und Yellow Pages, UBD Street Directory, Expertengespräche

Tab. 6.4: Perth und Adelaide Metropolitan Areas: Ausstattung planerisch ausgewiesener Zentren[a] mit ausgewählten öffentlichen und privaten Diensten 1992
Metropolitan Areas of Perth and Adelaide: provision of selected public and private services in designated centres 1992

	Perth									Adelaide				
	CBD	(1)	(2)	(3)	(4)	(5)	(6)	(7)	(8)	CBD	(1)	(2)	(3)	(4)	(5)
Arbeitsvermittlung/-beratung (CES)	x	x	x	x	.	x	x	x	x	x	x	x	x	x	x
Finanz- und Steuerbehörde (ATO)	x	.	x	.	.	.	.	.	.	x	.	.	.	.	.
Sozialbehörde (Social Security)	x	x	x	x	.	x	x	x	x	x	x	x	x	.	x
Lokalgericht (Local Court)	x	.	.	x	x	x	.	.	.	x	x	.	.	.	.
Rechtsberatung/Rechtshilfe (Legal Aid)	x	.	.	x	.	x	x	.	.	x	x	x	x	.	x
Medicare (staatliche Krankenkasse)	x	x	x	x	.	x	x	x	x	x	x	x	x	x	x
Private Krankenversicherung[b]	x	.	x	x	x	x	x	x	.	x	x	x	x	x	x
TAFE College[c]	x	x	x	x	x	x	.	x	.	x	x	x	x	x	x
Polizeiwache	x	x	x	x	x	x	.	x	x	x	x	x	x	.	.
Wohnungsamt (Dept. of Housing u.ä.)	x	x	x	x	.	x	x	.	.	x	.	.	x	x	.
Kfz-Anmelde- und Führerscheinstelle	x	.	.	x	x	.	x	x	x	x	x	x	x	x	x
Konsumentenberatung (Consumer Affairs)	x	.	.	.	.	.	.	.	.	x	.	.	.	.	.
Telecom Service Centre	x	.	.	.	.	.	.	.	.	x	.	.	.	.	.
Elektrizitäts- und/oder Gasversorgung	x	.	.	.	.	.	.	.	.	x	.	.	.	.	.
Wasserversorgung	.	.	.	x	.	.	.	.	.	.	.	.	.	.	.
Town Hall/Council Chamber	x	x	x	x	x	.	x	x	x	x	x	x	x	x	x
Öffentliche Bibliothek	x	x	.	x	.	x	x	.	.	x	x	x	x	x	x
Automobilclub (RAC bzw. RAA)	x	.	.	x	.	.	.	.	.	x	x	x	x	x	x
vollwertiges Kaufhaus	x	.	x	.	x	.	x	x	.	x	.	x	.	x	.
mind. drei Discount Department Stores	.	x	x	x	.	x	x	x	.	.	x	.	.	.	.
Kino und/oder Theater	x	x	.	x	.	.	.	.	.	x	x	.	.	.	x
Hotel/Motel mit 4 oder 5 Sternen	x	.	.	.	.	.	.	.	x	x	.	b	x	x	.
Bahnhof/Bahnanschluß	x	x	x	x	x	x	.	.	x	x	x	x	x	x	x
Anzahl der Ausstattungsmerkmale (max. 23)	21	11	13	19	7	13	7	10	7	22	16	12	11	10	13

Perth: (1) Armadale, (2) Canning, (3) Fremantle, (4) Joondalup, (5) Midland, (6) Morley, (7) Rockingham, (8) Stirling
Adelaide: (1) Elizabeth, (2) Tea Tree Gully, (3) Port Adelaide, (4) Marion, (5) Noarlunga
Symbole: x = Ausstattungsmerkmal mind. einmal vorhanden (Dienststelle, Filiale, Einrichtung u.ä.), . = Ausstattungsmerkmal nicht vorhanden, b = spez. Bustrasse
Anmerkungen: [a] Zentren und ihr direktes Umfeld, [b] ohne Medicare Privat (arbeitet in Verbindung mit Medicare), [c] Technical and Further Education College

Quellen: Telecom White und Yellow Pages, UBD Street Directories, Expertengespräche

Obwohl das Ausstattungsniveau der suburbanen Zentren vor allem in Sydney und Melbourne insgesamt recht gut ist und grundlegende öffentliche und private Dienstleistungen heute in weiten Teilen der Metropolitan Area gut erreichbar sind, haben jedoch selbst größere Geschäftszentren überraschende Angebotslücken. So besitzen beispielsweise selbst größere suburbane Geschäftszentren wie Chatswood, Liverpool oder Box Hill weder ein größeres Hotel noch ein Kino. Dennoch zeigt sich, daß die Bevölkerung des suburbanen Raumes für das Gros der zentralen Dienstleistungen heute nicht mehr auf das Angebot im CBD angewiesen ist. Lediglich für sehr hochrangige und/oder stark spezialisierte Funktionen besitzt der Stadtkern noch eine Monopolstellung im Verdichtungsraum. Dies gilt vor allem für Angebote der 'hohen Kultur' (Museen, Opernhäuser, Theater, Staatsbibliotheken usw.) sowie hochrangige administrative Einrichtungen.

Suburbane Zentren als Arbeitsplatzkonzentrationen

Eine weitere regional bedeutsame Funktion sollen die multifunktionalen Außenstadtzentren als gut erreichbare Konzentrationen von Arbeitsplätzen erfüllen. Die Beschäftigungsentwicklung verlief in den einzelnen Zentren jedoch sehr unterschiedlich. Dies soll am Beispiel der Sydney Metropolitan Area dargestellt werden (Tab. 6.5). Während der CBD seit Anfang der 70er Jahre eine deutliche Beschäftigungsabnahme zu verzeichnen hat, zeigen die meisten suburbanen Zentren erhebliche Zugewinne. Doch obwohl die Beschäftigtenzahl von Sydneys 'Regional' und 'Subregional Centres' insgesamt deutlich anstieg, ging ihr Anteil an der Gesamtzahl der regionalen Arbeitsplätze zwischen 1971 und 1991 sogar leicht zurück. Dieser Bedeutungsrückgang ist jedoch ganz überwiegend auf die rückläufige Beschäftigungsentwicklung im CBD zurückzuführen. Betrachtet man lediglich die suburbanen Zentren (ohne CBD und North Sydney), stieg deren Anteil an den gesamten regionalen Arbeitsplätzen von 9 % im Jahre 1971 auf 12 % im Jahre 1991 an. In absoluten Zahlen entspricht dies einer Zunahme von 107.200 auf 185.200 Arbeitsplätze.

In den anderen australischen Verdichtungsräumen fiel das Beschäftigungswachstum der suburbanen Geschäftszentren geringer aus. So wiesen Upper Mount Gravatt und Toowong als größte suburbane Zentren der City of Brisbane Anfang der 90er Jahre gerade knapp 4.000 bzw. 3.200 Arbeitsplätze auf. Alle vier Regional Business Centres der City of Brisbane und Toowong zusammen erreichten 1990 gerade eine Gesamtzahl von 11.600 Arbeitsplätzen (*Brisbane City Council - Department of Development and Planning* 1990b). Dies entsprach lediglich 2,4 % der Arbeitsplätze der City of Brisbane und 2,0 % aller Arbeitsplätze des gesamten Verdichtungsraumes. Ganz ähnlich sind die Verhältnisse in den Verdichtungsräumen Adelaide und Perth. So erreichte Fremantle als mit Abstand größtes Zentrum außerhalb des CBD 1990 zwar immerhin 6.900 Arbeitsplätze, aber die Beschäftigungsentwicklung der anderen Strategic Regional Centres war sehr gering. Etwas besser stellt sich die Situation im Verdichtungsraum Melbourne dar. Aber auch hier haben sich bis 1991 lediglich Box Hill (14.000 Arbeitsplätze), Dandenong (13.000 Arbeitsplätze), Prahran (13.000 Arbeitsplätze) und Frankston (9.500 Arbeitsplätze) und Footscray (9.000 Arbeitsplätze) zu bedeutenderen suburbanen Arbeitsplatzkonzentrationen entwickelt (Angaben aus *Moodie* 1991, District Centres einschließlich ihrem direkten Umfeld). Alle anderen District Centres waren deutlich kleiner. So zählen die 17 District Centres der Melbourne Metropolitan Area zusammen Anfang 1991 etwa 106.600 Arbeitsplätze. Dies entsprach nur einem Anteil von rund 8 % aller regionalen Arbeitsplätze.

Tab. 6.5: Beschäftigungsentwicklung in Regional und Subregional Centres der Sydney Metropolitan Area 1971-1991 und planerische Zielwerte für 2006
Employment change in Regional and Subregional Centres 1971-1991 and planning targets for 2006: Sydney Metropolitan Area

	Entfernung vom GPO in km[a]	1971[b]	Anzahl der Beschäftigten 1981[b]	1991[c]	2006[d]
Regional Centres					
Sydney CBD	-	220.000	188.900	190.000 *	220.000
North Sydney	3,0	19.500	28.700	38.500 *	40.000
Parramatta	19,6	16.700	20.400	34.700	60.000
Subregional Centres					
Bondi Junction	4,7	6.000	6.100	10.400	10.000
St. Leonards	5,0	18.400	23.000	31.000	20.000
Chatswood	8,5	8.700	10.700	18.000	20.000
Burwood	10,6	6.100	7.400	8.000 *	10.000
Brookvale/Dee Why	13,8	3.600	5.100	6.000 *	10.000
Hurstville	14,5	7.100	7.000	8.000	10.000
Bankstown	16,6	8.000	9.700	10.100	15.000
Hornsby	21,3	5.400	9.600	5.900	15.000
Sutherland	21,6	4.500	5.500	6.000 *	10.000
Fairfield	23,9	4.000	3.700	6.000	-
Liverpool	27,4	5.700	10.900	9.700	20.000
Blacktown	29,4	7.100	10.600	9.400	18.000
Mount Druitt	38,5	800	1.700	2.000 *	5.000
Campbelltown	42,4	2.800	4.700	6.000 *	30.000
Penrith	49,8	2.300	3.700	6.800	20.000
Gosford	50,5	4.000	5.200	6.200	10.000
Wyong-Tuggerah	68,6	-	1.000	1.000	5.000
Geplante Subregional Centres in projektierten Siedlungssektoren					
North West	35	-	-	-	8.000
Bringelly	40	-	-	-	12.000
Gesamt		346.700	359.900	413.700	568.000
% der Metropolitan Area		29	27	27	30

Quellen/Anmerkungen:
[a] Luftliniendistanz vom General Post Office nach Angaben der State Transport Study Group
[b] State Transport Study Group - Travel Surveys 1971 und 1981
[c] Department of Planning - Employment Monitoring; * Schätzung des Department of Planning für 1988
[d] Planziel des Department of Planning für eine Gesamtbevölkerungszahl der Metropolitan Area von 4,5 Mio.

Fragt man nach der Bedeutung der suburbanen Geschäftszentren als Beschäftigungszentren, muß festgestellt werden, daß diese bislang nur im Verdichtungsraum Sydney und mit Abstrichen im Verdichtungsraum Melbourne wirklich relevant sind. Allerdings existieren auch in diesen beiden Metropolitan Areas eine große Zahl von Zentren, die nur eine recht geringe Zahl von Arbeitsplätzen aufweisen (Abb. 6.6 und 6.7). In den kleineren Verdichtungsräumen spielen die planerisch ausgewiesenen Zentren in den kleineren Verdichtungsräumen bislang nur eine sehr geringe Rolle für das regionale Arbeitsplatzangebot. Eine Verbesserung dieser Situation kann in Zukunft eigentlich nur über die verstärkte Förderung der Büroentwicklung erfolgen.

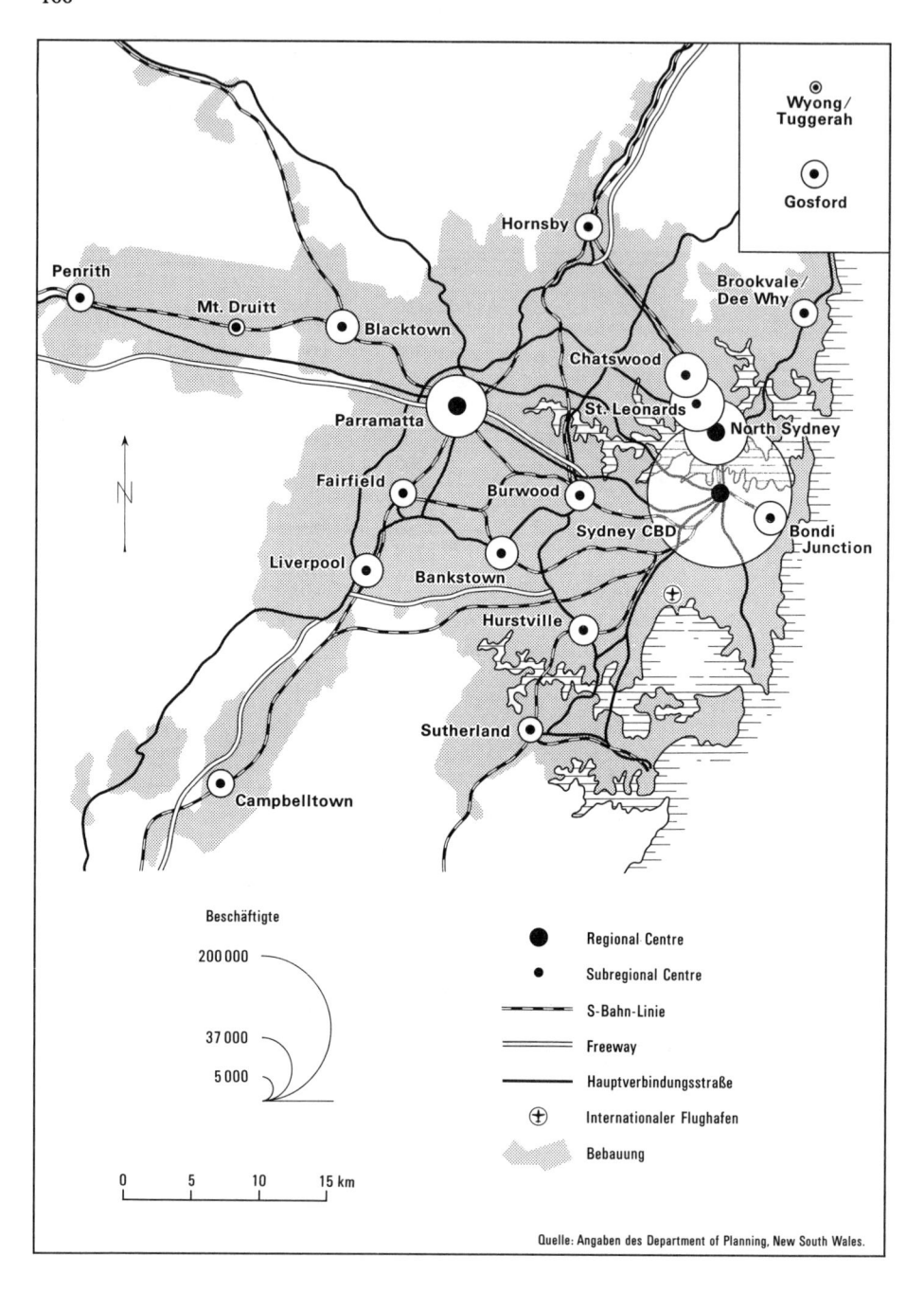

Abb. 6.6: Beschäftigung in Regional und Subregional Centres der Sydney Metropolitan Area 1991
Employment in Regional and Subregional Centres of the Sydney Metropolitan Area 1991

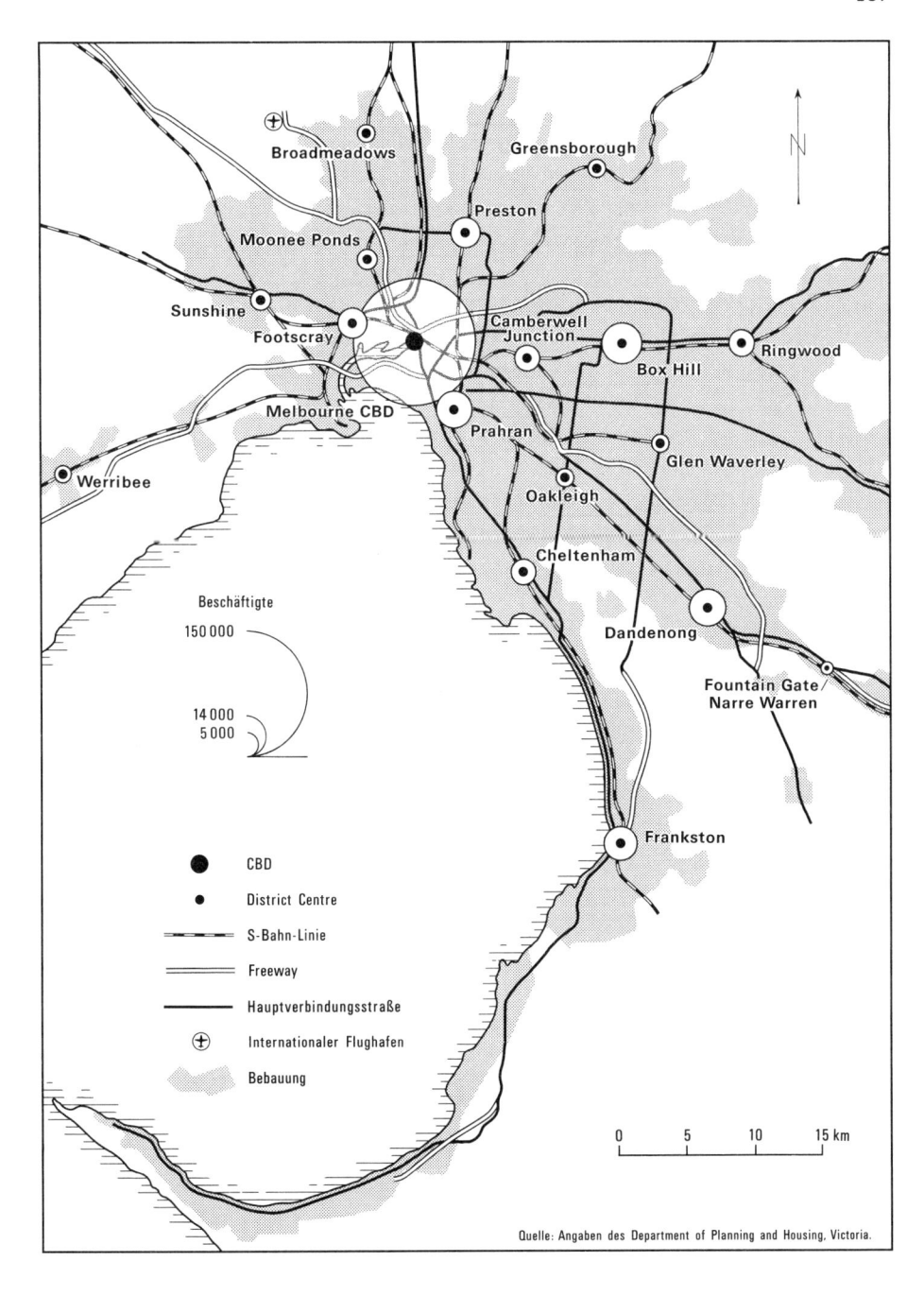

Abb. 6.7: Beschäftigung im CBD und in District Centres der Melbourne Metropolitan Area 1991
Employment in the CBD and District Centres of the Melbourne Metropolitan Area 1991

Suburbane Zentren als Knotenpunkte der Pendlerbeziehungen

Ein zentraler Begründungsansatz der 'Centre Policies' geht davon aus, daß sich eine Konzentration der Arbeitsplätze im CBD und in einigen größeren suburbanen Zentren günstig auf die Nutzung öffentlicher Verkehrsmittel auswirkt. Die bereits erwähnte Hauptverwaltungsverlagerung von Coles Myer in der zweiten Hälfte der 80er Jahre gibt die Chance, diese These auch empirisch zu überprüfen. Zwei Belegschaftsbefragungen, die kurz vor bzw. kurz nach der Verlagerung der Hauptverwaltung durchgeführt wurden, ermöglichen es, die Auswirkungen der Verlagerung auf das Verkehrsgeschehen recht genau festzustellen (*Bell* 1990 und 1991). Im CBD waren alle früheren 'Coles Myer'-Standorte optimal an das ÖPNV-Netz angeschlossen, aber es standen nur wenige unternehmenseigene Parkplätze zur Verfügung. Auf der anderen Seite bietet das neue suburbane Gelände in Tooronga etwa 1.300 Pkw-Stellplätze und einen direkten Anschluß an die Stadtautobahn. Tatsächlich läßt sich die Zunahme des Kraftfahrzeugverkehrs und die zurückgehende Nutzung öffentlicher Verkehrsmittel im Falle der 'Coles Myer'-Verlagerung klar nachweisen. Obwohl der neue Hauptverwaltungsstandort über eine für freistehende suburbane Standorte überdurchschnittlich gute Anbindung an das ÖPNV-System verfügt (S-Bahn, Straßenbahn und Bus in fußläufiger Entfernung) nahm der Anteil derjenigen Arbeitskräfte, die für die Fahrt zur Arbeit öffentliche Verkehrsmittel benutzten oder die Arbeitsstellen zu Fuß erreichten, nach der Verlagerung von 30 % auf 10 % bzw. von 36 % auf 13 % ab. Dagegen hat sich der Anteil der Autofahrer von 34 % auf 76 % mehr als verdoppelt.

Eine Konzentration der Arbeitsplatzentwicklung auf Zentren entlang der S-Bahn-Linien führt jedoch nicht 'automatisch' zu einer Verbesserung des 'modal split' zugunsten des ÖPNV. So werden zwar deutlich über die Hälfte der Pendelfahrten in die CBDs von Melbourne und Sydney mit Zügen, Straßenbahnen und Bussen zurückgelegt (vgl. Tab. 3.4), aber für Fahrten in die suburbanen Geschäftszentren ist das Auto eindeutig das dominierende Verkehrsmittel. Selbst in großen suburbanen Zentren wie Parramatta und Chatswood kamen Ende der 80er Jahre nicht mehr als knapp ein Drittel aller Arbeitskräfte mit öffentlichen Verkehrsmitteln zur Arbeit. In kleineren Zentren wie Box Hill oder Upper Mount Gravatt lag dieser Anteil sogar deutlich unter 10 %. In den letzten Jahren ist aber eine gewisse Trendumkehr zu verzeichnen. Während noch in den 70er Jahren der Anteil öffentlicher Verkehrsmittel deutlich zurückging, nahm er in den 80er Jahren in den meisten Zentren wieder leicht zu. Durch den Anstieg der Beschäftigtenzahlen stellen sich die Verhältnisse in absoluten Zahlen noch günstiger dar. Vor allem die S-Bahnen konnten deshalb fast durchweg deutliche Zunahmen in der Auslastung verzeichnen. Allerdings wird die Bedeutung der S-Bahn-Anschlüsse für die suburbanen Zentren von seiten der Planer oft überschätzt. In der Regel sind Busse sowohl für Arbeitskräfte als auch für Einkäufer fast ebenso wichtig, denn die Pendlereinzugsbereiche der suburbanen Zentren sind noch erheblich kleiner als diejenigen der CBDs. In der Regel kommt das Gros der Arbeitspendler auch in den größeren suburbanen Zentren aus den direkt angrenzenden LGAs. Gerade diese Nahbereiche lassen sich über ein Busnetz aber oft besser erschließen.

Es bleibt festzuhalten, daß der 'modal split' in suburbanen Zentren ungünstiger ist als in den CBDs, aber in den großen suburbanen Zentren wiederum deutlich besser ist als für freistehende Standorte. In der Tat läßt sich der 'modal split' durch eine Konzentration der suburbanen Arbeitsplätze auf ausgewählte, verkehrsgünstig gelegene Zentren zugunsten des ÖPNV beeinflussen. Allerdings sollte hierbei berücksichtigt werden, daß eine Konzentration auf einige größere suburbane Zentren in dieser Beziehung wesentlich bessere Ergebnisse liefert, als eine gleichzeitige Förderung zu vieler kleiner Zentren.

6.3 Fazit: Multifunktionale Zentren und Regionalplanung - grundsätzliche Probleme

Das australische 'Metropolitan Planning' beruht überwiegend auf recht konventionellen Planungskonzepten nach europäischen und nordamerikanischen Vorbildern (*Yiftachel/Hedgecock* 1989). Die praktischen Ergebnisse der australischen Regionalplanung sind bislang eher ernüchternd. Allerdings waren die anfänglichen Erwartungen an eine Planung, die unter marktwirtschaftlichen Bedingungen nur eine geringe Kontrolle über den Grundbesitz und damit nur einen begrenzten Einfluß auf Investitionsentscheidungen nehmen kann, auch weit überzogen. Dies gilt insbesondere für die mit der Planung verbundenen sozialpolitischen und zunehmend auch ökologischen Zielvorstellungen. Allgemeine, mit dem Wirtschafts- und Gesellschaftssystem verbundene Probleme lassen sich über die räumliche Planung nur sehr begrenzt lösen. Dennoch lassen sich auch empirische Hinweise dafür finden, daß einige Planungsziele zumindest teilweise erreicht werden konnten. Dies gilt auch für die Vorstellungen hinsichtlich der metropolitanen Zentrenentwicklung, die der australischen Regionalplanung seit der Nachkriegszeit zugrundeliegen.

Die australische Regionalplanung hebt darauf ab, ein System multifunktionaler suburbaner Geschäftszentren auf der Grundlage traditioneller, ÖPNV-orientierter Einzelhandelszentren aufzubauen. Ohne Zweifel haben sich einige planerisch ausgewiesene suburbane Geschäftszentren in den 80er Jahren zu echten suburbanen Cities entwickelt. Inwieweit diese Entwicklung aber tatsächlich von der Planung beeinflußt ist, läßt sich kaum mit Sicherheit beantworten. Insgesamt erwies sich der Einfluß der Regionalplanung auf die Dezentralisierung von privatwirtschaftlichen Cityfunktionen als eher gering. Vor allem die Versuche, das suburbane Standortmuster mit einer restriktiven Flächennutzungsplanung zu beeinflussen, verliefen bislang eher enttäuschend. Andererseits konnten bei der Dezentralisierung von öffentlichen Einrichtungen und bei der Lenkung der vorhandener suburbaner Entwicklungspotentiale auf bestimmte Standorte zum Teil auch spürbare Erfolge erzielt werden. Insgesamt erwiesen sich aktive Ansiedlungsbemühungen in bezug auf staatlichen Behörden und die Schaffung attraktiver Investitionsbedingungen als die in der Praxis erfolgsversprechendsten Konzepte zum Ausbau suburbaner Zentren. In diesem Zusammenhang stellte ein im Rahmen des 'Brisbane Plan Projekts' erstelltes Diskussionspapier des *Brisbane City Councils* ganz richtig fest (1990f, S.31): "The difficulty about district centres is not the idea but the implementation: mere designation on a planner's diagram as in Brisbane, and to a certain extent in Melbourne, is not enough to ensure their success. They require Parramatta-style government pro-active support, co-ordination of transport planning, and the conclusion of specific development deals with private enterprise."

Ohne Zweifel wird die Entwicklungsdynamik in großen suburbanen Zentren wie Parramatta und Chatswood bereits in einem erheblichen Maße von selbstverstärkenden Agglomerations- und Synergieeffekten getragen. Es wäre jedoch ein Fehlschluß, diesen erfolgreichen Entwicklungspfad auf alle planerisch ausgewiesenen Zentren übertragen zu wollen. So ist es wenig wahrscheinlich, daß sich die aus regionalplanerischer Sicht positive Entwicklung von Parramatta in absehbarer Zeit auch in anderen Zentren vollziehen wird. Da viele Büroaktivitäten zur Bildung größerer Cluster neigen

(Fühlungsvorteile, Agglomerationsvorteile, Standortprestige), wird die Zahl von großen suburbanen Bürozentren auch in Zukunft begrenzt bleiben. Zudem reichen die finanziellen und personellen Möglichkeiten der öffentlichen Stellen nicht aus, um zu viele suburbane Geschäftszentren gleichzeitig aktiv zu fördern. Die zu große Zahl der planerisch ausgewiesenen Zentren, insbesondere in Sydney und Melbourne, bedingt die Gefahr einer relativ ineffektiven Zersplitterung sowohl des vorhandenen Entwicklungspotentials als auch der staatlichen Fördermittel. Aus heutiger Sicht erscheint es eher unwahrscheinlich, daß die Mehrzahl der in vielen Fällen recht zufällig ausgewiesenen Zentren mit entsprechenden Entwicklungsimpulsen rechnen kann. Aus regionalplanerischer Sicht erscheint es deshalb sinnvoller, die Zahl der vorrangig zu fördernden suburbanen Zentren zu reduzieren. Da Einzelhandels- und Bürofunktionen zumindest teilweise unterschiedliche Standortanforderungen stellen, sollte auch über eine Differenzierung der Zielvorstellungen für die einzelnen Zentren nachgedacht werden.

Die Zentrenpolitik in australischen Verdichtungsräumen war von Anfang an darauf ausgelegt, bestehende suburbane Zentren weiter auszubauen. Dieses Konzept hat sich hinsichtlich der Erreichbarkeit von Versorgungsmöglichkeiten und Arbeitsplätzen mit öffentlichen Verkehrsmitteln bewährt. Allerdings zeigt sich auch, daß die lokalen Entwicklungsvoraussetzungen und Planungsprobleme von seiten der Regionalplanung häufig zu wenig berücksichtigt werden. Dabei sind gerade die vielfältigen Faktoren und Entwicklungsabläufe auf der lokalen Ebene für den Erfolg und den Charakter multifunktionaler Zentren entscheidend. Eine Analyse auf rein regionaler Ebene bleibt deshalb zwangsläufig unvollständig.

7. Entwicklung und Planung suburbaner Geschäftszentren - Fallbeispiele aus den Verdichtungsräumen Sydney, Melbourne, Brisbane und Perth

Im Gegensatz zur relativ umfangreichen Literatur über die Dezentralisierung von Cityfunktionen gibt es bislang nur wenige detaillierte Studien über die Entwicklung und die interne Struktur von suburbanen Büro- und Einzelhandelszentren. Dabei treffen übergeordnete Trends wie die Suburbanisierung von Cityfunktionen 'vor Ort' auf unterschiedliche lokale Gegebenheiten und Entwicklungsvoraussetzungen. Zudem bringt der Zuwachs von Einzelhandels- und Bürofunktionen an suburbanen Standorten, obwohl von regionalen und lokalen Planungsinstitutionen zumeist begrüßt, auf lokaler Ebene oft einen erheblichen Entwicklungsdruck mit sich. Deshalb soll in den folgenden beiden Kapiteln die lokale Wirkung der Dezentralisierung von Cityfunktionen am Beispiel von insgesamt neun multifunktionalen Zentren in den vier größten australischen Verdichtungsräumen Sydney, Melbourne, Brisbane und Perth nachvollzogen werden. Während in Kapitel 7 einzelne Zentren und ihre spezifischen Strukturen und Probleme beispielhaft betrachtet werden, erfolgt in Kapitel 8 eine Synthese in der vergleichenden Gesamtschau grundlegender Aspekte der Zentrenentwicklung. Beide Betrachtungen erfolgen vor dem Hintergrund folgender Fragestellungen:
- Wie sind die Zentren intern strukturiert und wie sind sie nach außen abgegrenzt?
- Welches sind die lokalen Faktoren für das Entstehen von echten multifunktionalen Zentren und welches sind die Bedingungen für ihr Wachstum?
- Welche Rolle spielt der Einzelhandel innerhalb der Geschäftszentren und in welchen Formen tritt er auf?
- Wo und in welcher Form vollzieht sich die Büroentwicklung?
- Welche Art von Unternehmen bzw. Unternehmensteilen befindet sich in den suburbanen Zentren?
- Inwieweit nehmen die suburbanen Geschäftszentren überlokale Funktionen wahr und bilden in dieser Hinsicht eine tatsächliche Konkurrenz zum Standort CBD?
- Welche Probleme treten auf lokaler Ebene auf und welche Lösungswege werden von den Planungsinstitutionen beschritten?
- Welche gegenwärtigen und zukünftigen Entwicklungspotentiale weisen die verschiedenen Zentren auf?

7.1 Die Fallbeispiele - Auswahlkriterien und kurze Charakterisierung

Bei der Auswahl der Fallbeispiele ging es weniger darum, alle bedeutenden suburbanen Geschäftszentren Australiens lückenlos zu erfassen, als vielmehr Fälle mit unterschiedlicher Entwicklungsdynamik und differierenden Entwicklungsvoraussetzungen exemplarisch gegenüberzustellen. Deshalb sollten die Fallbeispiele, deren endgültige Auswahl mit Experten vor Ort abgestimmt wurde, unterschiedliche Entwicklungstypen sowie verschiedene stadträumliche und siedlungsstrukturelle Lagesituationen repräsentieren. Zudem waren für die Auswahl der Fallbeispiele folgende Kriterien maßgebend. Sie sollten (1) zu den größten suburbanen Geschäftszentren des jeweiligen Verdichtungsraumes gehören, (2) einen multifunktionalen Charakter besitzen, (3) eine überdurchschnittlichen Entwicklungsdynamik aufweisen und (4) mindestens drei bis vier Kilometer vom CBD entfernt sein. Als Fallbeispiele wurden folgende suburbanen Geschäftszentren ausgewählt:

Sydney Metropolitan Area:
- **Parramatta** liegt rund 20 km westlich des Stadtzentrums und gilt heute als 'zweiter CBD' des Verdichtungsraumes. Es ist nicht nur das mit Abstand bedeutendste Zentrum Western Sydneys sondern auch das mit Abstand größte suburbane Geschäftszentrum Australiens.
- **Chatswood** liegt 8,5 km nördlich des CBD auf Sydneys Lower North Shore. Es wies bereits Anfang der 70er Jahre eine starke Zunahme der privatwirtschaftlichen Büroaktivitäten auf und bildete in den 80er Jahren einen Schwerpunkt des suburbanen Bürobaubooms.
- **Bondi Junction** befindet sich rund 5 km östlich des CBD in der inneren Vorortzone Sydneys. Seit Anfang der 80er Jahre weist das Zentrum eine beschleunigte Entwicklungsdynamik auf, deren städtebauliche Steuerung durch die Planungszuständigkeit von zwei verschiedenen Councils jedoch erschwert wird.

Melbourne Metropolitan Area:
- **Box Hill** liegt rund 14 km östlich von Melbournes CBD. Durch die erhebliche Büroflächenzunahme seit 1982 ist Box Hill heute die größte Bürocity außerhalb des Verdichtungskernes und das 'Aushängeschild' der staatlichen District Centre Policy.
- **Camberwell Junction** liegt knapp 8 km östlich des CBD. Das Zentrum hat seine um die Jahrhundertwende angelegte Struktur bis heute weitgehend erhalten und weist gerade deshalb erhebliche Hemmnisse für die zukünftige Entwicklung auf.
- **Frankston** ist ein noch überwiegend vom Einzelhandel geprägtes Zentrum und befindet sich etwa 38 km südöstlich des CBD im äußeren Vorortbereich der Melbourne Metropolitan Area.

Brisbane Metropolitan Area:
- **Upper Mount Gravatt** befindet sich 13 km südöstlich von Brisbanes CBD. Es besteht im wesentlichen aus einem großen Shopping Centre, um das sich in den letzten Jahren mehrere 'office park'-artige Bürokomplexe entwickelt haben.
- **Toowong** ist ein bedeutendes CBD-nahes Büro- und Einzelhandelszentrum und liegt nur 4 km südwestlich des Stadtzentrums. Trotz dieser Nähe zum CBD konnte sich Toowong in den letzten Jahren als eigenständiges multifunktionales Zentrum profilieren.

Perth Metropolitan Area:
- **Fremantle** liegt 16 km südwestlich des CBD und entwickelte sich historisch als relativ eigenständiger Hafenvorort von Perth. Die Einzelhandels- und Büroentwicklung der letzten Jahrzehnte hat sich im Gegensatz zu anderen Geschäftszentren Australiens weitgehend innerhalb der historischen Bausubstanz vollzogen.

Da Parramatta und Chatswood ein weites Spektrum von Cityfunktionen und eine Vorbildfunktion für die Planung und Entwicklung anderer suburbaner Zentren in Australien besitzen, ist der Darstellung dieser beiden Fallbeispiele ein verhältnismäßig breiter Raum gewidmet. Zudem lassen sich einige grundsätzliche Probleme der Zentrenentwicklung an diesen Beispielen gut veranschaulichen. Da Bondi Junction und Box Hill trotz ihrer geringeren Größe eine wichtige Rolle im Zentrensystem der jeweiligen Verdichtungsräume spielen, wird auch die Entwicklung dieser beiden Zentren umfassender analysiert. Bei den anderen Fallbeispiele stehen je nach Bedeutung und spezifischer Problemlage jeweils unterschiedliche Aspekte im Vordergrund der Betrachtung. Die Analysen konzentrieren sich deshalb stärker auf charakteristische Entwicklungsprobleme, die exemplarisch dargestellt werden: der historische Funktionswandel und die Planungskonflikte am Beispiel von Camberwell Junction, die Entwicklung und Struktur peripherer Zentren am Beispiel von Frankston, städtebaulich-stadtgestalterische Probleme neuer Zentren am Beispiel von Upper Mount Gravatt, die Entwicklung CBD-naher Bürozentren am Beispiel von Toowong und die Möglichkeiten der Vereinbarkeit von Stadterhaltung und kommerzieller Entwicklung am Beispiel von Fremantle.

7.2 Parramatta - 'Sydney's second CBD'

Aufgrund seiner zentralen Lage im Verdichtungsraum soll Parramatta nach den Wünschen der Regionalplanung zum 'zweiten CBD' der Sydney Metropolitan Area ausgebaut werden. Derzeit liegt das offiziell als 'Parramatta City Centre' bezeichnete Geschäftszentrum mit einer Gesamtbeschäftigtenzahl von 34.700 an dritter Stelle hinter dem CBD und North Sydney.[1] Seit Ende der 70er Jahre stieg die Zahl der Büroarbeitsplätze stark an, so daß Anfang der 90er Jahre über 80 % der Beschäftigten in Büros arbeiteten (Tab.7.1). Bis zum Jahr 2006 soll die Beschäftigtenzahl nach den Vorstellungen der staatlichen Regionalplanung bis auf etwa 60.000 ansteigen. Da sich diese Entwicklung im zweitältesten 'europäischen' Siedlungskern Australiens und innerhalb historisch gewachsener Strukturen vollzieht, treten hierbei ganz besondere Probleme auf.

Tab.7.1: Beschäftigte in Parramatta - Schätzungen für 1991
Employment in Parramatta - estimates for 1991

Art des Arbeitsplatzes	Vollzeit	Teilzeit	Gesamt
Traditioneller Einzelhandel[a]	729	312	1.041
Kaufhäuser, Supermärkte, Einkaufszentren[b]	1.762	1.017	2.779
Büros	27.564	876	28.440
Sonstige	2.380	72	2.452
Gesamt	32.435	2.277	34.712

[a] umfaßt kleinere Ladengeschäfte in traditionellen Geschäftsstraßen, 'retail strips' und Einkaufspassagen
[b] umfaßt Kaufhäuser, größere Super- und Fachmärkte sowie kleinere Spezialgeschäfte in Shopping Centres

Quelle: *New South Wales - Department of Planning* (1991a)

---

[1] Beschäftigtenangaben für das Parramatta City Centre wie auch für andere Zentren in der Sydney Metropolitan Area lassen sich verschiedenen Quellen entnehmen. Für das Jahr 1991 liegen Schätzungen vor, welche *Jones Lang Wootton* im Auftrag des NSW Department of Planning erstellt hat (*New South Wales - Department of Planning* 1991). Im Stadtplanungsamt des Parramatta City Councils geht man allerdings von einer deutlich höheren Zahl aus und schätzt die Gesamtbeschäftigtenzahl auf etwa 40.000 (mündliche Auskunft von Bill Hynes, Director of Environmental Services im Parramatta City Council, August 1992).

Die Entwicklung Parramattas seit 1788

Parramatta wurde bereits wenige Monate nach Sydney im Jahre 1788 als landwirtschaftlicher Zentralort der neuen Kolonie New South Wales gegründet. Bereits damals bildeten die George Street (damals High Street) und die Church Street die Hauptachsen der Siedlung. Nach 1820 wuchs der Ort aber nur noch relativ langsam, während Sydney durch den Ausbau des Hafens einen raschen Aufschwung erlebte. Die Eisenbahn erreichte Parramatta im Jahre 1855 und förderte in der Folgezeit die Entwicklung der auf den Bahnhof zulaufenden Church Street zur Hauptgeschäftsstraße. Zwischen 1840 und 1870 wurde sämtliches Land innerhalb des heutigen Zentrums vermessen und parzelliert. Im Jahre 1938 wurde Parramatta, 150 Jahre nach seiner Gründung, zur 'City' ernannt. Bis zum Zweiten Weltkrieg behielt die Stadt trotz ihres stetigen Wachstums und ihrer Nähe zur City of Sydney den Charakter einer eigenständigen Landstadt außerhalb der verdichteten Zone der inneren und mittleren Vororte.

Anfang der 50er Jahre wurde die City of Parramatta dann in den von Sydney ausgehenden Suburbanisierungsprozeß einbezogen. Um den Stadtkern entstanden sowohl freistehende Einfamilienhäuser als auch einige größere Wohnanlagen der State Housing Commission (*West* 1990, S.62ff.). Auch von der Verlagerung von Industrieanlagen und Arbeitsplätzen aus dem Kernbereich des Verdichtungsraumes hat Parramatta in den letzten vier Jahrzehnten in erheblichem Maße profitiert. Dies führte zu einem sprunghaften Anstieg der Einwohnerzahlen. Während Parramatta um 1820 gerade 1.200 Einwohner aufwies (*Spearritt/DeMarco* 1988, S.80), wuchs diese Zahl bis 1947 langsam auf 20.800 an. Zwischen den Zensen 1947 und 1961 verfünffachte sich die Einwohnerzahl auf 104.060 Einwohner und stieg bis 1976 auf 131.650. Seither hält sie sich relativ stabil auf diesem Niveau. Beim Zensus 1991 wurden in der City of Parramatta 132.798 Einwohner gezählt. Sydneys schnelles Bevölkerungswachstum nach dem Zweiten Weltkrieg, der Aufschwung der Industrie und die nachfolgende rasche Expansion der Wirtschaft Western Sydneys haben den Charakter Parramattas innerhalb von vier Jahrzehnten völlig verändert. In diesem Prozeß durchlief auch das Stadtzentrum eine erhebliche Transformation. Trug dieses bis in die 60er Jahre hinein noch die Züge einer typischen australischen 'country town', so hat die Expansion der Einzelhandels- und Büroaktivitäten das Gesicht und die Funktion des Zentrums seither grundlegend umgestaltet.

Die Entwicklung des Einzelhandels

Das rasche Bevölkerungswachstum Western Sydneys bedingte eine steigende lokale Nachfrage nach Gütern des täglichen und später auch des langfristigen Bedarfs. Dies führte zu einer spürbaren Expansion des Einzelhandels. In den 50er Jahren war das Parramatta City Centre das erste suburbane Geschäftszentrum im Verdichtungsraum Sydney mit größeren Kauf- und Warenhäusern. Im Jahre 1975 wurde die erste Ausbaustufe der Westfield Shoppingtown eröffnet, wodurch die Einzelhandelsverkaufsfläche in Parramatta schlagartig von 56.000 m^2 auf 103.000 m^2 zunahm. Bei ihrer Eröffnung war die Westfield Shoppingtown das größte Einkaufszentrum des gesamten Kontinents.

Nach der dynamischen Entwicklung in den 70er Jahren nahm die Verkaufsfläche im Laufe der 80er Jahre deutlich langsamer zu. Zwischen 1979 und 1990 erhöhte sie sich durch die Fertigstellung kleinerer Einzelhandelskomplexe sowie der Erweiterung der Westfield Shoppingtown um 24 % auf rund 130.000 m². Die Anzahl der Einzelhandelsbetriebe nahm im gleichen Zeitraum um rund 30 % zu (Tab. 7.2). Auffällig ist, daß sich die Verkaufsflächenzunahme vor allem in der zweiten Hälfte der 80er Jahre deutlich verlangsamte, während die Anzahl der Betriebe weiterhin deutlich zunahm. Insgesamt war der Einzelhandel in Parramatta während der 80er Jahre von folgenden Entwicklungen geprägt:

- Der größte Zuwachs an Einzelhandelsflächen vollzog sich außerhalb des traditionellen Einzelhandelskernes in der Zone nördlich des Parramatta Rivers, umfaßte aber vorwiegend ein Raumangebot nachrangiger Qualität.
- Die 'konsumorientierten Dienstleistungen' haben ihren Flächenanteil deutlich gesteigert. Insbesondere die gastronomischen Einrichtungen waren die Hauptträger dieser Entwicklung.
- Der Lebensmitteleinzelhandel zeigte einerseits eine deutliche Konsolidierung bei größeren Einzelhändlern und Supermärkten, andererseits ein nicht zuletzt durch die wachsende Bürobeschäftigung induziertes Wachstum kleinerer, spezialisierter Anbieter.
- Auch im Bekleidungseinzelhandel zeigte sich eine Veränderung zugunsten kleinerer, spezialisierterer Geschäfte.
- Durch Mietsteigerungen für Einzelhandelsräume wurden Anbieter großvolumiger und geringwertiger Güter zunehmend aus dem eigentlichen City Centre verdrängt. Andererseits konnten durch einen teilweisen Attraktivitätsverlust der traditionellen Einkaufsstraßen verstärkt persönliche Dienstleistungen in ehemals bevorzugte Lagen der Einzelhandelskernzone eindringen.

Tab.7.2: Einzelhandelswachstum in Parramatta 1969-1990
Retail growth in Parramatta 1969-1990

	1969	1979	1990
Anzahl der Geschäfte[a]	225	431	584
Verkaufsfläche[b] in m²	47.650	105.000	130.000[c]

[a] ohne Dienstleistungshandwerk und andere konsumorientierte Dienstleistungen
[b] Verkaufsfläche in Ladengeschäften
[c] nach Angaben des City Councils geschätzte Verkaufsfläche

Quelle: *Jackson Teece Chesterman Willis & Partners* (1984), Angaben des Parramatta City Councils und eigene Erhebungen

Der Einzelhandelskern des Parramatta City Centres umfaßt heute im wesentlichen die 1988/89 für rund A$ 50 Mio. modernisierte und vergrößerte Westfield Shoppingtown (ca. 77.300 m² Einzelhandelsfläche und 180 Betriebe) und die Church Street Mall (ca. 150 Einzelhandelsbetriebe) mit ihrer Verlängerung bis zum Parramatta River (Abb. 7.1). Er weist damit eine zweipolige Struktur auf. Seit der Eröffnung der Shoppingtown verlagert sich der Schwerpunkt des Einzelhandels zuungunsten des traditionellen Zentrums in der Church Street kontinuierlich nach Süden.

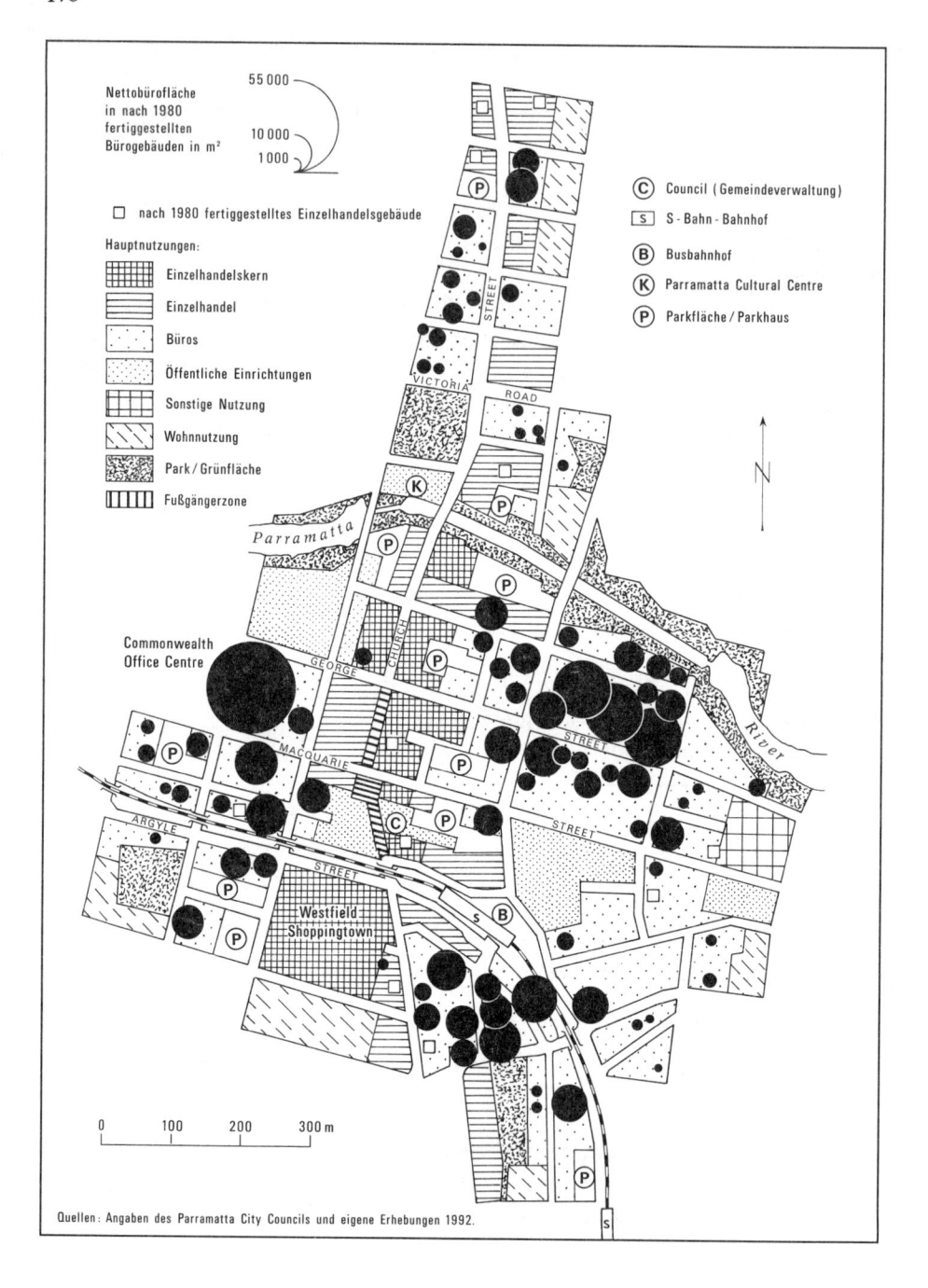

Abb. 7.1: Parramatta: Neue Bürogebäude und Zonen vorherrschender Nutzung 1992
Parramatta: New office buildings and zones of land use 1992

Parramatta weist heute als Einzelhandelszentrum einen relativ großen Einzugsbereich auf, der deutlich über die eigene LGA hinausgeht. Eine Mitte der 80er Jahre durchgeführte Befragung ergab, daß drei Viertel der Einzelhandelskunden von außerhalb der LGA Parramatta kamen. Außer für die Bevölkerung der eigenen LGA besitzt das Einzelhandelszentrum auch für die Einwohner der LGAs Baulkham Hills, Holroyd, Auburn und Ryde eine relativ große Bedeutung (*Jackson Teece Chesterman Willis & Partners* 1984). Der Anteil der Einzelhandelsumsätze, der auf die im Zentrum von Parramatta Beschäftigten entfällt, steigt stetig an und liegt derzeit bereits bei etwa einem Fünftel. Besonders bei längerfristigen Gütern wie Bekleidung, Schmuck und Haushaltswaren, aber auch bei personenbezogenen Dienstleistungen besitzt das Geschäftszentrum eine starke Stellung. Schätzungen gehen davon aus, daß der jährliche Einzelhandelsumsatz im Parramatta City Centre 1990 bei über A$ 475 Mio. lag (*Hirst Consulting Services* 1990). Seit 1990 macht sich die durch nachlassende Profitmöglichkeiten im Bürosektor bedingte Rückorientierung der Investoren auf Einzelhandelsimmobilien auch in Parramatta bemerkbar. Der geplante Ausbau der Shoppingtown (zusätzlich 23.000 m^2) und die für 1995 vorgesehene Erweiterung des Parramall-Projekts in der George Street (19.000 m^2 im Endausbau) werden die Einzelhandelsfläche in Parramatta Mitte des Jahrzehnts nochmals erhöhen.

Die Entwicklung des Bürosektors nach 1970

Während der Einzelhandel seine größte Dynamik in den 70er Jahren entfaltete, zeigte in den 80er Jahren der Bürosektor ein starkes Wachstum. Noch Mitte der 70er Jahre besaß Parramatta gerade zwei größere Bürogebäude und war in seiner Grundstruktur ein von Wohnhäusern und öffentlichen Gebäuden umgebenes Einzelhandelszentrum. Seit Anfang der 80er Jahre ist Parramatta die - in relativen Zahlen - am schnellsten wachsende 'Bürocity' ganz Australiens. Zwischen 1979 und 1991 hat sich die Bürofläche Parramattas mehr als verdreifacht (Tab. 7.3 und Abb. 7.2). In den Boomjahren zwischen 1987 und 1991 wurden damit in Parramatta mehr Büroflächen erstellt als im CBD von Brisbane. Allein im Jahre 1990 lag die Büroflächenfertigstellung bei über 100.000 m^2 Nettobürofläche (NBF). In diesem Jahr wurden auch die beiden Großprojekte Commonwealth Office Centre (55.000 m^2 NBF) und Octagon (21.000 m^2 NBF) fertiggestellt. Weitere große Bürokomplexe Parramattas sind das 1984 fertiggestellte Ferguson Centre (19.400 m^2 NBF), der 1987 fertiggestellte Macquarie Tower (16.000 m^2 NBF) und der 1992 fertiggestellte Sovereign/State Bank Tower (22.000 m^2 NBF). Räumlich verteilen sich die seit Anfang der 80er Jahren erstellten Büroprojekte vor allem in drei 'Clustern' um den sich von der Westfield Shoppingtown entlang der Church Street bis zum Parramatta River erstreckenden Einzelhandelskern (Abb. 7.1). Im Laufe der 80er Jahre bildeten sich aus der früher eher heterogen strukturierten Baublöcken südlich des Bahnhofs sowie östlich und westlich der Einzelhandelszone fast reine Bürozonen heraus. Hier standen einerseits geeignete Flächen zur Verfügung, andererseits erlaubte die Bebauungsplanung verhältnismäßig hohe Bebauungsdichten. Als Investoren und Developer traten in Parramatta bislang vorwiegend im spekulativen Bürobau engagierte inländische Unternehmen auf. Daneben spielten aber auch die öffentliche Hand und vorwiegend an Eigennutzung interessierte Bauherren eine gewisse Rolle. Im Vergleich zu den CBD-Immobilienmärkten sind dagegen ausländische Investitionen bislang unterrepräsentiert, auch wenn das Interesse asiatischer Investoren Ende der 80er Jahre deutlich zunahm.

Tab.7.3: Bruttogeschoßfläche für Einzelhandels- und Büronutzungen in Parramatta 1971 bis 1991
Retail and office floorspace (gross) in Parramatta 1971 to 1991

	1971 in m^2	1974 in m^2	1979 in m^2	1986 in m^2	1991 in m^2	Zunahme 1971-91 in m^2	in %
Einzelhandel/Dienstleistungen[a]	49.000	63.800	128.000	150.000	156.000	107.000	218,4
Büronutzungen[b]	55.000	80.000	166.000	263.800	554.000	499.000	907,3
Großhotels[c]	-	-	-	11.700	30.700	30.700	-
Gesamt	104.000	143.800	294.000	425.500	740.700	636.700	612,2

[a] umfaßt Einzelhandel, Restaurants und konsumorientierte Dienstleistungen in Ladengeschäften
[b] einschließlich Büroflächen außerhalb reiner Bürogebäude
[c] Hotels mit mehr als 100 Betten

Quelle: Angaben des Parramatta City Councils, eigene Berechnungen

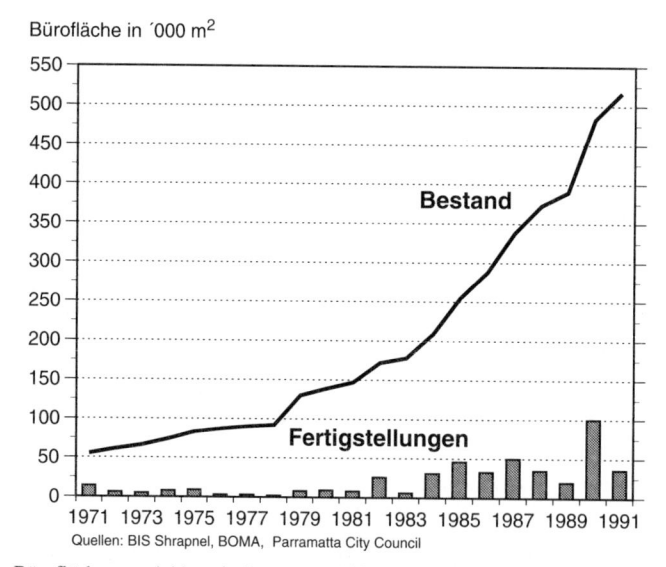

Abb. 7.2: Büroflächenentwicklung in Parramatta 1971-1991 (Bestandsentwicklung und jährliche Baufertigstellung von Nettobüroflächen in Bürogebäuden)
Growth of office space in Parramatta 1971-1991 (total stock and annual completions of net office floorspace in office buildings)

Die Nachfrage nach Büroräumen in Parramatta entstand in der Vergangenheit sowohl durch die Erweiterung bestehender Büros, als auch durch Firmenneugründungen und Firmenverlagerungen. Befragungen privater Bürobetriebe in Parramatta ergaben, daß der Standort für die überwiegende Zahl der ansässigen Firmen die erste Wahl ist (*BIS Shrapnel* 1988, S.123f.). Damit ist Parramatta für die meisten Unternehmen mehr als nur eine 'Ausweichlösung'. Insbesondere nahm in den letzten Jahren die Nachfrage durch Privatunternehmen stark zu, die entweder ihre Hauptverwaltung oder größere Zweigstellen nach Parramatta verlegten. Neben zahlreichen Zweigbüros großer Dienstleistungsunternehmen befinden sich hier heute auch einige Hauptverwaltungen kleinerer Industrieunternehmen. In jüngster Zeit profitiert Parramatta zunehmend von der Reorganisation größerer Industrieunternehmen. Diese führt zu einer merklichen Verlagerung von administrativen und datenverarbeitenden Funktionen vom CBD in die Nähe der sich meist im westlichen Sydney befindenden Produktionsstätten. Jüngste Beispiele für Verlagerungen von Industrieverwaltungen sind der Reifenhersteller Goodyear sowie Proctor & Gamble, die ihre Hauptverwaltung in Australien nach Parramatta verlegten. Weitere Unternehmen, die in Parramatta ihre Hauptverwaltungen oder wichtige regionale Niederlassungen haben, sind z.B. AMP, Rank Xerox, Canon, Arthur Young & Associates, Coopers & Lybrand und die schweizer Zürich-Versicherung.

Seit 1983 wird die Entwicklung von Parramatta durch die Verlagerung von mehr als 5.000 Arbeitsplätzen in Ministerien und Behörden des Staates New South Wales erheblich begünstigt. Mitte 1990 nutzten 28 verschiedene bundesstaatliche Ministerien und Behörden insgesamt 88.500 m² Nettobürofläche, weitere gut 55.000 m² entfielen auf 12 verschiedene Behörden der Bundesregierung. Insgesamt ist das starke Büroflächenwachstum Parramattas nach 1980 nicht zuletzt auf das starke Engagement des öffentlichen Sektors zurückzuführen (*Chong* 1988). Gegenwärtig belegt der öffentliche Sektor etwa ein Drittel des gesamten Büroflächenbestandes. Allerdings scheint sich die Bedeutung des öffentlichen Sektors in den letzten Jahren etwas abzuschwächen. Von den in den Jahren 1989 und 1990 im Parramatta City Centre neu vermieteten Büroflächen entfielen gerade noch 27 % auf den öffentlichen Sektor. Andere Nutzergruppen wie Banken und Versicherungen (34 %), freie Berufe und unternehmensorientierte Dienstleistungen (19 %), verschiedene Industrieunternehmen (17 %) und 'sonstige Nutzer' (3 %) konnten ihren Anteil gegenüber den vorherigen Jahren deutlich steigern (*Richard Ellis* 1990).

Da der vom 'Suburban Office Relocation Program' gesetzte Zielwert für Parramatta inzwischen erreicht wurde, sind in den nächsten Jahren keine größeren Verlagerungen von staatlichen Ministerien und Behörden mehr zu erwarten. Ähnliches gilt nach der Fertigstellung des Commonwealth Office Centres auch für die Bundesbehörden. In jüngster Zeit kam es sogar wieder zum Abbau von staatlichen Arbeitsplätzen in Parramatta. So beschloß die Regierung von New South Wales Mitte 1992 die Verlagerung von 330 Arbeitsplätzen des Department of Community Services von Parramatta nach Ashfield. Als Gründe für den Umzug wurden von Regierungsvertretern das Ziel einer besseren generellen Ausnutzung von Büroimmobilien im Eigentum des Staates sowie die damit verbundenen Kostenersparnisse angeführt. Auch für die Hauptverwaltung der Prospect Electricity gibt es Verlagerungspläne, die bislang jedoch am Widerstand der Planungsbehörden scheitern.

Exkurs: Das Commonwealth Office Centre

Das Commonwealth Office Centre ist mit etwa 55.000 m² Bürofläche für 2.800 Beschäftigte nicht nur der größte Bürokomplex Parramattas, sondern auch das größte suburbane Bürogebäude Australiens. Seine Planungsgeschichte ist symptomatisch für die stark von den politischen Mehrheitsverhältnissen abhängige Stadtentwicklungspolitik. So wurde das Grundstück bereits Mitte der 70er Jahre vom Bund erworben. Das Projekt war ein Kernstück der engagierten Dezentralisierungspolitik der Labor-Regierung unter Prime Minister Gough

Whitlam. Nach dem Regierungswechsel 1975 und der Machtübernahme durch die liberal-konservative Koalition wurden die Pläne für den Bau des Büroprojektes zunächst nicht weitergeführt. Erst 1983, als in Canberra unter Bob Hawke wieder eine Labor-Regierung gebildet werden konnte, wurden die Planungen für das Parramatta Commonwealth Office Centre wieder aufgegriffen. Ende 1985 wurde der Auftrag für den Bau der Bürozentrums für A$ 115 Mio. an eine private Bauentwicklungsgesellschaft vergeben. Nach einer fünfjährigen Bauzeit konnte der 20-stöckige Bürokomplex Mitte 1990 eröffnet werden. Die Ausstattung des Commonwealth Office Centres erfüllt alle Ansprüche an modernen Büroraum und liegt am westlichen Rand des Zentrums, günstig zu Bus- und Bahnhaltestellen, zur Haupteinkaufszone und zu den Erholungseinrichtungen des Parramatta Parks. Obwohl das Commonwealth Office Centre ursprünglich in Hinsicht auf eine Verlagerung von Bundesbehörden aus dem CBD nach Parramatta geplant war, wurden bei dessen Fertigstellung Mitte 1990 gerade drei von zwölf Dienststellen von außerhalb nach Parramatta verlegt. Der weitaus größere Teil der Büroflächen entfällt auf Behörden, die sich schon vorher an verschiedenen Standorten im Parramatta City Centre befanden. Der größte Teil des Gebäudes wird derzeit vom 'Australian Taxation Office' genutzt. Andere größere Nutzer sind das 'Department of Immigration, Local Government & Ethnic Affairs', das 'Department of Social Security', das 'Attorney General's Department', das 'Department of Administrative Services' und das 'Department of Industry, Technology & Commerce'.

Durch den Umzug von Bundesbehörden in das 'Commonwealth Office Centre' und das anhaltend hohe Niveau von Baufertigstellungen Ende der 80er Jahre stiegen die Büroleerstände auch in Parramatta merklich an. Lag die Leerstandsquote Anfang 1990 noch bei unter 2 %, standen Mitte des Jahres bereits knapp 6 % der Büroflächen leer. Anfang 1992 wurde mit fast 70.000 m^2 ungenutzter Bürofläche und einer Leerstandsquote von 13,5 % ein Maximum erreicht (Angaben der *Building Owners and Managers Association*). Seither gehen die Leerstände wieder langsam zurück. Trotz der Leerstandsprobleme war die Situation in Parramatta durchweg günstiger als auf anderen lokalen Büromärkten des Verdichtungsraumes Sydney.

Parramattas wachsende Bedeutung als zentraler Mittelpunkt Western Sydneys schlägt sich nicht nur in der Einzelhandels- und Büroentwicklung nieder. Auch als Kultur-, Vergnügungs- und Hotelstandort besitzt das Zentrum inzwischen überregionale Bedeutung. 1988 wurde das Parramatta Cultural Centre am Parramatta River eröffnet. Es beherbergt unter anderem ein 700-sitziges Theater. Ein weiteres wichtiges 'Cityelement' stellen Großhotels wie das Parkroyal Hotel dar. Das mit 240 Zimmern, Konferenzsälen und einem großen Restaurant ausgestattete Fünf-Sterne-Hotel erfüllt internationale Ansprüche und war bei seiner Fertigstellung 1986 das einzige seiner Art in einem suburbanen Zentrum. Der wirtschaftliche Erfolg des 'Parkroyal' hat inzwischen weitere Investitionen im Berherbergungssektor ausgelöst. Anfang der 90er Jahre wurden mit dem Ramada Hotel und dem Gazebo Hotel zwei Vier-Sterne-Hotels mit jeweils über 200 Zimmern eröffnet.

Die städtebauliche Planung

Die günstigen Entwicklungspotentiale Parramattas wurden von der Regionalplanung bereits früh erkannt. Bereits der County of Cumberland Plan nominierte Parramatta 1951 zu einem von insgesamt 20 'District Centres'. Der Sydney Region Outline Plan von 1968 verbesserte den regionalplanerischen Status Parramattas, indem er das Zentrum zusammen mit Campbelltown als 'Subregional Centre' auswies. Die nächste Plangeneration, die 1988 veröffentlichte Metropolitan Strategy, nominierte Parramatta neben dem Hauptzentrum CBD/North Sydney sogar als zweites 'Regional

Centre'. Nach den Vorstellungen der Planer soll Parramatta als Versorgungs-, Kultur- und Beschäftigungszentrum für die gesamte Westhälfte des Verdichtungsraumes dienen. Über den Ausbau Parramattas zum zweiten CBD des Verdichtungsraumes besteht zwischen den staatlichen und den lokalen Planungsbehörden Einigkeit. Dennoch ist die konkrete städtebauliche Planung von einem erheblichen Kompetenzgerangel zwischen den verschiedenen Planungsebenen geprägt.[2]

Als Reaktion auf die Ausweisung als 'Subregional Centre' wurde in Zusammenarbeit zwischen staatlichen und lokalen Planungsbehörden Anfang der 70er Jahre eine erste Studie über mögliche Planungsstrategien für das Parramatta City Centre angefertigt. Diese resultierte 1979 in der Verabschiedung eines vorläufigen Bebauungsplanes für den Zentrumsbereich, der insgesamt ein theoretisches Entwicklungspotential von über 1.000.000 m^2 Bürofläche und rund 270.000 m^2 Einzelhandelsfläche zuließ (*Jackson Teece Chesterman Willis and Partners* 1984, S.73ff.). Damit waren die planungsrechtlichen Grundlagen für den kurz darauf einsetzenden Bürobauboom geschaffen. Die Bestimmungen wurden durch einen 1981 veröffentlichten Local Environmental Plan (LEP) in einzelnen Punkten abgeändert. Die Zurücknahme der Geschoßflächenbegrenzung führte zu einer nochmaligen Erhöhung des theoretischen Büroflächenpotentials um rund 100.000 m^2.

Ursprünglich bestand beim NSW Department of Planning die Absicht, die städtebauliche Entwicklung wie im Falle von Chatswood mit einem Regional Environmental Plan (REP) auf der bundesstaatlichen Ebene zu regeln. Da dieses Vorhaben jedoch nicht zu konkreten Ergebnissen führte, wurden Mitte 1989 der 'Parramatta Local Environmental Plan' und ein ergänzender 'Development Control Plan' veröffentlicht. Diese erhöhten die maximale 'floor space ratio' (FSR)[3] im Gebiet um den Bahnhof von vorher 5,0:1 auf 5,5:1. Auf den sonstigen für Bürogebäude vorgesehenen Bauflächen sind FSRs bis zu 5,0:1 genehmigungsfähig. Diese maximal erlaubte Überbaubarkeit der Grundstücke ist im Vergleich zu europäischen Verhältnissen sehr hoch, bleibt jedoch deutlich unter dem Maximalwert für den CBD von Sydney (12,5:1).

Neben der Steigerung des Entwicklungspotentials des Zentrums standen noch weitere Aspekte bei der Erstellung des neuen Bebauungsplanes im Vordergrund. So sollten insbesondere die denkmalwürdigen Gebäude innerhalb des Zentrums und den anschließenden Wohnvierteln geschützt werden. So benennt der LEP fast 200 geschützte Einzelobjekte und zwei sogenannte 'Residential Conservation Zones' am Rande des Geschäftszentrums. Eine der beiden 'Conservation Zones' ist das historische Wohngebiet Harris Park im Südosten des Zentrums. Es wird geprägt von sogenannten 'working men cottages' aus dem 19. Jahrhundert und wird heute vorwiegend von christlich-libanesischen Einwanderern bewohnt. Der Bereich war zwar ursprünglich für Bürobebauung vorgesehen, wurde aber im März 1985 durch eine Nichtabrißverordnung des Planungsministers von New South Wales unter Schutz gestellt. Trotz der Unterschutzstellung unterliegt das Wohnviertel nach wie vor einem starken Veränderungsdruck. Dieser geht allerdings weniger von auswärtigen Investoren, sondern vielmehr

---

[2] Obwohl die Bauleitplanung in den Händen des Parramatta City Councils liegt, besteht für alle Bauvorhaben mit über 5.000 m^2 Bruttogeschoßfläche eine Zustimmungspflicht des Department of Planning. Dies hat in der Vergangenheit bereits zu mehreren Rechtsstreits und einem angespannten Verhältnis zwischen staatlichen und lokalen Planungsbehörden geführt.

[3] Die Berechnung der FSR entspricht der der Geschoßflächenzahl (GFZ) nach der bundesdeutschen Baunutzungsverordnung (Bruttogeschoßfläche / Grundstücksfläche).

von den libanesischen Bewohnern des Viertels selbst aus. Neben den immer wieder vorkommenden widerrechtlichen Umwandlungen durch die angestammte Bewohnerschaft lassen sich sowohl in Harris Park als auch in den südlich daran angrenzenden Wohnvierteln in den letzten Jahren zudem deutliche Veränderungen in der Sozialstruktur, das heißt suburbane Gentrification-Prozesse, beobachten. Dies stellt die Planung vor neue Probleme, weil sich einerseits die planungsrechtliche Absicherung der Wohnfunktion nur mit Schwierigkeiten durchsetzen läßt und andererseits eine planvolle räumliche Erweiterung des Geschäftszentrums als Folge der sozialen und baulichen Aufwertung der umliegenden Wohnquartiere in Zukunft auf erheblichen politischen Widerstand stoßen könnte.

Trotz der skizzierten Einschränkungen durch den Denkmalschutz erlaubt der LEP eine starke Ausweitung der kommerziell nutzbaren Geschoßfläche. Im Dezember 1988 berechnete der City Council das maximale Gesamtentwicklungspotential des Zentrums nach den neuen Planungsbestimmungen. Danach sind bei voller Ausnutzung der erlaubten FSR aber unter Berücksichtigung denkmalgeschützter und anderer erhaltenswürdiger Objekte etwa 1,7 Mio. m^2 zusätzliche Bruttogeschoßfläche genehmigungsfähig. Zusammen mit der bereits bestehenden Geschoßfläche ergibt sich ein möglicher Gesamtwert von 2,3 Mio. m^2. Obwohl eine hundertprozentige Ausnutzung des vollen Entwicklungspotentials sicherlich unrealistisch ist, kann man davon ausgehen, daß unter den gegebenen planerischen Voraussetzungen bis zu 75.000 oder 80.000 Arbeitsplätze möglich wären. Trotz dieses theoretischen Nutzungspotentials existieren in der Praxis dennoch Flächenengpässe. So besteht in den meisten Teilbereichen immer noch die ursprüngliche, kleinteilige Parzellen- und Besitzstruktur. Daraus ergibt sich ein Mangel an größeren, zusammenhängenden Baugrundstücken mit klaren Besitzverhältnissen. So waren 1992 im Bereich des LEP nur drei größere Baugrundstücke verfügbar, die schnell und unkompliziert für größere Bürokomplexe hätten entwickelt werden können. Um der Vorliebe der Developer nach einfach und schnell zu bebauenden Grundstücken nachzukommen, werden beim City Council Umzonierungen diskutiert, z.B. das Gelände des inzwischen geräumten Parramatta District Hospital oder der sich südlich an das Zentrum anschließende, heute vorwiegend von Autohändlern geprägte Bereich.

Das Vorhaben der staatlichen Regionalplanung, das Parramatta City Centre zum zweiten CBD der Metropolitan Area auszubauen, wird mittel- bis langfristig wieder einen erheblichen Wachstumsdruck auf lokaler Ebene ausüben. Das Spannungsfeld zwischen dem Wunsch nach Erhalt des historischen Erbes und der ebenfalls angestrebten wirtschaftlichen Entwicklung wird die lokale Planung somit auch weiterhin vor erhebliche Schwierigkeiten stellen. Trotz des wachsenden Einflusses von Denkmal- und Umweltschutzinteressen gibt es wenige Gründe anzunehmen, daß dieser Interessenkonflikt in Zukunft zu anderen Ergebnissen führt als in der Vergangenheit. Der Wunsch der öffentlichen Hand, in Parramatta ein starkes Arbeitsplatz- und Geschäftszentrum für Western Sydney zu schaffen, und der Druck wirtschaftlicher Interessen werden auch künftig dazu führen, daß viele Überreste des 'alten' Parramattas zunehmend einer zwar eindrucksvollen, aber insgesamt doch monoton anmutenden Büroturmbebauung werden weichen müssen.

Der Erhalt der Haupteinkaufsstraße als ungelöstes Problem der Stadtplanung

Auch wenn die starke Neubautätigkeit der 80er und frühen 90er Jahre sich nicht immer vorteilhaft auf die Stadtgestalt ausgewirkt hat, wird die Entwicklung des Bürosektors seitens der Planer als städtebaulich verhältnismäßig unproblematisch angesehen. So gelang es bislang, die großen Bürogebäude auf dafür geeignete, randlich zum Einzelhandelskern gelegene Zonen zu konzentrieren. Als wesentlich problematischer erweisen sich dagegen die Entwicklungen in der Kernzone des Einzelhandels. Vor allem der Qualitätsverlust größerer Abschnitte der Church Street stellt die Stadtplaner vor erhebliche Schwierigkeiten. Skeptiker befürchten bereits, daß das traditionelle 'strip shopping centre' in naher Zukunft nur noch durch marginale bzw. niederrangige Nutzungen gekennzeichnet sein könnte. Bereits heute weisen Parramattas Einkaufsstraßen eine verhältnismäßig hohe Leerstandsquote auf. So ergab eine Einzelhandelszählung, daß Anfang 1992 rund 14 % aller Ladengeschäfte leerstanden (*Australian Property News* vom 2. Juli 1992). Selbst die Fußgängerzone entlang der Church Street ist heute keine Top-Lage für den Einzelhandel mehr. An günstigen Standorten innerhalb der Westfield Shoppingtown werden deutlich höhere Mieten erzielt. Die Gestaltung der 1986 angelegten Church Street Mall ist sowohl bei Stadtplanern als auch bei Einzelhändlern umstritten. So werden etwa die 'Übermöblierung' und die fehlende architektonische Abstimmung auf das historische Umfeld beklagt.

Für den Qualitätsverlust des Einzelhandels in der Church Street gibt es zwei Hauptgründe: Zum einen entwickelt die südlich des Bahnhofs gelegene Westfield Shoppingtown eine enorme Anziehungskraft. Zum anderen entstanden die größten Arbeitsplatzkonzentrationen westlich, östlich und südlich der Church Street, so daß die traditionelle Einkaufsstraße nicht mehr im Bereich der großen Fußgängerströme liegt. Einiges spricht dafür, daß sich die unausgeglichene Raumstruktur im Einzelhandel in den nächsten Jahren weiter verstärken wird. Mit Ausnahme von David Jones hat das Einkaufszentrum bereits heute alle überlokal werbenden Einzelhändler angezogen und prägt damit eindeutig das Einkaufsimage Parramattas. Ein weiterer Ausbau der Westfield Shoppingtown, der unter anderem einen Kinokomplex, eine unterirdische Einkaufspassage, ein zweites Kaufhaus sowie 120 kleinere Ladengeschäfte umfaßt, wurde bereits vom Council genehmigt. Diese Erweiterung würde die Einzelhandelsfläche der Shoppingtown nochmals um rund 23.000 m² vergrößern. Damit wäre deutlich mehr als die Hälfte der gesamten Einzelhandelsfläche des Parramatta City Centres alleine in diesem Komplex konzentriert. Zudem bestehen Pläne, die Verkaufszeiten des Einkaufszentrums erheblich auszudehnen. Ein weiterer Bedeutungsverlust des traditionellen Einzelhandelskern entlang der Church Street wäre die wohl sichere Folge.

Der geplante Umzug des David Jones-Kaufhauses, das bislang einen wichtigen Attraktivitätspol am nördlichen Ende der Church Street bildet, könnte den Bedeutungsverlust der Church Street als Einzelhandelsstandort erheblich forcieren. Dies würde besonders den direkt südlich des Parramatta Rivers liegenden Abschnitt der Church Street betreffen, der bereits heute einen heruntergekommenen Eindruck vermittelt. Eine große Chance, diesen Abschnitt der Church Street durch einen attraktiven Anziehungspunkt wieder aufzuwerten, wurde vom Gemeinderat nicht genutzt. So wurde die Baugenehmigung für einen mehrgeschossigen Einzelhandels-, Büro- und Freizeitkomplex nicht erteilt, weil hierzu die historische Lennox Bridge umgebaut bzw. verlegt werden müßte. Ob unter den gegebenen Umständen der nördliche Abschnitt der Church Street als Einkaufsstraße erhalten werden kann oder einem weiteren baulichen Zerfall ausgesetzt sein wird, bleibt abzuwarten. Eine weitere Degradierung des ehemaligen Einzelhandelskerngebietes erscheint nicht unwahrscheinlich, zumal bislang kein schlüssiges Nutzungskonzept existiert und die geplante nördliche Verlängerung der Church Street Mall in den nächsten Jahren kaum realisiert werden wird.

Zusammenfassend kann festgestellt werden, daß in bezug auf die Erhaltung der Church Street als attraktive Einkaufsstraße ein erheblicher stadtplanerischer Handlungsbedarf besteht. Dabei wird es sicher nicht einfach sein, die Marktkräfte in die gewünschte Richtung zu beeinflussen und früher getroffene Planungsentscheidungen zu korrigieren. Mit diesen Problemen ist Parramatta allerdings kein Einzelfall. Andere suburbane Geschäftszentren in australischen Städten stehen vor ganz ähnlichen Schwierigkeiten. Wie aber das Beispiel Chatswood zeigt, bestehen durchaus Möglichkeiten, eine traditionelle Haupteinkaufsstraße trotz der Konkurrenz durch Shopping Centres attraktiv zu erhalten. Auch in Parramatta gibt es inzwischen Überlegungen, wie die Attraktivität des heruntergekommenen nördlichen Abschnitts der Church Street gesteigert und gleichzeitig seine architektonischen Qualitäten erhalten werden können. Die Palette der Vorschläge reicht von einfachen stadtgestalterischen Verbesserungen wie der Aufpflasterung des Straßenabschnitts oder der Restaurierung der Fassaden bis hin zur Einrichtung einer speziellen Enterprise Zone im Rahmen von umfassenden City-Management-Konzepten (*Western Sydney Business Review* vom 15. August 1992).

Einbindung in das regionale Verkehrsnetz und Verkehrsprobleme

Parramatta besitzt den Vorzug einer zentralen Lage innerhalb des Verdichtungsraumes. Der Bevölkerungsschwerpunkt der Sydney Metropolitan Area liegt nur 6,5 km weiter östlich. Zudem besitzt Parramatta einen guten Zugang zu den schnell wachsenden LGAs im Westen des Verdichtungsraumes. Der geplante Ausbau des Erweiterungsgebietes des North West Sectors könnte einen merklichen Einfluß auf Parramatta ausüben. Obwohl der North West Sector langfristig ein eigenes Einkaufszentrum bekommen soll, wird der für Parramatta entstehende zusätzliche Bedarf auf 20.000 bis 30.000 m² Einzelhandelsfläche und auf 90.000 bis 120.000 m² Bürofläche geschätzt (*Masterplan Consultants* 1988, S.15f.). Andere geplante Großprojekte, die sich förderlich auf die Entwicklung Parramattas auswirken könnten, sind der Ausbau der University of Western Sydney, der Bau eines zweiten regionalen Großflughafens in Badgery's Creek sowie das Redevelopment des Homebush Bay Bereichs im Zusammenhang mit den Olympischen Spiele im Jahre 2000.

Dank seiner zentralen Lage ist Parramatta ein wichtiger Knotenpunkt des regionalen und überregionalen Straßennetzes. Um eine völlige Zerschneidung des Zentrums durch die stark befahrenen Hauptverbindungsstraßen zu verhindern, wurde sukzessiv ein Ring von Umgehungsstraßen ausgebaut, der vor wenigen Jahren fertiggestellt werden konnte. Auch in das öffentliche Verkehrsnetz ist Parramatta gut integriert. Insbesondere auf der West-Ost-Verbindung ist das Zentrum mit der S-Bahn gut zu erreichen. Eine neue Bahnstrecke von Hoxton Park über Parramatta nach Baulkham Hills und das sogenannte 'Y-link' zwischen Merrylands und Harris Park befinden sich derzeit noch in Planung. Diese werden die Erreichbarkeit Parramattas auch von Süden und Norden erheblich verbessern. Derzeit wird der Busbahnhof von etwa 30 Buslinien frequentiert, die wie im gesamten Bereich von Western Sydney zumeist privat betrieben werden.

Insgesamt hat das Geschäftszentrum Parramatta eine Lagegunst innerhalb des regionalen S-Bahn-Netzes, die nur noch vom CBD übertroffen wird. Problematisch ist dagegen die Versorgung mit Bahnhaltestellen im Zentrum selbst. Während etwa Sydneys CBD von insgesamt 7 S-Bahn-Stationen bedient wird, befindet sich in Parramatta selbst nur ein Haltepunkt (Parramatta Station). Ein weiterer existiert in Harris Park an der südlichen Peripherie des Zentrums. Durch die eher randliche Lage dieser beiden Haltepunkte sind die nördlichen Zentrumsbereiche nur schwer und mit langen Fußwegen zu erreichen. Diese Situation schlägt sich auch im 'modal split' nieder. Eine im Auftrag des City Councils erstellte Studie (*Kinhill Engineers* u.a. 1989) schätzt den 'modal split' für die Arbeitspendler für das Jahr 1988 auf 62 % motorisierten Individualverkehr zu 31 % ÖPNV (7 % entfallen auf andere Verkehrsmittel). Dieses Verhältnis ist zwar eine merkliche Verbesserung gegenüber 1981, als gerade 20 % der Arbeitspendler öffentliche Verkehrsmittel benutzten, liegt aber doch weit unter den Werten für den CBD.

Eine in diesem Zusammenhang kritische Größe ist das Parkplatzangebot. Wie andere lokale Planungsbehörden versuchte auch der Parramatta City Council die Attraktivität des Zentrums durch einen schnellen Ausbau des Parkplatzangebots zu steigern. Zwischen 1979 und 1988 hat sich das Parkplatzangebot um 60 % auf etwa 17.400 Stellplätze erhöht. Dieser Zuwachs wurde durch den Ausbau mehrerer städtischer Parkhäuser und Auflagen an Bauträger von Einzelhandels- und Büroprojekten erzielt. Grundsätzlich müssen bei allen Bauprojekten entweder Stellplätze auf dem Grundstück selbst gebaut oder entsprechende Abgaben an den Council gezahlt werden. Insgesamt hält das Abgabeberechnungsverfahren die Bauträger zum Bau möglichst vieler 'on-site'-Stellplätze an.[4] Hierdurch wird zum einen ein zentrales Parkraummanagement erheblich erschwert, zum anderen stellt sich die Frage, ob angesichts der wachsenden Verkehrsprobleme eine Politik der Parkraumbegrenzung nicht langfristig erfolgversprechender wäre.

Unter den derzeitigen Voraussetzungen werden die Erreichbarkeits- und Verkehrsprobleme mit Sicherheit bedeutsame Größen für die weitere Entwicklung Parramattas sein. Um den Zielwert von 60.000 Beschäftigten erreichen zu können, müßte in den nächsten Jahren ein rascher Ausbau der Verkehrsinfrastruktur erfolgen. Wenn es gelänge, den Anteil des ÖPNV auf den von der Stadtverwaltung angestrebten Wert von 50 % zu steigern, müßte dieser mehr als dreimal so viele Arbeitspendler befördern als heute. Dies ist jedoch nicht ohne Ausbau der S-Bahn-Kapazitäten zu erreichen.

Die mittel- und langfristigen Entwicklungsaussichten

Sydneys Immobilienexperten sind sich darin einig, daß Parramatta auch in Zukunft eines der wachstumsstarken Geschäftszentren Australiens sein wird. Dabei wird das Hauptwachstum, wie bereits in den 80er Jahren, vor allem von den Bürobauaktivitäten ausgehen. Die günstige Lage inmitten eines sich rasch ausweitenden Kundenpotentials und der in naher Zukunft zu erwartende Ausbau der Verkehrsanbindung werden von regional oder subregional operierenden Unternehmen als klare Pluspunkte angesehen. Außerdem profitieren die Unternehmen in Parramatta zunehmend von der positiven Eigendynamik der Wachstumsprozesse. Weitere Entwicklungsimpulse könnten außerdem von der geplanten Ausweisung neuer Gewerbeflächen im Bereich von Western Sydney ausgehen (*New South Wales - Department of Planning* 1992a). Eine Aufgabenteilung - der CBD bzw. North Sydney als Standort der Hauptverwaltungen von Großbanken und anderen national bzw. international

---

[4] Die Soll-Berechnungswerte liegen derzeit bei 26 Stellplätzen pro 1.000 m^2 Bruttogeschoßfläche bei Büro- und 32 Stellplätze pro 1.000 m^2 Bruttogeschoßfläche bei Einzelhandelsprojekten. Zudem bestehen je nach Zone aber 'on-site-limits' von 10, 20 oder 30 Stellplätzen pro 1.000 m^2 Bruttogeschoßfläche. Für die Differenz zwischen tatsächlich gebauten Stellplätzen und dem Sollwert müssen von den Bauträgern Abgaben an den Council gezahlt werden. Diese Sätze sind deutlich höher, wenn das 'on-site-limit' nicht voll ausgeschöpft wurde.

operierenden Unternehmen und Parramatta als regionales Verwaltungs- und Steuerungszentrum für die Metropolitan Area - ist für die nähere Zukunft durchaus denkbar.

Der Einzelhandel Parramattas profitiert ebenfalls von der günstigen siedlungsstrukturellen Lage des Zentrums. Dennoch ist fraglich, ob Parramatta im weitläufigen Western Sydney eine ähnliche Dominanz ausbauen kann, wie sie heute der CBD im Inneren des Verdichtungsraumes oder Chatswood auf der North Shore besitzen. Zum einen weist Western Sydney bereits mehrere in etwa gleichstarke Einzelhandelszentren auf, zum anderen liegt Parramatta zu weit von den dynamischen Wachstumsräumen entfernt, um deren zunehmende Kaufkraft dauerhaft abschöpfen zu können. Die Zukunft des Einzelhandels in Parramatta wird eher durch qualitative als durch quantitative Veränderungen gekennzeichnet sein. Die bereits in den letzten Jahren zu beobachtenden Trends werden sich wohl auch zukünftig fortsetzen: Stagnation der Umsätze bei Lebensmitteln und anderen kurzfristigen Konsumgütern, dagegen Wachstum im Mode- und Bekleidungsbereich, bei den personenbezogenen Dienstleistungen und in der Gastronomie.

7.3 Chatswood - dynamisches Wachstumszentrum auf Sydneys Lower North Shore

Das Geschäftszentrum Chatswood erlebt seit Anfang der 70er Jahre ein beeindruckendes Wachstum. Lag die Gesamtbeschäftigtenzahl 1971 noch etwa bei 4.700, so stieg sie bis 1981 auf fast 10.000 und erreichte 1991 einen Wert von rund 17.700 (Tab. 7.4). Als Folge der dynamischen Entwicklung der Büro- und Einzelhandelsaktivitäten nahm die gewerblich genutzte Bruttogeschoßfläche seit den 70er Jahren stark zu. Zwischen 1971 und 1991 hat sich die Einzelhandelsfläche mehr als verdoppelt, der Bestand an Büroflächen hat sich innerhalb desselben Zeitraumes mit einem Zuwachs von rund 281.000 m^2 sogar versiebenfacht (Tab. 7.5).

Tab.7.4: Beschäftigte in Chatswood - Schätzungen für 1991
Employment in Chatswood - estimates for 1991

Art des Arbeitsplatzes	Vollzeit	Teilzeit	Gesamt
Traditioneller Einzelhandel[a]	704	361	1.065
Kaufhäuser, Supermärkte, Einkaufszentren[b]	2.462	1.225	3.687
Büros	11.410	448	11.858
Sonstige	956	95	1.051
Gesamt	15.532	2.129	17.661

[a] umfaßt kleinere Ladengeschäfte in traditionellen Geschäftsstraßen, 'retail strips' und Einkaufspassagen
[b] umfaßt Kaufhäuser, größere Super- und Fachmärkte sowie kleinere Spezialgeschäfte in Shopping Centres

Quelle: *New South Wales - Department of Planning* (1991a)

Tab.7.5: Bruttogeschoßfläche für Einzelhandels- und Büronutzungen in Chatswood 1971 und 1991
Retail and office floorspace (gross) in Chatswood 1971 and 1991

	1971 in m^2	1991 in m^2	Zunahme 1971-91 in m^2	in %
Einzelhandel/Dienstleistungen[a]	87.500	200.300	112.800	128,9
Büronutzungen[b]	40.500	321.800	281.300	694,6
Gesamt	128.000	522.100	394.100	307,9

[a] umfaßt Einzelhandel und konsumorientierte Dienstleistungen in Ladengeschäften
[b] einschließlich Büroflächen außerhalb reiner Bürogebäude, etwa in den oberen Etagen von vorwiegend vom Einzelhandel genutzten Gebäuden

Quellen: Angaben des *Willoughby City Councils* und eigene Berechnungen

Die Entwicklung zu einem Einzelhandelszentrum überlokaler Bedeutung

Chatswood blickt heute auf eine 100-jährige Geschichte als Geschäftszentrum zurück. Mit der Fertigstellung der Eisenbahnlinie St. Leonards - Hornsby und der Eröffnung des Bahnhofs Chatswood entwickelte sich bereits um 1890 ein kleines Geschäftszentrum auf dem nur wenige Jahre zuvor vermessenen Gelände. Kurze Zeit später wurde gegenüber dem Bahnhof ein Postamt eröffnet, und 1903 wurden auch die Gemeindeverwaltung von Willoughby nach Chatswood verlegt. Die Victoria Avenue entwickelte sich schon früh zur zentralen Einkaufsstraße, in der sich bereits um die Jahrhundertwende neben zahlreichen kleineren Geschäften, Bankfilialen und Gaststätten zwei größere 'general stores' etablierten (*Booker/Bennett* 1988, S.71).

Von Anfang an war die günstige Verkehrslage an der North Shore Railway Line und am Pacific Highway die treibende Kraft für Chatswoods Entwicklung. Ein wichtiges Datum für die Entwicklung des gesamten Bereichs der mittleren North Shore war die Eröffnung der Harbour Bridge im Jahre 1932. Diese verbesserte die Erreichbarkeit der City of Sydney und der anderen südlich des Port Jackson gelegenen Vororte sowohl auf der Schiene als auch auf der Straße. Chatswood und seine Umgebung wurden zu einem beliebten Wohngebiet für wohlhabendere Schichten der Bevölkerung, und bereits Mitte der 40er Jahre war der Bereich weitgehend aufgesiedelt. Zum Zeitpunkt der Volkszählung im Jahre 1947 hatte die LGA Willoughby mit 51.945 Einwohnern bereits ihre heutige Größe (1991: 51.500 Einwohner) erreicht. Parallel zur Bevölkerungszunahme der North Shore erlebte der Einzelhandel in Chatswood bis Ende der 50er Jahre ein langsames, aber stetiges Wachstum.

Anfang der 60er Jahre trat das bis dahin in seiner Grundstruktur weitgehend unveränderte Einzelhandelszentrum in eine Phase des beschleunigten Wachstums ein. Chatswood war eines der ersten suburbanen Einzelhandelszentren, das von der Dezentralisierung des CBD-Einzelhandels profitieren konnte. Im Jahre 1961 eröffnete Grace Bros das erste große Kaufhaus, dessen vierstöckiger Bau in Chatswood allein durch seine Baumasse neue Maßstäbe setzte. In den 70er Jahren folgte dann der Bau der Einkaufszentren Lemon Grove, Wallace Way und Chatswood Chase. Letzteres ist mit

57.900 m² Gesamtfläche das bis heute größte Einzelhandelsprojekt in Chatswoods. Gegen Ende der 70er Jahren erreichte der Zuwachs an Einzelhandelsflächen eine vorübergehende Stagnationsphase. Erst in der zweiten Hälfte der 80er Jahre wurde mit der Eröffnung der Westfield Shoppingtown und zwei kleinerer Projekte der Bestand an Einzelhandelsflächen nochmals beträchtlich aufgestockt. Trotz des beachtlichen Zuwachses an Einzelhandelsflächen nach 1986 gab es auch Anfang der 90er Jahre kaum Leerstände. Gegenwärtig ist das Chatswood Town Centre mit Abstand das größte Einzelhandelszentrum der gesamten North Shore und - nimmt man die Einzelhandelsfläche als Maßstab - mit über 200.000 m² nach dem CBD das zweitgrößte der gesamten Sydney Metropolitan Area.

Boom und Bust auf dem Büromarkt

Während heute bereits zwei Drittel aller Beschäftigten in Büros arbeiten, war Chatswood noch Anfang der 70er Jahre ein nahezu reines Einzelhandelszentrum. Erst in der ersten Hälfte der 70er Jahre erlebte Chatswood einen ersten kleineren Bürobauboom. Im Jahre 1971 wurde mit dem siebenstöckigen Chatswood Chambers in der Help Street das erste Bürohochhaus eröffnet. Zwischen 1971 und 1976 wurden insgesamt rund 55.000 m² Bürofläche fertiggestellt. In diese Zeitphase fallen neben einigen kleineren auch größere Büroprojekte wie der zwölfstöckige BMA Tower am Pacific Highway und die beiden ebenfalls zwölfstöckigen Plaza Towers der Bahnhofüberbauung. Ab 1976 erlebte Chatswood einen parallel zu den größeren Bürozentren des CBD und North Sydney verlaufenden Abschwung der Baukonjunktur. In den darauffolgenden acht Jahren bis Ende 1984 wurden gerade noch 28.000 m² Bürofläche fertiggestellt.

Die zentralen Gründe dafür, daß Chatswood in dieser Zeit als Standort für Büroprojekte offensichtlich uninteressant wurde, lagen zum einem in der allgemein angespannten Situation auf dem Immobilienmarkt, zum anderen in der restriktiven Höhenbegrenzung, die den Bau neuer Großprojekte in Chatswood bis Mitte der 80er Jahre stark behinderte:
- Ab etwa 1974 machte sich die während des Baubooms der späten 60er und frühen 70er Jahre erfolgte Überproduktion an Büroflächen im CBD bemerkbar. Da die gesamte australische Wirtschaft zur gleichen Zeit eine der stärksten Rezessionen ihrer Geschichte erlebte, waren große Teile des neu erstellten Büroraumes nicht mehr vermietbar. Steigende Leerstandsquoten für CBD-Büroraum (diese lagen in den Jahren 1975 bis 1977 bei rund 20 %) und die damit sinkenden Mieten machten für viele Büroraumnachfrager einen suburbanen Standort uninteressant, da auch im CBD oder in North Sydney ausreichend Büroraum zu relativ niedrigen Mieten vorhanden war.
- Auf der Ebene der lokalen Planung führte eine Höhenbegrenzung der Büroprojekte auf zwölf Stockwerke dazu, daß die Bauentwicklungsgesellschaften auf der Suche nach Grundstücken für sogenannte 'landmark buildings' zunehmend auf andere Zentren, insbesondere auf North Sydney auswichen. Das Bestreben der Investoren und Bauentwicklungsgesellschaften ging vor allem seit Anfang der 80er Jahre zunehmend dahin, auch außerhalb des CBD vielgeschossige, prestigeträchtige Bürogebäude mit hohem Ausstattungsstandard zu bauen.

Beide Entwicklungshemmnisse wurden Mitte der 80er Jahre weitgehend hinfällig. Erstens erreichten die Leerstandsquoten durch den konjunkturellen Aufschwung und die geringen Bürobaufertigstellungen gegen Mitte des Jahrzehnts wieder sehr geringe Werte, 2,9 % im Jahr 1986 und sogar nur 0,8 % im Jahr 1987. Zweitens trat 1983 der 'Regional Environmental Plan No. 5 - Chatswood Town

Centre' in Kraft, der östlich der Eisenbahnlinie die maximale Gebäudehöhe auf 52 m und die maximale FSR auf 4:1 erhöhte. Auch diese Regelung wurde bei einigen jüngeren Büroprojekten von den Genehmigungsbehörden sehr flexibel gehandhabt, wenn der Bauträger nachweisen konnte, daß durch die größere Höhe keine nachteiligen Auswirkungen auf die Umgebung entstehen.

Damit waren die Voraussetzungen für den zweiten Bürobauboom in Chatswood geschaffen. Der starke Kapitalzufluß durch private Bauherren war eine Reaktion auf eine zunehmende Büroflächennachfrage und die Aussicht auf eine gute Verzinsung des investierten Kapitals. Im Vertrauen auf die Aufnahmefähigkeit des Marktes, die Reputation Chatswoods als führendes suburbanes Geschäftszentrum und die Unterstützung durch die Planungspolitik gingen einige Developer erhebliche finanzielle Risiken ein (*Fernandes* 1990). Alleine im Jahr 1987 wurden knapp 75.000 m² Bruttobürofläche fertiggestellt (Abb. 7.3). Hiervon entfielen 51.690 m² allein auf die beiden 22-stöckigen Bürotürme des Zenith Centre. Zweifellos war das Gebäude eine 'Revolution' für Sydneys suburbanen Büromarkt. Während seine Vorläufer in den 70er Jahren mehr auf preisgünstigen Büroraum als auf eine hochwertige Ausstattung ausgerichtet waren, brachte das Zenith Centre ein Ausstattungsniveau in die Vororte, das bis dahin lediglich im CBD oder in North Sydney üblich war

Trotz der beachtlichen Menge an Büroflächen, die im Jahre 1987 fertiggestellt wurden, traten zunächst kaum Vermietungsprobleme auf. Erst in den Jahren 1989 und 1990 stiegen die Leerstandsquoten wieder merklich an, obwohl deutlich weniger Büroflächen auf den Markt kamen. Bereits Mitte 1990 standen in Chatswood über 9 % der gesamten Büroflächen leer. Als Reaktion auf den Angebotsüberhang, die zunehmenden Vermietungsprobleme und die als Folge hiervon drastisch sinkenden Renditeerwartungen zogen sich die Investoren ab 1989 wieder aus Chatswoods Büromarkt zurück. So wurden 1990 keine neuen Bauanträge für größere Büroprojekte gestellt und bereits geplante Projekte - wie die dritte Ausbaustufe des Interchange - wieder zurückgezogen. Die Fertigstellung des größten Projekts, der 32-stöckigen Chatswood Connection, wurde gestoppt, als der Developer Girvan, nachdem er in ernsthafte wirtschaftliche Schwierigkeiten geriet, Anfang 1990 Konkurs anmelden mußte. Da jedoch weitere Büroprojekte bereits im Bau waren, kamen 1991 nochmals 40.000 m² Büroflächen auf dem Markt. Die Rezession, in welche die australische Volkswirtschaft ab 1990 geriet, führte zu einer erheblichen Verschärfung der Lage, da die Büroflächennachfrage sowohl durch Unternehmen als auch durch die öffentliche Hand weiter zurückging.

Anfang des Jahres 1992 blieben in Chatswood insgesamt 86.000 m² Bürofläche ungenutzt, und die Leerstandsquote erreichte einen Spitzenwert von 31 % (Angaben der *Building Owners and Managers Association*). Damit wies Chatswood die mit Abstand höchste Leerstandsquote aller Bürozentren in der Metropolitan Area auf. Gerade für die nach 1990 fertiggestellten Bürogebäude fanden sich trotz Mieterleichterungen und anderen 'incentives' kaum Interessenten. Auch der 1991 fertiggestellte Citadel-Doppelturm mit insgesamt 35.000 m² Bürofläche konnte zunächst kaum vermietet werden. Erst Mitte 1992 verbesserte sich die Situation wieder. Neue Mieter wie die Environment Protection Authority, die Commonwealth Industrial Gases und die National Australia Bank nahmen insgesamt 26.000 m² neue Bürofläche auf, so daß die Leerstandsquote bis Juli wieder auf 23 % zurückging.

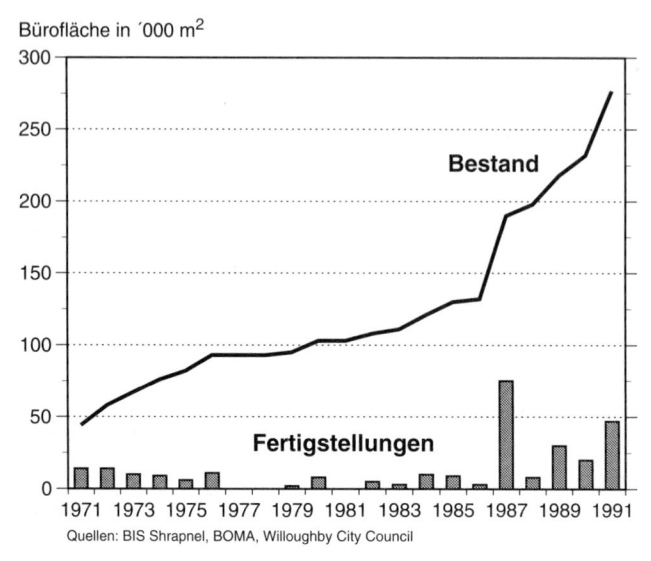

Abb. 7.3: Büroflächenentwicklung in Chatswood 1971-1991 (Bestandsentwicklung und jährliche Baufertigstellung von Nettobüroflächen in Bürogebäuden)
Growth of office space in Chatswood 1971-1991 (total stock and annual completions of net office floorspace in office buildings)

Der plötzliche Zusammenbruch von Chatswoods Büromarkt belegt die außerordentliche Anfälligkeit kleinerer suburbaner Immobilienmärkte, die bereits durch wenige Großprojekte aus dem Gleichgewicht gebracht werden können. Es zeigt sich, daß die Investoren im spekulativen Bürobau gerade auf diesen begrenzten Märkten äußerst umsichtig agieren müssen. Weniger mit den örtlichen Gegebenheiten vertraute, ausländische Investoren werden deshalb wohl auch in Zukunft CBD-Standorte vorziehen. Die im CBD und in suburbanen Geschäftszentren weitgehend parallel verlaufenden Boom- und Bust-Zyklen zeigen aber auch, daß die Teil-Immobilienmärkte im CBD und in den suburbanen Geschäftszentren nicht unabhängig voneinander funktionieren. Viele Büroraumnachfrager sind nicht an bestimmte Standorte gebunden und können daher zwischen verschiedenen Alternativen der Region wählen. Da hierbei auch das Mietniveau eine Rolle spielt, ergibt sich zumindest im regionalen Maßstab eine gewisse Kopplung der Teil-Märkte.

Andererseits werden die Auswirkungen nationaler bzw. internationaler Kräfte von den lokalen Gegebenheiten zum Teil erheblich modifiziert. Tatsächlich haben Developer und Investoren die Büroflächennachfrage gerade in Chatswood deutlich überschätzt. Die teilweise überzogenen Wachstumserwartungen sind jedoch mittlerweile einer realistischeren Einschätzung gewichen. Im Verlauf des Booms zeigte sich, daß Chatswood ähnlich wie das südlicher gelegene Doppelzentrum St. Leonards/Crows Nest ein Kompromißstandort ist, der nicht zuletzt von der knappen Angebotssituation in North Sydney profitierte. Zumindest teilweise war die starke Büroflächennachfrage zwischen 1986 und 1989 weniger auf die Attraktivität des Standorts als auf die Verfügbarkeit geeigneter Büroflächen zurückzuführen (*BIS Shrapnell* 1988, S.121).

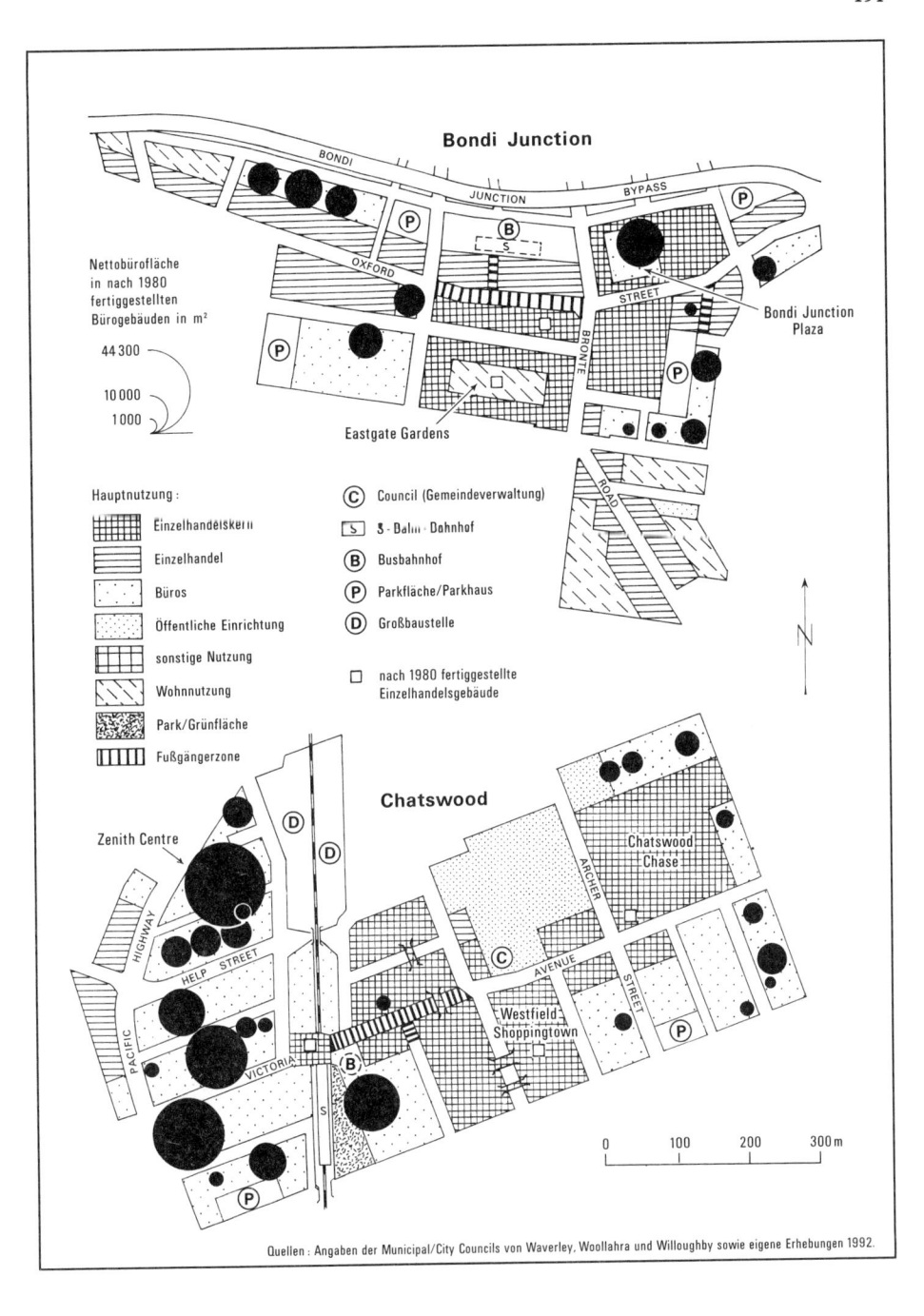

Abb. 7.4: Bondi Junction und Chatswood: Neue Bürogebäude und Zonen vorherrschender Nutzung 1992
Bondi Junction and Chatswood: New office buildings and zones of land use 1992

Im Gegensatz zu Parramatta, wo die Nachfrage öffentlicher Stellen die Entwicklung von Anfang an maßgeblich bestimmte, gingen die Entwicklungsimpulse in Chatswood bis vor einigen Jahren fast ausschließlich von der Privatwirtschaft aus. Seit 1987 tritt die öffentliche Hand jedoch auch in Chatswood verstärkt als BüroNachfrager auf und entwickelte sich zur Haupttriebfeder der Büroflächennachfrage. So entfiel fast die Hälfte der zwischen 1987 und 1989 vermieteten Flächen auf Einrichtungen der öffentlichen Hand, wobei der Bund etwa 30 % und staatliche Stellen etwa 17 % der vermieteten Flächen aufnahmen (*Richard Ellis* 1989). Weitere größere Nachfragergruppen waren die 'freien Berufe' (15 %), die Computerbranche (9 %) und das Versicherungsgewerbe (8 %).

Die innere Struktur Chatswoods und dessen Planung

Chatswoods Bedeutung wurde bereits Ende der 40er Jahre erkannt. Alle Regionalpläne und Planungsstrategien bestätigten die besondere Stellung Chatswoods als suburbanes Geschäftszentrum. Sowohl der Cumberland County Plan (1951) und der Sydney Region Outline Plan (1968) mit seiner 'Review' (1980) als auch die Metropolitan Strategy (1988) maßen der Entwicklung Chatswoods als 'District Centre', 'Town Centre' oder 'Subregional Centre' eine regionale Bedeutung bei. Auf der Ebene der lokalen Bauleitplanung wurde der Status Chatswoods als überlokales Geschäftszentrum 1975 durch eine Interim Development Order rechtsverbindlich festgeschrieben. Dieses Planungsinstrument steuerte die Entwicklung Chatswoods zusammen mit einigen nachrangigen Planungsvorschriften bis ins Jahr 1983. Aufgrund des starken Entwicklungsdrucks und einiger Mängel im Planvollzug - so gelang es den lokalen Behörden nicht, den Umbau der Victoria Avenue zur Fußgängerzone oder den Ausbau des Bahnhofsvorplatzes durchzusetzen - empfahl eine Anfang der 80er Jahre vom staatlichen Minister für Umwelt und Planung eingesetzte Untersuchungskommission die Erstellung eines Regional Environmental Plans (REP) für den gesamten Zentrumsbereich. Mit der Verabschiedung des 'Regional Environmental Plan No. 5 - Chatswood Town Centre' im Jahre 1983 wurde die Bauleitplanung für das Zentrum direkt den bundesstaatlichen Planungsbehörden unterstellt.[5]

Seit Mitte der 80er Jahre erfolgt eine zunehmend flexiblere Handhabung der Planungsvorschriften. So wurden bei Großprojekten größere Geschoßflächenzahlen oder Bauhöhen genehmigt, als dies bei einer starren Anwendung der Bestimmungen des REP zunächst möglich gewesen wäre. Außerdem kommt ein Bonussystem für zusätzlich genehmigte Geschoßflächen zur Anwendung. Hierbei werden über den Bebauungsplan hinausgehende Grundstücksnutzungen von der Gemeindeverwaltung genehmigt, wenn der Bauträger auf dem Grundstück öffentlich nutzbare Freiflächen, Fußgängerbereiche oder Gemeinbedarfseinrichtungen bereitstellt. Der Council verstand es, die starke Nachfrage nach Baugrundstücken in der zweiten Hälfte der 80er Jahre für städtebauliche und gemeindebezogene Verbesserungen zu nutzen. In Verhandlungen mit der Zenith Development Corporation wurde auf diese Weise sogar erreicht, daß das Zenith Centre unentgeltlich mit Räumlichkeiten für Theateraufführungen und andere kulturelle Veranstaltungen ausgestattet wurde.

---

[5] Auch die Genehmigung von Bauvorhaben von über 20.000 m² Geschoßfläche wurde zunächst direkt dem Planungsminister übertragen, der dieses Genehmigungsrecht allerdings später wieder an die Gemeinde Willoughby delegierte. Somit besteht in der Verwaltungspraxis de facto kein Unterschied zu den gemeindlichen Genehmigungskompetenzen im Rahmen eines normalen LEP. Allerdings kann die Genehmigungskompetenz in Chatswood vom Minister jederzeit wieder zurückgenommen werden.

Insgesamt lief die Entwicklung Chatswoods im Vergleich zu anderen suburbanen Geschäftszentren trotz des starken Entwicklungsdrucks verhältnismäßig geordnet ab. Eine konsequente Trennung von Einzelhandels- und Bürofunktionen konnte ebenso erreicht werden wie der Erhalt der das Zentrum umgebenden Wohnviertel. Damit ist der Geschäftsbereich heute sehr kompakt bebaut und räumlich recht klar gegliedert (Abb. 7.4). Die Hauptbürozone, in der alle größeren Büroprojekte der letzten Jahre verwirklicht wurden, befindet sich zwischen dem Pacific Highway im Westen und der Bahnlinie im Osten. Hier wurden mehr als drei Viertel der Gesamtbürofläche des Zentrums errichtet. Eine Zone mit vorwiegend kleineren Bürogebäuden und einigen Einzelhandelsgeschäften liegt im Osten und Südosten des Zentrums. Entlang der zentralen Achse der östlichen Victoria Avenue erstreckt sich die ganz überwiegend von einem qualitativ hochwertigen Warenangebot dominierte Haupteinkaufszone Chatswoods, die vom Chatswood Chase-Komplex im Osten abgeschlossen wird. Die insgesamt sehr klare räumliche Nutzungsgliederung wurde durch mehrere Faktoren begünstigt:
- Im Gegensatz zu Parramatta wies Chatswood kaum denkmalgeschützte Gebäude auf. Dies ermöglichte der Stadtplanung, weitaus stärker nach funktionalen Kriterien vorzugehen. Die wenigen erhaltenswerten Geschäftshäuser entlang der Victoria Avenue bedeuteten nur eine vergleichsweise geringe Einschränkung für die Bauentwicklung.
- Innerhalb des Zentrumsbereiches befanden sich kaum Gewerbe- oder Wohnnutzungen, auf die die Planung hätte Rücksicht nehmen müssen. Der Einzelhandelsbereich war bereits in den 60er Jahren scharf gegen umgebende Nutzungen abgegrenzt.
- Der von der Bahnlinie ausgehende Zerschneidungseffekt ist zwar in verkehrstechnischer Hinsicht nachteilig, gab aber eine klare Trennung zwischen Büro- und Einzelhandelsbebauung vor.

Das starke Wachstum des Zentrums in der zweiten Hälfte der 80er Jahre wurde auf der Planungsseite vor allem durch einen weitgehenden Konsens zwischen den lokalen und staatlichen Entscheidungsträgern ermöglicht. Seit einem Mehrheitswechsel im Willoughby City Council Anfang der 90er Jahre ist diese 'Wachstumskoalition' jedoch vorerst beendet. Aufgrund der Rezession hatte dies bislang zwar wenig praktische Bedeutung, könnte bei einer Belebung der Baukonjunktur in Zukunft aber zu erheblichen Konflikten führen. Zudem gibt es Bemühungen des City Councils, den REP in einen LEP umzuwandeln, das heißt, die Planung für das Zentrum wieder voll den lokalen Behörden zu unterstellen. Inwieweit sich das hieraus erwachsende Konfliktpotential auf die weitere Entwicklung Chatswoods auswirken wird, bleibt abzuwarten.

Die Victoria Avenue Mall und das Skywaysystem - Kernstücke der Einzelhandelsplanung

Die Victoria Avenue konnte ihre Bedeutung im Gegensatz zu vergleichbaren Einkaufsstraßen in anderen suburbanen Zentren trotz der Konkurrenz durch große Einkaufszentren bis heute erhalten. Im Bereich der Fußgängerzone werden nach wie vor hohe Mieten bezahlt. Natürlich wurde der Attraktivitätserhalt der Victoria Avenue durch die zentrale Lage des Bahnhofs, die insgesamt kompakte Form des Zentrums und die kurzen Fußgängerdistanzen begünstigt. Aber auch die Stadtplanung hatte daran einen erheblichen Anteil: Erstens wurde der Bau größerer, geschlossener Einzelhandelskomplexe bis auf eine Ausnahme (Wallace Way Shopping Centre) nur entlang der Victoria Avenue gestattet. Damit wurde sichergestellt, daß diese ihre Funktion als wichtige Verbindungsachse zwischen dem Bahnhof und der Hauptbürozone im Westen sowie dem Chatswood Chase Shopping Centre im Osten erhalten konnte. Zweitens wurde auf die städtebauliche Gestaltung der Haupteinkaufsstraße ein besonderes Gewicht gelegt, vor allem in der Ende der 80er Jahre fertiggestellten Victoria Avenue Mall.

Seit einigen Jahren treibt der Council zudem den Ausbau eines Skyway- bzw. Fußgängerbrücken-Systems aktiv voran. So existiert in Chatswood ein zusammenhängendes Netz von Fußgängerpassagen, welche verschiedene Gebäudekomplexe auf der Ebene des ersten Obergeschosses miteinander verbinden (*Flannigan* 1991). Obwohl dieses gebäudeinterne Fußwegesystem in seiner Orientierung deutlich vom bestehenden Straßennetz abweicht, ergaben sich bislang keine negativen Auswirkungen auf das Mietpreisniveau im Erdgeschoß. Vielmehr konnte der Einzelhandelskern großflächig auf das erste Obergeschoß erweitert und weitere Verkaufsfläche gewonnen werden.

Die Verkehrssituation innerhalb und außerhalb des Zentrums

Trotz der raschen Entwicklung Chatswoods hat sich das Straßennetz seit 20 Jahren nur unwesentlich verändert. Abgesehen vom stark befahrenen, sechsspurigen Pacific Highway besteht das Straßennetz fast ausschließlich aus relativ schmalen Straßen, die zum Teil einen beachtlichen Durchgangsverkehr verkraften müssen. Die durch das Zentrum laufende Eisenbahnlinie führt zu starken Zerschneidungseffekten und kann mit Kraftfahrzeugen nur an zwei recht engen Unterführungen gekreuzt werden. Vor allem während der nachmittäglichen Verkehrsspitze treten deshalb immer wieder starke Überlastungen des Straßennetzes auf (*Colston, Budd, Wardrop, Hunt* 1987). Da die größten Verkehrsprobleme auf überörtlichen Straßen auftreten, liegen notwendige Verbesserungen nur begrenzt im Rahmen der Möglichkeiten der lokalen Planungsbehörden. Ohne die Bereitschaft der staatlichen Verkehrsplanung zur Verbesserung des Straßennetzes wird sich die Verkehrssituation in Chatswood auch in den nächsten Jahren kaum entspannen.

Dennoch setzen sowohl die Gemeindeverwaltung als auch der lokale Einzelhandel weiterhin auf eine Erweiterung des Parkplatzangebots. Das Parkplatzangebot in Chatswood umfaßte 1992 etwa 12.000 Stellplätze, von denen sich der Großteil in privat betriebenen Parkhäusern sowie auf gemeindeeigenen Parkplätzen befindet. Somit steht ein selbst für Spitzenzeiten ausreichendes Angebot an Kurzzeit-Parkplätzen zur Verfügung. Dagegen besteht im Bereich der Langzeit-Stellplätze ein merkliches Defizit. Als Folge davon sind die Straßen der umliegenden Wohngebiete an Werktagen stark verparkt.

Auf lange Sicht dürfte sich eine Verkehrsentlastung auch in Chatswood nur über den ÖPNV erreichen lassen. Als einer der wichtigsten Knotenpunkte des öffentlichen Verkehrsnetzes innerhalb des Verdichtungsraumes Sydney ist Chatswood sowohl durch Busse als auch mit der Bahn gut zu erreichen. Seit 1989 ist der als 'joint venture' zwischen dem Council und dem Developer Mirvac gebaute 'Bus/Rail Interchange' in Betrieb. Dieser hat die Verknüpfung zwischen den Buslinien mehrerer privater Betreiber, den öffentlichen Buslinien der UTA (Urban Transit Authority) und der S-Bahn erheblich verbessert. Trotz eines guten Angebots an öffentlichen Verkehrsmitteln fällt der 'modal split' jedoch auch in Chatswood deutlich zugunsten des Individualverkehrs aus. Nach neueren Zahlen des City Councils erreichten Anfang der 90er Jahre jeweils rund zwei Drittel aller Beschäftigten und Einzelhandelskunden das Zentrum mit dem Privat-Pkw.

Mittel- und langfristige Entwicklungsaussichten

Prognosen des Willoughby City Councils gehen davon aus, daß Chatswood bis zum Jahre 2000 etwa 250.000 m² Einzelhandels- und etwa 500.000 m² Bürogeschoßfläche aufweisen könnte (*Willoughby Municipal Council - Town Planning Department* 1987). Auch wenn diese Erwartungen wohl zu hoch angesetzt sein dürften, besitzt der Standort Chatswood zweifellos zahlreiche Vorzüge:
- die zentrale Lage auf der North Shore,
- die gute Anbindung an das öffentliche Verkehrsnetz,
- die räumliche Nähe zu Wohngebieten mit großem Kaufkraftpotential und einem hohen Anteil an wirtschaftlichen Entscheidungsträgern und höheren Angestellten,
- eine im Vergleich zu North Sydney bessere Verfügbarkeit an Reserveflächen und ein noch deutlich niedrigeres Miet- und Bodenpreisniveau im Bürosektor,
- die Reputation als führendes Büro- und Einzelhandelszentren,
- kurze Fahrtzeiten in den CBD durch den neuen Harbour Tunnel und den Gore Hill Expressway.

Andererseits könnten sich die noch ungelösten internen Verkehrsprobleme mittelfristig als schweres Hemmnis für die weitere Entwicklung erweisen. Zwar wird die Flächenknappheit in North Sydney die Entwicklung Chatswoods auch weiterhin begünstigen, aber auch andere Geschäftszentren sowie neue Bürostandortgemeinschaften werden auf der North Shore in Zukunft eine größere Rolle spielen.

7.4 Bondi Junction - CBD-nahes Zentrum von Sydneys Eastern Suburbs

Mit einer Gesamtzahl von etwa 10.400 Beschäftigten ist Bondi Junction ein 'Subregional Centre' mittlerer Größe (Tab. 7.6). Bei einer gut entwickelten Einzelhandelsausstattung weist das Zentrum ein eher durchschnittliches Wachstum des Bürosektors auf. Auch die Ausstattung mit Freizeit-, Kultur- und Fremdenverkehrseinrichtungen ist trotz der Nähe zu einigen der beliebten Stränden Sydneys eher mäßig. Dagegen spielt die Wohnnutzung auch innerhalb des Zentrums eine wesentliche Rolle.

Tab.7.6: Beschäftigte in Bondi Junction - Schätzungen für 1991
Employment in Bondi Junction - estimates for 1991

Art des Arbeitsplatzes	Vollzeit	Teilzeit	Gesamt
Traditioneller Einzelhandel[a]	676	295	971
Kaufhäuser, Supermärkte, Einkaufszentren[b]	1.103	620	1.723
Büros	6.829	237	7.066
Sonstige	356	302	658
Gesamt	8.964	1.454	10.418

[a] umfaßt kleinere Ladengeschäfte in traditionellen Geschäftsstraßen, 'retail strips' und Einkaufspassagen
[b] umfaßt Kaufhäuser, größere Super- und Fachmärkte sowie kleinere Spezialgeschäfte in Shopping Centres

Quelle: *New South Wales - Department of Planning* (1991a)

Die Entwicklung von Einzelhandels- und Büroaktivitäten

Als wichtiger Kreuzungspunkt zweier Straßenbahnlinien war Bondi Junction schon Ende des letzten Jahrhunderts ein kleines Einzelhandelszentrum von lokaler Bedeutung. Seit den 50er Jahren wuchs der Ort nach und nach in die Position des führenden Einzelhandelszentrums für den Bereich der östlichen Vororte. In den 60er Jahren versuchte die Gemeinde Waverley, die Attraktivität des Zentrums durch den Bau mehrgeschossiger Parkhäuser und den Ausbau des Busbahnhofs zu erhöhen. Mitte der 70er Jahre wurde mit der Eröffnung der Bondi Junction Plaza und dem Carousel Shopping Centre - der beiden ersten größeren Einkaufszentren Bondi Junctions - der Einzugsbereich für den Einzelhandel erheblich erweitert. Die Eröffnung des Eastgate Shopping Centres im Jahre 1983 führte zu einer nochmaligen Stärkung der Einzelhandelsfunktion. Dagegen war das Interesse der Investoren in der zweiten Hälfte der 80er Jahre verhältnismäßig gering. Erst 1991 erfolgte durch die grundlegende Modernisierung des Carousel Shopping Centres für rund A$ sechs Mio. wieder ein Investitionsschub im Einzelhandelsbereich. Außer dem CBD befinden sich im engeren Umkreis von Bondi Junction drei weitere Einzelhandelszentren, von denen allerdings nur das 1987 in Pagewood eröffnete Eastgarden Shopping Centre eine echte Konkurrenz darstellt.

Im Gegensatz zu seiner Einzelhandelsbedeutung hat sich Bondi Junction trotz hoher relativer Zuwächse bislang nicht zu einem mit Parramatta, Chatswood oder St. Leonards/Crows Nest vergleichbaren Bürozentrum entwickelt. Auch die einzelnen Büroprojekte sind im Durchschnitt kleiner als in den vorgenannten Geschäftszentren. Von den im Laufe der 80er Jahre fertiggestellten Bürogebäuden weisen lediglich fünf eine Nettobürofläche von mehr als 5.000 m^2 auf. Insgesamt wurden in Bondi Junction zwischen 1985 und 1991 rund 63.000 m^2 Bürofläche fertiggestellt (Abb. 7.5). Der noch hauptsächlich von kleineren Unternehmen oder lokalen Niederlassungen bestimmten Struktur des Zentrums entsprechend, konzentriert sich die Büroraumnachfrage vorwiegend auf kleinere Einheiten. So entfiel etwa die Hälfte der Büroraumvermietungen in den Jahren 1988 und 1989 auf Flächen unter 500 m^2 (*Baillieu Knight Frank* 1990, S.16). Dabei waren private Unternehmen die Hauptträger der Büroflächenaufnahme. Zu den größeren privatwirtschaftlichen Büroraummietern zählen u.a. die ANZ Bank, die Hong Kong Bank, die AMP Society und das schwedisch-schweizerische Unternehmen ASEA Brown Boveri mit seiner australischen Hauptverwaltung. Dagegen spielt der öffentliche Sektor in Bondi Junction bislang nur eine verhältnismäßig untergeordnete Rolle. Nach den Schätzungen der Stadtplanungsämter von Waverley und Woollahra weist Bondi Junction eine Gesamtgeschoßfläche in Nicht-Wohngebäuden von rund 285.000 m^2 auf (Tab. 7.7). Hiervon entfallen knapp 40 % auf Büronutzungen, von denen sich wiederum etwa vier Fünftel in 'reinen' oder überwiegend als solche genutzten Bürogebäuden befinden.

Insgesamt weist Bondi Junction eine relativ geringe innere Funktionsdifferenzierung auf und ist noch wesentlich stärker als Parramatta oder Chatswood von der Einzelhandelsfunktion geprägt. Der Einzelhandelskern mit seiner hohen Geschäftsdichte befindet sich insbesondere um die 1979 eröffnete Oxford Street Mall sowie in den direkt hieran angrenzenden Baublöcken, in denen sich auch die drei Shopping Centres und das große 'Grace Brothers'-Warenhaus befinden. Die Oxford Street unterliegt als Einzelhandelsstandort heute einer starken Konkurrenz durch die Einkaufszentren und verspürt damit ähnliche Probleme wie viele traditionelle Einkaufsstraßen in anderen Geschäftszentren. Selbst im Bereich der Fußgängerzone ist in den letzten Jahren ein merklicher Qualitätsverlust des Einzelhandelsangebots zu beobachten. Der westliche Teil der Oxford Street wird ebenso wie der südliche Abschnitt der Bronte Road vor allem durch kleinere Einzelhandels- und Dienstleistungsbetriebe in geringerer Dichte geprägt. Der wichtigste räumliche Schwerpunkt der Neubautätigkeit auf dem Bürosektor ist der zu Woollahra gehörende, nördlich der Oxford Street liegende Bereich entlang der Grafton Street. Die anderen Projekte verteilen sich relativ gleichmäßig um den Einzelhandelskern des Zentrums (Abb. 7.4).

Tab.7.7: Bruttogeschoßfläche für Einzelhandels- und Büronutzungen in Bondi Junction 1982 und 1991
Retail and office floorspace (gross) in Bondi Junction 1982 and 1991

	1982 in m^2	1991 in m^2	Zunahme 1982-91 in m^2	in %
Einzelhandel/Dienstleistungen[a]	151.100	171.200	20.100	13,3
Büronutzungen[b]	47.400	113.500	66.100	139,5
Gesamt	198.500	284.700	86.200	43,4

[a] umfaßt Einzel- und Großhandel, Gemeinbedarfseinrichtungen, Gastgewerbe und andere konsumorientierte Dienstleistungen sowie sonstige gewerbliche Nutzungen
[b] einschließlich Büroflächen außerhalb reiner Bürogebäude

Quelle: Angaben der Municipality Councils von Waverley und Woollahra, eigene Berechnungen

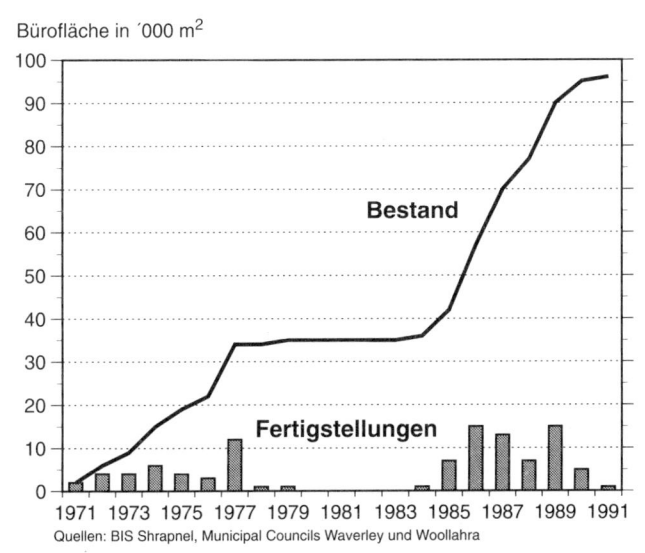

Abb. 7.5: Büroflächenentwicklung in Bondi Junction 1971-1991 (Bestandsentwicklung und jährliche Baufertigstellung von Nettobüroflächen in Bürogebäuden)
Growth of office space in Bondi Junction 1971-1991 (total stock and annual completions of net office floorspace in office buildings)

Auch in Bondi Junction stieg die Leerstandsquote für Büroflächen Anfang der 90er Jahre deutlich an. Als Folge der Rezession und der sinkenden Flächennachfrage ist die Bauaktivität sowohl im Büro- als auch im Einzelhandelsbereich derzeit gering, und einige geplante Projekte wurden wieder zurückgezogen. Andererseits lenkte der weitgehende Zusammenbruch des Marktes für Büroimmobilien die Aufmerksamkeit der Investoren und Developer wieder stärker auf den Wohnungsbau. Als traditionelle Standorte für Appartementhäuser konnten Bondi Junction und die Eastern Suburbs von diesem Trend profitieren. Auch innerhalb des Zentrums kam es ab 1990 zu einer merklichen Belebung des Wohnungsbaus für gehobene Ansprüche.

Langfristig wird der Bürosektor trotz der momentan nur geringen Bauaktivität in Bondi Junction wohl ein weiteres Wachstum aufweisen. Folgende Faktoren, welche auch schon in der Vergangenheit die Ansiedlung von Bürobetrieben in Bondi Junction gefördert haben, machen diese Entwicklung zumindest wahrscheinlich:
- die gute verkehrstechnische Anbindung an den CBD sowie die Nähe zum Flughafen und der zentralen Industrie- und Gewerbezone der Central Industrial Area,
- die hervorragenden Lagequalitäten auf einem Geländerücken, die aus höheren Gebäuden eindrucksvolle und prestigeträchtige Aussichten auf die City, den Hafen und den Pazifik ermöglichen,
- die günstige Verkehrssituation innerhalb des Zentrums,
- das Mietpreisniveau, das noch deutlich unter dem vergleichbarer Bürozentren im Verdichtungskern liegt,
- die gute Einzelhandelsausstattung,
- die Nähe zu statushohen Wohngebieten der Führungskräfte und 'white collar'-Beschäftigten.

Dagegen machen stagnierende Einwohnerzahlen und die bereits heute gute Einzelhandelsausstattung der Eastern Suburbs ein besonders dynamisches Einzelhandelswachstum in näherer Zukunft eher unwahrscheinlich. Projektionen der an der Zentrumsplanung beteiligten Planungsämter gehen davon aus, daß bis zur Jahrtausendwende bis zu 50.000 m^2 Einzelhandelsfläche sowie bis zu 200.000 m^2 Bürofläche zusätzlich entstehen könnten (*Waverley and Woollahra Municipal Councils Town Planning Departments* 1988). Obwohl diese Zahlen wohl zu hoch liegen, könnte sich Bondi Junction langfristig dennoch in eine ähnliche Richtung entwickeln wie North Sydney, St.Leonards/Crows Nest oder Chatswood. Aufgrund der relativ günstigen Mieten und seiner Lagevorteile hat das Zentrum gute Chancen, auch in Zukunft von der Auslagerung von 'back office'- und Routinefunktionen aber auch einiger Hauptverwaltungen aus dem CBD zu profitieren. Andererseits fehlt Bondi Junction die Nähe zu den Wachstumssektoren des Verdichtungsraumes, die etwa die Entwicklung von Parramatta so entscheidend begünstigt hat. So ist es nicht unwahrscheinlich, daß sich Bondi Junction weiter zu einem Entlastungszentrum für den CBD entwickelt.

Die günstige Verkehrssituation - ein entscheidender Entwicklungsvorteil für Bondi Junction

Ein entscheidender Faktor für das Wachstum von Bondi Junction war die Eröffnung der 'Eastern Suburbs Railway' im Juni 1979. Diese überwiegend unterirdisch geführte S-Bahn-Linie ermöglicht eine schnelle Anbindung an den CBD, der heute von Bondi Junction aus in nur sieben Minuten zu erreichen ist. Als südöstlicher Endpunkt dieser Linie ist Bondi Junction außerdem ein wichtiger Knotenpunkt zwischen den 21 auf das Zentrum zulaufenden Buslinien und der S-Bahn. Wie in anderen suburbanen Zentren ist die Förderung des öffentlichen Nahverkehrs auch in Bondi Junction ein zentrales Anliegen der Planung. Neuere Untersuchungen des Verkehrsgeschehens zeigen, daß sich der 'modal split' für Fahrten nach Bondi Junction im Laufe der 80er Jahre tatsächlich zugunsten des öffentlichen Nahverkehrs verändert hat. Während 1988 43 % der im Zentrum Beschäftigten und 34 % der Einkäufer das Zentrum mit dem Auto erreichten, lag dieser Prozentsatz bei beiden Gruppen Anfang der 80er Jahre jeweils nur noch bei rund 50 %. Dennoch führt die Konkurrenzsituation gegenüber anderen Geschäftszentren und freistehenden Einkaufszentren zu einer sehr automobilfreundlichen Politik der lokalen Planungsbehörden. Aufgrund einer großzügigen Ausstattung mit öffentlichen und privaten Parkeinrichtungen ist die Parkplatzsituation in Bondi Junction vergleichsweise entspannt und bietet nur geringe Anreize zum Verzicht auf den eigenen Pkw. Nach neueren Planungen soll der Bestand an sogenannten 'off-street'-Parkeinrichtungen in den Randbereichen des Zentrums weiter um bis zu 3.000 Stellplätze aufgestockt werden.

Durch den Bau einer nördlich am Zentrum vorbeiführenden Umgehungsstraße (Bondi Junction Bypass) konnte die Oxford Street weitgehend vom Durchgangsverkehr befreit werden. Somit ist die Verkehrsbelastung innerhalb des Zentrums selbst in Spitzenzeiten vergleichsweise gering. Andererseits wirft der direkt am Zentrum vorbeiführende Bondi Junction Bypass auch städtebauliche und gestalterische Probleme auf.

Ein spezifisches Problem - die mangelnde Koordination der Planung

Entlang der Oxford Street verläuft die Grenze zwischen der Gemeinde Woollahra im Norden und der Gemeinde Waverley im Süden. Die administrative Aufteilung des Zentrumsbereiches und die Zuständigkeit zweier Planungsbehörden mit jeweils unterschiedlichen Planungs- und Zielvorstellungen hat eine umfassende und einheitliche Planungskonzeption für Bondi Junction bis heute immer wieder erschwert. Bereits in den 70er Jahren kam es zu Unstimmigkeiten über die weitere Entwicklung von Bondi Junction. Die Konflikte zwischen den Councils unterschiedlicher politischer Coleur nahmen noch zu, als durch die Eröffnung der 'Eastern Suburbs Railway' 1979 der Entwicklungsdruck auf das Geschäftszentrum merklich zunahm. Im traditionell konservativen Woollahra Council überwog eine skeptische Haltung gegenüber einem forcierten Büro- und Einzelhandelswachstum. Zudem war die Politik des in Double Bay ansässigen Councils ohnehin stärker auf die Bedürfnisse der wohlhabenden Bevölkerungsschichten von Bellevue Hill, Woollahra und Double Bay ausgerichtet. Dagegen hatte sich Waverley rascher auf die veränderte Situation eingestellt und bereits 1980/81 zahlreiche Baugenehmigungen für größere Bauvorhaben erteilt (*Ryan* 1982). Bis Mitte der 80er Jahre bevorzugten die Developer eindeutig den zu Waverley gehörenden Teil der Junction, wo von der Planungspolitik mehr Unterstützung und eine größere Flexibilität erwartet werden konnte. Erst Ende der 80er Jahre verlagerte sich der Schwerpunkt der Bauaktivitäten mehr auf die lagebedingt attraktiveren Grundstücke nördlich der Oxford Street.

Während der zweiten Hälfte der 80er Jahre resultierte aus den unterschiedlichen Planungszielen der beiden Councils eine weithin unkoordiniert verlaufende Entwicklung, in der für einzelne größere Bauvorhaben planungsrechtliche Bestimmungen zumeist ad hoc verändert wurden, ohne daß eine umfassende Planungsvorstellung vorhanden war. Allein in dem zur LGA Woollahra gehörenden Teil des Zentrums wurde der aus dem Jahre 1972 stammende Bebauungsplan zwischen 1982 und 1989 neunmal zugunsten von Einzelprojekten abgeändert. Bei genauer Betrachtung zeigt sich, daß keines der seit 1982 verwirklichten großen Projekte unter den ursprünglichen planungsrechtlichen Bestimmungen genehmigungsfähig gewesen wäre. Ähnlich verfuhr die Stadtplanung auch in Waverley, wo 1985 ein neuer, die gesamte Fläche der LGA umfassender Local Environmental Plan in Kraft trat, der bis 1991 mehrmals für einzelne Bauvorhaben im Zentrum verändert wurde.

Die Notwendigkeit einer umfassenden Planungskonzeption wurde bereits Anfang der 80er Jahre von den beteiligten lokalen Planungsbehörden erkannt. Doch obwohl 1982 eine Planungsstudie für Bondi Junction erstellt wurde, verhinderten in der Folgezeit die immer wieder aufbrechenden Eigeninteressen der lokalen Planungsbehörden die Fortführung dieser Arbeiten, vor allem die Formulierung eines gemeinsamen Local Environmental Plans für den gesamten Zentrumsbereich. Erst 1988/89 konnte eine aus Mitarbeitern des staatlichen Department of Planning und der beiden beteiligten lokalen 'Planning Departments' bestehende Arbeitsgruppe einen gemeinsam erarbeiteten Planentwurf vorlegen, der im August 1991 als 'Waverley and Woollahra Joint Local Environmental Plan 1991 - Bondi Junction Commercial Centre' in Kraft trat. Dieser gemeinsame Bebauungsplan befürwortet ausdrücklich eine Zunahme von Büro- und Einzelhandelsflächen. Er sieht in den Kernbereichen des Zentrums eine FSR von bis zu 4:1 vor und schafft damit die planerischen Voraussetzungen für eine weitere Verdichtung.

Allerdings bestehen bei der derzeitigen Baukonjunktur kaum Aussichten, das gewünschte Arbeitsplatz- und Einzelhandelswachstum in den nächsten Jahren zu realisieren, so daß bereits wieder Änderungen des gerade beschlossenen Bebauungsplanes erwogen werden. Aufgrund der veränderten Lage auf dem Immobilienmarkt besteht vor allem beim Council von Woollahra die grundsätzliche Bereitschaft, vom Primat der Arbeitsplatzsteigerung wieder abzurücken und Umzonierungen zugunsten von Wohnbebauung vorzunehmen. Dabei sind für diese Haltung neben einem kurzfristigen 'Marktopportunismus' auch Argumente zugunsten der 'urban consolidation' von Bedeutung (*Dixon* 1992).

Insgesamt zeigt sich, daß die Entwicklung von Bondi Junction in den 80er Jahren vielfach in Form einer unkoordinierten 'ad hoc'-Planung erfolgte. Zum einen fehlte es an einer klaren Planungskonzeption, zum anderen wurden viele Entwicklungstrends von den Councils zu spät erkannt, um lenkend eingreifen zu können. Dies zeigt sich am deutlichsten daran, daß der nach langen Querelen erst 1991 verabschiedete LEP zu spät kam, um die städtebauliche Entwicklung in den Boomjahren sinnvoll zu steuern. Folglich blieben viele Lösungen städtebaulich und gestalterisch unbefriedigend, während andererseits die prinzipiell guten Entwicklungspotentiale nicht voll genutzt werden konnten.

7.5 Box Hill - 'Aushängeschild' von Victorias District Centre Policy

Das Geschäftszentrum Box Hill weist eine in den östlichen Vororten Melbournes zentrale und verkehrstechnisch sehr günstige Lage an der S-Bahn-Linie und am Maroondah Highway auf. Aufgrund dieser Vorzüge konnte sich Box Hill seit der Zwischenkriegzeit zunehmend als lokales Verwaltungs- und Einzelhandelszentrum etablieren und wurde bereits 1954 vom Melbourne Metropolitan Planning Scheme als eines von fünf 'District Business Centres' anerkannt. Im Jahre 1981 wurde Box Hill wegen seiner günstigen Entwicklungspotentiale zu einem von 14 'District Centres' der Melbourne Metropolitan Area erklärt (*Melbourne and Metropolitan Board of Works* 1981).

Seit Mitte der 80er Jahre erlebt Box Hill eine von der Büroentwicklung induzierte Zunahme der Arbeitsplätze, wie sie in keinem anderen suburbanen Geschäftszentrum des Verdichtungsraumes Melbourne zu verzeichnen ist. Insgesamt waren Ende 1990 rund 14.000 Menschen im Zentrum Box Hill und seinem direkten Umfeld beschäftigt.[6] Bedauerlicherweise gibt es über die Zahl der Arbeitsplätze im privatwirtschaftlichen Sektor nur relativ grobe Schätzungen. *Henshall Hansen Associates u.a.* (1990a, S.150) gehen davon aus, daß im engeren Zentrumsbereich im Jahre 1990 etwa 2.000 Arbeitskräfte im Einzelhandel und etwa 6.000 Arbeitskräfte in Büros beschäftigt waren.[7]

Die Entwicklung vom kleinen Versorgungszentrum zum 'District Centre'

Die frühe Entwicklung von Box Hill war eng mit dem Ausbau der Whitehorse Road (heute ein Teil des Maroondah Highways) zwischen Melbourne und den 23 km weiter östlich gelegenen Goldfeldern am Anderson's Creek verbunden. Das an der Straße gelegene, 1853 eröffnete Whitehorse Hotel kann als erster Ansatz für die zunächst noch sehr kleine Siedlung Box Hill gewertet werden. Kurze Zeit später kamen einige weitere Hotels hinzu, und die Siedlung wuchs bis 1865 auf etwa 300 Einwohner (*Henshall Hansen Associates u.a.* 1991). Der Eisenbahnanschluß an Melbourne im Jahre 1882 bescherte der bis dahin ländlichen Siedlung den ersten großen Immobilienboom, während dessen Verlauf ein erheblicher Anteil des verfügbaren Landes parzelliert und aufgesiedelt wurde. Anfang der 20er Jahre wurde die Bahnstrecke zwischen Melbourne und Box Hill elektrifiziert. Spätestens seit dieser Zeit entwickelte der weitere Bereich von Box Hill seinen suburbanen Charakter und wurde damit ein Teil des expandierenden Verdichtungsraumes. 1927 erlangte die Gemeinde Box Hill den Rechtsstatus einer City. Zwei Jahre später hatte es 12.400 Einwohner und bildete den östlichen Rand des geschlossenen Siedlungsbereichs, der damals eine Bevölkerungszahl von knapp einer Million Einwohner aufwies (*Victoria - Metropolitan Town Planning Commission* 1929).

Mit dem Bevölkerungswachstum gewann auch der eigentliche Zentrumsbereich von Box Hill an Statur. Durch das Wachstum der lokalen Nachfrage und die verkehrsgünstige Lage an der Nahtstelle zwischen der wachsenden Metropole und ihrem ländlichen Hinterland wurde das Zentrum von Box Hill ab Anfang dieses Jahrhunderts zu einem wichtigen Versorgungs- und Einkaufsort. Zwischen 1901 und dem Ende der 30er Jahre wurden im Bereich von Station Street und Whitehorse Road zahlreiche Geschäftshäuser gebaut, und die neu angelegte Market Street mit ihren 40 Ladengeschäften entwickelte sich zunehmend zum Dreh- und Angelpunkt des Einzelhandels.

Im Jahre 1951 wies Box Hill 155 Einzelhandelsgeschäfte auf und war damit das achtgrößte suburbane Geschäftszentrum der Metropolitan Area. Trotz des Wirtschaftsaufschwungs, den Australien in den ersten Nachkriegsjahrzehnten erlebte, war das Geschäftszentrum zwischen Anfang der

---

[6] Über die Zahl der Arbeitsplätze in Melbournes District Centres liegen leider keine genauen Angaben vor. Es existieren lediglich Schätzungen des Department of Planning and Housing für Ende 1990. Wirklich verläßliche Daten gibt es nur für die Arbeitsplätze im öffentlichen Sektor durch die Untersuchung von *Moodie* (1991). Beide Datenquellen haben das Geschäftszentrum Box Hill räumlich weniger eng abgegrenzt als die vorliegende Untersuchung und beziehen daher z.B. sowohl die 889 Beschäftigten des TAFE-Colleges als auch die 1.600 Beschäftigten des Box Hill Hospitals, die beide in der direkten Umgebung des Zentrums liegen, mit in die Berechnungen ein.

[7] Zu etwas anderen Schätzungen kommt das Department of Town Planning in Box Hill. Für 1992 geht es von 5.500 Büroarbeitsplätzen und 3.000 Einzelhandelsarbeitsplätzen aus.

50er und Mitte der 70er Jahre von einem relativ langsamen Wachstum geprägt. Hierfür waren insbesondere drei Gründe verantwortlich: erstens war die Siedlungsentwicklung im Bereich von Box Hill bereits Mitte der 50er Jahre weitgehend abgeschlossen, zweitens verlor Box Hill durch das weitere Wachstum des Verdichtungsraumes in Richtung Osten seine Versorgungsfunktion für das ländliche Umland, drittens stand Box Hill weiterhin im Schatten des nur wenige Kilometer weiter westlich gelegenen Geschäftszentrums Camberwell Junction und viertens sah sich das Zentrum ab Mitte der 60er Jahre zunehmend der Konkurrenz durch freistehenden Shopping Centres ausgesetzt, vor allem durch die 1969 knapp vier Kilometer weiter nördlich eröffnete Doncaster Shoppingtown.

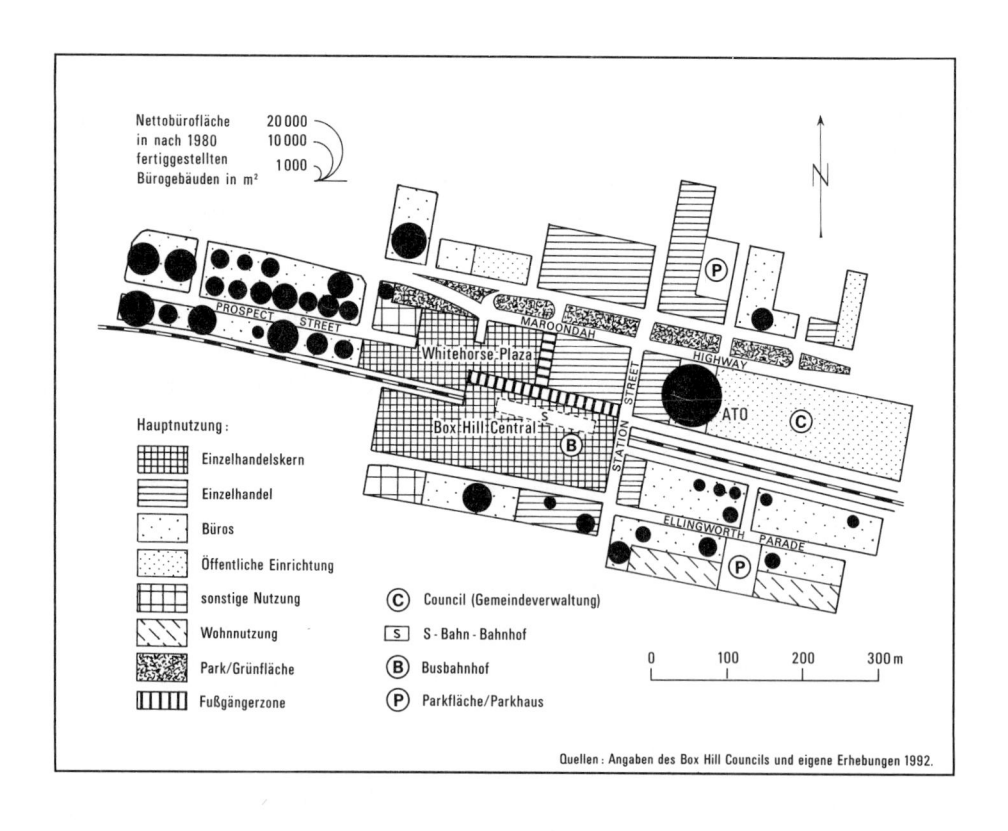

Abb. 7.6: Box Hill: Neue Bürogebäude und Zonen vorherrschender Nutzung 1992
Box Hill: New office buildings and zones of land use 1992

Mit 26.400 m² Einzelhandelsfläche war Box Hill Mitte 1974 zwar das zehntgrößte Einhandelszentrum der Melbourne Metropolitan Area, aber seine Angebotsstruktur war nach wie vor ganz überwiegend von kurzfristigen Konsumgütern geprägt (*Plant Location International; Urban Systems Corporation* 1977a, S.105ff.). Erst die Eröffnung der Whitehorse Plaza im November 1974 läutete eine neue Entwicklungsphase ein (*Lemon* 1978, S.221). Das Shopping Centre brachte erstmals neue Einzelhandelsformen nach Box Hill und bot Platz für zwei 'discount department stores', über 50 kleinere Ladengeschäfte sowie einige kleinere Büroeinheiten. Dies führte nicht nur zu einer qualitativen Verbesserung des Einzelhandelsangebots, sondern auch zu einer Erhöhung von Box Hills Einzelhandelsfläche um rund 17.000 m². Allerdings konnte auch die Whitehorse Plaza den weiteren relativen Bedeutungsverlust von Box Hill, der durch die deutlich größeren freistehenden Shopping Centres der Eastern Suburbs ausgelöst wurde, auf Dauer nicht stoppen.

Eine erhebliche Umgestaltung erfuhr der Einzelhandelskernbereich durch das 1984 eröffnete Box Hill Central. Hierbei handelt es sich um einen multifunktionalen Komplex, der die S-Bahn-Station, den Busbahnhof, ein Einkaufszentrum und ein 1.500 Stellplätze zählendes Parkhaus umfaßt. Das Box Hill Central wurde als Redevelopment des Bahnhofsgeländes entwickelt und gilt als ein großer Erfolg der Zusammenarbeit des Box Hill City Councils, der Staatsregierung und eines privaten Developers. Mit etwa 35.000 Fahrgästen in 550 Bussen und mehreren hundert S-Bahn-Zügen täglich ist das Box Hill Central heute der größte suburbane ÖPNV-Knotenpunkt des Verdichtungsraumes Melbourne. Aber auch als Einkaufszentrum spielt der Komplex eine erhebliche Rolle (Tab. 7.8). Insgesamt sind die Einzelhandelsgeschäfte von Box Hill zu etwa 80 % auf den zentralen Bereich um das Box Hill Central, die Whitehorse Plaza und die relativ kleine Fußgängerzone konzentriert (Tab. 7.9 und Abb. 7.6). Außerhalb dieses Kernbereichs finden sich in Box Hill kaum Einzelhandelsgeschäfte mit einem höherwertigen Angebot. Allerdings hat sich auf der östlichen Seite der Station Street ein kleines asiatisches Geschäftsviertel herausgebildet, daß ein stark ethnisch ausgerichtetes aber vergleichsweise breites Warenangebot bietet.

Tab.7.8: Bruttogeschoßfläche für Einzelhandels- und Büronutzungen in Box Hill 1974, 1982 und 1992
Retail and office floorspace (gross) in Box Hill 1974, 1982, and 1992

	1974 in m²	1982 in m²	1992 in m²	Zunahme 1974-92 in m²	in %
Einzelhandel/Dienstleistungen[a]	26.400	45.500	55.800	29.400	111,4
Büronutzungen[b]	11.000	14.300	131.800	120.800	1098,2
Gesamt	37.400	59.800	187.600	150.200	401,6

[a] umfaßt Einzelhandel und andere konsumorientierte Dienstleistungen in Ladengeschäften
[b] einschließlich Büroflächen außerhalb reiner Bürogebäude aber ohne Büroflächen in rein öffentlichen Gebäuden (Bildungsinstitutionen, Stadtverwaltung usw.)

Quellen: Angaben des *Box Hill City Councils* und des *Department of Planning and Housing, Victoria*

Tab. 7.9: Einzelhandelsfläche nach Branchengruppe und Lagetyp in m² - Box Hill 1990
Retail floorspace by branch and location in m² - Box Hill 1990

Branchengruppe	Einkaufs-straßen	Whitehorse Plaza	Box Hill Central	Gesamt
Nahrungs- und Genußmittel	3.670	4.215	7.065	14.950
Bekleidung	3.980	5.860	6.890	16.730
Sonstiger Einzelhandel	7.220	5.665	7.955	20.840
Konsumorientierte Dienstleistungen	2.230	530	480	3.240
Gesamt	17.100	16.270	22.390	55.760
in %	30,7	29,2	40,1	100,0

Quelle: Angaben des *Box Hill City Councils*

Trotz der Verdoppelung der Einzelhandelsfläche seit Anfang der 70er Jahre kann Box Hill nicht zu den bedeutendsten suburbanen Einzelhandelskonzentrationen Melbournes gezählt werden. So ist seine Bedeutung geringer als die einiger freistehender Einkaufszentren der östlichen Vororte (Doncaster, Chadstone, Forest Hill). Nach den Ergebnissen des Einzelhandelszensus war Box Hill bezogen auf die Einzelhandelsfläche das achtgrößte, bezogen auf den Umsatz sogar nur das zwölftgrößte Zentrum des Verdichtungsraumes. Insgesamt ist es jedoch weniger das geringe Flächenangebot im Einzelhandel, sondern vielmehr die noch stark auf kurzfristige Konsumgüter ausgerichtete Angebotsstruktur, die Box Hill zu einem eher zweitrangigen suburbanen Einzelhandelszentrum macht. So ist der Umsatzanteil der Lebensmitteln mit rund 39 % wesentlich höher als in anderen Zentren des Verdichtungsraumes. Außerdem besitzt Box Hill bis heute kein voll ausgestattetes Warenhaus.

Insgesamt ist die überlokale Einzelhandelsbedeutung von Box Hill verhältnismäßig gering, so daß das Zentrum in dieser Hinsicht den Anforderungen an ein District Centre nur ansatzweise gerecht wird. Auch andere Ziele der District Centre Policy konnten nicht voll erfüllt werden (*Urban Spatial and Economic Consultants* 1986). Weitere Defizite bestehen bei der Ausstattung mit Restaurants, Hotels und Unterhaltungsmöglichkeiten sowie auf kulturellem Gebiet. So gibt es beispielsweise bis heute weder ein Kino noch ein voll lizenziertes Restaurant. Auf der anderen Seite weist Box Hill überdurchschnittlich viele öffentliche Verwaltungs-, Bildungs- und Gesundheitseinrichtungen auf, unter anderem das 1956 eröffnete Krankenhaus, ein TAFE-College mit etwa 20.000 Studenten, lokale bzw. sub-regionale Zweigstellen einiger Bundes- und Staatsbehörden sowie die Council Chambers, das Community Centre und die 1950 eröffnete Stadtbibliothek der City of Box Hill. Diese machen Box Hill zum wichtigsten Standort für öffentliche Versorgungs- und Serviceeinrichtungen innerhalb der östlichen Vororte. Der entscheidende Entwicklungsschub für das Zentrum geht allerdings von der Büroentwicklung aus, die Box Hill seit Mitte der 80er Jahre zunehmend den Charakter einer suburbanen Bürocity verleiht und mit einem steilen Anstieg der Beschäftigtenzahlen verbunden ist.

Box Hill als Bürocity - Büroflächenwachstum aufgrund der Lagegunst oder aufgrund lokaler und regionaler Planungsbemühungen?

Bis Anfang der 80er Jahre spielte der Bürosektor in Box Hill keine maßgebliche Rolle. Der Bestand an Büroflächen war gering und zudem überwiegend auf Teilnutzungen in kleineren Einzelhandelsgebäuden und auf einige öffentliche Gebäude konzentriert. Lediglich im Bereich der Ellingworth Parade wurden in der zweiten Hälfte der 70er Jahre einige kleinere Bürogebäude sowie Mischgebäude mit Büro-, Lager- und Verkaufsräumen gebaut. Somit wies Box Hill als Bürostandort bis Anfang der 80er Jahre ein relativ bescheidenes Profil auf. Zudem standen kaum Flächen für neue Bürobauvorhaben zur Verfügung. Diese Situation änderte sich jedoch grundlegend durch die vom City Council vorgenommene Neuausweisung von Bürobauland im Bereich der Prospect Street. Der City Council legte 1982 eine rund drei Hektar große Office Enterprise Zone am westlichen Rand des Zentrumsbereichs fest (Amendment 276 zum 'Melbourne and Metropolitan Planning Scheme'). Im Gegensatz zur parallel ausgewiesenen District Centre Zone (Amendment 150 zum 'Melbourne and Metropolitan Planning Scheme'), die eher auf Nutzungsmischung und Multifunktionalität hin angelegt ist, war bei der Planung der Office Enterprise Zone von Anfang an die Schaffung einer Bürozone mit hoher Arbeitsplatzkonzentration ein vorrangiges Ziel.[8] Ursprünglich war die Fläche als Wohnbauland zoniert und mit freistehenden Einfamilienhäusern bebaut. Diese wiesen jedoch erhebliche Bausubstanzmängel auf und wurden abgerissen, um eine reibungslose Parzellierung und Neubebauung der Fläche zu ermöglichen. Der Bereich der Prospect Street bot durch seine günstige Lage und seine ausreichende Größe gute Voraussetzungen für die Büroentwicklung (*Victoria - Ministry for Planning and Environment/Box Hill City Council* 1988, S.26). Daneben bot die Office Enterprise Zone weitere Vorteile für die Developer und Investoren. Außer der sofortigen Flächenverfügbarkeit war vor allem das erleichterte Genehmigungsverfahren für Bürogebäude unter 4.000 m^2 Geschoßfläche ein wesentlicher Attraktivitätsfaktor. Zudem erfolgte die Baulandausweisung zu einem äußerst günstigen Zeitpunkt, kurz vor dem Beginn des großen Bürobaubooms. Sie wurde von der 'real estate industry' begeistert aufgenommen und entpuppte sich in den folgenden Jahren als sehr erfolgreicher Ansiedlungsanreiz. Bereits 1986 waren fast alle verfügbaren Grundstücke verkauft, und bis 1988 wurden in der Office Enterprise Zone über 40.000 m^2 Bürofläche fertiggestellt. Danach verlangsamte sich der Büroflächenzuwachs etwas, so daß Ende 1992 rund 54.000 m^2 in 21 Gebäuden zur Verfügung standen.

Der Aufschwung als Bürostandort, den Box Hill seit 1986 erfuhr, manifestierte sich jedoch nicht nur im Bereich der Prospect Street. Der durchschlagende Erfolg der Enterprise Zone übertrug sich durch die hiervon ausgehende Imagewirkung auch auf andere Bereiche des Zentrums. So wurden in der zweiten Hälfte der 80er Jahre auch südlich der Bahnlinie und entlang des Maroondah Highways weitere Bürogebäude fertiggestellt. Erst als sich gegen Ende der 80er Jahre auch in Box Hill Sättigungsgrenzen auf dem Büromarkt abzeichneten, verlor die Bauentwicklung wieder an Dynamik. Obwohl die Leerstandsquote Mitte 1990 nur bei etwa 2 % lag, wurden in den Jahren 1990 und 1991

---

[8] Neben reinen Bürobetrieben sollte auch die Ansiedlung von arbeitsplatzintensiven Forschungs- und Entwicklungseinrichtungen gefördert werden. Dies ließ sich jedoch nur in Ansätzen verwirklichen, d.h. heute befinden sich nur wenige echte FuE-Einrichtungen in der Prospect Street.

nur noch einige kleinere Gebäude fertiggestellt. Trotz dieser Zurückhaltung der Investoren war Anfang 1992 kurzfristig rund ein Viertel der Büroflächen nicht vermietet. Allerdings verbesserte sich diese Situation sehr schnell, so daß die Leerstandsquote bis Mitte desselben Jahres wieder auf 9 % zurückging. Damit war die Lage in Box Hill wesentlich günstiger als an anderen Bürostandorten des Verdichtungsraumes. Dies ist ein weiterer Beleg für die anhaltende Attraktivität des Geschäftszentrums als Bürostandort. Zudem zeigt sich, daß die Investoren in Box Hill recht vorsichtig und mit enger Orientierung am Bedarf agierten.

Insgesamt ist Box Hill von kleinen bis mittelgroßen Bürogebäuden geprägt. Eine Ausnahme ist der Mitte 1992 für 900 Arbeitsplätze fertiggestellte Bau des Australian Taxation Office am Maroondah Highway. Der sechsstöckige Komplex ist mit rund 20.150 m^2 Nettobürofläche einer der größten suburbanen Bürobauten Melbournes. Wie auch in anderen australischen Großstädten verfolgt das ATO in Melbourne eine Dezentralisierungs- und Konsolidierungsstrategie und erweist sich somit als eine treibende Kraft der suburbanen Büroflächennachfrage.

Heute ist Box Hill mit über 130.000 m^2 Bürofläche die größte Büroflächenkonzentration der Melbourne Metropolitan Area außerhalb des Verdichtungskerns. Seit Anfang der 80er Jahre hat sich die Bürofläche damit fast verzehnfacht. Das Spektrum der Büroraumnutzer reicht heute von vorwiegend auf dem lokalen Markt operierenden Kleinunternehmen und 'Freiberuflern' über lokale und regionale Zweigstellen öffentlicher Behörden bis hin zu großen Dienstleistungsunternehmen, die von Box Hill aus den gesamten Verdichtungsraum bedienen. Ohne Zweifel kann Box Hill als eines der erfolgreichsten suburbanen Bürozentren Australiens gelten. Von Seiten des staatlichen Planungsministeriums wird es gerne als Erfolg der District Centre Policy dargestellt und der Einfluß der Planung auf dessen positive Entwicklung hervorgehoben. Diese Ansicht ist jedoch nicht unumstritten. So führten die *Urban Spatial and Economic Consultants* 1986 eine Evaluierung der District Centre Policy am Beispiel von Box Hill durch und kamen zu dem Schluß, daß die positive Büroentwicklung weniger auf planerische Interventionen, als vielmehr auf das finanzielle Engagement der Privatwirtschaft zurückzuführen ist. Vor allem kritisierten sie, daß von der Staatsregierung keine wirkliche Initiative zur Stärkung des Zentrums ausging, sondern die positive Entwicklung Box Hills vielmehr durch die scharfen Restriktionen außerhalb der ausgewiesenen District Centres erreicht wurde. Andererseits läßt sich aber feststellen, daß die privaten Investitionen in diesem Umfang erst durch öffentliche Vorleistungen ermöglicht wurden. Dabei erwiesen sich die lokalen Planungsinitiativen als erheblich wirksamer als die mit der District Centre Policy verbundenen Maßnahmen der Staatsregierung. Während die Ziele der letzteren, abgesehen vom Bürosektor, nur ansatzweise verwirklicht werden konnten, erwies sich die auf den City Council zurückgehende Verfügbarmachung von geeignetem Bürobauland als entscheidender Entwicklungsimpuls für das Geschäftszentrum.

Ohne daß die Bedeutung der einzelnen Einflußgrößen für den Erfolg von Box Hill genau bestimmt werden kann, muß man wohl davon ausgehen, daß sowohl Lagevorteile als auch planerische Initiativen eine erhebliche Rolle spielen:
- die ausgezeichnete Verkehrslage und die direkte Nachbarschaft zum Bevölkerungsschwerpunkt der Metropolitan Area,
- die Nähe zu den statushohen Wohngebieten der Führungskräfte und 'white collar'-Beschäftigten,

- die historisch gewachsene Nutzungsmischung des Zentrums,
- die klare Bevorzugung der Investoren und Büroraumnachfrager für Bürostandorte im inneren bzw. zentralen Bereich der östlichen Vororte,
- die großzügige Ausweisung von Bürobauland im Bereich der Prospect Street,
- die Knappheit von geeigneten Flächen für Büroprojekte in anderen District Centres, insbesondere im nahen und mit ähnlichen Lagevorteilen ausgestatteten Camberwell Junction,
- die Imageverbesserung durch die in der ersten Hälfte der 80er Jahre durchgeführte Revitalisierung des Einzelhandelskerns und des Bahnhofs sowie der spätestens seit 1987 spürbare Reputationsgewinn als führendes Bürozentrum.

Aktuelle stadtplanerische Probleme und die Ansätze zu ihrer Lösung

Die stürmische Entwicklung der 80er Jahre erfolgte ohne klares städtebauliches Gesamtkonzept. Der Bürobauboom trug nicht nur zu einer insgesamt ungleichgewichtigen Entwicklung von Box Hill bei, sondern hat insbesondere in den Randbereichen des Zentrums erhebliche städtebaulich-stadtgestalterische Mängel deutlich werden lassen. So ist etwa der Bereich der Prospect Street von einer Vielzahl unterschiedlicher und nicht aufeinander abgestimmter Architekturstile sowie von einem völligen Fehlen ansprechender Gestaltungsmerkmale im Straßenraum geprägt. Aber auch im Kernbereich haben die großen und in ihrer Außengestaltung lieblos wirkenden Baukörper der Einkaufszentren den früheren architektonischen Charakter des Zentrums großflächig zerstört, ohne neue gestalterische Akzente zu setzen. So sind von der ursprünglichen, zweigeschossigen Bebauung nur noch wenige Reste erhalten. Alles in allem stellt sich Box Hill damit heute als ein suburbanes Geschäftszentrum mit nur geringen visuellen Reizen und ohne erkennbare eigene Identität für Besucher und Kunden dar. Über den rein ästhetischen Aspekt hinaus hat die mangelnde Aufenthaltsqualität auch direkte ökonomische Auswirkungen und wird zunehmend zum Handikap im Wettbewerb um Einzelhandelskunden, insbesondere gegenüber den freistehenden Shopping Centres.

Außer den städtebaulich-gestalterischen Mängeln ließen sich Ende der 80er Jahre zwei weitere Problemkomplexe für die weitere Entwicklung Box Hills identifizieren:
- Die Verknappung des Bürobaulandes. Ende der 80er Jahre stand im gesamten Bereich der Prospect Street bis auf zwei kleinere Parzellen kein Bauland mehr zur Verfügung. Auch ein großflächiges Redevelopment war aufgrund der relativ guten Bausubstanz und der zersplitterten Eigentumsstruktur kaum möglich (*Association of Inner Eastern Councils* 1989, *Victoria - Ministry for Planning and Environment/Box Hill City Council* 1988).
- Die zunehmenden Verkehrsprobleme. Trotz der guten Einbindung Box Hills in das ÖPNV-Netz kamen 1991 nur 8 % der Bürobeschäftigten mit öffentlichen Verkehrsmitteln zur Arbeit, während rund 90 % den Pkw benutzten (*TTM Consulting* 1991, S.22). Durch diesen ungünstigen 'modal split' nahm die von Privat-Pkws ausgelöste Verkehrsbelastung bei wachsender Bürobeschäftigung in der zweiten Hälfte der 80er Jahre drastisch zu.

Nachdem diese Defizite Ende der 80er Jahre immer deutlicher wurden, bildete der City Council 1990 ein aus Repräsentanten der Gemeinde, des Ministry of Housing and Planning und der Roads Corporation bestehendes Steering Committee, dessen wesentliche Aufgabe es war, einen städtebaulichen Strukturplan für das Zentrum zu erarbeiten. Der 'Box Hill District Centre Structure Plan' wurde im Juni 1991 fertiggestellt und im Dezember desselben Jahres durch den zuständigen Minister genehmigt (*Henshall Hansen Associates u.a.* 1991). Mit dem Structure Plan liegt erstmals ein umfassendes und für den gesamten Zentrumsbereich gültiges Planungsdokument vor. Obwohl dieses Instrument im Gegensatz zum eigentlichen Bebauungsplan nicht rechtsverbindlich ist, wird es sowohl vom City Council als auch vom Ministerium als entscheidende Grundlage für die zukünftige Entwicklung des Zentrums gesehen. So bietet der Structure Plan als strategisches Planungsinstrument nicht nur Leitlinien für die städtebauliche Gestaltung, sondern dient auch als Grundlage für Finanzierungsprogramme sowie Veränderungen des rechtsverbindlichen Bebauungsplanes.

Um die Ziele des Structure Plans durchzusetzen und die darin vorgesehene Büroexpansion zu ermöglichen, wurde das rechtsverbindliche Planning Scheme inzwischen geändert. Unter den derzeitigen planungsrechtlichen Bestimmungen sind Neubauten von insgesamt 20.000 m^2 Geschoßfläche für den Einzelhandel und gastronomische Einrichtungen sowie bis zu 110.000 m^2 zusätzliche Bürogeschoßfläche möglich. Damit ist das Problem der Flächenknappheit vorerst gelöst. Unter den gegenwärtigen Bedingungen nachlassender Bauaktivitäten dürften die Flächen bis Anfang des nächsten Jahrtausends ausreichen. Ein weiterer zentraler Bereich des Structure Plans sind städtebaulich-gestalterische Zielvorstellungen. Diese reichen von einer generellen Bauhöhenbeschränkung auf maximal sechs Stockwerke über den Erhalt von historischen Gebäuden sowie Vorschriften zur Straßenraumgestaltung (Fassadengestaltung, Baulinien usw.) bis hin zur Festlegung von speziellen Action Areas (Whitehorse Boulevard, Station Street, Market Mall), in denen insgesamt rund eine Million A$ aus öffentlichen Kassen für stadtgestalterische Verbesserungen investiert werden sollen (*Henshall Hansen Associates u.a.* 1991).

Inwieweit sich die hochgesteckten Ziele mit einem doch eng begrenzten Finanzvolumen der öffentlichen Kassen und nachlassender Investitionstätigkeit der Privatwirtschaft durchsetzen lassen, müssen die nächsten Jahre zeigen. Auch wenn der eingeschlagene Weg einer umfassenden strategischen Planungskonzeption im Prinzip ein richtiger Ansatz ist, hängt deren Implementierung von der Durchsetzungsfähigkeit des City Councils ab. Es bleibt also offen, ob sich Box Hill weiter in die Richtung einer gesichts- und leblosen Bürocity oder eines echten Stadtzentrums im eigentlichen Sinne der District Centres Policy entwickelt. Da das Einzelhandelspotential jedoch sehr begrenzt ist und die Ansiedlung von kulturellen Einrichtungen und Unterhaltungsmöglichkeiten seitens der lokalen Planung kaum zu steuern ist, wird die Entwicklung Box Hills auch in Zukunft vor allem vom Bürosektor getragen werden. Allerdings ist zumindest auf der lokalen Planungsebene ein Umdenken festzustellen. Während die Stadtplanung in den 80er Jahren vor allem damit beschäftigt war, die Voraussetzungen für ein quantitatives Flächen- und Beschäftigungswachstum zu schaffen, steht für die 90er Jahre vor allem der Wunsch nach qualitativen Verbesserungen im Vordergrund.

7.6 Camberwell Junction - historisch gewachsenes 'strip shopping centre' mit begrenzten Entwicklungspotentialen

Das Geschäftszentrum Camberwell Junction liegt knapp acht Kilometer östlich von Melbournes CBD auf der Grenze der LGAs Hawthorn und Camberwell. In seiner Grundanlage reflektiert das Zentrum bis heute die suburbanen Entwicklungsmuster Melbournes zum Ende des letzten Jahrhunderts und hat trotz des Baus einiger größerer Supermärkte und Bürogebäude in den 70er und 80er Jahren seine traditionelle Struktur als 'strip shopping centre' bis heute weitgehend erhalten. Aufgrund des guten Anschlusses an das öffentliche Verkehrsnetz (S-Bahn und Straßenbahn) und seiner Bedeutung als Arbeits- und Versorgungsort für die inneren östlichen Vororte wurde es von der staatlichen Regionalplanung 1981 zum District Centre erklärt. Ende 1990 besaß Camberwell Junction etwa 6.000 Arbeitsplätze, von denen knapp 14 % auf den öffentlichen Sektor entfielen (*Moodie* 1991). Etwa ein Viertel der Arbeitsplätze entfällt auf den Einzelhandel, der Rest verteilt sich ganz überwiegend auf andere Dienstleistungen bzw. Bürofunktionen.

Wachstum und Funktionswandel seit Ende des letzten Jahrhunderts

Da die historisch gewachsenen Strukturen im Falle von Camberwell Junction bis heute eine wichtige Rolle spielen, soll im folgenden ein kurzer Überblick über das Wachstum und den Funktionswandel des Geschäftszentrums gegeben werden. Der längerfristige Funktionswandel der Junction ist zudem durch die Untersuchung von *Knight* (1978) gut dokumentiert (Tab. 7.10).[9] Obwohl sich bereits Mitte des 19. Jahrhunderts eine kleine Siedlung an der Stelle der heutigen Camberwell Junction befand, erhielt das Zentrum seine ersten entscheidenden Wachstumsimpulse im Zuge der Eröffnung der Bahnlinie und des raschen Bevölkerungswachstums in den 80er Jahren des letzten Jahrhunderts. Zu dieser Zeit breitete sich der suburbane Wachstumsgürtel Melbournes bis in den Bereich der Camberwell Junction aus (*Davidson* 1978, S.152) und führte bis zur Jahrhundertwende zur Ausbildung des rund 1,5 km langen Bandes von Ladengeschäften entlang der Burke Road. Im Jahre 1900 gehörte die Camberwell Junction mit 182 Betrieben bereits zu größten suburbanen Geschäftszentren Melbournes. Trotzdem war das Warenangebot noch ganz überwiegend auf Dienstleistungen und Güter des kurzfristigen Bedarfs ausgerichtet. In der Boomperiode der 20er Jahre begann die Geschäftsentwicklung über die Burke Road hinauszugreifen, so daß der Zentrumsbereich bis zum Ende dieses Jahrzehnts annähernd seine heutige Ausdehnung erreichte. Zudem erhielt das Geschäftszentrum durch den Bau von elektrifizierten Sraßenbahnlinien, eine Neugestaltung des Straßenraumes und die seit 1927 rechtsverbindlich festgelegte Landnutzung einen zunehmend urbanen Charakter. In den 30er Jahren begann sich auch die Angebotsstruktur des Einzelhandels zu ändern und umfaßte immer mehr Geschäfte und Dienstleistungsanbieter, die bis dahin nur im CBD zu finden waren: Modegeschäfte, 'variety stores', Banken, Rechtsanwaltskanzleien usw. (*City of Camberwell* 1980).

Tab.7.10: Entwicklung der Anzahl der Betriebe in Camberwell Junction 1900 bis 1992
Changes in the number of business establishments in Camberwell Junction 1900 to 1992

	1900	1920	1940	1960	1992
Gesamt	182	227	405	467	596
davon Einzelhandel	73	103	174	290	262

Quelle: *Knight* (1978) und eigene Erhebungen 1992

---

[9] *Knight* (1978) verwendet eine etwas andere Klassifizierung der Ladengeschäfte und eine andere Zentrumsabgrenzung als die vorliegende Arbeit. Deshalb sind die Ergebnisse von *Knight* nicht direkt mit den Angaben in Kapitel 8 vergleichbar.

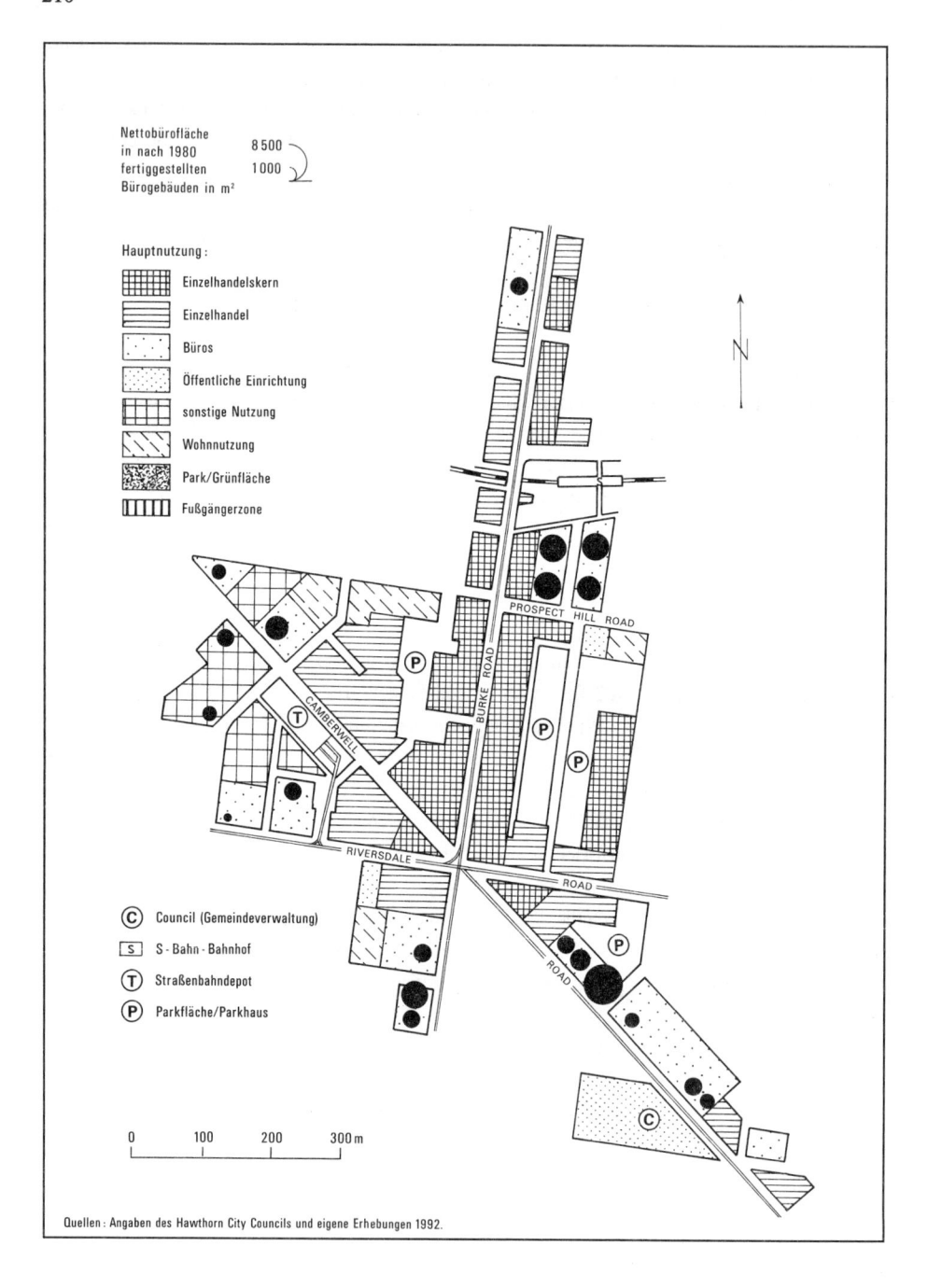

Abb. 7.7: Camberwell Junction: Neue Bürogebäude und Zonen vorherrschender Nutzung 1992
Camberwell Junction: New office buildings and zones of land use 1992

In der Nachkriegszeit verlangsamte sich mit dem Abflachen der Bevölkerungszunahme in den inneren östlichen Vororten zwar das quantitative Wachstum, das Zentrum trat jedoch in eine Phase beschleunigter qualitativer Veränderungen ein. Vor allem in den 50er Jahren erlebte Camberwell Junction eine erhebliche Aufwertung ihrer Einzelhandelsstruktur und gewann damit eine zunehmende überlokale Bedeutung. So etablierte sich die Burke Road als elegante Einkaufsstraße mit zahlreichen Mode- und Juweliergeschäften.

In den 60er Jahren veränderten sich die Rahmenbedingungen für die Entwicklung der Camberwell Junction grundlegend. Zum einen machte sich der Bevölkerungsrückgang im direkten Einzugsbereich bemerkbar, zum anderen brachten die Verbreitung des Automobils und die zunehmende Bedeutung moderner Angebotsformen im Einzelhandel (Filialgeschäfte, Supermärkte, freistehende Einkaufszentren) neue Nachfragemuster hervor, auf welche die traditionelle Einzelhandelsstruktur der Burke Road nur schlecht vorbereitet war. Dennoch konnte sich die Camberwell Junction durch die enge Kooperation der beiden Councils und der lokalen Einzelhändler zunächst erstaunlich gut gegenüber der Konkurrenz von freistehenden Einkaufszentren behaupten. Die Anlage von großen Parkplätzen machte das Zentrum auch für Autofahrer erreichbar, und die zunehmende Angebotsspezialisierung, insbesondere im Bereich der Damenmode, machte die Burke Road zu einer bevorzugten Flaniermeile für die wohlhabende und modebewußte Bevölkerung der inneren östlichen Vororte. Andererseits entstanden abseits der Burke Road zwischen 1966 und 1972 ein großflächiger Supermarkt sowie ein Discount Department Store. Diese übernahmen zusammen mit den Filialen nationaler Einzelhandelsketten in den Randzonen der Burke Road die Versorgung der Kundschaft mit kurzfristigen Konsumgütern. Jedoch ging die relative Bedeutung der Camberwell Junction durch das Entstehen immer neuer Einkaufszentren in der weiteren Umgebung im Laufe der 70er Jahre spürbar zurück. Nach den Ergebnissen des Einzelhandelszensus war die Camberwell Junction 1980 mit 37.182 m^2 Einzelhandelsfläche nur noch das elftgrößte Einzelhandelszentrum der Metropolitan Area. Allerdings wurde diese Verkaufsfläche vor allem in der Burke Road sehr intensiv genutzt, so daß der im Einzelhandel erzielte Jahresumsatz nur im CBD sowie in Dandenong und Frankston höher war.

Camberwell Junction als Einzelhandels- und Bürozentrum: die Probleme der 80er und 90er Jahre

Mit Beginn der 80er Jahre wurde die Situation für den Einzelhandel in der Burke Road zunehmend schwieriger. Insbesondere verschärften sich die bereits in den 70er Jahren erkennbaren Schwierigkeiten bei der Anpassung an veränderte Kundenwünsche und die sich ebenfalls verändernden Verkaufsstrategien im Einzelhandel. Neben Angebotsdefiziten - das Zentrum besitzt bis heute nur eine kleines Warenhaus mit begrenztem Warenangebot - machen sich auch Stellplatzprobleme sowie die zurückgehende Bedeutung des Zentrums als sozialer Knotenpunkt zunehmend bemerkbar. Nach den Angaben des Einzelhandelszensus von 1986 lag die Camberwell Junction bezogen auf die Einzelhandelsfläche (43.700 m^2) nur noch auf dem vierzehnten und bezogen auf den Jahresumsatz (A$ 137 Mio.) nur noch auf dem zwölften Rang innerhalb der metropolitanen Einzelhandelszentrenhierarchie. Die Camberwell Junction gerät von mehreren Seiten unter Druck: zum einen ist die Bevölkerungszahl und damit auch das Nachfragepotential im direkten Einzugsbereich des Zentrums seit Ende der 60er Jahre rückläufig, zum anderen kann die Camberwell Junction immer weniger gegen das breite Angebotsspektrum der großen Einkaufszentren konkurrieren. Zudem findet bei der anspruchsvollen Klientel in den letzten Jahren eine Rückorientierung auf die aufgewerteten Einkaufsstraßen im Verdichtungskern statt. Die Folge ist eine schleichende Degradierung des Einzelhandels und der Immobilienwerte in der Burke Road, deren Ruf als gehobene Einkaufsstraße durch das Eindringen von 'discount stores' zusehends untergraben wird.

Erfolgreicher als im Einzelhandel war die Camberwell Junction bei der Ansiedlung von Bürobetrieben. Vor allem bis Mitte der 80er Jahre profitierte die Camberwell Junction von der Zunahme kleiner und mittlerer Büros in den LGAs Hawthorn, Camberwell und Box Hill. Allerdings erfolgte die Büroflächenzunahme in den LGAs Hawthorn und Camberwell eher dezentral, da es der Regionalplanung nur teilweise gelang, das Entwicklungspotential in dem District Centre zu bündeln (*Fothergill* 1987, S.25ff., *Jones Lang Wootton* 1986, *McLennan Magasanik Associates* 1985, *Victoria - Ministry for Planning and Environment* 1987a). So entfielen von der gesamten Büroflächenzunahme in den LGAs Hawthorn und Camberwell zwischen 1982 und 1986 nur etwa 36 % und zwischen 1987 und 1991 sogar nur 20 % auf die Camberwell Junction. Dennoch gelang es dem Zentrum auch überlokal ausgerichtete Bürobetriebe anzuziehen. Insgesamt wurden im Junction-Bereich zwischen Ende der 70er und Anfang der 90er Jahre etwa 55.000 m^2 Bürofläche gebaut (Tab. 7.11). Dabei handelte es sich überwiegend um kleinere Gebäude südlich der Riversdale Road und um den Bahnhof (Abb. 7.7). Allerdings ging die Bürobautätigkeit in der zweiten Hälfte der 80er Jahre spürbar zurück. Hierfür waren sowohl der Mangel an geeigneten Bauflächen in Camberwell Junction als auch die gestiegene Anziehungskraft alternativer Standorte wie Box Hill verantwortlich.

Tab.7.11: Bruttogeschoßfläche für Einzelhandels- und Büronutzungen in Camberwell Junction 1972, 1979 und 1991

Retail and office floorspace (gross) in Camberwell Junction 1972, 1979, and 1991

	1972 in m^2	1979 in m^2	1991 in m^2	Zunahme 1972-91 in m^2	in %
Einzelhandel/Dienstleistungen[a]	31.100	49.400	57.000	25.900	83,3
Büronutzungen[b]	10.000	27.000	82.200	72.200	722,0
Gesamt	41.100	76.400	139.200	98.100	238,7

[a] umfaßt Einzelhandel und andere konsumorientierte Dienstleistungen in Ladengeschäften
[b] einschließlich Büroflächen außerhalb reiner Bürogebäude, aber ohne Büroflächen in rein öffentlichen Gebäuden

Quelle: Angaben des *Hawthorn City Councils* und des *Department of Planning and Housing*, eigene Berechnungen

Insgesamt wird die mangelnde Flächenverfügbarkeit sowohl für Büro- als auch für Einzelhandelsprojekte zunehmend zum entscheidenden Entwicklungshemmnis der Camberwell Junction. Ein weiterer Punkt, der die Entwicklung in den letzten Jahren erheblich behinderte, war der erbitterte Widerstand der Bevölkerung gegen neue Bauprojekte. Insbesondere in Camberwell, einem traditionellen Wohnstandort der gehobenen und politisch artikulationsfreudigen Mittelklasse, stellten 'nimbyism'-Phänomene ('not in my backyard') die an regionalpolitischen Gemeinwohlerwägungen orientierten Zielvorstellungen der District Centre Policy vor erhebliche Umsetzungsprobleme. Der weit über die Grenzen Melbournes hinaus bekannt gewordene Konflikt um das geplante Junction Plaza Shopping Centre ist ein besonders drastisches Beispiel für die lokalen Umsetzungsprobleme regionaler Planungsideale.

Exkurs: Der 'Junction War' - Planung zwischen Wachstumsdruck und lokalem Widerstand

Die auch als 'junction war' (*The Age*, 15. Juli 1988) bekannt gewordenen Auseinandersetzung um das Junction Plaza Shopping Centre war einer der dramatischsten Planungskonflikte in der Geschichte Victorias. Die Kontroversen um das Gelände östlich der Burke Road erreichten bereits Anfang der 70er Jahre einen ersten Höhepunkt, als Wohnhäuser für die Anlage des großen Parkplatzes zwischen Riversdale und Prospect Hill Road abgerissen werden sollten. Mitte der 80er Jahre geriet das Gelände dann wieder in die Schlagzeilen, als Pläne der National Mutual Life Association bekannt wurden, die den Bau eines Einkaufszentrums auf dieser Fläche vorsahen. Das hierzu notwendige Bauland befand sich zu einem kleineren Teil im Eigentum des Councils, der anderen Teil war von National Mutual über einen Zeitraum von beinahe 20 Jahren Schritt für Schritt zusammengekauft worden. Der im September 1985 eingereichte Bauantrag von National Mutual war dann der Ausgangspunkt für den langjährigen und mit äußerster Schärfe geführten Kampf zwischen dem Developer, dem Council, den Bewohnern, mehreren Bürgerinitiativen, den lokalen Einzelhändlern und der Staatsregierung. Im Gegensatz zum Council, der das Bauvorhaben Anfang 1987 ablehnte, signalisierte der Planungsminister zur Unterstützung der staatlichen District Centre Policy seine grundsätzliche Zustimmung. Daraufhin kündigte der Council an, daß er das in seinem Eigentum befindliche Land nicht zur Verfügung stellen werde. Zudem gingen die Anwohner beim Administrative Appeals Tribunal gerichtlich gegen die kurze Zeit später positiv ausgefallene Entscheidung des Planungsministers vor. Allerdings zog sich National Mutual bereits kurze Zeit später aus dem Projekt zurück und verkaufte das Gelände für knapp A$ 30 Mio. an den auf Einzelhandelsimmobilien spezialisierten Developer Podgor (*Australian Financial Review* vom 1. Oktober 1987).

Die Podgor Gruppe erhielt Anfang 1988 vom Administrative Appeals Tribunal die Genehmigung zum Bau eines Einkaufskomplexes mit insgesamt 30.000 m^2 Geschoßfläche und 2.230 Pkw-Stellplätzen, der die sich bereits seit Anfang der 70er Jahre auf dem Gelände befindenden Safeways- und Target-Märkte mit einbeziehen sollte. Im Februar 1988 erteilte auch der Camberwell Council mit dem Inkrafttreten eines neuen Planning Schemes seine Genehmigung und beschloß, das sich noch in seinem Besitz befindliche Bauland für einen Zeitraum von 99 Jahren an Podgor zu verpachten. Nach einer Vereinbarung zwischen Council und Developer im Mai 1988 nahmen die Bürgerproteste jedoch erheblich an Schärfe zu. Die von seiten der Bürgerinitiativen, insbesondere der sehr aktiven 'Planning Watch' vorgetragenen Bedenken zielten vor allem auf die mit dem Projekt verbundenen hohen Verkehrsbelastungen in den umliegenden Wohnvierteln und den befürchteten Verlust des Charakters der Camberwell Junction (*Flannigan* 1989). Seitens des Councils und des staatlichen Planungsministeriums wurde dagegen mit der Erfüllung der regionalpolitischen Zielvorstellungen der District Centre Policy und dem Erhalt der Einkaufsattraktivität der Junction argumentiert.

Bei Gemeinderatswahlen im August 1988 erzielten die Projektgegner aber eine Mehrheit im Council, die Anfang 1989 durch den Rücktritt von fünf weiteren, das Projekt unterstützenden Gemeinderatsmitgliedern weiter ausgebaut werden konnte (*Camberwell Junction Planning Committee* 1992, S.13). Der Austausch dieser Gemeinderatsmitglieder ermöglichte 'Planning Watch' nun eine direkte Einflußnahme auf die Entscheidungen des Councils, der den weiteren Verfahrensablauf zunehmend verzögerte. Unter Berücksichtigung der im Rahmen der Bürgerbeteiligung eingegangenen Bedenken und Anregungen reichte Podgor Mitte 1989 einen neuen Bauantrag ein. Dieser sah eine Verkleinerung des Einkaufszentrums auf 20.000 m^2 Geschoßfläche auf zwei Stockwerken vor. Auf einer öffentlichen Versammlung im Mai 1989 stellte die Podgor Group, die nach wie vor an der bindenden Vereinbarung vom Mai 1988 festhielt, dem Council unter Androhung rechtlicher Schritte ein dreiwöchiges Ultimatum. Nachdem der Council zunächst nicht reagierte, beschloß er am 18. September 1989 einstimmig, das gemeindeeigene Land für das Bauvorhaben nicht zur Verfügung zu stellen und die bereits erteilte Baugenehmigung wieder zurückzuziehen. Diese Entscheidung stützte sich auf 53.000 Einsprüche, die dem Council inzwischen zugegangen waren. Als Reaktion reichte der Developer im Oktober 1989 eine sich auf A$ 46 Mio. belaufende gerichtliche Schadensersatzklage gegen den Bürgermeister, den Gemeinderat und die Bürger von Camberwell ein.

Am 3. März 1990 erreichte der erbitterte Konflikt mit dem Selbstmord des inzwischen durch die Verzögerungen in erhebliche finanzielle Schwierigkeiten geratenen Geschäftsführers der Podgor Group seinen tragischen Höhepunkt (*Progress Press* vom 7. März 1990, *Progress Press* vom 21. August 1991). Die Schadensersatzklage endete im August 1991 mit einem Urteil zugunsten des Developers. In einem gesonderten Verfahren wurde die

Höhe der von der Gemeinde Camberwell an die Gläubiger Podgors zu zahlende Entschädigung im September 1992 auf rund A$ 25 Mio. festgesetzt (*Progress Press* vom 7. Oktober 1992). Als Folge des verlorenen Gerichtsprozesses und der daraus erwachsenen finanziellen Belastungen für die Gemeinde verloren die von den Bürgerinitiativen getragenen Gruppen bei den Wahlen im August 1992 wieder ihre Gemeinderatsmehrheit. Was nun mit dem Gelände auf der Rückseite der Burke Road geschieht, ist noch nicht endgültig klar, es soll aber, obwohl es eines der wenigen zusammenhängenden Baugrundstücke ist, zumindest teilweise als Parkplatz erhalten bleiben (*Camberwell Junction Planning Committee* 1992).

Camberwell Junction - Geschäftszentrum mit eigener Identität oder District Centre ohne Entwicklungschance?

Zusammenfassend läßt sich festhalten, daß die Camberwell Junction trotz einiger Ausstattungsdefizite im Einzelhandel noch immer eines der führenden suburbanen Geschäftszentren der Melbourne Metropolitan Area ist. Allerdings machen sich die Grenzen des Wachstums seit Mitte der 80er Jahre immer klarer bemerkbar. Angesichts der fehlenden Flächenreserven, einer für moderne Einzelhandelsformen zu unflexiblen historischen Baustruktur und einem erheblichen lokalen Widerstand gegenüber größeren Bauvorhaben erscheint eine weitere Entwicklung der Camberwell Junction zum voll ausgestatteten District Centre zweifelhaft. Gerade am Beispiel von Camberwell Junction wird klar, daß die bereits von *Logan* (1986) scharf kritisierte Auswahl der District Centres in Victoria zu schematisch und mit zu wenig Rücksichtnahme auf lokale Bedingungen erfolgte. Weniger der Konflikt als solcher, als vielmehr die Härte, mit der er ausgetragen wurde, wirft die Frage auf, ob sich in einem durch die angrenzende Wohnbebauung und die historisch gewachsenen Strukturen in seinen Entwicklungsmöglichkeiten erheblich eingeschränkten 'strip shopping centre' die sehr umfassenden Ziele der District Centre Policy überhaupt umsetzen lassen. Zumindest die Camberwell Junction ist als Ansatzpunkt für eine kommerzielle Entwicklung im Sinne eines 'Mini-CBD' offensichtlich nicht geeignet. Hinzu kommt, daß die beiden zuständigen Councils nur ein mäßiges Interesse an der kommerziellen Entwicklung haben. So sieht sich Camberwell seit jeher vorwiegend als Wohngemeinde, während der Junction-Bereich für das traditionell wirtschaftsfreundlichere Hawthorn als Bürostandort nur eine vergleichsweise untergeordnete Rolle spielt.

Um die zukünftige Entwicklung städtebaulich zu steuern, legten die beiden zuständigen Councils 1992 gemeinsam einen vorläufigen Structure Plan vor. Der hierzu notwendige Abstimmungsprozeß zwischen den unterschiedlich strukturierten Councils war nicht nur langwierig, sondern angesichts der traditionell unterschiedlichen Zielrichtungen auch außerordentlich schwierig (*Dore* 1986, S.15). Insgesamt versucht der 'Draft Structure Plan' eine Balance zwischen einer maßvollen kommerziellen Entwicklung und dem Erhalt historischer Strukturen zu finden. So ist der Schutz der historischen Bebauung entlang der Burke und der Camberwell Road ein zentrales Ziel des Planes. Zudem soll die Anzahl der Parkplätze limitiert und die Wohnfunktion im Umfeld des Zentrums geschützt werden. Insgesamt geht der Structure Plan von einem kurzfristig verfügbaren Geschoßflächenpotential von lediglich 9.800 bis 13.800 m² für Bürogebäude und 13.000 bis 16.000 m² für Einzelhandelsgebäude aus (*Camberwell Junction Planning Committee* 1992, S.7ff.). Somit sind die zukünftigen Entwicklungspotentiale eher begrenzt. Angesichts der Knappheit an Bauland und der seit Mitte der 80er Jahre nachlassenden Nachfrage nach Büroräumen ist bereits absehbar, daß die Camberwell Junction ihre Position als drittgrößtes suburbanes Bürozentrum in naher Zukunft an Standorte wie Dandenong oder Frankston verlieren wird.

7.7 Frankston - aufstrebendes Einzelhandels- und Dienstleistungszentrum am Südrand der Melbourne Metropolitan Area

Das Geschäftszentrum Frankston liegt 38 km südöstlich des CBD im äußeren Vorortbereich der Melbourne Metropolitan Area. Es besitzt trotz seiner randlichen Lage über eine S-Bahn-Linie und den Nepean Highway eine gute Verkehrsanbindung an den Verdichtungskern. Aufgrund seiner zentralen Bedeutung für die Mornington-Halbinsel wurde das Zentrum von der Staatsregierung 1981 zum District Centre erhoben (*Melbourne and Metropolitan Board of Works* 1981). Ende 1990 waren in Frankston und seinen Randbereichen nach *Moodie* (1991) rund 9.500 Personen beschäftigt. Für den engeren Zentrumsbereich gehen Schätzungen des Councils von etwa 5.500 Beschäftigten aus.

Historisch entwickelte sich Frankston aus einem an der Port Phillip Bay gelegenen Seebad (*Jones* 1989). Bis 1950 war der Zentrumsbereich sehr klein und konzentrierte sich im wesentlichen auf das direkte Umfeld des Bahnhofs (Young Street) und einige Hotels in der Nähe des Ufers. Der Einzelhandel diente vornehmlich der Grundversorgung der lokalen Bevölkerung und der Erholungssuchenden. Mit dem ab 1950 einsetzenden Bevölkerungswachstum der City of Frankston, die - wie der gesamte Bereich der Mornington-Halbinsel - zunehmend in den von Melbourne ausgehenden Suburbanisierungsprozessen einbezogen wurde, unterlag auch das Geschäftszentrum einer erheblichen Expansion. Für die Umgestaltung des Zentrums spielten nicht nur das quantitative Wachstum, sondern auch die qualitativen Veränderungen im Einzelhandel eine entscheidende Rolle. Der seit den 60er Jahren zu beobachtende Bedeutungsgewinn neuer Angebotsformen im Einzelhandel hinterließ in Frankston deutliche Spuren. Die mit den Supermärkten, Kaufhäusern und Einkaufszentren verknüpften neuen Bauformen löschten die baulichen Überreste des alten Siedlungskernes praktisch aus.

Der strukturelle und bauliche Wandel begann 1952 mit der Eröffnung des ersten Coles-Supermarktes und setzte sich in den 60er Jahren mit dem Bau von an US-amerikanischen Vorbildern orientierten Shopping Malls fort. Der Council beteiligte sich aktiv an dem Ausbau des Einzelhandelszentrums (*City of Frankston* 1992) und legte unter dem Druck der führenden Einzelhändler einige größere Parkplätze im Kernbereich des Zentrums an. Durch das rasche Einzelhandelswachstum der Nachkriegszeit war Frankston im Jahre 1974 mit 59.220 m^2 Verkaufsfläche und 362 Geschäften das größte suburbane Einzelhandelszentrum der Melbourne Metropolitan Area (*Plant Location International/Urban Systems Corporation* 1977a, S.4). In der zweiten Hälfte der 70er Jahre dehnte sich das Geschäftszentrum in nördliche Richtung weiter aus. Dies führte nicht nur zum Verschwinden der letzten Überreste der ursprünglichen Wohnbebauung, sondern auch zur Ausdehnung der Einzelhandelsfläche auf 85.700 m^2 (Stand 1980). Mit der Fertigstellung des Bayside/Myer-Komplexes trat die Einzelhandelsentwicklung jedoch in eine vorläufige Konsolidierungsphase ein, so daß die Einzelhandelsfläche bis 1990 (85.000 m^2) sogar leicht rückläufig war (*Moodie* 1991, S.106). Dagegen wurden in den frühen 80er Jahren mit dem Peninsula Centre und dem State Bank Building die ersten Akzente im Bürobau gesetzt. Ende der 80er bzw. Anfang der 90er Jahre entstanden weitere kleine bis mittelgroße Bürogebäude entlang des Nepean Highways, unter denen das Landmark Corporate Centre mit einer Nettobürofläche von 4.180 m^2 das größte ist (Abb. 7.8). Insgesamt hat sich die Bürofläche Frankstons damit zwischen 1980 und 1992 von rund 15.000 m^2 auf etwa 40.000 m^2 erhöht.

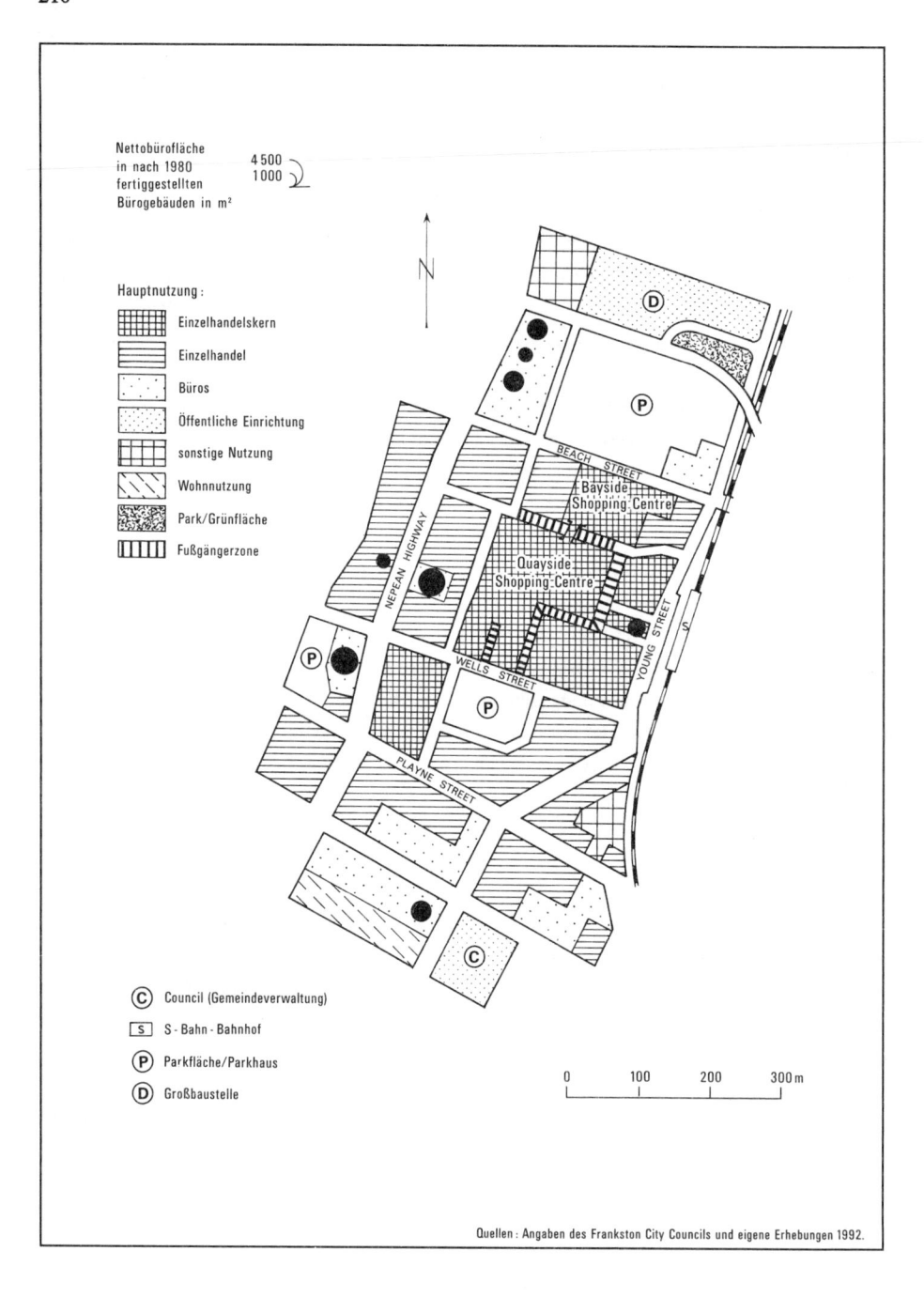

Abb. 7.8: Frankston: Neue Bürogebäude und Zonen vorherrschender Nutzung 1992
Frankston: New office buildings and zones of land use 1992

Ab Anfang der 80er Jahre wurden die durch den radikalen Umbau des Zentrums geschaffenen stadtgestalterischen Mängel zunehmend erkannt. Um diese zu beseitigen und um zu gewährleisten, daß Frankston seine Rolle als 'Outer Strategic District Centre' in befriedigendem Maße erfüllen kann, wurden in den letzten Jahren öffentliche Investitionen in erheblichem Ausmaß getätigt.[10] Über die öffentlichen Investitionen hinaus gelang es auch, privates Kapital für die funktionale und städtebauliche Neugestaltung des Einzelhandelskerns zu mobilisieren. So konnte 1991 das als Joint Venture zwischen dem Council und einem privaten Developer gebaute Quayside Balmoral Shopping Centre (21.405 m^2 Einzelhandelsfläche) eröffnet werden. Das neue Einkaufszentrum befindet sich auf dem Gelände eines ehemaligen Parkplatzes und ist das Kernstück des neugestalteten Einzelhandelsbereichs. Bei diesen Maßnahmen erwies es sich als entscheidender Vorteil, daß der Council Eigentümer des großen Grundstücks in der Mitte von Frankston war und so seine Planungsziele relativ problemlos durchsetzen konnte.[11] Als Folge der Anziehungskraft des mit Durchgängen und Skyways verbundenen Balmoral-Quayside-Bayside-Myer-Gesamtkomplexes haben allerdings die Geschäftsleerstände in den umliegenden Straßen deutlich zugenommen.

Trotz dieser Probleme läßt sich aber festhalten, daß die Stadtplanung seit Mitte der 80er Jahre erfolgreich war und einige Bausünden der vorhergehenden Jahrzehnte korrigieren konnte. So wurde die Fragmentierung des Einzelhandelskerns durch die in den 60er Jahren im Inneren des Zentrums angelegten Parkplatzflächen erheblich gemildert. Trotz des Verlustes der ursprünglichen Bausubstanz bietet der heute vorwiegend aus einem zusammenhängenden System aus Einkaufszentren bestehende Einzelhandelskern von Frankston für Passanten und Kunden ein attraktives Umfeld. Der gesamte Zentrumsbereich ist relativ kompakt und im wesentlichen von einer zwei- bis dreistöckigen Bebauung geprägt.[12] Allerdings konnte Frankston aus seiner unter den District Centres Melbournes einzigartigen Küstenlage bislang wenig Kapital schlagen (*City of Frankston* 1992).

Heute gehört Frankston mit einer Gesamteinzelhandelsfläche von rund 107.000 m^2 zu den führenden suburbanen Einzelhandelszentren im Verdichtungsraum Melbourne. Aufgrund seiner günstigen und weitgehend konkurrenzlosen Lage im südlichen Wachstumskorridor des Verdichtungsraumes und der zu erwartenden weiteren Bevölkerungszunahme der Mornington-Halbinsel bestehen auch in Zukunft gute Wachstumsvoraussetzungen für den Einzelhandel. Dies gilt auch für den Bereich der konsumorientierten Dienstleistungen, vor allem für den aufgrund der Entwicklung aus einem Seebad vergleichsweise gut ausbildeten Unterhaltungs-, Gastronomie- und Beherbergungssektor. Auch die Ausstattung mit öffentlichen Einrichtungen ist in Frankston überdurchschnittlich und umfaßt sowohl

---

[10] Alleine durch das 'District Centre Area Improvement Program' der Staatsregierung wurden zwischen den Finanzjahren 1983/84 und 1990/91 rund A$ 1,0 Mio. für die Neugestaltung des öffentlichen Straßenraumes und den Ausbau der Fußgängerzone zur Verfügung gestellt. Dieses Finanzvolumen wurde vom Council um weitere A$ 1,35 Mio. aufgestockt. Weitere öffentlich finanzierte Ausbaumaßnahmen wie eine Umgehungsstraße, ein Transit Centre in der Young Street sowie ein Polizei- und Gerichtskomplex am Nordende des Zentrums befinden sich derzeit noch im Bau bzw. wurden vor kurzem fertiggestellt.

[11] In diesem als 'public private partnership' angelegten Projekt stellte der Council das Bauland zur Verfügung, während der Developer alle baulichen Anlagen erstellte. Heute ist der Council zu 49 % am Quayside Shopping Centre beteiligt.

[12] Das Frankston Planning Scheme läßt im Kernbereich des District Centres eine maximale Bauhöhe von 32 Metern zu. Diese wurde aber bislang nur beim zehnstöckigen Büroturm des Peninsula Centre ausgeschöpft, alle anderen Gebäude sind erheblich niedriger.

städtische Ämter als auch Filialen von Bundesbehörden. Andererseits weist Frankston nur einen untergeordneten privatwirtschaftlichen Bürosektor auf, so daß es trotz seiner Umlandbedeutung nur mit Einschränkungen als höherrangiges multifunktionales Geschäftszentrum anzusprechen ist.

7.8 Upper Mount Gravatt - rasches Wachstum und bedingungslose Autoorientierung

Upper Mount Gravatt ist das größte der insgesamt vier vom Brisbane City Council ausgewiesenen Regional Business Centres und somit auch das größte suburbane Zentrum des gesamten Verdichtungsraumes (Tab. 7.12). Mitte 1992 waren in dem Geschäftszentrum insgesamt 3.960 Arbeitskräfte beschäftigt. Hiervon entfielen 2.006 Personen (51 %) auf den Bürosektor, 1.700 Personen (43 %) auf das Garden City Shopping Centre und 254 Personen (6 %) auf sonstige Einzelhandels- und Dienstleistungsanbieter.

Tab.7.12: Bruttogeschoßfläche und Beschäftigung in den größten suburbanen Geschäftszentren der Brisbane Metropolitan Area 1992

Gross floorspace and employment in major suburban centres 1992: Brisbane Metropolitan Area

	Büros[a]	Einzelhandel	Dienstleistungen[b]	Gesamt	Beschäftigte
City of Brisbane					
Upper Mount Gravatt	64.810	81.100	8.360	154.270	3.960
Toowong	60.500	34.150	4.100	98.750	3.151
Chermside	42.730	43.370	4.010	90.110	2.500
Indooroopilly	10.750	53.740	6.060	70.550	2.171
Toombul/Nundah	9.560	48.030	5.460	63.050	k.A.
Carindale	1.580	50.990	5.350	57.920	1.220
restliche Metropolitan Area					
Ipswich	56.000	48.000	k.A.	-	k.A.

[a] einschließlich Büroflächen außerhalb reiner Bürogebäude
[b] konsumorientierte Dienstleistungen in Ladengeschäften

Quelle: Angaben *Department of Development and Planning* des *Brisbane City Councils*, der *Regional Planning Advisory Group - South East Queensland* und der *Building Owners and Managers Association*

Tab.7.13: Bruttobürofläche in Upper Mount Gravatt und Toowong 1983 bis 1992 (in m^2)[a]

Office floorspace (gross) in Upper Mount Gravatt and Toowong 1983 to 1992 (in m^2)

	1983	1987	1989	1992
Upper Mount Gravatt	5.225	24.900	27.500	64.810
Toowong	17.890	43.380	47.190	60.500

[a] einschließlich Büroflächen außerhalb reiner Bürogebäude

Quelle: *Regional Planning Advisory Group - South East Queensland, Building Owners and Managers Association*

219

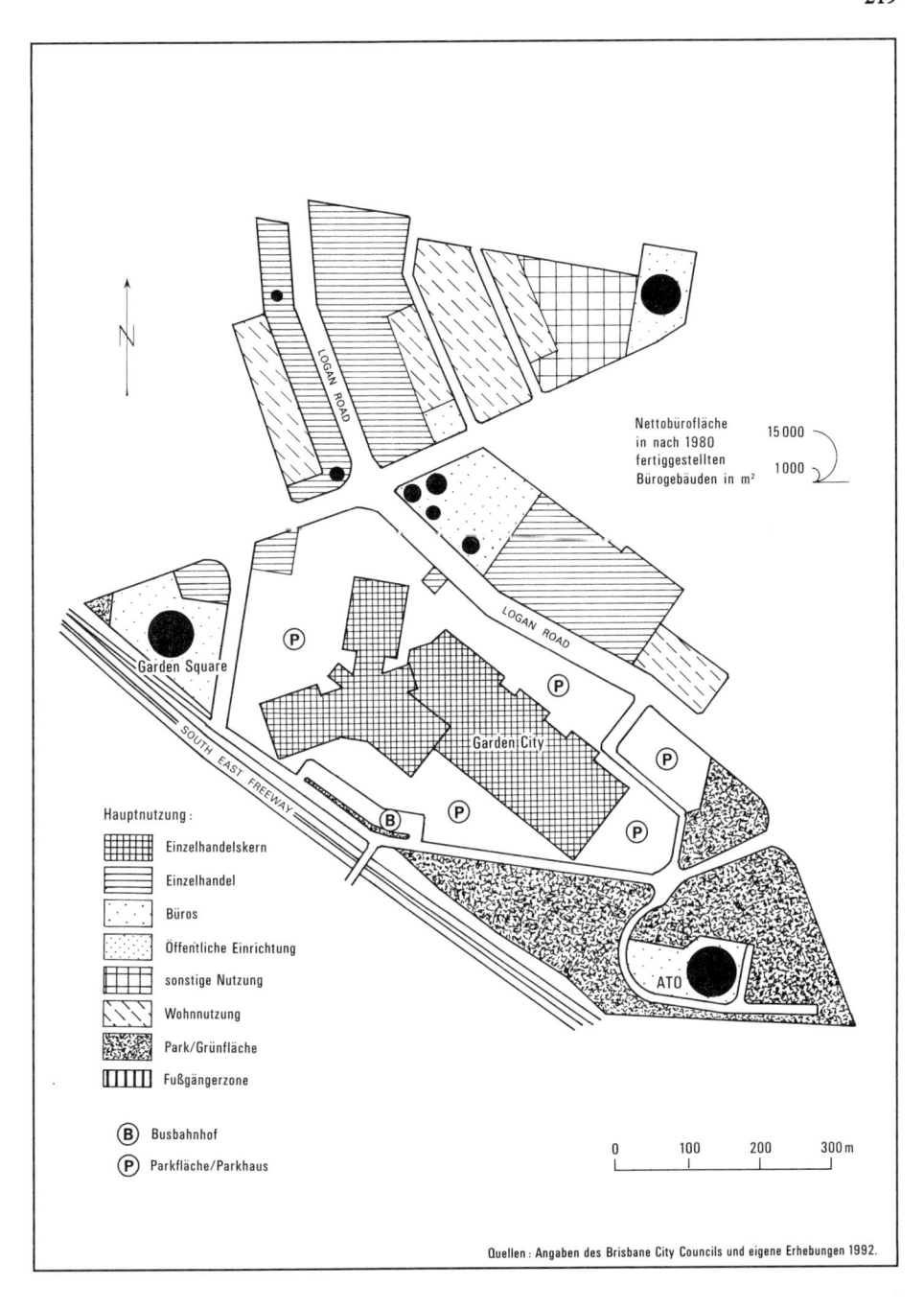

Abb. 7.9: Upper Mount Gravatt: Neue Bürogebäude und Zonen vorherrschender Nutzung 1992
Upper Mount Gravatt: New office buildings and zones of land use 1992

Upper Mount Gravatt ist ein junges Zentrum ohne historischen Kern. Nachdem der Bereich um Mount Gravatt seit Anfang der 60er Jahre mit Einfamilienhäusern aufgesiedelt wurde, begann die Entwicklung des Geschäftszentrums erst mit der Eröffnung des Garden City Shopping Centres im Jahre 1970. Das freistehende Einkaufszentrum ist bis heute der eigentliche Kern des expandierenden Geschäftszentrums (Abb. 7.9). Es weist als eines der wenigen suburbanen Einkaufszentren Australiens zwei voll ausgestattete Warenhäuser auf und nimmt zusammen mit den den Komplex umgebenden, ausgedehnten Parkplatzflächen (insg. 3.998 Stellplätze) eine Fläche von über 25 ha ein. Nach ihrer Vergrößerung im Jahre 1986 besitzt die Garden City auf zwei Geschossen eine Einzelhandelsfläche von 59.140 m^2 sowie knapp 4.000 m^2 für verschiedene Dienstleister und Kleinbüros. Damit waren 1992 gut 73 % der gesamten Einzelhandelsfläche Upper Mount Gravatts auf die Garden City konzentriert. Die übrigen Einzelhandelsflächen entfallen auf die überwiegend in der zweiten Hälfte der 70er Jahre gebauten Gebäudekomplexe minderer Ausstattungsqualität entlang der Logan Road, unter denen das 1978 eröffnete Palmdale Shopping Centre mit 4.000 m^2 Einzelhandelsfläche und rund 30 Ladengeschäften das größte ist.

Eine nachhaltige Veränderung erlebt Upper Mount Gravatt seit Mitte der 80er Jahre durch die rasche Zunahme der Bürofunktionen. Ab 1984 entwickelten sich um die Garden City in lockerer Bebauung 'office park'-artige Bürokomplexe, z.B. der vierstöckige Garden Square (12.590 m^2 NBF), die erste Ausbaustufe des Nexus Office Parks (7.600 m^2 NBF) und der erst 1992 fertiggestellte Gebäudekomplex des Australian Taxation Office (15.000 m^2 NBF). Parallel hierzu entstanden auch kleinere Bürogebäude mit einer Geschoßfläche unter 2.000 m^2 entlang der Logan Road. Insgesamt führte dies zu einer Zunahme der Gesamtbürofläche in Upper Mount Gravatt von nur 5.225 m^2 im Jahre 1983 auf 64.810 m^2 im Jahre 1992.

In den letzten Jahren siedelten sich in Upper Mount Gravatt auch überlokal bedeutsame Bürofunktionen an, von denen die Queensland-Hauptverwaltung des Einzelhandelsriesen Coles Myer und das Australian Taxation Office die markantesten Beispiele sind. Außerdem befinden sich in Upper Mount Gravatt auch Verkaufsbüros und Verwaltungen kleinerer Industrie-, Bergbau- und Bauunternehmen, Regionalbüros von Banken, staatlichen Stellen und typische 'back office'-Funktionen wie das Datenverarbeitungs- und Fortbildungszentrum der AMP Society (*Brisbane City Council - Department of Development and Planning* 1990b). Insgesamt entfielen 1991 32 % der Bürofläche auf den öffentlichen Sektor (State oder Federal Government) und 68 % auf den Privatsektor (*Brisbane City Council - Department of Development and Planning* 1991b, S.11). Bislang wird der Büromarkt in Upper Mount Gravatt eindeutig von der Nachfrage nach kleinen Flächen bis 500 m^2 dominiert. Um diese zu befriedigen, wird seitens der überwiegend inländischen Developer und Investoren der Bau kleinerer, maximal dreistöckiger Bürogebäude bevorzugt.

Upper Mount Gravatt erinnert sowohl durch seine räumliche Grundstruktur, als auch durch seine Autogerechtigkeit stark an US-amerikanische Außenstadtzentren. In diesem Punkt ist es zwar anderen Regional Business Centres Brisbanes sehr ähnlich, unterscheidet sich aber deutlich von den anderen Fallbeispielen der Untersuchung. Upper Mount Gravatt besteht heute im wesentlichen aus einem vergleichsweise lockeren Konglomerat aus dem Garden City Shopping Centre sowie mehreren Bürokomplexen und ist auch in seiner internen Zirkulation ganz überwiegend auf das Automobil orientiert. Das weitgehende Fehlen stadtgestalterischer Elemente spiegelt sowohl die rein auf die Geschäftsfunktionen der Außenstadtzentren konzentrierte Planungspolitik des Brisbane City Councils, als auch die ausschließlich innenraumorientierte Strategie der Shopping Centre-Betreiber wider.

Viele Probleme, die heute für Upper Mount Gravatt prägend sind, sind nicht zuletzt ein Resultat minimaler städtebaulicher Planung und einer einseitig auf das Auto setzenden Verkehrspolitik. Obwohl das 1982 eingeführte Expressbus-System in Upper Mount Gravatt einen seiner wichtigsten Knotenpunkte hat und das Zentrum sowohl an den CBD als auch an weite Bereiche des mittleren Vorortgürtels anbindet, ist es dennoch kein Ersatz für einen effizienten, schienengebundenen Verkehrsträger. Andererseits besitzt Upper Mount Gravatt durch den South East Freeway und weitere Hauptverkehrsstraßen eine sehr günstige Lage im regionalen Straßennetz. Diese Situation findet auch im 'modal split' ihren Niederschlag. Weniger als 5 % aller in Upper Mount Gravatt beschäftigten Personen benutzen für den Weg zur Arbeit den ÖPNV (*Brisbane City Council - Department of Development and Planning* 1990b). Dieser Wert ist selbst für Brisbaner Verhältnisse sehr gering und liegt noch unter dem vergleichbarer Zentren wie Chermside oder Carindale. Diese einseitige Orientierung auf den motorisierten Individualverkehr bringt in den Stoßzeiten eine hohe Verkehrsbelastung mit sich.

Aufgrund seiner guten Entwicklungspotentiale sowie seiner günstigen Lage zwischen dem CBD und dem rasch wachsenden Raum der Gold Coast erfährt Upper Mount Gravatt eine besondere regional- und stadtplanerische Förderung. Heute wird es vom City Council als wichtigstes suburbanes Zentrum Brisbanes erachtet und soll deshalb vorrangig ausgebaut werden. Die städtebauliche Planung wird durch den Brisbane Town Plan von 1987 geregelt und erlaubt im zentralen Bereich von Upper Mount Gravatt eine maximale Bauhöhe von zehn Stockwerken sowie eine FSR von 2,5:1. Sicher wurde die ungeordnete städtebauliche Entwicklung des Zentrums durch die allzu pauschalen Festsetzungen erheblich begünstigt. Um eine effektivere Zentrumsplanung und eine weitere Expansion der kommerziellen Nutzung zu ermöglichen, wird derzeit jedoch ein differenzierterer Development Plan erarbeitet (*Brisbane City Council - Department of Development and Planning* 1990d). Damit kamen auch in Brisbane die Planungsinitiativen viel zu spät, um die städtebauliche Entwicklung der suburbanen Geschäftszentren in den Boomjahren sinnvoll zu steuern. Hinzu kommt, daß eine effektive öffentliche Planung durch die starke Konzentration des Grundbesitzes erheblich erschwert wird. So befinden sich große Teile Upper Mount Gravatts im Besitz von drei Großeigentümern, die die Planungsinitiativen des Councils immer wieder blockieren.

Sowohl bei Planern als auch bei Immobilienexperten steht außer Frage, daß Upper Mount Gravatt aufgrund seiner günstigen Lage auch weiterhin ein wachstumsstarkes Geschäftszentrum bleiben wird. Da aufgrund zurückgegangener Gewinnerwartungen die Bautätigkeit gegenwärtig auch in Upper Mount Gravatt recht gering ist, kann man jedoch nicht davon ausgehen, daß das Zentrum in absehbarer Zeit eine Dimension wie Parramatta, Chatswood oder Box Hill erreichen wird. Da Reserveflächen in ausreichendem Maße vorhanden sind und eine Nachverdichtung an vielen Stellen noch möglich ist, ist das Verkehrsproblem wohl der limitierende Faktor für die weitere Entwicklung.

Zusammenfassend sollen nochmals die wichtigsten Unterschiede zu den anderen Fallbeispielen dargelegt werden:

- Upper Mount Gravatt ist im Gegensatz zu den meisten anderen großen suburbanen Geschäftszentren Australiens nicht aus einem historisch gewachsenen Kern hervorgegangen. Den eigentlichen Ursprung bildete vielmehr ein freistehendes Shopping Centre, um das sich die anderen Funktionen anlagerten.
- Die starke Konzentration des Grundbesitzes in großen zusammenhängenden Parzellen ist außerordentlich kennzeichnend für das Zentrum und bestimmt in großem Maße seine räumliche Grundstruktur.
- Als Folge wirkt das Zentrum eher wie eine lockere und durch weite Verkehrsflächen getrennte Ansammlung von solitären Einkaufs- und Bürokomplexen mit nur losem Zusammenhalt. Eine Identifikation als 'Zentrum' bzw. als 'Ort des öffentlichen Lebens' ist erheblich erschwert.
- Wie die anderen Zentren Brisbanes ist Upper Mount Gravatt ein reines Geschäftszentrum, andere Cityfunktionen wie administrative oder kulturelle Einrichtungen sind kaum vorhanden.
- Sowohl in der externen als auch in der internen Verkehrszirkulation ist Upper Mount Gravatt fast vollkommen auf den motorisierten Individualverkehr ausgerichtet. Eine Begrenzung des Autoverkehrs, der etwa in Sydney und Melbourne ein wichtiges Ziel der Zentrenpolitik darstellt, spielt hier in der bisherigen Planung keine Rolle.

7.9 Toowong - CBD-nahes Büro- und Einzelhandelszentrum in Brisbane

Toowong weist mit seiner recht engen Bebauung einen völlig anderen Charakter als Upper Mount Gravatt auf. Es liegt nur vier Kilometer südwestlich des CBD und bildet den Endpunkt der Coronation Drive-Entwicklungsachse, die durch 'spill over'-Effekte aus dem CBD in den letzten beiden Jahrzehnten einen erheblichen Entwicklungsschub erfahren hat. Obwohl Toowong noch teilweise zu dieser lose strukturierten, auf den CBD bezogenen Büroachse gehört, konnte es sich doch als eigenständiges Zentrum profilieren. 1990 waren 3.150 Personen in Toowong beschäftigt, wobei der Bürosektor mit 57 % und der Einzelhandel mit 31 % die wichtigsten Arbeitgeber darstellten (*Brisbane City Council - Department of Development and Planning* 1990b).

Im Gegensatz zu vielen anderen suburbanen Geschäftszentren der Brisbane Metropolitan Area reicht die Geschichte Toowongs bis ins letzte Jahrhundert zurück. Die Eröffnung der Brisbane-Ipswich-Bahnlinie im Jahre 1875 war wohl der entscheidende Impetus für die frühe Entwicklung von Toowong und führte zum Entstehen einer ersten kleinen Ansammlung von Geschäften. Bis zur Jahrhundertwende entwickelte sich das Shire of Toowong zu einem wohlhabenden Vorort mit 4.700 Einwohnern. Als das Shire 1925 in die City of Brisbane eingemeindet wurde, hatte es 10.000 Einwohner. In der Zwischenkriegszeit expandierte das kleine Geschäftszentrum um den Bahnhof und wies bereits in den ersten Nachkriegsjahren ein breites Spektrum an Einzelhändlern, sonstigen Dienstleistern und kleineren Handwerksbetrieben auf (*Brisbane Suburban History Series* 1972, S.8). Seit 1970 leidet der Einzelhandel in Toowong aber unter der direkten Konkurrenz durch das nur einige Kilometer weiter südwestlich in Indooroopilly eröffnete Shopping Centre. Andererseits erlebte Toowong durch den Bau größerer Bürogebäude in der Sherwood Road im Laufe der 70er Jahre einen starken Aufschwung als suburbanes Bürozentrum. So war Toowong Anfang der 80er Jahre mit knapp 18.000 m^2 Bürofläche das größte suburbane Bürozentrum innerhalb der City of Brisbane (*Brisbane City Council* 1990h, S.26).

Erst mit der Renaissance innerstädtischer Stadtviertel in den 80er Jahren gewann Toowong auch als Einzelhandelszentrum wieder an Bedeutung. So gingen von der Eröffnung des Toowong Village Shopping Centres im Jahre 1986 wichtige Impulse aus. Der Bahnhofsbereich wurde völlig umgestaltet und die Einzelhandelsfläche um 29.700 m² erweitert. Als Teil des Toowong Village-Komplexes wurde auch ein 15-stöckiger Büroturm an der Sherwood Road gebaut (12.850 m² NBF). Heute bildet der Gesamtkomplex den eigentlichen Kern des Geschäftszentrums, auf den zwei Drittel aller Einzelhandelsgeschäfte und ein Viertel aller Bürobetriebe konzentriert sind (Abb. 7.10). Nach der Eröffnung des Toowong Village-Komplexes verlangsamte sich die Entwicklungsdynamik von Toowong wieder. Dies gilt insbesondere für den Einzelhandel, der außerhalb des Einkaufszentrums bis heute fast ausschließlich auf den lokalen Bedarf zugeschnitten ist. Im Bürosektor dagegen kam es zum Bau weiterer kleinerer und mittelgroßer Gebäude. Trotz der dynamischen Büroflächenentwicklung verlor Toowong seinen Rang als größtes suburbanes Bürozentrum der City of Brisbane Anfang der 90er Jahre an Upper Mount Gravatt (Tab. 7.13).

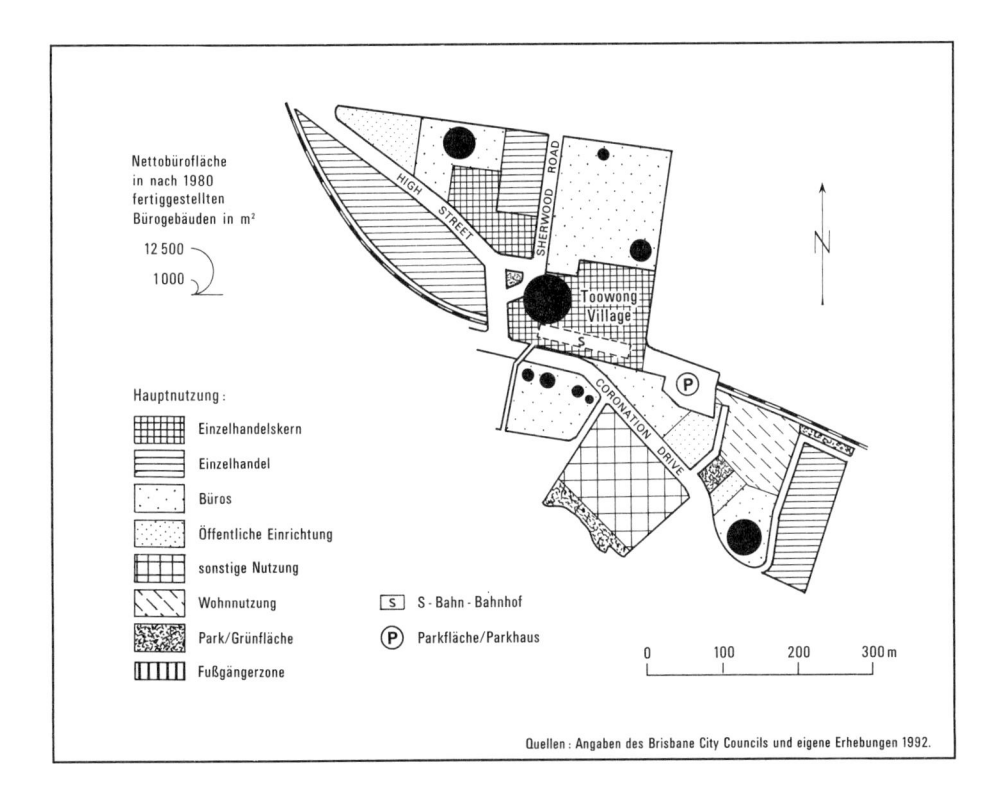

Abb. 7.10: Toowong: Neue Bürogebäude und Zonen vorherrschender Nutzung 1992
Toowong: New office buildings and zones of land use 1992

Insgesamt ist Toowong heute sehr viel stärker vom Bürosektor als vom Einzelhandel geprägt. Das relativ hohe Prestige von Toowong als Bürozentrum hängt nicht zuletzt mit der für den suburbanen Raum Brisbanes ungewöhnlichen Bebauungsdichte und -höhe zusammen. Die vergleichsweise großen Bauhöhen (bis zu 15 Stockwerke) und die erhebliche Verdichtung der Bürobebauung sind vorwiegend das Resultat von drei Faktoren:
- In Toowong wurde bereits frühzeitig eine verdichtete Bürobebauung zugelassen. Die vergleichsweise hohen Bodenpreise im zentralen Bereich Toowongs führten zudem zu einer fast vollständigen Ausschöpfung der vom Town Plan maximal erlaubten FSR von 1,5:1.
- Die äußere Kompaktheit des Zentrums und der Mangel an großen, zusammenhängenden Bauflächen schloß eine flächenextensive Bauweise von Anfang an aus.
- Die Nachfrage nach Büroraum geht vorwiegend von kleineren und recht spezialisierten Bürobetrieben mit geringem Kundenverkehr aus (*Brisbane City Council - Department of Development and Planning* 1990b, S.18).

Ein weiter Grund für Toowongs Image als bedeutsames Bürozentrum liegt in der besonderen Branchenzusammensetzung. Wie bereits angedeutet, befinden sich in Toowong viele kleinere und mittelgroße Büros, für die ein teurer CBD-Standort nicht notwendig ist, aber die Nähe zum Stadtzentrum große Vorteile hat. So befinden sich in Toowong überproportional viele nationale oder bundesstaatliche Hauptverwaltungen kleinerer Industrie- oder Dienstleistungsunternehmen. Zudem bildete sich eine deutliche Konzentrationen von Bürobetrieben in den Bereichen 'Immobilienentwicklung' (Immobilienagenten, Immobilienschätzer, Architekten, Bauingenieure usw.) und 'Unternehmensdienstleistungen' (Marktforschungsinstitute, Unternehmensberater, Anlageberater usw.) heraus. Insgesamt zeigt der Bürosektor Toowongs einen hohen Grad an internen und externen Verflechtungen. Dies gilt vor allem für die Unternehmen des Immobiliensektors, die sowohl innerhalb von Toowong als auch mit Unternehmen im CBD eng verknüpft sind. Bis heute geht die Büroflächennachfrage in Toowong in ganz überwiegendem Maße vom Privatsektor aus. Der öffentliche Sektor spielt sowohl bei der Flächennachfrage als auch beim Arbeitsplatzangebot nur eine untergeordnete Rolle. Die mit Abstand größten öffentlichen Arbeitgeber sind die Queensland Criminal Justice Commission und die Australian Broadcasting Corporation, deren Sendeanstalt für Queensland sich in Toowong befindet.

Im Brisbane Town Plan ist Toowong nicht als 'Regional Business Centre' ausgewiesen, sondern besitzt aufgrund seiner CBD-nahen Lage und seines verhältnismäßig schwach entwickelten Einzelhandelssektors nur den Status eines 'Major Suburban Centres'. Allerdings spielt Toowong als Bürozentrum in der Zentrenplanung des City Councils dennoch eine herausgehobene Rolle. So soll Toowong nach dem Willen der Planer auch in Zukunft ein dynamischer Bürostandort bleiben. Neben der günstigen Nachfragesituation im Bürosektor spielt für dieses Ziel auch der S-Bahn-Anschluß eine große Rolle. In Toowong kommt ein Drittel aller Beschäftigten mit dem ÖPNV zur Arbeit. Dies ist der mit Abstand höchste Wert aller suburbanen Geschäftszentren Brisbanes.

Eine weitere Büroentwicklung stößt in dem kompakten und bereits stark verdichteten Zentrum jedoch auf Umsetzungsprobleme. Nur am Nordende des Zentrums stehen kurzfristig nutzbare Flächen für ein Redevelopment zur Verfügung. Um den akuten Flächenmangel zu beheben und den Bau größerer Bürogebäude zu ermöglichen, wird vom Brisbane City Council erwogen, die maximal erlaubte FSR auf 2,5:1 anzuheben. Aber selbst dann wäre nach den Prognosen des Councils eine Erweiterung der für kommerzielle Nutzungen zonierten Flächen in die angrenzenden Wohngebiete hinein notwendig. Im Gegensatz zum Bürosektor werden vom Einzelhandel kaum größere Flächenanforderungen ausgehen. Das relativ kleine Einzugsgebiet läßt eine Erweiterung der Einzelhandelsfläche kaum erwarten. Wahrscheinlicher ist es, daß das 2,5 km entfernte Indooroopilly als Einzelhandelszentrum und Toowong als Bürozentrum zunehmend komplementäre Funktionen wahrnehmen und auf längere Sicht zu einem Doppelzentrum 'zusammenwachsen'.

7.10 Fremantle - historisches Zentrum mit eigenständiger Entwicklung

Das historisch gewachsene Geschäftszentrum von Fremantle liegt etwa 16 km südwestlich des CBD von Perth an der Mündung des Swan Rivers in den Indischen Ozean. Obwohl sich Fremantle ursprünglich als eigenständiger Siedlungskern entwickelte, ist es als Folge der Suburbanisierungsprozesse der Nachkriegszeit heute Teil der Perth Metropolitan Area. Fremantle erlebte nach Jahrzehnten des Niedergangs ab den 70er Jahren wieder einen beachtlichen Aufschwung und ist heute mit etwa 7.000 Beschäftigten das mit Abstand größte Geschäftszentrum außerhalb des Verdichtungskernes. In der Regionalplanung besitzt Fremantle seit 1955 eine herausragende Bedeutung als Geschäftszentrum. Diese Rolle behielt es sowohl im Metropolitan Region Planning Scheme von 1963 als auch in den Planungsstrategien des Corridor Plans von 1970 und des Metroplans von 1990 (*Western Australia - Department of Planning and Urban Development* 1991c und 1990a, *Western Australia - State Planning Commission* 1987a, *Stephenson/Hepburn* 1955).

Im Gegensatz zu anderen suburbanen Zentren Australiens hat sich die Einzelhandels- und Büroentwicklung der letzten Jahrzehnte überwiegend innerhalb der historischen Bausubstanz vollzogen. An kaum einem anderen Ort Australiens finden sich noch so viele Zeugen der Kolonialgeschichte wie in Fremantle, wo die Bausubstanz des 19. Jahrhunderts bis heute stadtbildprägend ist.

Die Entwicklung von der Hafenstadt zum suburbanen Geschäftszentrum

Der Hafenort Fremantle wurde 1829 etwa zeitgleich mit Perth gegründet. Die Wahl eines fast 18 km im Landesinneren am Swan River gelegenen Standorts für die Koloniehauptstadt Perth machte die Gründung einer zusätzlichen Hafenstadt notwendig, zumal die Mündung des Flusses durch eine querliegende Kalksteinbarre für größere Schiffe unpassierbar war (*Shaw* 1979, S.330). Aufgrund der allgemein schleppenden Entwicklung der jungen Kolonie verlief auch Fremantles Entwicklung zunächst langsam. Im Jahre 1859 war Fremantle mit 2.392 Einwohnern etwa gleichgroß wie Perth. Allerdings war das Jahr 1859 auch ein Wendepunkt, von dem ab sich die Wachstumsschere zwischen Perth und Fremantle weitete. Dennoch bedeuteten die 80er und 90er Jahre des 19. Jahrhunderts auch in Fremantle eine Zeit vorher nicht erlebten Wachstums (*Newman* 1989). Obwohl Fremantle seine Stellung als bis dahin praktisch einziger Hafen der Kolonie verlor, wuchs der Ort durch die Einflüsse des Goldrausches nach 1890 endgültig über die Bedeutung eines kolonialen Außenpostens hinaus.

Die Zeitphase raschen Wandels hielt bis etwa 1910 an. Diese Entwicklungsphase kann als eine der wichtigsten in der Geschichte der Siedlung angesehen werden und prägt mit ihren zahlreichen Veränderungen bis heute Stadtbild und Stadtstruktur:

- Um die Jahrhundertwende kam es zu einer fast vollständigen Neubebauung des gesamten West Ends (westlich der Market Street) mit repräsentativen viktorianischen Bank-, Reederei- und Kontorgebäuden sowie zahlreichen Hotels und großen Lagerhäusern. Zudem fiel in diese Zeit der Bau großer öffentlicher Gebäude. Es ist im wesentlichen Bausubstanz aus dieser Zeitphase, die Fremantle sein einzigartiges Stadtbild verleiht.
- Der Bau der Fremantle Bridge im Jahre 1866 und die Eröffnung der Eisenbahnlinie im Jahre 1881 hatten die Verkehrssituation zwischen Fremantle und Perth erheblich verbessert. Außerdem verband das ab 1905 ausgebaute Straßenbahnnetz (bis 1952 in Betrieb) das von zunehmender Citybildung und Funktionsdifferenzierung gekennzeichnete Zentrum mit den wachsenden umliegenden Wohngebieten.
- Nach der Sprengung der Kalksteinbarre in der Flußmündung konnte im Jahre 1900 der 'Inner Harbour' in der Flußmündung des Swan Rivers eröffnet werden. Zusammen mit der Verlegung des Bahnhofs um etwa 400 m nach Nordosten an seinen heutigen Standort (1907), den Neubau des Postamts in der Market Street und den neuen öffentlichen Gebäuden um den King's Square verlagerte sich der ökonomische Schwerpunkt nach und nach vom Westende des Zentrums nach Norden und Osten. Dies war verbunden mit einer zunehmenden räumlichen Funktionstrennung zwischen hafenbezogenen Bürodienstleistungen im Norden des Zentrums und dem Einzelhandel mit dem Schwerpunkt im High Street/Market Street-Bereich.

Nach dem Ersten Weltkrieg machten sich in Fremantle allerdings erste Stagnationserscheinungen bemerkbar. Diese zeigten sich vor allem im Zentrumsbereich, der im Vergleich mit dem großstädtischen CBD von Perth immer weiter zurückfiel. Hinzu kam, daß sich durch die Abwanderung von Industrieunternehmen nach Perth eine zunehmende hafenbezogene Monostrukturierung herausbildete. Mit dem Bedeutungsverlust des Hafens nach dem Zweiten Weltkrieg geriet auch das Zentrum von Fremantle in eine Phase des 'urban decline'. Dennoch blieb Fremantle, das seit Anfang der 50er Jahre zunehmend in den rasch wachsenden Verdichtungsraum Perth einbezogen wurde, nach dem CBD das zweitgrößte Einzelhandels- und Bürozentrum der Metropolitan Area.

Die 60er und frühen 70er Jahre: 'urban decline' und ökonomische Revitalisierung

Die Eröffnung des Kwinana Freeways im Jahre 1959 führte zur Entstehung von großen Wohngebieten östlich von Fremantle, wodurch sich die Bevölkerungszahl im weiteren Einzugsbereich des Geschäftszentrums deutlich erhöhte. Trotzdem blieb Fremantle in seinem Zentrum ein ökonomisch stagnierender Arbeiter- und Hafenvorort, der nur in geringem Maße von den Wachstumsimpulsen des westaustralischen Rohstoffbooms profitieren konnte. Diese Sonderrolle Fremantles ist nicht zuletzt der Grund dafür, daß die Bausubstanz die stürmischen 60er Jahre fast schadlos überstanden hat. Andererseits waren einzelne Bereiche von Fremantle Ende der 60er Jahre so heruntergekommen, daß der City Council neben der Beseitigung einzelner historischer Gebäudekomplexe sogar den großflächigen Abriß ganzer Baublocks erwog (*Newman* 1989, S.47).

Die erste Hälfte der 70er Jahre ergab für Fremantle ein Nebeneinander von zunächst widersprüchlichen Entwicklungstrends. Zum einen ging der Bevölkerungsverlust im Zentrum und den umliegenden Vierteln weiter, zum anderen zog die alte Bausubstanz aber besserverdienende 'trendies' an, die ab Anfang der 70er Jahre zu einer baulichen und sozialen Aufwertung der architektonisch attraktiveren zentrumsnahen Wohngebieten führte. Zudem dehnte sich das 'Hinterland' Fremantles durch die rasche Entwicklung von Industrie- und Wohngebieten des 'South West Sectors' der Metropolitan Area nach Süden hin erheblich aus. Die Eröffnung des Garden City Shopping Centres im etwa 8,5 km entfernten Booragoon im Jahre 1972 führte jedoch zu einer starken Beschneidung von Fremantles Einzugsbereich im Osten. Dennoch vollzog sich der Wandel Fremantles vom nur lokal bedeutsamen Einzelhandelszentrum zum subregionalen Zentrum für den Bereich der südwestlichen Vororte des Verdichtungsraumes. Dieser drückte sich zum einem in einer starken Verkaufsflächenerweiterung, zum anderen in einem Wandel des Angebotsspektrums aus, der durch einen erheblichen Bedeutungsgewinn langfristiger Konsumgüter geprägt war (*Ralph Stanton Planners/Kinhill Planners* 1980, S.34). Insgesamt konnte Fremantle seine Position als zweitgrößtes Einzelhandelszentrum des Verdichtungsraumes trotz der neuen Konkurrenz auch während der 70er Jahre halten. Im Kernbereich des Zentrums kam es zu einem Aufschwung neuer Einzelhandelsformen und zu einem raschen Ausbau der Einzelhandelsfläche, die sich zwischen Mitte der 60er Jahre und Mitte der 70er Jahre fast verdoppelte. Neue Gebäude am verkehrsmäßig besser erschlossenen und großzügiger parzellierten Nordrand des Zentrums brachen nicht nur mit dem architektonischen Stil und dem Maßstab der älteren Bebauung, sondern führten auch zu einer weiteren Nordost-Verschiebung des Einzelhandelsschwerpunktes. Allerdings blieb hierdurch die geschlossene, historische Bausubstanz des West Ends unangetastet. Nur im Bereich des King's Square entstand ein direktes Nebeneinander von alten und neuen Bauformen.

Tab.7.14: Bruttogeschoßfläche für Einzelhandels- und Büronutzungen in Fremantle 1955 bis 1990
Retail and office floorspace (gross) in Fremantle 1955 to 1990

	1955 in m^2	1974 in m^2	1979 in m^2	1986 in m^2	1990 in m^2	Zunahme 1955-90 in m^2	in %
Einzelhandel/Dienstleistungen[a]	35.300	72.250	72.000	91.000	107.065	71.765	203,3
Büronutzungen[b]	36.250	34.000	45.000	79.200	92.570	56.320	155,4
Gesamt	71.550	106.250	117.000	170.200	199.635	128.085	179,0

[a] umfaßt Einzelhandel und andere konsumorientierte Dienstleistungen in Ladengeschäften
[b] einschließlich Büroflächen außerhalb reiner Bürogebäude

Quelle: *Stephenson/Hepburn* (1955) sowie Angaben des *Fremantle City Council* und des *Department of Planning and Urban Development*

Nachdem die Veränderungen auf dem Bürosektor bis Mitte der 70er Jahre eher bescheiden waren, erfolgte zwischen 1976 und 1979 der Bau einiger kleinerer und mittelgroßer Bürogebäude im Bereich östlich des King's Square. Die Büroflächen in diesen Gebäuden wurden überwiegend von Lokal- oder Regionalfilialen öffentlicher Behörden sowie kleineren privaten Büroraumnutzern (Rechtsanwälte, Buchprüfer, Ärzte usw.) nachgefragt. Die hafenbezogenen Dienstleister behielten jedoch ganz überwiegend ihre traditionellen Standorte im West End bei. 1979 befanden sich von insgesamt

45.000 m² Bürogeschoßfläche 21.000 m² in Nachkriegsgebäuden und 24.000 m² in historischen Kontorgebäuden des West Ends (*Ralph Stanton Planners/Kinhill Planners* 1980).

Das Ende der Phase schneller Einzelhandelserweiterungen markierte in der zweiten Hälfte der 70er Jahre wieder einen Wendepunkt in der Entwicklung Fremantles. Während der Gegensatz von Neubau im Nordosten des Zentrums und Zerfall im um die Jahrhundertwende bebauten Südwesten um diesen Zeitpunkt seinen Höhepunkt erreichte, erhielten fortan die Ziele 'qualitatives Wachstum' und 'erhaltende Stadterneuerung' in der Planung von Fremantle oberste Priorität (*City of Fremantle* 1974). Bereits Mitte der 70er Jahre wurden die ersten öffentlichen Gebäude mit Geldern der Bundesregierung renoviert. Zudem war die Einzelhandelsentwicklung ab diesem Zeitpunkt viel stärker durch eine bewußte Nutzung der besonderen städtebaulichen Qualitäten Fremantles und eine Inwertsetzung der historischen Bausubstanz gekennzeichnet. So wurde 1975 die High Street Mall als eine der ersten Fußgängerzonen Australiens angelegt (*Mooney* 1985).

Die Entwicklung seit Anfang der 80er Jahre - kommerzielle Dynamik in historischer Bausubstanz

Nachdem erste wichtige Revitalisierungsschritte bereits in den 70er Jahren durchgeführt werden konnten, erlebte Fremantle in den 80er Jahren sowohl in ökonomischer als auch in städtebaulicher Hinsicht einen beachtlichen Aufschwung. Im Laufe der 80er Jahre nahm die Einzelhandelsfläche Fremantles nochmals um etwa 50 % zu (Tab. 7.14). Im Gegensatz zu den frühen 70er Jahren geschah dies aber nur in Ausnahmefällen durch großflächige Einzelhandelsformen, sondern vielmehr durch eine starke Zunahme kleinteiliger Einzelhandelsstrukturen und Flächen in 'mixed developments'. Sicher war die Einzelhandelsausweitung, die Mitte der 80er Jahre ihren Höhepunkt erreichte, auch eine Begleiterscheinung des großen Yachtrennens um den America's Cup. Allerdings reflektiert sie ebenso die Neubewertung des historischen Fremantles als Einkaufs- und Vergnügungsort durch die lokale Bevölkerung. Dieser neuen Rolle Fremantles entspricht der in den 80er Jahren stark angestiegene Anteil des auf Fremdenverkehr und Erlebniseinkauf ausgerichteten Angebots sowie die Expansion der Gastronomie. Insgesamt brachten die 80er Jahre eine ganze Reihe an beachtenswerten Einzelhandels- und Unterhaltungsprojekte hervor. Zu den bemerkenswertesten Beispielen gehören:
- der seit 1982 ausgebaute Komplex der Fremantle und Paddy Troy Malls auf dem großen Baublock zwischen William Street und South Terrace. Dieser direkt gegenüber der Town Hall gelegene Baublock wies 1980 trotz seiner zentralen Lage nur marginale Nutzungen auf (Gebrauchtwagenhändler, Werkstätten, Parkplätze, Billighotels usw.). Anfang der 80er Jahre begannen im City Council die Planungen, den großen Baublock durch ein System von kleinen Malls und Fußgängerdurchbrüchen stärker zu gliedern und somit die nutzbare Einzelhandelsfläche zu erhöhen. Aufgrund einer intensiven Überzeugungsarbeit seitens des City Councils und der Aussicht auf steigende Immobilienwerte konnten die Grundstückseigentümer dazu bewegt werden, einen Teil ihrer Grundstücke abzutreten und zudem einen einmaligen Beitrag von A$ 100.000 für die Entwicklung des neuen Wegesystems zu leisten. So konnte die Paddy Troy Mall 1982 zu minimalen Kosten für den Council fertiggestellt werden. Bereits nach kurzer Zeit war eine deutliche Zunahme der privaten Investitionsbereitschaft festzustellen. Heute weist der Bereich neben liebevoll renovierten Altbauten einige der attraktivsten Einkaufspassagen Westaustraliens auf (Fremantle Malls, Freo Lane Arcades, Manning Arcade, South Terrace Plaza usw.).

- der 1986 angelegte, sogenannte 'cappuccino strip' mit einer Vielzahl von Straßencafés und Bars entlang der South Terrace. Der heute bei Besuchern und Einheimischen gleichermaßen beliebte Bereich war Anfang der 70er Jahre aufgrund seines schlechten baulichen Zustands zum Komplettabriß vorgesehen. Der Anstoß zur Sanierung kam Mitte der 80er Jahre von den Grundstückseigentümern. Diese Initiative wurde aber vom City Council, der selbst einige Grundstücke an der South Terrace besaß, rasch aufgegriffen. Nach einer notwendigen Änderung des Bebauungsplans wurde die Idee einer von Straßencafés begleiteten Flaniermeile durch gemeinsame Anstrengungen von Grundstückseigentümern und City Council zügig in die Tat umgesetzt.
- die Erneuerung der 1897 erbauten Fremantle Markets. Diese wurde zwar bereits 1975 durchgeführt, aber im Laufe der 80er Jahre entwickelten sich die im Volksmund 'Freo Market' genannten und vier Tage in der Woche geöffneten Markthallen zu einem außerordentlichen Anziehungspunkt für Einkäufer und Touristen.
- das 1986 eröffnete Woolstores Shopping Centre. Es ist bis heute das einzige geschlossene Einkaufszentrum in Fremantle und bietet auf 7.700 m^2 Einzelhandelsfläche Platz für einen Supermarkt und 29 kleinere Einzelhandelsgeschäfte. Das Shopping Centre ist ein neuer Anziehungspunkt in dem vorher von leerstehenden Wollagerhäusern der Zwischenkriegszeit dominierten Bereich und stellt eine Norderweiterung des Geschäftszentrums dar. Allerdings ließ sich das in seinem Äußeren ansprechend gestaltete und sich gut in die umgebende Bebauung einfügende Einkaufszentrum nur durch eine Rücknahme der Denkmalschutzbestimmungen verwirklichen.

Die positive Entwicklung im Einzelhandelsbereich wurde durch eine zunehmende Dynamik im Bürosektor ergänzt. Obwohl Fremantle in den 80er Jahren keinen ausgesprochenen Büroboom erlebte, nahm die Bürofläche insbesondere durch den Flächenbedarf des öffentlichen Sektors sukzessive zu. Die neu erstellten Büroflächen befinden sich sowohl in häufig als 'mixed developments' angelegten Gebäuden östlich der Market Street als auch in um- bzw. ausgebauten Kontor- und Lagergebäuden im West End. Ein herausragendes Beispiel für einen modernen aber in die historische Bebauung eingepaßten Bürokomplex ist das 1986 fertiggestellte neue 'Customs House' (*Dawkins* 1988; *Dawkins/MacGill* 1990, *Newman* 1988b).

Exkurs: Das neue Customs House

Das in einem ehemals heruntergekommen Baublock im nördlichen Teil des West Ends entstandene Customs House ist wohl eines der gelungensten australischen Beispiele für eine angepaßte Bürobebauung in historischem Umfeld. Die Idee zum Bau eines neuen Customs House und die Rückverlagerung der Verwaltung des westaustralischen Zollamtes nach Fremantle wurde ab Anfang der 80er Jahre durch die Bundesregierung vorangetrieben. Die Planungen sahen eine Konsolidierung des vorher auf verschiedene Standorte verteilten Customs Bureau in einem einzigen Gebäudekomplex vor, der zudem noch Zweigstellen anderer Bundesbehörden aufnehmen sollte. Vom City Council wurde das Vorhaben von Anfang an als Chance zur Revitalisierung gesehen. Im Laufe der Standortplanungen kam es jedoch zu Differenzen zwischen den Vorstellungen der Stadtverwaltung und der Bundesregierung in Canberra. Während Canberra eine achtstöckige Neubauvariante im östlichen Bereich des Zentrums favorisierte, votierte der City Council für einen Standort im nördlichen West End, der sowohl den Erhalt und Zusammenhalt des historischen 'shipping districts' als auch die Revitalisierung eines fast völlig leerstehenden Häuserblocks ermöglichte (*Dawkins/MacGill* 1990, S.84). Der endgültige Vorschlag des Councils sah den Ausbau eines Bürokomplexes im leerstehenden, um die Jahrhundertwende gebauten 'Falk Building' (Ecke Phillimore Street/Henry Street) sowie großer Teile des entsprechenden Häuserblocks vor. Durch die erfolgreiche Lobbyarbeit einer Council-Delegation in Canberra und der offenen Drohung, andere Standorte durch die Instrumente der Bauleitplanung so weit wie möglich zu verhindern, konnte sich der Council mit seiner Planung letztendlich durchsetzen. Hierbei war nicht unerheblich, daß sowohl die Mehrheit des Fremantle City Councils als seit 1983 auch die Regierung in Canberra von der Labor Party gestellt wurde und über die Brüder John Dawkins - als Fremantles Labor-Abgeordneter mit Kabinettsrang - und Jeremy Dawkins - als Fremantles Stadtplaner - eine enge Verbindung zwischen den verschiedenen Verwaltungs- und Politikebenen bestand (*Newman* 1989, S.50). Das Resultat der Bemühungen des Councils ist ein 1986 fertiggestellter, dreistöckiger Bürokomplex, der belegt, daß moderne Büros auch in empfindliche historische Bauensembles eingefügt werden können. So konnten sechs denkmalgeschützte Fassaden erhalten und in die neue Baustruktur einbezogen werden. Neben der gelungenen 'Stadtreparatur' trägt das Gebäude mit seinen 500 Arbeitsplätzen für Regierungsangestellte erheblich zur ökonomischen Basis Fremantles bei und ist mit knapp 11.000 m² Bürofläche bis heute der größte Bürokomplex des Geschäftszentrums. Nach *Dawkins* (1988, S.73) war das Customs House sowohl in baulicher als auch funktionaler Hinsicht Fremantles wichtigstes Bauprojekt der letzten Jahrzehnte.

Die beispielgebende Wirkung, die vom neuen Customs House ausging, war erheblich. In den letzten Jahren entstanden mehrere 'mixed developments' innerhalb der historischen Baustrukturen des West Ends. So bezog etwa die kleine katholische University of Notre Dame einen umgebauten und modernisierten Lagerhauskomplex. Ein führendes australisches Exportunternehmen verlegte sogar seine Hauptverwaltung vom CBD von Perth zurück nach Fremantle, wo es einen um die Jahrhundertwende gebauten Lagerhauskomplex gegenüber dem Customs House zu Büros umbaute.

Tab.7.15: Fremantle - Geschoßflächen und Beschäftigte nach Funktionen 1990
Fremantle - floorspace and employment by function 1990

	Bruttogeschoßfläche in m²	in %	Beschäftigte abs.	in %
Einzelhandel/Dienstleistungen[a]	107.065	26,3	3.027	43,7
Büronutzungen[b]	92.570	22,7	3.174	45,8
Gastronomie/Unterhaltung	21.388	5,2	330	4,8
Lager/Speditionen	112.848	27,7	79	1,1
Industrie/Handwerk	10.829	2,7	115	1,7
Wohnen	19.402	4,8	-	-
Sonstige	9.218	2,3	205	3,0
Leerstehend	34.546	8,5	-	-
Gesamt	407.866	100	6.930	100

[a] umfaßt Einzelhandel und andere konsumorientierte Dienstleistungen in Ladengeschäften
[b] einschließlich Büroflächen außerhalb reiner Bürogebäude

Quelle: *Western Australia - Department of Planning and Urban Development*

Zweifellos konnte Fremantle von der Dezentralisierung öffentlicher Behörden im Laufe der 80er Jahre erheblich profitieren. Heute ist das Zentrum Hauptstandort wichtiger Behörden wie des Departments of Marine and Harbours, des West Australian Customs Service, des West Australian Wool Exchange oder der Fremantle Port Authority. Neben dem öffentlichen Sektor spielen die überwiegend auf das West End konzentrierten hafenbezogenen Dienstleistungen wie Reedereien, Speditionen, Zollagenturen, Export/Import-Unternehmen noch immer eine große Rolle.

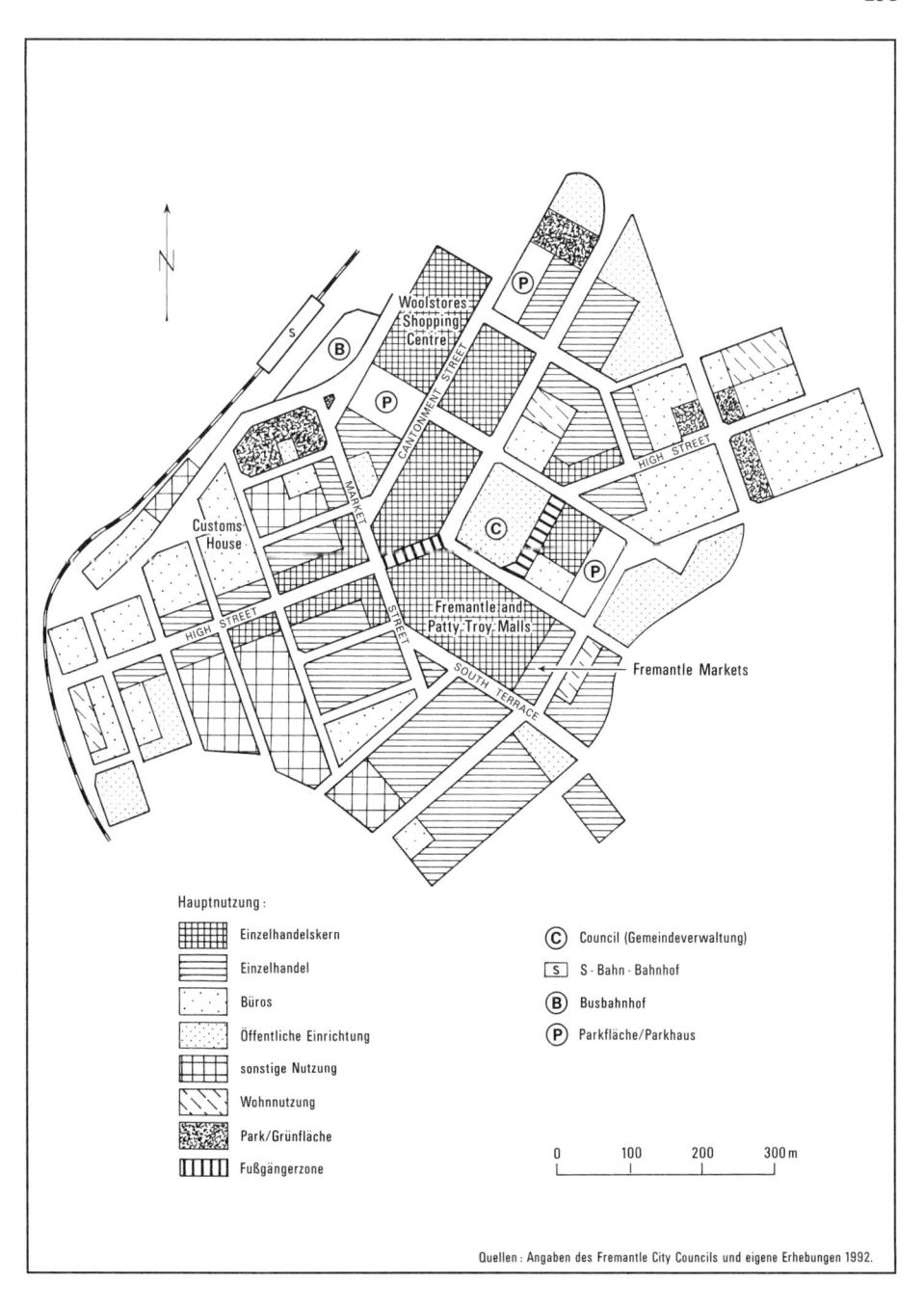

Abb. 7.11: Fremantle: Neue Bürogebäude und Zonen vorherrschender Nutzung 1992
Fremantle: New office buildings and zones of land use 1992

Fremantle ist auch Standort von anderen regional bzw. national bedeutsamen Einrichtungen wie dem West Australian Maritime Museum, dem Historic Boats Museum, des Fremantle College of TAFE, dem Fremantle Technical College usw. Neben diesen vorwiegend citybezogenen Nutzungen hat sich in Fremantle aber bis heute eine beachtliche Funktionsmischung erhalten (Tab. 7.15). So sind in Teilen des West Ends noch Lagerhäuser und kleine Handwerksbetriebe zu finden, während im Osten des Zentrums das Wohnen einen erheblichen Anteil an der Flächennutzung besitzt (Abb. 7.11).

Die Hintergründe der erfolgreichen Revitalisierungs- und Erhaltungsstrategie

Mit Sicherheit hat die Revitalisierung Fremantles von der allgemeinen Neubewertung historischer Stadtstrukturen, dem zunehmenden Einfluß des Fremdenverkehrs und dem Ausbau öffentlicher Einrichtungen stark profitiert. Aber die ökonomisch und auch stadtentwicklungspolitisch optimale Nutzung dieser Entwicklungsimpulse wäre nicht ohne die Basis denkbar gewesen, die bereits in den 70er Jahren auf lokalpolitischer Ebene gelegt wurde. Als die wesentlichen Elemente der erfolgreichen Revitalisierungsstrategie lassen sich folgende Punkte festhalten (*Dawkins* 1988, *Dawkins/MacGill* 1990, *Hipkins* 1989, *Newman* 1989 und 1988b):
- die ersten Ansiedlungen bedeutender kultureller Einrichtungen in restaurierten Gebäuden ab Ende der 60er Jahre. Diese Projekte wie das Fremantle Museum and Arts Centre sowie das Perth Institute of Film and Television trugen zwar zur Neubewertung der historischen Bausubstanz bei, stellten aber zunächst nur isolierte Revitalisierungsansätze dar.
- die Gelder aus dem National Estate Program während der Whitlam-Regierung von 1972 bis 1975. Dieser Zufluß an Bundesmitteln hatte einen nachhaltigen Effekt auf das Stadtbild von Fremantle, da einige der wichtigsten historischen Gebäude im Stadtzentrum vor dem Zerfall gerettet werden konnten. Wie *Newman* (1988b, S.74) betont, besaßen diese Gelder trotz ihres bescheidenen Umfangs einen erheblichen symbolischen Wert.
- die Arbeit der Fremantle Society, die als lokale Bürgerbewegung mit dem Ziel des Erhalts der historischen Bausubstanz im Laufe der 70er Jahre eine nicht zu unterschätzende Bedeutung erlangte. Die Fremantle Society entwickelte sich zu einer schlagkräftigen und gut organisierten Bürgerbewegung und errang auch einen bestimmenden Einfluß im City Council. Das Ziel der Gruppe war es, einerseits die ökonomische Krise auch mit Hilfe privater Investoren zu überwinden, andererseits aber die städtebaulichen Besonderheiten Fremantles zu bewahren. Obwohl der Kampf um das historische Erbe politisch bereits in der zweiten Hälfte der 70er Jahre gewonnen wurde und wesentliche Elemente der Erneuerungsstrategie planerisch fixiert werden konnten, ließen sich viele Vorhaben aufgrund von Geldmangel und fehlender Nachfrage privater Investoren zunächst nicht umsetzen. Erst mit der steigenden Nachfrage in den 80er Jahren konnte Planungsansatz des Fremantle City Councils seiner mit ausgeprägten Entwicklungssteuerung und seiner deutlichen Betonung gemeinschaftsbezogener Projekte wirklich greifen.
- die verbesserte politische Vertretung Fremantles durch die Regierungsübernahme der Labor Party auf Staats- und Bundesebene im Jahre 1983. Insgesamt kam Fremantle hierdurch in den 80er Jahren in den Genuß überdurchschnittlicher Finanzzuweisungen. Die Entwicklung Fremantles wird auch weiterhin von der Kooperationsbereitschaft der Bundesregierung sowie der westaustralischen Staatsregierung abhängig sein. Diese sind mit zusammen über 40 % des Grundbesitzes die bedeutendsten Grundeigentümer.

- der durch Fremantles Rolle als Austragungsort des Yachtrennens um den America's Cup ausgelöste Entwicklungsschub.[13] Auch wenn letztendlich nur ein Fünftel der im Zuge des America's Cup geplanten Bauvorhaben tatsächlich verwirklicht wurden, konnte Fremantle vom Cup in erheblichem Maße profitieren. Im Gegensatz zu anderen australischen Großprojekten behielt der City Council mit seinem Planungsinstrumentarium einen starken Einfluß auf die gesamte Entwicklung. In der Zusammenarbeit mit staatlichen und bundesstaatlichen Stellen konnten somit die positiven Effekte für die lokale Bevölkerung optimal genutzt werden. Alleine die Bundesregierung stellte A$ 30 Mio. für gemeinschaftsbezogene Projekte zur Verfügung. Sowohl auf lokalpolitischer als auch wissenschaftlicher Ebene besteht heute ein breiter Konsens darüber, daß sich der America's Cup für Fremantle auch langfristig bezahlt gemacht hat. Nach *Newman* (1989) umfassen die positiven Langfristeffekte des Wettbewerbs sowohl Verbesserungen in der bebauten und unbebauten Umwelt als auch Verbesserungen auf ökonomischem und sozialem Gebiet. Neben der Sanierung zahlreicher historischer Gebäude wurde die technische Infrastruktur Fremantles grundlegend erneuert.
- der Erhalt der Fremantle Railway Line und die auf den ÖPNV ausgerichtete Verkehrsstrategie. Im Jahre 1979 wurde die 1881 eröffnete Bahnlinie zunächst eingestellt und durch einen Busservice ersetzt. Durch die Arbeit der Bürgerinitiative 'Friends of the Railways' und anhaltende Proteste in der Bevölkerung wurde die S-Bahn-Verbindung zwischen Perth und Fremantle zum Thema des westaustralischen Wahlkampfes von 1983. Nachdem die Labor Party die Wahl gewann, machte sie noch im gleichen Jahr ihr Versprechen wahr, die Eisenbahnlinie wieder zu eröffnen. 1985 beschloß das Kabinett, die alten Diesellokomotiven zu ersetzen und das gesamte S-Bahn-System von Perth zu elektrifizieren. 1991 konnte das elektrifizierte Netz in Betrieb genommen werden (*Newman* 1991, *Mortimer* 1991). Durch die Erneuerung der Eisenbahnlinie konnte die Stellung Fremantles als wichtiger Knotenpunkt für das regionale ÖPNV-System noch ausgebaut werden.[14] Der eher peripheren Lage im Hinblick auf den motorisierten Individualverkehr steht somit eine 'zentrale' Lage im ÖPNV-Netz gegenüber. Mit Sicherheit hat die auf den ÖPNV, Fahrradfahrer und Fußgänger ausgerichtete Verkehrsstrategie in erheblichem Maße dazu beigetragen, die historische Baustruktur und die überdurchschnittliche Aufenthaltsqualität zu erhalten.

Nicht alle Entwicklungsstrategien Fremantles lassen sich als Erfolgsrezepte auf andere Geschäftszentren übertragen. Zum einen läßt sich hiermit nur ein begrenzter Entwicklungsdruck auffangen, zum anderen waren die Voraussetzungen für den Erfolg in Fremantle außerordentlich günstig (attraktives historisches Erbe, stadtstrukturelle Voraussetzungen, bestehende Infrastruktur, traditionelle Sonderfunktionen, America's Cup, politisches Umfeld u.ä.). Dennoch kann die angepaßte Entwicklungsstrategie Fremantles als interessantes Gegenmodell zur Entwicklung anderer Geschäftszentren gelten

---

[13] Das um die Jahreswende 1986/87 auf den Gewässern vor Fremantle und Rottnest Island ausgetragene Herausforderungsrennen der 12m-Yachten war das erste America's Cup-Entscheidungsrennen, das außerhalb der USA stattfand. Fremantle wurde als Austragungsort festgelegt, weil drei Jahre zuvor die Australia II des westaustralischen Millionärs Alan Bond durch ihren Sieg über die amerikanische Yacht Liberty den Cup erstmals nach Australien holte.

[14] Das erneuerte S-Bahn-System wurde von der Bevölkerung gut angenommen. Heute verkehren die Züge zwischen Fremantle und Perth an Werktagen im 15-Minuten-Takt, zu den Stoßzeiten sogar häufiger (Stand 1992). Ergänzt wird die S-Bahn durch 37 Buslinien (Stand 1992). Leider gibt es keine neueren Daten über den 'modal split'. Eine Befragung von Einzelhandelskunden im Jahre 1985 ergab folgende Anteile der benutzten Verkehrsmittel: 59 % motorisierter Individualverkehr, 34 % ÖPNV sowie 7 % Fußgänger und Fahrradfahrer (*Core Consultants* 1985). Der Anteil des ÖPNV dürfte seither aber zugenommen haben.

(*Newman/Mouritz* 1991). Die Anfang der 90er Jahre formulierte 'Conservation Policy' (*City of Fremantle* 1992a) zeigt, daß auch in Zukunft die behutsame Stadterneuerung und Stadtentwicklung oberste Priorität genießt. Die funktionale Vielfalt Fremantles wird somit wohl auch zukünftig erhalten bleiben, und das Zentrum wird weiterhin seine unterschiedlichen Rollen als suburbanes Geschäftszentrum für den südwestlichen Bereich des Verdichtungsraumes, als Attraktion des nationalen und internationalen Fremdenverkehrs sowie als 'Szenestadtteil' spielen können.

8. Suburbane Geschäftszentren im Strukturvergleich

Im Mittelpunkt der folgenden Betrachtungen steht die vergleichende Gesamtschau grundlegender Aspekte der suburbanen Zentrenentwicklung. Hierzu sollen zunächst die Ergebnisse der quantitativen Erhebungen präsentiert und sowohl die Flächennutzung als auch die Unternehmenszusammensetzung in den Zentren vergleichend diskutiert werden. Die Zentrenerhebung wurde im April und Mai 1990 bzw. im Oktober und November 1992 durchgeführt.[1] Dabei handelte es sich im Kern um eine parzellengenaue Kartierung anhand eines differenzierten Schlüssels, die durch Angaben der zuständigen Planungs- und Baugenehmigungsämter sowie privater Immobilienmakler ergänzt wurde. Folgende Merkmale wurden in allen untersuchten Zentren erfaßt:
- Büros, Einzelhandelsgeschäfte und sonstige Dienstleistungsbetriebe
- Gebäudetyp und Gebäudealter
- Stockwerkzahl der Gebäude
- Büroflächenangebot in den nach 1980 erbauten Bürogebäuden
- sonstige Flächennutzungen wie Verkehrsflächen oder Grünanlagen

Den Abschluß des Kapitels bildet die Erarbeitung eines Klassifikationsschemas für multifunktionale suburbane Zentren und die modellhafte Darstellung der Hauptphasen ihrer Entwicklung. Zudem werden in einer zusammenfassenden Betrachtung die typischen Strukturen und Planungsprobleme in den multifunktionalen suburbanen Geschäftszentren australischer Verdichtungsräume diskutiert.

8.1 Die äußere Abgrenzung der Zentren

Die Abgrenzung der Zentren wurde auf Grundlage der Kartierung sowie der auf Planungsdokumenten festgelegten Zonierung der Geschäftsnutzung vorgenommen.[2] Als zum Geschäftszentrum gehörig wurden Baublöcke gezählt, bei denen sowohl die planerische Festsetzung als auch die tatsächliche Nutzung einen Anteil von mindestens einem Viertel der Grundfläche auf 'Citynutzungen' ausmachten, oder wenn Blöcke mit anderen Nutzungen an mindestens drei Seiten an Baublöcke mit entsprechender Nutzung angrenzten. Als Citynutzungen galten hierbei Einzelhandel (ohne Kfz-bezogenen Einzelhandel), Gastgewerbe und andere konsumorientierte Dienstleistungen, Büro- und Verwaltungsaktivitäten sowie zentrale öffentliche Einrichtungen (kulturelle Einrichtungen, Einrichtungen der öffentliche Verwaltung usw.).

---

[1] In der ersten Phase (1990) wurden Daten in den Zentren Parramatta, Chatswood und Bondi Junction erhoben. In der zweiten Phase (1992) wurden Box Hill, Camberwell Junction, Frankston, Upper Mount Gravatt, Toowong und Fremantle untersucht sowie die Daten der Sydneyer Zentren in bezug auf die Baufertigstellung und die Flächennutzung aktualisiert. Aufgrund des großen Erhebungsaufwandes wurde auf eine Aktualisierung der betriebsbezogenen Daten für Parramatta, Chatswood und Bondi Junction verzichtet. Da durch die Abschwächung der Wirtschaftsentwicklung die Zahl der Unternehmen zwischen 1990 und 1992 in etwa stabil blieb, sind die Angaben für Parramatta, Chatswood und Bondi Junction dennoch mit denen der anderen Zentren vergleichbar. Der unterschiedliche Zeitbezug der Daten gilt nur für die Betriebsdaten, alle anderen Angaben wurden in der zweiten Erhebungsphase auch für die drei Sydneyer Zentren aktualisiert, so daß sich die Angaben zur Bauentwicklung und Landnutzung in allen Fällen auf das Jahr 1992 beziehen.

[2] Durch die relativ klare räumliche Begrenzung der suburbanen Geschäftszentren sind aufwendigere Abgrenzungsverfahren, wie sie etwa *Murphy/Vance* (1954) in ihrer klassisch gewordenen Arbeit für CBDs US-amerikanischer Städte oder *Scott* (1959) für die CBDs australischer Städte angewandt haben, nicht notwendig. Eine eingehendere Diskussion des Problems der Zentrenabgrenzung findet sich auch bei *Alexander* (1974).

Die so abgegrenzten Zentrumsbereiche sind in den Abbildungen 7.1, 7.4, 7.6, 7.7, 7.8, 7.9, 7.10 und 7.11 dargestellt. Ihre Gesamtfläche weist eine breite Spanne auf und liegt zwischen 63 ha im Falle von Parramatta und knapp 18 ha im Falle von Toowong (einschließlich Verkehrsflächen aber ohne Grünanlagen). Die suburbanen Geschäftszentren sind somit auch flächenmäßig kleiner als die Kernbereiche der großstädtischen CBDs. So hat etwa der CBD von Sydney eine Fläche von 157 ha (*New South Wales - State Transport Study Group* 1987, S.8), der CBD von Melbourne umfaßt 246 ha und der CBD von Brisbane 130 ha (*Brisbane City Council* 1989). Im allgemeinen ist die Abgrenzung der suburbanen Geschäftszentren gegenüber den sie umgebenden Bereichen anderer Nutzung relativ eindeutig. Übergangszonen fehlen entweder völlig oder sind nur verhältnismäßig schwach ausgeprägt. Insbesondere die kompakten Zentren wie Bondi Junction, Chatswood, Box Hill oder Toowong sind räumlich recht klar definierte Geschäftsbereiche ohne größere Rand- oder Übergangszonen. Hier grenzt die intensive geschäftliche Nutzung der Cityzone unmittelbar an die sie umgebenden Wohngebiete an. Für die klare äußere Abgrenzung spielen vor allem folgende Gründe eine Rolle:

- Die Mehrzahl der suburbanen Zentren entwickelte sich um wichtige Knoten- und Haltepunkte des öffentlichen Verkehrsnetzes, meist um die Bahnhöfe der Vorortbahnen. Sie waren flächenmäßig relativ klein dimensionierte, auf Fußläufigkeit ausgelegte Geschäftsbereiche, die von der zumeist direkt angrenzenden Wohnbebauung umschlossen waren. Das sich ab den 50er Jahren beschleunigende Wachstum der Zentren führte zu keinem nennenswerten Flächenzuwachs, sondern vollzog sich ganz überwiegend durch eine Nutzungsintensivierung auf vorgegebener Fläche.
- Die suburbanen Zentren und ihr direktes Umfeld spielten für die Entwicklung der suburbanen Industrie keine maßgebliche Rolle. Die erst nach dem Zweiten Weltkrieg in größerem Ausmaß einsetzende Suburbanisierung des verarbeitenden Gewerbes und anderer flächenintensiver Nutzungen wurde von Anfang an in planerisch festgesetzte Gewerbe- und Industriegebiete gelenkt. Die in den Kernzonen der Städte historisch gewachsene Durchmischung von Zentrumsfunktionen mit anderen gewerblichen Nutzungen fehlt in den suburbanen Geschäftszentren fast völlig. Somit existieren am Rande der Zentren keine oder nur recht unbedeutende Mischzonen mit industriell-gewerblichen und citytypischen Nutzungen.
- Das starke Wachstum der Bürofunktionen erfolgte erst zu einer Zeit, in der die Planungs- und Genehmigungsbehörden aufgrund des zur Verfügung stehenden Planungsinstrumentariums ein 'Einsickern' von tertiären Funktionen in die umliegenden Wohngebäude bereits weitestgehend verhindern konnten. Auch die seit Anfang der 80er Jahre erstellten Bebauungspläne lassen zumeist keine nennenswerte Flächenausdehnung in die angrenzenden Wohngebiete oder Freiflächen zu.

Lediglich bei den älteren Zentren wie Parramatta oder Fremantle, die sich bis Mitte dieses Jahrhunderts als Zentren kleinerer aber doch selbständiger Siedlungen entwickelten, ist die Abgrenzung nicht so klar gegeben. Insgesamt weisen die Ränder dieser 'älteren' Geschäftszentren eine größere strukturelle Ähnlichkeit mit echten CBD-Randbereichen auf und sind an einigen Stellen von heterogen-gewerblichen Übergangszonen bzw. von einem Eindringen kommerzieller Nutzungen in die umliegende Wohnbebauung gekennzeichnet.

Die mit Abstand wichtigste Flächennutzung im direkten Umfeld der untersuchten Zentren ist die Wohnnutzung. Die Art der Wohnbebauung reicht von der üblichen eingeschossigen Bungalowbebauung bis hin zu vielgeschossigen Wohntürmen mit relativ hohen Wohndichten. Gerade im Verdichtungsraum Sydney entstanden in den letzten Jahren in fußläufiger Entfernung vieler größeren Vorortzentren sogenannte 'medium density housing'-Projekte. Ihr Bau wird vor allem von der Staatsregierung vorangetrieben, die hierdurch auch im ansonsten dünn besiedelten suburbanen Raum Bereiche mit mittleren bis höheren Wohndichten und einer guten infrastrukturellen Anbindung schaffen will. Ähnliche Planungsziele bestehen auch in anderen Bundesstaaten. Sie wurden aber nur selten umgesetzt. Lediglich um Toowong und Fremantle befinden sich bedeutendere Ansätze einer mehrstöckigen, verdichteten Bauweise.

8.2 Die innere Struktur und die Physiognomie der Zentren

In ihrer inneren Struktur weisen die suburbanen Geschäftszentren sowohl Ähnlichkeiten als auch Differenzen auf. Während zum Beispiel Fremantle und Camberwell Junction trotz partieller Umgestaltung ihren historisch angelegten Charakter bis heute im Kern erhalten konnten, präsentieren sich Parramatta, Chatswood, Bondi Junction, Box Hill, Frankston und Toowong als durch Einkaufszentren und Bürokomplexe bereits großflächig umgestaltete historische Zentren. Das deutlich jüngere Zentrum Upper Mount Gravatt wurde dagegen von vornherein auf die veränderten Konsum-, Verkehrs- und Arbeitsverhältnisse zugeschnitten. Da auf die innere Struktur der jeweiligen Zentren bereits in den Einzelbetrachtungen eingegangen wurde, sollen an dieser Stelle einige vergleichende Betrachtungen genügen:
- In allen Geschäftszentren bildet der Einzelhandelskern bis heute den Mittelpunkt der suburbanen Geschäftsbereiche. Der Einzelhandelskern befindet sich zumeist in direktem Anschluß an die Haltestellen von Bus und Bahn und besteht in der Regel aus einer Fußgängerzone und einem oder mehreren 'Indoor Shopping Centres'. Obwohl einige Zentren baulich stark umgestaltete Einzelhandelskerne besitzen (Frankston, Chatswood, Bondi Junction, Toowong), sind der ursprüngliche, kleinteilige Grundcharakter und die Parzellenstruktur zumindest teilweise erhalten geblieben. Eine Ausnahme ist auch in dieser Beziehung Upper Mount Gravatt, wo ein geschlossenes Shopping Centre den eigentlichen Kernbereich des Zentrums bildet.
- Durch den Erfolg der integrierten Shopping Centres weisen einige traditionelle Einkaufsstraßen deutliche Zerfallserscheinungen und Leerstände auf. Insbesondere in Frankston, Parramatta und Bondi Junction zeigen einige ehemals gute Geschäftslagen einen erheblichen Qualitätsverlust des Einzelhandelsangebots. In diesen Zentren können selbst Abschnitte der im Laufe der 80er Jahre angelegten Fußgängerzonen aufgrund ihrer Geschäftsstruktur nicht zum Einzelhandelskern gezählt werden. Andererseits gibt es auch Beispiele für eine erfolgreiche Revitalisierung traditioneller Einkaufsstraßen (Chatswood, Fremantle).
- Um den Einzelhandelskern herum legt sich in den größeren Zentren eine vorwiegend von Büronutzungen geprägte Zone (Parramatta, Chatswood, Box Hill), die aber teilweise von Einzelhandelsgeschäften, Restaurants und anderen Einrichtungen durchsetzt ist. Am Außenrand der Geschäftszentren befinden sich einzelne, flächenmäßig meist recht kleine Bereiche, in denen der Einzelhandel mit geringwertigen und/oder großvolumigen Waren lokalisiert ist.
- Aufgrund der im Vergleich zum CBD geringen Größe der suburbanen Geschäftszentren haben sich innerhalb der Bürozonen bislang keine ausgesprochenen 'Branchencluster' (Bankenviertel, Versicherungsbezirke usw.) herausgebildet. Eine gewisse Strukturierung erfährt die Bürozone allerdings durch die zumeist in wenigen Baublöcken konzentrierten modernen Bürogebäude, die sich mit Blöcken älterer, meist zwei- oder dreigeschossiger Bürobebauung abwechseln. Beide

Typen von Bürogebäuden sprechen aufgrund ihrer Ausstattung und des Mietniveaus unterschiedliche Nutzergruppen an.
- Obwohl die Bürozonen im Laufe der 80er Jahre einer fortschreitenden, zumeist auch planerisch gewollten Funktionsentmischung ausgesetzt waren, kehren interessanterweise gerade viele neuere Bürogebäude diesen Trend wieder um. So setzt sich der bereits aus dem CBD bekannte Typ des Mischprojektes, bei dem die Büronutzungen in den oberen Stockwerken mit anderen Nutzungen in den unteren Etagen kombiniert ist, auch in zentralen Lagen der größeren suburbanen Geschäftszentren immer mehr durch.
- Von den nicht citytypischen Nutzungen spielt lediglich die Wohnnutzung eine bedeutendere Rolle. Insbesondere in Bondi Junction und Parramatta befinden sich meist gut ausgestattete, mehrstöckige Appartementwohnanlagen in den randlichen Zentrumsbereichen.
- Mit Ausnahme von Upper Mount Gravatt bilden die Flächen für den fließenden und ruhenden Verkehr keine dominierende Flächennutzung. Zudem ist die interne Zirkulation überwiegend auf Fußgänger ausgerichtet. Durch die verhältnismäßig geringe Flächenausdehnung und die geschlossene Form der suburbanen Zentren sind alle Teilbereiche auch zu Fuß gut erreichbar.

Die in den untersuchten Zentren noch vielfach dominierende kleinteilige Baustruktur spiegelt die Eigentumsverhältnisse wider. Bis auf Upper Mount Gravatt, wo einige wenige Grundeigentümer dominierend sind, weisen alle Zentren eine recht zersplitterte Eigentumsstruktur auf. So existierten Mitte 1992 in Parramatta etwa 3.000, in Chatswood etwa 1.400 und in Camberwell Junction knapp 1.000 Grundeigentümer (Angaben aus dem *Cityscope*-Eigentümerverzeichnis). Folglich müssen sowohl Stadtplaner als auch Developer bei jeder Planung eine große Zahl von Einzelinteressen berücksichtigen. Andererseits läuft die Planung in diesen Zentren kaum Gefahr, von übergroßen Einzelinteressen blockiert oder unter Druck gesetzt zu werden. Allerdings nimmt die Zahl der Grundeigentümer durch die Arrondierung großer Grundstücke für den Bau von Großprojekten tendenziell ab, auch wenn durch die seit einigen Jahren durchgeführte Aufteilung größerer Immobilien in sogenannte 'strata titles' zumindest teilweise wieder ein Ausgleich erfolgt.

Die Flächenanteile der verschiedenen Landnutzungszonen innerhalb der Zentren sind aus Tab. 8.1 ersichtlich.[3] Erwartungsgemäß entfällt in allen Zentren ein großer Anteil der Flächen auf die eigentlichen Citynutzungen. Diese Tatsache weist auf einen bereits weit fortgeschrittenen suburbanen Citybildungsprozeß hin. Interessante Unterschiede zeigen sich beim Verkehrsflächenanteil. Während im autogerechten Upper Mount Gravatt etwa zwei Fünftel der Gesamtfläche alleine auf Einrichtungen für den fließenden und ruhenden Verkehr entfallen, kommen die stärker an den Bedürfnissen von Fußgängern und ÖPNV-Benutzern orientierten Zentren mit einem erheblich geringeren Verkehrsflächenanteil aus.

---

[3] Die Nutzungen und Gebäudetypen der Zentren wurden im Gelände zunächst parzellenscharf kartiert. Auf dieser Grundlage wurden die Nutzungszonen später auf der räumlichen Bezugsbasis von Baublöcken bzw. anderen eindeutig abgrenzbaren Einheiten nach der vorherrschenden Nutzung (vorherrschende Gebäudetypen und Gebäudenutzung) klassifiziert und für die Erstellung von Flächenbilanzen auf Katasterplänen ausplanimetriert. Um als Einzelhandelskern klassifiziert zu werden, mußten in den Zonen vorherrschender Einzelhandelsnutzung mehr als 30 % der gesamten Erdgeschoßfläche und mehr als 50 % der Einzelhandelsgeschoßfläche von zentrumsbezogenen Branchen wie 'Kauf- und Warenhäuser', 'Textil und Bekleidung', 'Uhren und Schmuck', 'Schreibwaren und Druckerzeugnisse' sowie 'Optik und Foto' genutzt werden.

Tab.8.1: Flächennutzung in ausgewählten suburbanen Zentren (Zonen vorherrschender Nutzung) 1992
Land use in selected suburban centres (zones of dominant land use) 1992

	PAR	CHW	BJ	BH	CJ	FKT	UMG	TOO	FRE
					Fläche in ha				
Einzelhandelskern	5,9	9,4	5,4	4,4	7,6	6,9	6,9	2,5	8,8
Sonstiger Einzelhandel	7,4	1,3	5,6	4,3	7,5	10,1	9,0	3,7	11,5
Büros	21,7	14,8	3,6	8,3	5,6	5,8	6,4	5,4	9,7
Öffentliche Einrichtungen	5,2	3,1	0,2	2,9	1,8	2,9	0,0	1,3	5,4
Wohnen	4,6	0,0	2,3	0,7	1,2	1,0	3,2	0,9	1,5
Verkehrsflächen	17,2	6,6	8,3	6,7	11,3	11,3	18,4	2,4	7,3
Sonstige Flächen[a]	1,3	0,0	0,0	0,6	2,5	1,6	1,8	1,5	3,6
Gesamt[b]	63,3	35,2	25,4	27,9	37,5	39,6	45,7	17,7	47,8
					in %				
Einzelhandelskern	9,3	26,7	21,3	15,8	20,3	17,4	15,1	14,1	18,4
Sonstiger Einzelhandel	11,7	3,7	22,0	15,4	20,0	25,5	19,7	20,9	24,1
Büros	34,3	42,0	14,2	29,7	14,9	14,6	14,0	30,5	20,3
Öffentliche Einrichtungen	8,2	8,8	0,8	10,4	4,8	7,3	0,0	7,3	11,3
Wohnen	7,3	0,0	9,1	2,5	3,2	2,5	7,0	5,1	3,1
Verkehrsflächen	27,2	18,8	32,7	24,0	30,1	28,5	40,3	13,6	15,3
Sonstige Flächen[a]	2,1	0,0	0,0	2,2	6,7	4,0	3,9	8,5	7,5
Gesamt[b]	100	100	100	100	100	100	100	100	100

[a] vorwiegend gewerblich-industriell genutzte Flächen
[b] einschließlich aller Verkehrsflächen (Straßen, Wege, Parkplatzflächen, Bahnanlagen u.ä.) und sonstigen unbebauten Flächen, aber ohne Grün- und Wasserflächen, im Falle Chatswoods ohne die zum Erhebungszeitpunkt stillgelegte Großbaustelle der Chatswood Connection

PAR = Parramatta, CHW = Chatswood, BJ = Bondi Junction, BH = Box Hill, CJ = Camberwell Junction,
FKT = Frankston, UMG = Upper Mount Gravatt, TOO = Toowong, FRE = Fremantle

Quelle: eigene Erhebungen Oktober/November 1992

Aufgrund des Verhältnisses zwischen Büro- und Einzelhandelsflächen läßt sich eine erste auch für die Physiognomie der Zentren entscheidende Typisierung der im Prinzip multifunktionalen Zentren durchführen. Während in Parramatta, Chatswood, Box Hill und Toowong die Bürobebauung flächenmäßig dominiert, sind Frankston, Upper Mount Gravatt und Fremantle weitgehend auf den Einzelhandel ausgerichtete Zentren geblieben. Zwischen diesen beiden Gruppem nehmen Bondi Junction und Camberwell Junction eine Zwischenstellung ein (Tab. 8.2). Aus den Zahlen wird zudem deutlich, daß die bauliche Verdichtung in allen Zentren vor allem von der Bürobebauung getragen wird. Entsprechend zeigt die City-Flächennutzungsintensität - ein Maß für die tatsächliche citybezogene Geschoßfläche auf Einzelhandels- und Bürobauflächen - eine relativ hohe Verdichtung in den Sydneyer Zentren sowie in den kompakt bebauten 'Bürozentren' Box Hill und Toowong.

Tab. 8.2: Büro-/Einzelhandelsflächen-Verhältnis und City-Flächennutzungsintensität ausgewählter suburbaner Zentren 1992

Ratio of office to retail space and intensity of city land use in selected suburban centres 1992

	PAR	CHW	BJ	BH	CJ	FKT	UMG	TOO	FRE
Büro-/Einzelhandelsflächen-Quotienten									
Landnutzung[a]	1,6	1,4	0,3	1,0	0,4	0,3	0,4	0,9	0,5
Geschoßfläche[b]	3,6	1,6	1,0	2,4	1,4	0,4	0,7	1,6	0,9
City-Flächennutzungsintensität									
City-Flächennutzungsintensitätsindex 1[c]	1,1	1,5	0,9	0,7	0,4	0,4	0,3	0,6	0,4
City-Flächennutzungsintensitätsindex 2[d]	2,0	2,0	1,5	1,1	0,7	0,7	0,7	0,9	0,7

[a] Bürobaufläche / Einzelhandelsbaufläche
[b] Bürobruttogeschoßfläche / Bruttoeinzelhandelsgeschoßfläche (incl. Flächen für konsumorientierte Dienstleistungen)
[c] Bruttogeschoßfläche in Büro- und Einzelhandelsgebäuden / Gesamtgrundfläche
[d] Bruttogeschoßfläche in Büro- und Einzelhandelsgebäuden / Büro- und Einzelhandelsbauflächen

PAR = Parramatta, CHW = Chatswood, BJ = Bondi Junction, BH = Box Hill, CJ = Camberwell Junction, FKT = Frankston, UMG = Upper Mount Gravatt, TOO = Toowong, FRE = Fremantle

Quelle: eigene Erhebungen Oktober/November 1992 und Angaben der Municipality Councils

Die Struktur und Physiognomie der Zentren mit ihrer traditionell vorwiegend ein- bis zweigeschossigen Bebauung wurde seit den 60er Jahren durch zwei maßgebliche 'Innovationen' stark verändert. Die erste war der Bau großer Kaufhäuser und Shopping Centres. Aus ökonomischer Sicht haben diese integrierten Einkaufszentren erheblich zum Erhalt der Konkurrenzfähigkeit der traditionellen Vorortzentren beigetragen. So wichtig die Kaufhäuser und Einkaufszentren aus ökonomischer Sicht waren, so problematisch erwiesen sie sich aus stadtgestalterischer Sicht. Durch die großen Baukörper wurde ein Großteil des 'städtischen' Erlebnisraumes quasi ins Gebäudeinnere verlegt, während der Straßenraum zumeist einen deutlichen Attraktivitätsverlust erlitt und damit als Aufenthaltsbereich entwertet wurde (*Flannigan* 1991). Zudem zog der Erfolg der Einkaufszentren den attraktiven Einzelhandel in erheblichem Maße aus den traditionellen Geschäftsstraßen ab. Erst bei den neuesten Einkaufszentren wird ein größerer Wert auf die Außengestaltung gelegt. Ein gelungenes Beispiel hierfür ist die aufwendige Fassadengestaltung der 1987 eröffneten Westfield Shoppingtown in Chatswood.

Eine zweite Neuerung, welche die Struktur und Physiognomie einiger Zentren in den letzten Jahren verändert hat, ist das moderne suburbane Bürohaus. Während diese in den 70er Jahren nur vereinzelt gebaut wurden, hat ihre Zahl seit Anfang der 80er Jahre vor allem in Parramatta und Chatswood, aber auch in Bondi Junction, Box Hill und Upper Mount Gravatt stark zugenommen (Tab. 8.3). Nicht alleine durch ihre Größe, sondern auch durch ihr hohes Ausstattungsniveau setzten einige dieser Projekte in der zweiten Hälfte der 80er Jahre völlig neue Maßstäbe. In den drei Sydneyer Zentren Parramatta, Chatswood und Bondi Junction, in denen die Bebauungspläne eine stark Höhenentwicklung erlauben, entstanden durch den Bau von zahlreichen Bürohochhäusern im Laufe der 80er Jahre CBD-ähnliche Skylines.

Tab. 8.3: Anzahl der Bürogebäude mit fünf oder mehr Stockwerken in ausgewählten suburbanen Zentren 1992 (in Klammern: davon nach 1980 fertiggestellte Gebäude)
Number of office buildings with five or more storeys in selected suburban centres 1992 (in brackets: buildings completed later than 1980)

	Parramatta		Chatswood		Bondi Junction	
5-9 Stockwerke	37	(32)	11	(4)	8	(4)
10-14 Stockwerke	14	(10)	6	(4)	4	(3)
15 und mehr Stockwerke	2	(2)	4	(4)	2	(2)
Gesamt	53	(44)	21	(12)	14	(9)
	Box Hill		Camberwell Junction		Frankston	
5-9 Stockwerke	3	(2)	7	(2)	2	(1)
10-14 Stockwerke	0	(0)	0	(0)	1	(1)
15 und mehr Stockwerke	0	(0)	0	(0)	0	(0)
Gesamt	3	(2)	7	(2)	3	(2)
	Upper Mount Gravatt		Toowong		Fremantle	
5-9 Stockwerke	2	(1)	5	(2)	1	(0)
10-14 Stockwerke	0	(0)	1	(0)	0	(0)
15 und mehr Stockwerke	0	(0)	1	(1)	0	(0)
Gesamt	2	(1)	7	(3)	1	(0)

Quelle: eigene Erhebungen Oktober/November 1992

Auch wenn von den großen Bürotürmen in den letzten Jahren die spektakulärsten Veränderungen ausgingen, sind drei- bis sechsgeschossige Gebäude sehr viel häufiger. Neben den im Vergleich zu den CBDs noch immer niedrigeren Bodenpreisen haben auch planungsrechtliche Bestimmungen eine stärkere Höhenentwicklung meist verhindert. Selbst in so dynamischen Bürozentren wie Box Hill und Upper Mount Gravatt befindet sich das Gros der Büroflächen in kleinen bis mittelgroßen Gebäuden. Insgesamt existieren außerhalb des Verdichtungsraumes Sydney nur wenige suburbane Bürogebäude mit mehr als zehn Stockwerken. Zudem läßt sich auch hier eine generelle Abkehr vom 'skyscraper' und eine Hinwendung der Investoren zum 'groundscraper' beobachten. Der 1990 fertiggestellte Octagon Komplex in Parramatta ist ein gutes Beispiel für den jüngsten Trend im Bürobau. Der sechsstöckige Gebäudekomplex besteht aus zwei miteinander in Verbindung stehenden Oktogonen und bietet bei hoher Grundstücksausnutzung eine größere Flexibilität der Raumgestaltung bzw. Raumaufteilung als dies in 'konventionellen' Bürotürmen möglich ist. Für die speziellen Anforderungen von Kleinbüroraumnutzern wurden in einigen randlichen Bürolagen auch Anlagen mit meist zweistöckigen, reihenhausähnlich angeordneten Büroeinheiten erstellt. Das 1986 fertiggestellte Chatswood Village mit 90 Einheiten in Chatswood und die 1981 fertiggestellten MacArthur Mews in Parramatta (21 Einheiten) sind Beispiele für derartige Anlagen.

8.3 Die Zentren als Einzelhandels- und Bürostandorte

Die Kartierungen in den neun untersuchten Zentren wurden als Totalerhebungen der Bürobetriebe bzw. der Büroraumnutzer, der Einzelhandelsbetriebe und der konsum- bzw. kundenorientierten Dienstleistungsunternehmen durchgeführt. Erfaßt wurden selbständig geführte Betriebseinheiten bzw. selbständige Büroeinheiten und Dienststellen der öffentlichen Verwaltung. Dabei war deren Stellung als funktionale Einheiten ausschlaggebend, nicht ihre formal-rechtliche Stellung. Die 'konsumorientierten Dienstleistungen' umfassen sämtliche Dienstleistungsbetriebe, die ihre Geschäfte nicht in Büroräumen ausüben, sondern aufgrund ihrer Standortanforderungen eher Einzelhandelsbetrieben ähneln und mehr auf 'Laufkundschaft' orientiert sind. Diese Gruppe umfaßt neben dem Dienstleistungshandwerk und der Gastronomie auch Reisebüros, Bankfilialen u.ä. Dagegen befinden sich die Praxen von Ärzten fast immer in 'typischen' Bürogebäuden, weshalb diese Gruppe, obwohl ihre Mitglieder keine klassische Bürotätigkeit ausüben, den Büroraumnutzern/Bürobetrieben zugeschlagen wurde. Ausschlaggebend für die Zuordnung der Betriebseinheiten zu den drei Hauptfunktionsgruppen war also insgesamt weniger der 'tatsächliche' Charakter ihrer Tätigkeiten, sondern vielmehr ihre Standort- und Raumanforderungen.

Tab.8.4: Anzahl der Betriebe in ausgewählten suburbanen Zentren 1990/92: Büro-, Einzelhandels- und konsumorientierte Dienstleistungsbetriebe
Number of business establishments in selected suburban centres 1990/92: office, retail, and service establishments

	PAR	CHW	BJ	BH	CJ	FKT	UMG	TOO	FRE[a]
					absolut				
Büroeinheiten	733	607	343	305	219	147	97	210	307
Einzelhandelsgeschäfte	585	542	318	261	262	405	171	105	432
Dienstleistungen	344	198	187	111	115	181	84	75	238
Gesamt	1.662	1.347	848	677	596	733	352	390	977
					in %				
Büroeinheiten	44,1	45,1	40,4	45,1	36,7	20,1	27,6	53,8	31,4
Einzelhandelsgeschäfte	35,2	40,2	37,5	38,6	44,0	55,3	48,6	26,9	44,2
Dienstleistungen	20,7	14,7	22,1	16,4	19,3	24,7	23,9	19,2	24,4
Gesamt	100	100	100	100	100	100	100	100	100

[a] einschließlich den 119 zumeist festen Marktständen der Fremantle Markets

PAR = Parramatta, CHW = Chatswood, BJ = Bondi Junction, BH = Box Hill, CJ = Camberwell Junction,
FKT = Frankston, UMG = Upper Mount Gravatt, TOO = Toowong, FRE = Fremantle

Quelle: eigene Erhebungen April/Mai 1990 und Oktober/November 1992

Das Ergebnis der Kartierung ist für die neun untersuchten Zentren in Tab. 8.4 zusammenfassend dargelegt. Erwartungsgemäß weist die Anzahl der Betriebseinheiten in den einzelnen Zentren eine breite Spanne auf. Parramatta hat als größtes der untersuchten Zentren etwa vier- bis fünfmal so viele Betriebseinheiten wie Upper Mount Gravatt oder Toowong. Die Multifunktionalität der Zentren wird durch eine auf den ersten Blick relativ ausgeglichene Verteilung von Büro-, Einzelhandels-, und Dienstleistungsbetrieben bestätigt. Nur bei genauerer Betrachtung lassen sich einzelne Ausstattungsdefizite ausmachen. Deshalb soll die Angebots- bzw. Betriebsstruktur im Einzelhandels- und Dienstleistungsbereich einerseits und im Bürosektor andererseits im folgenden etwas genauer untersucht werden.

Die Einzelhandels- und Dienstleistungsausstattung

Betrachtet man die Struktur des Einzelhandels, so wird deutlich, daß die Branchengruppen 'Bekleidung und Textil' sowie 'Nahrungs- und Genußmittel' in allen neun Zentren am stärksten vertreten sind. Demgegenüber treten die anderen Branchen deutlich zurück (Tab. 8.5). Wie in vielen deutschen Städten konnte man auch in Australien in den letzten Jahren eine ausgesprochene 'Textilisierung' der größeren Einzelhandelszentren beobachten. Diese ging mit einer Tendenz zur zunehmenden Spezialisierung und einer steigenden Zahl kleinerer Anbieter im Bekleidungseinzelhandel einher. Das Hauptwachstum im Lebensmittelbereich entfällt auf 'take away food'-Anbieter, Milch- und Cafébars u.ä., die in der australischen Wirtschaftsstatistik als Einzelhändler erfaßt werden. Die überraschend hohe Anzahl der Lebensmitteleinzelhändler darf deshalb nicht als Hinweis für eine Ausrichtung auf das Angebot kurzfristiger Konsumgüter interpretiert werden, sondern muß vor dem Hintergrund einer steigenden Bedeutung des Erlebniseinkaufs sowie der zunehmenden Zahl der Bürobeschäftigten gesehen werden. Erstaunlich ist in einigen Zentren die große Zahl der Kauf- und Warenhäuser, auch wenn es sich dabei in vielen Fällen eher um 'discount department stores' handelt. Immerhin besitzen große suburbane Einzelhandelszentren wie Parramatta, Chatswood, Bondi Junction oder Upper Mount Gravatt zwei oder mehr voll ausgestattete Großkaufhäuser.

Trotz einer auf den ersten Blick relativ ähnlichen Einzelhandelsstruktur der untersuchten Zentren ergeben sich in einigen Bereichen deutliche Differenzen. Chatswood und Box Hill heben sich in dieser Hinsicht deutlich von den anderen Zentren ab. Im Falle von Box Hill kann das überproportionale Hervortreten des Lebensmitteleinzelhandels (überwiegend traditionelle Lebensmittelgeschäfte) und der andererseits geringe Anteil an Bekleidungsgeschäften als ein Hinweis auf eine relativ geringe überlokale Einzelhandelsbedeutung gewertet werden. Im Gegensatz dazu stellt die Textil- und Bekleidungsbranche, die als typischer Vertreter des City-Einzelhandels gelten kann, in Chatswood fast zwei Fünftel aller Einzelhandelsbetriebe. Hier zeigt sich die klare Ausrichtung der Einzelhandelsstruktur Chatswoods auf die zahlungskräftige und modebewußte Kundschaft von Sydneys North Shore. Das Warenangebot in Chatswood ist sehr stark auf qualitätsbewußte Käufer ausgerichtet und weist in dieser Hinsicht die größte Ähnlichkeit mit dem Einzelhandelsangebot der CBDs auf.

Stärker als im Einzelhandel sind die Unterschiede im Bereich der konsumorientierten Dienstleistungen. So sind diese etwa in dem auf ein hochwertiges Einzelhandelsangebot spezialisierten Chatswood prozentual nur vergleichsweise schwach vertreten, während sie in den stärker von Freizeitnutzungen geprägten küstennahen Geschäftszentren Fremantle und Frankston besonders deutlich hervortreten (Abb. 8.1). Dies gilt insbesondere für die Gastronomie und das Unterhaltungsgewerbe. Vor allem in Chatswood ist dieser Sektor nur relativ schwach entwickelt. Ähnliche Defizite im Unterhaltungs- und Gastronomiesektor lassen sich auch in Box Hill, Upper Mount Gravatt und Toowong feststellen. Bislang konnte sich lediglich Parramatta als Standort für internationale Großhotels etablieren. Außer Fremantle ist Parramatta unter den untersuchten Zentren auch der einzige bedeutende Standort für kulturelle Einrichtungen.

Tab.8.5: Einzelhandelsbetriebe nach Branchen in ausgewählten suburbanen Zentren 1990/92 (in %)
Retail establishments by industry group in selected suburban centres 1990/92 (in %)

	PAR	CHW	BJ	BH	CJ	FKT	UMG	TOO	FRE
Kauf-/Warenhäuser[a]	1,4	1,7	1,3	0,4	0,8	1,0	2,3	2,9	1,0
Textil/Bekleidung	26,8	39,1	26,4	20,8	27,5	25,4	28,7	27,6	23,6
Möbel/Raumausstattung	1,5	2,2	6,3	4,6	7,3	5,2	3,5	6,7	2,6
Haushalts-/Metallwaren	5,1	2,6	5,3	2,7	7,3	4,9	4,7	1,9	5,4
Elektro/Elektronik/Musik	10,4	4,6	6,9	5,0	6,1	7,4	5,8	3,8	6,4
Uhren/Schmuck	5,1	4,2	2,8	5,0	3,4	4,2	5,3	3,8	5,4
Kfz und Zubehör	4,3	1,1	1,9	3,1	3,8	0,7	2,3	8,6	0,3
Sportartikel/Spielwaren	3,6	3,5	4,4	7,3	5,7	6,7	1,8	1,9	3,5
Schreibwaren/Druckerzeugnisse	5,1	4,4	4,1	4,6	5,3	4,7	4,7	3,8	7,3
Optik/Foto	3,1	4,4	4,1	0,8	4,2	3,2	3,5	4,8	4,8
Gesundheit/Hygiene	3,1	2,6	4,1	4,6	2,7	3,7	3,5	3,8	2,9
Nahrungs-/Genußmittel	21,0	22,0	19,8	29,6	14,9	21,5	26,3	25,7	23,3
Sonstige	9,4	7,6	12,6	11,5	11,1	11,4	7,6	4,8	13,4
Gesamt	100	100	100	100	100	100	100	100	100

[a] einschließlich 'discount department stores'

PAR = Parramatta, CHW = Chatswood, BJ = Bondi Junction, BH = Box Hill, CJ = Camberwell Junction, FKT = Frankston, UMG = Upper Mount Gravatt, TOO = Toowong, FRE = Fremantle

Quelle: eigene Erhebungen April/Mai 1990 und Oktober/November 1992

Wie bereits in Kapitel 6 erörtert wurde, wird seitens der Regionalplanung den großen suburbanen Zentren eine erhebliche Bedeutung als Standort bevölkerungsnaher zentralörtlicher Funktionen beigemessen. Aus den Tabellen 6.1 bis 6.4 wird deutlich, daß die untersuchten Zentren ein überdurchschnittliches Angebot an grundlegenden zentralen Diensten bieten. Parramatta, Fremantle und Frankston erreichen dabei ein mit dem CBD durchaus vergleichbares Niveau. Im Vergleich hierzu ist das Angebot in Chatswood, Bondi Junction, Box Hill und Camberwell Junction etwas begrenzter, sie sind aber dennoch wichtige zentrale Orte des sie umgebenden suburbanen Raumes. Lediglich Toowong zeigt echte Angebotslücken im Bereich der bevölkerungsbezogenen öffentlichen Dienste. Allerdings besitzt das CBD-nahe und stark von Bürofunktionen bestimmte Toowong als einziges der untersuchten Zentren keinen erstrangigen planerischen Status und genießt deshalb auch nur eine geringe öffentliche Förderung.

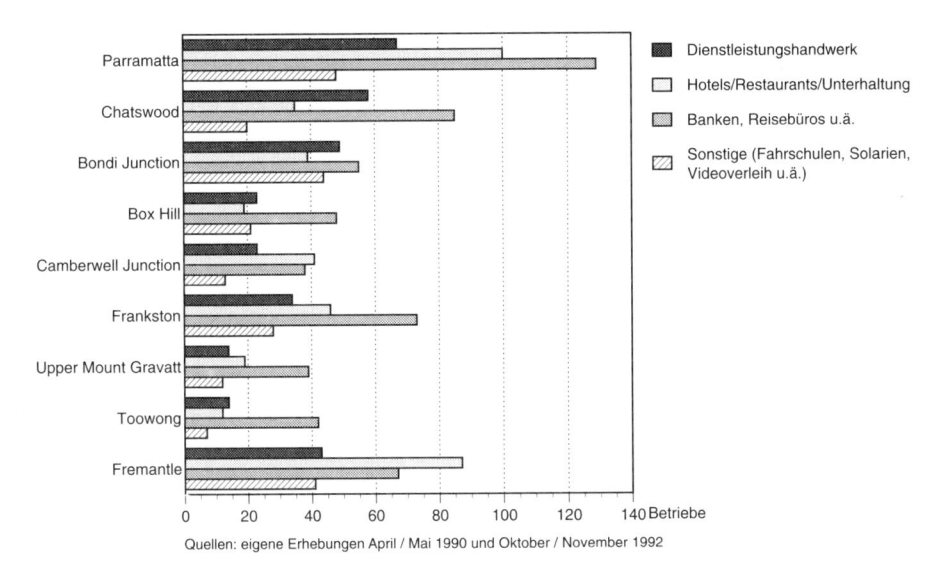

Abb. 8.1: Anzahl konsumorientierter Dienstleistungsbetriebe in ausgewählten suburbanen Zentren 1990/92

Number of service establishments in selected suburban centres 1990/92

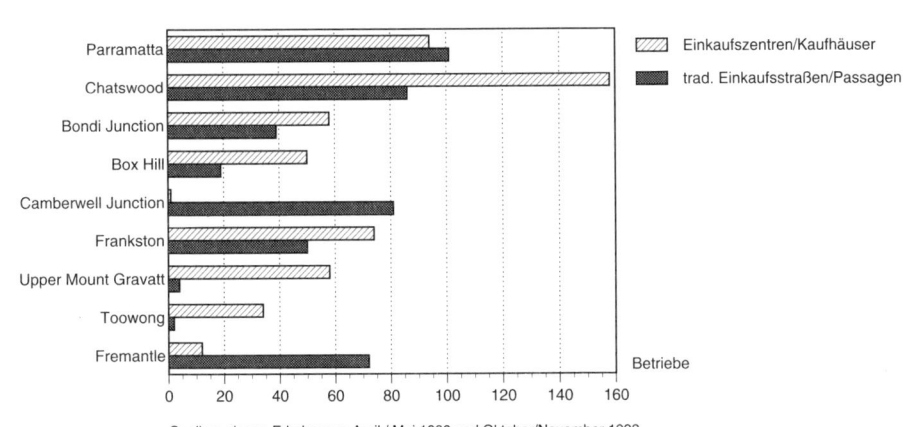

Abb. 8.2: Standorte von Einzelhandelsgeschäften in zentrumsprägenden Branchengruppen (Kauf- und Warenhäuser, Textil und Bekleidung, Optik und Schmuck) in ausgewählten suburbanen Zentren 1990/92

Location of retail establishments in centre-oriented industry groups (department stores, textiles and clothing, optics and jewellery) in selected suburban centres 1990/92

Die Strukturunterschiede zwischen den Zentren finden ihre Entsprechung im unterschiedlichen Mietpreisniveau für Einzelhandelsräume. Während die wöchentliche Miete pro m^2 Ladenfläche 1991 in guter Lage in Chatswood mit A$ 21,90 fast die Hälfte des Niveaus im CBD von Sydney erreichte (A$ 48,60), lagen die Mieten für vergleichbare Räumlichkeiten in Parramatta und Bondi Junction mit A$ 12,50 bzw. A$ 10,00 deutlich darunter (Angaben des *NSW Valuer General's Department*s). Insbesondere in Chatswood führt das hohe Mietpreisniveau zu einer sukzessiven Verdrängung von Einzelhandels- bzw. Dienstleistungsbranchen mit einer geringeren Flächenproduktivität. Diese Vorgänge lassen sich in etwas abgeschwächter Form auch in einigen anderen suburbanen Zentren beobachten. Heute werden die höchsten Einzelhandelsmieten in den meisten Zentren nicht mehr in den traditionellen Einkaufsstraßen erzielt, sondern in den Toplagen der Shopping Centres. Welche Bedeutung letztere besitzen, läßt sich auch an ihrer Standortbedeutung für die besonders zentrenprägenden und hohe Flächenumsätze erzielenden Einzelhandelsbranchen ersehen. In der Mehrzahl der untersuchten Zentren haben die zentrumsprägenden Einzelhandelsgeschäfte ihren Standort in geschlossenen Einkaufszentren (Abb. 8.2). Demgegenüber weisen viele traditionelle Geschäftsstraßen nur noch marginale Nutzungen auf. Ihre ursprüngliche Funktion als alleiniger Einzelhandelskern besitzen die traditionellen Hauptgeschäftsstraßen nur noch in Camberwell Junction und Fremantle.

Die Geschäftszentren als Bürostandorte

Die Büroraumnutzer wurden sowohl nach ihrer Branchenzugehörigkeit als auch nach der Größe des von ihnen bedienten Marktbereichs erfaßt.[4] Die Gesamtzahl der Büroeinheiten liegt zwischen 733 in Parramatta und 97 in Upper Mount Gravatt. Ein geeignetes Maß für die Differenzierung der Ausstattung der Zentren sind die Variationskoeffizienten der Einzelhandels-, Dienstleistungs- und Büroausstattung. Die Variationskoeffizienten ermöglichen einen Vergleich der Streuung nach Wirtschaftsbereichen: je höher der Koeffizient ist, desto unterschiedlicher sind die untersuchten Zentren in bezug auf das entsprechende Merkmal. Nach den in Tab. 8.6 dargelegten Ergebnissen der Variationskoeffizientenanalyse trägt der Bürosektor zur Differenzierung der suburbanen Geschäftszentren stärker bei als der Einzelhandel oder die konsumorientierten Dienstleistungen. Der Bürosektor präsentiert sich aber keineswegs einheitlich. So sind Verbände und Interessenvertretungen, Büros der öffentlichen Verwaltung sowie Haupt- und Zweigverwaltungen im Bereich Handel und Verkehr sowie im primären und sekundären Sektor nur in wenigen Zentren in größerer Zahl vorhanden.

In allen untersuchten Zentren dominieren zahlenmäßig die kleineren Büros von 'Freiberuflern' und unternehmensnahen Dienstleistern (Tab. 8.7). Einen ebenfalls noch recht stark vertretenen Bereich bilden Banken, Finanzdienstleister und Versicherungsbüros. Alle anderen Bereiche treten nach der Zahl der Betriebseinheiten stark in den Hintergrund. Dies gilt auch für staatliche Behörden und Dienststellen, selbst wenn diese in Parramatta, Chatswood, Fremantle und Box Hill verhältnismäßig große Flächen belegen. Auffällig gering ist der Anteil von Verwaltungen und Niederlassungen der Industrie-, Handels- und Bergbauunternehmen. Wie bereits die Auswertung der Hauptverwaltungsstandorte der Großunternehmen zeigen konnte, befinden sich die Bürofunktionen dieser Unternehmen noch immer bevorzugt in den CBDs oder direkt bei ihren Produktionsstätten.

---

[4] Wo eine klare Zuordnung der Büroraumnutzer nach der Systematik nicht durch Kartieren möglich war, wurden diese zu ihrer Branchenzugehörigkeit und ihrem Markt-/Zuständigkeitsbereich befragt.

Tab.8.6: Variationskoeffizienten der Anzahl der Betriebe nach Wirtschaftsbereichen in neun ausgewählten suburbanen Zentren 1990/92

Coefficients of varation for number of business establishments by industry group in nine selected suburban centres 1990/92

	Variationskoeffizient[a]
Staatliche und lokale Behörden	100,8
Bundesbehörden	78,3
Verbände/Interessengruppen	152,7
Allg. Unternehmensdienstl./Freie Berufe	72,3
Ärzte/medizinische Labors	53,1
Kreditgewerbe/Versicherungen	75,6
Industrie/Baugewerbe/Bergbau/Landwirtschaft	84,3
Großhandel/Einzelhandel/Transport	126,0
Sonstige	49,2
Büros gesamt	60,2
Einzelhandel gesamt	44,6
konsumorientierte Dienstleistungen gesamt	47,5

[a] Variationskoeffizient $V_r\,[\%] = s/x * 100$, x = arithmetisches Mittel, s = Standardabweichung

Quelle: eigene Erhebungen April/Mai 1990 und Oktober/November 1992

Tab.8.7: Büroraumnutzer nach Wirtschaftsbereichen in ausgewählten suburbanen Zentren 1990/92 (in%)

Office establishments by industry group in selected suburban centres 1990/92 (in %)

	PAR	CHW	BJ	BH	CJ	FKT	UMG	TOO	FRE
Bundesstaatliche und lokale Behörden	7,1	1,8	2,3	3,6	3,2	8,2	5,2	1,9	4,5
Bundesbehörden	3,7	2,0	1,5	3,6	0,9	4,8	8,2	1,0	2,6
Verbände/Interessengruppen	5,3	0,8	2,9	1,0	0,9	0,0	1,0	0,5	2,3
Allg. Unternehmensdienstl./Freie Berufe	46,9	46,5	34,4	33,4	48,4	42,9	29,9	50,0	26,4
Ärzte/medizinische Labors	13,0	18,8	32,4	25,6	16,9	21,8	27,8	10,0	25,7
Kreditgewerbe/Versicherungen	15,6	15,8	11,7	15,7	12,8	17,0	15,5	11,4	4,6
Industrie/Baugewerbe/Bergbau/Landwirtschaft	6,0	6,8	2,1	7,9	5,5	0,0	7,2	11,5	2,3
Großhandel/Einzelhandel/Transport	1,0	4,8	4,1	2,6	4,6	1,4	2,1	5,2	25,4
Sonstige	1,5	2,8	8,7	6,6	6,8	4,1	3,1	8,6	6,2
Gesamt	100	100	100	100	100	100	100	100	100

PAR = Parramatta, CHW = Chatswood, BJ = Bondi Junction, BH = Box Hill, CJ = Camberwell Junction, FKT = Frankston, UMG = Upper Mount Gravatt, TOO = Toowong, FRE = Fremantle

Quelle: eigene Erhebungen April/Mai 1990 und Oktober/November 1992

Obwohl mit Ausnahme von Fremantle keines der Zentren eine ausgesprochene Spezialisierung aufweist, zeigt die Branchenzusammensetzung der Büronutzer dennoch Unterschiede zwischen den verschiedenen Zentren. So sind in Parramatta der öffentliche Sektor, die Verbände und Interessengruppen sowie das Kreditgewerbe relativ stark vertreten, während in Chatswood neben dem Kreditgewerbe der Handel und die Industrie verhältnismäßig hohe Anteile erreichen. In den kleineren, stärker lokal ausgerichteten Geschäftszentren fällt vor allem der hohe Anteil an Arztpraxen und medizinischen Einrichtungen auf (Bondi Junction, Upper Mount Gravatt, Fremantle). Die relativ CBD-nahen Zentren Toowong und Camberwell Junction haben trotz ihrer geringeren Größe eine größere Ähnlichkeit mit Parramatta oder Chatswood und lassen aufgrund ihrer Branchenzusammensetzung eine Ergänzungsfunktion für die jeweiligen CBDs erkennen. Mit einigen Einschränkungen gilt dies auch für Box Hill, das aber stärker als die beiden vorgenannten Zentren auch lokale Funktionen übernimmt. Frankston zeigt als fast ausschließlich lokal ausgerichtetes Zentrum ein recht undifferenziertes und auch aufgrund seiner geringen Bürofläche wenig markantes Bild. Der Bürosektor Fremantles weist eine für suburbane Zentren ungewöhnliche Spezialisierung auf. Der sehr hohe Anteil der Bürobetriebe im Bereich 'Handel und Transport' hängt in ganz überwiegendem Maße mit der traditionellen Rolle des Ortes als Hafenstadt zusammen. Insgesamt wurden in Fremantle 70 ausschließlich oder ganz überwiegend hafenbezogene Dienstleister gezählt (23 % aller Büroeinheiten), von denen sich die Mehrzahl im hafennahen Bereich des West Ends befindet.

Aufschlußreicher als eine reine Branchengliederung der Büroraumnutzer ist deren Klassifikation nach der Größe des von ihnen versorgten Marktbereichs (privatwirtschaftliche Unternehmen) bzw. Zuständigkeitsbereichs (staatliche bzw. halbstaatliche Stellen). Für die Analyse wurde eine dreistufige Klassifizierung zugrundegelegt.[5] Diese umfaßt erstens den lokalen, zweitens den regionalen bzw. einzelstaatlichen und drittens den nationalen bzw. internationalen Marktbereich. Generell läßt sich feststellen, daß die Anzahl der Büros mit nationalem bzw. internationalem Wirkungskreis in allen untersuchten Zentren recht gering ist. Regional bedeutsame Büros sind dagegen typischer für suburbane Geschäftszentren. Von den untersuchten Zentren konnte sich lediglich Chatswood als Bürostandort von überregionaler Bedeutung profilieren, ohne jedoch einen mit den CBDs vergleichbaren Rang zu erreichen. Außer in Chatswood existiert nur noch in Parramatta eine größere Anzahl überlokal bedeutsamer Bürobetriebe (Abb. 8.3).

Bis auf den Sonderfall Fremantle, wo bedingt durch hafenbezogene Dienstleister schon seit dem letzten Jahrhundert eine starke überlokale Ausrichtung besteht, ist die klare Mehrzahl der Büroraumnutzer in den untersuchten suburbanen Zentren in ihren Operationen lokal ausgerichtet. Höhere Anteile an regional bis international orientierten Büros weisen neben Fremantle (45 %) nur noch die verhältnismäßig CBD-nahen Zentren Chatswood (45 %), Toowong (40 %) und Camberwell Junction (39 %) auf. Diese Zentren fungieren zum Teil als Entlastungszentren für den Stadtkern und zeigen somit eine stärkere Ähnlichkeit mit der Unternehmenszusammensetzung im CBD. Die weiter vom CBD entfernten Zentren sind dagegen mehr auf Teilräume der jeweiligen Metropolitan Areas ausgerichtet. Dies wird am Beispiel von Parramatta deutlich, das trotz seines schnell wachsenden Bürosektors ein vorwiegend auf den Bereich von Western Sydney orientierter Bürostandort geblieben ist.

---

[5] Zur Systematik und Zuordnungsmethode siehe Anhang A.7.

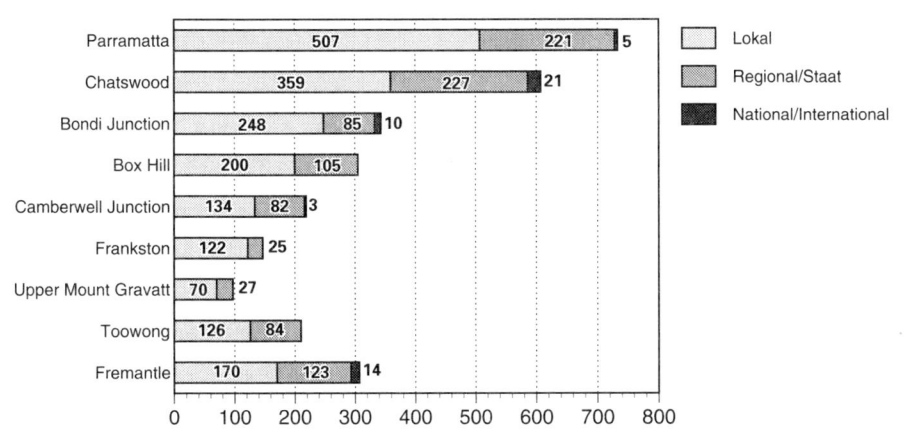

```
Parramatta  | 507 | 221 | 5
Chatswood   | 359 | 227 | 21
Bondi Junction | 248 | 85 | 10
Box Hill    | 200 | 105
Camberwell Junction | 134 | 82 | 3
Frankston   | 122 | 25
Upper Mount Gravatt | 70 | 27
Toowong     | 126 | 84
Fremantle   | 170 | 123 | 14
```

Legend: Lokal / Regional/Staat / National/International

Quellen: eigene Erhebungen April/Mai 1990 und Oktober/November 1992

Abb. 8.3: Anzahl der Büroraumnutzer nach der Größe des versorgten Marktbereichs in ausgewählten suburbanen Zentren 1990/92

Number of office space users by market area in selected suburban centres in 1990/92

Tab.8.8: Marktbereiche der Büroraumnutzer in unterschiedlichen Gebäudetypen ausgewählter suburbaner Zentren 1990/92[a]

Market areas of office establishments by type of building in selected suburban centres 1990/92

Marktbereich	Büroneubau[b] abs.	in %	Büroaltbau[c] abs.	in %	Sonstige Gebäude[d] abs.	in %	Gesamt abs.	in %
Lokal	563	54,5	936	66,2	437	83,7	1.936	65,2
Regional oder größer	470	45,5	477	33,8	85	16,3	1.032	34,8
Gesamt	1.033	100,0	1.413	100,0	522	100,0	2.968	100,0

[a] bezogen auf die Gesamtzahl der Büroraumnutzer in den neun untersuchten suburbanen Zentren
[b] nach 1980 erstellte Bürogebäude (Gebäude oder Gebäudekomplexe mit überwiegender Büronutzung)
[c] bis 1980 erstellte Bürogebäude (Gebäude oder Gebäudekomplexe mit überwiegender Büronutzung)
[d] Gebäude, in denen die Büronutzung anderen Nutzungen untergeordnet ist

Quellen: eigene Erhebungen April/Mai 1990 und Oktober/November 1992

Eine einfache Korrelationsanalyse (Produktmoment-Korrelationskoeffizient nach *Pearson*) zeigt, daß der Anteil überlokal ausgerichteter Bürobetriebe mit zunehmender Entfernung des Zentrums vom CBD abnimmt ($r = -0{,}647$, signifikant auf 5%-Niveau). Dies deckt sich mit der allgemeinen Beobachtung, daß die Zentren in den Außenbereichen der australischen Verdichtungsräume nur in Ausnahmefällen Standorte überlokal bedeutsamer Bürobetriebe sind. Dagegen bestehen zu reinen Größenmerkmalen wie der Gesamtzahl der Bürobetriebe oder der vorhandenen Bürogeschoßfläche zwar leicht positive, aber keine signifikanten Beziehungen. Insgesamt ist davon auszugehen, daß die spezifischen lokalen Standortbedingungen (Vorhandensein geeigneten Büroraumes, Infrastrukturausstattung, Verkehrsanbindung, lokale und subregionale Raumbeziehungen, planerische Vorgaben, Ansiedlungs- und Investitionsrestriktionen bzw. -anreize, lokale Verfügbarkeit qualifizierter Arbeitskräfte, Image des Bürozentrums usw.) für die jeweilige Zusammensetzung der Bürobetriebe sehr viel wichtiger sind als reine Größenmerkmale. Außer der Distanz vom Stadtzentrum scheinen also vorwiegend einzelfallspezifisch-qualitative Merkmale für den Erfolg suburbaner Bürozentren ausschlaggebend zu sein.

Dennoch besteht ein Zusammenhang zwischen der Bauaktivität und höherwertigen Bürofunktionen. So bevorzugen gerade überlokal bedeutsame Bürobetriebe qualitativ hochwertige Büroneubauten, während sie in anderen Gebäudetypen nur selten zu finden sind (Tab. 8.8). In den größeren und besonders dynamischen Bürozentren wie Parramatta und Chatswood kann zudem beobachtet werden, daß die auf das Standortprestige bedachten und relativ flexiblen Unternehmen (v.a. unternehmensbezogene Dienstleister) durch regelmäßiges Umziehen in die gerade neuesten Gebäude den Markt für Neubauten spürbar anheizen. Demgegenüber stehen die Eigentümer von älteren Bürogebäuden nicht selten vor erheblichen Vermietungsproblemen.

Bedauerlicherweise bestehen durch den Mangel an vergleichbaren Daten kaum Möglichkeiten, Verschiebungen in der Zusammensetzung des Bürosektors suburbaner Zentren detailliert zu untersuchen. Allerdings führte *Alexander* in den Jahren 1975 und 1979 vergleichbare Untersuchungen in ausgewählten Bürozentren der Sydney Metropolitan Area durch, darunter auch Chatswood, Parramatta und Bondi Junction (*Alexander* 1976 und 1982). Dies ermöglicht für privatwirtschaftliche Bürobetriebe den Vergleich der Ergebnisse von 1990 mit denen aus dem Jahre 1975 (Tab. 8.9). Die Zahlen sind ein weiterer Beleg für die Dynamik der suburbanen Bürozentren im Verdichtungsraum Sydney. In allen drei Zentren stieg die Anzahl der Büros stark an. Während Mitte der 70er Jahre nur Chatswood eine größere Rolle als Standort überlokal agierender Büros spielte, nahm deren Zahl seither auch in Parramatta und Bondi Junction erheblich zu. Dies führte nicht nur zu einem allgemeinen Bedeutungsgewinn suburbaner Bürozentren, sondern auch zu einer teilweisen Angleichung der Strukturen zwischen Chatswood und Parramatta.

Zusammenfassend läßt sich sagen, daß trotz der starken Dynamik des Bürosektors die kleineren, auf den lokalen Markt orientierten Büros in allen neun untersuchten Zentren zahlenmäßig dominieren. Zudem stellen sie bis heute den Hauptwachstumssektor dar. Insofern dämpfen die Ergebnisse der Zentrenerhebung die vielfach überzogenen Einschätzungen der Büroentwicklung in den suburbanen Zentren. Bislang wird der Büromarkt der suburbanen Zentren jedenfalls mehr von kleinen Anwaltskanzleien und Arztpraxen als vom 'big business' bestimmt. Auch 'back office'-Funktionen leisten für die Entwicklung der größeren suburbanen Zentren - mit der Ausnahme von Bondi Junction - offensichtlich keinen wesentlichen Beitrag. Für diese Funktionen stehen innerhalb der Metropolitan Areas geeignetere und preiswertere Flächen in Gewerbegebieten, in Business Parks oder an freistehenden Standorten zur Verfügung.

Unter den untersuchten Zentren konnte sich bisher noch am ehesten Chatswood als bedeutender 'Headquarter'-Standort privatwirtschaftlicher Unternehmen profilieren. Dagegen ist das insgesamt größte der untersuchten Zentren, Parramatta, eher von Ministerien, Behörden sowie Zweigbüros lokal- bzw. regional agierender privatwirtschaftlicher Unternehmen gekennzeichnet. Trotz dieser Unterschiede können aber beide Zentren schon durch ihre Größe als national bedeutsame Bürozentren angesehen werden. Von den anderen Zentren haben Box Hill und Bondi Junction wohl die besten Chancen, in absehbarer Zeit in diese Gruppe vorzustoßen.

Tab.8.9: Privatwirtschaftliche Bürobetriebe in Parramatta, Chatswood und Bondi Junction nach Marktbereichen 1975 und 1990
Private office establishments in Parramatta, Chatswood, and Bondi Junction by market area 1975 and 1990

Marktbereich	Parramatta 1975	Parramatta 1990	Chatswood 1975	Chatswood 1990	Bondi Junction 1975	Bondi Junction 1990
Lokal	155	473	117	345	121	236
(in %)	85,6	72,3	49,6	59,2	91,0	71,7
Regional oder größer	26	181	119	238	12	93
(in %)	14,4	27,7	50,4	40,8	9,0	28,3
Gesamt	181	654	236	583	133	329

Quellen: *Alexander* (1976) und eigene Erhebungen April/Mai 1990

Die Struktur der Bürobetriebe in den suburbanen Geschäftszentren legt jedoch eine weitere Feststellung nahe: Auch größere suburbane Zentren sind nur in eingeschränktem Maße konkurrierende Standorte für die CBDs, vielmehr komplementieren sie deren Funktionen. Während sich in den CBDs der großen Städte immer mehr hochrangigste Bürofunktionen des 'big business' konzentrieren (Sydney, Melbourne), entwickeln sich die suburbanen Zentren zu den eigentlichen 'zentralen Orten' des Verdichtungsraumes. Die maßgeblichen Wachstumssektoren in diesen Zentren bilden vor allem verdichtungsraumbezogene Bürofunktionen. Die neue Aufgabenteilung zwischen CBD und suburbanen Geschäftszentren ist nirgendwo auffälliger als in Sydney, dem größten und bedeutendsten Wirtschaftsraum Australiens. Die CBDs der kleineren australischen Metropolen haben bislang keinen mit dem CBD von Sydney vergleichbaren Spezialisierungsgrad erreicht, folglich ist auch die Rolle der suburbanen Zentren in diesen Verdichtungsräumen noch nicht so ausgeprägt.

8.4 Ein Klassifikationsschema für multifunktionale Außenstadtzentren: Typisierung und Grundzüge ihrer Entwicklung

Die Klassifikationen und Typisierungen städtischer Phänomene und der dahinterstehenden Entwicklungsfaktoren ist in der Stadtforschung ein bewährtes Mittel, um Entwicklungslinien und -typen herauszuarbeiten und Einzelinformationen sinnvoll zu ordnen. Außer den überwiegend formalnormativen Zentrentypisierungen der Regionalplanung gibt es bislang keine tragfähige Klassifizierung der australischen Außenstadtzentren. Dagegen haben sich einige US-amerikanische Autoren mit dem Problem der Klassifikation der neuen Zentren Suburbias befaßt und inhaltlich begründete Klassifikationen entwickelt. Je nach Vorgehensweise werden verschiedene Typen entweder nach allgemeinen Strukturmerkmalen (z.b. *Baerwald* 1978) oder unter Zuhilfenahme von multivariaten Verfahren gegeneinander abgegrenzt (z.B. *Cervero* 1989). Während die meisten Arbeiten zur Klassifikation von suburbanen Zentren überwiegend aktualistisch vorgehen und auf Entstehungszusammenhänge nur am Rande eingehen, haben sich andere Autoren vorwiegend mit der Evolution der 'suburban space economy' beschäftigt und nach Beschreibungs- und Erklärungsmöglichkeiten für die zunehmende Ausdifferenzierung der US-amerikanischen Suburbia gesucht (*Erickson* 1983).

Auch in der US-amerikanischen Literatur fehlt bislang eine Verknüpfung dieser beiden Ansätze und eine sowohl genetisch als auch funktional begründete Klassifikation der neuen Zentren Suburbias. Um eine Typisierung der australischen Zentren zu ermöglichen, soll im folgenden ein einfaches Klassifikationsschema entwickelt werden, das sowohl aktuelle Strukturen als auch genetische Aspekte berücksichtigt. Eine Klassifikation mit Hilfe statistisch-multivariater Verfahren verbietet sich nicht nur aufgrund der kleinen Fallzahl, das Ergebnis wäre zudem nur wenig an den konkreten Entwicklungs- und Planungsproblemen orientiert. Gerade die Fallstudien in Kapitel 7 haben gezeigt, daß neben rein funktionalen und größenbezogenen Merkmalen (Branchenzusammensetzung, Einzelhandels- und Büroflächen, Zahl der Arbeitsplätze usw.), die sich aus der Entwicklung der Zentren ergebenden strukturellen Merkmale entscheidende planerische Problemkategorien darstellen. So bestimmt gerade die spezifische Kombination aus persistenten und neuen Strukturen die planerischen Möglichkeiten und Notwendigkeiten in einem erheblichen Maße. Deshalb beruht das hier vorgestellte Klassifikationsschema sowohl auf quantitativen als auch auf qualitativen Merkmalen und rückt den genetischen Aspekt in den Vordergrund. Folgende Kriterien sind für die Klassifikation von zentraler Bedeutung:
- Größe (Einzelhandels- und Bürogeschoßfläche, Branchenstruktur, überlokale Bedeutung)
- relative Wachstumsdynamik (Verhältnis zwischen Einzelhandels- und Bürobedeutung)
- räumliche Grundstruktur (traditionelle oder neu angelegte Zentren, Verkehrsorientierung)
- Entwicklungs- und Planungsstrategie (Dominanz von Wachstums- oder Erhaltungszielen)
- allgemeine genetische Aspekte

Wie bereits gezeigt wurde, konzentriert sich das suburbane Büroflächenwachstum der letzten Jahrzehnte in Australien weit stärker als in den USA auf mehr oder weniger etablierte suburbane Zentren. Andere Formen von Büroflächenkonzentrationen wie Office Parks oder Business Parks spielen in Australien eine geringere Rolle und können zumindest bislang kaum als multifunktionale bzw. überwiegend von Cityfunktionen geprägte Gebiete angesprochen werden. Die folgende Klassifizierung bezieht sich deshalb nur auf multifunktionale Zentren und nicht auf andere Formen suburbaner Arbeitsplatzkonzentrationen oder reine Einzelhandelszentren. Alle hier berücksichtigten Zentrentypen sind multifunktionale, als Zentren wahrnehmbare räumliche Strukturen mit mindestens je 30.000 m^2 Einzelhandels- bzw. Bürogeschoßfläche. Die als Fallbeispiele ausgewählten Zentren entsprechen in bezug auf ihre Funktion und ihre vergleichsweise kompakte städtebauliche Grundstruktur in etwa *Cervero*s Typ der Sub-City, allerdings sind sie mehrheitlich erheblich kleiner.

Um zu einer sowohl funktional als auch genetisch begründeten Klassifikation zu kommen, müssen zunächst die wesentlichen Entwicklungsphasen der Zentren modellhaft skizziert werden. Obgleich die untersuchten Geschäftszentren deutliche Größenunterschiede und lokalspezifische Eigenheiten aufweisen, durchliefen sie seit ihrer Entstehung dennoch in den Grundzügen kongruente Entwicklungsphasen. Diese decken sich weitestgehend mit anderen suburbanen Zentren in australischen Verdichtungsräumen. Somit läßt sich ein einfaches Entwicklungsmodell entwerfen, das die Evolution der größeren suburbanen Geschäftszentren in fünf Hauptentwicklungsphasen einteilt:

1. Phase - **Entstehung am Schienennetz orientierter exurbaner und suburbaner Versorgungszentren** (ab Mitte des 19. Jahrhunderts):
   In bezug auf die Gründungsphase lassen sich zunächst zwei Fälle unterscheiden. Entstanden z.B. Parramatta und Fremantle als im Prinzip autonome, von den hauptstädtischen Wachstumspolen getrennte städtische Siedlungsknoten, waren die meisten anderen Zentren funktional von Anfang an eng mit der Kernstadt verbunden. Mit dem Ausbau des suburbanen bzw. regionalen Schienennetzes entstanden im Umfeld der australischen Kolonialhauptstädte vor allem ab 1880 um Bahnhöfe kleine Geschäftsansiedlungen mit einem auf den kurzfristigen Bedarf zugeschnittenen Warenangebot. Diese entwickelten sich überwiegend in Form von 'strip shopping centres' mit ein- bis zweistöckigen Ladengeschäften. Doch auch die bereits vorher angelegten Siedlungskerne erhielten durch die Bahn entscheidende Entwicklungsimpulse.

2. Phase - **Langsames Wachstum ohne grundlegende Strukturveränderung** (1900 - 1950):
   Langsames aber stetiges Wachstum prägt in dieser Zeitphase die lokal ausgerichteten Einzelhandelszentren. Der Einzelhandel bestand überwiegend aus kleineren Geschäften, welche die wachsende Bevölkerung der Vorortzone mit Gütern des periodischen Bedarfs versorgten. Mitte der 30er Jahre kam es lediglich zur Eröffnung erster, relativ kleiner Filialen der großen CBD-Kaufhäuser in bereits bestehenden Gebäuden. Andere Funktionen spielten dagegen nur eine untergeordnete Rolle. Die wenigen vorhandenen Büronutzungen befanden sich ausschließlich in den Obergeschossen der Einzelhandelsgebäude. Größere Veränderungen der meist aus dem letzten Jahrhundert stammenden Bausubstanz fanden praktisch nicht statt.

3. Phase - **'Take off' des suburbanen Einzelhandels** (1950 - 1965):
   Diese Phase war geprägt durch ein beschleunigtes Wachstum und eine merkliche Strukturveränderung im Einzelhandel. Dieser Wandel hatte seine Ursache in der ab Mitte der 50er Jahre verstärkt einsetzenden Ansiedlung von Filialen der großen Kaufhausketten. Anders als ihre ersten Vorläufer in den 30er Jahren führten diese sowohl zu einem erheblichen Bedeutungsgewinn des Angebots an langfristigen und hochwertigen Konsumgütern als auch zu baulichen Veränderungen in den Geschäftszentren (v.a. durch Kaufhausneubauten). Demgegenüber blieb die Entwicklung von Büroaktivitäten und anderen citytypischen Nutzungen eher bescheiden.

4. Phase - **Beschleunigtes Einzelhandelswachstum** (1965 - 1980):
   In den 70er Jahren erreichte der Zuwachs des Einzelhandels in den suburbanen Zentren seinen Höhepunkt. Die ab Ende der 60er Jahre in allen größeren Vorortzentren entstehenden Shopping Centres führten zu einem sprunghaften Anstieg der Einzelhandelsfläche. Viele der etablierten Zentren wurden erst durch die Eröffnung der Shopping Centres zu regional bedeutsamen Einzel-

handelsschwerpunkten. Parallel hierzu entstanden ab Anfang der 70er Jahre die ersten größeren, spekulativ errichteten Bürohäuser. Diese waren jedoch von relativ einfacher Ausstattung und zielten vorwiegend auf Nachfragergruppen, die preiswerte Büroräume suchten. Der Bau von großflächigen Einkaufszentren und Bürohochhäusern führte in den 'alten Zentren' zu ersten massiven Eingriffen in die bis dahin relativ unverändert erhaltenen baulichen Strukturen.

5. Phase - **Entwicklung zu multifunktionalen Sub-Cities** (ab 1980):
Diese bis heute anhaltende Phase ist hauptsächlich von dem Einzug des modernen, auch höchsten Ansprüchen genügenden Büro(hoch)hauses und dem beschleunigten Wachstum der Büroaktivitäten geprägt. Der Bau dieser vorwiegend spekulativ, das heißt ohne vorher festgelegten Nutzer, erstellten Büroprojekte hat nicht nur die Skyline mancher suburbaner Geschäftszentren, sondern auch große Teile der traditionellen Baustruktur weitgehend umgestaltet. Gleichzeitig entstehen auch die ersten Luxushotels sowie größere kulturelle Einrichtungen. Der Einzelhandel wächst zwar auch weiterhin, größere Projekte werden aber nur noch vereinzelt verwirklicht, und die Zuwachsraten liegen deutlich unter denen der 70er Jahre. Allerdings fließen erhebliche Investitionssummen in die Nachbesserung und Modernisierung bestehender Einzelhandelsimmobilien.

Die dargestellten Entwicklungsphasen wurden nicht von allen suburbanen Zentren in gleichem Maße durchlaufen. Vielmehr ist jede dieser Phasen mit einem fortschreitenden Differenzierungsprozeß der Geschäftszentren verknüpft. Während am Anfang des Jahrhunderts neben dem CBD als Hauptzentrum des Verdichtungsraumes noch viele kleine, mehr oder weniger gleichrangige suburbane Zentren bestanden, führte jede weitere Entwicklungsphase zu einer selektiven Ausdifferenzierung des Zentrensystems, da die Dynamik nur jeweils einem Teil der Zentren voll zugute kam. Obwohl die Entwicklungsprozesse der 1980er Jahre die Multifunktionalität in vielen suburbanen Geschäftszentren erheblich erhöhten, haben sich bis jetzt erst wenige zu 'echten' Sub-Cites, also wirklichen multifunktionalen und den CBDs in Funktion und Bedeutung ähnlichen Zentren, entwickeln können.

Der beschriebene Entwicklungspfad (lokales sub- oder exurbanes Versorgungszentrum - suburbanes Einzelhandelszentrum - multifunktionales Zentrum mit Büro- und Einzelhandelsfunktionen) gilt heute für die Mehrzahl der größeren suburbanen Geschäftszentren australischer Metropolen. Im Vergleich hierzu spielen die seit etwa 1960 'auf der grünen Wiese' entstandenen "instant downtowns" (*Cervero* 1989, S.6) - ganz anders als in den USA - eine viel geringere Rolle. Allerdings gibt es für diesen, lediglich die Phasen drei und vier umfassenden Entwicklungspfad auch in Australien einige Beispiele. Diese konzentrieren sich auf die erst in der Nachkriegszeit rasch wachsenden und mit einem unzureichenden Netz an etablierten Zentren ausgestatteten Verdichtungsräume Brisbane und Perth sowie auf die äußeren Wachstumsbereiche von Sydney, Melbourne und Adelaide. Während die in den 60er und 70er Jahren angelegten Zentren von einer einseitigen Ausrichtung auf das Automobil geprägt sind, werden bei jüngeren Planungen auch die Erfordernisse des öffentlichen Nahverkehrs wieder stärker berücksichtigt. Beispiele hierfür sind das Joondalup City Centre im Verdichtungsraum Perth oder das Noarlunga Centre im Verdichtungsraum Adelaide. Allerdings sind die meisten der nach 1960 neu angelegten Zentren bis heute reine Einzelhandelszentren geblieben (Mount Druitt in Sydney, Fountain Gate und Broadmeadows in Melbourne oder Stirling in Perth). Bislang konnte sich aus dieser Gruppe lediglich Upper Mount Gravatt zu einem überlokal bedeutsamen multifunktionalen Zentrum entwickeln.

Kombiniert man die oben erläuterten Kriterien (Größe, relative Wachstumsdynamik, räumliche Grundstruktur, Entwicklungs- und Planungsstrategie) mit den diskutierten Entwicklungspfaden, ergibt sich das in Abb. 8.4 dargestellte Klassifikationsschema. Danach lassen sich insgesamt sechs funktional-genetische Zentrentypen unterscheiden:

Typ 1 - **Sub-City** (voll entwickelte multifunktionale suburbane City, verdichtete räumlich-bauliche Grundstruktur)

Aufgrund ihrer Größe und ihres überlokalen Bedeutungsüberschusses bilden Parramatta und Chatswood einen eigenständigen Zentrentyp. Diese großen suburbanen Zentren sollen in Anlehnung an *Cervero* als 'Sub-Cities' bezeichnet werden.[6] Bei der Abgrenzung der Sub-Cities wurden insbesondere größen- und funktionsbezogene Kriterien berücksichtigt. Sicher ist die Verwendung einfacher Schwellenwerte nicht unproblematisch, aber ein Wert von etwa 300.000 m^2 bis 400.000 m^2 kommerziell genutzter Gesamtgeschoßfläche scheint eine für australische Verhältnisse sinnvolle Abgrenzung für voll entwickelte Sub-Cities zu sein. Erst ab etwa 80.000 m^2 Einzelhandelsgeschoßfläche ist zum Beispiel ein mit den CBDs vergleichbares Einzelhandelsangebot zu erwarten. Da dieser Schwellenwert von einer größeren Zahl von suburbanen Zentren überschritten wird, ist für Sub-Cities die Büroflächenentwicklung entscheidender. Erst ab etwa 250.000 m^2 Bürogeschoßfläche scheint eine 'kritische Masse' erreicht zu sein, die sowohl neue Wachstumsimpulse aufgrund positiver Rückkopplungsprozesse und Synergieeffekte, als auch die allgemeine Wahrnehmung als eigenständigen Büromarkt ermöglicht. Die besondere Stellung Parramattas und Chatswoods zeigt sich auch darin, daß sie in den laufenden Immobilienmarktbeobachtungen der *Building Owners and Managers Association* sowie der großen Immobilienmakler bereits seit einigen Jahren als eigenständige Büromärkte berücksichtigt werden. Außer Parramatta und Chatswood gibt es in den australischen Verdichtungsräumen bislang noch keine suburbanen Zentren, deren Funktion und Größe es gerechtfertigt erscheinen ließe, von Sub-Cities zu sprechen. Allerdings weist die Entwicklung von Bondi Junction in diese Richtung. Mittel- bis langfristig könnten weitere Zentren hinzukommen, vor allem Burwood, Liverpool und Blacktown im Verdichtungsraum Sydney sowie Dandenong im Verdichtungsraum Melbourne. Bislang haben sich die australischen Sub-Cities ausschließlich aus traditionellen Einzelhandelszentren heraus entwickelt. Dies könnte sich in Zukunft jedoch ändern, wenn 'neue Zentren' wie Upper Mount Gravatt oder das Joondalup City Centre entsprechende Schwellenwerte erreichen.

Typ 2 - **Einzelhandelszentrum bzw. multifunktionales Zentrum mit Einzelhandelsdominanz** (gute Einzelhandelsausstattung, Bürosektor vorhanden, aber gering entwickelt, verdichtete räumlich-bauliche Grundstruktur)

Zu dieser Gruppe gehören Zentren, deren Dynamik bislang im wesentlichen vom Einzelhandel und den bevölkerungsbezogenen Dienstleistungen bestimmt war. Diese Zentren sind häufig

---

[6] *Cervero* (1989, S.84) gibt für US-amerikanische Sub-Cities Schwellenwerte von mind. 5 Mio. sqft (465.000 m^2) kommerziell genutzter Gesamtgeschoßfläche und mindestens 10.000 Bürobeschäftigten an. Nach *Garreau* (1991, S.425) müssen suburbane Zentren neben anderen Merkmalen mindestens 5 Mio. sqft (465.000 m^2) Bürogeschoßfläche sowie mindestens 600.000 sqft (56.000 m^2) Einzelhandelsgeschoßfläche aufweisen, um als 'edge cities' gelten zu können. Würde man diese Schwellenwerte auf die suburbanen Zentren Australiens anwenden, wären Parramatta und Chatswood zwar Sub-Cities, aber lediglich Parramatta eine echte 'edge city'. Letzteres gilt aber streng genommen nicht in bezug auf die Genese, da *Garreau* nur diejenigen suburbanen Zentren als 'edge cities' bezeichnet, die sich überwiegend nach 1960 entwickelt haben.

wichtige 'zentrale Orte' für Teilbereiche der Metropolitan Areas, weisen aber nur in Ausnahmefällen überregional bedeutsame Einrichtungen auf. Ganz überwiegend liegen sie in oder nahe der Wachstumsgebiete der mittleren und äußeren Vororte. Auch wenn sie mehr sind als reine Einzelhandelszentren, ist der Bürosektor bislang nur in Ansätzen entwickelt. Obwohl Frankston in der vorliegenden Untersuchung das einzige Fallbeispiel für diesen Zentrentyp darstellt, lassen sich viele suburbane Zentren Australiens in diese Gruppe einordnen.

Typ 3 - **Bürozentrum bzw. multifunktionales Zentrum mit Bürodominanz** (stark entwickelter Bürosektor, strukturelle Schwächen im Einzelhandelsangebot, verdichtete räumlich-bauliche Grundstruktur)

Eine verhältnismäßig kleine, räumlich mehr auf den inneren Bereich der Metropolitan Areas konzentrierte Gruppe bilden von Bürofunktionen geprägte Zentren wie Box Hill und Toowong. Diese sind zwar lokal bedeutsame Einzelhandelszentren, sie weisen in ihrer Versorgungsfunktion aber auch spürbare Defizite auf. Zum Teil liegen diese Zentren in zu enger Nachbarschaft zum CBD oder größeren suburbanen Einkaufszentren, um eine eigene starke Einzelhandelsbasis zu entwickeln. Andererseits profitieren sie als Bürozentren aber vom 'overspill' aus dem CBD. Auch zukünftig ist nicht damit zu rechnen, daß dieser Zentrentyp zahlenmäßig ein wesentlich stärkeres Gewicht erhält. Lediglich einige Zentren auf Sydneys North Shore (Epping, Pymble/Gordon) oder im Bereich der inneren östlichen Vororte Melbournes (Hawthorn, Tooronga) könnten sich mittel- bis langfristig zu bürodominierten multifunktionalen Zentren entwickeln. Allerdings stände dies zum einen im Gegensatz zur offiziellen Planungspolitik, zum anderen erscheint eine stärkere Einzelhandelsentwicklung in diesen relativ lose strukturierten Zentren eher unwahrscheinlich.

Typ 4 - **Traditionelles Zentrum** (multifunktionales Zentrum mit erhaltener historischer Baustruktur)

Dieser Zentrentyp ist trotz einer überdurchschnittlichen Entwicklungsdynamik von einer noch gut erhaltenen historischen Bausubstanz gekennzeichnet. Er bildet einen im australischen Kontext verhältnismäßig seltenen Sonderfall, für den sich nur wenige Beispiele finden lassen. Fremantle ist das herausragendste Beispiel, Camberwell Junction und Prahran sind weitere. Durch eine besondere historische Bedeutung und/oder besondere lokalpolitische Konstellationen treten hier neben wachstumsorientierte Zielsetzungen auch andere planungspolitische Ziele wie 'qualitatives Wachstum' oder 'Erhalt historischer Strukturen'. Obwohl die historischen Entstehungszusammenhänge dieser Zentren durchaus unterschiedlich sein können, wird ihre bauliche Struktur zumindest auf lokaler Ebene als schützenswert angesehen. Als historische Zentren besitzen sie eine ausgeprägte Ausrichtung auf den schienengebundenen ÖPNV. Durch ein in der Regel gut ausgebautes System öffentlicher Verkehrsmittel einerseits und einen Mangel an Kfz-Stellplätzen andererseits weisen sie einen verhältnismäßig günstigen 'modal split' auf. Trotz der begrenzten Entwicklungspotentiale haben die Zentren dieses Typs zumeist einen ausgeprägten multifunktionalen Charakter. Im Falle von planungspolitischen Veränderungen könnten sich manche dieser Zentren zukünftig durchaus zu Sub-Cities entwickeln.

Typ 5 - **Cluster-Zentrum** (neu entstandenes multifunktionales Zentrum mit loser räumlich-baulicher Grundstruktur)

Im Gegensatz zu den vorgenannten Zentrentypen handelt es sich bei dieser Gruppe um städtebauliche Neuschöpfungen aus der Zeit nach 1960. Im allgemeinen entstehen Cluster-Zentren vor allem in schnell wachsenden suburbanen Außenbereichen ohne historische Zentrenstruktur. Obwohl noch als zusammenhängende Zentren wahrnehmbar, sind sie durch eine relativ lose Ansammlung solitärer Baukörper gekennzeichnet. Dem entspricht eine starke Konzentration des Grundbesitzes. Weitere Merkmale sind große Abstandsflächen zwischen den Gebäuden, ein hoher Flächenanteil für den fließenden und den ruhenden Individualverkehr sowie eine geringe Bedeutung des ÖPNV. In der Planung rücken städtebaulich-stadtgestalterische Ziele gegenüber Wachstumszielen eindeutig in den Hintergrund, so daß der öffentliche Raum auf rein funktionale Aufgaben, insbesondere Verkehrsaufgaben reduziert wird. Bislang ist Upper Mount Gravatt das einzige Cluster-Zentrum in Australien, das bereits eine über die reine Einzelhandelsfunktion hinausgehende Bedeutung erlangt hat. Vergleichbare Entwicklungsansätze zeigen aber auch das ebenfalls in Brisbane gelegenen Chermside sowie Canning im Verdichtungsraum Perth. Ähnlich strukturierte Cluster können zudem durch die Nachbarschaft von stark durch Bürofunktionen geprägten Business Parks und Shopping Centres entstehen (z.B. North Ryde im Verdichtungsraum Sydney).

Typ 6 - **Neue City** (neu entstandenes, ÖPNV-orientiertes Zentrum mit verdichteter räumlich-baulicher Grundstruktur)
Die 'Neuen Cities' sind sowohl im Hinblick auf ihre Entstehungszeit als auch im Hinblick auf ihre siedlungsstrukturellen Lagebedingungen dem vorgenannten Zentrentyp recht ähnlich. Allerdings unterscheiden sie sich deutlich durch die sehr viel stärkere planerischen Einflußnahme, eine aktive Entwicklungssteuerung sowie eine bewußte Hinwendung zu den Anforderungen von Fußgängern und des ÖPNV. Neben Wachstumszielen spielen auch Ziele der Versorgungssicherung, der lokalen Identifikation sowie der Verkehrsvermeidung eine größere Rolle. Insgesamt sind die 'Neuen Cities' jünger, stärker verdichtet und städtebaulich attraktiver gestaltet als die Zentren des Typs 5. Bislang konnte sich jedoch noch keine der 'Neuen Cities' zu einem wirklich multifunktionalen Zentrum entwickeln. So befindet sich das Joondalup City Centre derzeit noch in der Ausbauphase, und auch im Noarlunga Centre konnte sich bislang noch kein entsprechender Bürosektor entwickeln. Mittel- bis langfristig ist jedoch davon auszugehen, daß das Joondalup City Centre zu einem bedeutenden multifunktionalen Zentrum heranwachsen könnte. Obwohl der Zentrentyp 6 bislang noch keine entscheidende Rolle in der Zentrenstruktur australischer Metropolen spielt, wurde er aufgrund seines innovativen Charakters und seiner zukünftigen Wachstumsaussichten in das Klassifikationsschema aufgenommen.

In Tab. 8.10 sind nochmals einige Grunddaten der untersuchten Zentren bzw. der Zentrentypen im Überblick dargelegt. Es wird deutlich, daß die Arbeitsplatzdichte von Zentrentyp zu Zentrentyp erheblich variiert. Diese Unterschiede beeinflussen auch die Verkehrsmittelwahl der Arbeitskräfte. Weitere maßgebliche Bestimmungsgrößen für den 'modal split' sind der Ausbauzustand des ÖPNV, die Parkraumausstattung und die siedlungsstrukturelle Lagesituation der Zentren. Im allgemeinen gilt: Je dichter die Bebauung innerhalb und im Umfeld der Zentren, je CBD-näher die Lage, je geringer die Zahl der Stellplätze und je besser das Angebot des ÖPNV, desto günstiger ist der 'modal split'. Für einzelne Zentren durchgeführte Pendlerstudien bestätigen den engen Zusammenhang zwischen den vorgenannten Faktoren und der Verkehrsmittelwahl besteht. Während der Anteil der mit dem privaten Pkw zur Arbeit fahrenden Arbeitskräfte in Bondi Junction gut 40 %, in Fremantle rund 60 % und in Chatswood, Parramatta sowie Toowong rund zwei Drittel beträgt, steigt er in Cluster-Zentren ohne S-Bahn-Anschluß wie Upper Mount Gravatt bis auf 95 % an.

◀──────── **FUNKTIONALE DIFFERENZIERUNG** ────────

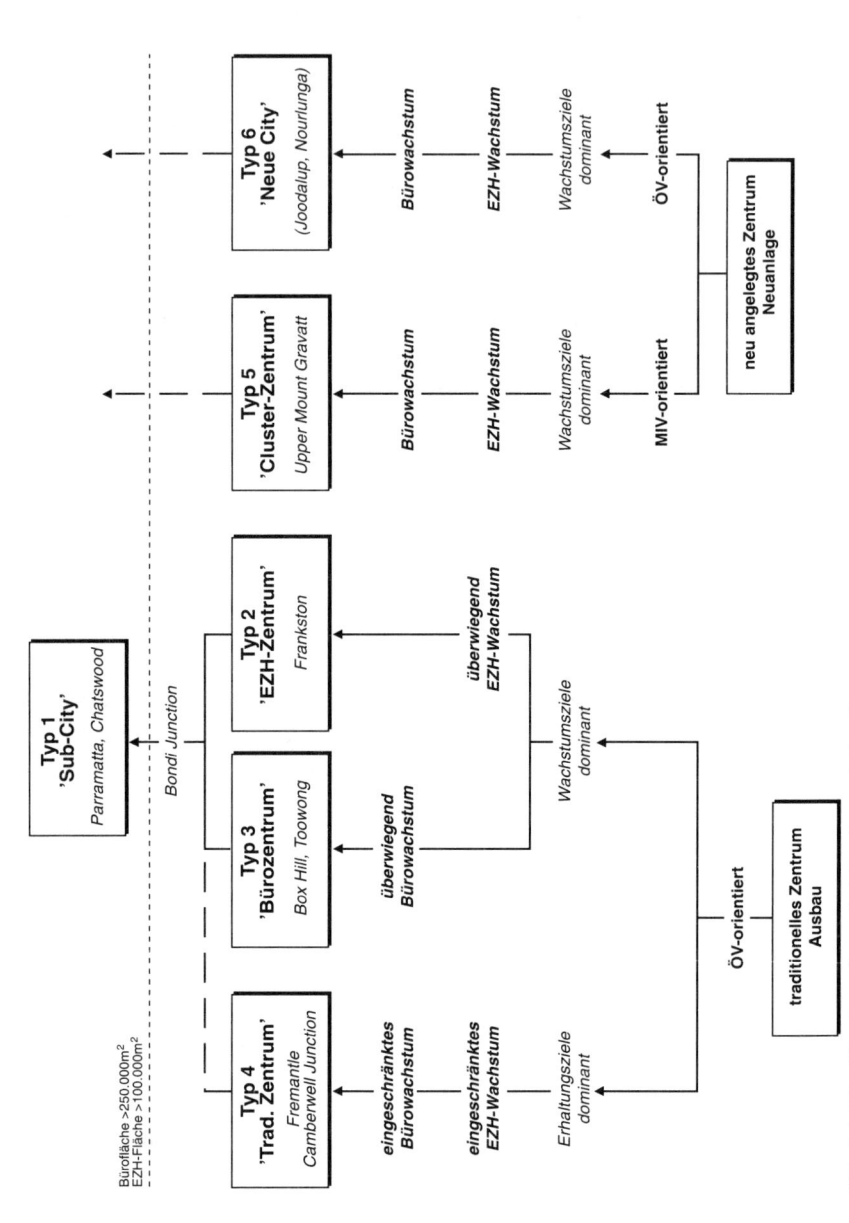

```
                                                                        Typ 6
                                                                     'Neue City'
                                                                  (Joodalup, Nourlunga)
                                                                         ▲
                                                                         │
                                                              Bürowachstum
                                                              EZH-Wachstum
                                                              Wachstumsziele dominant
                                                              ÖV-orientiert
                                                                         │
                                        Typ 5                            │
                                   'Cluster-Zentrum'                     │
                                  Upper Mount Gravatt                    │
                                         ▲                               │
                                         │                               │
                              Bürowachstum                         neu angelegtes Zentrum
                              EZH-Wachstum                              Neuanlage
                              Wachstumsziele dominant
                              MIV-orientiert

                   Typ 2
                'EZH-Zentrum'
                  Frankston
                     ▲
                     │
        überwiegend EZH-Wachstum
                     │
Typ 1                │
'Sub-City'           │
Parramatta,          │   Wachstumsziele
Chatswood            │     dominant
    ▲                │
    │   Bondi        │
    │  Junction      │
    │                │
                   Typ 3
                'Bürozentrum'
                Box Hill, Toowong
                     ▲
                     │
        überwiegend Bürowachstum
                                                              ÖV-orientiert
                   Typ 4                                         │
                'Trad. Zentrum'                                  │
                  Fremantle                               traditionelles Zentrum
              Camberwell Junction                               Ausbau
                     ▲
                     │
           eingeschränktes
            Bürowachstum
           eingeschränktes
            EZH-Wachstum
           Erhaltungsziele
              dominant
```

Bürofläche >250.000m²
EZH+Fläche >100.000m²

Abb. 8.4: Klassifikationsschema funktional-genetischer Zentrentypen
Types of centres classified by functional and genetic criteria

Tab. 8.10: Grunddaten verschiedener Zentrentypen 1991/1992
  Basic data for different types of centres 1991/1992

	Typ 1		Typ 2		Typ 3		Typ 4		Typ 5	Typ 6
	PAR	CHW	BJ	FKT	BH	TOO	FRE	CJ	UMG	JOO[a]
Luftliniendistanz vom CBD (in km)	20	9	5	38	14	4	16	8	13	25
Gesamtgrundfläche (in ha)	63	35	25	40	28	18	48	38	46	80
Bürogeschoßfläche (in '000 m^2)	554	322	114	40	132	61	93	82	65	-
Einzelhandelsgeschoßfläche (in '000 m^2)	156	200	120	107	56	38	107	57	90	-
Arbeitsplätze gesamt (in Tsd.)	34,7	17,7	10,4	5,5	11,5	3,2	7,0	6,0	4,0	25,1
Arbeitsplätze pro ha	548	502	410	139	413	178	145	160	87	314

[a] Zielwerte für den Endausbau des Joondalup Central Business District

PAR = Parramatta, CHW = Chatswood, BJ = Bondi Junction, FKT = Frankston, BH = Box Hill, TOO = Toowong, CJ = Camberwell Junction, FRE = Fremantle, UMG = Upper Mount Gravatt, JOO = Joondalup City Centre

Quelle: eigene Erhebungen und Angaben der Councils

In ihren Grundzügen können viele der in den untersuchten Zentren gemachten Beobachtungen auch auf andere suburbane Geschäftszentren Australiens, insbesondere der inneren und mittleren Vorortzone, übertragen werden. Allerdings sind die meisten suburbanen Zentren in ihrer Mehrzahl erheblich kleiner als die hier untersuchten Zentren und hinsichtlich ihrer Dimensionierung und ihrem Entwicklungsstand noch am ehesten mit Frankston zu vergleichen. Vor allem den peripheren Zentren fehlt bislang eine mit den Sub-Cities vergleichbare Büroentwicklung. So sind beispielsweise Campbelltown, Mount Druitt und Penrith im Verdichtungsraum Sydney sowie Ringwood im Verdichtungsraum Melbourne bis heute fast reine Einzelhandelszentren geblieben. Selbst in den größeren und etablierteren Zentren der Außenzone (Liverpool, Blacktown, Dandenong, Frankston) ist die Nachfrage nach Büroflächen bislang stark von der Verlagerung öffentlicher Einrichtungen abhängig.

Das genetische Klassifikationsschema zeigt, daß Zentren im Laufe ihrer Entwicklung ihren Grundtypus verändern können. So sind z.B. in Zukunft Sub-Cities mit einer von Parramatta oder Chatswood deutlich abweichenden Struktur durchaus denkbar. Auch wenn die Entwicklung vieler Zentren bis in das letzte Jahrhundert zurückreicht, ist ihre heutige Multifunktionalität ganz überwiegend das Resultat der sich ab Mitte der 80er Jahre beschleunigenden Bürosuburbanisierung. Die Entwicklungsdynamik der untersuchten Zentren wird sich mit Sicherheit auch in Zukunft fortsetzen. Allerdings zeichnen sich in vielen Zentren bereits heute dieselben Probleme ab, die auch für den CBD kennzeichnend sind (Verkehrsüberlastung, Parkplatznot, hohe Mieten usw.). Die weitere Entwicklung der suburbanen Zentren wird auch davon abhängen, ob diese Probleme gelöst werden können.

8.5 Lokale Planungs- und Entwicklungsprobleme der suburbanen Cities in den 90er Jahren

Der von der Regionalplanung geförderte Ausbau der suburbanen Geschäftszentren zu Kristallisationspunkten der Einzelhandels- und Büroentwicklung wird zumeist von den betroffenen Councils unterstützt. Anderseits werden durch den fortschreitenden Entwicklungsdruck auf der lokalen Ebene auch zunehmend Konflikte spürbar. Neben einer Vielzahl von spezifischen Einzelproblemen lassen sich auch allgemeine Entwicklungsschwierigkeiten und Konfliktpotentiale identifizieren. Diese lassen sich in sieben interdependenten Problemfeldern zusammenfassen.

Problemfeld 1 - **Verbesserung der Verkehrssituation und Erhalt der Erreichbarkeit**

In vielen Fällen wird das weitere Wachstum der suburbanen Zentren eher durch mangelnde Verkehrskapazitäten als durch ein Defizit an Expansionsflächen begrenzt. Die Probleme werden gerade in den größeren Geschäftszentren immer offenkundiger, in denen das starke Wachstum auf eine immer noch recht schwach ausgebaute Verkehrsinfrastruktur stößt.[7] Weiteres Wachstum ist ohne Investitionen in die Verkehrsinfrastruktur kaum zu erreichen. Die schon jetzt verdichtete bauliche Struktur der meisten suburbanen Zentren läßt eine Lösung des Verkehrsproblems durch den Individualverkehr aber kaum noch zu. Auch die interne Zirkulation bereitet vielerorts erhebliche Schwierigkeiten (*Westerman* 1987). Probleme mit überlasteten Durchgangsstraßen sind heute für viele suburbane Geschäftszentren kennzeichnend (Chatswood, Frankston, Camberwell Junction, Dandenong, St.Leonards/Crows Nest, Liverpool, Upper Mount Gravatt). Die Anlage von Umgehungsstraßen, Fußgängerzonen und verkehrsberuhigten Zonen hat bislang nur punktuell zu einer Linderung der Verkehrsprobleme beigetragen. Um den Verkehrsbedarf dauerhaft zu bewältigen, kann die Strategie in den größeren Zentren deshalb nur lauten: Ausbau und Förderung des ÖPNV und Limitierung des motorisierten Individualverkehrs. Um die notwendige Veränderung des 'modal split' zu erreichen, müssen verstärkt Maßnahmen wie Parkraumlimitierungen, ein zentrales Parkraummanagement oder ÖPNV-Beschleunigungsprogramme erwogen werden (*Holdsworth* 1992 und 1990). Eine solche Strategie trifft jedoch auf erhebliche Widerstände. Gerade das ausreichende Parkplatzangebot und die gute Erreichbarkeit mit dem Auto war in der Vergangenheit ein wichtiger Entwicklungsfaktor für die suburbanen Zentren. In einigen Councils beginnt man zwar unter dem Druck der Probleme langsam umzudenken, doch sind grundlegende Veränderungen der Verkehrs- und Stellplatzpolitik noch nirgendwo umgesetzt worden. So fehlen vor allem Anreize für Investoren, die Beiträge für den Bau von Parkhäusern in Finanzierungshilfen für den ÖPNV umzuwandeln.

Problemfeld 2 - **Erhalt historischer Bausubstanz**

Durch den Bau von großen Einkaufszentren und Büroprojekten kam es in fast allen Zentren seit den 60er Jahren zu zahlreichen Maßstabsbrüchen in der traditionell kleinteiligen Baustruktur sowie zu einer erheblichen Zerstörung historischer Bausubstanz. Insbesondere in Parramatta und Fremantle ist der Erhalt des historischen Erbes eine der vordringlichen Aufgaben, aber auch in vielen anderen Zentren gibt es zahlreiche schützenswerte Einzelbauwerke und Ensembles. Trotz prinzipiell vorhandener rechtlicher Möglichkeiten ist der Spielraum der Councils zum Schutz historischer Bausubstanz de facto noch immer eng begrenzt. Zudem fehlt sowohl auf lokaler als

---

[7] Am Beispiel Parramatta wird dies besonders deutlich. So erreicht die von der Regionalplanung angestrebte Arbeitsplatzzahl von 60.000 fast das heutige Niveau der CBDs von Adelaide oder Perth: Das Verkehrssystem ist aber sehr viel stärker auf das Automobil ausgerichtet. Kommen auf Parramatta und Chatswood 1,4 bzw. 1,3 Arbeitsplätze auf einen Kfz-Stellplatz, so liegt diese Zahl für den CBD von Sydney bei 5,7, für den CBD von Melbourne bei 3,8, für den CBD von Brisbane bei 2,5 und für den CBD von Adelaide bei 2,1. Dementsprechend haben die CBDs beim 'modal split' erheblich höhere ÖPNV-Anteile als die Sub-Cities: 80 %, 70 %, 50 % bzw. 42 % in den CBDs von Sydney, Melbourne, Brisbane und Adelaide (*Brisbane City Council* 1989, *City of Adelaide* 1989) gegenüber rund einem Drittel in Parramatta oder Chatswood.

auch auf staatlicher Ebene häufig der notwendige politische Wille, insbesondere wenn Zielkonflikte mit wirtschaftlichen Interessen bestehen. Nur wenigen Councils gelang es bislang, mit Unterstützung der lokalen Bevölkerung weitreichende Erhaltungskonzepte umzusetzen und dennoch eine dynamische kommerzielle Entwicklung zuzulassen - Fremantle ist hierfür ein herausragendes Beispiel.

Problemfeld 3 - **Steigerung und Erhalt der Aufenthalts- und Umweltqualität**

Im Bereich der Aufenthaltsqualität bestehen in den suburbanen Zentren noch erhebliche Probleme. Selbst in Victoria, wo über das 'District Centre Area Improvement Program' seit 1984 spezielle staatliche Gelder für Umfeldverbesserungen zur Verfügung gestellt werden, ist die Situation in den meisten Zentren nach wie vor unbefriedigend (Box Hill, Footscray, Glen Waverley). Am deutlichsten sind die Defizite jedoch in den suburbanen Zentren von Brisbane, wo stadtgestalterische Erwägungen bislang nur eine sehr untergeordnete Rolle spielen. Allerdings lassen sich auch Fortschritte verzeichnen. Durch die Anlage von Fußgängerzonen und engere gestalterische Vorgaben in den 'Development Control Plans' haben die Planungsbehörden in den letzten Jahren Schritte zur Verbesserung der Aufenthaltsqualität in den Einzelhandelskernen eingeleitet. In jüngster Zeit werden auch verstärkt 'neue' Wege beschritten, indem privates Kapital zur Verbesserung des städtebaulichen Umfeldes oder der Ausstattung der Zentren mit Gemeinbedarfseinrichtungen dadurch mobilisiert wird, daß Developer Geschoßflächenzuschläge für die Finanzierung von Gemeinbedarfseinrichtungen erhalten. Ohne stärkere finanzielle Unterstützung von staatlicher und bundesstaatlicher Seite werden die notwendigen Maßnahmen jedoch auch in Zukunft kaum in dem erwünschten Maße durchführbar sein.

Problemfeld 4 - **Erhalt der traditionellen Haupteinkaufsstraßen**

Obwohl die Büroaktivitäten den Einzelhandel inzwischen als Hauptträger der Entwicklungsdynamik in den meisten Zentren abgelöst haben, hat sich der Einzelhandelskern in der Regel bis heute als sozialer Mittelpunkt der Zentren erhalten. Zumeist werden die höchsten Einzelhandelsmieten jedoch nicht mehr in den traditionellen Haupteinkaufsstraßen, sondern in den zentrumsintegrierten Einkaufskomplexen erzielt. In den letzten Jahren haben die traditionellen Einkaufsstraßen sogar mit Leerstandsproblemen zu kämpfen (Frankston, Parramatta). Trotz einiger funktionaler Vorteile von Zentren (*Howe/Rabiega* 1992) dürfen die traditionellen suburbanen 'shopping strips' aber nicht vernachlässigt werden, da sie als öffentliche Räume für das Image und Erscheinungsbild des gesamten Geschäftszentrums entscheidend sind. Wie das Beispiel Fremantle zeigt, bedeutet ein Festhalten an eher traditionellen Einzelhandelsformen keinesfalls nur ein Konservieren des status quo, sondern kann auch eine aktive und erfolgreiche Gestaltung durch öffentliche und private Akteure bedeuten. Wie für Einkaufszentren üblich, wäre auch für gewachsene Einkaufsstraßen eine verstärkte Imagewerbung oder sogar ein umfassendes Zentrumsmanagement denkbar. Hierfür gibt es bislang aber erst wenige Ansätze.

Problemfeld 5 - **Schaffung beständiger multifunktionaler Strukturen**

Der Vorteil der Multifunktionalität muß aktiv genutzt und ausgebaut werden, um auch in Zukunft gegenüber monofunktionalen Einrichtungen wie Shopping Centres oder Office Parks im Standortwettbewerb erfolgreich bestehen zu können. Deshalb darf sich der Funktionsmix nicht ausschließlich im Angebot von Arbeitsplätzen und Einkaufsmöglichkeiten erschöpfen. So wäre zum einen die weitere maßvolle Verdichtung der Wohnbevölkerung in den Zentren und ihrem näheren Umfeld wünschenswert, zum anderen sollte auch der Ausbau von kulturellen oder gastronomischen Einrichtungen weiter vorangetrieben werden. Dies liegt jedoch nur beschränkt in der Hand der lokalen Councils. Eine zumindest teilweise Umlenkung der staatlichen und bundesstaatlichen Ausgaben für Kulturprojekte in die Vororte könnte aber erheblich zum Bedeutungsgewinn suburbaner Zentren beitragen. Projekte wie das Parramatta Cultural Centre, das anläßlich der Bicentennial-Feierlichkeiten von Bundes- und Staatsregierung gemeinsam finanziert wurde, sind allerdings die Ausnahme in einem noch immer auf die zentralen Cities ausgerichteten System der Kulturförderung.

Problemfeld 6 - **Besondere Konjunkturanfälligkeit suburbaner Immobilienmärkte**
Aufgrund ihrer verhältnismäßig geringen Größe sind die Büromärkte der suburbanen Zentren besonders anfällig gegenüber sprunghaft ansteigenden Leerständen. Schon die Fertigstellung einzelner Projekte kann den Angebotsüberhang an Büroflächen so stark erhöhen, daß gravierende Leerstände auftreten. Unterhalb einer 'kritischen Bestandsmasse' bleiben größere spekulative Bürobauprojekte in suburbanen Geschäftszentren für Developer und Investoren sehr risikobehaftete Vorhaben. Die im Laufe der Jahre 1990 und 1991 sprunghaft ansteigenden Leerstandsziffern in Chatswood belegen dies eindrucksvoll. Die Kontrolle dieser starken Schwankungen entzieht sich jedoch weitgehend dem Einfluß der lokalen Councils, die weder rechtlich, noch personell und finanziell in der Lage sind, eine langfristig ausgerichtete Entwicklungs- und Ansiedlungspolitik zu betreiben. Vielmehr führen die administrative Zersplitterung der Metropolitan Areas und die mangelnden finanziellen Spielräume der Lokalbehörden fast unweigerlich zu einer 'Ansiedlung um jeden Preis'.

Problemfeld 7 - **Vermeidung von 'Marktopportunismus' und 'ad hoc'-Planung**
Fehlplanungen in den suburbanen Geschäftszentren lassen sich in vielen Fällen auf zu schwerfällige oder zu kurzsichtige Planungen zurückführen. So kam es unter dem Druck einzelner Investoren immer wieder zu 'ad hoc'-Planungen ohne längerfristige Visionen. In anderen Fällen dauerte die Entwicklung von Planungskonzeptionen viel zu lange, um noch steuernd eingreifen zu können (Bondi Junction). Die unter dem Druck der staatlichen Planungsbehörden seit einigen Jahren für viele Zentren erstellten 'Structure Plans' sind als strategische Planungsinstrumente zwar ein guter Ansatz, sie kamen in der Regel jedoch zu spät, um den Boom der 80er Jahre in wünschenswertere Richtungen lenken zu können. Zudem sehen sich die suburbanen Councils neben dem Druck der Investoren seit Anfang der 80er Jahre vielerorts auch einer verstärkten Verweigerungshaltung der Bevölkerung ausgesetzt. Hier gilt es, in einem demokratisierten Planungsprozeß mit allen Betroffenen abgestimmte Lösungen zu finden, aus denen sich auch langfristig beständige und sowohl für die Bevölkerung als auch für die Investoren berechenbare Planungsgrundsätze entwickeln lassen.

Um die Attraktivität der Zentren zu stärken, bedarf es auch auf der Ebene der lokalen Behörden eines aktiven, zum Teil auch neue Wege beschreitenden Planungsansatzes. Dieser muß sich noch weiter als bisher von einem rein re-aktiven (Landnutzungszonierung, Aufstellung von Bebauungsplänen) zu einem stärker integrativen Ansatz entwickeln, in dem Elemente einer aktiven Entwicklungslenkung und lokale Initiativgruppen stärker als bisher in den Mittelpunkt des Planungsprozesses rücken (*Winterbottom* 1987). Im Sinne einer effizienten Planung vor Ort wäre zudem eine bessere Koordination sowohl der verschiedenen Fachplanungen als auch der verschiedenen Planungsebenen und ein größeres finanzielles und organisatorisches Engagement der staatlichen Planungsbehörden wünschenswert. Aber diese verfügen derzeit nur über sehr begrenzte Ressourcen. Daran wird auch das 'Better Cities Program' der Bundesregierung wohl nur wenig ändern. Zudem zeigte sich in den letzten Jahren, daß gerade in der Rezession viele Planungsgrundsätze der verschärften Ansiedlungskonkurrenz zum Opfer gefallen sind. Die kontinuierliche Aushöhlung der 'District Centres Policy' in Victoria ist dafür nur ein Beispiel.

Andererseits gibt es auch erfreuliche Entwicklungen. So hat sich z.B. Parramatta im Laufe der 80er Jahre zu einer echten suburbanen City entwickelt, und das Beispiel Fremantle zeigt, daß sich wirtschaftliches Wachstum und Stadterhalt nicht gegenseitig ausschließen müssen. Auch neue Cities werden wieder bewußt nach ästhetischen und ökologischen Grundsätzen geplant. So etwa das Joondalup City Centre, das von der Regionalplanung als Zentrum für den äußeren Nordsektor der Perth Metropolitan Area vorgesehen ist. Joondalups Planung wurde von Anfang an durch ein starkes Engagement staatlicher Stellen getragen und zeigt eine klare Orientierung auf ökologische und stadtgestalterische Gesichtspunkte. Obwohl über den Erfolg bzw. Mißerfolg von Joondalup noch keine endgültigen Aussagen getroffen werden können, erscheint das Konzept zukunftsweisend.

9. Multifunktionale suburbane Zentren und die Suburbanisierung von Cityfunktionen in Australien, Nordamerika und Europa: konvergente und divergente Entwicklungen

Die Dezentralisierung von Cityfunktionen und das Wachstum suburbaner Zentren sind keine Spezifika der australischen Stadtentwicklung. Zumindest unter den Bedingungen kapitalistischer Wirtschafts- und Gesellschaftsentwicklung westlicher Industrienationen lassen sich entsprechende Prozesse bzw. Phänomene rund um den Globus beobachten. Obwohl Suburbanisierungsprozesse des tertiären Sektors in den großen Verdichtungsräumen der westlichen Industrienationen besonders deutlich in Erscheinung treten, sind sie keineswegs auf diese beschränkt. Wachsende suburbane Zentren finden sich heute durchaus auch in Großstädten anderer Kulturkreise und in Ländern mit unterschiedlichem volkswirtschaftlichem Entwicklungsstand (*Gaebe* 1987). In diesem Kapitel sollen deshalb die Grundzüge der australischen Entwicklungen mit denen in anderen Staaten in Beziehung gesetzt werden. Der internationale Vergleich ermöglicht zum einen, die Besonderheiten der Zentrenentwicklung und der Suburbanisierungstendenzen in australischen Metropolen noch deutlicher herauszuarbeiten, zum anderen eröffnet er den Blick für die Bedeutung unterschiedlicher Rahmenbedingungen für die Stadtentwicklung. Von besonderem Interesse ist hierbei der Vergleich USA - Australien.

9.1 Suburbanisierung von Cityfunktionen und multifunktionale Außenstadtzentren - ein internationaler Überblick

Trotz der scheinbar sehr einheitlich wirkenden Entwicklungstrends bedingen historische, wirtschaftliche und stadtstrukturelle Einflußgrößen erhebliche Modifikationen im Ablauf und Resultat der Suburbanisierungsprozesse. Die unterschiedlichen nationalen Rahmenbedingungen der Stadt- und Wirtschaftsentwicklung schlagen sich sowohl auf das Standortverhalten des Einzelhandels als auch auf das Standortverhalten des Bürosektors nieder. Sie haben damit direkte Einflüsse auf das Zentrensystem und bestimmen in hohem Maße die räumliche Verteilung der wirtschaftlichen Funktionen.

Die Dezentralisierung des Einzelhandels im internationalen Vergleich

Ohne Zweifel ist der Einzelhandel aufgrund seiner ausgeprägten räumlichen Nachfrageorientierung der von allen tertiären Wirtschaftsbereichen am stärksten dezentralisierte und unterliegt bereits am längsten der Suburbanisierung. Dieser Trend läßt sich in fast allen großen Verdichtungsräumen der Welt nachweisen. Andererseits bestehen gerade bezüglich der Stellung des CBD-Einzelhandels in US-amerikanischen, australischen und europäischen Verdichtungsräumen erhebliche Unterschiede (Tab. 9.1). So konnten die Stadtzentren Europas ihre Dominanz bislang weitgehend erhalten, selbst wenn auch hier Veränderungen in der Angebotsstruktur, Verkehrsprobleme und das Entstehen alternativer Einzelhandelsformen in den letzten Jahrzehnten zu Nachfrageverlagerungen und einem relativen - in einigen Fällen sogar absoluten - Bedeutungsverlust der CBDs geführt haben. In Australien und den USA war der Bedeutungsverlust des innerstädtischen Einzelhandels aber ungleich größer. Sowohl in Australien als auch in den USA läßt sich die Suburbanisierung des Einzelhandels im wesentlichen mit dem Nachfolgen des Konsumangebots in die sich rasch nach außen verlagernden, suburbanen Wachstumsgürtel erklären.

Tab.9.1: Anteil der CBDs am Gesamteinzelhandelsumsatz der Metropolitan Areas in ausgewählten australischen, US-amerikanischen und deutschen Verdichtungsräumen 1985/86[a]

CBD share of total retail turnover in selected Australian, US-American, and German metropolitan areas 1985/86

Verdichtungsraum	Staat	Umsatzanteil in %	Einwohner in Mio.
Adelaide	Australien	10,4	1,0
Perth	Australien	7,0	1,0
Sydney	Australien	5,7	3,4
Melbourne	Australien	5,5	2,8
Brisbane	Australien	5,3	1,2
Cincinnati	USA	5,5	1,7
Cleveland	USA	5,2	2,8
Denver	USA	4,1	1,9
Miami	USA	3,7	3,0
Baltimore	USA	3,4	2,3
Atlanta	USA	3,4	2,7
Dallas	USA	3,1	3,7
Houston	USA	2,6	3,6
Boston	USA	2,8	4,1
Chicago	USA	2,6	8,2
Detroit	USA	1,7	4,6
Los Angeles	USA	1,6	13,5
Hannover	Deutschland	28,0	1,0
Hamburg[b]	Deutschland	9,8	2,8

[a] Standard Metropolitan Statistical Areas (SMSA) in den USA; Statistical Divisions in Australien; Stadt und Landkreis Hannover; Stadt Hamburg sowie Landkreis Pinneberg und Teile der Landkreise Segeberg, Stormarn, Herzogtum Lauenburg, Harburg, Stade
[b] Daten von 1978

Quellen: Australian Bureau of Statistics - Retail Census 1985/86, *Carey* 1988, *Busse* 1990, *Kulke* 1992

Im Vergleich zu den USA ist der Bedeutungsverlust der CBDs in Australien weniger ausgeprägt, zumindest waren die absoluten Umsatzrückgänge in den CBDs der australischen Städte geringer. Einen regelrechten Niedergang des innerstädtischen Einzelhandels haben die australischen Städte bislang nicht erlebt. Ganz im Gegenteil erlebte der CBD-Einzelhandel in Australien durch Revitalisierungsansätze und die Gentrification vieler innerstädtischer Wohngebiete in den 80er Jahren sogar wieder einen qualitativen und quantitativen Aufschwung. Entsprechende Revitalisierungsansätze gibt es zwar auch in vielen Städten der USA, die aber gegenüber Australien weitaus stärker ausgeprägten Negativfaktoren können diese nicht völlig kompensieren. Insgesamt bleibt festzuhalten, daß die australischen CBDs gegenüber ihren US-amerikanischen Counterparts noch mehr von jenen Qualitäten aufweisen, die auch den Einzelhandel in europäischen Stadtzentren attraktiv gehalten haben: ein noch immer auf den CBD ausgerichtetes Verkehrsnetz, eine erhaltene bzw. wiedergewonnene Attraktivität der historischen Stadtviertel und das erhebliche Identifikationsmoment des historischen Kernes für die Bevölkerung. Dennoch haben die CBDs ihre herausragende Stellung als Einzelhandelszentren durch das Übergewicht der suburbanen Dynamik auch in Australien weitgehend verloren.

Trotz der bemerkenswerten nationalen Unterschiede ist der innerstädtische Einzelhandel weltweit mit ähnlichen Problemen konfrontiert und hat damit insgesamt wohl nur noch begrenzte Entwicklungschancen. Der relative Nachfrageschwund durch die Bevölkerungssuburbanisierung, Überlastungserscheinungen im Verkehrsbereich (Parkplatzprobleme, Verkehrsstaus), hohe Standortkosten, fehlende Erweiterungsmöglichkeiten und begrenzte Ansiedlungsvoraussetzungen für moderne Angebotsformen sind Nachteile, die weder durch Vorzüge wie der breiten Branchenstruktur, den vielfältigen Kopplungspotentialen, der zentralen Lage im ÖPNV-Netz und dem urbanen Ambiente noch durch planerische Intervention völlig ausgeglichen werden können. Zudem besteht das Problem, daß in den historischen Stadtzentren Europas eine weitere kommerzielle Expansion häufig nur für den Preis der Zerstörung alter Baustrukturen und einer weiteren Verkehrsbelastung erreicht werden kann.

Der weltweit zu beobachtende Aufschwung des suburbanen Einzelhandels war mit der raschen Ausbreitung großer suburbaner Shopping Centres und anderer Formen des großflächigen Einzelhandels verbunden. Allerdings setzte der Bedeutungsgewinn neuer Einzelhandelsformen und nicht integrierter suburbaner Einzelhandelsstandorte in den USA bereits wesentlich früher ein als in Australien oder Europa. So wurde das erste Shopping Centre der USA bereits kurz nach der Jahrhundertwende eröffnet (*Gillette* 1985).[1] In Australien geschah dies erst 1957 (Top Ryde Shopping Centre im Verdichtungsraum Sydney) und in Deutschland erst 1964 (Main-Taunus-Zentrum bei Frankfurt). In den USA wurden im Laufe des "malling of America" (*Kowinski* 1985) nicht nur die meisten, sondern auch die größten Shopping Centres gebaut. Dies führte in einigen Verdichtungsräumen (Atlanta, Detroit) dazu, daß der CBD in bezug auf Kundenzahl und Gesamtumsatz gleich von mehreren suburbanen Einkaufszentren übertroffen wurde (*Hall/Breheny* 1987, *Muller* 1981). So erfolgte die Ausbreitung ausschließlich auf die autofahrende Kundschaft ausgerichteter, freistehender Shopping Centres in vielen Städten unter der faktischen Abwesenheit jedweder Planungskontrolle (*Dent* 1985). Die in den letzten Jahren auch in den USA zurückgehende Neubaurate für große freistehende Einkaufszentren ist mehr ein Reflex auf Sättigungserscheinungen des Marktes als Ausdruck einer städtebaulichen und regionalplanerischen Umorientierung.

Ohne Zweifel nimmt die USA im Bau von freistehenden Shopping Centres eine international unangefochtene Spitzenstellung ein. Aber auch in australischen und kanadischen Verdichtungsräumen entstanden nach 1960 immer neue Einkaufszentren abseits des traditionellen Zentrensystems. Allerdings erreichte die Planung vor allem in Sydney die Integration vieler Shopping Centres in bestehende suburbane Geschäftsbezirke. Weniger erfolgreich war diese Strategie dagegen in Melbourne sowie in den schnell wachsenden und ohne ein starkes Netz gewachsener suburbaner Zentren ausgestatteten Verdichtungsräumen Brisbane und Perth, die in dieser Hinsicht eher US-amerikanische Verhältnisse widerspiegeln. Die Einkaufszentren blieben in Australien jedoch durchweg kleiner als in Nordamerika.

In den großen europäischen Verdichtungsräumen gewannen die Shopping Centres zumeist nur eine punktuelle Bedeutung. Nach *Falk* (1980) existierten in Europa im Jahre 1980 etwa 230 Einkaufszentren mit mehr als 15.000 m² Verkaufsfläche, davon 67 in der Bundesrepublik, 55 in Frankreich und

---

[1] In den USA erfolgten erste Vorstufen zu der Entwicklung von Shopping Centres bereits im 19. Jahrhundert (*Dawson* 1983). In den 20er und 30er Jahren dieses Jahrhunderts begannen sie, sich zunehmend als Form des suburbanen Einzelhandels zu etablieren. Allerdings kam es auch in den USA erst nach dem Zweiten Weltkrieg zu der ganz großen Gründungswelle von freistehenden Einkaufszentren. Das erste völlig geschlossene und voll klimatisierte Einkaufszentrum der Welt wurde 1956 außerhalb von Minneapolis eröffnet.

41 in Großbritannien. Die anderen verteilten sich überwiegend auf die Beneluxländer, Skandinavien und die Schweiz. Im Gegensatz zu Nordamerika und Australien konnten sich freistehende Einkaufszentren in Europa nicht dauerhaft durchsetzen. So liegt das Schwergewicht der Shopping Centre-Entwicklung in Ländern wie Deutschland oder Frankreich aufgrund der frühzeitigen staatlichen Eingriffe eindeutig auf integrierten Standortlagen. Nach der Eröffnung einiger größerer freistehender Einkaufszentren in den 60er und 70er Jahren wurden z.B. in der Bundesrepublik Deutschland seit Ende der 70er Jahre nur noch kleinere city-integrierte Einkaufskomplexe genehmigt (*Heineberg/-Mayr* 1988). Insgesamt hat die Begrenzung der Marktmechanismen in den kontinentaleuropäischen Verdichtungsräumen zu einer stärkeren Konservierung der traditionellen Zentrenstruktur geführt als in Nordamerika oder Australien. Eine interessante, zum Teil gegenläufige Entwicklung zeigt sich in Großbritannien, wo die Genehmigungspraxis gegenüber großflächigen Einzelhandelszentren im Laufe der 80er Jahre auf breiter Front gelockert wurde (*Davies/Howard* 1988, *Schiller* 1986).

Wie die bisherigen Ausführungen gezeigt haben, findet man in allen westlichen Industrienationen ähnliche Elemente der Einzelhandelsentwicklung. Einige US-amerikanische Einzelhandelsinnovationen wie Shopping Centres und Selbstbedienungs-Verbrauchermärkte, haben auch in anderen Ländern Bedeutung erlangt. Für andere Typen von Einzelhandelskonzentrationen wie die sogenannten 'commercial strips' entlang großer Ausfallstraßen am Rande US-amerikanischer Städte gibt es jedoch weder in Europa noch in Australien Entsprechendes.[2] Andererseits ist das Auftreten von Retail Parks als zentral geplante Komplexe großer Fach- und Verbrauchermärkte bislang im wesentlichen auf Großbritannien und in ersten Ansätzen auf Australien beschränkt geblieben.

In Australien griff die Planung zumindest partiell in die Umgestaltung des Zentrensystems ein und versuchte, die Einkaufszentren in bestehende ältere Umlandzentren zu integrieren. Insbesondere rückten ab Anfang der 80er Jahre in Australien neben ökologischen Erwägungen wieder stärker europäische Planungsideale in den Vordergrund, so daß die Umgestaltung des Zentrensystems, wenn auch nicht gestoppt, so doch verlangsamt wurde. Dennoch kann heute sowohl in australischen als auch in nordamerikanischen Verdichtungsräumen zumindest in bezug auf den Einzelhandel von einer neuen 'polynucleation' als Folge der Suburbanisierungsprozesse der Nachkriegszeit gesprochen werden. Allerdings spielen traditionelle Einzelhandelszentren (ältere Umlandzentren, traditionelle suburbane Einkaufsstraßen usw.) in den großen australischen Verdichtungsräumen im Gegensatz zu den US-amerikanischen Verhältnissen noch immer eine erhebliche Rolle.

Die Dezentralisierung des Bürosektors im internationalen Vergleich

Im Gegensatz zur Suburbanisierung des Einzelhandels setzte die Dezentralisierung der Bürofunktionen später ein. Erst in jüngerer Zeit konnte sich der suburbane Raum auch als Standort für Bürobetriebe etablieren, und selbst in den USA kann eine beschleunigte Suburbanisierung des Bürosektors erst seit Mitte der 60er Jahre beobachtet werden. Die Gründe für den Bedeutungsgewinn sind weltweit sehr ähnlich und umfassen sowohl pull-Faktoren (geringere Miet- und Bodenpreise, geringere

---

[2] Die oft viele Kilometer langen 'commercial strips' der US-amerikanischen Verdichtungsräume sind lineare, vorwiegend auf autofahrende Kundschaft ausgerichtete Ansammlungen von Tankstellen, Autohändlern, Motels, Fast-Food-Restaurants und großflächigen Einzelhandelsgeschäften entlang suburbaner Hauptverkehrsstraßen (vgl. *Hartshorn* 1980, S.337ff.).

Verkehrsprobleme, bessere Expansionsmöglichkeiten, bessere Erschließbarkeit des suburbanen Arbeitskräftepotentials, attraktiveres Arbeitsumfeld usw.) als auch mit der Situation im CBD verbundene push-Faktoren (vgl. Kapitel 5). Trotz der weltweit ähnlichen Bestimmungsgründe der Bürosuburbanisierung weisen die konkreten Standortmuster in verschiedenen Verdichtungsräumen starke nationale und einzelfallbezogene Unterschiede auf.

Tabelle 9.2 gibt einen Überblick über das Ausmaß der Büroflächendezentralisierung in ausgewählten Verdichtungsräumen Australiens, Nordamerikas, Europas und Südostasiens.[3] Wie die Daten zeigen, ist der Anteil der CBDs an der Bürofläche in den USA bereits am stärksten zurückgegangen. Seit etwa 1970 entstand im Umland der US-amerikanischen Städte ein breites Spektrum von unterschiedlichen Typen von Bürokonzentrationen (*Muller* 1981). Neben monofunktionalen Standortkonzentrationen entstanden dort seit 1970 auch große multifunktionale, CBD-ähnliche 'suburban downtowns'. Für diese randstädtischen Zentren des tertiären Sektors, die fast alle urbanen Funktionen einer echten 'downtown' aufweisen, hat sich in letzter Zeit der von *Garreau* (1991) geprägte Begriff 'edge city' durchgesetzt.

Die meisten der großen suburbanen Bürostandortkonzentrationen der USA befinden sich in der Nähe von Autobahnkreuzen und an Aus- und Auffahrten entlang der 'beltways' in einer Entfernung von etwa 10 bis 40 km vom Stadtzentrum. Im Verdichtungsraum Atlanta befinden sich beispielsweise mehr als 70 % der Büroflächen außerhalb der Kernstadt (*Hofmeister* 1985b). Hier übertreffen bereits zwei randstädtische Geschäftszentren den CBD deutlich an Bürofläche (*Hartshorn/Muller* 1989). Noch extremer sind die Verhältnisse im Verdichtungsraum Washington, wo sich etwa 80 % der privatwirtschaftlich vermieteten Bürofläche außerhalb der Kernstadt befindet. Dafür gibt es im suburbanen Raum Washingtons 16 große suburbane Bürokonzentrationen mit mehr als einer halben Million m^2 Bürofläche, darunter Tyson's Corner mit 2,3 Mio. m^2 Bürofläche und knapp 100.000 Büroarbeitsplätzen (*Holzner* 1992, S. 357). Viele der Außenstadtzentren haben eine internationale Bedeutung erlangt und überflügeln ihre entsprechenden 'downtowns' sowohl in bezug auf die Bürofläche als auch in bezug auf die Anzahl der Unternehmenshauptverwaltungen (*Holzner* 1990). Obwohl der Prozeß der raschen Bürosuburbanisierung weiter anhält, gibt es auch in den USA Städte, deren CBDs ihre dominante Stellung als Bürostandorte erhalten haben. So weisen etwa die Großräume Seattle und Pittsburgh ziemlich zentralisierte Bürostandortmuster auf, und auch in den Finanzzentren New York City und San Francisco blieb der Anteil der CBDs an den neuerstellten Büroflächen relativ hoch (*Daniels* 1982, *Dowall* 1987).

Die australischen Verdichtungsräume weisen im Gegensatz zu den US-amerikanischen noch immer eine relativ starke Konzentration der Büroflächen im CBD auf. Die im Vergleich zu europäischen Städten geringen Restriktionen für die Bauentwicklung in den Innenstädten einerseits und die im Vergleich zu den USA wesentlich stärkere planerische Steuerung der Entwicklung andererseits, haben die Stellung des CBD als bevorzugter Bürostandort erheblich gefördert. Insbesondere die

---

[3] Wegen unterschiedlicher Abgrenzungskriterien für Verdichtungsräume und CBDs sowie Differenzen in Erhebungsweise und Definition von 'Büroraum' ist bei der Interpretation von internationalen Vergleichszahlen Vorsicht angebracht. Zu berücksichtigen ist, daß die Angaben sich ausschließlich auf vermarktungsfähige Flächen in Bürogebäuden beziehen und kleinere Gebäude aus dem Altbestand sowie Substandard-Flächen zumeist nur unzureichend erfaßt sind.

höherrangigen Bürofunktionen, vor allem Hauptverwaltungen von Banken und Versicherungen sowie unternehmensorientierte Dienstleistungen, blieben zu einem erheblichen Maße auf den CBD und seine Ausleger konzentriert. Demgegenüber sind in den im suburbanen Raum seit etwa 1970 entlang des Schienennetzes des ÖPNV entstandenen Bürozentren überwiegend 'back office'-Funktionen und niederrangigere Bürotätigkeiten angesiedelt. Insgesamt weisen die Bürostandortmuster der australischen Verdichtungsräume eine recht große Ähnlichkeit mit den kanadischen Verhältnissen auf. In beiden Ländern sind die CBDs trotz der Suburbanisierungsprozesse noch immer die eindeutigen Kerne der städtischen Systeme. Allerdings ist es in den kanadischen Städten noch besser gelungen, die suburbane Büroentwicklung auf planerisch ausgewiesene, ÖPNV-orientierte Zentren zu lenken (*Coffey* 1994, *Code* 1983, *Gad* 1985).

Tab.9.2: CBD- und Nicht-CBD-Büroflächen in australischen, US-amerikanischen, kanadischen und europäischen Verdichtungsräumen 1991[a]
CBD and non-CBD office space in Australian, US-American, Canadian, and European metropolitan areas 1991

Verdichtungsraum[b]	Staat	Bürofläche in Bürogebäuden in Mio. m²			CBD-Anteil in %
		CBD	außerhalb CBD	Gesamt	
Sydney	Australien	3,8	5,4	9,2	41,1
Melbourne	Australien	3,0	3,8	6,8	43,7
Brisbane	Australien	1,4	1,2	2,6	55,6
Perth	Australien	1,3	1,1	2,4	54,7
Adelaide	Australien	1,2	0,9	2,1	56,6
Houston	USA	3,4	9,4	12,9	26,7
Boston	USA	3,5	8,8	12,2	28,2
Dallas	USA	2,7	7,9	10,5	25,4
Philadelphia	USA	3,3	3,5	6,8	48,6
Denver	USA	2,1	4,3	6,4	33,4
San Diego	USA	1,1	2,5	3,6	29,8
Pittsburgh	USA	2,3	1,2	3,4	66,4
St.Louis	USA	1,3	1,8	3,0	41,7
Baltimore	USA	1,2	1,8	3,0	39,3
Kansas City	USA	1,1	1,9	3,0	36,8
Miami	USA	1,0	1,7	2,6	36,6
New Orleans	USA	1,5	0,7	2,2	68,9
Toronto	Kanada	4,2	4,7	9,0	47,3
London	Großbritannien	5,4	6,1	11,5	46,9
Kopenhagen	Dänemark	2,4	7,9	10,7	30,7
Amsterdam	Niederlande	2,0	4,3	6,2	31,7
Hongkong[b]	Hongkong	2,8	2,3	5,1	54,7

[a] vermarktungsfähige Nettobüroflächen in Bürogebäuden, für die USA, Kanada, Großbritannien und die Niederlande einschließlich der sich im Bau befindlichen Flächen
[b] Angaben für 1989, der CBD entspricht dem klassischen City-Bezirk Central sowie den 'midtown'-Gebieten Wanchai, Causeway Bay und Tsim Sha Tsui

Quellen: *Garreau* (1991), *Building Owners and Managers Association of Australia*, *BIS Shrapnel* (1988 und 1992), *Australian Bureau of Statistics* - Building Activity Survey, *Walker/Green* (1990)

Auch in europäischen Verdichtungsräumen ist der Anteil der dezentralen Bürostandorte zum Teil recht hoch. Selbst in Städten wie London und Frankfurt, wo in der City eine intensive Bürobebauung baurechtlich möglich war, haben dezentrale Bürostandorte seit den 60er Jahren erheblich an Bedeutung gewonnen. Im Gegensatz zu Australien oder Nordamerika versuchten die Planer in den großen europäischen Städten schon sehr früh, die Stadtzentren von den Flächenansprüchen der Großunternehmen zu entlasten. Zum einen wurde den Planern bewußt, daß die historischen Stadtzentren den Büroboom der 60er Jahre nicht ohne erhebliche Zerstörungen werden aufnehmen können, zum anderen wurden von der Verlagerung von Büroarbeitsplätzen in die Vororte ein ausgeglicheneres Verhältnis zwischen Arbeitsplätzen und Erwerbspersonen und somit eine Verringerung der Pendlerströme in den Stadtkern erwartet. So wurde etwa in London die Verlagerung von Büros aus der City in den 60er und 70er Jahren bewußt gefördert.

Die Randverlagerung des Bürosektors konzentrierte sich in Europa auf bewußt angelegte und mit einer erheblichen Infrastrukturvorleistung seitens der öffentlichen Hand ausgebaute City-Entlastungszentren, die aber vielfach bis heute relativ monofunktionale Bürocities geblieben sind. Bekannte und erfolgreiche Beispiele solcher Entlastungszentren sind La Défense in der Agglomeration Paris oder die City Nord in Hamburg. Beide wurden bereits in den 60er Jahren speziell als Ansiedlungsmöglichkeit von großen Unternehmensverwaltungen geschaffen (*Bateman* 1985, *Clout* 1988, *Dach* 1980, *Husain* 1980). Auch andere europäische Verdichtungsräume weisen ähnliche Bürostandorte innerhalb oder außerhalb der Kernstadt auf (Kennedydamm in Düsseldorf, Büroparks Niederrad und Eschborn in bzw. bei Frankfurt, Hauptverwaltungen von Daimler-Benz und IBM in Stuttgart). In das weitere Stadtumland verlagert sich die Büroentwicklung in Deutschland bislang erst in Ausnahmefällen (*Einem/Tonndorf* 1991). Ähnliches gilt auch für andere europäische Großstadtregionen, so daß im europäischen Kontext trotz eines sehr komplexen Musters der Bürostandorte von einer Tendenz zur dezentralen Konzentration innerhalb der Kernstädte gesprochen werden kann. Ähnlich ist die Situation in ost- und südostasiatischen Metropolen, auch wenn im Vergleich zu Europa meist noch höhere Baudichten erreicht werden, die gesamten Cityfunktionen noch stärker gebündelt sind und der ÖPNV eine noch dominierendere Rolle spielt (*Green/Walker* 1990). So setzte die Bürosuburbanisierung auch in japanischen Verdichtungsräumen erst spät ein und blieb bezüglich ihrer Standorte eng an das Schienennetz gebunden (*Cybriwsky* 1988, *Flüchter* 1980).

Dieser kurze internationale Überblick zeigt, daß die Suburbanisierung des Bürosektors ein weltweites Phänomen ist. Australien nimmt in dieser Hinsicht zusammen mit Kanada eine Position zwischen den traditionelleren Strukturen Europas und den dynamischen Verhältnissen in den USA ein, wo das Wachstum von Bürostandorten im Umland der Städte vielerorts bereits zu einer Umkehrung der Raumstruktur geführt hat. Die Vorreiterrolle der USA zeigt sich auch darin, daß es häufig die Töchter US-amerikanischer Unternehmen sind, die den Suburbanisierungsprozeß in anderen Ländern anführen. In Europa gibt es zwar ebenfalls einen großen Bürosektor außerhalb der traditionellen CBDs, aber das Standortmuster ist dennoch zentralisierter und zudem stärker planerisch gesteuert. Ein unkontrolliertes Übergreifen der Suburbanisierung auf kernstadtferne Standorte ist im europäischen Kontext eher die Ausnahme. Letzteres gilt auch für kanadische und in einem besonderen Maße auch für australische Verdichtungsräume. Bei vielen der schnell wachsenden 'Nicht-CBD-Standorte' in Australien handelt es sich eher um Standortkonzentrationen, die mit den US-amerikanischen 'midtown spines' vergleichbar sind (North Sydney in Sydney, St. Kilda Road in Melbourne). Ein genereller oder gar problematischer Niedergang des Verdichtungskernes läßt sich aus ihrem Wachstum nicht ablesen. Andererseits läßt sich sowohl in kanadischen als auch in australischen Verdichtungsräumen parallel zum Büroflächenwachstum in der Kernzone ein starkes Wachstum randstädtischer Zentren beobachten. Diese Standorte ergänzen den CBD jedoch eher auf der Ebene niederrangiger bzw. verdichtungsraumbezogener Funktionen, als daß sie ihn in seiner Substanz gefährden.

Dezentralisierungsprozesse und multifunktionale Außenstadtzentren - Bestimmungsgründe für konvergente und divergente Entwicklungen

Die Entwicklungsvoraussetzungen für das metropolitane Zentrensystem weichen in den Neusiedelländern erheblich von den europäischen Bedingungen ab. So besitzen die europäischen Metropolen ganz andere stadtstrukturelle Voraussetzungen. Die Persistenz vorindustrieller Strukturelemente, höhere Bebauungsdichten und das in der Regel vielschichtigere Verkehrssystem der europäischen Großstädte haben ein sehr komplexes Muster von Arbeiten, Versorgen und Wohnen entstehen lassen. Suburbane Entwicklungsprozesse laufen in den europäischen Verdichtungsräumen durch das geringere Bevölkerungswachstum langsamer ab. Zudem kam es in Europa in der Regel nicht zu einer grundlegenden Veränderung der historischen Baustruktur. Dort, wo wirklich multifunktionale 'edge cities' entstanden sind, gehen sie zumeist auf einen planerischen Impetus zurück.

Ganz anders stellt sich die Situation in den USA dar. Hier hat die Suburbanisierung des tertiären Sektors und das Entstehen von 'edge cities' das ursprüngliche Zentrensystem der Metropolitan Areas völlig umgestaltet. Der CBD hat in den meisten US-amerikanischen Stadträumen einen Großteil seines Bedeutungsüberschusses an randstädtische Zentren verloren. So sind vor allem im Laufe der 80er Jahre im Umland der großen Städte neue multifunktionale Zentren entstanden, die mit den traditionellen Stadtzentren in Konkurrenz treten. Diesen nachhaltigen Trend konnten auch die in vielen Städten durchgeführten Innenstadterneuerungen nicht aufhalten. In den meisten US-amerikanischen Verdichtungsräumen ist der traditionelle CBD heute nur noch ein 'primus inter pares'. In einigen Fällen kann er nicht einmal mehr diese Position behaupten. Heute gibt es eigentlich keinen größeren Verdichtungsraum in den USA, der nicht mindestens eine vollständig entwickelte 'edge city' aufweist. Dies steht im krassen Gegensatz zu Australien, wo derzeit lediglich Parramatta die von *Garreau* (1991) gesetzten Schwellenwerte für voll entwickelte 'edge cities' erreicht (Tab. 9.3). Verglichen mit den USA befindet sich die Entwicklung von Außenstadtzentren in den australischen Metropolen noch im Anfangsstadium. Sowohl ein bedeutender überregional ausgerichteter Bürosektor als auch andere City-Elemente wie internationale Großhotels sind bislang nur in wenigen suburbanen Zentren zu finden. Insgesamt scheinen die Suburbanisierungsprozesse des Bürosektors in Australien noch nicht stark genug zu sein, um ein mit US-amerikanischen Verdichtungsräumen vergleichbares Maß suburbaner Agglomerationskräfte zu ermöglichen.

Auch in Kanada sind multifunktionale Außenstadtzentren deutlich geringer entwickelt als in den USA. Obwohl sich heute auch in der Toronto Metropolitan Area mehrere 'suburban downtowns' befinden, unterscheidet sich das suburbane Zentrenmuster doch deutlich von dem der US-amerikanischen Verdichtungsräume (*Coffey* 1994, *Matthew* 1993). Der starke Einfluß der Regionalplaner sowie das gemeinsame Engagement von privaten Developern und den öffentlichen Verkehrsgesellschaften haben zum Beispiel geholfen, das Zentrensystem Torontos mit dem des S-Bahn-Netzes zu verknüpfen (*Kenworthy* 1991, *Pill* 1983).

Tab.9.3: Anzahl der Außenstadtzentren mit 'edge city'-Dimensionen in ausgewählten Verdichtungsräumen der USA, Kanadas und Australiens 1991[a]
Number of edge cities in selected metropolitan areas in the USA, Canada, and Australia 1991

Verdichtung	(S)	(A)	(EW)	Verdichtung	(S)	(A)	(EW)	Verdichtung	(S)	(A)	(EW)
New York	USA	17	18,1	Philadelphia	USA	3	5,9	Pittsburgh	USA	1	2,3
Los Angeles	USA	16	13,5	Atlanta	USA	3	2,7	Seattle	USA	1	2,3
Washington	USA	16	3,7	Baltimore	USA	3	2,3	Kansas City	USA	1	1,5
Houston	USA	9	3,6	Phoenix	USA	2	2,0	Portland	USA	1	1,4
Detroit	USA	5	4,6	Milwaukee	USA	2	1,6	Memphis	USA	1	1,0
Boston	USA	5	4,1	Sydney	AUS	1	3,7	Orlando	USA	1	0,9
Chicago	USA	4	8,2	Miami	USA	1	3,0	Melbourne	AUS	0	3,2
Toronto	CAN	4	3,9	Cleveland	USA	1	2,8	Brisbane	AUS	0	1,4

(S) = Staat, (A) = Anzahl der Außenstadtzentren, (EW) = Einwohnerzahl der Metropolitan Area in Mio.

[a] Außenstadtzentren, welche die Kriterien für voll entwickelte 'edge cities' erfüllen (mind. 465.000 m^2 Bürofläche, mind. 56.000 m^2 Einzelhandelsfläche, Wahrnehmbarkeit als zusammenhängende Zentren), ohne CBD-nahe Nebenzentren

Quellen: *Garreau* (1991) und eigene Erhebungen 1992

Wie bereits ein kurzer Vergleich verschiedener nationaler und regionaler Entwicklungspfade zeigt, ist das Maß der Dezentralisierung von Cityfunktionen und das Entstehen von Außenstadtzentren in großstädtischen Verdichtungsräumen von einem ganzen Bündel interdependenter Faktoren abhängig (vgl. auch *Law* 1988):

- *Attraktivität des Stadtzentrums und dessen Umfeldqualitäten*

  Je höher diese sind, desto größer sind in der Regel die Anreize zum Verbleib im Stadtzentrum. Ergeben sich hieraus jedoch starke Beschränkungen für die bauliche Nutzung, kann sich dieser Effekt aber auch in das Gegenteil verkehren.

- *Lage des CBD innerhalb des Verdichtungsraumes*

  Eine exzentrische Lage des CBD kann stark dezentralisierend wirken.

- *Erreichbarkeit des Stadtzentrums*

  Die gute Erreichbarkeit des CBD mit öffentlichen Verkehrsmitteln und Privat-Pkws sowie ein ausreichendes Parkplatzangebot begünstigen ein starkes Stadtzentrum und wirken der Dezentralisierung entgegen.

- *Relative Bedeutung von öffentlichen Verkehrsmitteln bzw. des Individualverkehrs*

  Eine Dominanz ersterer im regionalen Verkehrsgeschehen wirkt tendenziell zentralisierend, eine Dominanz letzterer eher dezentralisierend.

- *Höhe der Transportkosten*

  Insbesondere bei einer historischen Betrachtung zeigt sich der positive Effekt fallender Transportkosten auf die Dezentralisierung.

- *Miet- und Bodenpreisgefälle zwischen Zentrum und Randbereichen*

  Je steiler der Abfall des Kern-Rand-Gradienten, desto mehr Anreize bestehen zur Dezentralisierung. Ist diese jedoch schon weit fortgeschritten, so verliert dieser Faktor an Bedeutung, da sich die Kosten in Zentrum und Peripherie immer mehr angleichen.

- *Natürliche Attraktivität des suburbanen Raumes bzw. des Umlandes*
  In der Regel fördert ein ausgeprägtes Attraktivitätsgefälle zwischen Kernstadt und Umland die Dezentralisierung, andererseits können physische Entwicklungshindernisse die Dezentralisierung hemmen.
- *Infrastrukturelle Ausstattung des suburbanen Raumes*
  Diese kann als wichtige Antriebsfeder der Dezentralisierung wirken. Die Bedeutung der Verkehrsinfrastruktur des Großstadtumlandes, vor allem in Form von Ringautobahnen, kann in seiner Bedeutung für die suburbane Standortentwicklung kaum überschätzt werden.
- *Wachstumsraten der Bevölkerung und der Arbeitsplätze*
  Hohe Wachstumsraten begünstigen die Dezentralisierung, da in der Regel ein erheblicher Anteil am Wachstum auf den suburbanen Raum entfällt.
- *Präferenz für suburbane Wohn- und Lebensstile*
  Entscheidend ist hierbei, inwieweit sich dieser Wunsch für die Masse der Bevölkerung tatsächlich erfüllen läßt. Der Eigentumsförderungspolitik des Staates kommt dabei eine entscheidende Rolle zu.
- *Bevölkerungsentwicklung innerstädtischer Stadtviertel*
  Als Quelle des lokalen Nachfragepotentials für den CBD-Einzelhandel und als lokales Herkunftsgebiet für Arbeitskräfte im Bürosektor ist die Entwicklung der innerstädtischen Wohngebiete von entscheidender Bedeutung. In vielen Verdichtungsräumen läßt sich die Beobachtung machen, daß die Expansion von CBD-Büroflächen, die Revitalisierung des CBD-Einzelhandels und die Aufwertung innerstädtischer Wohngebiete Hand in Hand gehen.
- *Urbane Traditionen und Persistenz historischer, vorindustrieller Raumstrukturen*
  Beide Faktoren können Dezentralisierungstendenzen effektiv entgegenwirken. Beispiele hierfür lassen sich in vielen europäischen Städten finden.
- *Struktur des Bürosektors*
  Ein ausgeprägter Finanzsektor oder ein ausgeprägter Regierungssektor wirken in der Regel stark zentralisierend. Eine Dominanz des verarbeitenden Gewerbes wirkt dagegen eher dezentralisierend, da die von diesem Sektor belegten Büroflächen häufig an Produktionsstätten angelagert sind.
- *Bedeutung neuer Angebotsformen im Einzelhandel*
  Da die meisten dieser neuen Angebotsformen große Flächen benötigen (Shopping Centres, Verbrauchermärkte, Hypermärkte, Fachmärkte), lassen sie sich häufig nur im suburbanen Raum ansiedeln.
- *Politisch-administrative Fragmentierung*
  Unterschiedliche Gebietskörperschaften innerhalb eines Verdichtungsraumes liefern sich in der Regel einen scharfen innerregionalen Wettkampf um die vorhandenen Entwicklungspotentiale. Wenn eine übergeordnete Steuerungsinstanz fehlt, wirkt dies in der Tendenz dezentralisierend.
- *Ziele und Durchsetzungsfähigkeit des Planungssystems*
  Durch eine starke und mit wirkungsvollen Instrumenten ausgestattete Stadt- bzw. Regionalplanung können die Dezentralisierungsprozesse zu einem gewissen Grade verlangsamt werden. In der Regel wirken planerische Eingriffe einer räumlichen Dispersion von Cityfunktionen entgegen und stützen damit das traditionelle Zentrensystems. Es können aber auch bewußt neue Zentren geschaffen werden.

- *Auswirkungen des Steuersystems sowie der Finanzzuweisungen durch den Zentralstaat*
Indem sie sich räumlich differenziert auf die Investitionsbereitschaft auswirken, bestimmen sie zu einem erheblichen Ausmaße das Verhältnis zwischen Stadtkern und Stadtumland. In vielen Ländern werden steuerliche Anreize und Finanzzuweisungen bewußt als zentralstaatliches Steuerungsinstrument gegenüber den Gemeinden eingesetzt.

Tabelle 9.4 gibt einen Überblick über die jeweilige Wirkung zentralisierender bzw. dezentralisierender Faktoren in den Verdichtungsräumen Australiens, der USA, Kanadas, Großbritanniens und des westlichen Kontinentaleuropas. Zu beachten ist dabei, daß eine solche nationale Einteilung der Entwicklungsfaktoren spezifische verdichtungsraumbezogene Bedingungen nicht berücksichtigt. Nur für einzelne Verdichtungsräume geltende Einflußgrößen (regionale Wirtschaftsstruktur, physische Bedingungen, historische Einschnitte, Stadtplanungskonzepte usw.) können auch innerhalb eines Landes zu erheblich variierenden Dezentralisierungsergebnissen führen.

Tab.9.4: Dezentralisierung von Cityfunktionen innerhalb von Verdichtungsräumen - national unterschiedliche Ausprägung zentralisierend und dezentralisierend wirkender Einflußfaktoren
Decentralization of city functions within metropolitan areas - national differences in centralizing and decentralizing determinants

Rahmenbedingungen/Einflußfaktoren	Hauptwirkung	AUS	USA	CAN	GB	EUR
hohe Attraktivität des Stadtzentrums	Z	o/+	o	o/+	+/++	+/++
gute Erreichbarkeit des Stadtzentrums mit ÖPNV	Z	+	o	+/++	+/++	+/++
gute Erreichbarkeit des Stadtzentrums mit Privat-Pkw	Z	o/+	+/++	o	o	o
großes Parkplatzangebot im Stadtzentrum	Z	o/+	+/++	o	o	o
hoher ÖPNV-Anteil am gesamtregionalen 'modal split'	Z	o	o	o/+	o/+	o/+
Persistenz historischer/vorindustrieller Raumstrukturen	Z	o	o	o	+/++	+/++
ausgeprägte urbane Traditionen	Z	o	o	o/+	+	+/++
starker planerischer Einfluß auf suburbanen Entwicklung	Z	o/+	o	+	+	+/++
hoher MIV-Anteil am gesamtregionalen 'modal split'	D	++	++	++	+	+
gute Verkehrsinfrastrukturausstattung im suburbanen Raum	D	o	++	+	o/+	o/+
hohe Wachstumsraten - Bevölkerung und Arbeitsplätze	D	++	+/++	++	o/+	o/+
starkes Kern/Rand-Gefälle der Boden- und Mietpreise	D	+/++	o/+	+/++	+	+
starkes Gewicht neuer Angebotsformen im Einzelhandel	D	+/++	++	+/++	+/++	+
relativ sinkende bzw. niedrige Transportkosten	D	++	++	++	o	o
ausgeprägte Präferenz für suburbanes Wohnen	D	++	++	++	+/++	o/+
Innenstadtzerfall	D	o	+/++	o	o/+	o
politisch-administrative Fragmentierung	D	+/++	+/++	+	+/++	+
Nutzungs- und Bebauungsrestriktionen im Stadtzentrum	D	o	o	o	+/++	+/++
dezentralisierend wirkendes Steuersystem	D	o	++	o	o/+	o/+

AUS = Australien, CAN = Kanada, GB = Großbritannien, EUR = Länder des westlichen Kontinentaleuropa (Frankreich, Deutschland, Benelux)

Z   = Wirkung in der Regel zentralisierend
D   = Wirkung in der Regel dezentralisierend
++ = Rahmenbedingung/Einflußfaktor stark ausgeprägt
+   = Rahmenbedingung/Einflußfaktor ausgeprägt
o   = Rahmenbedingung/Einflußfaktor unbedeutend

Der internationale Vergleich zeigt, daß ein wesentlicher Zusammenhang zwischen gesellschaftspolitischen Zielen, planerischen Maßnahmen usw. und der Entwicklung der Standortstruktur von Cityfunktionen besteht. Die Einflußnahme durch lokale und überörtliche Planungsinstitutionen auf das Zentrensystem erfolgt in den meisten Staaten sowohl durch eine direkte Standortgestaltung (Bauleitplanung, Ansiedlungsbeschränkungen usw.) als auch durch indirekte Maßnahmen (Verbesserungen des städtebaulichen Umfeldes, Veränderungen im Verkehrsnetz usw.). Ohne auf Details der planerischen und gesellschaftlichen Rahmenbedingungen einzugehen, läßt sich festhalten, daß Australien in dieser Hinsicht eine Stellung zwischen dem rein marktwirtschaftlichen Prinzip der USA und dem stärker interventionistischen Planungsansatz der westeuropäischen Staaten einnimmt. Neben der Stadt-, Regional- und Verkehrsplanung haben auch andere staatliche Einflußgrößen wie das Grundsteuersystem oder das System der Finanzzuweisungen eine klar raumstrukturell wirksame Komponente und beeinflussen somit die Dezentralisierung von Cityfunktionen entweder direkt oder indirekt. So haben die in den USA besonders ausgeprägte Konkurrenz zwischen Vororten und Kernstädten, die Abhängigkeit der Kommunen vom lokalen Gewerbe- und Grundsteueraufkommen sowie das weitgehende Fehlen eines überkommunalen Finanzausgleichs den Niedergang der traditionellen Stadtkerne begünstigt. Zudem wurde der Innenstadtzerfall in den USA zumindest teilweise durch das Grundsteuersystem unterstützt. Die nach dem Gebäudewert bemessene Grundsteuer gibt kaum steuerliche Anreize zur Aufrechterhaltung höherwertiger Nutzungen in zentralen Lagen. Dagegen berücksichtigt das in Australien zur Anwendung kommende 'site value system' sehr viel stärker den (potentiellen) Bodenwert und ist damit ein wirksames Mittel, den Grundeigentümer zur möglichst rentablen Nutzung seiner Immobilie anzuhalten (*Hofmeister* 1985a, S.40).

Das US-amerikanische Beispiel zeigt, daß für das neue metropolitane Zentrensystem vor allem zwei weitere Einflußfaktoren entscheidend sind: Zum einen ist hier der in den USA weit verbreitete und tief in der politischen Tradition verwurzelte Anti-Urbanismus zu nennen. Wie *Holzner* (1990 und 1985) nachweisen konnte, ist das moderne 'Stadtland USA' letztlich der räumliche Ausdruck der gesellschaftlich-politischen Tradition und somit ein fast zwangsläufiges Resultat des 'American way of life'. Bezeichnenderweise ist der Prozeß der 'edge city'-Bildung in den Sunbelt-Staaten stärker als in den alten urbanen Zentren des Nordostens. Anti-urbane Traditionen lassen sich auch in Australien nachweisen, allerdings blieb ein gewisser europäischer bzw. britischer Einfluß immer wirksam.

Ein weiterer entscheidender Punkt für das Entstehen von 'edge cities' liegt in der Anziehungskraft des suburbanen Autobahnsystems. Insbesondere haben die Ringautobahnen ('beltways') um die großstädtischen Zentren das Wachstum von großen Außenstadtzentren maßgeblich gefördert. Die Anlage von Ringautobahnen mit ihren zahlenmäßig begrenzten Zu- und Abfahrten hat nicht nur das Erreichbarkeitsprofil und damit das Bodenpreisgefüge innerhalb der Verdichtungsräume verändert, sondern führte auch zu einer teilweisen Loslösung des suburbanen Raumes von der Kernstadt. Durch die 'beltways' verfügen die verschiedenen Teilräume Suburbias über eine leistungsfähige und von der Kernstadt unabhängige Verbindung untereinander. Nirgendwo ist diese verkehrstechnische Neustrukturierung der Stadtlandschaft augenfälliger als in den großem Verdichtungsräumen der USA.[4]

---

[4] Ursprünglich waren die 'beltways' als Stadtumgehungen der 'interstate highways' gedacht. Ihre heutige Hauptfunktion als innerregionale Verbindungen zwischen den 'suburbs' war nicht beabsichtigt. Als Folge dieser veränderten Funktion der 'beltways' regt sich bei der Bundesregierung zunehmend Widerstand gegen den hohen Finanzierungsanteil des Bundes.

In einem Zeitraum von nur zwanzig Jahren führte der Ausbau der 'beltways' zu einer Umkehrung der Grundstückswerte zwischen Zentrum und Peripherie (*Browning* 1990).

Auch in Europa sind geschlossene Ringautobahnen keine Seltenheit (London, Paris, Berlin, Köln, Moskau usw.). Zudem wurden im Umland vieler Verdichtungsräume Autobahnumgehungen zumindest streckenweise ausgebaut. Sowohl in Großbritannien (*DeBres* 1989) als auch in Deutschland sind die suburbanen Knotenpunkte des Autobahnnetzes bzw. des Netzes kreuzungsfreier Straßen zu wichtigen Bürostandorten für Großunternehmen geworden (Hauptverwaltungen von IBM und Daimler-Benz im Verdichtungsraum Stuttgart, Bürostädte Niederrad und Eschborn im Verdichtungsraum Frankfurt).

Im Gegensatz zu den USA und vielen europäischen Verdichtungsräumen wurden Stadtautobahnen und Schnellstraßen in Australien nur sehr zögernd ausgebaut (vgl. Kapitel 3). Folglich blieb in den australischen Metropolen eine echte verkehrstechnische Neustrukturierung des suburbanen Raumes aus, wie sie viele Verdichtungsräume der USA und Europas seit 1960 erlebt haben. Ohne Zweifel hat der vergleichsweise geringen Ausbaustand des Stadtautobahnnetzes dazu beigetragen, daß die Entwicklung von Außenstadtzentren in Australien trotz planerischer Förderung im Vergleich zu den USA stark verzögert abläuft. Während sich die US-amerikanischen 'edge cities' ganz überwiegend entlang der Knotenpunkte der 'beltways' aufreihen, fehlen 'freeway'-orientierte Standorte in australischen Verdichtungsräumen fast völlig. Insgesamt läßt sich sagen, daß das vergleichsweise traditionelle Verkehrssystem australischer Verdichtungsräume in bezug auf die Bürostandorte lange Zeit zu einer Konservierung der Raumstrukturen beigetragen hat. Im Gegensatz zu der Situation in den USA gibt es in australischen Verdichtungsräumen nur wenige Standorte im suburbanen Raum, die aufgrund ihrer Verkehrsgunst das Wachstum großer Bürozentren bzw. Arbeitsplatzkonzentrationen zulassen würden.

Zusammenfassend läßt sich festhalten, daß die Ausbildung eines polyzentrischen Stadtlandes in Australien trotz der sich in im letzten Jahrzehnt stark beschleunigenden Entwicklung von suburbanen Geschäftszentren im internationalen Vergleich erst am Anfang seiner Entwicklung steht. Da von den USA auch in Zukunft starke Impulse auf die Zentrenentwicklung in australischen Verdichtungsräumen ausgehen werden, sollen im folgenden der Vergleich von US-amerikanischen und australischen Außenstadtzentren im Mittelpunkt der Betrachtung stehen. Während bislang vornehmlich die regionale Ebene berücksichtigt wurde, wendet sich der folgende Abschnitt den internen Strukturen der Außenstadtzentren zu.

9.2 Multifunktionale suburbane Zentren in Australien und den USA - ein Vergleich ihrer internen Strukturen

Nicht nur auf der regionalen, auch auf der lokalen Ebene unterscheiden sich die Entwicklungen in Australien von denen der USA. Im Gegensatz zu Australien, wo die Büroentwicklung zumeist an älteren suburbanen Zentren ansetzte, war in den meisten US-amerikanischen 'edge cities' ein freistehendes Shopping Centre der erste Ansatzpunkt der Entwicklung. Als Folge dieser Genese entsprechen die meisten suburbanen Geschäftszentren der USA weitgehend dem Typ des Cluster-Zentrums. Bekannte Beispiele für diese relativ lose strukturierten 'instant downtowns' sind Post Oak in Houston, Tyson's Corner westlich von Washington D.C., das Perimeter Centre nördlich von Atlanta oder King of Prussia nordwestlich von Philadelphia (*Cervero* 1989, *Hartshorn/Muller* 1989, *Muller* 1981, *Williams/Dwyer* 1992). Auch wenn viele dieser suburbanen Cities nur einen recht losen stadtstrukturellen Zusammenhalt besitzen, funktionieren sie ökonomisch und funktional doch als diskrete Einheiten.

Tabelle 9.5 zeigt einige wichtige Strukturdaten australischer und US-amerikanischer Sub-Cities im Vergleich. Schon allein in ihren Flächendimensionen unterscheiden sich die australischen Außenstadtzentren erheblich von ihren US-amerikanischen Counterparts. Dies gilt insbesondere für die von *Cervero* (1989) als 'office growth corridors' und 'mixed-use developments' klassifizierten suburbanen Arbeitsplatzzentren. Mit den australischen Zentren besser vergleichbar ist *Cervero*s Typ der 'Sub-City', der sich im wesentlichen durch seine größere Nutzungs- und Bebauungsdichte von anderen suburbanen Standortkonzentrationen des tertiären Sektors abhebt.

Tab.9.5: Ausgewählte Kennzahlen australischer und US-amerikanischer Sub-Cities
Selected indices of Australian and US-American Sub-Cities

	Parramatta (1992)	Chatswood (1992)	zehn US-amerikanische Sub-Cities (Mittelwerte 1987)[a]
Gesamtgrundfläche (in ha)	63	35	495
Distanz vom CBD (in km)	20	9	25
Bürogeschoßfläche (in Tsd. m^2)	554	322	716
Einzelhandelsgeschoßfläche (in Tsd. m^2)	156	200	257
City-Flächenutzungsintensitätsindex 1[b]	1,1	1,5	0,2
max. erlaubte Geschoßflächenzahl (FSR)	5,5	4,0	4,0
mittlere FSR für typische Bebauung[c]	2,8	2,9	1,8
höchstes Gebäude (Stockwerkzahl)	20	22	26
Anzahl der Grundstückseigentümer	3.000	1.400	82
größte zusammenhängende Parzelle (in ha)	3,8	3,0	6,3
Fläche der kleinsten als % der größten Parzelle	0,3	0,3	2,3
Arbeitsplätze (Vollzeit)	32.400	15.500	33.600
Arbeitsplätze (Vollzeit) pro ha	512	441	111
Autostellplätze pro Arbeitsplatz (Vollzeit)	0,7	0,8	1,0
Autostellplätze pro 100 m^2 Citygeschoßfläche[d]	3,0	2,3	3,8
%-Anteil der Fahrten zum Arbeitsplatz im MIV[e]	65	66	92

[a] berechnet nach *Cervero* (1989), die Angaben beziehen sich auf das Jahr 1987
[b] Bruttogeschoßfläche in Büro- und Einzelhandelsgebäuden / Gesamtgrundfläche
[c] durchschnittliche Geschoßflächenzahl für größere Büro- und Einzelhandelsprojekte der 70er und 80er Jahre
[d] Citygeschoßfläche = Bürogeschoßfläche + Einzelhandelsgeschoßfläche
[e] MIV = motorisierter Individualverkehr

Quellen: eigene Erhebungen 1992, Angaben der *City Councils* von *Parramatta* und *Willoughby*, *Cervero* (1989)

Die zehn von *Cervero* untersuchten US-amerikanischen Sub-Cities weisen eine durchschnittliche Gesamtfläche von 495 ha auf und sind somit erheblich großflächiger als die australischen Vergleichszentren. Selbst wenn Ungenauigkeiten durch unterschiedliche Erhebungsmethoden und die deutlich höhere Gesamtgeschoßfläche der US-amerikanischen Zentren berücksichtigt werden, zeigt sich, daß die australischen Zentren eine erheblich intensivere Flächennutzung aufweisen. Dies ergibt sich im wesentlichen aus den kleineren Abstandsflächen zwischen den Gebäuden sowie dem deutlich geringeren Verkehrsflächenanteil. Großflächig versiegelte Parkplatzflächen und ausgedehnte Grünflächen sind im Unterschied zu den USA keine typischen Merkmale suburbaner Zentren. Mit Ausnahme von Upper Mount Gravatt weisen die hier untersuchten australischen Zentren trotz einer seit den 60er Jahren fortschreitenden autogerechten Umgestaltung eine noch immer stark auf den schienengebundenen ÖPNV ausgerichtete Raumnutzungsstruktur auf. In der Regel befinden sich die Gebiete der höchsten Nutzungsintensität in guter Erreichbarkeit des Bahnhofs. Anders als in den Außenstadtzentren US-amerikanischer Städte ist auch die interne Zirkulation in den untersuchten Zentren eindeutig fußgängerbestimmt.

Anstelle der kleinräumigen Funktionsmischung, die viele australische Außenstadtzentren nach wie vor kennzeichnet, tritt in der Mehrzahl der US-amerikanischen eine weitgehend Monostrukturierung der einzelnen Teilbereiche. Allerdings würde es wohl zu kurz greifen, die flächenbeanspruchende Anlage der US-amerikanischen Sub-Cities ausschließlich als Ergebnis geringer planerischer Steuerung zu interpretieren. Ganz im Gegenteil vermutet *Cervero* (1989, S.190), daß gerade die Vorgaben vieler Bebauungspläne zu der lockeren Bebauung geführt haben. Die Vorgaben der Bebauungspläne suburbaner Gemeinden (Nutzungsbeschränkungen, verbindliche Abstandsflächen usw.) sind häufig ein Hindernis für Nutzungsmischungen und höhere Bebauungsdichten. Die Bebauungspläne für die australischen Zentren lassen hingegen die kleinräumige Mischung verschiedener Nutzungen eher zu.

Die Unterschiede in der Nutzungsmischung und in der Genese spiegeln sich auch in der Eigentumsstruktur der suburbanen Zentren wider. So weist das Gros der australischen Zentren eine erheblich kleinteiligere Parzellenstruktur als vergleichbare amerikanische Sub-Cities auf. Während der Grundbesitz in ersteren bis heute stark zersplittert ist, sind letztere zumeist von einer außerordentlichen Konzentration des Grundeigentums in wenigen Händen geprägt. Als Folge des Einflusses von Einzelinvestoren spielen sogenannte 'master plans' privater Unternehmen für die Entwicklung der US-amerikanischen Zentren eine weitaus größere Rolle. Dem stadtgestalterischen Einfluß großer Einzelinvestoren steht in australischen Zentren noch eine weitgehend öffentliche Kontrolle des Bau- und Planungsgeschehens gegenüber.

Sowohl in den USA als auch in Australien wurden die suburbanen Zentren seit Beginn der 80er Jahre durch den Bau von Bürohochhäusern in ihrer Physiognomie verändert. In US-amerikanischen Verdichtungsräumen sind die Suburbs zwar schon seit längerer Zeit wichtige Bürostandorte, aber der Bau von suburbanen Bürotürmen ist auch hier ein relativ junges Phänomen (*Ford* 1992, S.195). In vielen US-amerikanischen Sub-Cities wurden infolge der steigenden Bodenwerte die in den 70er Jahren gebauten ein- und zweistöckigen Gebäude bereits wieder durch Bürotürme ersetzt. Eine ähnlich schnelle Abfolge verschiedener Bebauungsgenerationen läßt sich in den suburbanen Geschäftszentren Australiens zwar nur in Ausnahmefällen feststellen, doch wurden auch hier in den 80er Jahren verstärkt suburbane Bürotürme gebaut. Allerdings übertreffen einige Bürotürme in nordamerikanischen 'Sub-Cities' die Bauhöhen der australischen Außenstadtzentren bei weitem. Während etwa der höchste suburbane Büroturm der USA - der Transco Tower in Post Oak im Verdichtungsraum Houston - 65 Stockwerke erreicht, zählen die höchsten Gebäude in Chatswood und Parramatta gerade 22 bzw. 20 Stockwerke.

Die 'suburban skyscrapers' bereiten erhebliche Schwierigkeiten für die Stadt- und Verkehrsplanung. So führt die mit der Hochhausbebauung zunehmende Arbeitsplatzkonzentration bei anhaltender Automobilorientierung unweigerlich zu Verkehrsproblemen. Durch den Bau von Bürohochhäusern ist die Verkehrssituation in vielen US-amerikanischen 'edge cities' bereits ähnlich problematisch wie in den CBDs. Zudem weisen die US-amerikanischen Außenstadtzentren größere Pendlereinzugsbereiche auf. Dies erklärt sich zum einen aus der in der Regel höheren Beschäftigtenzahl und zum anderen aus dem im Vergleich zu Australien erheblich stärker ausgebauten suburbanen Schnellstraßennetz, das auch Pendelfahrten über größere Distanzen im suburbanen Raum zuläßt.

Insgesamt betrachtet sind die US-amerikanischen Sub-Cities also großflächiger bebaut und noch stärker automobilorientiert als australische Außenstadtzentren. Zudem sind sie im Hinblick auf ihre Genese weniger an historischen Stadtstrukturen angelehnt. Allerdings gibt es auch in der USA einige, wenn auch seltene Ausnahmen von dieser Regel. So hat sich das Preston Centre in North Dallas ähnlich wie die australischen Sub-Cities Chatswood und Parramatta aus einem traditionellen alten suburbanen 'strip shopping centre' entwickelt (*Hughes* 1991), und einige ehemalige Cluster-Zentren erlebten in den 80er Jahren eine nachträgliche, städtebaulich-verkehrspolitisch motivierte Verdichtung. So wurde beispielsweise das Bellevue Centre östlich von Seattle fußgänger- und ÖPNV-freundlich umgestaltet (*Cervero* 1989, S.169ff.). Aber auch in dem heute vergleichsweise dicht bebauten und mit einem guten ÖPNV-Anschluß ausgestatteten Bellevue Centre erreicht der ÖPNV-Anteil bei den Pendelfahrten gerade 7 %. Dies ist deutlich weniger als in den großen suburbanen Zentren Australiens.

Neben Unterschieden in der Nutzungsstruktur bestehen auch funktionale Unterschiede zwischen den Außenstadtzentren der USA und Australiens. Die 'edge cities' in den USA sind zumeist stärker überregional ausgerichtet und besitzen in der Regel eine größere Zahl national oder international operierender Unternehmen (v.a. Hauptverwaltungen von Großunternehmen). Demgegenüber sind die australischen Außenstadtzentren stärker auf lokale bzw. subregionale Aufgaben ausgerichtet und übernehmen im wesentlichen Funktionen für Teilbereiche der jeweiligen Metropolitan Areas. Wo sich im Außenbereich australischer Verdichtungsräume große Unternehmenshauptverwaltungen ansiedeln, geschieht dies weniger in den räumlich beengten suburbanen Geschäftszentren, sondern vielmehr in büroparkartigen Komplexen. Insgesamt spielen Office Parks und Business Parks aber noch nicht eine so große Rolle wie in den USA. Dennoch entstehen dort, wo sich stark büroorientierte Business Parks in direkter Nachbarschaft zu größeren Einkaufskomplexen befinden, auch in den Außenbereichen australischer Städte zunehmend großflächige 'mixed-use developments' (z.B. North Ryde/Macquarie Centre in Sydney).

Wie der kurze Strukturvergleich zeigt, besteht für die australische Stadtplanung durchaus die Möglichkeit, aus US-amerikanischen Erfahrungen zu lernen. Während sich einige Entwicklungsdeterminanten wie die Arbeitsplatzentwicklung und die Büroflächennachfrage durch die lokalen Behörden nur bedingt beeinflussen lassen, sind andere Faktoren der Zentrenentwicklung besser zu steuern. Hier wären in erster Linie die Verkehrsplanung und die Kontrolle der Landnutzung zu nennen. Eine sinnvolle Abstimmung zwischen den verschiedenen Verkehrsträgern sowie eine forcierte, aber dennoch maßvolle Verdichtung in und um die suburbanen Zentren sind Wege, die auch in Zukunft weiter begangen werden sollten. In diesem Sinne kann auch die lokale Planung einen Beitrag zur Verringerung bzw. Vermeidung regionaler (Verkehrs-)Probleme leisten. Die Erfahrungen kanadischer Metropolen mit dem Um- bzw. Ausbau der Zentrenstruktur können australischen Planern dabei wertvolle Hinweise geben.

9.3 Das metropolitane Zentrensystem in Australien - Kopie des US-amerikanischen Entwicklungsmusters oder eigenständiger Entwicklungspfad?

Zusammenfassend läßt sich festhalten, daß die metropolitane Zentrenstruktur Australiens im Gegensatz zu den USA noch erheblich stärker vom CBD dominiert wird. Auch dort, wo es in den letzten Jahrzehnten zu Dezentralisierungsprozessen gekommen ist, greifen diese nicht so weit in das Umland hinaus wie in US-amerikanischen Verdichtungsräumen, sondern bleiben im wesentlichen auf die innere und mittlere Vorortzone beschränkt. Dies gilt insbesondere für den Bürosektor und andere hochrangige Cityfunktionen. Andererseits hat die suburbane Einzelhandelsentwicklung dazu beigetragen, daß die traditionelle Zentrenstruktur der australischen Metropolen stärker umgestaltet wurde als etwa in europäischen oder ost- und südostasiatischen Verdichtungsräumen.

Insgesamt erreicht die Fragmentierung der australischen Stadtregionen bislang nicht das Ausmaß zahlreicher US-amerikanischer Verdichtungsräume, in denen die Auflösung der Stadt in ein "Stadtland" (*Holzner* 1985) bereits weit fortgeschritten ist. Als Folge dessen ist die Krise der 'central city' in Australien ein weitgehend unbekanntes Phänomen (*Hofmeister* 1986a). Aber auch die 'multifunktionalen Außenstadtzentren' selbst unterscheiden sich deutlich von vergleichbaren Entwicklungen in US-amerikanischen Städten:
- Während in US-amerikanischen Verdichtungsräumen einige der neuen Außenstadtzentren die 'downtowns' in Größe und Bedeutung bereits überflügeln, sind die Vorortzentren in australischen Städten erheblich kleiner als der CBD. Im Gegensatz zu den USA steht die 'polynucleation' in australischen Verdichtungsräumen erst am Anfang ihrer Entwicklung.
- Die großen suburbanen Geschäftszentren in den australischen Metropolitan Areas sind meist dicht bebaute Bezirke und weisen, wenn auch in kleinerer Dimension, ähnliche städtebauliche Strukturen wie der CBD auf. Dagegen sind die Außenstadtzentren in den USA weitläufige, auch in der internen Zirkulation auf den motorisierten Verkehr ausgelegte Gebilde, die sich unabhängig von bestehenden baulichen Strukturen als 'instant downtowns' entwickelt haben.
- Der massive Ausbau des 'urban freeway'-Systems in US-amerikanischen Verdichtungsräumen führte zu einer grundlegenden Neustrukturierung des städtischen Raumes und schuf, vor allem an den Knotenpunkten des Autobahnsystems, neue Punkte mit besonderer Lagegunst, die als Ansatzpunkte für die Entwicklung der Außenstadtzentren fungierten. Durch den nur zögerlichen Ausbau des Straßensystems fand diese Neustrukturierung in australischen Metropolitan Areas nicht in vergleichbarem Maße statt. Die Entwicklung der multifunktionalen Vorortzentren vollzog sich nicht zuletzt deshalb weitgehend innerhalb historisch gewachsener Strukturen.
- Als Folge der Neuordnung der Zentrenstruktur hat sich auch das Muster des Pendelverkehrs in den US-amerikanischen Verdichtungsräumen umgestellt. Der auf den 'beltways' stattfindende Tangentialverkehr zwischen Wohnvororten und Außenstadtzentren ist heute vielerorts der dominierende Typ des Pendelverkehrs. In australischen Verdichtungsräumen konnte das Stadtzentrum seine Stellung als Hauptzielgebiet der Pendlerströme dagegen bis heute behaupten.

Die Besonderheiten der Zentrenentwicklung in australischen Verdichtungsräumen erlauben es, von einem eigenständigen Entwicklungspfad zu sprechen. Trotz der auf den ersten Blick recht großen stadtstrukturellen Ähnlichkeiten mit US-amerikanischen Verdichtungsräumen weist die Entwicklung der großen multifunktionalen Zentren doch deutliche Unterschiede auf. Der stärkere planerische Einfluß hat in Australien ein Zentrenmuster entstehen lassen, daß sich auch in Zukunft von den US-amerikanischen Verhältnissen unterscheiden wird. Insgesamt bestätigt sich die Auffassung *Matthews* (1993) von eigenständigen nationalen Entwicklungspfaden der suburbanen Zentrenentwicklung damit auch im australischen Kontext.

10. Zusammenfassung und Fazit: Australiens Metropolen - polyzentrische Stadtlandschaften?

Wie in zahlreichen Metropolen anderer Industrienationen lassen sich auch in den größeren australischen Verdichtungsräumen Dekonzentrationsprozesse verschiedener ökonomischer Aktivitäten beobachten. Im Hinblick auf die Frage, ob sich im Sinne einer konvergenztheoretischen Perspektive bei der Suburbanisierung von Cityfunktionen und bei suburbanen Standortentwicklungen ähnliche Muster wie in US-amerikanischen oder westeuropäischen Verdichtungsräumen zeigen, verfolgt die vorliegende Untersuchung ein zweifaches Ziel: Zum einen sind mit Hilfe einer breiten, empirisch gewonnenen Informationsbasis grundlegende Stadtentwicklungsprozesse und deren Determinanten zu analysieren, zum anderen werden Faktoren aufgezeigt, die zur konkreten lokal- bzw. regionalspezifischen Ausformung der Prozesse beitragen. Hierzu werden sowohl Datenanalysen auf regionaler Ebene in den fünf größten australischen Verdichtungsräumen als auch Fallstudien in ausgewählten suburbanen Zentren durchgeführt.

Die großen australischen Verdichtungsräume bieten ein ganzes Bündel spezifischer stadt- und wirtschaftsstruktureller Voraussetzungen für innermetropolitane Dekonzentrationsprozesse, in welche auch die Suburbanisierungsmuster der Cityfunktionen eingebettet sind. Trotz der aus globaler Sicht eher peripheren wirtschaftlichen Bedeutung Australiens nehmen Sydney und - in geringerem Maße - Melbourne wichtige Funktionen als Bindeglieder zwischen Weltwirtschaft und nationaler Ökonomie ein. Dagegen sind die kleineren Metropolen Brisbane, Perth und Adelaide im wesentlichen 'Regionalzentren' von überwiegend nationaler Bedeutung geblieben.

Auch im australischen Kontext läßt sich die jüngere wirtschaftliche Entwicklung der 'suburbs' nicht mehr als lediglich voneinander unabhängige 'overspills' aus dem Verdichtungskern interpretieren. Vielmehr ist sie zumindest teilweise das Resultat einer grundlegenderen Emanzipation der suburbanen Ökonomie von der Kernstadt. Der suburbane Raum stellt heute in seiner Gesamtheit eine wichtige wirtschaftliche Einheit der metropolitanen Ökonomie dar und übernimmt eine zunehmend eigenständige Rolle innerhalb der Verdichtungsräume. Folglich stellt auch die Suburbanisierung von Bevölkerung und Arbeitsplätzen einen eng verzahnten Komplex von gegenseitiger, kumulativer Selbstverstärkung dar.

Nachdem die Suburbanisierung der Industrie bereits in der ersten Nachkriegszeit größere Ausmaße erreichte, wurden suburbane Standorte ab Anfang der 60er Jahre für den Einzelhandel und ab Mitte der 70er Jahre auch für Bürofunktionen attraktiv. Ein stadtstrukturell entscheidendes Ergebnis dieser Suburbanisierungsprozesse war zunächst das Entstehen großer Einzelhandelszentren in der Außenstadt. Der CBD verlor im Laufe dieses Dezentralisierungsprozesses erheblich an zentralörtlicher Bedeutung für seine Standortregion und stellt in bezug auf den Einzelhandel heute nur eines von mehreren hochrangigen Zentren der Metropolitan Area dar.

Die nächste Welle des Suburbanisierungsprozesses umfaßte vor allem auch höherrangige Bürofunktionen. Kennzeichnend für das sich seit Anfang der 80er Jahre ausbildende suburbane Bürostandortmusters ist, daß es sich vergleichsweise stark innerhalb des historisch gewachsenen 'Zentrensystems des Einzelhandels entfaltet hat. Durch eine in den letzten Jahren erheblich zunehmende Zahl von Bürohochhäusern sind einige der suburbanen Geschäftszentren inzwischen auch baulich fast kleine 'Abbilder' der CBDs. Einige größere suburbane Geschäftszentren haben sich zu autonomen Büromärkten entwickelt, deren Dynamik und Attraktivität nur noch in geringem Maße von den Verhältnissen im CBD bestimmt wird.

Die Dezentralisierungsprozesse der Cityfunktionen führen also nicht zu einer gleichmäßigen Dispersion von Arbeitsstätten und Versorgungseinrichtungen über die gesamte Stadtregion, sondern lassen in der Außenstadt multifunktionale Zentren mit überlokaler Bedeutung entstehen. Anzeichen für neue, suburbane 'agglomeration economies' lassen sich somit auch in australischen Metropolen feststellen. Die Entwicklungsdynamik der großen suburbanen Zentren wird vor allem seit Mitte der 80er Jahre in einem erheblichen Maße von selbstverstärkenden Agglomerations- und Synergieeffekten getragen.

Die von ökonomischen Umstrukturierungsprozessen ausgelöste suburbane Standortdynamik kam in der Regel den regionalplanerischen Zielsetzungen entgegen. So sind die aktuellen Zentrenkonzepte der staatlichen Planungsbehörden darauf ausgelegt, bestehende suburbane Zentren weiter auszubauen. Inwieweit die Planung und andere Maßnahmen der öffentlichen Hand tatsächlich auf das bestehende Standortmuster einwirken können, ist allerdings fraglich. Bislang hat vorwiegend die Verlagerung von öffentlichen Einrichtungen eine spürbare Wirkung gezeigt. Mangelnde finanzielle Ressourcen, ein begrenzter politischer Wille, die in dem administrativ stark zersplitterten Verdichtungsräumen dominierenden Eigeninteressen der lokalen Councils und die Präferenzen vieler Unternehmen für alternative Standorte 'auf der grünen Wiese' stellen die Umsetzung der Planungsvorstellungen vor erhebliche Schwierigkeiten. So ist zu bezweifeln, ob die relativ schwachen Planungsinstrumentarien ausreichend sind, um zu verhindern, daß sich ein erheblicher Anteil der Büroentwicklung außerhalb der planerisch ausgewiesenen Zentren vollzieht. Das restriktive Genehmigungsinstrumentarium der 'District Centre Policy' in Melbourne hat in dieser Hinsicht nur wenig ermunternde Resultate erbracht, vor allem weil die starren Ansiedlungsrestriktionen de facto zu einer einseitigen Benachteiligung kleiner und mittlerer Investoren führten und lokale Entwicklungsbedingungen bei der Zentrenausweisung zu wenig berücksichtigt wurden.

Fragt man nach dem derzeitigen Stand der Dezentralisierung von Cityfunktionen in den großen australischen Metropolen, so ergibt sich ein uneinheitliches Bild: Einerseits erlebte der CBD seit den 50er Jahren in vielerlei Hinsicht einen erheblichen Bedeutungsverlust, andererseits konnte er sich als intakter Kern des städtischen Systems erhalten. Während der CBD seine dominierende Stellung im Einzelhandel weitgehend verloren hat, ist er noch immer das unumstrittene Zentrum hochrangiger Steuerungs- und Kontrollfunktionen und der mit Abstand wichtigste Bürostandort der Metropolen. Auch für hochrangige kulturelle und administrative Funktionen ist die Attraktivität des traditionellen Stadtkerns ungebrochen. Mehrere Faktoren sind dafür verantwortlich, daß der Verdichtungskern seine dominierende Stellung trotz eines fortschreitenden suburbanen Zentrenbildungsprozesses in absehbarer Zeit behalten wird:
- Das radial ausgerichtete Verkehrsnetz der Verdichtungsräume und der geringe Ausbaustand des suburbanen 'freeway'-Systems verleiht dem CBD auch in Zukunft eine besondere Lagegunst.

- Die Innenstädte der australischen Metropolen gehören zu den bedeutendsten touristischen Zentren Australiens. Der Konsum in- und ausländischer Touristen wird den Einzelhandel und das Gastgewerbe auch weiterhin stützen.
- Der CBD wird auch in Zukunft ein wichtiges Identifikationsobjekt für Einheimische und Fremde bleiben. Insbesondere in Sydney befindet sich der CBD zudem in einer herausragenden natur- und stadträumlichen Lage.
- Das schnell wachsende Bank- und Finanzwesen und die mit ihm verbundenen Dienstleistungen zeigen eine ausgesprochene Vorliebe für den Bürostandort CBD. Vor allem Sydney und Melbourne werden als wichtige Finanzzentren Australasiens deshalb weiterhin 'starke' CBDs behalten.
- Die großen Wirtschaftsräume Australiens werden auch in absehbarer Zukunft eine erhebliche Entwicklungsdynamik aufweisen. Wachsende internationale Verflechtungen und eine zunehmende Dienstleistungsorientierung ermöglichen ein gleichermaßen starkes Bürowachstum im Verdichtungskern und in den Vororten.
- Der CBD ist das bevorzugte Investitionsziel ausländischer Kapitalanleger. Als größter Büromarkt bietet er für ausländische Anleger, die eine zunehmend wichtigere Rolle spielen, die größten Sicherheiten.

Ohne Zweifel steht der CBD noch immer an der Spitze der metropolitanen Zentrenhierarchie und ist die mit Abstand größte Arbeitsplatzkonzentration im Verdichtungsraum. Aber anders als noch in den 70er Jahren, nehmen nun größere suburbane Geschäftszentren eine Position zwischen dem auf nationale und internationale Funktionen ausgerichteten CBD und rein lokal orientierten Einzelhandelszentren ein. In dem Maße, wie der CBD einer zunehmenden Spezialisierung auf höchstrangige dispositive, national und international ausgerichtete Aufgaben erfuhr, mußte er traditionelle regionale Zentralfunktionen an die Vorortzentren abgeben.

Diese Ausdifferenzierung der Zentrenhierarchie ist im Verdichtungsraum Sydney am weitesten vorangeschritten. Hierzu haben sowohl wirtschafts- als auch siedlungsstrukturelle Faktoren beigetragen. Die Entwicklung Sydneys zur internationalen Drehscheibe von Waren-, Finanz- und Informationsströmen führte dazu, daß der Spezialisierungsdruck des CBD in Richtung auf hochrangige Steuerungs- und Kontrollaufgaben hier am größten war. Es besteht Grund zu der Annahme, daß gerade dieser Spezialisierungsdruck im CBD der Entwicklung der mehr auf regionale und lokale Aufgaben ausgerichteten suburbanen Bürozentren Vorschub geleistet hat. Das gleichzeitige Büroflächenwachstum im CBD und in den Vororten sind also keine sich widersprechenden Vorgänge, sondern vielmehr die Konsequenz eines auf breiter Front wirksamen Spezialisierungsprozesses.

Aufgrund seiner Größe und den ebenfalls noch stark vertretenen hochrangigen Kontrollfunktionen kommt Melbourne in dieser Hinsicht Sydney am nächsten. In den weniger auf internationale Funktionen ausgerichteten Verdichtungsräumen Brisbane, Perth und Adelaide sind diese Entwicklungsfaktoren bislang in schwächerem Maße gegeben. Zudem sind ihre Stadtkörper noch zu kompakt, um die nötigen Voraussetzungen für das Entstehen großer suburbaner Bürozentren zu bieten.

Um genauere Aufschlüsse über die lokalen Planungs- und Entwicklungsprobleme multifunktionaler suburbaner Geschäftszentren zu erhalten, wurden neun Fallstudien durchgeführt. In der Regel haben die großen suburbanen Geschäftszentren fünf weitgehend parallele Entwicklungsphasen erlebt. In der ersten Phase bis etwa 1900 bildeten sie sich als kleine, am suburbanen Schienennetz orientierte Versorgungszentren heraus, in der zweiten Phase (1900-1950) erlebten sie ein langsames Wachstum ohne grundlegende Strukturveränderung, in die dritte Phase (1950-1965) fällt das 'take off' des suburbanen Einzelhandels, das in der vierten Phase (1965-1980) in ein beschleunigtes Einzelhandelswachstum einmündete. In der gegenwärtig fünften Phase (ab 1980) entwickelten sich dann einige besonders günstig gelegene Zentren durch die starke Expansion des Bürosektors zu multifunktionalen 'Sub-Cities'. Der beschriebene Entwicklungspfad gilt für die Mehrzahl der größeren suburbanen Geschäftszentren Australiens. Im Vergleich hierzu spielen die seit etwa 1960 'auf der grünen Wiese' entstandenen 'instant downtowns' - ganz anders als etwa in US-amerikanischen Verdichtungsräumen - eine vergleichsweise geringere Rolle.

Aufgrund der Analyse der Fallbeispiele wurde ein genetisch-funktionales Klassifikationsschema für multifunktionale suburbane Zentren entwickelt. Im australischen Kontext lassen sich sechs Zentrentypen herausarbeiten, die teilweise verschiedenen Entwicklungspfaden und Planungsleitbildern folgen: (1) die voll entwickelte 'Sub-City', (2) das 'einzelhandelsdominierte Zentrum', (3) das 'bürodominierte Zentrum', (4) das 'traditionelle Zentrum', (5) das 'Cluster-Zentrum' und (6) die 'neue City'. Alle sechs Typen weisen im einzelnen unterschiedliche Planungs- und Entwicklungsprobleme auf. Diese lassen sich aber in sieben Problemgruppen zusammenfassen:
- Verbesserung der Verkehrssituation und Erhalt der Erreichbarkeit
- Erhalt der historischen Bausubstanz
- Steigerung und Erhalt der Aufenthalts- und Umweltqualität
- Erhalt der traditionellen Haupteinkaufsstraßen
- Schaffung beständiger multifunktionaler Strukturen
- besondere Konjunkturanfälligkeit suburbaner Immobilienmärkte
- Vermeidung von 'Marktopportunismus' und 'ad hoc'-Planung

Als zentrales Problemfeld erweist sich in den untersuchten multifunktionalen suburbanen Zentren Australiens die Verkehrssituation. Ein weiteres Arbeitsplatzwachstum dürfte in vielen bestehenden Zentren nur durch einen forcierten Ausbau des ÖPNV-Netzes zu erreichen sein. Der 'modal split' ist in den suburbanen Zentren bislang erheblich ungünstiger als in den CBDs der entsprechenden Verdichtungsräume.

Um die Attraktivität der Zentren dauerhaft zu stärken, bedarf es auch auf der Ebene der lokalen Behörden eines aktiven, zum Teil neue Wege beschreitenden Planungsansatzes. Dieser muß noch weiter als bisher von einem rein reaktiven zu einem stärker integrativen Ansatz entwickelt werden, in dem Elemente einer aktiven Entwicklungslenkung und lokaler Initiativgruppen mehr als bisher in den Mittelpunkt des Planungsprozesses rücken. Ansätze dieser integrierten Planungsstrategien sind bereits vorhanden. So hat sich Parramatta nicht zuletzt durch das koordinierte Engagement verschiedener staatlicher Akteure zu einem 'zweiten CBD' der Sydney Metropolitan Area entwickelt, und das Beispiel Fremantle im Verdichtungsraum Perth zeigt, daß sich wirtschaftliches Wachstum und Stadterhaltung nicht gegenseitig ausschließen müssen.

Obwohl die Entwicklungsprozesse der 80er Jahre die Multifunktionalität in vielen suburbanen Geschäftszentren erheblich steigerten, haben sich bis jetzt erst wenige von einzelhandelsdominierten

Zentren zu wirklich multifunktionalen Sub-Cities entwickelt. Die Mehrzahl der suburbanen Zentren ist entweder auf Einzelhandels- oder - seltener - auf Bürofunktionen spezialisiert. Für die nähere Zukunft ist kaum damit zu rechnen, daß die Zahl multifunktionaler Zentren in den australischen Metropolitan Areas erheblich zunimmt. Dagegen sprechen vor allem drei Gründe:
- Büroaktivitäten neigen stärker zur Clusterbildung als Einzelhandelsaktivitäten. Fühlungsvorteile und der Wunsch nach 'face-to-face'-Kontakten werden eine Aufsplitterung der Büroentwicklung auf zu viele suburbane Geschäftszentren in absehbarer Zeit begrenzen.
- Alternative Bürostandorte wie Business Parks oder Office Parks spielen auch in Australien eine zunehmend größere Rolle. Diese sind für Unternehmen, die größere Flächenansprüche aufweisen und nicht auf Standorte in größeren Zentren angewiesen sind, zumeist attraktiver als bislang weniger entwickelte suburbane Geschäftszentren.
- Bürostandortentscheidungen sind nicht zuletzt von Prestigeerwägungen geprägt. Dieser Faktor sichert im allgemeinen den bereits bestehenden suburbanen Bürokonzentrationen bei der Standortwahl der Unternehmen erhebliche Vorteile. Auch aus Sicht der Investoren und Developer ist das Engagement an weniger entwickelten Standorten deshalb mit einem erheblichen Risiko verbunden.

Die Besonderheiten der Zentrenentwicklung in den australischen Metropolen erlauben es, von einem eigenständigen Entwicklungspfad zu sprechen. Trotz der auf den ersten Blick großen stadtstrukturellen Ähnlichkeiten mit US-amerikanischen Verdichtungsräumen weist die Entwicklung der großen multifunktionalen Zentren deutliche Unterschiede auf. Insbesondere haben der stärkere planerische Einfluß und das anders geartete regionale Verkehrssystem in Australien ein Zentrenmuster entstehen lassen, das sich auch in Zukunft von den US-amerikanischen Verhältnissen unterscheiden wird. Obwohl in australischen Metropolitan Areas deutliche Ansätze einer polyzentrischen Struktur zu beobachten sind, erreicht die Fragmentierung der Stadtregionen bislang nicht das Ausmaß zahlreicher US-amerikanischer Verdichtungsräume.

Auch in der internen Struktur weisen die suburbanen Zentren Australiens deutliche Unterschiede zu US-amerikanischen Entwicklungen auf. Die Unterschiede in der Nutzungsmischung und in der Genese spiegeln sich auch in der Eigentumsstruktur wider. So weist das Gros der australischen Zentren eine erheblich kleinteiligere Parzellenstruktur als vergleichbare amerikanische Sub-Cities auf. Dem stadtgestalterischen Einfluß großer Einzelinvestoren in den USA steht in australischen Zentren noch eine weitgehend öffentliche Kontrolle des Bau- und Planungsgeschehens gegenüber.

Insgesamt weisen diese strukturellen und funktionalen Elemente sowie ihre Entwicklungstendenzen den randstädtischen 'neuen Cities' australischer Metropolen eine Stellung zwischen den beiden Polen der US-amerikanischen und der westeuropäischen Zentrenentwicklung zu. Aufgrund der spezifischen Voraussetzungen wird im australischen Kontext auch zukünftig von einem eigenständigen nationalen Entwicklungspfad der suburbanen Zentrenentwicklung gesprochen werden können.

Summary

New Cities of Australian Metropolitan Areas: the emergence of multifunctional outer city centres as a consequence of suburbanization

In many urban agglomerations of the developed world, decentralization of economic activities can be observed. This is the case in the large capital cities of Australia as well. In this context the question is discussed if there is a convergent development among metropolitan areas in North America, Western Europe, and Australia. Data analysis is carried out for the mainland capital cities on a regional level (Sydney, Melbourne, Brisbane, Perth, Adelaide); in addition, case studies of suburban centres are examined on a local level.

Recent economic development within suburbia is no longer determined exclusively by 'overspills' out of metropolitan core areas. Instead, suburban areas play an independent and increasingly important role within the metropolitan economy today. Consequently, suburbanization of population and employment can be interpreted as an interconnected complex of cumulative self-induced growth.

Already in the early postwar years, the manufacturing industry left the inner cities. In the sixties this pattern of relocation was followed by the retail trade and since the mid-seventies suburban locations have become attractive for low-level office fuctions, too. At first these processes led to major retail centres within the outer city. The next wave of suburbanization, starting in the early eighties, comprised mainly high-ranking office functions. A distinctive feature of the emerging pattern of suburban office locations is its comparatively strong connection to a historically grown hierarchy of suburban centres.

Decentralization of '(inner) city functions' does not lead to an even dispersion of services and employment possibilities over the whole metropolitan region, but results in the emergence of multi-functional centres of regional or even national importance in the outer city. The dynamic growth of some of these centres is mainly based on self-supporting agglomeration and synergy effects.

Suburban location dynamics have generally been in line with objectives of metropolitan and regional planning. Recent concepts of state planning institutions try to strenghten the established system of traditional centres. However, it is questionable, in how far planning and other government initiatives are able to influence the existing pattern. Up to now, relocations within the public sector have proved to be the most effective device to induce growth of suburban centres. Insufficient financial resources, limited political commitment, dominant self-interests of local councils within a segmented system of metropolitan adminstration, and the attractiveness of 'out of town locations' for many companies result in major difficulties for planners to achieve their goals. It is particularly doubtful whether existing means of implementation will be adequate to concentrate a major portion of suburban office development on designated centres. The restrictive practice of the 'District Centre Policy' in Melbourne has only brought limited positive results. Mainly because of the inflexible approval system and the superior bargaining power of large firms, small and medium-sized investors have been disadvantaged. Furthermore, local conditions and development potentials were not sufficiently considered for the designation of 'District Centres'.

If one poses the question about the contemporary state of decentralization of city functions within Australian metropolitan areas, a contradictory picture emerges: On the on hand, the Central Business District (CBD) has suffered a relative loss of regional importance, on the other hand, it has kept a dominant status within the urban system. The CBD has lost its predominance in retailing, but it is still the unquestionable hub of high-ranking control functions. Without any doubt the CBD continues to hold the highest position within the 'new' metropolitan hierarchy of centres and is by far the largest concentration of employment. However, since the eighties several growing commercial centres within suburbia have taken a position between an increasingly internationalized CBD and a high number of local retail centres.

The strongest differentiation within the metropolitan hierarchy of centres can be observed in Sydney. Economic as well as spatial factors have contributed to this process. The status of Sydney as a gateway and increasingly global city has resulted in a highly specialized CBD. There is reason to suppose that this specialization process has accelerated the development of suburban office centres orientated towards traditionally regional matters. Thus the simultaneous growth of office space within CBD and suburbs is the consequence of the same far-reaching specialization process.

In order to obtain further insights into local planning and development problems within multifunctional suburban centres, nine case studies have been carried out, namely, Parramatta, Chatswood, and Bondi Junction in Sydney; Box Hill, Camberwell Junction, and Frankston in Melbourne; Upper Mount Gravatt and Toowong in Brisbane, and Fremantle in Perth. Generally, large suburban centres underwent five parallel periods of development: During the first period (until about 1900) they emerged as small rail-orientated local service centres. During the second period (1900-1950) they developed slowly without fundamental changes. During the third period (1950-1965) they experienced the first 'take off' of suburban retailing, which during the forth period (1965-1980) led to an accelerated retail growth. During the fifth and so far last period (from 1980), due to a rapid expansion of the office sector, some of the centres in more favourable locations developed into multifunctional 'sub-cities'. This means that the differentiation of suburban centres has been increased by office building development in the eighties and early nineties.

Based on the analysis of the nine case studies a genetic-functional classification of multifunctional suburban centres is presented. There are six types of centres which follow different pathes of development and planning models: (1) the fully developed 'sub-city', (2) the 'retail-dominated centre', (3) the 'office-dominated' centre, (4) the 'traditional centre', (5) the 'cluster-centre', and (6) the 'new city'. Each type of centre is characterized by typical development restrictions and planning problems. However, seven common planning problems can be distinguished:
- strengthening of public transport and general accessability
- preservation of historical building structures
- increase and preservation of urban and environmental qualities
- preservation of traditional strip shopping centres
- promotion of sustainable multifunctional structures

- increased sensitivity of small property markets to business cycles
- prevention of 'market opportunism' and 'ad hoc-planning'

To deal with these problems local planning has to develop from a basically reactive to a more integrative approach, which centres on active development incentives and stronger participation of local initiatives. Some attempts towards integrated planning strategies are already apparent. Parramatta has developed into 'Sydney's second CBD' because of the co-ordinated engagement of different governmental and public actors. The example of Fremantle in Western Australia shows that economic development and the preservation of a historical townscape can be congruent.

Australian suburban development has followed a distinctive path of development, in spite of seemingly structural similarities with North American metropolitan areas. Particularly, stronger influences of planning and a very different regional traffic system led to a unique pattern of metropolitan centres. Although tendencies towards urban polynucleation can be observed in Australia, the fragmentation of metropolitan regions is still much weaker than in the USA.

There are also major differences within the internal structure of suburban centres: Australian centres are marked by a higher number of small poperty owners, a much lesser significance of 'green-site developments', and a more traditional urban form based on public transport. In contrast to the overwhelming influence of a small number of big investors in the USA, a stronger public control of building and planning activities is still prevalent.

In general, recent suburbanization processes as well as the pattern of metropolitan centres confirm the supposition that Australia's metropolitan areas obtain a relatively independent position between the two poles of the US and European urban development.

Literatur

Abnett, B.: Shopping Centres Revisited - Contemporary Initiatives in Local Government Planning. (unveröffentlichtes Vortragsmanuskript für das 'AIUS/RAPI Shopping Centre Revisited Seminar', Brisbane, April 1992).
- : Retail Warehouse Parks - A New Form of Shopping Complex. (unveröffentlichtes Vortragsmanuskript für das 'Retail Warehouse Park Property Developments Seminar', Sydney Februar 1990.
Adrian, C.: Australia's Position in the Global Economy: The World of High Finance. In: Adrian, C. (Hrsg.): Urban Impacts of Foreign and Local Investment in Australia. AIUS Publication 119, Canberra 1984a, S.11-27.
Adrian, C.; Kanaley, D.: An Overview of Recent and Likely Trends in Australian Property Markets. In: Adrian, C. (Hrsg.): Australian Property Markets. Trends, Policies and Development Case Studies. AIUS Publication 125, Canberra 1986, S.27-36.
Adrian, C.; Stimson, R.: Australian Property Market Survey. AIUS Publication 126, Canberra 1986a.
Alexander, I.C.: The Political Difficulties of Urban Consolidation. In: Australian Institute of Urban Studies, W.A. Division (Hrsg.): Urban Consolidation. Myths and Realities. Proceedings of Division Annual Conference held at Belmont, W.A., on 6th and 7th June, 1991. East Perth 1991, S.78-81.
- : Does Central Perth Have a Future? In: Urban Policy and Research 3 (1985) H.2, S.16-24.
- : Office Suburbanisation: A New Era? In: Cardew, R.V.; Langdale, J.V.; Rich, D.C. (Hrsg.): Why Cities Change. Urban Development and Economic Change in Sydney. Sydney 1982, S.55-75.
- : Post-War Metropolitan Planning: Goals and Realities. In: Troy, P.N. (Hrsg.): Equity in the City. Sydney 1981, S.145-171.
- : Office Dispersal in Metropolitan Areas. 1: A Review and Framework for Analysis; 2: Case Study Results and Conclusions. In: Geoforum 11 (1980), S.225-247 und S.249-275.
- : Office Location and Public Policy. Harlow 1979.
- : Office Decentralisation in Sydney. In: Town Planning Review 49 (1978), S.402-416.
- : Suburbanisation of the Private Office Sector: Fact or Fiction? In: Linge, G.J.R. (Hrsg.): Restructuring Employment Opportunities in Australia. The Australian National University, Monograph Series, HG11, Canberra 1976, S.185-215.
- : The City Centre. Patterns and Problems. Nedlands, W.A. 1974.
Alexander, I.C.; Dawson, J.A.: Suburbanisation of Retail Sales and Employment in Australian Cities. In: Australian Geographical Studies 17 (1979), S.76-83.
Allard, P.: A Comparison of C.B.D. Malls with Suburban Shopping Centres. In: Proceedings of the International Malls Conference '87, Alice Springs, October 1987.
Aplin, G.: The Rise and Rise of Suburban Sydney: Evolution of a Metropolis 1840-1980. In: Why Cities Change Updated: Urban Development and Economic Change in Sydney in the Late 1980s. Geographical Society of New South Wales Conference Papers 7. Gladesville, NSW 1989, S.3-12.
Appold, S.J.; Kasarda, J.D.: Agglomerationen unter den Bedingungen fortgeschrittener Technologien. In: Friedrichs, J. (Hrsg.): Soziologische Stadtforschung. Kölner Zeitschrift für Soziologie und Sozialpsychologie, Sonderheft 29 (1988), S.132-149.
Armstrong, B.G.: Sydney Airport Planning Strategy. In: The Institution of Engineers, Australia (Hrsg.): National Transport Conference, Brisbane 1-3 May 1991. National Conference Publication 91/4, Barton, A.C.T. 1991, S.53-61.
Ashton, N.A.W.: Sydney: Village to Metropolis. A Brief Review of Planning in the Sydney Region. Sydney 1984.
Association of Inner Eastern Councils: An Office Policy for the Inner Eastern Region. Melbourne 1989.
Australian Industry Commission: Rail Transport, Vol. 1 and 2. Report No.13. Canberra 1991.
Badcock, B.: Metropolitan Planning in South Australia. URU Working Papers No.10, Canberra 1989.
- : Unfairly Structured Cities. Oxford 1984.
Baerwald, T.J.: The Emergence of a New "Downtown". In: The Geographical Review 68 (1978), S.308-318.
Baillieu Knight Frank: Australian Property Market Investment Strategy Report. Melbourne 1992a.
- : New South Wales Property Market Report. Sydney 1992b.
- : Queensland Property Market Report. Brisbane 1992c.
- : The Melbourne Property Market Report. Melbourne 1992d.
- : The Wasting of the CBD. Melbourne 1991.
- : Bondi Junction Office Market Report 1990. Sydney 1990.
- : North Shore Office Market Report 1989. Sydney 1989.
- : Parramatta Office Market Report 1988/89. Sydney 1988a.
- : Sydney C.B.D. - Retail and Leisure. Sydney 1988b.
Barras, R.: A Simple Theoretical Model of the Office Development Cycle. In: Environment and Planning A 15 (1983), S.1381-1394.
Barrington, P.: Sydney CBD Workforce Projections. In: The Valuer and Land Economist 32 (1992), S.137-138.
Bateman, M.: Office Development. A Geographical Analysis. London/Sydney 1985.
Batten, D.; O'Connor, K.: The Dynamics of Suburbanisation. In: Friedrich, P.; Masser, I. (Hrsg.): International Perspectives of Regional Decentralisation. Schriften zur öffentlichen Verwaltung und öffentlichen Wirtschaft 87, Baden-Baden 1987, S.191-213.
Beed, C.: Melbourne's Development and Planning. Parkville, Vic. 1981.

Beed, C.; Moriarty, P.: Transport Implications of Metropolitan Strategy. In: Urban Policy and Research 4 (1986) H.4, S.30-40.
Bell, D.A.: Office Location - City of Suburbs? In: Transportation 18 (1991), S.239-259.
- : Travel Impacts Arising from Office Relocation from City to Suburbs. In: Papers of the Australasian Transport Research Forum 15 (1990), S.145-160.
Bell, M.: Internal Migration in Australia 1981-1986. Canberra 1992.
Berry, B.J.L.: Commercial Structure and Commercial Blight: Retail Patterns and Processes in the City of Chicago. University of Chicago, Department of Geography Resarch Paper 85, 1963.
Berry, M.: The Impact of Mega-Projects on Metropolitan Development. In: Planner 7 (1988) H.7, S.7-14.
- : Corporate Accumulation and the Corporate City: Australia in Recession. In: McLoughlin, J.; Huxley, M. (Hrsg.): Urban Planning in Australia - Critical Readings. Melbourne 1986, S.32-46.
Berry, M.; Huxley, M.: Big Build: Property Capital, the State and Urban Change in Australia. In: International Journal of Urban and Regional Research 16 (1992), S.35-59.
Bingsworth, K.; Fitzsimmons, A.: Office Suburbanisation in Sydney. In: Adrian, C. (Hrsg.): Australian Property Markets. Trends, Policies and Development Case Studies. AIUS Publication 125, Canberra 1986, S.203-233.
Birrell, R.; Tonkin, S.: Constraints and Opportunities for Urban Growth: Sydney and Perth Compared. In: Population Issues Committee (Hrsg.): Population Issues and Australia's Future: Environment, Economy and Society. Canberra 1992, Chapter 6.
BIS Shrapnel: Commercial Property Prospects Metropolitan Melbourne 1992-2006. Sydney, Melbourne 1992.
- : Commercial Property Prospects Metropolitan Sydney 1988-2000. Volume 1: The Sydney Metropolitan Office Market. Sydney 1988.
Black, J.A.; Rimmer, P.: Sydney's Transportation Problems. New South Wales Parlamentary Library Background Paper 1987/4, Sydney 1987.
Blakely, E.J.; Fagan, R.: Metropolitan Strategy in Sydney: Employment Distribution and Policy Issues. Institute of Urban and Regional Development, University of California, Monograph 36/1988.
Booker, N.; Bennet, I.: The West Ward - Municipality of Willoughby. Sydney 1988.
Box Hill City Historical Society: A Brief Outline of the History of Box Hill. Ohne Jahr.
Braun, B.: Suburbia in Australien. Funktionaler und struktureller Wandel der Vorstädte australischer Metropolen. In: Geographische Rundschau 47 (1995), S.660-667.
Brisbane City Council: Economic Climate Assessment. The Brisbane Plan: A City Strategy. Background Discussion Paper No.3, Brisbane 1990a.
- : Social Climate Assessment. The Brisbane Plan: A City Strategy. Background Discussion Paper No.5, Brisbane 1990b.
- : The Planning and Development of Brisbane's Urban Form and Structure. The Brisbane Plan: A City Strategy. Background Discussion Paper No.7, Brisbane 1990c.
- : Comparative Urban Performance: A Study of Australian Capital Cities. The Brisbane Plan: A City Strategy. Background Discussion Paper No.8, Brisbane 1990d.
- : The Role and Function of the Brisbane City Council and Other Public Bodies in Brisbane. The Brisbane Plan: A City Strategy. Background Discussion Paper No.9, Brisbane 1990e.
- : The Implementation of Metropolitan Plans in Australia. The Brisbane Plan: A City Strategy. Background Discussion Paper No.10, Brisbane 1990f.
- : Land Capability and Infrastructure Capacity Assessment. The Brisbane Plan: A City Strategy. Background Discussion Paper No.11, Brisbane 1990g.
- : Offices and Retailing. The Brisbane Plan: A City Strategy. Background Discussion Paper No.12, Brisbane 1990h.
- : Brisbane Traffic Study. Brisbane 1989.
- : The Town Plan for the City of Brisbane 1987. Brisbane 1987.
Brisbane City Council and Queensland Department of Housing and Local Government (Hrsg.): Regional Planning and Development. The Brisbane Plan: A City Strategy. Background Discussion Paper No.14, Brisbane 1991.
Brisbane City Council - Department of Development and Planning: Chermside Regional Business Centre. Regional Business Centres Study. Brisbane 1991a.
- : Upper Mt. Gravatt Regional Business Centre. Regional Business Centres Study. Brisbane 1991b.
- : Chermside Information Kit. Regional Business Centres Study. Brisbane 1990a.
- : Economic Aspects of Regional Business Nodes. Regional Business Centres Study. Brisbane 1990b.
- : History of Regional Business Centres. Regional Business Centres Study. Brisbane 1990c.
- : Upper Mt. Gravatt Information Kit. Regional Business Centres Study. Brisbane 1990d.
Brisbane Suburban History Series: Toowong. Brisbane 1972.
Brotchie, J.: The Changing Structure of Cities. In: Urban Futures Special Issue No.5, 1992, S.13-26.
Browning, C.E.: The Rise of the Beltways: A Powerful Force of Urban Change. In: Focus 40 (1990) H.2, S.18-22.
Bryan, J.S.: To be fair, where should offices be located? (unveröffentlichte Abschlußarbeit für den 'Master of Urban Planning', Maquarie University, North Ryde 1989).
Building Owners and Managers Association, N.S.W. Division: Office Space Use Study - Sydney Office Buildings. Sydney 1988.

Bunker, R.: Metropolitan Planning in Melbourne and Adelaide. In: Australian Planner, 25 (1987) H.4, S.5-8.
- : Metropolitan Sub-Centres: Policies and Potential. In: Linge, G.J.R. (Hrsg.): Restructuring Employment Opportunities in Australia. The Australian National University, Monograph Series, HG11, Canberra 1976, S.169-183.
- : Metropolitan Form and Metropolitan Planning. In: Australian Geographer 11 (1971), S.619-632.

Bureau of Census and Statistics, Brisbane: Development within the Brisbane Statistical Division, 1856-1966. Brisbane 1969.

Burnley, I.H.: Population Turnaround and the Peopling of the Countryside? Migration from Sydney to Country Districts in New South Wales. In: Australian Geographer 19 (1988), S.268-283.
- : The Australian Urban System. Growth, Change and Differentiation. Melbourne 1980.

Busse, P.M.: Zentrenentwicklung in einkernigen Großstadtregionen. Hamburg, Diss. 1990.

Camberwell Junction Planning Committee: Camberwell Junction Structure Plan. Camberwell/Hawthorn, Vic. 1992.
- : Camberwell Junction Structure Plan. Preliminary Review: Data, Studies and Major Proposals. Camberwell, Hawthorn, Vic. 1990.

Cameron McNamara: Parramatta City Centre Parking Interim Review, February 1987. Report to Parramatta City Council. Sydney 1987.

Cardew, R.V.: Retailing and Office Development in Sydney. In: Langdale, J.V.; Rich, D.C.; Cardew, R.V. (Hrsg.): Why Cities Change Updated: Urban Development and Economic Change in Sydney in the Late 1980s. Geographical Society of New South Wales, Conference Papers 7. Gladesville, NSW 1989, S.34-55.

Cardew, R.V.; Simons, P.L.: Retailing in Sydney. In: Cardew, R.V.; Langdale, J.V.; Rich, D.C. (Hrsg.): Why Cities Change. Urban Development and Economic Change in Sydney. Sydney 1982, S.151-164.

Carey, R.J.: American Downtowns: Past and Present Attempts at Revitalization. In: Built Environment 14 (1988), S.47-55.

Carn, N.; Rabianski, J.; Racster, R.; Seldin, M.: Real Estate Market Analysis: Techniques and Applications. Englewood Cliffs, New Jersey 1988.

Carr, D.: Metropolitan Design. In: Gentilli, J. (Hrsg.): Western Landscapes. Nedlands, W.A. 1979, S.383-399.

Carter, R.A.: The Effect of Proposed District Centres on Melbourne's Central Business District. In: Urban Policy and Research 1 (1982) H.1, S.2-7.

Caulfield, J.: Community Power, Public Policy Initiatives and Management of Growth in Brisbane. In: Urban Policy and Research 9 (1991) H.4, S.209-219.

Central Sydney Planning Committee: Sydney 2020. A Vision for its Future. Sydney 1991.

Cervero, R.: Land Uses and Travel at Suburban Activity Centers. In: Transportation Quarterly 45 (1991), S.479-491.
- : America's Suburban Centres. The Land Use-Transportation Link. Boston 1989.

Chalkley, B.; Winchester. H.: Australia in Transition. In: Geography 76 (1991), S.97-108.

Chong, F.: Parramatta Grows to Rival Sydney. In: Business Review Weekly 10 (1988) H.31, S.81-83.

City of Adelaide: Land Use in the City of Adelaide. Survey 1987. Adelaide 1989.

City of Camberwell: Camberwell Junction Planning Study. Interim Data Report. Camberwell 1980.

City of Frankston: Frankston District Centre Master Plan. Draft Discussion Paper. Frankston 1992.

City of Frankston; Ministry for Planning and Environment; Melbourne and Metropolitan Board of Works: Frankston District Centre: Gateway to the Peninsula - An Urban Design Approach. Melbourne 1985.

City of Fremantle: Conservation Policy for the Fremantle West End Conservation Area. Fremantle 1992a.
- : Town Planning Scheme No.3, 18 December 1987. Amended 25 August 1992. Fremantle 1992b.
- : Fremantle. Guidelines for Development. Fremantle 1974.

City of Hawthorn; City of Camberwell: Proposed Strategy for the Camberwell Junction Shopping Centre. Hawthorn, Camberwell 1982.

City of Melbourne: 1987 C.A.D. Floorspace and Employment Survey Report. Melbourne 1988.

Clapp, R.M.: The Intrametropolitan Location of Office Activities. In: Journal of Regional Science 20 (1980), S.387-399.

Clout, H.: The Chronicle of La Défense. In: Erdkunde 42 (1988), S.273-284.

Code, W.R.: The Strength of the Centre: Downtown Offices and Metropolitan Decentralisation Policy in Toronto. In: Environment and Planning A 15 (1983), S.1361-1380.

Coffey, W.J.: The Evolution of Canada's Metropolitan Economies. Montreal 1994.

Cole, J.R.: Shaping a City: Greater Brisbane 1925-1985. Eagle Farm, Qld. 1984.

Colliers International: Greater Sydney Metropolitan Growth Prospects for Commercial Real Estate 1989-1991. Sydney 1989.

Collins, A.G.; Taylor, W.J.: Transport Strategies for Melbourne's Growth Corridors. In: The Institution of Engineers, Australia (Hrsg.): National Transport Conference, Brisbane 1-3 May 1991. National Conference Publication 91/4, Barton, A.C.T. 1991, S.158-165.

Colston, Budd, Wardrop and Hunt: Chatswood Town Centre Traffic Management Study - Final Report. Prepared for the Council of the Municipality of Willoughby and the Traffic Authority of NSW. Sydney 1987.

Commonwealth of Australia - Department of Administrative Services: Parramatta Commonwealth Offices. Chatswood, N.S.W. 1990.

Commonwealth of Australia - Department of Local Government and Administrative Services: New Commonwealth Offices at Parramatta, N.S.W. Canberra 1985.

Coombes, P.: CBD oversupply puts paid to decentralisation. In: Australian Business vom 18. September 1991, S.85.

Core Consultants: Review of Retailing in Fremantle Central Area. Perth 1985.

Costley, I; Melser, P.: The Changing Role of Local Government Planning. In: Planner 2 (1986) H.2, S.35-42.

Council of the City of Sydney / Department of Planning: Central Sydney Strategy 1988. Sydney 1988.

Council of the City of Sydney / Department of Environment and Planning: Central Sydney Plan - The Issues. Sydney 1987.
Cumberland County Council: The Cumberland Plan - Progress Report. Sydney 1955.
Cybriwsky, R.: Shibuya Centre, Tokyo. In: Geographical Review 78 (1988), S.48-61.
Dach, P.: Struktur und Entwicklung von peripheren Zentren des tertiären Sektors dargestellt am Beispiel Düsseldorf. Düsseldorfer Geographische Schriften 13, 1980.
Daly, M.T.: Sydney: Australia's Gateway and Financial Capital. In: Blakely, E.J.; Stimson, R.J. (Hrsg.): The New City of the Pacific Rim. Im Druck.
- : Transitional Economic Bases: From the Mass Production Society to the World of Finance. In: Daniels, P.W. (Hrsg.): Services and Metropolitan Development. London 1991, S.26-43.
- : Australian Cities: The Challenge of the 1980s. In: Australian Geographer 19 (1988), S.141-161.
- : Capital Cities. In: Jeans, D.N. (Hrsg.) Australia - A Geography, Vol.2: Space and Society. Sydney 1987, S.75-111.
- : Sydney Boom - Sydney Bust. The City and It's Property Market 1850 -1981. Sydney 1982a.
- : Finance, the Capital Market and Sydney's Development. In: Cardew, R.V.; Langdale, J.V.; Rich, D.C. (Hrsg.): Why Cities Change. Urban Development and Economic Change in Sydney. Sydney 1982b, S.43-53.
Daly, M.T.; Logan, M.I.: The Brittle Rim: Finance, Business and the Pacific Region. Ringwood, Vic. 1989.
Daniels, P.W.: Some Perspectives on the Geography of Services. In: Progress in Human Geography 15 (1991), S.37-46.
- : Office Location in Australian Metropolitan Areas: Centralisation or Dispersal? In: Australian Geographical Studies 24 (1986), S.27-40.
- : An Exploratory Study of Office Location Behaviour in Seattle. In: Urban Geography 2 (1982), S.58-78.
- : Perspectives on Office Location Research. In: Daniels, P.W. (Hrsg.): Spatial Patterns of Office Growth and Location. Chichester 1979, S.1-28.
- : Office Location; An Urban and Regional Study. London 1975.
Davidson, G.: The Rise and Fall of Marvellous Melbourne. Carlton, Vic. 1978.
Davies, R.; Howard, E.: Issues in Retail Planning within the United Kingdom. In: Built Environment 14 (1988), S.7-21.
Dawkins, J.: The Planning of Places like Perth. URU Working Paper No.17, Canberra 1989.
- : Planning with Enterprise in a 19th Century Town Centre. In: Planner 3 (1988) H.5, S.14-19.
Dawkins, J.; MacGill, G.: The Politics of Planning in Fremantle. In: Urban Policy and Research 8 (1990) H.2, S.81-85.
Dawson, J.A.: Shopping Centre Development. London, New York 1983.
Dawson, S.; Hunter, B.: Forecasting Suburban Office Centre Development and Implications for Centres Policies. In: Planner 3 (1987) H.3, S.41-46.
DeBres, K.: Jam Yesterday, Jam Today, and Certainly Jam Tomorrow. In: Focus 39 (1989) H.4, S.12-16.
De Lange, N.: Standorttrends von Kreditinstituten. In: Praxis Geographie 20 (1990) H.6, S.44-48.
Dent, B.D.: Atlanta and the Regional Shopping Mall: The Absence of Public Policy. In: Dawson, J.A.; Lord, J.D. (Hrsg.): Shopping Centre Development: Policies and Prospects. London 1985, S.75-104.
Development Planning and Research Associates: Chatswood Centre - Basic Data Report. A Report to the Council of the Municipality of Willoughby. Sydney 1972.
- : Chatswood Centre - A Plan for Growth. A Report to the Council of the Municipality of Willoughby. Sydney 1970.
Devine, C.: Cycles of Change in Downtown Sydney: Retailing - The Past, Present and Future. In: Proceedings of the International Malls Conference, Launceton, Tasmania, October/November 1985.
Dickinson, D.; Hirst, R.: Bulky Goods Retailing in Industrial Zones. In: Planner 2 (1986) H.4, S.34-36.
Directions in Government, 3.Jg., H.8 - September 1989, "The Move from the City", S.12-13.
Dixon, A.: Mirvac Buys Back the Farm. In: Sydney Morning Herald, July 28, 1992, S.29.
Dore, J.: Participation and Policy Making at the Local Level: The Camberwell Junction Planning Study. In: Urban Policy and Research 4 (1986) H.1, S.13-19.
Dowall, D.E.: Back Offices and San Francisco's Office Development Growth Cap. In: Cities 4 (1987), S.119-127.
Eccles, D.; Bryant, T.: Statutory Planning in Victoria. Sydney u.a. 1991.
Edgington, D.W.: Japanese Business Down Under. Patterns of Japanese Investment in Australia. London 1990.
- : The Consequences of Economic Restructuring for Melbourne's Metropolitan Policy. In: Urban Policy and Research 7 (1989), S.51-59.
- : Suburban Economic Development in Melbourne. In: Australian Planner 26 (1988) H.2, S.7-14.
- : Organisational an Technological Change and the Future Role of the CBD: An Australian Example. In: Urban Studies 19 (1982a), S.281-292.
- : Changing Patterns of Central Business District Office Activity in Melbourne. In: Australian Geographer 15 (1982b), S.231-242.
Einem, E. von; Tonndorf Th.: Büroflächenentwicklung im regionalen Vergleich. Schriftenreihe 'Forschung' des Bundesministers für Raumordnung, Bauwesen und Städtebau H.484, Bonn 1991.
Elliott, P.; Wadley, D.: Measurement of Shopping Centre Floorspace for Statistical, Planning and Architectual Purposes. In: Urban Policy and Research 9 (1991) H.1, S.28-33.
Erickson, R.: The Evolution of the Suburban Space Economy. In: Urban Geography 4 (1983), S.95-121.
Erickson, R.; Gentry, M.: Suburban Nucleations. In: The Geographical Review 75 (1985), S.19-31.

Fagan, R.H.: Manufacturing in Sydney. In: Langdale, J.V.; Rich, D.C.; Cardew, R.V. (Hrsg.): Why Cities Change Updated: Urban Development and Economic Change in Sydney in the Late 1980s. Geographical Society of New South Wales, Conference Papers 7. Gladesville, NSW 1989, S. 56-67.
- : Industrial Restructuring and the Urban Fringe: Growth and Disadvantage in Western Sydney. In: Australian Planner 24 (1986a) H.1, S.11-17.
- : Sydney's West: The Paradox of Growth and Disadvantage. In: Dragovich, D. (Hrsg.): The Changing Face of Sydney. Geographical Society of New South Wales, Conference Papers 6. North Ryde 1986b, S.70-91.

Falk, B.R.: Zur gegenwärtigen Situation und künftigen Entwicklung der Shopping-Center in den westeuropäischen Ländern. In: Heineberg, H. (Hrsg.): Einkaufszentren in Deutschland. Münstersche Geographische Arbeiten 5, 1980, S.47-61.

Farrier, D.: Environmental Law Handbook. Planning and Land Use in New South Wales. Sydney 1988.

Fernandes, G.: The Development of Chatswood as a Major Sub-Regional Centre of Sydney. (unveröffentlichte Abschlußarbeit für den 'Bachelor of Architecture', University of New South Wales, Kensington 1990).

Flannigan, N.: In Defence of Shopping Streets: The Public Domain. In: Urban Futures 1 (1991) H.2, S.33-51.
- : An Alternative Approach to the Podgor Development for Camberwell Junction Shopping Streets. Report for Camberwell/Hawthorn Planning Watch. Parkville, Vic. 1989.

Flood, J.: Internal Migration in Australia. In: Urban Futures, Special Issue No.5, 1992, S.44-53.

Flüchter, W.: Zentrenausrichtung im Raum Tokyo: Charakteristika und Probleme aus zentralörtlicher und raumplanerischer Sicht. In: Erdkunde 34 (1980), S.120-134.

Ford, L.R.: Reading the Skylines of American Cities. In: Geographical Review 82 (1992), S.180-200.

Forster, C.: Restructuring and Residential Differentiation: Has Adelaide Become a More Unequal City? In: South Australian Geographical Journal 91 (1991), S.46-60.
- : The South Australian New Cities Experience: Elizabeth, Monarto and Beyond. In: Australian Planner 30 (1990) H.3, S.31-36.
- : Urban Geography. In: Australian Geographical Studies 26 (1988), S.70-82.

Fothergill, N.C.: Metropolitan Office Development. Ministry for Planning and Environment, Working Paper 3, Melbourne 1987.

Fraser, R.D.L.: The Effects of Urban Decentralisation on the City and Suburban Business Centres. Sydney 1958.

Freestone, R.: Sydney's Green Belt 1945-1960. In: Australian Planner 30 (1992) H.2, S.70-77.
- : Heritage, Urban Planning, and the Postmodern City. In: Australian Geographer 24 (1993), S.17-24.

Frost, L.: The New Urban Frontier. Kensington, N.S.W. 1991.
- : Australian Cities in Comparative View. Ringwood, Vic. 1990.

Gad, G.: Office Location Dynamics in Toronto: Suburbanization and Central District Specialization. In: Urban Geography 6 (1985), S.331-351.
- : Die Dynamik der Bürostandorte - Drei Phasen der Forschung. In: Beiträge zur empirischen Bürostandortforschung. Münchner Geographische Hefte 50, 1983, S.29-59.
- : Büros im Stadtzentrum von Nürnberg. Ein Beitrag zur City-Forschung. Erlanger Geographische Arbeiten H.23, 1968.

Gaebe, W.: Verdichtungsräume. Strukturen und Prozesse im weltweiten Vergleich. Stuttgart 1987.

Gardiner, W.: How the West was Lost: Urban Development in the Western Sydney Region. In: The Australian Quarterly 59 (1987), S.234-244.

Garreau, J.: Edge City. Life on the New Frontier. New York 1991.

Geisler, W.: Australische Stadtlandschaften. In: Passarge, S. (Hrsg.): Stadtlandschaften der Erde. Hamburg 1930, S.124-143.

Georgiou, J.: The Metropolitan Region. In: Pitt Morison, M.; White, J. (Hrsg.): Western Towns and Buildings. Nedlands, W.A. 1979, S.247-265.

Gilchrist, J.: Commercial Centres in Canberra: Planning and Implementation. In: Schreiner, S.R.; Lloyd, C.J. (Hrsg.): Canberra: What Sort of City. Canberra 1988a, S.36-47.
- : Commonwealth Government Office Accomodation - Challenges and New Directions. In: The Valuer 30 (1988b) H.2, S.32-35.

Gillette, H.: The Evolution of the Planned Shopping Centre in Suburb and City. In: Journal of the American Planning Association 51 (1985), S.449-460.

Glasson, J.: The Fall and Rise of Regional Planning in the Economically Advanced Nations. In: Urban Studies 29 (1992), S.505-531.

Goddard, J.B.: Office Location in Urban and Regional Development. London 1975.

Golledge, R.G.: Overview of Shopping Centre and Other Retail Developments: History and Problems of the 1980s. In: Stimson, R.; Sanderson, R. (Hrsg.): Assessing the Economic Impact of Retail Centres. AIUS Publication 122, Canberra 1985, S.12-27.

Goot, M.: How Much? By Whom? In What? Polled Opinion on Foreign Investment, 1958-1990. In: Australian Journal of International Affairs 44 (1990), S.247-267.

Griffith, D.: Evaluating the Transformation from a Monocentric to a Polycentric City. In: Professional Geographer 33 (1981), S.186-196.

Grimaux, H.: Development Plans for Tooronga Area. In: Progress Press, July 12, 1989, S.8.

Grotz, R.: Die Außenwirtschafts Australiens im Wandel. In: Praxis Geographie 23 (1993), S.10-13.

- : Bevölkerung und Siedlungen auf dem australischen Kontinent. In: Zeitschrift für den Erdkundeunterricht 43 (1991), S.309-316.
- : Die Entwicklung des Central Business Districts von Sydney 1950 -1986. In: Berliner Geographische Studien 24, 1987a, S.101-130.
- : Jüngere Veränderungen im Innern der Agglomeration Sydney. In: Erdkunde 41 (1987b), S.311-325.
- : Industrialisierung und Stadtentwicklung im ländlichen Südost-Australien. Stuttgarter Geographische Studien 98, 1982.

Grotz, R.; Braun, B.: Australien: eine moderne Wirtschaftskolonie? In: Stilz, G.; Bader, R. (Hrsg.): Australien zwischen Europa und Asien. German Australian Studies 8, Bern 1993, S.1-28.

Hajdu, J.: The Gold Coast, Australia: Spatial Model of its Development and the Impact of the Cycle of Foreign Investment in Property during the Late 1980's. In: Erdkunde 47 (1993), S.40-51.
- : Die australische Stadt: Struktur, Wesensmerkmale und Planung. In: Hajdu, J.; Ritter, G. (Hrsg.):Australien: Landwirtschaft - Städte - Fremdenverkehr. Geostudien Bd.11, 1988, S.103-251.

Hall, C.M.; Selwood, H.J.: America's Cup Lost: Paradise Retained? The Dynamics of a Hallmark Event. In: Syme, G.J. u.a. (Hrsg.): The Planning and Evaluation of Hallmark Events. Aldershot 1989, S.103-118.

Hall, P.; Breheny, M.: Urban Decentralization and Retail Development: Anglo-American Comparison. In: Built Environment 13 (1987), S.244-261.

Hames Sharley: Stirling Regional Centre Draft Structure Plan. Report for the Department of Planning and Urban Development, and the City of Stirling. Perth 1991.

Hamnett, S.; Parham, S.: 2020 Vision: A Planning Strategy for Metropolitan Adelaide. In: Urban Futures 2 (1992) H.2, S.78-85.

Hanley, W.S.: The Theoretical and Empirical Significance of Overseas and Australian Office Research. University of New England, Department of Geography, Research Series in Applied Geography, Armidale 1979.

Harman, E.: The City, State and Resource Development in Western Australia. In: Williams, P. (Hrsg.): Social Process and the City. Sydney 1983, S.114-142.

Harris, C.D.: Areal Patterns of Cities Through Time and Space: Technology and Culture. In: Ehlers, E. (Hrsg.): Modelling the City - Cross-Cultural Perspectives. Colloquium Geographicum 22, Bonn 1992, S.41-53.

Harris, C.D.; Ullman, E.L.: The Nature of Cities. In: The Annals of the American Academy of Political and Social Science 242 (1945), S.7-17.

Harrison, P.: Planning Sydney: Twenty-Five Years on. In: Royal Australian Planning Institute Journal 9 (1971) H.4, S.122-129.

Hartshorn, T.A.: Interpreting the City: An Urban Geography. New York 1980.
- : Industrial Parks / Office Parks: A New Look for the City. In: Journal of Geography 72 (1973), S.33-45.

Hartshorn, T.A.; Muller P.O.: Suburban Downtowns and the Transformation of Metropolitan Atlanta's Business Landscape. In: Urban Geography 10 (1989), S. 375-395.

Hassell Planning Consultants; Jones Lang Wootton: Office Data Base Study. Report for the Department of Environment and Planning. Adelaide 1992a.
- : Retail Data Base Study. Report for the Department of Environment and Planning. Adelaide 1992b.
- : Local Centres Study. Report for the Department of Environment and Planning. Adelaide 1991.

Heineberg, H.; Heinritz, G.: Konzepte und Defizite der empirischen Bürostandortforschung. In: Beiträge zur empirischen Bürostandortforschung. Münchner Geographische Hefte 50, 1983, S.9-28.

Heineberg, H.; Mayr, A.: Neue Stadtortgemeinschaften des großflächigen Einzelhandels im polyzentrisch strukturierten Ruhrgebiet. In: Geographische Rundschau 40 (1988) H.7/8, S.28-38.

Heinritz, G.: Der "tertiäre Sektor" als Forschungsgegenstand der Geographie. In: Praxis Geographie 20 (1990) H.1, S.6-13.
- : Zentralität und Zentrale Orte. Stuttgart 1979.

Hellberg, H.: Der suburbane Raum als Standort von privaten Dienstleistungseinrichtungen. In: Beiträge zum Problem der Suburbanisierung. Veröffentlichungen der Akademie für Raumforschung und Landesplanung - Forschungs- und Sitzungsberichte Bd. 102, Hannover 1975, S.124-147.

Heller, J.; Martin, W.: Mainhattan. Das Finanzzentrum Frankfurt/M. In: Praxis Geographie 20 (1990) H.9, S.16-19.

Henshall Hansen Associates u.a.: Box Hill District Centre Structure Plan (adopted by the Council of the City of Box Hill). North Fitzroy, Box Hill, Vic. 1991.
- : Box Hill District Centre Structure Plan. Report 1: Needs and Issues. North Fitzroy, Box Hill, Vic. 1990a.
- : Box Hill District Centre Structure Plan. Report 2: Planning Options for the 1990s. North Fitzroy, Box Hill, Vic. 1990b.

Herden, W.: Ansätze zu Theorien zur Suburbanisierung. In: Hagedorn, K.; Giessner, K. (Hrsg.): Tagungsberichte und wissenschaftliche Abhandlungen. Verhandlungen des Deutschen Geographentags 43, Wiesbaden 1983, S. 432-435.

Hipkins, M.: How Fremantle Coped with the Challenge. In: Syme, G.J. u.a. (Hrsg.): The Planning and Evaluation of Hallmark Events. Aldershot 1989, S.59-72.

Hirst Consulting Services u.a.: Parramatta Northern CBD Study. Report of Study Findings. Sydney 1990.
- : Study of Major Urban Centres in Western Sydney. Sydney 1984.

Hirst, R.: Local and Regional Plans Co-Operation and Co-Ordination: Commerce and Employment. In: Planner 1 (1985) H.2, S.13-17.

Hofmeister, B.: Australia and its Urban Centres. Urbanisierung der Erde 6. Berlin, Stuttgart 1988.
- : What is the Extent of a Crisis of the Central City and Suburbanisation in Australia? In: Heinritz; G.; Lichtenberger, E. (Hrsg.): The Take-Off of Suburbia and the Crisis of the Central City. Erdkundliches Wissen 76, Wiesbaden 1986a, S.134-141.
- : Grundzüge des australischen Städtesystems. In: Berliner Geographische Studien 20, 1986b, S.299-316.
- : Die strukturelle Entwicklung der australischen Stadt. In: Geographische Rundschau 37 (1985a), S.36-42.
- : Die US-amerikanischen Städte in den 80er Jahren - Probleme und Entwicklungstendenzen. In: Klagenfurter Geographische Schriften H.6, 1985b (= Festschrift für Elisabeth Lichtenberger).
- : Die Stadt in Australien und den USA - ein Vergleich ihrer Strukturen. In: Beiträge zur Stadtgeographie. Mitteilungen der Geographischen Gesellschaft Hamburg 72 (1982), S.3-35.
- : Die Stadtstruktur. Ihre Ausprägung in verschiedenen Kulturkreisen der Erde. Darmstadt 1980.

Hoggart, K.: The Changing World of Corporate Centres. In: Geography 76 (1991), S.109-120.

Holdsworth, G.R.: Shopping Centres Revisited - Transport Initiatives. (unveröffentlichtes Vortragsmanuskript für das 'AIUS/RAPI Shopping Centre Revisited Seminar', Brisbane, April 1992).
- : Parking Requirements for Consolidated and Comprehensive Developments. (unveröffentlichtes Vortragsmanuskript für die '2nd Australian Parking Convention, Parking Association of Australia', Adelaide 1990).

Holloway, S.R.; Wheeler, J.O.: Corporate Headquarters Relocation and Changes in Metropolitan Coporate Dominance 1980-1987. In: Economic Geography 67 (1991), S.54-74.

Holmes, J.H.: The Urban System. In: Jeans, D.N. (Hrsg.) Australia - A Geography, Vol.2: Space and Society.Sydney 1987, S.49-74.

Holzner, L.: Washington, D.C. Hauptstadt einer Weltmacht und Spiegel einer Nation. In: Geographische Rundschau 44 (1992), S.352-358.
- : Stadtland USA. Die Kulturlandschaft des American Way of Life. In: Geographische Rundschau 42 (1990) H.9, S.468-475.
- : Stadtland USA - zur Auflösung und Neuordnung der us-amerikanischen Stadt. In: Geographische Zeitschrift 73 (1985), S.191-205.
- : Die kultur-genetische Forschungsrichtung in der Stadtgeographie - eine nicht-positivistische Auffassung. In: Die Erde 112 (1981), S.173-184.

Horridge, M.: Land Use and Commuter Transport within Melbourne. In: Urban Futures, Special Issue No.5 (1992), S.96-110.

Horvath, R.J.; Harrison, G.E.; Dowling, R.M.: Sydney. A Social Atlas. Sydney 1989.

Houghton, D.S.: City Profile - Perth. In: Cities 7 (1990), S.99-106.
- : Metropolitan Growth: A Spatial Perspective on Employment Trends in the Perth Metropolitan Area 1966-76. In: Australian Geographer 15 (1981), S.106-113.

Howe, D.; Rabiega, W.A.: Beyond Strips and Centres. The Ideal Commercial Form. In: Journal of the American Planning Association 58 (1992), S.213-219.

Hughes, K.H.: Preston Centre. The Emergence of a Suburban Downtown in Dallas. In Urban Land 50 (1991) H.12, S.11-15.

Husain, M.S.: Office Relocation in Hamburg: The City-Nord Project. In: Geography 65 (1980), S.131-134.

Hutchinson, B.G.: Structural Changes in Commuting in the Sydney Region 1961-81. In: Australian Road Research 16 (1986) H.1, S.25-37.

Hutchinson, B.G.; Searle, G.H.: High-Technology Industry Location and Planning Policy in the Sydney Region. In: Brotchie, J.F.; Hall, P.; Newton, P.W. (Hrsg.): The Spatial Impact of Technological Change. London 1987, S.310-327.

Hutchinson, B.G.; Kumar, B.A.: Spatial Response to Structural Changes in Sydney and Toronto. In: Young, W. (Hrsg.): Proceedings of International Symposium on Transport, Communication and Urban Form. Vol. 2: Analytical Techniques and Case Studies. Clayton, Vic. 1987, S.81-101.

Ihlanfeldt, K.R.; Raper, M.D.: The Intrametropolitan Location of New Office Firms. In: Land Economics 66 (1990), S.182-198.

Illeris, S.: The Many Roads towards a Service Society. In: Norsk Geografisk Tidskrift 45 (1991), S.1-10.

J R Nairn and Partners; Henshall Hansen Associates: Camberwell/Hawthorn Regional Traffic Study. Interim Report 1. Richmond, Vic. 1986.

Jackson Teece Chesterman Willis and Partners: Parramatta City Centre Study. Report for the Parramatta City Council. Sydney 1984.

Jebb Associates: Dandenong District Centre. Analysis of Turnover and Income Potential. Melbourne 1992.

Johnson, G.M.: Air Pollution and Western Sydney. In: Australian Planner 30 (1992) H.2, S.112-114.

Johnston and Associates: Perth Metropolitan Region Retail Shopping Survey 1973. A Report to the Metropolitan Region Planning Authority. Perth 1974.

Johnston, R.: Commercial Leadership in Australia. In: Australian Geographer 10 (1966), S.49-52.
- : Sales in Australian Central Business Areas. In: Australian Geographer 9 (1965), S.380-381.

Jones, G.; Ecclestone, S.; Churchill, B.; Clark T.: Regional Shopping Centres. In: The Valuer 30 (1988) H.1, S.5-10.

Jones, K.; Simmons, J.: Location, Location, Location. Analyzing the Retail Environment. Scarborough 1990.

Jones, M.: Resort to City. Frankston, Vic. 1989.

Jones, P.: The Implications of Sydney's Central Business District on a Centres Policy for the Sydney Region. In: The Valuer 29 (1986) H.4, S.297-298.
Jones, R.: Local and Metropolitan Government. In: Gentilli, J. (Hrsg.): Western Landscapes. Nedlands, W.A. 1979, S.483-498.
Jones Lang Wootton: Brisbane City Fringe and Suburban Office Space Survey. Brisbane 1992.
- : Retail Warehousing and Retail Parks. The Evolution of Bulk Retailing in Australia. Sydney 1991.
- : Business Space in Perspective. A Review of 'High Tech' Development in Australia. Property Research Paper - Market Analysis Series, Sydney 1990a.
- : Commercial Property Market Cycles in the Sydney CBD. Property Research Paper - Market Analysis Series. Sydney 1990b.
- : Movement of Funds into Australian Investment Property. Property Research Paper - Financial Analysis Series, Sydney 1990c.
- : Trends in Australian Office Space Demand. A Review of CBD Occupiers. Property Research Paper -Market Analysis Series. Sydney 1990d.
- : Retailing in the Sydney CBD. Property Research Paper - Market Analysis Series, Sydney 1989.
- : Report on Suburban Office Space Development in the Melbourne Metropolitan Region 1980 - June 1986. Prepared for the Ministry for Planning and Environment, Victoria. Melbourne 1986.
Joseph, R.A.: Technology Parks and Their Contribution to the Development of Technology-Oriented Complexes in Australia. In: Environment and Planning C 7 (1989), S.173-192.
- : Technology Parks. In: Planner 2 (1986) H.1, S.33-38.
K A Adam and Associates: City of Fremantle. Town Planning Scheme No.3. Interim Report. Fremantle 1980.
K A Adam and Associates; Ralph Stanton Planners: Canning Regional Centre Structure Plan. Report prepared for the Department of Planning and Urban Development. Perth 1991.
- : Canning Regional Centre Study. Perth 1990.
Kanaley, D.: A Review of Commonwealth Use of Office Space. In: Adrian, C. (Hrsg.): Australian Property Markets. Trends, Policies and Development Case Studies. AIUS Publication 125, Canberra 1986, S.225-234.
Kellermann, A.: The Evolution of Service Ecomomies: A Geographical Perspective. In: The Professional Geographer 37 (1985a), S.133-143.
- : The Suburbanization of Retail Trade: A U.S. Nationwide View. In: Geoforum 16 (1985b), S.15-23.
Kemp, D.C.: A History of Central Melbourne Office Development. (unveröffentlichtes Vortragsmanuskript für den ANZAAS [Australian and New Zealand Association of the Advancement of Science] Kongreß. Rockhamton 1977.
Kendig, H.: New Life for Old Suburbs. Post-war Land Use and Housing in the Australian Inner City. Sydney 1979.
Kenworthy, J.R.: The Land Use and Transit Connection in Toronto: Some Lessons for Australian Cities. In: Australian Planner 29 (1991) H.3, S.149-154.
- : An Urban Vision for an Urban Future: The Perth Central Area Compared to Thirty International Cities. Transport Research Paper 9, Murdoch University, Murdoch, W.A. 1987.
Kenworthy, J.R.; Newman, P.W.G.: Learning from the Best and Worst: Transportation and Land Use Lessons from Thirty-Two International Cities with Implications for Gasoline Use and Emissions. Transport Research Paper 7, Murdoch University, Murdoch, W.A. 1987.
Ker, I.; Chambers, L.; Foster, J.: Transporting Perth into the 21st Century. In: Australian Institute of Urban Studies, N.S.W. Division (Hrsg.): Transport and Urban Form for Australian Cities. National Conference Papers and Proceedings. Sydney 1991, S.48-65.
Kerry, M.: Joondalup W.A. A New City Centre and Planned Community. In: Australian Planner 27 (1989) H.1, S.26-28.
Kilmartin, L. Coles' New World and the Status of the Plan. In: Urban Policy and Research 4 (1986) H.4, S.7-13.
Kinhill Engineers u.a.: Parramatta City Centre. Long-term Traffic and Parking. Report for the Parramatta City Council, Sydney 1989.
Kirwan, R.: Urban Consolidation. The Economic Potential. In: Australian Planner 30 (1992a) H.1, S.13-19.
Knight, A.: Camberwell Junction Shopping Centre 1900-1978. A Study of Changing Functions. Melbourne 1978.
Kowinski, W.S.: The Malling of America. An Inside Look at the Great Consumer Paradise. New York 1985.
Kulke, E.: Veränderungen in der Standortstruktur des Einzelhandels. Wirtschaftsgeographie 3, Münster, Hamburg 1992.
Kutay, A.: Effects of Telecommunications on Office Location. In: Urban Geography 7 (1986a), S.243-257.
- : Optimum Office Location and the Comparative Statics of Information Economies. In: Regional Studies 20 (1986b), S.551-564.
Lamping, H.: Neue Aspekte des Verdichtungsprozesses in Australien. In: Berliner Geographische Studien 18, 1986, S.125-151.
LandCorp: Joondalup City - Planning in Action. Joondalup, W.A. 1992.
Langdale, J.V.: Telecommunications and Electronic Information Services in Australia. In: In: Brotchie, J.F.; Hall, P.; Newton, P.W. (Hrsg.): The Spatial Impact of Technological Change. London 1987, S.89-103.
- : Telecommunications in Sydney: Towards an Information Economy. In: Cardew, R.V.; Langdale, J.V.; Rich, D.C. (Hrsg.): Why Cities Change. Urban Development and Economic Change in Sydney. Sydney 1982, S.77-94.
Langdale, J.V.; Rich, D.C.: Metropolitan Economic Change in the 1980s. In: Langdale, J.V.; Rich, D.C.; Cardew, R.V. (Hrsg.): Why Cities Change Updated: Urban Development and Economic Change in Sydney in the Late 1980s. Geographical Society of New South Wales, Conference Papers 7. Gladesville, NSW 1989, S. 56-67.

Lanigan, P.J.: The Spatial Reorganisation of a Federal Government Department. In: Linge, G.J.R. (Hrsg.): Restructuring Employment Opportunities in Australia. The Australian National University, Monograph Series, HG11, Canberra 1976, S.153-168.
Latham, M.: Liverpool in the 1990s. The Challenge of Economic Growth and Decline. In: Australian Planner 30 (1992a) H.1, S.29-32.
- : Urban Policy and the Environment in Western Sydney. In: The Australian Quarterly 64 (1992b) H.1; S.71-81.
Laux, H.-D.: Hauptstadt oder Hauptstädte. Zur Stellung Bonns im Städtesystem der Bundesrepublik Deutschland. Hrsg. vom Oberstadtdirektor der Stadt Bonn, Bonn 1990.
Laverty J.R.: Greater Brisbane in Retrospect. In: Library Board of Queensland (Hrsg.): Eight Aspects of Brisbane History. Proceedings of a Seminar conducted by the John Oxley Library, Brisbane 5-6 June 1976. Brisbane 1978, S.24-49.
Law, C.M.: The Uncertain Future of the Urban Core. London 1988.
Lemon, A.: Box Hill. Melbourne 1978.
Lennen, J.: Development in the Retail Scene. In: Australian Institute of Urban Studies (Hrsg.): Shopping for a Retail Policy. Proceedings of a Seminar held in Perth on 6th November 1981. AIUS Publication 99, Canberra 1982, S.24-33.
Lichtenberger, E.: Political Systems and City Development in Western Societies. A Hermeneutic Approach. In: Ehlers, E. (Hrsg.): Modelling the City - Cross-Cultural Perspectives. Colloquium Geographicum 22, Bonn 1992, S.24-40.
- : Stadtgeographie. Band 1: Begriffe, Konzepte, Modelle, Prozesse. Stuttgart 1991^2.
L J Hooker: Pymble/Gordon Commercial Centre, Sydney NSW. Regional Analysis Series, North Sydney 1989.
Lloyd, C.; Aderton, N.: From Growth Centres to Growth Centres? In: Australian Planner 28 (1990) H.3, S.6-15.
Logan, M.I.: Capital City Development in Australia. In: Dury, G.H.; Logan M.I. (Hrsg.): Studies in Australian Geography. Melbourne 1968a, S.245-301.
- : Work-Residence Relationships in the City. Australian Geographical Studies 6 (1968b), S.151-166.
Logan, M.I.; Whitelaw, J.S.; McKay, J.: Urbanization. The Australian Experience. Melbourne 1981.
Logan, T.: Urban and Regional Planning in a Federal System: New South Wales and Victoria. In: Bunker, R.; Hamnett, S. (Hrsg.): Urban Australia. Planning Issues and Policies. Melbourne 1987, S.42-60.
- : A Critical Examination of Melbourne's District Centre Policy. In: Urban Policy and Research 4 (1986) H.2, S.2-14.
Logan, T.; Ogilvy, E.: The Statutory Planning Framework. In: Troy, P.N. (Hrsg.): Equity in the City. Sydney 1981, S.172-194.
Low, N.P.; Moser, S.T.: The Causes and Consequences of Melbourne's Central City Property Boom. In: Urban Policy and Research 9 (1991) H.1, S.5-27.
Luscombe, R.: Chatswood - The Changing Face of a Commercial Centre. In: Planner 3 (1987a) H.2, S.22-25.
- : Office Space Suburbanisation in Sydney. In: Australian Urban Studies 14 (1987b) H.4, S.3-4.
Maher, C.A.: Recent Trends in Australian Urban Development: Locational Change and Policy Quandary. In: Urban Studies 30 (1993), S.797-825.
- : Temporal Trends in Internal Migration in Australia. In: Bannon, M.J.; Bourne, L.S.; Sinclair, R. (Hrsg.): Urbanization and Urban Development: Recent Trends in a Global Context. Service Industries Research Centre, University College, Dublin 1991, S.46-62.
- : Process and Response in Contemporary Urban Development: Melbourne in the 1980s. In: Australian Geographer 19 (1988), S.162-181.
- : The Changing Character of Australian Urban Growth. In: Bunker, R.; Hamnett, S. (Hrsg.): Urban Australia. Planning Issues and Policies. Melbourne 1987, S.9-25.
- : Australian Cities in Transition. Melbourne 1982a.
- : Population Turnover and Spatial Change in Melbourne, Australia. In: Urban Geography 3 (1982b), S.240-257.
Manning, I.: The Open Street. Public Transport, Motor Cars and Politics in Australian Cities. Sydney 1991.
- : Beyond Walking Distance. Canberra 1984.
- : The Journey to Work in Sydney in the 20th Century. In: Wotherspoon, G. (Hrsg.): Sydney's Transport. Sydney 1983, S.177-193.
- : The Journey to Work. Sydney 1978.
Mant, J.: The Instruments of Planning: Urban Management. In: Metropolitan Planning in Australia - Urban Management. URU Working Paper No.6, Canberra 1988, S.17-35.
March, D.: Free Enterprise -v- Government Control. In: Australian Institute of Urban Studies (Hrsg.): Shopping for a Retail Policy. Proceedings of a Seminar held in Perth on 6th November 1981. AIUS Publication 99, Canberra 1982, S.34-37.
Marsden, B.S.: Offices, Planned Shopping Centres and Multi-Unit Residences: Observations upon Recent Developments in Brisbane. In: Queensland Geographical Journal, 3rd Series, 1 (1971), S.57-64.
Marsh, C.J.: Retailing. In: Gentilli, J (Hrsg.): Western Landscapes. Nedlands, W.A. 1979, S.445-464.
Masterplan Consultants: Parramatta - Sydney's Second CBD. Sydney 1988.
Matthew, M.R.: Towards a General Theory of Suburban Office Morphology in North America. In: Progress in Human Geography 17 (1993), S.471-489.
McKittrick, J.L.: A Review of the Draft Centres Policy Relating to the Provision of Business Parks in Sydney. (unveröffentlichte Abschlußarbeit für den 'Master of Urban Planning', Maquarie University, North Ryde 1989).
McLennan, P.: Suburban Office Development in Melbourne - Issues and Implications. In: Australian Urban Studies 13 (1986) H.5, S.11-13.

McLennan Magasanik Associates: Metropolitan Suburban Office Study. Report for the Melbourne and Metropolitan Board of Works. Albert Park, Vic. 1985.
McTingue, S.: Office Parks. Business Centres of the Future. In: Real Estate Journal of N.S.W. 40 (1990) H.5, S.32-35.
Mees, P.: "The report of my death in an exaggeration": Central City Retailing in Melbourne since 1900. In: Urban Policy & Research 11 (1993) H.1, S.22-30.
Melbourne and Metropolitan Board of Works: Mertropolitan Strategy Implementation. Melbourne 1981.
- : Metropolitan Strategy. Melbourne 1980.
Meyer, B.: Macarthur: Sydney's Successful South Western Satellite? In: Australian Planner 28 (1990) H.3, S.25-30.
- : A Centres Policy for the Sydney Region. In: The Valuer 29 (1986) H.4, S. 284-296.
Mills, C.: Urban Consolidation - An Issue for Western Sydney. In: Western Sydney Quarterly Bulletin 1 (1990) H.3, S.1-29.
Moodie, M.L.: Evaluation of District Centre Policy and Programs. Melbourne 1991.
Mooney, T.: History of Malls in Australia. (unveröffentlichtes Vortragsmanuskript für die 'International Malls Conference', Launceton 27th October - 1st November 1985).
Morgan, D.: Global Restructuring and its Impact on Land Use Planning in Sydney. In: Urban Policy and Research 5 (1987), S.167-173.
Moriarty, P.; Beed, C.: Effects of Changing Land Use and Modal Split in Melbourne. In: Urban Policy and Research 3 (1985) H.3, S.2-10.
Morison, I.: Government Offices and Suburban Centres. In: Morison, I.; Richardson, M. (Hrsg.): Planning for Suburban Centres. Papers and Proceedings of Seminars hold in Melbourne 30 June and Sydney 7 July 1976. Canberra 1977, S.36-45.
Morrison, D.; Winter, T.: Development of Existing Suburban Centres. In: Morison, I.; Richardson, M. (Hrsg.): Planning for Suburban Centres. Papers and Proceedings of Seminars hold in Melbourne 30 June and Sydney 7 July 1976. Canberra 1977, 3.11-35.
Mortimer, A.: Perth Transport - The Development Continues. In: Transit Australia 46 (1991), S.243-246.
Moss, M.: The Information City in the Global Economy. In: Brotchie, J.; Batty, M.; Hall, P.; Netwon, P. (Hrsg.): Cities of the 21st Century. New York u.a. 1991, S.182-189.
- : Telecommunications and International Financial Centres. In: Brotchie, J.; Hall, P.; Newton, P. (Hrsg.): The Spatial Impact of Technological Change. London 1987, S.310-327.
MSJ Keys Young: West Sydney 2000. Vol.2: Regional Assessment of West Sydney. Report prepared for WSROC. Sydney 1985.
- : Freestanding Offices. Report prepared for NSW Department of Environment and Planning. Sydney 1982.
Muller, P.O.: Contemporary Suburban America. Englewood Cliffs 1981.
Munro, J.: Suburban Centres - A Case Study in Sydney's Western Suburbs. In: Australian Planning Institute Journal 4 (1966) H.3, S. 68-71.
Murphy, P.A.; Watson, S.: Going Under Down Under? Sydney and World Economic Change in the 1980s. (unveröffentlichtes Vortragsmanuskript für die 'International Sociological Association's Conference: A New Urban and Regional Hierarchy? Impacts of Modernisation, Restructuring and the End of Bipolarity', Los Angeles 23-25 April 1992).
- : Restructuring of Sydney's Central Industrial Area: Process and Local Impacts. In: Australian Geographical Studies 28 (1990), S.187-203.
Neutze, M.: Plannig an Urban Management: A Critical Assessment. In: Metropolitan Planning in Australia - Urban Management. URU Working Paper No.6, Canberra 1988, S.1-16.
- : Urban Development in Australia. A Descriptive Analysis. Sydney 1977.
New South Wales - Department of Environment and Planning: A Centres Policy for the Sydney Region - Discussion Paper. Sydney 1986.
- : Chatswood Town Centre - Explanatory Report. Sydney Regional Environmental Plan No.5. Sydney 1984.
New South Wales - Department of Industrial Development and Decentralisation: Sydney - Financial Growth Centre for the Pacific. Market Intelligence Reports, Sydney 1983.
New South Wales - Department of Planning: Employment Lands Development Program 1991-1996. Sydney 1992a.
- : Inland Centres of New South Wales. Trends and Opportunities. Sydney 1992b.
- : Employment Monitoring of Commercial Centres and Industrial Areas. Sydney 1991.
- : Circular No. C11 " Flexible Industrial Lands Policy". Revised 8 August 1991. Sydney 1991a.
- : Sydney Facts and Figures 1991. Sydney 1991b.
- : Metropolitan Strategy for the Sydney Region - Background Report. Sydney 1989a.
- : Sydney Into Its Third Century. Metropolitan Strategy for the Sydney Region - 1989 Update. Sydney 1989b.
- : Sydney Into Its Third Century. Metropolitan Strategy for the Sydney Region. Sydney 1988a.
- : Sydney Regional Environmental Plan No.15: Terry Hills. Sydney 1988b.
New South Wales - Planning and Environment Commission: Review - Sydney Region Outline Plan. Sydney 1980.
New South Wales - Population Projections Group: A Review of Recent Population Trends in New South Wales No.9. Sydney 1989.
New South Wales - Roads and Traffic Authority: Metropolitan Parking Policy. Sydney 1988.
New South Wales - State Planning Authority: Sydney Region: Outline Plan 1970-2000. A Strategy for Development. Sydney 1968.

New South Wales - State Transport Study Group: Sydney Region Commercial Centres Information Paper. Report 227, Sydney 1987.
- : 1981 Journey-to-Work Statistics Information Paper. Report 207, Sydney 1985a.

Newell, G.J.; Kelly, C.T.: Office Decentralisation in Sydney. In: The Valuer 28 (1985) H.7, S.602-604.
- : The Rebirth of the Perth Suburban Railways. ISTP Occasional Papers 4/91, Murdoch, W.A. 1991.
- : The Impact of the America's Cup on Fremantle - An Insiders View. In: Syme, G.J. u.a. (Hrsg.): The Planning and Evaluation of Hallmark Events. Aldershot 1989, S.46-58.
- : Australian Cities at the Crossroads. In: Current Affairs Bulletin 65 (1988a) H.7, S.4-15.
- : Fremantle and the America's Cup: Avoiding the Autocratic Trap. In: Architecture Australia, March 1988b, S.72-77.

Newman, P.W.G.; Kenworthy, J.R.: Transit-Oriented Urban Villages: Design Solution for the 90s. In: Urban Futures 2 (1992) H.1, S.50-58.
- : Transport and Urban Form. In: Young, W. (Hrsg.): Proceedings of International Symposium on Transport, Communication and Urban Form. Vol. 2: Analytical Techniques and Case Studies. Clayton, Vic. 1987, S.169-194.

Newman, P.W.G.; Kenworthy, J.R.; Lyons, T.J.: Transport Energy Conservation Policies for Australian Cities. Murdoch, W.A. 1990.

Newman, P.W.G.; Kenworthy, J.R.; Robinson, L.: Winning Back the Cities. Marrickville,Leichhardt, N.S.W. 1992.

Newman, P.W.G.; Kenworthy, J.R.; Vintila, P.: Can We Build Better Cities? Physical Planning in an Age of Urban Cynisism. Institute for Science and Technology Policy, Murdoch University, Murdoch, W.A. 1992a.
- : Housing, Transport and Urban Form. Murdoch, W.A. 1992b.

Newman, P.W.G.; Mouritz, M.: Ecologically Sustainable Urban Development and the Future of Perth. In: Urban Futures, Special Issue No.4, 1991, S.13-27.

Newton, P.: The New Urban Infrastructure: Telecommunications and the Urban Economy. In: Urban Futures Special Issue No.5, 1992, S.54-75.
- : Telecommunications and Spatial Restructuring: An Australian Perspective. In: Urban Policy and Research 9 (1991) H.4, S.227-229.

O'Brien, R.: Global Financial Integration: The End of Geography. London 1992.

O'Connor, K.: Economic Activity in Australian Cities: National and Local Trends and Policy. In: Urban Futures, Special Issue No.5, 1992, S.86-95.
- : Australian Ports, Metropolitan Areas and Trade Related Services. In: Australian Geographer 20 (1989), S.167-172.
- : The Suburbs: A New Economic Role. (unveröffentlichtes Vortragsmanuskript für die 'Australian Institute of Urban Studies Conference', Adelaide, September 1988).
- : Suburbia Generates Jobs - Away of the Centre. In: Royal Australian Planning Institute Journal 19 (1981) H.4; S.158-160.

O'Connor, K.; Blakely E.J.: Suburbia Makes the Central City: A New Interpretation of City Suburb Relationships. In: Urban Policy and Research 7 (1989) H.3, S.99-105.

O'Connor, K.; Edgington, D.W.: Producer Services and Metropolitan Development in Australia. In: Daniels, P.W. (Hrsg.): Services and Metropolitan Development. London 1991, S.204-225.
- : Tertiary Industry and Urban Development: Competition between Melbourne and Sydney. In: Adrian, C. (Hrsg.) Urban Impacts of Foreign and Local Investment in Australia. AIUS Publication 119, Canberra 1984, S.93-110.

O'Connor, K.; Maher, C.; Rapson, V.: Monitoring Melbourne No.4. Clayton, Vic. 1991.

Odland, J.: The Conditions of Multi-Centred Cities. In: Economic Geography 54 (1978), S.234-244.

OECD: Economic Surveys - Australia 1991/1992. Paris 1992.
- : Economic Surveys - Australia 1989/90. Paris 1990.

Olbrich, J.: Regionale Strukturpolitik mit Büroarbeitsplätzen? Das Standortverhalten von Hauptverwaltungen der Industrie. In: Raumforschung und Raumordnung 42 (1984), S.225-234.

Quante, W.: The Exodus of Corporate Headquarters from New York City. New York 1976.

Queensland - Regional Planning Advisory Group: Major Centres. A Position Paper of the SEQ 2001 Project. Brisbane 1992.

Palomäki, M.: On the Possible Future West European Capital. In: GeoJournal 24 (1991), S.257-267.

Paris, C.: The Changing Urban and Regional System in Australia. In: Australian Planner 28 (1990) H.1, S.25-31.

The Parliament of the Commonwealth of Australia (Hrsg.): Patterns of Urban Settlement: Consolidating the Future? Report of the House of Representatives, Standing Commitee for Long Term Strategies. Canberra 1992.

Pauly, L.W.: Foreign Banks in Australia: The Politics of Deregulation. Mosman, NSW 1987.

Perlgut, D.: Equity and the Provision of Bus Services in Western Sydney. In: Urban Policy and Research 4 (1986) H.3, S.15-20.

Pill, J.: Emerging Suburban Activity Centres in Metropolitan Toronto. In: Journal of Advanced Transportation 17 (1983), S.301-315.

Plant Location International: Local Environmental Study - Office Space Location in the City of Sydney. Report for the Council of the City of Sydney. Sydney 1987.
- : Private Office Suburbanisation in Sydney. Australian Institute of Urban Studies, N.S.W. Division, Sydney 1986.

Plant Location International; Development Planning and Research Associates: Chatswood Centre Technical Report No.4: Office. Sydney 1972.

Plant Location International; Urban Systems Corporation: Melbourne Suburban Centres. Sydney 1977a.
- : Sydney Suburban Centres. Sydney 1977b.

Pollon, F.: The Book of Sydney Suburbs. North Ryde, NSW 1988.
Poulsen, M.: Retail Development. Competition versus Government Control. In: Cardew, R.V.; Langdale, J.V.; Rich, D.C. (Hrsg.): Why Cities Change. Urban Development and Economic Change in Sydney. Sydney 1982, S.165-177.
Price, G.D.; Blair, A.M.: The Changing Geography of the Service Sector. London 1989.
Raine and Horne Commercial: Sydney's South and South-Western Metropolitan Commercial Centres. Property Perspective, Sydney 1990.
- : North Shore Market Review. Property Perspective, Sydney 1989.
Ralph Stanton Planners; Kinhill Planners: Fremantle: Sub-Regional Centre Strategy Plan. Prepared for the Metropolitan Region Planning Authority. Perth 1980.
Rich, D.C.: The Industrial Geography of Australia. Sydney 1987.
Rich, D.C.; Cardew, R.V.; Langdale, J.V.: Urban Development and Economic Change: The Example of Sydney. In: Bunker, R.; Hamnett, S. (Hrsg.): Urban Australia. Planning Issues and Policies. Melbourne 1987, S.26-41.
Richard Ellis: Parramatta Office Market. Market Report. Sydney 1990.
- : Chatswood Office Market. Market Report. Sydney 1989.
Richardson H.W.: Monocentric vs. Polycentric Models: The Future of Urban Economics in Regional Science. In: The Annals of Regional Science 22 (1988), S.1-12.
Richardson, W.: The Concept of Suburban Centres. In: Morison, I.; Richardson, M. (Hrsg.): Planning for Suburban Centres. Papers and Proceedings of Seminars hold in Melbourne 30 June and Sydney 7 July 1976. Canberra 1977, S.5-15.
Rimmer, P.J.: Japanese Construction Contractors and the Australian States. In: International Journal of Urban and Regional Research 12 (1988), S.404-424.
Riordan, M.: The Politics of Concrete: The Eastern Suburbs Railway. In: Wotherspoon, G. (Hrsg.): Sydney's Transport. Sydney 1983, S.129 138.
Robertson, K.A.: Downtown Retail Activity in Large American Cities. In: The Geographical Review 73 (1983), S.314-323.
Robins, K.; Hepworth, M.: Electronic Spaces. New Technologies and the Future of Cities. In: Futures 20 (1988), S.155-176.
Rundell, G.: Melbourne Anti-Freeway Protests. In: Urban Policy and Research 3 (1985) H.4, S.11-21.
Russell E.W.: On the Right Track ... Freeways or Better Public Transport for Melbourne's East? Report to the Victorian Minister of Transport. Melbourne 1991.
Ryan, D.: The Development of Bondi Junction. A Political Perspective. (unveröffentlichte Abschlußarbeit für den 'Bachelor of Town Planning', University of New South Wales, Kensington 1982).
Sams, D.; Beed, C.: Changes in Self-Containment within Melbourne, 1966-1981. In: Urban Policy and Research 2 (1984) H.3; S.15-25.
Sandercock, L.: Property, Politics, and Urban Planning. A History of Australian City Planning 1890-1990. New Brunswick 1990[2].
- : Cities for Sale. Melbourne 1975.
Sanders, W.: Planning Sydney's Airports. In: Australian Planner 29 (1991) H.4, S.181-188.
Schneider, M.; Fernandez, F.: The Emerging Suburban Service Economy: Changing Patterns of Employment. In: Urban Affairs Quarterly 24 (1989), S.537-555.
Schiller, R.: Office Decentralisation - Lessons from America. In: Estates Gazette (1988) H.14, S.20-22.
- : Retail Decentralisation - The Coming of the Third Wave. In: The Planner 72 (1986) H.7, S.13-15.
Scott, D.R.: Evolution of a Landscape - Manufacturing. In: Gentilli, J. (Hrsg.): Western Landscapes. Nedlands, W.A. 1979, S.465-482.
Scott, P.: The Australian CBD. In: Economic Geography 35 (1959), S.290-314.
Searle G.H.: The Impact of New Technology on Industrial Land. In: Urban Futures 2 (1992a) H.1, S.69-76.
- : The Restructuring and Redistribution of Jobs in Sydney to 2001. In: Land Economics Review 3 (1992b) H.1, S.28-35.
- : Successes and Failures of Urban Consolidation in Sydney. In: Urban Futures, Special Issue No.1 (1991), S.23-30.
- : Getting to Work in Sydney: Spatial Balance between Labour and Jobs Now and in Future. (unveröffentlichtes Vortragsmanuskript für die 'Annual Conference of the Regional Science Association, Australia and New Zealand Section', Deakin University, Dezember 1987).
Seek, N.H.: Changes in Sydney's Office Space: A Brief Overview. In: Australian Urban Studies 13 (1986), S.9-10.
Selwood, J.: Public Transport and Urban Growth. In: Gentilli, J. (Hrsg.): Western Landscapes. Nedlands, W.A. 1979, S.423-444.
Semple, R.K.; Phipps, A.G.: The Spatial Evolution of Corporate Headquarters within an Urban System. In: Urban Geography 3 (1982), S.258-279.
Semple, R.K.; Smith, W.R.: Metropolitan Dominance and Foreign Ownership in the Canadian Urban System. In: Canadian Geographer 25 (1981), S.4-26.
Shaw, B.J.: Fremantle and the America's Cup ... the Spectre of Development? In: Urban Policy and Research 3 (1985) H.2, S.38-40.
- : The Evolution of Fremantle. In: Gentilli, J. (Hrsg.): Western Landscapes. Nedlands, W.A. 1979, S.329-343.
Shaw, G.: Institutional Forces and Retail Change: a Case Study of Metropolitan Toronto. In: Geoforum 18 (1987), S.361-369.

Simmons, J.: Bang, Bang, Bang: Monitoring the Spatial Distribution of Canada's Financial Sector. In: Bannon, M.J.; Bourne, L.S.; Sinclair, R (Hrsg.): Urbanization and Urban Development: Recent Trends in a Global Context. Service Industries Research Centre, University College, Dublin 1991, S.187-195.
Sinclair Knight and Partners u.a.: Towards a Centres Policy. Sydney 1980.
Smith, P.N.; Taylor, C.J.: Brisbane Suburban Railway Network. In: Queensland Planner 31 (1991) H.2, S.9-19.
Sommerville, R.; Wilmoth, D.: Towards a Retail Policy for Metropolitan Sydney. In: Stimson, R.; Sanderson, R. (Hrsg.): Assessing the Economic Impact of Retail Centres. AIUS Publication 122, Canberra 1985, S.77-95.
Sorensen, A.D.: Economic Performance of Retail Activity in Sydney. In: Australian Geographical Studies 15 (1977), S.123-145.
- : Office Activities as an Economic Base for Urban Decentralisation in Australia. In: Royal Australian Planning Institute Journal 12 (1974) H.2, S.51-57.

South Australia - Department of Environment and Planning: 2020 Vision Final Report - A Planning System. Adelaide 1992a.
- : 2020 Vision - Planning Strategy for Metropolitan Adelaide. Adelaide 1992b.
- : Centre and Shopping Development Guidelines. Adelaide 1991.
- : Long Term Development Strategy for Metropolitan Adelaide. Adelaide 1987a.
- : Retailing Task Force Report. Adelaide 1987b.
- : The Economic and Social Impact of New Shopping Centres. Adelaide 1985.

Spearritt, P.: The Privatisation of Australian Passenger Transport. In: Halligan, J.; Paris, C. (Hrsg.): Australian Urban Politics. Melbourne 1984, S.193-203.
- : Sydney since the Twenties. Sydney 1978.

Spearritt, P.; DeMarco, C.: Planning Sydney's Future. Sydney 1988.
Stanback, T.M.: The New Suburbanization. Challenge to the Central City. Boulder 1991.
Stephenson, G.: The 1955 Plan for Perth and Fremantle. In: Australian Planner 26 (1988) H.3, S.22-23.
Stephenson, G; Hepburn, J.A.: Plan for the Metropolitan Region Perth and Fremantle. A Report prepared for the Government of Western Australia. Perth 1955.
Stiglbauer, K.: Die Entwicklung hochrangiger Zentren als Problem der Zentrale-Orte-Forschung. In: Wolf, K. (Hrsg.): Zum System und zur Dynamik hochrangiger Zentren im nationalen und internationalen Maßstab. Frankfurter Geographische Hefte 58, 1989, S.9-32.
Stilwell, F.: Economic Crisis, Cities and Regions. Sydney 1980.
- : Economic Factors and the Growth of Cities. In: Burnley, I.H. (Hrsg.): Urbanization in Australia. Cambridge 1974, S.17-49.

Stimson, R.J.: A Place in the Sun? Policies, Planning and Leadership for the Brisbane Region. In: Urban Futures 2 (1992a) H.2, S.51-67.
- : Strategic Planning for Brisbane and the Need for New Approaches to a Town Plan. (unveröffentlichtes Vortragsmanuskript für das 'Brisbane - New Development Directions Seminar', Brisbane, Juni 1992b).
- : Brisbane - Magnet City. The Stimson Report. Brisbane 1991a.
- : Program Development and Implementation for a Preferred Dominant Land Use and Structure Plan for Brisbane City. Brisbane - Magnet City. The Stimson Report. Technical Report No.1, Brisbane 1991b.
- : Planning and Managing Change: A Geographer's View of the Future of the City. In: Queensland Geographical Journal, 4th Series, 5 (1990), S.53-70.

Stone, C.: City Centre Development and Gentrification in Sydney: A Comparative Assessment. In: Urban Policy and Research 6 (1988), S.147-160.
- : Community Transport in Sydney: A Response to Inequity and Disadvantage in Public Transport. In: Urban Policy and Research 5 (1987), S.147-155.

Stretton, H.: Ideas for Australian Cities. Adelaide 1970.
Taylor, D.; Thornley, J.: Planning in Metropolitan Sub-regions: An Adelaide Comment. In: Urban Policy and Research 5 (1987) H.1, S.19-23.
Taylor, M.J.; Thrift, N.J.: Spatial Variations in Australian Enterprise: The Case of Large Firms Headquartered in Melbourne and Sydney. In: Environment and Planning A, 13 (1981), S.137-146.
Thomson, J.M.: Great Cities and Their Traffic. Middlesex 1977.
Troy, P.: The New Feudalism. In: Urban Futures 2 (1992) H.2, S.36-44.
TTM Consulting: Proposed Development 'Zenith Development Corporation Pty. Ltd.' - Traffic Mangement Report. Prepared for Zenith Development Corporation. Abbotsford, Vic. 1991.
- : Frankston Parking Study. Abbortsford, Vic. 1987.

Uloth and Associates: Parking Study - Fremantle Central Area. Prepared for the City of Fremantle. Perth 1986.
Urban Spatial and Economic Consultants: Review of District Centre Policy: Objectives and Implementation Mechanisms. North Melbourne, Vic. 1986.
Victoria - Department of Planning and Housing: Cities in the Suburbs: The District Centre Policy for the 1990s. Melbourne 1992a.
- : District Centre Review Project Report. Melbourne 1992b.

Victoria - Department of Planning and Urban Growth: The Urban Development Program for Metropolitan Melbourne 1990-1994. Melbourne 1990.
Victoria - Ministry for Planning and Environment: Metropolitan Activity Centres. Melbourne 1989a.

- : Office and Retail Development Guidelines. Melbourne 1989b.
- : Melbourne's Office Development and Policy. Internal Working Paper. Melbourne 1987a.
- : Shaping Melbourne's Future. The Government's Metropolitan Policy. Melbourne 1987b.

Victoria - Ministry for Planning and Environment; Box Hill City Council: Box Hill District Centre Position Statement. Box Hill 1988.

Victoria - Metropolitan Town Planning Commission: Plan of General Development - Melbourne. Melbourne 1929.

Walker, G.: Better Shopping Centres for the Nineties. In: Civic Trust of South Australia (Hrsg.): Better Shopping Centres for the 1990's. Proceedings of a Civic Trust Design Seminar held on Ausgust 10, 1989 at the Unley Civic Centre, South Australia. Stepney, S.A. 1989, S.33-39.

Walker, R.; Green, M.: Office Decentralisation in Hong Kong. Jones Lang Wootton Research Asia, Hong Kong 1990.

Walmsley, D.J.; Sorensen, A.D.: Contemporary Australia. Explorations in Economy, Society and Geography. Melbourne 1988.

Walmsley, D.J.; Weinand, H.C.: Changing Retail Structure in Southern Sydney. In: Australian Geographer 22 (1991), S.57-66.

- : Is Central Place Theory Relevant to an Understanding of Retail Provision and Planning? In: Urban Policy and Research 8 (1990), S.69-75.

Waverley and Woollahra Municipal Councils - Town Planning Departments: Bondi Junction Commercial Centre Environmental Study Review: Overview Study. Waverley/Woollahra 1989.

- : Bondi Junction Environmental Study Review: Draft Planning Strategy. Waverley/Woollahra 1988.

Wehling, H.W.: Funktionalbereiche im Großraum Sydney. In: Die Erde 106 (1975), S.90-105.

West, P.: A History of Parramatta. Kenthurst, N.S.W. 1990.

Westerman, H.L.: Access, Parking and Pedestrian Policies in Town Centres. In: Planner 3 (1987) H.2, S.26-30.

Western Australia - Department of Planning and Urban Development: Central Area Employment: Past, Present and Future. Review of the Central Area Policy Document. (unveröffentlichtes Diskussionspapier, Perth 1992).

- : Demographic and Economic Reasons for the Growth of Perth. State Planning Strategy Discussion Paper No. 1, Perth 1991a.
- : Local Commercial Strategies. Preparation, Form and Content Guidelines. Perth 1991b.
- : Metropolitan Centres. Policy Statement for the Perth Metropolitan Region. Perth 1991c.
- : Metroplan. A Planning Strategy for the Perth Metropolitan Region. Perth 1990a.
- : Planning for the 1990s. New Directions for the Perth Metropolitan Region. Perth 1990b.
- : Urban Expansion. Policy Statement for the Perth Metropolitan Region. Perth 1990c.

Western Australia - Metropolitan Region Planning Authority: Fremantle Sub-Regional Centre Study. Perth 1979.

- : Retail Shopping Policy. Perth 1977.
- : Perth: Region and People. Perth 1968.

Western Australia - State Planning Commission: Planning for the Future of the Perth Metropolitan Region. Perth 1987a.

- : Perth Commercial Sector Study and a Commercial Centres Policy. Planning for the Future of the Perth Metropolitan Region, Working Paper 13, Perth 1987b.
- : Review of the Corridor Plan for Perth and the Metropolitan Region Scheme. Conference Proceedings. Perth 1985.

Williams, D.L.; Dwyer, S.M.: Houston - Real Estate Battles Back. In: Urban Land 51 (1992) H.5, S.25-40.

Willoughby Municipal Council - Town Planning Department: Chatswood Town Centre. Willoughby 1987.

Wilmoth, D.: Post-War Development of Urban and Regional Policy in Australia. In: Australian Planner 26 (1988) H.3, S.29-31.

- : Metropolitan Planning for Sydney. In: Bunker, R.; Hamnett, S. (Hrsg.): Urban Australia. Planning Issues and Policies. Melbourne 1987, S.158-184.

Winston, D.: Sydney's Great Experiment. The Progress of the Cumberland County Plan. Sydney 1957.

Winter, A.D.: Draft Sydney Regional Environmental Plan: Commercial Centres. A Comment. In: Planner 2 (1986) H.4, S.41-42.

Winterbottom, D.: Local Government Planning Strategies for City and District Centres. In: Planner 3 (1987) H.2, S.16-21.

Wolinski Planners u.a.: Assessment of Metropolitan Office Policy. A Study for The Valcaste Group of Companies. North Balwyn, Vic. 1988.

Wood, J.S.: Suburbanization of Center City. In: Geographical Review 78 (1988), S.325-329.

Yencken, D.: Information Technology and Australian Cities. In: Urban Policy and Research 4 (1986) H.4, S.22-30.

Yiftachel, O.; Hedgecock, D.: The Planning of Perth's Changing Form - Invention or Convention? In: Australian Planner 27 (1989) H.1, S.6-11.

Young, W.: An Historic View of the Urban Development/Transport Interaction in Melbourne. In: The Institution of Engineers, Australia (Hrsg.): National Transport Conference, Brisbane 1-3 May 1991. National Conference Publication 91/4, Barton, A.C.T. 1991, S.151-157.

Anhang 1 - Methodische Hinweise und Anmerkungen zu den Datenquellen

A.1 Anmerkungen zur amtlichen Statistik des Australian Bureau of Statistics

I. Statistische Raumeinheiten

Die amtliche Statistik wird in Australien seit 1958 zentral vom Australian Bureau of Statistics (ABS) geführt. Seit 1961 wird in Australien alle fünf Jahre eine regelmäßige und umfassende Volkszählung (Census of Population and Housing) durchgeführt. Alle Daten des ABS werden auf der einheitlichen räumlichen Grundlage der 'Australian Standard Geographical Classification' (ASGC) veröffentlicht. Diese besitzt ein hierarchisches System von Raumeinheiten, welches ohne Überschneidungen und Lücken das ganze Staatsgebiet abdeckt.

Die in der vorliegenden Arbeit am häufigsten verwendeten statistischen Raumeinheiten sind die Statistical Divisions (SD) und die Statistical Local Areas (SLA), deren Abgrenzung in den Abbildungen A.1 - A.5 dargestellt sind. Die Abgrenzung der Statistical Divisions ist vom ABS weitgehend nach funktionalen Kriterien vorgenommen worden und stimmt mit den jeweiligen Planungsregionen überein. Die im Text verwendeten Begriffe 'Metropolitan Area', 'Verdichtungsraum' und 'Agglomeration' beziehen sich, sofern nicht anders vermerkt, auf diese Raumeinheit. Die innerregionale Datenanalyse erfolgt überwiegend auf Grundlage der in der Regel mit Local Government Areas (LGA) identischen SLAs (Ausnahmen Brisbane und Perth).

Ein spezifisch australisches Problem sind die häufigen Grenzkorrekturen der Gebietseinheiten. Für zeitliche Vergleiche war es deshalb notwendig, einen einheitlichen Gebietsstand zugrunde zu legen. Im allgemeinen wurden die zur Volkszählung 1991 gültigen SLA-Abgrenzungen verwendet. Die Daten für andere Jahre konnten, da sie gut dokumentiert sind, dieser Abgrenzung meist ohne Probleme angepaßt werden. Anpassungen größeren Ausmaßes waren in der Brisbane SD notwendig, da hier die statistischen Abgrenzungen sowohl 1976 als auch 1991 erheblich verändert wurden.

II. Zuordnung der Statistical Local Areas zu Ringzonen

In dieser Untersuchung wird an vielen Stellen auf eine ringzonale Drei- bzw. Vierteilung der Metropolitan Areas zurückgegriffen. Diese basiert auf einer Zuordnung mehrerer SLAs zu jeweils einer Ringzone. Die Abgrenzung der Ringzonen wurde mit australischen Experten abgestimmt und stellt im wesentlichen eine aktualisierte Form der ringzonalen Zuordnung von *Maher* (1982) dar. Dabei legen sich um die Kernstädte (City of Sydney, City of Melbourne, City of Adelaide) die direkt angrenzende 'innere Vorortzone' (Entfernung zum CBD max. 10 km in Sydney und Melbourne), die bis Mitte der 60er Jahre aufgesiedelte 'mittlere Vorortzone' (bis max. 25 km Entfernung in Sydney und Melbourne) und darüber hinaus die noch immer schnell wachsende 'äußere Vorortzone'. Da in Perth und Brisbane die Kernstädte deutlich größer sind als in den anderen Metropolitan Areas und aus mehreren SLAs bestehen, bilden hier jeweils nur Teile der Kernstadt den Verdichtungskern (Innere City Perth bzw. Innere City Brisbane). Im einzelnen wurden die SLAs den Ringzonen wie folgt zugeteilt (SLA-Codes in Klammern):

Sydney Statistical Division

City of Sydney (Inner und Remainder SLAs, incl. South Sydney; 7201, 7202, 7070)
   Innere Vororte: Leichhardt (4800), Botany (1100), Marrickville (5200), North Sydney (5950), Randwick (6550), Waverley (8050), Woollahra (8500)
   Mittlere Vororte: Ashfield (0150), Auburn (0200), Bankstown (0350), Burwood (1300), Canterbury (1550), Concord (1900), Drummoyne (2550), Holroyd (3950), Hunter's Hill (4100), Hurstville (4150), Kogarah (4450), Ku-ring-gai (4500), Lane Cove (4700), Manly (5150), Mosman (5350), Parramatta (6250), Rockdale (6650), Ryde (6700), Strathfield (7100), Warringah (8000), Willoughby (8250)
   Äußere Vororte: Baulkham Hills (0500), Blacktown (0750), Blue Mountains (0900), Camden (1450), Campbelltown (1500), Fairfield (2850), Gosford (3100), Hawkesbury (3800), Hornsby (4000), Liverpool (4900), Penrith (6350), Sutherland (7150), Wollondilly (8400), Wyong (3100)

Melbourne Statistical Division (1991 verändert)

City of Melbourne (Inner und Remainder SLAs, 4601, 4602)

Innere Vororte: Collingwood (1960), Fitzroy (2760), Port Melbourne (5840), Prahran (5960), Richmond (6120), St Kilda (6480), South Melbourne (6880)
Mittlere Vororte: Box Hill (1080), Brighton (1160), Brunswick (1280), Camberwell (1480), Caulfield (1600), Coburg (1800), Essendon (2680), Footscray (2840), Hawthorn (3320), Heidelberg (3400), Kew (3800), Malvern (4440), Moorabbin (4920), Mordialloc (4960), Northcote (5400), Oakleigh (5520), Preston (6000), Sandringham (6560), Waverley (7960), Williamstown (8080)
Äußere Vororte: Altona (0120), Berwick (0960), Broadmeadows (1240), Bulla (1320), Chelsea (1680), Cranbourne (2040), Croydon (2120), Dandenong (2160), Diamond Valley (2280), Doncaster and Templestowe (2400), Eltham (2640), Flinders (2800), Frankston (2880), Hastings (3280), Healesville (3360), Keilor (3680), Knox (3880), Lillydale (4240), Melton (4640), Mornington (5000), Nunawading (5480), Pakenham (5720), Ringwood (6160), Sherbrooke (6760), Springvale (6920), Sunshine (7080), Upper Yarra - Part A (7521), Werribee (8000), Whittlesea (8040)

Brisbane Statistical Division (1976 und 1991 verändert)

Brisbane - Innere City (City-Inner und City-Remainder SLAs; 1143, 1146)
Innere Vororte: Albion (1004), Alderley (1007), Annerley (1015), Ascot (1026), Ashgrove (1031), Balmoral (1042), Bardon (1048), Bowen Hills (1067), Bulimba (1086), Camp Hill (1097), Clayfield (1151), Coorparoo (1157), Dutton Park (1187), East Brisbane (1195), Enoggera (1206), Fairfield (1214), Fortitude Valley (Inner, Remainder; 1228, 1233), Grange (1244), Greenslopes (1247), Hamilton (1255), Hawthorne (1258), Herston (1274), Highgate Hill (1277), Kangaroo Point (1304), Kelvin Grove (1315), Lutwyche (1345), Milton (1378), Morningside (1397), New Farm (1421), Newmarket (1424), Newstead (1427), Norman Park (1432), Paddington (1454), Red Hill (1481), St Lucia (1506), South Brisbane (1525), Spring Hill (1528), Taringa (1558), Toowong (1574), West End (1607), Wilston (1618), Windsor (1623), Woolloongabba (1631), Wooloowin (1634), Yeronga (1648)
Mittlere Vororte: übrige City of Brisbane (1001-1653 ohne oben genannte Codes)
Äußere Vororte: Albert-Part A (0051-0064), Beaudesert-Part A (0551, 0554), Caboolture-Part A (2001), Ipswich (3950), Logan (4601-4663), Moreton-Part A (5202-5217), Pine Rivers (5951-5983), Redcliffe (6200), Redland (6251-6283)

Perth Statistical Division

Perth - Innere City (Inner Perth und Outer Perth SLAs; 7071, 7073)
Innere Vororte: übrige City of Perth (Perth North, Perth South, Perth Wembley/Coastal; 7072, 7074, 7075), Nedlands (6580), South Perth (7840), Subiaco (7980)
Mittlere Vororte: Bassendean (0350), Bayswater (0420), Belmont (0490), Canning (1330), Claremont (1750), Cottesloe (2170), East Fremantle (3150), Fremantle (Inner, Remainder; 3431, 3432), Melville (5320), Mosman Park (5740), Peppermint Grove (6930), Stirling (Central, West, South-Eastern; 7911, 7912, 7913)
Äußere Vororte: Armadale (0210), Cockburn (1820), Gosnells (3780), Kalamunda (4200), Kwinana (4830), Mundaring (6090), Rockingham (7490), Serpentine-Jarrahdale (7700), Swan (8050), Wanneroo (8750)

Adelaide Statistical Division

City of Adelaide (0070)
Innere Vororte: Hindmarsh (2660), Kensington and Norwood (3150), Prospect (6510), St Peters (7070), Thebarton (7770), Unley (7980), Walkerville (8260)
Mittlere Vororte: Brighton (0560), Burnside (0700), Campbelltown (0910), Enfield (Part A, Part B; 1821, 1822), Glenelg (2240), Henley and Grange (2590), Marion (4060), Mitcham (4340), Payneham (5530), Port Adelaide (6020), West Torrens (8470), Woodville (8680)
Äußere Vororte: East Torrens (1610), Elizabeth (1680), Gawler (2030), Happy Valley (2450), Munno Para (4900), Noarlunga (5250), Salisbury (7140), Stirling (7350), Tea Tree Gully (7700), Willunga (8610)

III. Wirtschaftsstatistik/Beschäftigtenstatistik

Die australische Statistik kennt keine alle Wirtschaftssektoren umfassende Arbeitsstättenzählung. Es gibt zwar seit 1968/69 einen integrierten Wirtschaftszensus (Integrated Economic Census), der in relativ regelmäßigen Abständen für die Industrie (Manufacturing Census), den Bergbau und den Handel (Retail Census, Wholesale Census) durchgeführt wird, aber große Bereiche des Dienstleistungssektors ausklammert. Vergleichbare und zuverlässige Angaben über die Beschäftigung in verschiedenen Wirtschaftszweigen lassen sich deshalb lediglich über die Auswertung der Arbeitsorte der in den Volkszählungen erfaßten Personen gewinnen. Eine derartige Auswertung führt das ABS in Rahmen der 'Journey to Work Statistics' durch. Diese Daten liegen außer für SLAs auch für relativ kleine Gebietseinheiten (Traffic Zones, SLAs) vor und lassen somit auch kleinräumigere Analysen zu. Die Nutzung der 'Journey to work'-Daten als Beschäftigten- bzw. Arbeitsplatzstatistik wird jedoch dadurch etwas erschwert, daß aufgrund relativ hoher Verweigerungsquoten bei den Fragen zum Arbeitsort und einer teilweise schwierigen funktionalen, sektoralen und räumlichen Zuordnung der Arbeitsplätze die tatsächlich vorhandene Zahl der Arbeitsplätze etwas unterschätzt wird. Die hierdurch entstehenden Ungenauigkeiten sind jedoch insbesondere bei der Angabe von Verhältniszahlen zu vernachlässigen. Für größere Raumeinheiten, in denen die Pendlerverflechtungen nach außen gering sind, liefert die Zahl der Erwerbstätigen (gezählt am Wohnort) jedoch eine bessere Annäherung an die tatsächliche Zahl der Arbeitsplätze. Für größere Raumeinheiten wie die Statistical Divisions weisen die Zahlen der 'Erwerbstätigen' und der 'Beschäftigten/Arbeitsplätze' nur geringe Abweichungen voneinander auf, da die Pendlerverflechtungsräume weitgehend in die Statistical Divisions integriert sind.

Allen Wirtschafts- und Beschäftigtenstatistiken liegen Standardklassifikationen für die Zugehörigkeit zu einem Wirtschaftszweig und einer Berufsgruppe zugrunde. Diese sind die seit 1968/69 gültige ASIC (Australian Standard Industrial Classification) und die seit 1986 gültige ASCO (Australian Standard Classification of Occupations). Während längere Zeitvergleiche der Beschäftigten/Erwerbstätigenstruktur nach Wirtschaftszweigen (sektorale Zuordnung) seit 1968/69 problemlos möglich sind, ist ein Vergleich der Berufs- bzw. Tätigkeitsgruppen nach der vor 1986 gebräuchlichen Berufsgruppeneinteilung (CCLO = Classification and Classified List of Occupations) mit der Berufsgruppeneinteilung der ASCO nur bedingt möglich.

A.2 Anmerkungen zum Zentralitätsberechnungsverfahren (Kapitel 2)

Aufgrund des Unterschätzungsproblems bei den Beschäftigtenzahlen wurde bei den Zentralitätsberechnungen auf die Erwerbstätigenzahlen der Volkszählung 1991 zurückgegriffen. Das Rechnen mit Erwerbstätigenzahlen, die im Gegensatz zu Beschäftigtenzahlen am Wohnort erhoben werden, hat allerdings den Nachteil, daß die Arbeitspendelwanderungen zu Verzerrungen führen. Diese Verzerrungen spielen bei den Berechnungen allerdings keine entscheidende Rolle, da die Zentralitätsberechnungen für ganze Verdichtungsräume (Statistical Divisions) durchgeführt wurden. Diese statistischen Raumeinheiten umfassen in der Regel auch den Pendlereinzugsbereich der Städte. So bleibt der durch Pendelwanderungen verursachte Fehler bei der Rechnung mit Erwerbstätigenzahlen relativ klein. Außerdem gehen auf diese Weise niederrangigere zentrale Funktionen von lediglich regionaler Bedeutung, also im wesentlichen die direkte Umlandbedeutung der Kernstädte, nicht in die Berechnung ein, so daß nur der tatsächlich höher- und höchstzentrale Bedeutungsüberschuß bestimmt wird.

Für die ausgewählten Verdichtungsräume wurden die Erwerbstätigenzahlen aus sieben ausgewählten, zentralörtlich wirksamen Wirtschaftsbereichen des tertiären Sektors herangezogen. Es sind dies die Bereiche: 1. Groß- und Einzelhandel, 2. Transport und Verkehr, 3. Kommunikation und Nachrichtenübermittlung, 4. Banken, Versicherungen, Immobilien und unternehmensnahe Dienstleistungen, 5. Bildung, Kultur, Gesundheit und soziale Einrichtungen, 6. Gastgewerbe, Freizeit und persönliche Dienstleistungen sowie 7. die öffentliche Verwaltung. Die Erwerbstätigen dieser Wirtschaftsbereiche wurden zunächst für jeden Verdichtungsraum addiert. Da nicht alle den ausgewählten Wirtschaftsbereichen Tätigen zur höherzentralen Bedeutung der jeweiligen Verdichtungsräume beitragen, sondern lediglich zur Eigenversorgung benötigt werden, wurde deren Zahl zunächst geschätzt und dann von der Gesamtzahl subtrahiert. Für diese Schätzung wurde - bei Unterstellung eines landeseinheitlichen Versorgungs- und Nachfrageniveaus - in den ausgewählten Wirtschaftbereichen die Zahl der Erwerbstätigen pro Einwohner in ganz Australien berechnet und dann mit diesem Quotienten die Einwohnerzahl der jeweiligen Statistical Division multipliziert. Den Vorteilen der einfachen Berechenbarkeit der Zentralität mit diesem Verfahren stehen jedoch auch einige Nachteile und Einschränkungen gegenüber, die bei der Interpretation bedacht werden müssen:
- die Vereinigung sehr unterschiedlicher tertiärer Wirtschaftsbereiche mit z.T. sehr unterschiedlichen Zentralitätsqualitäten zu einer Maßzahl,

- mögliche Verfälschungen durch nicht immer nachvollziehbare Abgrenzungen der statistischen Raumeinheiten,
- die idealisierte Grundannahme eines einheitlichen Versorgungs- und Nachfrageniveaus im gesamten Staatsgebiet,
- die implizite Grundannahme eines geschlossenen nationalen Städtesystems, die der Realität nicht voll gerecht wird,
- die durch die Datenlage bedingte Beschränkung der Analyse auf den institutionalisierten tertiären Sektor.

A.3 Anmerkungen zur Analyse von Hauptverwaltungsstandorten (Kapitel 2 und 5)

In Australien wird eine Liste der 500 umsatzstärksten Unternehmen ('Top 500 Companies') jährlich vom Wirtschaftsmagazin *Australian Business* (bzw. *Australian Business Monthly*) veröffentlicht. Neben der 'Top 500'-Liste werden auch Auflistungen für spezielle Branchen veröffentlicht, z.B. die hier ebenfalls ausgewertete Liste der 'Top 150 Financial Institutions' nach ihrem Gesamtvermögen (total assets) in *Australian Business Monthly*.

Die 'Top 500'-Liste von *Australian Business* enthält die 500 umsatzstärksten australischen Unternehmen (incl. der australischen Tochterunternehmen international operierender Konzerne). Allerdings besitzen diese Daten für die geographische Analyse auch einige Limitationen. Zum einen ist die Klassifizierung der Wirtschaftsbereiche mit der der amtlichen australischen Statistik nicht direkt vergleichbar; insbesondere ist in einigen Bereichen eine eindeutige sektorale Zuordnung nicht möglich. Zum anderen läßt sich die tatsächliche Bedeutung der Hauptverwaltungsstandorte in einer oft multilokalen Unternehmensorganisation und das Maß der von ihr tatsächlich ausgeübten Kontrolle nur schwer definieren. Generell kann man aber wohl davon ausgehen, daß auch bei Unternehmen mit einer dezentralen Standortstruktur das Gros der strategischen Unternehmensentscheidungen und nicht standardisierbaren Kontrollfunktionen weitgehend zentral in den Hauptverwaltungen ausgeübt wird, und der Hauptsitz den tatsächlichen räumlichen Schwerpunkt des 'decision-making'-Prozesses darstellt.

In den Fällen, in denen die Angaben aus der 'Top 500'-Liste nicht genügten, wurden sie durch Informationen aus dem *Kompass*-Firmenregister Australien (*Kompass Australia*, Vol.2 - Company Information, 1991) ergänzt. Dies war insbesondere für die kleinräumige Lokalisierung der Hauptverwaltungsstandorte notwendig (Kapitel 5). Um ein Maß für die Größe und Bedeutung der Unternehmenshauptverwaltungen und der ihnen zufallenden 'Kontrollkapazitäten' zu gewinnen, wurden in einem Teil der Tabellen neben der reinen Anzahl der Hauptsitze pro Standort auch die Summe der Jahresumsätze des Bilanzjahres 1988/89 der am jeweiligen Standort mit ihrer Hauptverwaltung vertretenen Unternehmen als 'kumulierter Umsatz' dargestellt.

A.4 Anmerkungen zu den Einzelhandelszensen des Australian Bureau of Statistics

Die in Australien seit 1948 in relativ regelmäßigen Abständen durchgeführten Einzelhandelszensen liefern ein gutes, auch kleinräumig verfügbares Datenmaterial und ermöglichen somit eine recht genaue Analyse der Einzelhandelssuburbanisierung in den großstädtischen Metropolitan Areas. Die Einzelhandelszensen 1968/69, 1973/74, 1979/80 und 1985/86 wurden aufgrund einer einheitlichen Erhebungsmethode (ASIC-Klassifikation) durchgeführt und sind deshalb gut vergleichbar. Der jüngste Zensus von 1991/92 weicht sowohl in der Erhebungsmethode als auch in der Branchenklassifikation etwas von seinen Vorläufern ab. Die Unterschiede sind jedoch auf dem für dieser Arbeit benötigten Datenniveau so gering, daß eine Anpassung der Daten ohne Probleme möglich war. Die Daten der Einzelhandelszensen von 1956/57 und 1961/62 sind mit den jüngeren Zensen aufgrund der anderen zugrunde liegenden Klassifikation allerdings nicht direkt vergleichbar und lassen Zeitvergleiche nur auf einem recht groben Niveau zu.

Die im Text als 'CBD-Kern' bezeichneten Raumeinheiten entsprechen den SLAs 'Sydney (C) - Inner', 'Melbourne (C) - Inner', 'City - Inner' (Brisbane), 'Perth (C) - Inner' der Einzelhandelszensen. Sie sind etwas kleiner als der eigentliche CBD, umfassen aber komplett dessen Einzelhandelskern. Der Einzelhandelszensus von South Australia weist die Daten lediglich für die City of Adelaide insgesamt aus, so daß Angaben für den CBD-Kern nicht möglich sind. Lediglich für den Einzelhandelszensus von 1985/86 wurden auch vergleichbare Daten für sogenannte 'shopping areas' der Capital Cities veröffentlicht. Sie liefern damit Einzelhandelsdaten für den gesamten CBD und die bedeutendsten Vorortzentren (Tab. 4.9 und 4.10).

<u>Definitionen des Einzelhandelszensus:</u>

- *(Einzelhandels-)Betriebe/Ladengeschäfte*: die Zahl der am 30. Juni des entsprechenden Jahres betriebenen Ladengeschäfte ohne separat untergebrachte Büros oder ähnlichen Betriebsteile. Außer reinen Einzelhandelsgeschäften umfassen diese auch andere Dienstleistungsanbieter, sofern sich diese in Ladengeschäften befinden (Waschsalons, Friseursalons, Video-Verleiher, Imbißstände usw.). In den Einzelhandelszensen erfaßt, aber in der vorliegenden Arbeit unberücksichtigt bleibt der Kfz-bezogene Einzelhandel (Automobilhändler, Autozubehörhändler, Tankstellen, Reifenhändler usw.), da diese ganz andere Standortanforderungen hat und sich in der Regel nicht in Einzelhandelszentren befindet.

- *(Einzelhandels-)Beschäftigte*: in Einzelhandelsbetrieben bezahlte Voll- und Teilzeitbeschäftigte (incl. Betriebsinhaber) am 30. Juni des entsprechenden Jahres.

- *(Jahres-)Umsatz*: Gesamtumsatz der Einzelhandelsbetriebe innerhalb des Wirtschaftsjahres (1.7. des Vorjahres bis 30.6. des Bezugsjahres). Um einen Vergleich zwischen den Umsatzzahlen zu verschiedenen Zeitpunkten zu ermöglichen, wurden diese für einige der sich in Kapitel 4 befindlichen Tabellen mit Hilfe des Consumer Price Index (CPI) inflationsbereinigt.

- *Einzelhandelsfläche/EZH-Geschoßfläche*: von Einzelhandelsbetrieben genutzte Gesamtfläche einschließlich Verkaufsflächen sowie zusätzliche Büroflächen, Lagerflächen u.ä.

A.5 Anmerkungen zur Bautätigkeitsstatistik des Australian Bureau of Statistics

Das Australian Bureau of Statistics führt zwei verschiedene statistische Reihen zur Bautätigkeit. Dies ist zum einen die Baugenehmigungsstatistik (Building Approval Survey) und zum anderen die Baufertigstellungsstatistik (Building Activity Survey). Beide Statistiken basieren auf den Angaben der Baugenehmigungsbehörden, welche die Daten im Zuge des Genehmigungsverfahrens und der Bauüberwachung erheben. Für die Building Activity Survey werden die erforderlichen Angaben durch eine vierteljährliche Befragung der Bauherren erhoben (Gebäudeeigentümer, Developer). Beide statistischen Reihen beziehen sich auf die gesamte Bautätigkeit innerhalb der SLAs. Die Building Activity Survey hat gegenüber der Building Approval Survey den Vorteil der größeren Genauigkeit, da sie nur die auch tatsächlich fertiggestellten Gebäude (bzw. abgeschlossenen Bautätigkeiten) abdeckt. Die Baugenehmigungsstatistik hat dagegen zwei Nachteile: erstens werden nicht alle genehmigten Gebäude auch tatsächlich gebaut, und zweitens haben größere Bauprojekte eine lange Bauzeit, so daß zwischen der Erteilung der Baugenehmigung und der tatsächlichen Baufertigstellung oft mehrere Jahre liegen können. Aus diesen Gründen wurde der Building Activity Survey für die Analyse der Bauentwicklung von Büro- und Einzelhandelsgebäuden der Vorzug gegeben.

Die Daten der Bautätigkeitsstatistik werden auf SLA-Basis zwar nicht veröffentlicht, liegen aber in Jahres- und Quartalsergebnissen auf Microfiche vor und sind beim ABS einsehbar. Die in allen Bundesstaaten einheitlich erhobene Building Activity Survey (BACS) reicht zwar nur bis in das Jahr 1980 zurück, die Unterschiede zum vorhergehenden Erfassungssystem (Building Operations Survey) sind aber unwesentlich, so daß längere Zeitreihen zusammengestellt werden konnten.

Für die Analyse wurden für jeden der untersuchten Verdichtungsräume ein Datensatz der Baukosten für fertiggestellte Bürogebäude und Einzelhandelsgebäude ('value of buildings completed') auf SLA-Basis zusammengestellt. Der Datensatz umfaßt den Gesamtwert der fertiggestellten Gebäude in A$ (incl. der Erschließungskosten) und schließt auch Modernisierungen und bauliche Veränderungen mit ein. Folgendes ist hierbei zu beachten:
- ein Gebäude gilt nach der Definition des ABS dann als fertiggestellt, wenn es bezugsfertig ist und seine geplante Funktion erfüllen kann
- Bürogebäude ('offices') sind freistehende Baukörper, in denen voraussichtlich mehr als 50% der Geschoßfläche von Büros (einschließlich Bankfilialen, Postämtern, Stadtverwaltungen u.ä.) eingenommen werden
- die Angaben umfassen alle Bautätigkeiten über einem Schwellenwert von 30.000 A$ zum Zeitpunkt der Erteilung der Baugenehmigung. Bis einschließlich 1985 lag dieser Schwellenwert bei 10.000 A$. Beide Werte liegen jedoch so niedrig, daß die hieraus entstehenden Ungenauigkeiten minimal sind

Um eine Vergleichbarkeit der Angaben über einen längeren Zeitraum zu ermöglichen, wurden die Angaben inflationsbereinigt. Hierzu wurde der ebenfalls vom ABS erstellte 'Price Index of Materials Used in Building Other Than House Building' für die jeweiligen Verdichtungsräume benutzt. Dieser liefert die beste Annäherung an die tatsächliche Baupreisentwicklung.

A.6 Anmerkungen zur Geschoßflächen- und Mietpreisangaben

I. Daten aus den BOMA Shopping Centres Directories und anderen Quellen

Verläßliche Flächenangaben für den Einzelhandel werden durch die 'retail censuses' des ABS relativ regelmäßig erhoben. Da die Angaben in der Regel aber nur auf SLA-Basis bzw. für ausgewählte Einzelhandelszentren vorliegen, sind diese für kleinräumige Analysen nur sehr begrenzt nutzbar. Genauere Angaben über einzelne Einzelhandelsprojekte oder Teilräume von Einzelhandelszentren lassen sich deshalb nur aus anderen Quellen gewinnen (Shopping Centre-Betreiber, Immobilienmakler, Gemeindeverwaltungen usw.). Da die Flächendaten aus ganz verschiedenen Quellen stammen und uneinheitlich erhoben wurden, mußten die Werte teilweise aneinander angeglichen werden (siehe zum Problem der veschiedenen Typen von Flächenangaben *Elliott/Wadley* 1991). Eine verläßliche, einheitlich erhobene und gut zugängliche Datenquelle über die Entwicklung geplanter Einkaufszentren stellen die jährlich aktualisierten 'Directories of Shopping Centres' dar, die von den Niederlassungen der *BOMA* in den jeweiligen Bundesstaaten herausgegeben werden. Alle Flächenangaben beziehen sich hier auf die vermietbare Einzelhandelsfläche (alle vermietbaren Flächen für Einzelhandelsnutzung einschließlich Nebenräumen u.ä.).

II. Büroflächenangaben von privaten Organisationen und öffentlichen Behörden

Im Gegensatz zum Einzelhandel gibt es in Australien keine genauen und verläßlichen Zahlen über den Gesamtflächenbestand in Bürogebäuden. Verläßliche Daten über den gesamten Büroflächenbestand sind nur für einige wenige, ausgewählte Raumeinheiten verfügbar. Genauere Gebäudeflächenerhebungen werden lediglich von den Gemeindeverwaltungen für ihre Zentrenbereiche durchgeführt (z.B. die Angaben der Councils und der staatlichen Plaungsministerien für die Geschäftszentren). Sowohl die von privaten Immobilienagenten und Organisationen als auch die vom ABS erhältlichen Daten beziehen sich lediglich auf Bürogebäude. Dies bedeutet, daß alle Büroflächen, die sich als sekundäre Nutzung in Fabrik-, Wohn-, Einzelhandels- oder sonstigen Gebäuden (z.B. Schulen, Krankenhäuser usw.) befinden, nicht erfaßt werden. Ausnahmen sind die meist in Begehungen ermittelten Geschoßflächenangaben der Gemeindeverwaltungen.

Die von allen größeren Immobilienmaklern (z.B. *Jones Lang Wootton, Baillieu Knight Frank, Colliers International, Richard Ellis, Raine & Horne* u.a.) sowie was der von *BOMA* publizierten Daten zur Flächenentwicklung weisen zwar einige Ungenauigkeiten auf (v.a. was die Flächen in vor 1970 erstellten Gebäuden betrifft), sind aber dennoch die beste und i.w.a. umfassendste Datenquelle zur Büroflächenentwicklung. Um vorhandene Verzerrungen so gut wie möglich auszugleichen, wurden Kontrollrechnungen mit Daten aus verschiedenen Quellen durchgeführt und aufeinander abgestimmt. Für Sydney und Melbourne stellte das Immobilienforschungsinstitut *BIS Shrapnel* Daten zur Büroflächenentwicklung in den Metropolitan Areas aus verschiedensten Quellen zusammen. Diese Datensätze sind nach Auskunft des NSW Department of Planning und dem Victorian Department of Planning and Housing relativ verläßlich und stellen die Grundlage für viele der in Kapitel 5 dargelegten Büroflächenangaben dar. Zum Teil wurden diese Zeitreihen auf der Grundlage der Angaben aus unterschiedlichen Quellen (v.a. *Colliers International, Jones Lang Wootton, LJ Hooker, Baillieu Knight Frank* und *ABS*) ergänzt. Für Brisbane liegen Zeitreihen von vergleichbarer Qualität durch die aufwendigen, im Rahmen des 'Brisbane Plan Project' durchgeführten Erhebungen vor. Auch in den Verdichtungsräumen Melbourne, Adelaide und Perth wurden im Auftrag der Planungsministerien Anfang der 90er Jahre aufwendige Büroflächenerhebungen durchgeführt, die von den zuständigen Behörden dankenswerterweise zur Verfügung gestellt wurden.

Die Flächenangaben können sich auf drei verschieden definierte Typen von Büroflächen beziehen:

- *Brutto-Geschoßfläche*: die Summe aller Geschoßflächen eines Gebäudes/Bauwerks. Die Brutto-Geschoßfläche ist bei Baugenehmigungsverfahren für die Berechnung der 'floor space ratio' (FSR) bzw. der Geschoßflächenzahl relevant.

- *Netto-Bürofläche (NBF, Netto-Bürogeschoßfläche)*: diese entspricht der vermietbaren Bürofläche. Sie ist also der Teil der Geschoßfläche, der als Büroraum i.w.S. dient. Neben den tatsächlich für Büroarbeitsplätze genutzten Flächen umfassen diese auch Besprechungsräume, Schalterräume, sanitäre Räume, Küchen, Flure u.ä., soweit sie nur vom jeweiligen Mieter genutzt werden. Da die Netto-Bürofläche die entscheidende Größe für die Vermietung und Nutzung eines Gebäudes ist, beziehen sich v.a. die Angaben der Immobilienmakler fast immer auf diese Flächendefinition.

- *Brutto-Bürofläche (BBF, Brutto-Bürogeschoßfläche)*: die Gesamtfläche eines Bürogebäudes bzw. die Gesamtfläche des Bürotrakts bei Mischgebäuden einschließlich reiner Verkehrsflächen (Treppenhäusern, Aufzügen, Eingangshallen u.ä.) und anderen nicht vermietbaren Flächen.

III. Daten zur Miet- und Bodenpreisentwicklung

Angaben zum Mietpreisniveau lassen sich vor allem aus zwei Quellen gewinnen. Zum einen sind dies die Angaben der größeren Immobilienmakler, die meist als Mietspannen für unterschiedliche Qualitätsstufen von Räumlichkeiten angegeben werden (hier v.a. von *Raine & Horne Commercial* und *Colliers International*), zum anderen sind es die amtlichen Wert- bzw. Mietwertschätzungen des *NSW Valuer General's Departments of New South Wales* für 'typische' Objekte in der jeweiligen Lage und Qualitätsstufe, die jährlich veröffentlicht werden. In beiden Fällen bezieht sich die Angabe auf Mietverträge, die zum Stichdatum abgeschlossen wurden (bei Angaben des *Valuer General's Department* zum 30. Juni des betreffenden Jahres) und eine ganze, zusammenhängende Büroetage betreffen ('whole floor basis'). Beide Datenquellen können als relativ verläßlich angesehen werden.

A.7 Anmerkungen zur Erfassung der Büroraumnutzer/Bürobetriebe - Systematik der Zuordnung nach Branchen und Markt- bzw. Zuständigkeitsbereichen

L = Lokal: lokale Funktionen, lokaler Marktbereich (vorwiegend innerhalb der eigenen LGA oder deren direktem Umfeld)

R/S = Regional/Bundesstaat: Funktionen für die gesamte Metropolitan Area (bzw. große Teile hiervon) oder für das gesamte Staatsgebiet (bzw. große Teile hiervon), regionaler bzw. gesamtstaatlicher Marktbereich

N/I = National/International: Funktionen über das bundesstaatliche Gebiet hinaus, Bedienung von nationalen oder internationalen Märkten (insbesondere Hauptverwaltungen national oder international operierender Unternehmen)

Behörden und Dienststellen der öffentlichen Verwaltung:

Stadt-/Gemeindeverwaltung
L: Dienststelle der Stadt-/Gemeindeverwaltung
Staatsbehörden/-dienststellen
L: lokale Dienststelle von staatlichen Behörden
R/S: regionale Dienststelle von staatlichen Behörden, Hauptsitz von staatlichen Behörden und Ministerien

Bundesbehörden/-dienststellen
L: lokale Dienststelle von Bundesbehörden
R/S: regionale Dienststelle von Bundesbehörden
N/I: Hauptsitz von Bundesbehörden

Büros von Verbänden und Interessengruppen:
L: lokales Büro/Vertretung von Verbänden und Interessengruppen
R/S: regionales Büro/Vertretung von Verbänden und Interessengruppen, Hauptvertretung in NSW
N/I: Hauptsitz national/international operierender Verbände und Interessenvertretungen

Unternehmensnahe Dienstleistungen/'freie Berufe' (ohne Ärzte)
L: Rechtsanwalt, Rechtsberater, Buchprüfer, Steuerberater, Schreibbüro, Personalagentur, Immobilienmakler u.ä. von lokaler Bedeutung
R/S: Architekt, Ingenieurbüro, Werbeagentur, Planungsbüro, Marktforschungsunternehmen, Datenverarbeitung, Unternehmensberater, technische Büros sowie unter 'L' genannte Büroraumnutzer mit mindestens regionaler Bedeutung

Ärzte/medizinische Einrichtungen
L: Praktischer Arzt, Facharzt, Zahnarzt, Tierarzt, Heilpraktiker, Orthopäde, Krankengymnastik, medizinisches Labor u.ä.

Kreditgewerbe/Versicherungen/Finanzdienstleistungen
  L: lokales Büro von Banken, Bausparkassen,Versicherungen, Finanzberatern u.ä.
  R/S: regionales Büro/Geschäftsstelle von Kreditinstituten und Versicherungen
  N/I: Hauptsitz von national bzw. international agierenden Kreditinstituten und Versicherungen

Industrie/Baugewerbe
  L: lokales Büro/Vertretung von Unternehmen des verarbeitenden Gewerbes und des Baugewerbes
  R/S: regionales Büro/Vertretung von Unternehmen des verarbeitenden Gewerbes und des Baugewerbes, Hauptsitz von Unternehmen mit auf NSW bzw. auf die Metropolitan Area konzentriertem Absatzmarkt
  N/I: Hauptsitz von Unternehmen des verarbeitenden Gewerbes und des Baugewerbes mit nationalem bzw. internationalem Absatzmarkt

Bergbau/Landwirtschaft
  L: lokales Büro/Vertretung von Unternehmen aus Bergbau, Fischerei, Forst-und Landwirtschaft
  R/S: regionales Büro/Vertretung von Unternehmen aus Bergbau, Fischerei, Forst- und Landwirtschaft, Hauptsitz von Unternehmen mit auf NSW bzw. auf die Metropolitan Area konzentriertem Absatzmarkt
  N/I: Hauptsitz von Unternehmen aus Bergbau, Fischerei, Forst- und Landwirtschaft mit nationalem bzw. internationalem Absatzmarkt

Großhandel/Einzelhandel
  L: lokales Büro/Vertretung von Groß- und Einzelhandelsunternehmen
  R/S: regionales Büro/Vertretung von Groß- und Einzelhandelsunternehmen, Hauptsitz von Groß- und Einzelhandelsunternehmen mit auf NSW bzw. auf die Metropolitan Area konzentriertem Absatzmarkt
  N/I: Hauptsitz von Groß- und Einzelhandelsunternehmen mit nationalem bzw. internationalem Absatzmarkt

Sonstige
  Büroraumnutzer aus anderen Branchen/Wirtschaftbereichen (z.B. Unternehmen aus den Bereichen 'Transport', 'Kommunikation', 'Medien' und 'Freizeit') - L, R/S oder N/I

Anmerkung: Bankfilialen, Filialen von 'building societies', Reisebüros, Ladenbüros von lokal agierenden Immobilienagenten, Filialen von Automobilclubs u.ä. wurden dem Bereich 'konsumorientierte Dienstleistungen' zugeschlagen. Es sind zwar eigentlich Bürofunktionen aber bezüglich ihrer Standort- bzw. Raumansprüche eher dem Einzelhandel ähnlich. Sie befinden sich zumeist in Ladengeschäften und bedienen einen ausschließlich lokalen Markt.

A.8 Anmerkungen zu den Expertengesprächen

Um zu vertieften Hintergrundinformationen zu gelangen, wurden neben der Auswertung der oben angesprochenen Datenquellen 38 Expertengespräche als offene Interviews geführt. Da der Inhalt der Interviews vom Tätigkeitsbereich des jeweiligen Interviewpartners abhängig war, wurde auf einen einheitlichen Gesprächsleitfaden verzichtet. Die Gespräche wurden zwischen März und Juni 1990 sowie zwischen August und November 1992 durchführt. Sie dauerten in der Regel ein bis zwei Stunden und wurden schriftlich mitprotokolliert.

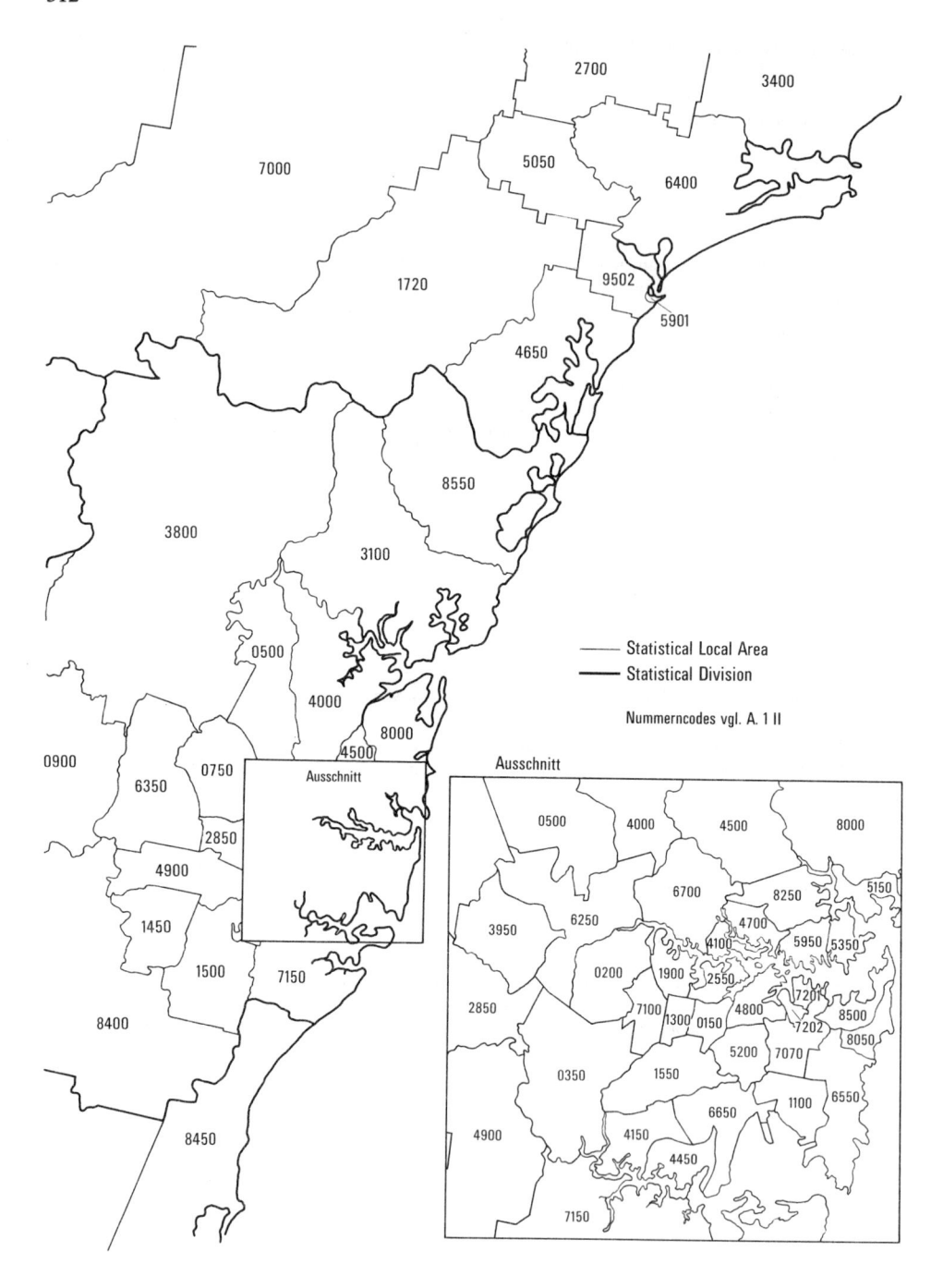

Abb. A.1: Statistical Local Areas in der Sydney Metropolitan Area 1991
Statistical Local Areas in the Sydney Metropolitan Area 1991
Quelle: Australian Bureau of Statistics

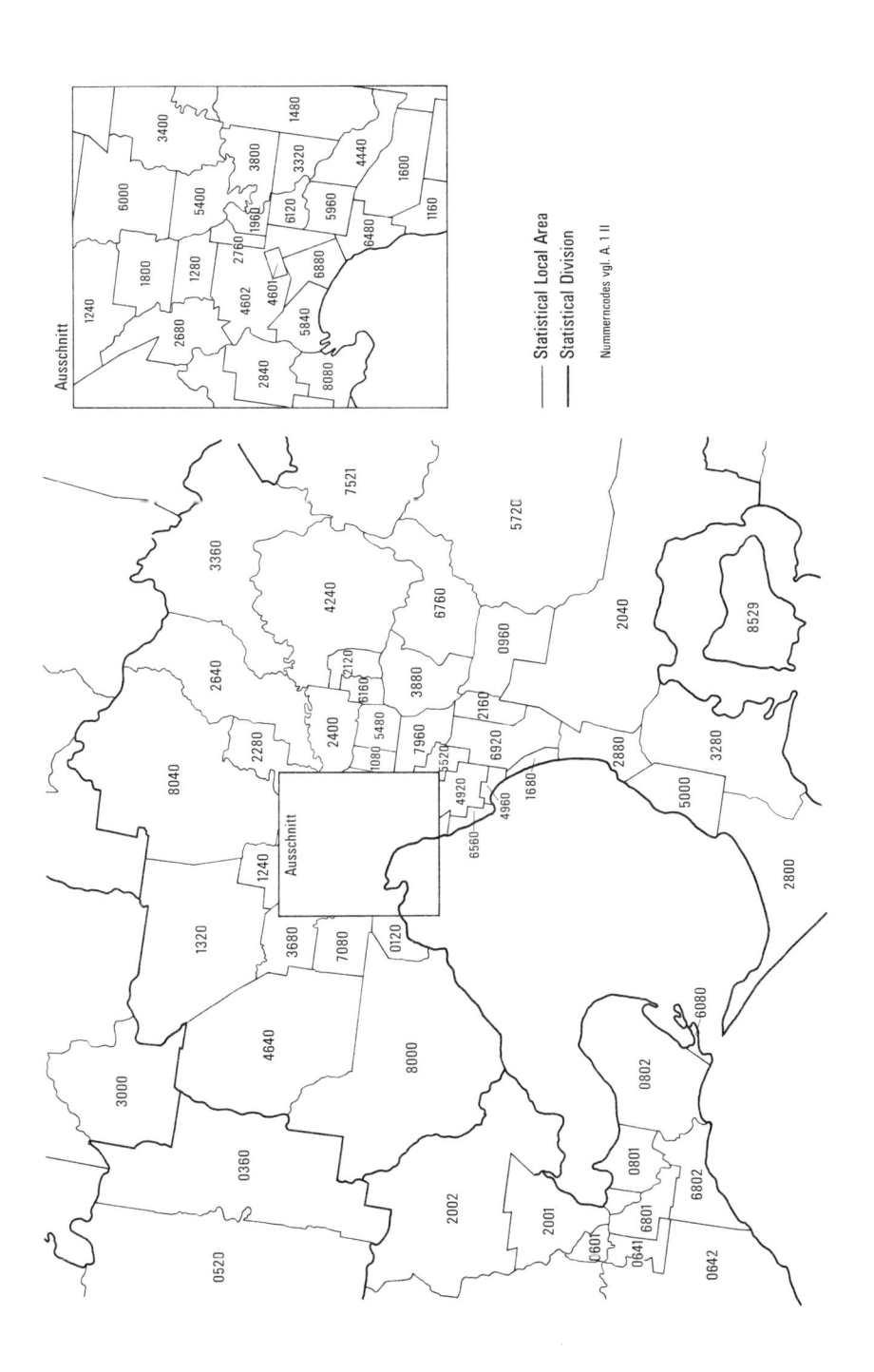

Abb. A.2: Statistical Local Areas in der Melbourne Metropolitan Area 1991
Statistical Local Areas in the Melbourne Metropolitan Area 1991

Quelle: Australian Bureau of Statistics

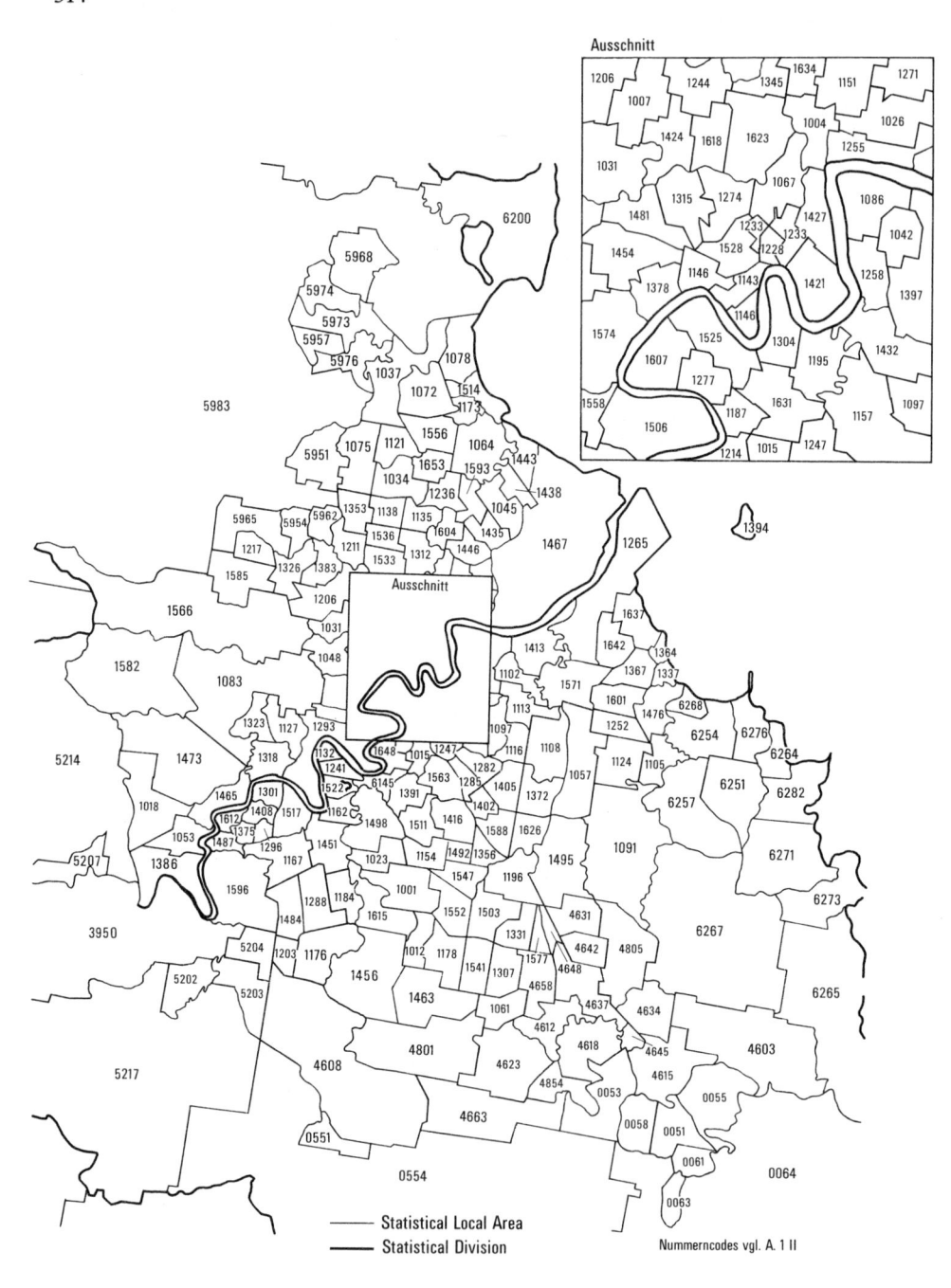

Abb. A.3: Statistical Local Areas in der Brisbane Metropolitan Area 1991
Statistical Local Areas in the Brisbane Metropolitan Area 1991
Quelle: Australian Bureau of Statistics

315

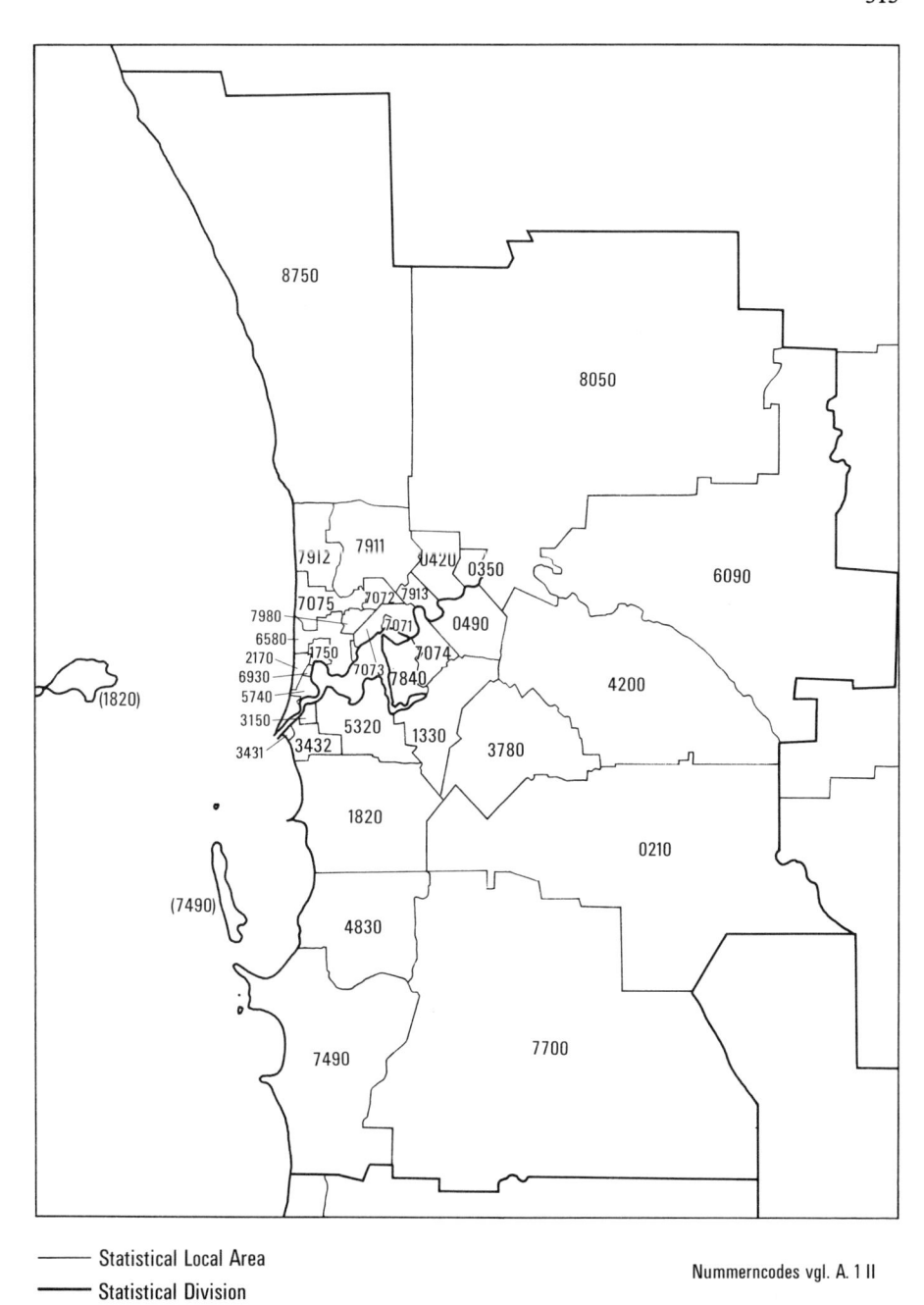

Abb. A.4: Statistical Local Areas in der Perth Metropolitan Area 1991
Statistical Local Areas in the Perth Metropolitan Area 1991
Quelle: Australian Bureau of Statistics

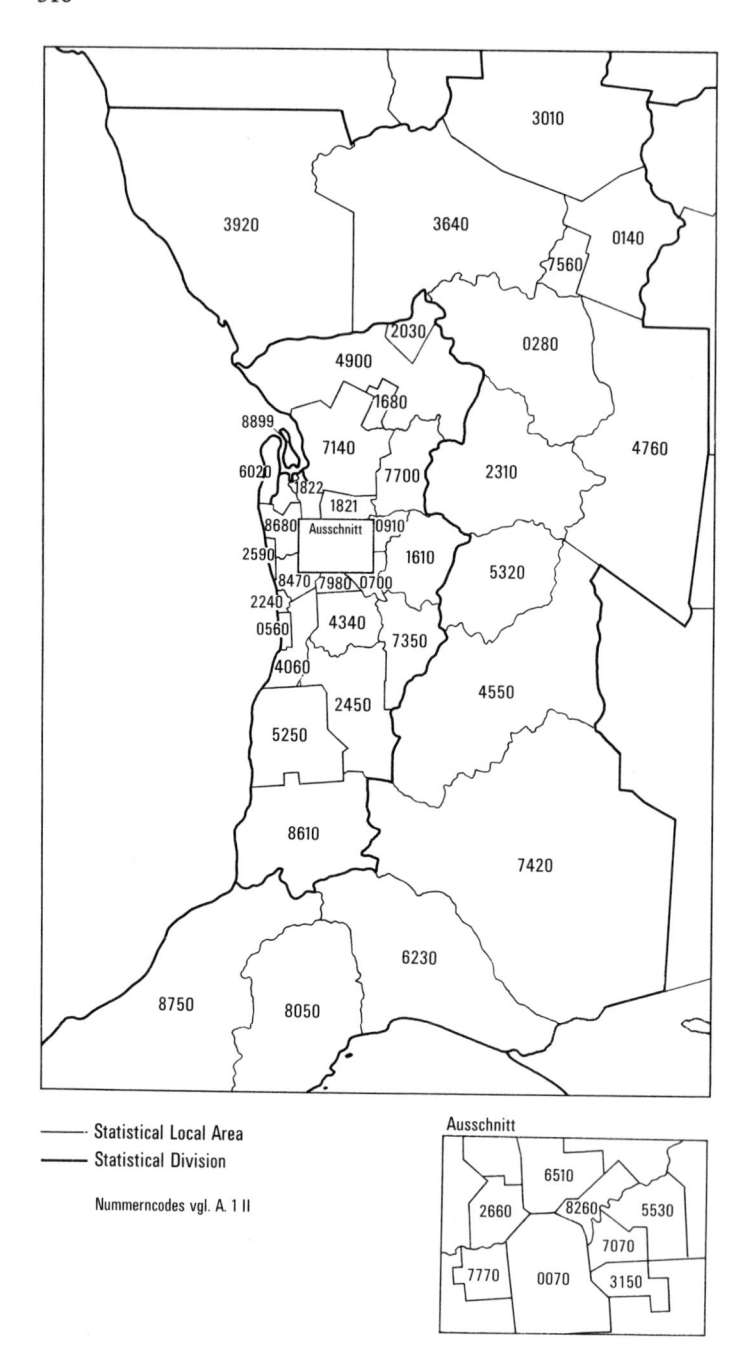

Abb. A.5: Statistical Local Areas in der Adelaide Metropolitan Area 1991
Statistical Local Areas in the Adelaide Metropolitan Area 1991
Quelle: Australian Bureau of Statistics

BONNER GEOGRAPHISCHE ABHANDLUNGEN (Fortsetzung)

Heft 55: *Selke, W.:* Die Ausländerwanderung als Problem der Raumordnungspolitik in der Bundesrepublik Deutschland. 1977. 167 S. DM 28,--

Heft 56: *Sander, H.-J.:* Sozialökonomische Klassifikation der kleinbäuerlichen Bevölkerung im Gebiet von Puebla-Tlaxcala (Mexiko). 1977. 169 S. DM 24,--

Heft 57: *Wiek, K.:* Die städtischen Erholungsflächen. Eine Untersuchung ihrer gesellschaftlichen Bewertung und ihrer geographischen Standorteigenschaften - dargestellt an Beispielen aus Westeuropa und den USA. 1977. 216 S. DM 19,--

Heft 58: *Frankenberg, P.:* Florengeographische Untersuchungen im Raume der Sahara. Ein Beitrag zur pflanzengeographischen Differenzierung des nordafrikanischen Trockenraumes. 1978. 136 S. DM 48,--

Heft 60: *Liebhold, E.:* Zentralörtlich-funktionalräumliche Strukturen im Siedlungsgefüge der Nordmeseta in Spanien. 1979. 202 S. DM 29,--

Heft 61: *Leusmann, Ch.:* Strukturierung eines Verkehrsnetzes. Verkehrsgeographische Untersuchungen unter Verwendung graphentheoretischer Ansätze am Beispiel des süddeutschen Eisenbahnnetzes. 1979. 158 S. DM 32,--

Heft 62: *Seibert, P.:* Die Vegetationskarte des Gebietes von El Bolsón, Provinz Río Negro, und ihre Anwendung in der Landnutzungsplanung. 1979. 96 S. DM 29,--

Heft 63: *Richter, M.:* Geoökologische Untersuchungen in einem Tessiner Hochgebirgstal. Dargestellt am Val Vegorness im Hinblick auf planerische Maßnahmen. 1979. 209 S. DM 33,--

Heft 65: *Böhm, H.:* Bodenmobilität und Bodenpreisgefüge in ihrer Bedeutung für die Siedlungsentwicklung. 1980. 261 S. DM 29,--

Heft 66: *Lauer, W. u. P. Frankenberg:* Untersuchungen zur Humidität und Aridität von Afrika - Das Konzept einer potentiellen Landschaftsverdunstung. 1981. 127 S. DM 32,--

Heft 67: *Höllermann, P.:* Blockgletscher als Mesoformen der Periglazialstufe - Studien aus europäischen und nordamerikanischen Hochgebirgen. 1983. 84 S. DM 26,--

Heft 69: *Graafen, R.:* Die rechtlichen Grundlagen der Ressourcenpolitik in der Bundesrepublik Deutschland - Ein Beitrag zur Rechtsgeographie. 1984. 201 S. DM 28,--

Heft 70: *Freiberg, H.-M.:* Vegetationskundliche Untersuchungen an südchilenischen Vulkanen. 1985. 170 S. DM 33,--

Heft 71: *Yang, T.:* Die landwirtschaftliche Bodennutzung Taiwans. 1985. 178 S. DM 26,--

Heft 72: *Gaskin-Reyes, C.E.:* Der informelle Wirtschaftssektor in seiner Bedeutung für die neuere Entwicklung in der nordperuanischen Regionalstadt Trujillo und ihrem Hinterland. 1986. 214 S. DM 29,--

Heft 73: *Brückner, Ch.:* Untersuchungen zur Bodenerosion auf der Kanarischen Insel Hierro. 1987. 194 S. DM 32,--

Heft 74: *Frankenberg, P. u. D. Klaus:* Studien zur Vegetationsdynamik Südosttunesiens. 1987. 110 S. DM 29,--

Heft 75: *Siegburg, W.:* Großmaßstäbige Hangneigungs- und Hangformanalyse mittels statistischer Verfahren. Dargestellt am Beispiel der Dollendorfer Hardt (Siebengebirge). 1987. 243 S. DM 38,--

Heft 77: *Anhuf, D.:* Klima und Ernteertrag - eine statistische Analyse an ausgewählten Beispielen nord- und südsaharischer Trockenräume - Senegal, Sudan, Tunesien. 1989. 177 S. DM 36,--

Heft 78: *Rheker, J.R.:* Zur regionalen Entwicklung der Nahrungsmittelproduktion in Pernambuco (Nordostbrasilien). 1989. 177 S. DM 35,--

Heft 79: *Völkel, J.:* Geomorphologische und pedologische Untersuchungen zum jungquartären Klimawandel in den Dünengebieten Ost-Nigers (Südsahara und Sahel). 1989. 258 S. DM 39,--

Heft 80: *Bromberger, Ch.:* Habitat, Architecture and Rural Society in the Gilân Plain (Northern Iran). 1989. 104 S. DM 30,--

Heft 81: *Krause, R.F.:* Stadtgeographische Untersuchungen in der Altstadt von Djidda / Saudi-Arabien. 1991. 76 S. DM 28,--

(Fortsetzung umseitig)

BONNER GEOGRAPHISCHE ABHANDLUNGEN *(Fortsetzung)*

Heft 82: *Graafen, R.:* Die räumlichen Auswirkungen der Rechtsvorschriften zum Siedlungswesen im Deutschen Reich unter besonderer Berücksichtigung von Preußen, in der Zeit der Weimarer Republik. 1991. 283 S. DM 64,--

Heft 83: *Pfeiffer, L.:* Schwermineralanalysen an Dünensanden aus Trockengebieten mit Beispielen aus Südsahara, Sahel und Sudan sowie der Namib und der Taklamakan. 1991. 235 S. DM 42,--

Heft 84: *Dittmann, A. and H.D. Laux (Hrsg.):* German Geographical Research on North America - A Bibliography with Comments and Annotations. 1992. 398 S. DM 49,--

Heft 85: *Grunert, J. u. P. Höllermann, (Hrsg.):* Geomorphologie und Landschaftsökologie. 1992. 224 S. DM 29,--

Heft 86: *Bachmann, M. u. J. Bendix:* Nebel im Alpenraum. Eine Untersuchung mit Hilfe digitaler Wettersatellitendaten. 1993. 301 S. DM 58,--

Heft 87: *Schickhoff, U.:* Das Kaghan-Tal im Westhimalaya (Pakistan). 1993. 268 S. DM 54,--

Heft 88: *Schulte, R.:* Substitut oder Komplement - die Wirkungsbeziehungen zwischen der Telekommunikationstechnik Videokonferenz und dem Luftverkehrsaufkommen deutscher Unternehmen. 1993. 177 S. DM 32,--

Heft 89: *Lützeler, R.:* Räumliche Unterschiede der Sterblichkeit in Japan - Sterblichkeit als Indikator regionaler Lebensbedingungen. 1994. 247 S. DM 42,--

Heft 90: *Grafe, R.:* Ländliche Entwicklung in Ägypten. Strukturen, Probleme und Perspektiven einer agraren Gesellschaft, dargestellt am Beispiel von drei Dörfern im Fayyûm. 1994. 225 S. DM 46,--

Heft 91: *Bonine, M.E., Ehlers, E., Krafft, Th. and G. Stöber (Hrsg.):* The Middle Eastern City and Islamic Urbanism. An Annotated Bibliography of Western Literature. 1994. 877 S. DM 68,--

Heft 92: *Weiers, S.:* Zur Klimatologie des NW-Karakorum und angrenzender Gebiete. Statistische Analysen unter Einbeziehung von Wettersatellitenbildern und eines Geographischen Informationssystems (GIS). 1995. 216 S. DM 38,--

Heft 93: *Braun, G.:* Vegetationsgeographische Untersuchungen im NW-Karakorum (Pakistan). 1996. 156 S. im Druck

In Kommission bei Ferd. Dümmlers Verlag, Bonn

Nicht genannte Nummern sind vergriffen.